言葉と建築

語彙体系としてのモダニズム

To my parents, Ray and Gerald Forty,
with whom I first discovered the pleasures of language

Words and Buildings
A Vocabulary of Modern Architecture
Published by arrangement with Thames and Hudson Ltd., London,

Published in Japan by Kajima Institute Publishing Co.,Ltd., 2005.
Japanese translation rights arranged through The Sakai Agency, Tokyo.

言葉と建築
語彙体系としてのモダニズム

エイドリアン・フォーティー
坂牛卓＋邉見浩久監訳

Words and Buildings
A Vocabulary of Modern Architecture

Adrian Forty

鹿島出版会

目次

第一部

第二部

凡例

・（ ）……原書の（ ）を表わす。

・「 」……原書の（‘ ’）、記事・論文のタイトルを表わす。

・『 』……書物、紙誌のタイトル、および引用符中の（“ ”）引用符を表わす。

・［ ］……原書の［ ］を表わす。

・〈 〉……原書において大文字で始まる語を表わす。

・〔 〕……訳者による補足を表わす。

・原文のイタリック体による強調にはゴシック体を用いた。

・本文中での参考文献への指示については、原文通り（ ）内に注記した。

謝辞　Acknowledgement

多くの人々が本書の執筆に知らずとも力を貸してくれた。とりわけ以下に記す方々の多岐に渡る貢献、アドヴァイス、励ましに謝意を申し述べたい。プロジェクトの初期段階におけるディビッド・ダンスター、アンドリュー・セイント、マーク・スェナートンとの会話。各章の草稿と抜粋に目を通し示唆を与えてくれた、ロバート・グットゥマン、リチャード・ヒル、ピーター・コーヘイン、カトリーナ・ルェディ、アンドリュー・セイント、マーク・スェナートン、アレックス・ポッツ、ジェレミー・ティル、そしてバートレット校の同僚、イアイン・ボーデン、ビル・ヒリアーの寛大さに対して。ロビン・ミドルトンは本書全体の初稿を読み、論旨や方向性について貴重な意見を寄せてくれた。ニール・レヴィンは最終稿を通読し、有益な助言と批評を提示してくれた。ディヴィッド・デリウ、ロバート・エルワール、スザンナ・ヘーガン、ジョナサン・ヒル、タニス・ヒンチクリフ、ロバート・マックスウエル、ジェレミー・メルヴィン、アレッサンドラ・ポンテ、ジェーン・レンデル、ディヴィッド・ソーキン、フィリップ・ステッドマン、トム・ウィーバーへと交わした様々な疑問に関する会話と、彼らの支援に対してお礼申し上げる。翻訳へのアドヴァイスをくれた母レィ・フォーティにも感謝したい。長年にわたり資料と発想を私に提示してくれた、バートレットの学生すべての名を挙げるのは不可能であろう。しかし中でもハルドラ・アルナ、アレックス・ブキャナン、ロマイン・ゴベット、ジャヴイエル・サンチェ＝メリナ、エリー・ド・ゴーリー（彼らは「柔軟性」の章について、いくつかの資料と考え方を示してくれた）には感謝している。全期間を通して私を励まし、仕事の完成を信じてくれたテームズ・アンド・ハドソンのニコス・スタンガス、さらにその時間を確保してくれたバートレットの当時の校長パトリック・オサリバン。執筆期間中の辛抱強く私を待ってくれた子供たちフランチェスカとオリヴィアへの感謝の気持ちは言い尽くせない、そして妻ブリオニーの忍耐と助言、そしてあまねく援助に対しても。

第四章の初期の稿は『欲望する実践』という題名で、カトリーナ・ルェディ、サラ・ウィッグルスワース、ダンカン・マッコルコデールの編集により、ブラック・ドッグ出版社より一九九六年に刊行された。さらに第六章はピーター・ガリソン、エミリー・トンプソン編『科学の建築』として、一九九九年にＭＩＴプレスより出版された。

この研究の初期段階はリーヴァーヒューム財団の奨学金によって実現した。また図版費用もこの奨学金よりまかなっている。

序
Preface

本書は二部構成となっている。第一部は近代建築における話し言葉と書き言葉の探求である。それは言葉となった言語が建築において演じる一般的な役割、すなわち建築の成立に関連した言語の成立、また隠喩の形成についてである。このことは言語が建築に何を与え——何処で建築の期待に背くのかを問うている。

第二部はモダニズム建築批評において核心的用語を形成する言葉の歴史的、批判的辞書である。それは常に意味にそぐわない言葉の物語、新たな隠喩を見つけようと言葉から逃れる意味の物語である。第二部の模範の一つはレイモンド・ウィリアムズの『キーワード辞典』である。もし本書の成果がウィリアムズの見事に簡潔な本と似つかないものになっているなら、それはある意味ウィリアムズが言語全般に関心があった一方、本書は一つの独自な実践——近代建築——の言語体系の探求だからである。実践の中での言葉の役割を問うことは、必然的にその実践自体についての言説となるのである。

言語の世界において確定的なことは少ないし、本書の内容について最終的なものは何もない。それゆえ、読者の誰もが同意できない部分を見つけられるだろう。

第一部　Part I

ハンプティ・ダンプティは蔑むような口調で切り出した。「僕がある言葉を使うとき、それは僕が選んだ意味を意味するのだよ――それ以上でもそれ以下でもない」。

「問題は」とアリスは言った。「そんなにたくさんの違う意味を言葉に込めることができるかどうかということよ」。

ルイス・キャロル、『鏡の国のアリス』第四章

G・B・レナルディ、建築を描写する諸技術の寓意（部分）。G・G・チャンピーニ『古い記念碑』（ローマ、一六九〇年）。

序章　Introduction

人々が建築について語るとき、そこで何が起こるのだろうか。コンクリートや鉄やガラスの無愛想な塊を、われわれの浴びせる言葉が生き生きとしたものに変えるのか、それともわれわれが話したり書いたりする言葉は、建築作品を矮小化したり、その存在価値の一部を削ぎ落としたりしてしまうのか。このような問いかけは古くからあった。十七世紀フランスの著述家フレアール・ド・シャンブレも、オーダーに関する初めての比較研究である『古代および近代建築の比較論』（1650）で、この問いに確固たる意見を示している。彼は「**建築という技芸は言葉**から成り立っているわけではない。その実証は感覚的、視覚的であるべきだ」（11）と書いた。一方フレアールの英訳者ジョン・イヴリンは、自らフレアールの『比較論』（1650）に補遺として付した「建築家と建築の弁明」で、その問いについて異なるアプローチを取った。イヴリンは、建築という技芸は四種の人間によって体現されるという。その第一は最高知の職長 *architectus ingenio*、すなわち監督する建築家である。それはアイディアの人であり、建築史に精通し、幾何学と製図技能に長け、天文学、法律、医学、光学などの十分な知識を持たねばならない。第二は「溢れんばかりの潤沢な財布を持った」金の職長 *architectus sumptuarius* ──パトロンである。第三は技の職長 *architectus manuarius* であり、「私はこの中にいろいろな職人や熟練工を含める」。そして第四は──イヴリンが自らを位置づけるところの──言葉の職長 *architectus verborum*、すなわち言葉の建築家である。言語を紡ぐ技に長けた者で、その使命は作品について語り、他の人々にわかりやすく伝えることにある。このようにして建築の各役割をそれぞれ人格として立てたことは、ある重要な観念の表明となっている。すなわち、建築はこうした諸活動のうちの一つ二つから成り立つのではなく、これら四つがいっせいに協力し合って成り立つということである。建築作品の質を明らかにする手段としての批評言語は、最高知の職長 *architectus ingenio* の抱くアイディアや、職人の熟達と同程度に、建築の一部をなすということだ。言語を建築にとって内なるものとして見るか、あるいは異質なものとして見るかというこの見解の相違にこそ、この本のテーマの基底をなす問題がある。イヴリンの行った人格化で言えば、言葉の職長 *architectus verborum* は建築家の仲間に入れてもらえるのか、それともいつまでも部外者にされてしまうのか。われわれはこうした問いについてどう考えるべきだろうか。またそもそも本当に重要なのだろうか。

建築と言葉と化した言語の関係については、これまであまり多くは語られてこなかった。しかし、建築理論家トム・マーカスが最近指摘したように「言語は、建物を作り、使い、理解する際の核心部分にある」(1993, 4) のである。この関係にほとんど注意が払われてこなかった理由の一端は、建築を独創的な考案による精神の労働《メンタルワーク》――イヴリンのいう最高知の職長 *architectus ingenio* ――と同一視し、他の構成要素を顧みないという近代の傾向にある。より詳しく言うと、建築は、他のあらゆる芸術実践と同じように、西洋思想に昔からあったひとつの仮定に影響されてきたのである。すなわち、感覚を介した経験は言語を介した経験と根本的に相容れず、何かを見るということはそれについて何か語られたということとまるで関係を持たないという仮定である。この仮定が最も顕著に現れたのは、二十世紀初めのモダニズム芸術だった。そこでは、あらゆる芸術ジャンルに固有な特質は、それ独自の表現媒体《メディウム》にしかなく、その表現媒体でしか伝達できない経験を提供するべきだとされた。これが視覚芸術において、バウハウスの芸術家で教育者だったラースロー・モホリ=ナギが著書『ザ・ニュー・ヴィジョン』(1928) で書いたような、「言語は感覚による経験の領域における正確な意味づけと豊かな変化とを表すのに適していない」(63) という見方につながっていった。こうして言語はすべての視覚芸術において疑惑の目で見

「話していないで建てろ」。言語への懐疑は、建築を語らなければならないという強迫観念と絡み合いつつ、近代建築家に共通する特質となってきた。シュテファン・ウェツォルトと対話するミース・ファン・デル・ローエ、後ろにダーク・ローハン（ベルリン、一九六七年）。

られることになりそれは建築においても例外ではない。たとえばミース・ファン・デル・ローエの「話してないで建てろ」（Bonta, 1990, 13）というぶっきらぼうな言葉が思い出されるだろう。そのような心情はモダニズムの建築界にあまねくこだましていた。こんな状況では建築と言語の関係を真摯に追究することに禁止令が出ていたようなものだった。

最近になって、言語が絵画芸術に果たす役割が問題にされ、また芸術が純粋に視覚的でありうるとするモダニズムの信条に疑問が投げかけられるようになったものの、建築の領域ではそれに相当することは起こらなかった。[*1]　たとえその問題について考えられたとしても、そこでは普通、建築作品について言われたり書かれたりすることは単にその作品のトレースにすぎず、常にその作品の「現実《リアリティ》」の不十分な反映でしかないとされる。しかし、言語それ自体もまたひとつの「現実」を構成しており、それは他の感覚を通して形成される「現実」と同一ではないにせよ同等なのである。

たとえ言語が建築の不可欠な部分だと言えたとしても、言語が単なる付属品になってしまわないように言語と建築の関係を説明することは難しい。——というのも、言語は建築の一部であると同時に、疑いもなくそれ自体一つの体系《システム》だからである。社会における複雑な実践の中で言語をどう位置づけるかの一例として、ロラン・バルトの『モードの体系』（1967）が、依然として右に出るもののないモデルを提供してくれる。そしてその冒頭でのバルトによる問いかけ——「なぜファッションはかくも雄弁に服装を語るのだろうか。なぜファッションは、ある対象とその使用者との間に、かくも贅沢な言葉（イメージは言うに及ばず）を、これほどの意味のネットワークを、差し挟むのだろうか」（xi）——は、建築について問われてもよいだろう。建築とファッションの間には大きな差異があるとはいえ、バルトのファッションに対する分析を、建築に関してそのような問いを追究する際のきっかけとするのには、両者の類似は十分である。というのは特に、ファッションが三つの部分からなる体系——物質的な産物（衣類）、イメージ（ファッション写真）、そして言葉（ファッション解説）――であるのと同様に、建築もまた、建物、イメージ（写真ないしドローイング）、そして付随する批評的言説（それを示したのが建築家自身でもクライアントでも批評家でも）という三つの部分から構成された体系であるからだ。建築を『モードの体系』から類推することで明らかになるのは、言語は単に建築の妨げになるのではなく、建物の体系と同等な、それ自身独自の体系であるということだ。

　しかし二つの重要な点において、建築はバルトのファッションの体系モデルよりも複雑である。第一に、そのイメージには二つの種類がある。一方――写真――は普遍的なコードであるが、他方――ドローイング――はその体系の中にいる者だけに通用するコードなのだ。この二種のイメージの差異はかなり大きいので、建築を四つの部分からなる体系として記述するほうがより正確である。そこでの主要な緊張関係の一つが、第二章で見るように、言語とドローイングの間のそれである。建築の体系がモードの体系と異なる第二の点は、ファッションにおける言語的な要素のほとんどすべてをファッション評論家やジャーナリストが生産する一方、建築では建築家自身が多くを話したり書いたりしていることである――実際それこそ、建築家の「制作」において無視できない、時として主要な要素となっている。しかも建築の体系における特色――ファッションにはないようだ――の一つは、建築家と記者がその言語的な要素の支配をめぐって争うことだ。

　言語が建築家にとって不可欠である――仕事が獲得できるのも、プロジェクトを現実のものにできるのも、しばしば言葉によるプレゼンテーションや説得力にかかっている――にもかかわらず、建築のもう一つの主要な表現媒体であるドローイングに比べて言語がこれほどまでに議論されてこなか

ヴァレンティノ・ガラヴァーニのスーツ（一九六四年）。「なぜファッションはかくも雄弁に服装を語るのだろうか。なぜファッションは、ある対象とその使用者との間に、かくも贅沢な言葉を差し挟むのだろうか」。バルトの問いは建築にもまた当てはまる。

ったのは驚きである。このようなアンバランスの理由は、ドローイングは建築家がおおむね支配できるのに対して、言語の場合は言語を話すものであればいつでも誰でも議論できることにその理由の一端があるに違いない。

言語と歴史

本書が主に扱う言語内部の現象をある体系《システム》として考えた場合、それは意味が言葉を追い求め言葉が意味から逃れるという、言葉と意味との間の絶え間ない変化だと言える。この変化は、時間の経過の中に生じる歴史的な言葉の中や、異なった言語どうしの間に起きているものとして見ることができる。建築史は、現在の建築的実践や批評と違い、過去の人々が見たように作品を見て、その経験を復元しようとする、独特で特殊な課題に直面している。この作業はさまざまな困難に満ちている――不可能に近いと思えるほどの量である。[*2] われわれが復元できる経験とは誰のものなのか。その人々は誰を代弁したのか。われわれのものとは確実に違う彼らの視覚のモード――永遠で普遍的な精神の能力ではなく歴史的に規定された特質である視覚のモード――をいかに把握できるのか。どのような方法で、大昔に死んだ誰かの体験に到達できるのか。この最後の問いだけを考えれば、最も理にかない、よく取られる解決法は、描かれたり撮られたりしたイメージ、そしてとりわけ当時の人々やその代弁者が書き記したものに頼ることである。しかしこの証拠さえ一筋縄ではいかない。建築と同じくドローイングや写真もまた歴史的現象であり、その意味は当時使うことのできた再現の慣習を通してしか解釈できないからだ――これは言語でも同じである。過去の経験そのものを蘇らせる手段として最大の希望を託すまさにその媒体すら、われわれの手をすり抜けてしまう。言語ほど掴みどころがなく、歴史的な変化の過程に晒されやすいものはないのだ。過去の言語は外国の言語に劣らず異質なのだ。「デザイン」とか「形態」とかいった言葉が、十九世紀に現在と対するのと同じことを意味するとは期待できない。むしろほぼ確実に、その意味するところは異なっていただろう。

したがってわれわれの課題は、かつてある言葉を口にした者が何を言わんとしたのか解釈するべく、その言葉の過去の意味を復元することにある。しかしそれは単純なことではない。なぜなら言語の歴史は、自動車メーカーのモデルチェンジのようにすんなりと一つの意味が別の意味に代わるのではなく、新しい意味や語形変化が必ずしも古い意味に取って代わらずに既存の言葉に付加される、蓄積の過程だからである。ある言葉のある時点での意味を見いだすことは、当時の用法の幅を知ることである。意味の特定は、辞書で単語を引くようにはできない。批評の用語とは、事物についてではなく、事物にいかに臨むかについてのものであり、何よりもそのような経験を構造化する方法としてこそ言語は価値を持つのだ。言語はそれ自体差異の体系であり、その源は、ある物と他の物、ある種の経験と他の経験を区別する能力である。大部分の批評用語の意義は、語の持つなんらかの特定の意味にではなく、むしろその語が意味しない、つまり排除しているあらゆることのうちにある。建築家や批評家がある言葉を選択するのが、その言葉の積極的な意味内容のためであるとは限らない。その言葉が他の観念や用語に対して持つ抵抗力を期待していることもある――たとえば「歴史」〔history〕や「型」〔type〕といった言葉が建築で使われる場合がそうだった。それゆえ本書第二部における批評用語の歴史学的な検討は、単に意味を記録するのではなく、反対語の変転や「意味しないもの」〔not-meaning〕の推移の記録にもなる。

言語と他言語

ヨーロッパの諸言語の間では、批評用語は常に活発に交換されてきた。第二部で議論される言葉のほとんどは初めから英語の建築用語として生まれたものではない。それにどれもが、別のどこかで生じた意味や語形変化を取り入れてきた。ドイツ語における起源を考慮せずに「空間」〔space〕という言葉を解釈したり、フランス語における発展を見落としたまま「構造」〔structure〕

という言葉を解釈したりすれば、それは明らかに不完全かつ不適当となろう。したがって、さまざまな用語に対しては英語以外の言語において発展する場合においても、十分な注意を払う必要があった。これはどんな芸術について議論する場合でも当てはまることだろう——批評用語は素早く容易に、しばしば語られた作品に関する知識よりも早く伝わる。これはある意味で問題だ。この本は主に何語を扱うのかと尋ねられるだろうからだ。建築の言語が「国際的」であるとか、どこで話されようと同一に理解される一種のエスペラントだとかいう印象を強調するつもりはない。現実にはわれわれは一度に一つの言語しか話せないし、言葉は必然的にそれが話される言語からしか意味を見いだせないのだ。ドイツ語の *Form* が英語の「form」と全く同じことを意味すると思うのは無分別だろう——その一方で、英語においてこの語が建築に関して使われる場合、それがドイツ語からの翻訳であることに多くを負うのだから、ドイツ語の意味を見落とすならばそれも同時に間違いである。他国語間のやりとりは、この手の本ではある面で障害だが、別の意味では翻訳の問題は意味の可変性のもうひとつの表れであり、それはこの研究全体の核心でもある。つまり、ある言語から別の言語へ観念や言葉が移植されることは、隠喩《メタファー》が別の隠喩に置き換わるという、単一の言語内で起こることの別の側面なのだ。本書は英語で書かれているので、取り上げられる用語は、英語に存在する形で扱っている。他の言語からの引用は英語に翻訳した。このことは言葉が話される言語ごとに固有の意味を持つという論点と矛盾するし、普遍的な建築言語なるものがあるかのような印象に近づきかねないが、ともかくも本書を読みやすくするために必要と思われたことだ。とはいえ翻訳という行為は、しばしば考えられるように「問題」としてばかり捉えられるべきではない。翻訳を通して言葉は、何かを失うのと同じくらい、何かを得るからである。

1　Baxendall, *Patterns of Intention*, 1985、W. J. T. Mitchell, *Iconology: Image, Text, Ideology*, 1986、W. J. T. Mitchell, *Picture Theory*, 1994を参照。

2　Podro, *The Critical Historians of Art*, 1982、この問いについては特に第一章を参照。

写真——それ固有の習慣に従って作られたイメージ——が現実の「写し」ではないように、言語もまたそうではない。ル・コルビュジエ、スイス館（パリ、一九三〇年）。©FLC L3(10)3-21

1

近代建築は建築の新しい様式であっただけでなく、建築についての新しく特徴的な語り口を作り出した。（ポント、『家にいるイギリス人』一九三九年）

「ウィルソンさん、あなたが私にデザインして欲しいという家に関して、あなたの使う「居心地の良い隅っこ」という表現が、いまひとつわかりかねるのですが」

モダニズムの言語　The Language of Modernism

モダニズムの建築は、建築の新しい様式であっただけでなく、特徴的な語彙によってすぐにそれとわかる新しい語り口でもあった。「形」〔form〕、「空間」〔space〕、「デザイン」〔design〕、「秩序」〔order〕、そして「構造」〔structure〕という言葉のうち二つ以上が組み合わされているものを見かけたら、自分がモダニズムの言説世界に入り込んだのだと思ってよい。『都市のイメージ』（1960）の冒頭でケヴィン・リンチが「都市に視覚的形態を与えることは、デザインの課題として特別なものである」（v）と告げたなら、われわれは自分がこれからモダニズム的な考えの実例を目の当たりにすることになることに気付く――そしてその先で「ここでの目的は形態そのものの役割を明らかにすることだ」（46）と告げられるに至って、それは確信に変わるのだ。モダニズム建築の言説の一群を構成するこれら五つの単語については第二部で個別に議論するが、それらの持つ意味を取り出すのは簡単ではない。その定義はしばしば互いを通してなされており――「デザインの究極の目標は形態である」（Alexander, 1964, 15）、「デザインとは秩序に沿って形態を作り上げることである」（Kahn, 1961）――それらは互いに微妙で不安定な平衡関係のうちに存在しているのだ。ひとつの言葉の意味が揺らげば、他の多くの言葉の意味も揺らぐだろう。このような語彙の特徴こそが、モダニズムの言説はまさにひとつの体系《システム》なのだということを示している。

建築の様式にそれぞれ特徴のある批評的な語彙が伴っていることは何も珍しいことではない。十六世紀から十九世紀にかけてヨーロッパの建築を支配していた古典主義の伝統は固有の専門用語を持っていて、それは十八世紀後半までには高度に進化し、また体系化されていた。古典主義の語彙については、ヴェルネール・ザンビアンの『均斉・趣味・性格』(1986)、アンソニー・ヴィドラーの『クロード＝ニコラ・ルドゥー』(1990)、デイヴィッド・ワトキンの『サー・ジョン・ソーン』(1996)という近年の三つの本において優れた分析研究がなされているが、モダニズムに関する同様な著作は存在しない。特定の用語について興味深い観察力のある言及を行っている現代の批評家もいるのだが(アラン・コフーンなど)、本書の狙いのひとつは、個々の言葉の意味を検討することにとどまらず、モダニズムの言語という現象全体を見渡して、それをより一般的にひとつの体系《システム》として考えることにある。しかしモダニズムの批評的言語には、古典主義の体系の中では生じることのない問題が見いだされる。というのも、モダニズムの最も際立った特徴のひとつに、言語への懐疑があったからである。それが議論の対象とするいかなる実践の場面においても言語を否定するというこの緊張関係は、モダニズムの批評的な語彙に対していかなるアプローチを取るにせよ、考慮に入れておかねばならない。そうだとすれば、モダニズムにおいて言語に割り当てられた役回りとはどのようなものだったのだろうか。

モダニズムが発展させた建物の新たなあり方は、作品という物理的な実在を伴っているがゆえに、モダニズムの中でも比較的長く残る、最も「リアルな」側面であるかに見えるかもしれない。しかし皮肉にも——見かけとしてはむしろはかなく移ろいやすい——その言語のほうが、モダニズムにおいてより永続的な部分であるということがわかる。今でもなお、モダニズムから解放されていると主張する人々でさえ、全くモダニズム的な語彙を用いて建築を語り続けているのだ——実際、そうする他ないのである。モダニズムはそれ以前のすべての語彙を追放してしまったし、それに置き換わるものもないからだ。建てる際の方式についてはあれこれ自由に選ぶことができたとしても、言葉や概念は、一度染み付いてしまうとわれわれの精神機構を無条件に支配して、以前の思考の枠組みに属するものの共存を拒否するかのようだ。この現状は、建築についてのモダニズム的な考え方、語り方が、何らかの新しい言説によって乗り越えられて下位に置かれるようになるまで続くだろう。そのような事態を招来すべく努力している者もいるが、それはいまだ実現していない。

言語への恐怖

言語への懐疑は、あらゆる視覚芸術においてモダニズムの特色となっている。「私に言わせれば、絵画はおのずから語るものだ。いろいろ説明を与えてみたところで、結局のところ何の益があるだろうか。画家が操る言語はひとつきりだ［…］」（Ashton, 97）とピカソは言ったが、そこで彼が語っているのが他の芸術形式についてのことだったとしても少しもおかしくはない。それぞれの芸術がそれ自身の媒体《メディウム》を通して、しかもそれのみを通して自らの固有性を提示するというモダニズム一般にいきわたった了解は、言語に訴えるという道を排除した。モホリ＝ナギが書いたように「いかなる芸術的な創造も、内発的で『有機的』な質に到達するためには、それ自身の媒体ならではの可能性を熟慮する手間を取らねばならない」（1947, 271）とするなら、文学以外に言語の居場所はあるのだろうか。

建築における言語への懐疑はモダニズム期に限られたことだったわけでもない。何人かの先達の建築家や批評家たちは、言語が建築に侵入することに抵抗している。たとえばそれは、「建築――芸術についての試論」（1790）を書いた十八世紀のフランスの建築家E＝L・ブレに見られる。

> 芸術家が何かを伝えようとするとき、その取るべき唯一の方法とは、自らの感覚に訴えてきたものを強烈かつ鮮烈に想起させることだ。芸術家だけが持っているこの魅力こそが、その天才の炎をかき立てるのである。芸術家は説明へと足を踏み入れることを警戒したほうがよい。それは理性の領域に属することであり、われわれの感覚に働きかけるイメージの印象は、その効果が生み出されたいきさつについてくどくど話してしまえば、どんどん弱くなっ

てしまうのだから。快を言葉で描写することは、快の影響に浴する経験を離れ、快を享受することをやめることであり、快を快でなくしてしまうことだからである。(114)

しかし言語に対するブレの疑いは全面的なものではなかった。彼はただ単に、言語によって描写されうる建築の側面と、言語によって描写することができない、もしくは描写されるべきではない側面とを区別したかっただけなのである。十八、十九世紀には、モダニストたちが示したような言語に対するパラノイア的段階を予見させるものを見いだすことはできまい。そこに至るまでの段階とその原因について、もう少し詳しく振り返ってみるのがよいだろう。

十八世紀末から二十世紀初頭にかけて批評そのものが変化した。十八世紀においては、批評は対象〔object〕とともにあった。つまり、芸術家にとって、ブレが言ったように「自らの感覚に訴えてきた」対象について議論することは全く正しいことだったが、そうした感覚の快を描写しようとすることは全く誤ったことだった――そうすることは「快を快でなくしてしまう」ことなのだから。二十世紀に入ると、ブレが語っていたこのような慣習はほとんど完全に逆転してしまった。つまり、対象の描写は批評の役割として不適切なものと見なされるようになり、その一方で「快の描写」こそが批評の主要な領域となったのである。言語がそれまで排除されてきた領野に進出していったことが、言語に敵意が向けられた理由のひとつだったのかもしれない。しかし同時に、言語がモダニズムの枠組みの中で正当な位置を与えられることになったのは、皮肉にもこの領野への進出によってだったのである。

このような批評の変質は、ひとつにはカントの『判断力批判』(1790)によって引き起こされた美学上の革命の結果だった。カントによる美的なものの定義――対象とではなく、主体との連関を構成するものとしての美的なもの――は、芸術作品によって引き起こされる特殊な経験の形式に注意を向けさせることになった。この経験の特殊性は、それがすべての知識やその対象について知りうる事実を除外する点にある。だからたとえば「大洋の光景にしても、われわれはさまざまな事柄についての知識（しかし本質的な直観に含まれているのではない知識）を蓄えた頭でもって、**思考**の中でそれを再現前《リプリゼント》するときのようにして、たとえば水棲動物の広大な棲処である［…］などといったように、それを見るものではない。むしろわれわれは大洋を見て、詩人に倣い、われわれの眼に映じる印象のままにそこに崇高を見いだすことができねばならない［…］」（122）。しかしカントにもわかっていたとおり、「眼に映じる印象」というのはまた、それに付随する「部分的な諸表象の多様体」をも呼び起こし、「言葉では定義できない多くのものによって概念を思考の中で補うこと」も可能にする（179）。カントの美学の本体となるものは、「眼に映じる印象」と、それによって引き起こされる定義不能な部分的諸表象の多様体との間に横たわっているのである。

哲学的な関心の対象であったこの領域は、また芸術における批評的な関心の領域ともなったのだった――しかし、カントが「言語は、精神的なものの一種であるにすぎないが、精神を結びつけるものでもある」（179）と警告しているように、究極的な芸術経験は言語を超えたところにあるものなのだ。芸術において最も興味深い事柄は同時に言語を超えたものでもあるというこの難題から生まれる問いは、カント美学のドイツ的伝統を引き継いだ少なくとも何人かの批評家や歴史家には十分に知られたものだった。たとえば歴史家ハインリッヒ・ヴェルフリンは一九二一年に、「もし芸術作品の最も深い内容や観念を言葉で表現することが可能であるなら、芸術それ自体は余計なものということになり、あらゆる建築物、彫刻、絵画は、創り出されることのないままだったかもしれない」（Antoni, 244 に引用）と考察している。芸術は究極的には言語では理解できないという、ピカソの発言をも思い起こさせるこのような認識はしかし、経験の領域で批評が地位を確立した後に生じたものだ。僻地で原始生活を送っている人々のところにその神秘を研究しに出かけて行って、いざその成り立ちがわかってしまったときに人類学者が経験する虚しさと似ているが、ヴェルフリンの発言は、批評がまさに解き明かそうと目指しているものを説明しようとすることに対する警告だった。芸術家や建築家が言語に向ける並外れた敵意は、このような難題に対するひとつの反応として理解できるかもしれない。

見ることと理解することのはざま

モダニズム批評の文章にはどのような特色があるだろうか。その語彙については先述のように、「空間」、「形態」、「デザイン」、「構造」、「秩序」という五つのキーワードに与えられた特権がある。これらの用語の採用と呼応して、隠喩の全般的な排除がなされた。中でも古典主義的な批評の語彙の中で大きな役割を果たしていた、文学批評や芸術批評に由来するもの、すなわち、「大胆な」〔bold〕、「高貴な」〔noble〕、「男性的な」〔masculine〕、「気取った」〔affected〕などの性格的な属性を描写する用語や、「落ち着き」〔repose〕、「力強さ」〔strength〕、「堂々たるさま」〔massiveness〕といった気質にまつわる用語が追放されてしまったのである。隠喩の混じらない言語を追究しながらもモダニズムが許容していた隠喩がただ二種類だけあるのだが、それは言語の隠喩と科学の隠喩である。これらについては第四章、第五章でさらに詳しく論じている。他方で、批評は次々と抽象化の過程を経ていった——それは五つのキーワードに関してのことだけではなく、個別事例を抽象的な一般性に転換してしまうという傾向が顕著にあった。そしてたとえば、個々の壁面《ウォールズ》はただ「壁《ザ・ウォール》」とされ、個々の道《ストリーツ》は「街路《ザ・ストリート》」、個々の通路《ア・パス》は「道《ザ・ルート》」、個々の家《ア・ハウス》は「住宅《ザ・ドゥウェリング》」などとされるようになったのだった。

あえてモダニズム批評の文章にひとつの方法論を見いだすのだとすれば、具体的なものを抽象的にするという同様の一般的傾向がある。たとえばモダニズムの古典的なテクストであるエドマンド・ベーコンの『都市のデザイン』(1967)から一節を抜き出してみると、そのプロセスが作動している様子がよくわかる。モダニズム批評は近代建築についてのみに限られているわけではなく、そのきわめてわかりやすい例の多くは歴史的な建築に関するものである。次の一節は、イタリアの中世からの街、トディの中心部について述べたものだ。

> 中世都市の建築物の中でも、トディにおける二つのつながった広場のデザインは特に目を見張るものがある。中央にガリバルディの像がある小さい方の広場は、起伏豊かなウンブリア平野を望み、街の中に田園精神〔spirit〕を引き入れている。その片隅は主である中央広場のピアッツァ・デル・ポポロの敷地と重なり合っており、それによって二つの広場に共有された小さな空間のヴォリュームを特別な強度とインパクトを持ったものとして成立させるように、空間が作られている。人民宮《パラッツォ・デル・ポポロ》と司祭宮《パラッツォ・デイ・プリオリ》の塔がこの抽象的に規定された空間の両脇を固め、二つの角のせり出しを見下ろす垂直方向の力を与え、そのデザインとしての強度を最大級に高めている。
>
> 共同体の生活の二大機能を表象するこの二つの建物の位置は、平面配置においても、垂直方向の関係付けにおいても、デザインの中で的確に規定されている。人民宮と大聖堂の入口は、どちらも公共広場の平面からそれぞれふさわしい高さに持ち上げられ、大きな階段によってアクセスできるようになっている。このような包括的なデザインの簡潔さによって、このデザインの統合体たる都市の市民たちは、教会の一員として行動しているときも政治的共同体の一員として行動しているときも、自分がこの都市と結びついているという感覚を失わずにいることができるのである。(1978, 95)

はたしてベーコンが言うように広場の建設者たちが「デザイン」の意図を持っていたかどうかという疑問はひとまず措くとして、この一節でとりわけ驚かされるのは、記述する事柄をすべて抽象的に言い換えるという彼のやり方である。二つの**広場**《ピアッツァ》が共有する一角は「空間のヴォリュ

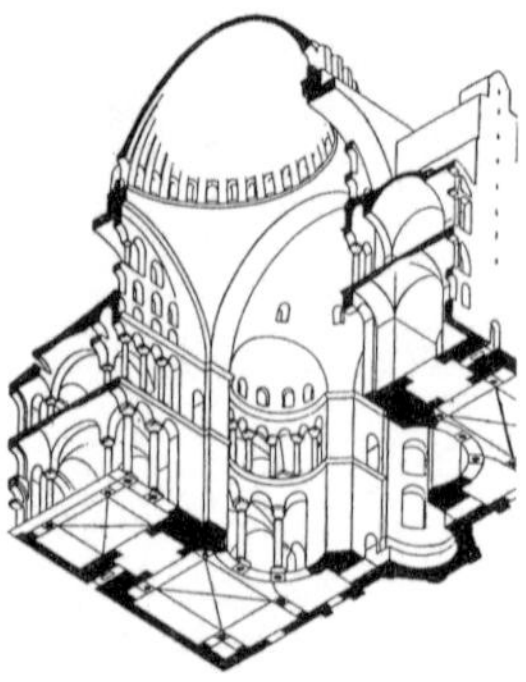

A・ショワジー、アヤ・ソフィア(『建築史』一八九九年)。ショワジーのドローイングは、建物を決して目には見えない仕方で——切断し、その下から見上げるように——表現している。

ーム」となり、二つの宮《パラッツォ》の塔は「垂直方向の力」、広場の敷石は「平面」、都市は「デザインの統合体《エンティティ》」となる。あらゆる実体を空っぽの抽象として言い直そうとするこの強迫観念はどこからくるのか。ベーコンは、目に見えるだけのものに満足してそれをそのまま記述することを一貫して拒否している。彼の目的は、対象の表面的な絶え間ない変化の下に覆い隠されている目に見えない秩序を明らかにすることにあった。ここに引用した節で——その中でもとりわけ観念的な用語の——「デザイン」という言葉が五回も使われていることがむしろ雄弁に物語っているのは、直接知覚できないものを求めるベーコン自身の切迫である。

ベーコンの本には、多くの人が住むはずの市街地から生活感が一掃され、密集した建物群が紙の余白になってしまっている特徴的な図が見られる(次頁図版参照)が、それと同様に彼のテクストもまた、経験のアクチュアリティを拒否している。そうすることで彼は、ロバート・マックスウェルの言うような、「木々を通して木材を見、そのプロジェクトに流れる精神を明らかにしようとする、近代の建築家の伝統的な仕儀」(1993, 107)を踏襲しているのだ。ちょうどオーギュスト・ショワジーの『建築史』(1899)における分析的なドローイングが、およそ人間の目では見ることのできないような——切断され、下から見上げられた——建物を見せたように、モダニズムの著作がこだわる抽象の世界は「観念」としてしか見ることができない。しかし、ここでもモダニズムの論者の「典型」としてベーコンを取り上げるなら、彼は「デザインの構造」を指示して目に見えるトディの街を棄却しただけでなく、その「意味」の解釈を試みることもなかった。建築の物理的な特性を記述することがただ言語のまわりくどさを示すことになるだけだった——言語が建築本来の媒体《メディウム》に取って代わることにしかならないから——のと同様に、作品の「意味」を言葉で言い直そうとする試みもまた常に、いかんともしがたい言語の余計さを感じさせることになるのである。ロラン・バルトが(文学に関して)書いているように、「批評家は、作品を「翻訳」することができるなどと、ましてやそれをより明瞭にすることができるなどと主張することローマ、アクア・フェリーチェとヴィア・クィリナーレ、エドマンド・ベーコン（『都市のデザイン』一九六七年）。モダニズムの分析は、複雑な現象をいくつかの抽象に還元してしまうところにその特徴があった。

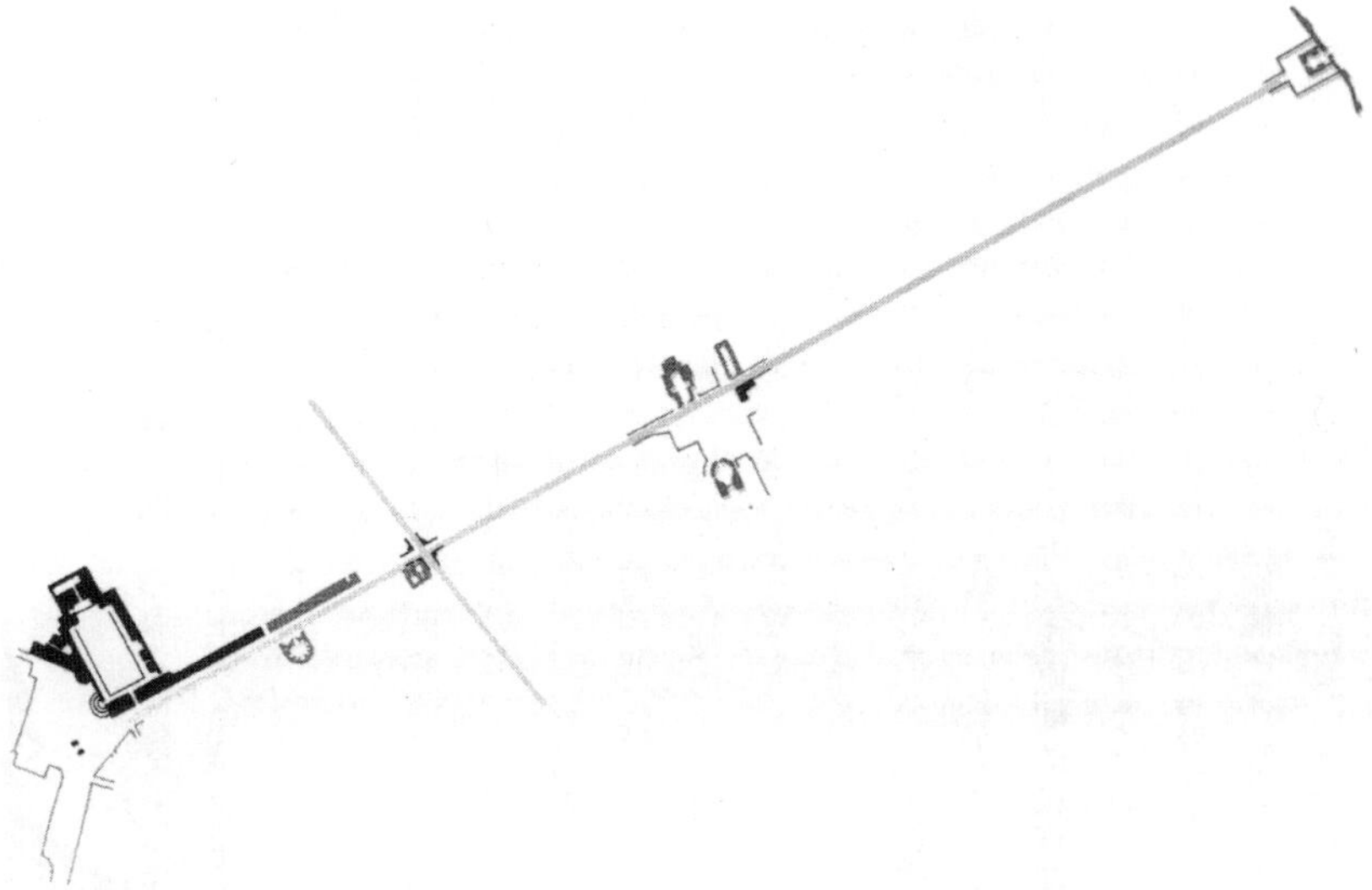

はできない。なぜなら、作品よりも明瞭なものなどないからである」（1987, 80）。
　モダニズムが言語に課した限界を誰よりもよくこころえ、またその制約を最も効果的に利用したのは、イギリスの批評家コーリン・ロウである。ロウの著作は多大な影響力を持つが、それらはかなり限られたトピック——主にル・コルビュジエの作品——について一九四〇年代後半以来書き継がれてきた一連の批評的なエッセイや論文である。それらは建築についてのモダニズム批評の傑出した例であり、絵画におけるクレメント・グリーンバーグの著作に匹敵するものだった。
　ロウのエッセイに繰り返し現れるテーマは、感覚によって経験されるものと知性によって理解されるものとの間に、ないしは「普通の教養を持つ人」（1982, 75）の目が見るものと平面図や立面図の精査から得られる知識との間に、建築作品が作り出す緊張関係である。ロウは、建築的な「目」の二つの構成要素の区別を次のように説明している。

平面図とは、精神に向けられた記録として常に主要な概念である。一方で垂直面とは、目に向けられた現れとして常に主要な知覚対象である。よってそれ〔後者〕は理解の端緒以外のなにものでもない。(1984, 22)

建築について書くに当たって、ロウはいつも視覚的な経験を描写するのだが、建築に関して言語が演じる役割としては十分でないということも認識していた。そのため、彼はいささか唐突に精神的な概念へと立ち戻り、これら二つの見方の違いから自分の議論を発展させようとするのだ。この視覚的に把握することから精神的に把握することへの切り換えは、ル・コルビュジエの「ラ・トゥーレット」(1961) に言及した彼のエッセイにおいて最も唐突な形で表れている。建物についての精神による概念把握へと注意を移行させることによって、言葉として語られた視覚的な経験は初めて重要な意味を持つようになる。それは、視覚的な証言が威力を失い、精神的な概念からの反対尋問の対象となるときである。「一見恣意的に見えるものによって感性は混乱するが、知性は、対立的なもので満たされていないながらも、問題の認識と同時に解答も与えられていることを知り、理にかなった秩序の存在を直観的に理解して十分に納得する」(1982, 15) ときにおいてのみ、建築作品は批評的関心の対象となり始める。

このような弁証法的関係性について言及することは、まさに言語のみが持つ特権であり、モダニズムの芸術体系《システム》の中で言語の価値が保証されるのは、この特別な役割においてこそである。

「理想的ヴィラの数学」(1947) において、われわれは、ロウが視覚と精神の間の緊張関係にどのように応えているかを見ることができる。このエッセイのテーマは、パッラーディオのヴィラ・ロトンダとル・コルビュジエのサヴォワ邸、またパッラーディオのヴィラ・マルコンテンタとガルシュにあるル・コルビュジエのヴィラ・シュタインという二組のヴィラの比較である。このエッセイの中心的なテーマは、後者のペアの対比から現れてくる。ファサードの異なったリズムを比較してから、ロウはヴィラ・マルコンテンタの耐力壁とヴィラ・シュタインの鉄筋コンクリートスラブという異なった構造のシステムから生じる内部の差異に注目する。ル・コルビュジエのヴィラの鉄筋コンクリートスラブによる構築の効果とは、そのプランの水平の平面においてあらゆる建築的な自由度が発生しているというものである。一方パッラーディオのヴィラでは、それは垂直的に、すなわち立面と断面において起こっている。ロウは、次のように議論を発展させる。

ガルシュの平面に見られる空間的な大胆さは常に人を刺激する。しかしその内部空間は知性によってのみ認知されるもののようだ。もっともここでいう知性とは何の先入観もない状態から働きかけるものをいうのだが。したがってガルシュには意図されたものと一見偶然に思われるものとの絶えざる緊張がある。概念としてはすべて明晰だが、感覚的にはひどく困惑することばかりである。一方に階層的な理想の表明があるかと思えば、他方にはそれと対立する平等主義的な理想の表明がある。どちらの住宅も外面からは理解しやすいが、内面から見ると、マルコンテンタでは十字形の広間に建物全体への手がかりがあるのに対し、ガルシュではどの位置に立っても決して全体的な印象を得ることはできない。なぜならガルシュでは、床と天井の間は当然等距離であるから、その間のヴォリュームはあらゆる部分で均等な重要性を持つのである。かくて絶対的な中心の展開は、不可能とは言わないまでも、任意に処理されてしまう。これはこのシステムの提示するジレンマであるが、ル・コルビュジエはそれに対し、次のように応えている。彼は水平方向に伸びるという原則を受け入れる。そこでガルシュでは、中心は絶えず崩され、いかなる点への集中も壊される。分断された中心

A・パッラーディオ、ヴィラ・マルコンテンタ（フォスカリ）、一階の平面図と共に（ヴェネツィア、ミラ、一五五〇―六〇年）。

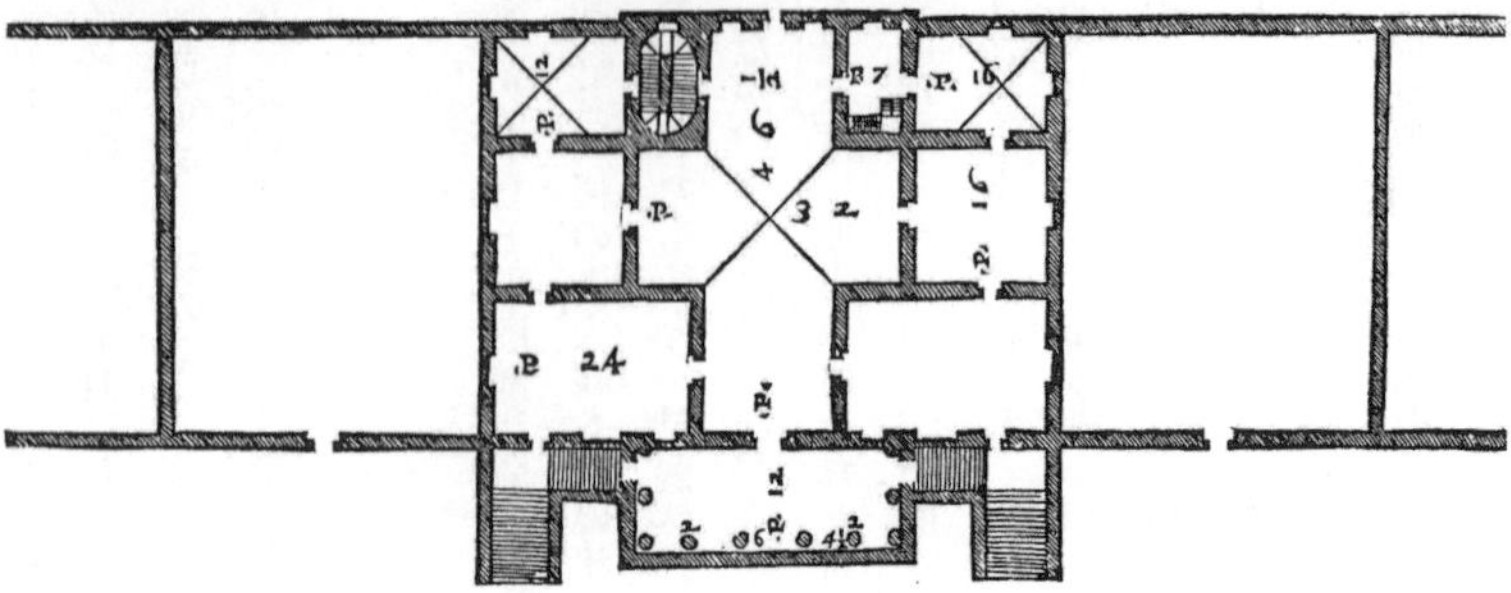

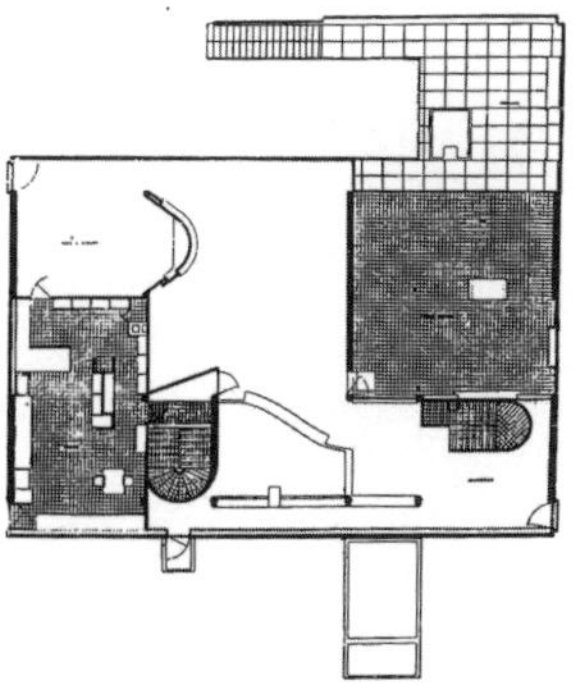

ル・コルビュジエ、ヴィラ・シュタイン、庭側のファサード、一階の平面図と共に(ガルシュ、一九二六—二八年)。コーリン・ロウによるヴィラ・シュタインとヴィラ・マルコンテンタの比較は、建物の描写を厳密に避け、その代わりに目が見るものと精神が(平面図から)知りえるものとの関係にもっぱら集中していた。

は断片となって周辺に分散し、平面の端部にも絶えず関心をひきよせる装置となるのである。

しかし今や、水平方向への拡張という**概念としては**論理的なシステムも、**視覚的には**確実に必要と思われる立体の明確な境界に行き当たる。その結果水平方向の広がりは阻止され、ル・コルビュジエは全く逆の方法を取らざるを得ないのである。つまり、テラスや屋上庭園として、ブロックから大きなヴォリュームをえぐり取り、エネルギーの衝撃力を逆方向に持ち込むのである。さらに周縁に向かう力を内側への力と対立させ、あるいは広がっていく動きと並行して逆の動きを導入することによって、ここでもまた、彼は対立する方法を同時に用いるのである。

その複合性によって合成されたシステム(あるいはいくつかのシステムの共存)は、この建物の基本的かつ幾何学的な二次構造を極めて顕著にしている。その結果、パッラーディオの中心性に代わるべき周辺部の断片的要素も、(テラスや屋上庭園などの)侵入物と合成できたのであるが、これら侵入物は、垂直方向の広がりというパッラーディオの方法と、本質的には類似した展開を示している。(1982, 12)

この長い一節は、まさにあらゆるロウの著述において見られる彼の方法論を特徴的に示しているのだが、読者に厳しい要求を投げかけていると言えるだろう。この著述は建物を描写しているのではなく、建物を見るということの代用でもない。建物を読み解くためには、作品の視覚的な印象と、プランとして抽象化したものの視覚的な印象、その双方をあらかじめ頭の中で思い描かねばならないのである。ロウは、言語を視覚的感覚作用の等価物として扱うという、錯覚やごまかしになりうるようなやり方はしなかった。この文章は、見られたものについて書いているのではなく、むしろ見ることという行為そのものについて、視覚的感覚作用と精神による知覚作用の間の空間について書いている。カント美学の本質はまさにこの「眼に映る印象」と超越論的な感性的属性の間にある空間にあったのである。ロウの著述に見られる彼の関心は、その極めて限定された領域にもっぱら集中していた。彼は視覚的な印象をただ再現するわけでもなく、超越論的な観念そのものを描写しようとしたわけでもなかった。視覚による感覚作用と精神による知覚作用、それらは両方とも言語の領域を超えたところにあることを十分に理解していたのである。

十八世紀の建築家や批評家にとっては、たとえばブレにとっては、「快を言葉で描写することは、そのような影響の下にいることをやめる」ことだったのであり、言語はただ単に対象物を指し示すものとしてしか存在しえなかった。しかし、モダニズムによる「革命」が、それを反転させた。すなわち、事物を描写することは言語の不当な利用だと宣言し、それまで禁止されていた領域を、批評的言語の最も重要な条件に転換させたのだ。一方で、クレメント・グリーンバーグが彼の古典的なエッセイ「モダニズムの絵画」の中で「おのおのの芸術は、それ自身に固有のものである個々の営為を通じて、それ自身に固有であり独占的であるような諸々の効果を限定しなければならなかった」(755)と述べたようなカント美学の遺産は、視覚芸術に言語の場所を与えなかった。しかし他方で、見ることと構想力との間にある特定の狭い領域に、言語が活動する場を与えたのもカント美学の遺産であった。まさにその後者の領域こそが、モダニズムの批評的言語が繁栄する場となったのであった。

2

建築家とその施主。ジョン・モルトビー（『現代女性』一九五八年七月号掲載）。イタリア・ルネサンスにまで遡る視覚の伝統では、手にドローイングを持っていることによって、建築家はそれとわかる。ドローイングという建築家の能力こそが、建物に携わる他の職業と建築家とを慣習的に区別してきた。

言語とドローイング　Language and Drawing

いずれにしても私は自分のデザインを描く必要はない。良い建築、つまりいかに優れたものを建てられるかは書かれうるものである。パルテノンも書くことができるのだ。

——アドルフ・ロース、一九二四年、一三九頁

建築はドローイングなしでは存在しないし、同じようにテクストなしでは存在しない。

——ベルナール・チュミ、一九八〇—八一年、一〇二頁

言語には建築家にとってもう一方の主要な媒体であるドローイングにできない何ができるのだろう。建築に関して言語とドローイングとの相違について問うことで、両者それぞれについて一定の事柄がより明確になる。幸いなことには、建築と言語との関係を探究する際に出合う不毛な光景と比較すると、建築とドローイングとの関係は、豪華で豊穣な渓谷である。この二つの媒体におけるいくつかの相違を考察するのに、私はためらうことなく、特にエドワード・ロビンズの『なぜ建築家は描くのか』(1994)、ロビン・エヴァンスの『投影の形態』(1995)、およびそれ以前の論考を利用したい。

ドローイングと建築との関係は、互いにあまりに密接であるため、通常——少なくとも建築家は——チュミが言うように、ドローイングなくしては、建築は存在しえないだろうと考える。近代においていく度も繰り返されてきたある見解についての一例を挙げると、イタリアの建築家カルロ・スカルパ（一九〇六—七八年）の発言は、ドローイングの特権的な地位を明らかにする

であろう。「私の建築は、建築家の媒体つまりドローイングで、しかもドローイングだけで済む」（Teut の引用）。これは二十世紀後半に（疑問を持たれるかもしれないが）そうだったとしても、たしかにすべての時代を通じて真実というわけではない。先立つ歴史上の時代、古代や中世では、ドローイングは、建物を生産する上で、わずかしか、あるいは全く役割を果たさなかった。だからといって、建物を生産する実践が「建築」ではなかったと言うのであれば、これは極端に制限的な分類であろう。十五―十六世紀のイタリア・ルネサンスになって初めて、新しく登場した建築という「技芸」〔art〕の表明をもって、ドローイングは建物を生み出す上での重要な特質となった。この時イタリアに生まれ、ヨーロッパの他の地域ではより後に起こった変化の根本には、建物の生産の一部に対する責任が、建設業から独立し、とりわけ絵画と彫刻という視覚芸術において訓練された人々に委譲されたということがある。確かにこの人々には、建設業に携わる人々には通常触れる機会がないアイディアに対する熟知と、建設業の一般的な慣習の外で建築を考える自由があった。しかしこれは別として、このような人々が示す特殊技能とは、描くという能力、図で示してアイディアを再現する能力であり、その能力でアイディアを施主とともに議論でき、建物に翻訳できたのだ。フィラレーテ以降、ルネサンスの著述の多くは、建築家になりたいと願う誰もが習得すべき第一の技能として、ドローイングの重要性を殊更に強調した。セバスティアーノ・セルリオの『建築と透視図の全作品』〔*Tutte l'opere d'architettura e prospectiva*〕は十六世紀の建築の著作の中で最も人気があったが、彼は第二書冒頭で「建築なくして、透視図は成り立たず、透視図なくしては、建築家は成り立たない」と意識的に述べ、さらには、ブラマンテ、ラファエッロ、ペルッツィ、ジュリオ・ロマーノといった同時代の偉大な建築家たちは皆、画家として出発したという事実に注意を促している。さらに歴史家ジョン・オナイアンズが指摘したように、セルリオは、彼の論文を建築、建築の部分、技術、素材などの原理ではなく、建築ドローイングの原理で始めており、そうした彼の判断は、前例のないものであったし、その後に続く多く

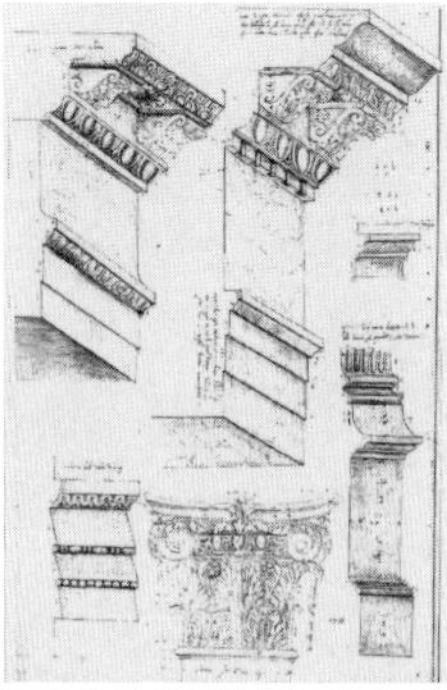

A・パッラーディオ、レオーニ門（ヴェローナ）、細部の測量図。パッラーディオの地位を石工から建築家へ引き上げたのは自分が見たことを記録し創作するために習得したドローイング技術に他ならなかった。

の建築の著作に踏襲されるパターンとなった（Onians, 264）。十五—十六世紀の間に生じた新しい職業区分において、建設業と独立した建築家という新しい種〔genus〕を準備したのは、何よりもドローイングの能力である。それによって、彼らの職業が建設から分離されることが可能となった。また透視図法という新しく発見された科学におけるドローイングと幾何学との結びつきから、建築それ自体が抽象的な思考と連関する手段がもたらされ、建築に肉体労働よりも知的労働という地位を与えることが可能となった。しかし同時に、この新しい分業の中でも、ドローイングは建築家の絶対的で独占的な支配を維持していた建設というプロセスにおいてほんの一部分でしかなかった。主に物質的なものこそ建築家自身が生み出すものだったのだから（今でもそうだが）。十六世紀にはまだ、論考の著者たちが特別な注意を払うくらいに十分目新しさがあったドローイングの重要性は、続く何世紀もの間に、当然のこととなった。よって、たとえば十九世紀の初頭に、フランスの理論家J・N・L・デュランは、「ドローイングは建築本来の言語である」と記述した。そして続けて、建築ドローイングに要求される特異な資質について強調したのであった。

すべての言語は、その目的を遂行するために、言語によって表現されるべきアイディアと、完全に調和しなければならない。建築は、本質的に単純であり、すべての無用なもの、全ての見せかけの敵であるので、使用されるべきドローイングの典型とは、すべての種類の困難、偽りや過剰さからまぬがれているべきである。そうであれば、そのドローイングは、それだけで、建築を検討するのを速く、容易にすることに貢献し、アイディアを発展させることに役立つであろう。しかしながら、その反対の場合には、それは手仕事を不器用にし、そして想像力を怠惰にし、しばしば判断力を間違ったものにさえするであろう。（vol.1, 32）

われわれがここで見いだすことは、ドローイングが中立的な媒体、すなわちガラスが光を通すように、アイディアが邪魔されることなく伝わる媒体であるという確信である。このことは、少なくとも近年に至るまで、建築の実践において、ドローイングに対する最も一般的な見方となっていた。

しかしながら、もしドローイングが建築の真正な媒体、つまりは**分身**〔alter ego〕であると受け取られるようになったとして、建築家がドローイングに慎重であるのもまた事実である。その理由は、次のル・コルビュジエによる一九三〇年の発言で明らかにされる。

> 私は**レンダリングに対する嫌悪感**をあなたに伝えたい…建築は空間に、広さに、奥行きに、高さに存している。つまり建築はヴォリュームと循環である。建築は**頭の中**に造られる。紙切れはデザインをとどめ、施主や請負者にそれを伝える時に限り有用なのだ。(230)

ル・コルビュジエのレンダリングに対する異議は、長年存続している新プラトン主義の伝統に属している。新プラトン主義では、人の頭の中で作り出されるイデアが、イデアから作られたすべてを判断する際の基準として考えられる。『国家』第十書に詳細に記述されたプラトンの芸術に対する軽蔑は有名である。その根拠とは、再現することは再現されるアイディアより常に劣っていることだった。ルネサンスの新プラトン主義者は、プラトンの異議を逆手に取り、芸術の特質は他の方法では知りえないイデアを表現することにあると主張した。建築に当てはめると、アルベルティの「物質的な方法に頼らずとも、心の中に全体の形を思い浮かべることは可能である」(7) という有名な主張に、その成果が表されている。そして建築の目的に関する言明として、われわれは十七世紀の芸術理論家ジョヴァンニ・ピエトロ・ベッローリを引用しよう。「建築家は高貴なイデアを抱き、心の中でそれを確立しなければならないと言える。イデアが建築家にと

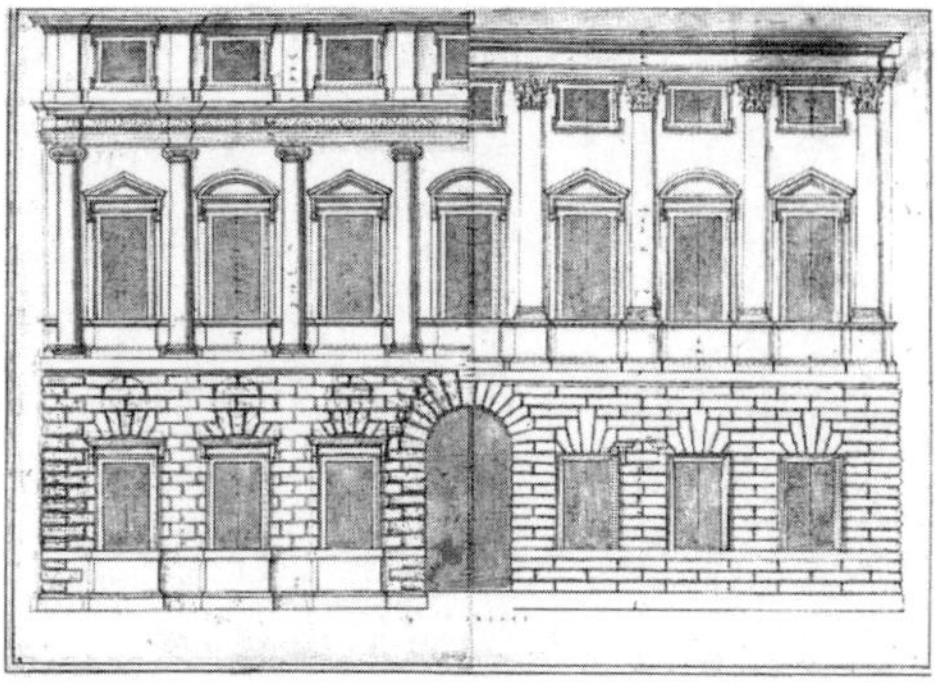

A・パッラーディオ、パラッツォ・ポルト・フェスタの二案（ヴィチェンツァ、一五四九年頃）。直角図法は、すべての点においてあたかも垂直の位置から見えるようなので、建物を表すのに好ましい方法として建築家が採用した。透視図法より好まれているとはいえ、それ相応に人工的で、当てにならない。

って、法則や理論として役立つためである」（Panofsky, 1924, 171）。ル・コルビュジエによって繰り返されたアカデミックの正統的行いは、この見解と多くの同様の見解に由来している。芸術が精神的意図を外に向けて表現したものだという考え方の、他にもたらしたと言われる結果が何であれその建築ドローイングに対する帰結は重大であり、かつ矛盾を含んでいる。つまりドローイングは、建築家の精神から造られた建物へとアイディアを運ぶという重要な責任を任される一方、観念よりも常に下位にあり、観念を劣化させると見なされる無力に苛まれている。実践において、この緊張関係は、直角図法の真実性を過大評価し、透視図法の虚偽性を誇張することによって、一般に解決されてきた。アルベルティがこれを行った最初であった。

画家のドローイングと建築家のドローイングとの違いは次のようである。前者は影を付け、線と角度を先細りにすることで絵画に描かれる対象の立体感を強調しようと注意を払う。これに対し、建築家は影を付けるのを拒み、平面図から投影図を起こし、線を変更せず実際の角度を保つことによって、立面と側面それぞれの大きさと形状を明らかにする。（34）

そしてル・コルビュジエの異議は、思い出されるであろうが、「影を付けること」すなわち**レンダリングされた**ドローイングに対してで、すべてのドローイングにではないので、アルベルティと同じ伝統の中にある。しかし、エヴァンスが指摘したように、直角図法と透視図法というドローイングの二つの型の違いは、さほどではない（1995, 110）。慣習的に直角図法の虚偽性を無視して、透視図法のそれを過大に強調することによって、建築家はドローイングの矛盾を解消したようなのである。

このようにさまざまな理由から、スカルパの「ドローイングは建築家の唯一の媒体である」という主張はすっきりしない。つまり確かに、時間を超えた普遍の真実というわけではない。むし

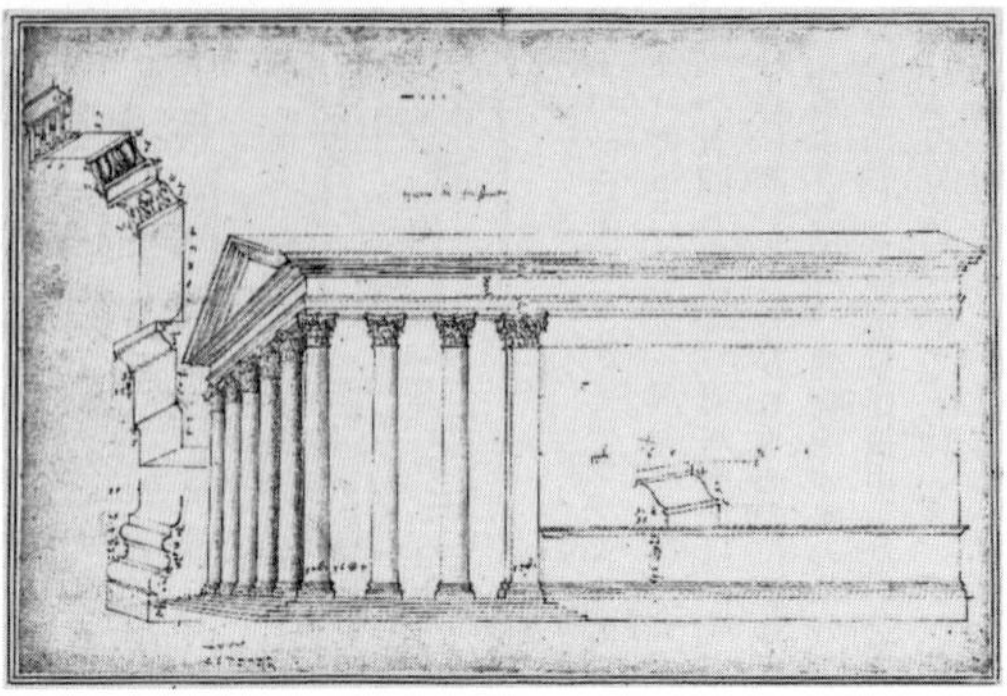

A・パッラーディオ、アントニウス・ピウスとフォスティーナの神殿、透視図。透視図——パッラーディオは稀にしか使わなかった——の「不実さ」は、ルネサンス以来、直角図法こそが建築家の「考え」を純粋に表現するという考えを強化するために、一般に建築家によって誇張されてきた。

ろ、建築家が置かれた状況、また新プラトン主義の伝統の遺産を言明したものなのだ。この点について、建築の過程に関する「慣習的な」見方を、一つの図式に要約するのが有益だろう。この図式の間違いは一見してわかるが、それでも建築のすべての実践を構成するさまざまな活動の関係を議論する機会を提供してくれるであろう。

観念〔Idea〕→ドローイング〔Drawing〕→建物〔Building〕→経験〔Experience〕→言語〔Language〕

この図式に要約される手順は、施主が何を望んでいるかを建築家に話すことに始まる。そして建築家はそれらの要求を作品のための観念に変え、それをドローイングとして描く。やがてドローイングは建物に翻訳され、人々がその建物に住み、出会う。彼らは話したり書いたり（あるいは描いたり写真に撮ったり）して自分たちの経験を明確に表現する。同じ図式の別の解釈では、円環としてこれを表すのかもしれない。最終段階において、建築家の精神に生まれた観念を、主体が自分の精神において実感することを示すためである。この図式全体の一般的で明らかな欠陥の一つは、言語が最終段階のみならず、先行するどの段階にも現れることである。施主は建築家に何が欲しいかを**語る**し、建築家は建物を描くだけではなく、それをさまざまな形で**記述する**。施主に、他の建築家に、役所に、請負者に、職人に、記者に。それどころか建築作品との出合い、すなわちその建物の使用すること、それ自体全く言語を使わないことなどめったにない（「いいえ、そこは非常口です——正面玄関はここです…」）。

図式の段階ごとの検討に戻ると、第一の「観念→ドローイング」は、すでに明らかであろうが、新プラトン主義の観念論的な前提によって損なわれる。ドローイングや言語において、観念がその再現より先に存在すると仮定するのであれば、他の状況下でほとんどの人が通常許そうとする以上の、形而上学への大きな信頼が求められる。メルロ＝ポンティが書くことの議論においてま

エルノ・ゴールドフィンガー、ピカデリーの彼の事務所にて（一九六〇年代前半）。「建築家の手段は…ドローイングであり、ドローイングのみである」――しかしゴールドフィンガーは電話で話しているところだ。

さに言ったように、「書き手の思考は自身の言語を外部から支配してはいない」。そして重ねて「私自身の言葉が私を驚かせ、私が何を考えているか教えてくれる」（Derrida, 1978, 11に引用）。同じことがドローイングにも言えるだろう。ドローイングは、エヴァンスが主張したように、ある観念の投影よりむしろ、それ自体がある固有の現実を創出しているのだ。

エヴァンスは特に「観念→ドローイング」と「ドローイング→建物」の段階に注目した。彼の著作はとりわけ「観念からドローイングを通じ建物へ、意味と類似の両方が最小限の損失で移行されるような、最大限の保存の試みとして」これらのプロセスを考える慣習への批判である（1986, 14）。しかしながら彼は、「絵画と言葉は常に、それが言及するものよりも劣っている」ことを認めていた（1995, xxi）。彼のこのジレンマに対する解決方法は、建物とその絵とは同じ基準で判断されるべきでないという議論だった――絵は、建物の代替であるよりも絵であることにおいてより成功を収めるし、逆もまた真である、と。彼が模索したのは、建築ドローイングをそれ自体の枠組みで考えることであった。常に伝達手段として不十分であると見なさずにむしろ、「出てくるもの〔建築として立ちあがるもの〕は入れるもの〔指示書としてのドローイング〕と必ずしも同じではない」と認めるべきである（1986, 14）。実際、イデアと絵との関係についてのプラトンの見解は、西洋の思考にはこのように足枷だったが、ドローイングと物体との関係を考える際には、彼は大変有意義なもの、つまりこの文脈で考えるべきことがある。ソフィストとの対話の中でプラトンは、「われわれは家を造るのに、あるときは建造という技芸を用い、またあるときはある種の夢であるドローイングという技芸を用いないか」と問いかけ「人間の模倣から生まれる他の生産物もいつも二重であり、一対になっている。事物と像があるのだ」と続けた（266）。このような見地から、われわれはドローイングを事物の不完全な解釈と見るのではなく、対等であるが異なった現実として見るよう促される。だとすれば、われわれは同じ観点で、建築についての言葉による論評を考えられないだろうか。家のドローイングが実物の家に比べて「ある種の夢である」ならば、語られる家とはいかなるものだろうか。

建築の過程の前半部分についての慣習的な見方では、言語は通常、副次的な効果と考えられてきた。まずドローイングがあり、次にそのドローイングや、それに含まれている事柄について語る。いくつかの理由で、これは説得力があるとは言えないようだ。第一に、多くの建築家にとって、ドローイングと語ることとはそれほど区別されていない。たとえばピーター・クックはこう述べた。

> 私はドローイングすることと語ることとが好きだ。ペンを持って施主や生徒に「それはこうでもいいし、こうでもいいです、ところで、もしあなたが何々という建物をご存知ならば」と話し、そして尋ねる。「キュー・ガーデンのパーム・ハウスに行ったことがありますか」と。そして忘れないようにスケッチを少し描いて、そこから別の何かに進展させていく…。(Cook and Parry, 1987, 42)

また多くの場合において、建築家はドローイングだけを自分の企図《スキーム》の十分な投影と見なしているわけでもなさそうだ。ドローイングについて語ることが、施主に対してにせよ、他の聴衆たちに対してにせよ、たんに建築における慣行の一つであるだけではない。時に多くのことを、時に自分のドローイング上にさえ、視覚的なイメージだけでは記述できないことを言葉で与えるため書くことを好む。たとえばフィリップ・ウェッブは、いつも建築ドローイングを軽んじていた。「絵のようなスケッチをする能力は、建築家にとって命取りになる才能である」(Lethaby, 1935, 137)――彼自身のドローイングには、狙った効果や仕上げについてこまごまとした指示が書かれていた。またバルタサール・ノイマンのドローイングには彼が意図した光と色彩による効果についての長い記述が含まれている。

フィリップ・ウェッブは、多くの建築家と同様に、自身のドローイングに言葉による指示を加えた。クラウズ（一八八四年）でのオークの彫り物のドローイングは、ドローイング、言葉、結果としての作品の関係についての広範な言説を含んでいる。「よってこのスケッチは、とりわけ意図された効果を示すために描かれた。この彫り物は最長で二八フィート、最短でも一八フィートの距離から見られよう。だから彫り物自体、粗野とは言わなくとも、力強く、荒々しいまでに仕上げられねばならない。このドローイングで示される柔らかなグラデーションは、遠くから求められる効果の助けとなる以上には必要でないし、実にそれを施す労力は無駄にすぎないが、ドローイングにおいては彫り物に生み出されるべき効果を示す他の方法はなかった。…彫り手は、ドローイングの意図を自分のやり方で結果させるため、必然的に自身の判断を用いるだろう。

そして結果を得るために、できるだけ少ない労力がなされるべきであろう。小平面を適切に刻んだ後、鋭く丸のみをふるい、明確に切り出されるべきで、のみの痕跡は抑制するにとどまり、しかしドローイングでの縞模様や他の表示はすべて見失われない。パターンを繰り返す過程でも、形態と性質が維持される限り、絶対の一致は全く求めない」。

建築がドローイングには全く投影されずに、完全に言葉で計画されることは、常にありうることであった。一九六〇年代後半にイタリアのグループ、アーキズームは話し言葉による記述を一つの方法論として提示した。

聞いてください、実に素晴らしいものになると私は本当に思います。空間がとても広くて、明るくて、大変よく整えられていて、どの隅も隠れていません、おわかりの通り。繊細な照明があり、すごく明るく、無秩序な物すべてを鮮やかに照らし出すのです。

つまりすべてが単純で、謎めいたものとか心を乱すものとかが一切ありません。おわかりでしょう。素晴らしい、本当にとても美しい——たいへん美しい、とても。それにすごく大きい。極めて特別です。大いなる静けさもあり、そこも素晴らしい。

ああ、どうすれば私はこの素晴らし

クラウズ、ホール内部（ウィルシャー、一八九〇年代に撮影）。原寸大のドローイングが描かれたオークの彫刻は、ギャラリーの窓のすぐ上に施された。

い色彩をご説明できましょうか。多くのことは説明しにくいものでしょう、それらは特に、とても新しい方法で使われているからです。…わかりますよね。素晴らしいものがたくさんあるのに、ほとんど空っぽに見えて、とても大きく、美しいでしょう。どんなに見事か…ただ一日を仕事も何もしないで過ごす…おわかりでしょう、ただ素晴らしい。（Ambasz, 1972, 234）

お気付きだろうが、この記述は詳細を含んでいない——その空間は何のためのものか、「家」か「事務所」か「図書館」か「バー」なのかの言及はないし、物理的な描写はなにもない。アーキズームが意図したように、結果として、その言葉を聞いて、心の中の世界にせよ物理的な世界にせよ、そのプロジェクトを構築しようとする主体と同じ数だけ、計画のさまざまな解釈があるのだ。アーキズームの実験だけが独特なのではない。イギリスの建築家、ウイリアム・オルソップはあるプロジェクトを「ジ・アザー・ルーム」という言葉にした（Alsop, 1977）。それにフランスの建築家、ジャン・ヌーヴェルの卒業設計は完全に文章で書かれたようだ。建築作品を言葉に投影すること——中世ではそれほど特別なことではないようだが——は、大工に対しての並外れた信頼を前提にしている。中世においては実際、慣習がはっきりと規定されていたので、その結果は予測通りになっただろうが、モーフォシスのCDLTハウスでは、プロジェクトは未知の結果を伴う実験とされたに違いない。ここでは、施工図が一枚も作成されず、建設業者は日々作成されたスケッチから仕事をしたのだ。「請負者は、一日の終わりに、自分が仕事をしたところで解決を必要としている部分にそこを照らすためのライトをつけていった」。しかし建築家らが次のように付け加えたことは意味深い。「その建設業者は文学と作曲の学位を持っていたので、彼とアイディアを語り合うことができた」（Mayne, 152-63）。つまりこの「アイディア」はドローイングによる伝達の必要なしに、建築家の頭から建設業者の手へと伝達できたのだ。よって言葉への投影から生み出された建築作品はありえないことではないが、しかしその結果はドローイングから生み出された結果とは異なっているだろう。

建築の創造の過程で、言語がドローイングに従属するという仮定に対し、このプロセスをあまりにも単純化し過ぎているという反論がもしあるとすれば、もう一つ別の反論は、より歴史的である。言語とデザイン――このプロセスに対し実際にドローイングを描くというよりもっと広義の用語を使用するならば――との関係についての一般的な見方とは、まずデザインがあり、その後それが語られるというものである。また同じ論点を、より一般的な言い方にするなら、デザインはその言語化に先立っているということだ。ポール＝アラン・ジョンソンは『建築理論』でこの考え方を追究した。

建築について語る方法を探究してみると、しばしば言葉は、その時々の実践で起こっている変化について行けなかった。…やはり理論が実践を導くという考え方は…デザインに関する会話で使われる言葉において理論が不変であり、よって先行するという仮定から生じる誤解なのだろうか。また実際のところ、言葉はデザインに遅れているのだろうか。この遅れは実際、理論が実践に課す制約、つまりは生来の保守性なのか、さらにはふつうの定式化では、理論は実践を導かず、実践が理論を先導するというのだろうか。(45-46)

デザインまたは実践が先導し、「理論」(彼はおそらくこの言葉で、デザインや実践に批評的に言葉で関わることを意味している)はその結果であるというジョンソンの見解は、彼が想定しているよりも建築と言語の関係についてありきたりの見解である。しかしながら、事実に全面的に一致している見解とは言いがたい。新しいデザインの性質を記述するために、用語やカテゴリーが新しく作られるのはたしかに事実だろうが、その過程はたいていい逆なのである。建築家や批評

モーフォシス／マイケル・ロトンディ、CDLT ハウス（シルバーレイク、カリフォルニア、一九八九年）。建設者にはドローイングなし、口頭の指示のみで建てられた

家が、作品の中で見てもらいたいものを記述するのに、まだ存在していない批評上のカテゴリーや語彙を利用しているように。ジョンソンの主張と相反する顕著な例は「空間」で、二十世紀の建築で最も顕著な特徴であると言われている（第二部「空間」三九〇頁—を参照）。ところが、批評上のカテゴリーとしての「空間」は、それとわかるほどに「空間的」な建築が実現される以前に、また建築家が空間に関する用語で自分の作品を記述し始める以前に発展していた。建築批評の語彙のうちに「空間」が先に存在していたことで彼らの建築の空間的な特性を実現させたとは言えないにせよ、自分たちがしていることを話している中で、建築家はすでに確立された語彙に拠り、語彙を利用できたことは疑いの余地がない。この場合や同様の場合が示すのは、言語が単にデザインの余波であると見なすのが間違いであろうことだ。むしろ語彙はより一般にはあらかじめ存在しており、しかしドローイングという夢遊病的な世界がそれ自体では提供できない何かをデザインのために行うよう引っ張り込まれるのである。

　このことによってわれわれに提示されるのは、言語は何に成功しドローイングは何に失敗したのかという疑問である。この疑問をいかに考えるべきかについて、いくつかの提案がロラン・バルトによって、モードの体系を分析する中で示されている。

視覚的な知覚の専制に逆らって、視覚以外の知覚や感覚の様態に意味を結びつけることは、明らかに言語の機能の一つである。形態の秩序の中でさえ、言葉によって、イメージではほんの少ししか表現できない価値に存在がもたらされる。色々なものの総体とさまざまな動きに意味作用を発揮させることについては、言葉はイメージよりもずっと優れている（それらをより知覚させやすくすることについては別の話である）。言葉は、衣服という意味体系の処理に抽象と総合の力を意のままに使う。（1990, 119）

もし、バルトが示唆したように、イメージに関する言語の力が「抽象と総合」、そして「調和と動き」の意味を開示する能力にあるならば、建築における言語の力とはいかなるものだろうか。私が思うには、われわれが見るべき言語とドローイングとの差異のあり方には五つの領域があろう。

（一）言葉かドローイングかの選択だとすれば、建築家は普通、ドローイングを選ぶであろう。この理由ははっきりしている——ドローイングは正確であり、言語は曖昧であるからだ。建築家トム・メインが言うように「ドローイングと模型によって…言葉による言説ではしばしば達成できない正確さが得られる」（9）。しかしこのことから、建築においてドローイングや模型はより完全な媒体であり、言語は不完全な媒体であると結論付けることは、単に視覚的な知覚の専制に屈しただけである。言語それ自体が許しているのは、多義性、そしてドローイングの過酷なまでの正確さから逃れることである。ドローイングが限定された正確さ——線があるかないか——を要求するのに対し、言語によって建築家は、自分が難しいと感じること、あえて正確ではないように選んだもの――ニュアンス、ムード、雰囲気――のすべてを扱えるのだ。ドローイングはある現実を投影していると装う一方で、言語はその現実とは距離を置いている。言語は意味作用を許容し、あるものを他のもの「として見る」ことを促し、意味の根底にある潜在的な多義性の感覚を刺激する一方で、ドローイングは平凡に刺激することしかできない。こうした理由で、「建築の平明な言語」を要求することは、あまりに場違いのようである。つまり言語は直接性を扱うのではなく、隠喩や多義性を扱うのだ。不明瞭や多義性といった、言語のある特性を示すドローイングが一種類だけある――スケッチだ。おそらく、二十世紀において建築スケッチに与えられたさらに大きな価値に、ドローイングをより言語と似せる試みを見て取ることができよう。

（二）言語とイメージ（ドローイングにせよ写真にせよ）の最も根本的な区分とは、ソシュールがいうように「言語においては、差異だけがある」（120）。言語が意味しうるのは――そして意味することに優れるのは――差異だ。しかしドローイングでは、技術が差異（線の有無）の体系からできているとはいえ、総じて完成された結果は、それ自体直接的に他の何らかの再現との相違に注意を促すものではない。言語では「重い」や「複雑」といった名称の意味の総体が、「軽い」や「単純」の反対に属するのに対して、ドローイングでは、すぐにわかる反対事象がない。ドローイングは、第一にそれが再現しているものを喚起する。ドローイングに長けている人なら別のやり方、別の投影での他のドローイングが、事柄をいかに違ったふうに再現するかと考えるかもしれないが、それは意味作用の副次的なレベルであり、たしかに正確ではない。一方で「複雑」という言葉が喚起するすべては、「単純」ではないことの中に含まれている。

要するに言語は、どんなドローイングやイメージよりも差異を指し示すことに優れている。これが建築において、言語の決まりきった役割であり、そのことは建築や建築批評に携わる誰にとっても全く馴染み深いものに違いない。

フランク・O・ゲーリー、ケース・ウエスタン・リザーヴ大学付属ウェザーヘッド・スクールのスケッチ、一九九七年。完成された建物に意図される効果をパブリック・ヴューに示す方法として、建築家（もっともゲーリーは特に精力的な宣伝者だったが）のスケッチは二十世紀にますます一般的になったが、ドローイングを不確かさという点でより言語的にする試みと考えられる。

（三）言語に認められる特徴のひとつは、**対象言語**と**メタ言語**との区分、すなわち言葉それ自体が意味するものと、人に所与の言語で意思疎通する能力を与える意味の場との区分である。通常の会話の中では、「おわかりでしょう」とか「わかる?」というような言葉によって、われわれはいつも、他の人が同じメタ言語を使っているのを確認している。「失語症疾患」と呼ばれる特殊な言語的記憶喪失の特徴のひとつは、患者がメタ言語を奪われていることで、そのため言葉は「第一義の意味との類似によって連想される付加的で転換された意味を推測する能力」（Jakobson, 1956, 249）を持たなくなる。建築ドローイングという世界はむしろそうした世界のようである。芸術のある領域——たとえばピカソのコラージュとキュビスムのレリーフ——では対象言語とメタ言語との間の戯れが多くあるものの、建築ドローイングにおいてこれは、少なくとも伝統的には奨励されてこなかっ

ヴィニョーラ、ヴィラ・ファルネーゼ、カプラローラ、断面鳥瞰図（一六一七年刊行）。ドローイングにより建物の外部と内部を同時に示す機会が得られ――実際には不可能だ――、建築ドローイング技術の初期の発展段階から、正規の用法の一つであった。

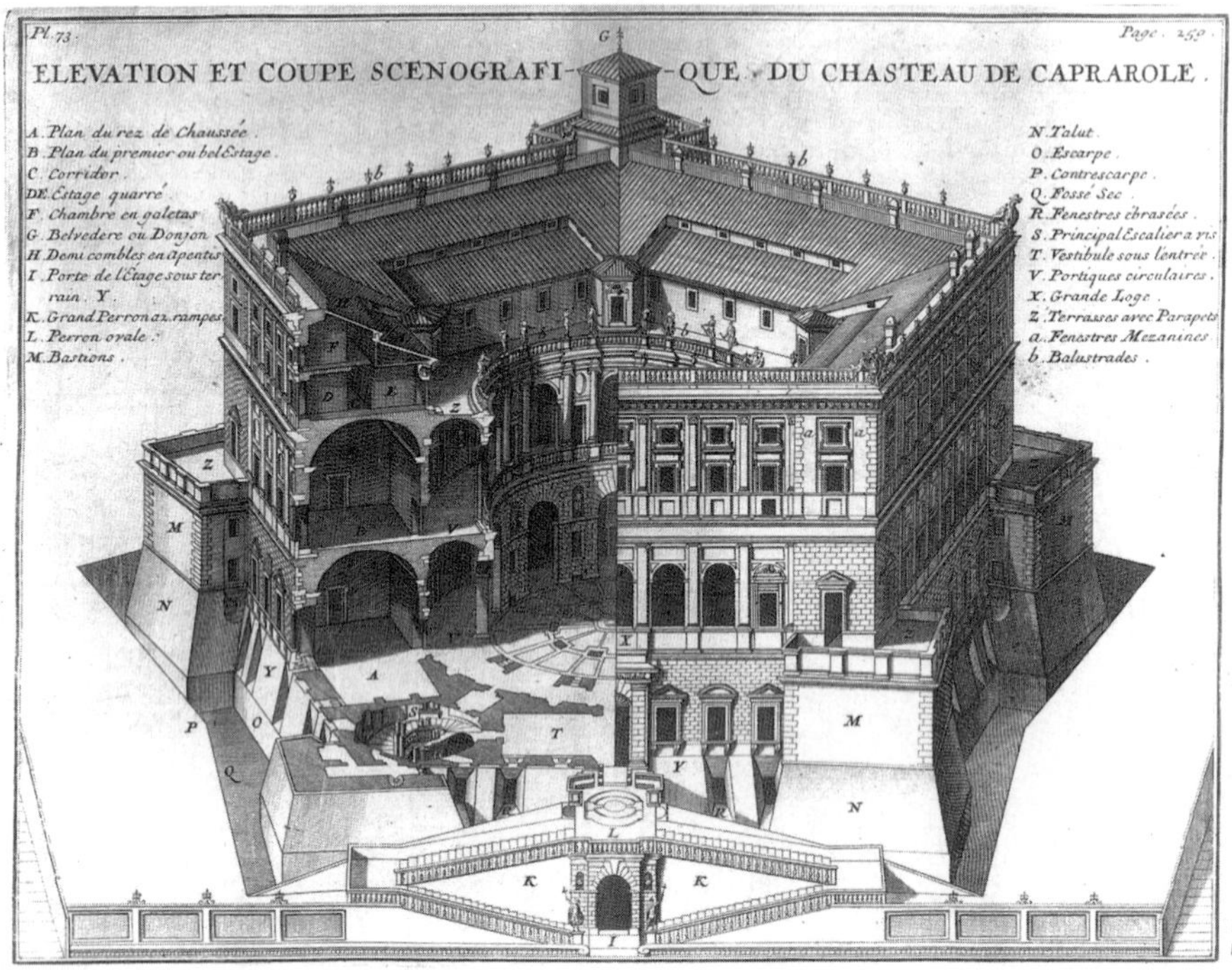

た。話したり書いたりする言語は当然ながら、常にメタ言語を必要とし、それが多義的でも正確でもよいのであるが、一方で建築ドローイングは一般に「対象言語」に固執し「付加的で転換された意味」を禁じようとしている。

(四)言葉が線的な連続性で話されたり書かれたりすることは、言語の本性である。一方ドローイングは、一度にイメージを提示する。この点において、建物はドローイング的であるというよりも言語的である。というのは、それは同時に経験されえないからである——ある連続性において、建物を通り抜けたり、周りを廻ったりして調べなくてはならないからだ。そしてこの連続した動きはドローイングよりも言語によってより簡単に表現される。しばしば人々がいうように、ドローイングを「読むこと」について語るとき、一般に彼らがすることと言えば、平面図や断面図の中に想像される身体の動きを投影し、自分が遭遇するものを描写することである。彼らはあるイメージを解釈するという、言語的な行為をしている。ドローイングが言語よりもずっとうまく伝えられる「同時性の」印象は、長年十分に活用されてきた特性である。だから建築ドローイングに長年込められてきた野望とは、ある単独のイメージを通じて、ある建物のすべての側面を同時に、内も外も前も後ろも表すことであった。この競争に限れば、言語は最初から勝つ見込みがない——しかしこれは言語の価値を減じるものではない。

(五)ドローイングは言語よりも理解しやすい——「一つの絵は千語を語る(百聞は一見にしかず)」というのが、一般に受け入れられた通念である。どのような意味で、これは真実なのか。ドローイングと言語とはそれぞれ理解するうえでどんな要求を課すのか。建築ドローイングの慣習的な体系は、直角図法か透視図法に依拠しつつ、見る主体にきわめて特異な要求を強いる。直角図法のドローイングは、無限個の点から紙の表面に垂直に投影され、見る人々に、自分たちが建物の前の空間に宙吊りにされた何千もの存在に細分化されていると想像するよう要求する。そして透視図法のドローイングは反対に、見る人の目が一つで、一点で動かないものと仮定するよう望む。どちらもフィクションであり、どちらも現実により一致しているといえない。特に、両方の図法はすべてのドローイングと同じように、人が対象の外にいることを仮定している。つまり主体と客体が便宜的に紙の表面で分けられている。ドローイングそれ自体が知覚の模像となり、われわれにとってのドローイングの外部性によって、知覚は知覚される物と同様、精神の外部に存在するものと想定される。言語はわれわれにそのような要求をしない。言葉それ自体は、なんのイリュージョンをも含んでおらず、精神に直接働きかける。言語は、知覚の属するところ、つまり精神の内に知覚が生じることを可能にする。少なくともこの点で言語は、ドローイングを理解するのに（われわれはそれにあまり気付いていないとしても）必要な、知性によるさまざまなひねりを要求しない。

ウィーンの建築家アドルフ・ロースは「良い建築は書かれうる」と言うことで何を意味するのか説明しなかった。ロースの多くの発言のように、それは挑発的であり謎に満ちている――しかし的外れではない。

ダニエル・リベスキンド「穴の法則」(『ミクロメガス』一九七九年)。因習的なドローイング技術は、見る主体と再現される客体との分離を創り出したが、非直角図法のドローイングを使う実験によって、知覚という行為と知覚される客体とで初めて完全になることが試みられた。つまり両者は、その作用においてより言語的である。

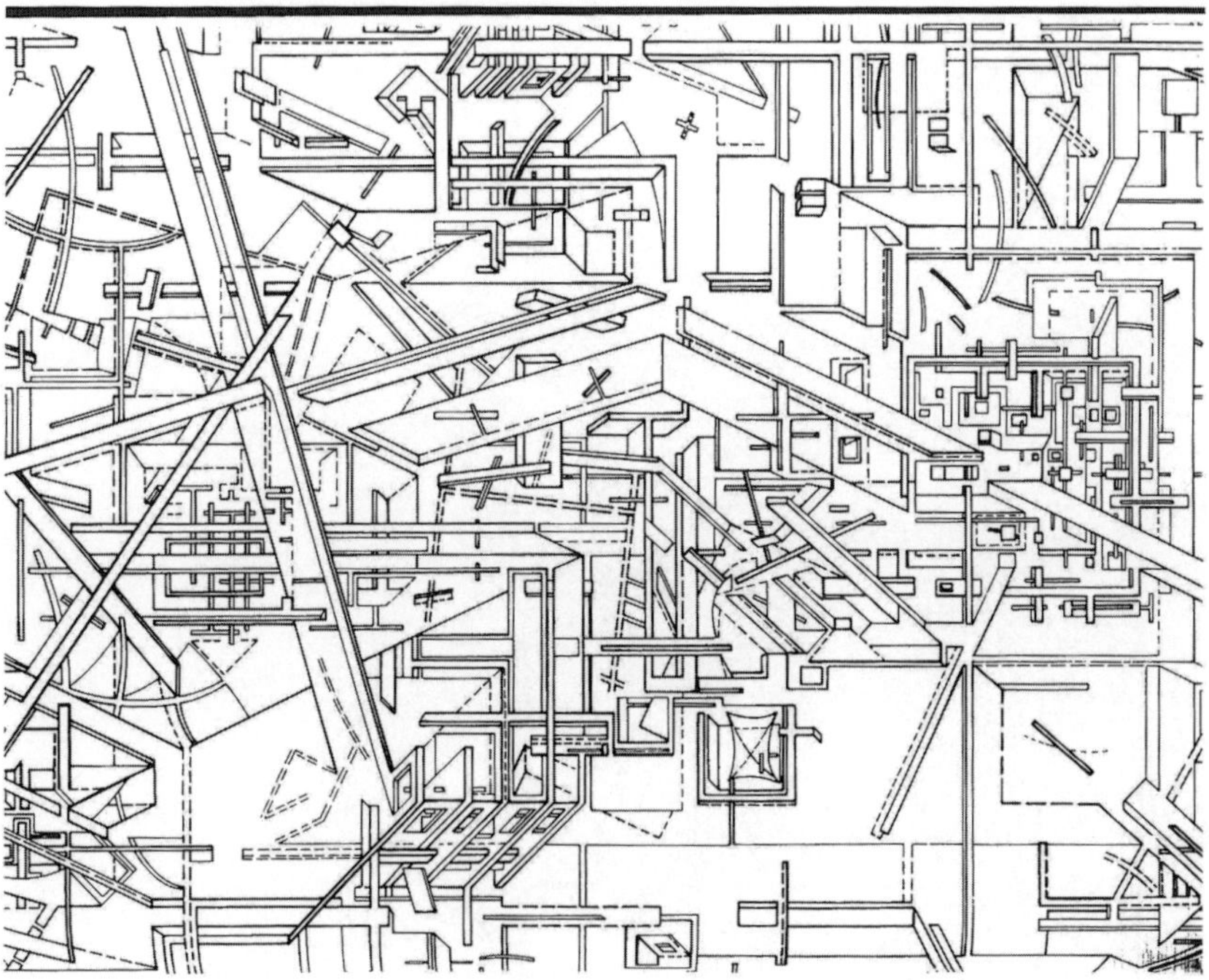

3

コリント式オーダーの神話的起源。フランチェスコ・ディ・ジョルジオの建築論の十六世紀の写本より。オリジナルは一四七八—八一年に書かれた。

差異について、男性的と女性的
On Difference : Masculine and Feminine

言語の内に存在するのは差異のみである。
——ソシュール、二〇頁

言語は、それ自体が差異の体系であるために、図面や写真にはできないような仕方で差異を記述することに秀でている。思想や経験をどのような隠喩によって構造化していくかという選択を行うことが、批評の語彙を用いることの有効性の多くを構成しているのだ。人はどのようにして、「これ」は言わずに「それ」だけを言うのか。「これ」は言わずに「それ」だけを言うためには、どれだけの異なる仕方があるのか。また、ある隠喩が別の隠喩よりもうまくいくのはなぜなのか。

建築の歴史上、批評という目的のために意識的に整理され十分に分節化された対義語の図式化として最初のものは、一五七五年にセバスティアーノ・セルリオの〈建築論〉〔**Treatise on Architecture**〕の第七書の出版というかたちで登場した。ジョン・オナイアンズの指摘によれば、セルリオは、芸術としての建築に注目することによって、それ以前の人々とは大きく異なり、〔建築という〕実践に対していくつかの点でいわば「近代的」なアプローチを示していた。それはとりわけ、セルリオが「判断」に優位を与えたことに表れている。「建築家の最も優れた資質は、多くの者と違って、彼の判断［*giudicio*］に裏切られることはないということだ」（196）。正しい判断を補助するために、セルリオは第七書において六つの対立項からなる体系を打ち出した。その中で彼は次のような区分を行った。

堅固で［*soda*］、簡素で［*semplice*］、無地で［*schietta*］、甘美で［*dolce*］、柔らかい［*morbida*］建築と、弱く［*debole*］、貧弱で［*gracile*］、繊細で［*delicata*］、気取った［*affettata*］、ざらざらした［*cruda*］、言い換えると、不明瞭で［*oscura*］、混乱した［*confusa*］建築の間の〔区分〕。それを続く四つの図によって説明しよう。（Onians, 1988, 266）

セルリオはさらに付け加えてこの批評体系をオーダーについての論議にも適用し、その際さらに、*secca*、すなわちドライな、*robusta*、強靭な、*tenera*、優しい、という三つの用語を導入する。この手掛かりと、オナイアンズによる解釈とから、セルリオの図式はこのようにまとめられる。

soda（堅固な）	*debole*（弱い）	＝構造的な力強さの有無
semplice（簡素な）	*gracile*（優美な）	
schietta（無地の）	*delicata*（繊細な）	＝ディテールに関わる
dolce（完璧な）	*affettata*（見せかけの）	
morbida（柔らかい）	*cruda*（ざらざらした）、*secca*（ドライな）	＝一体性や移り変わりの柔らかさの度合い

下側にくる特質はいずれも、不明瞭で［*oscura*］混乱した［*confusa*］という一般的なカテゴリーに入れられることになる。しかし、*delicata*（繊細）に対するさらなる対立項としての *robusta*（強靭）と *tenera*（優しい）は、上記の一群の一般的な図式の中には収まらない。

オナイアンズによればセルリオは自身の用語を修辞学から借用したのだが、彼が指摘するように、セルリオは周到にそれらの隠喩を視覚的な実例と結びつけて、それらに建築固有の意味を与えたのだった。セルリオによるこのなかなかに手の込んだ体系には、あらゆる言語が建築との関わりにおいてなすことのモデルが見いだされる。すなわち、言語が「A」〔this〕と「非A」〔not this〕を区分するということである。ただしセルリオの図式は、ポジティヴな価値と同等の重みをネガティヴな側に対しても与え、常に対立項を均衡させようとする配慮の点では、特別だった。多くの差異の隠喩においては、対立項の一方の側のみが注目され、他の側はただおおまかに示されるだけであったり、しばしば全く名指しされることすらなく、単にその他のものとして間接的に示されるにとどまったりするのである。

さまざまな差異を構成するセルリオの隠喩群に欠けていたもののひとつに、ジェンダー、すなわち男性と女性の区分がある。ルネサンス以来、他のほとんどの芸術分野と同様に建築においても、作品を性的な特徴によって差別化するという伝統が存在した。建築作品を「男性的〔masculine〕／女性的〔feminine〕」として記述する習慣は――それがモダニズムの進展に伴なって突如消え去ってしまうまで――極めて広く用いられた差異の図式化の方法の一つだった。そこで、この伝統とその突然の衰退を通して、区分を生成するものとしての隠喩がいかに作動するのかを探求していくことにしよう。

古典主義の伝統の中における建築のジェンダー化は、オーダーの神話的起源に始まる。それによれば、十七世紀にベルニーニが述べているように、「さまざまなオーダーの多様性は、男女の身体的な差異から生じてきたものである」（Fréart de Chantelou, 1665, 9）。言うまでもなくベルニーニは、ウィトルウィウスによる各種のオーダーについての説明を参照している。すなわち、ギリシア人は「ひとつ［ドリス式］はその見た目において男性的でむき出しで飾り気のないもの、もうひとつ［イオニア式］は女性的なものという、二つの種類の柱の創案へと向かった。［…］だがコリント風と呼ばれる三番目のオーダーは、細身の少女の形姿を模倣している」（Book IV, chapter 1, s.7-8）。ウィトルウィウスによるオーダーのジェンダー化は、イタリア・ルネサンスに

N・ホークスムア、キャッスル・ハワードの霊廟（ヨークシャー、一七二九―三六年）。「われわれが望んだ男性的な力強さにはドリス式の方が似つかわしい」とホークスムアは書いた。

おいて、そして古典主義の建築が採用されるあらゆる場において、通説となった。[*1] だからたとえばホークスムアは、一七三五年にロード・カーライルに宛てたキャッスル・ハワードの霊廟についての手紙で、「われわれが望んだ男性的な力強さにはドリス式の方が似つかわしいと私は考えました」と書き送っている。ときとして、こうした分類はさらに手の込んだものとなった。たとえばサー・ヘンリー・ウットンは、一六二四年に次のように書いた。

〈**ドリス式オーダー**〉はこれまで公共建築に用いられたものの中で最も厳粛で、残りのオーダーに比べて、より〈**男性的な側面**〉を保持している［…］。〈**イオニア式オーダー**〉はある種の女性的な細さを表象しているが、**ウィトルウィウス**が言うように、それは浮わついた〈**小娘**〉のようにではなく、むしろ多くの〈**既婚婦人**〉［*Matrone*］がするきちんとした服装のそれである。［…］〈**コリント式**〉は、〈**娼婦**〉のように好色に身を飾った〈**柱**〉である。（35-37）

ウォットンは、単に男性的と女性的という区分だけでなく、女性性の種類についても、既婚女性の品格と娼婦の好色さという区分を行ったのである。ここには、単なる性的差異（性差）の分類が性的嗜好やひいては性的頽廃の記述にまで延長されるという、ジェンダー言語の潜在的な力が示されているのがわかる。ウットンの時代以降、性的な逸脱は、単純なジェンダー区分に優るとも劣らない隠喩の源泉としての価値を帯びるようになっていく。

オーダーのジェンダー化という慣習は古典主義の伝統とともに生きながらえ、建築家にも批評家にも等しく用いられた。たとえばヘーゲルが「パエストゥムやコリントの神殿に代表されるシンプルで真面目で飾り気のない男性性」（vol.2, 678）について書いたとき、それはドリス式の建物についての慣習的な称号をなぞったにすぎなかった。われわれの目的にとってさらに興味深いのは、建築の他の要素や建物全体についても、性的差異や性的逸脱の観点からの性格付けがな

「さまざまなオーダーの多様性は、男女の身体的な差異から生じてきたものである」。ドリス式、イオニア式、コリント式のオーダー。John Shute, The First and chief Groundes of Architecture, 1563.

されてきたことである。この傾向は遅くとも十七世紀の初めには生じていたことが、イニゴ・ジョーンズが一六一四年に彼のスケッチ・ブックの中にした次のような書き込みによって確認される。「建築においては、外に向かっての装飾は、堅固で、規則にのっとって均整の取れた、男性的な、気取らないものであるべきだ」(Harris and Higgot, 1989, 56)。この発言は、ミケランジエロとその後継者たちによって考案された放縦な装飾という気まぐれなものに対する批判という文脈の中にある。それらについてジョーンズは、室内や庭園にこそふさわしいものの、ちょうど「すべての賢明な男性が公共の場所では外面の威厳を保っているのと同じことで」、建物の外側にはふさわしくないと考えていた。「男性的」という言葉は、この用例では品格〔decorum〕という意味を含んでいる。ジョーンズは恐らくこの用語をヴァザーリから取り入れているのだが(ヴァザーリ本人はそれを、さまざまな芸術分野で慣習化していたように、外見上の肉体的力強さ、「男性的で堅固でシンプルな」という意味で用いていた)、[*2] ジョーンズはそれに、「男性に似つかわしい態度」という、より興味深い意味合いを付け加えているのである。「男性的」という言葉は、建物やその装飾、そして庭園にまで適用され、十八世紀を通じ、そして十九世紀に至っても、批評の語彙の中で定着した用語であり続けた。一八二五年に建築家のトマス・ハードウィックは彼の以前の師であったサー・ウィリアム・チェンバーズについて、「彼の建物の外部は、その大胆で男性的な様式《スタイル》が特徴的で際立っており、それは重苦しくもなければ貧相すぎることもない」(Chambers, 1825, L)と書いている。字面だけ見れば、「男性的」と描写することでハードウィックがチェンバーズのスタイルを褒め称えているのだということはわかりづらいかもしれないが、フランスの十八世紀の建築に親しんでいる者——チェンバーズとハードウィックがともにそうであったように——にとっては、それは十分に読み取れるのである。

フランスでは十八世紀中葉から、「男性的」(通常「*mâle*」という語が用いられた)という言葉が、特にロココに対する攻撃の中で、頻繁に用いられるようになった。たとえばJ=F・ブロンデルサー・ウィリアム・チェンバーズ、サマセット・ハウス（ロンドン、リヴァー・フロント、一七七六―一八〇一年）。「大胆で男性的」。

は、ロココに対して、彼がよいと認める建物の「男性的な簡潔《シンプル》さ」を対置した（1752, 116）。またロージエは、「教会においては、簡潔《シンプル》で、男性的［*mâle*］で、厳粛で、真面目でないようなものは、あるべきではない」（1755, 156）と述べた。

批評家の中でも体系的な志向を持っていた者たちは、この「男性的」という用語をなんとか定義付けようと努力した。その最たる人はJ＝F・ブロンデルで、チェンバーズもパリで彼のアカデミーに参加していた。ブロンデルは、一七五〇年代に執筆されたものの出版は一七七一年になった『建築教程』［Cours d'Architecture］の中で、「男性的な」［*mâle*］「質実な」［*ferme*］「雄々しい」［*virile*］という三つの用語に、次のような区分を設けた。

> 男性的な建築とは、立地の荘重さと建物の型《タイプ》とに適した質実さをその構成の内に保持し、なおかつ重苦しくなることのないようなものとして、理解

ジュリオ・ロマーノ、コルティーレ・デッラ・カヴァレリッツァ（マントヴァ、一五三八―三九年）。イニゴ・ジョーンズはジュリオ・ロマーノの放縦な創案を否定した。「すべての賢明な男性が公共の場所では外面の威厳を保っているように［…］」外部の装飾は「男性的な、気取らないもの」であるべきだ。

していただいてよい。それは、全体の形においては簡潔《シンプル》で、かつ過剰な装飾的ディテールのないものである。またそれは、直線による平面と、直角の角と、濃い影をつくる突出を持つものである。男性的な建築は、公共市場、催事場、病院、そしてとりわけ軍事施設など、せせこましい構成を避ける配慮をしなければならないところに適している。というのも、弱いことと偉大であることとは相容れないからだ。しばしば、男性的な建築を創造しようとしながら、重たく、圧迫感のある、大造りなものができてしまうことがある。言葉〔男性的〕をもの〔男性〕と取り違えてしまっているのだ。(vol.1, 411)

ブロンデルが挙げる例にはミケランジェロの作品も含まれ、またフランスのものでは、リュクサンブール宮殿、ヴェルサイユの厩舎や果樹園《オランジュリー》、サン＝ドニ門などが挙げられている。

質実な建築と男性的な建築の違いは、その量塊感にある。質実な建築は、より重みが少なく、それでいて、その構成と分割においては平滑な表面と直角な角によるはっきりした形態を提示する。随所で確信とメリハリが示され、知性ある人々の目にとっては圧倒的で目覚ましいものである。(vol.1, 412)

例としては、メゾン＝ラフィット、ヴァンセンヌ、リシュリューなどの城館が挙げられている。

雄々しい建築と先の二つの性格との間には大きな違いがないように思われるかもしれないが、この用語は、ドリス式のオーダーが支配的であるような作品に用いられる。建築の男らしさや質実さは、しばしば粗面仕上げ《ラスティケーション》や堅固性によってのみ表現されねばならず、このオーダーの存在が要請されないことも多い。(vol.1, 413)

女性的な性格に目を向ける際にも、雄々しいという言葉についてそうであったのと同様に、ブロンデルはそれを主に特定のオーダーの使用によって同定しようとする。すなわち、

その表現がイオニア式のオーダーから導き出されているような建築を、われわれは女性的という用語で呼ぶ。イオニア式によって表現される性格は、ドリス式のオーダーと比べて、よりナイーヴで、穏やかで、強靱さを欠いており、だからこそそれは建物の装飾において適切かつ慎重に使用されなければならない。ある建物の特定の使用目的が雄々しい性格付けを要請するであろうはずのところに、どんなに完璧に正確なものであったとしても、それに比べて全く不適切なイオニア式のオーダーを採用するとすれば、それは女性的な建築の誤用となるだろう。また、様式的に堅固な建物のファサードにおいて、その突出部を直線的な要素ではなく曲線的な要素によって構成しようとするならば、それもやはり女性的な建築の誤った使用であるとわれわれは見なすだろう。あるいはまた、女性的な建築の誤った適用は、そこで称賛を喚起しようという意図とは逆に、建物の細部のみならず全体までをも不確かにしてしまう効果をもたらすこともあるだろう。したがってこのスタイルは、軍事的記念建造物《モニュメント》や、英雄を称える建物や、王家の男子の住まいからはすべて排除されるべきである。一方で、こぎれいな田舎の別荘や小トリアノンのような建物の

J＝F・ブロンデル、サン＝ドニ門（パリ、一六七二年）。十八世紀の建築家J＝F・ブロンデルにとっての「男性的」建築の例のひとつ。

外部の装飾、また王妃や皇后の居室の内装、浴場や噴水、諸々の陸海の神々に捧げられる建物などには、女性的なものをふさわしく適用することができるだろう。(419-20)

ブロンデルの批評の図式においては、男性的な建築が女性的な建築よりも優位にあることには疑問の余地がない。男性的な建築は、はっきりしていて、本当に必要な装飾のみで、自らの用途を明確に表現し、構造的な堅固さや永続性を演出する。それに対して女性的な建築は、人を魅惑するものとして、ある程度の曖昧さや両義性を許されていた。パリのオテル・ド・スービーズの大公妃のサロン(一七三五―三九年)は、ブロンデルが「女性的な建築」と見なしたであろうものの一例である。老ローアン大公の若い妻のための居室としてしつらえられたものとあって、ボフランによる内装は、壁面の奥へと向かうようなイリュージョンによって、適度な不確かさを演出するものだった。たしかにブロンデルは男性的な建築を女性的な建築に対して不動の優位にあるものと見なしていたのだが――そのように見なすことは建築におけるジェンダー区分の言語の歴史に一貫して共通している――、そうは言っても、「女性的な建築」というものをそれ自身の価値と用途を持ったひとつのれっきとした固有なカテゴリーとして認めたという点で、彼は特別だった。

ブロンデル以降の十八世紀フランスにおいては、彼の男性的な建築の諸定義が踏襲された。その区分を建築的な実践においていかに適用するかというアイディアは、たとえば一七九〇年代に自身の公会堂〔Palais municipal〕のデザインについて書いたブレから得ることができる――そのデザインはブロンデルの批評基準に照らせば優れて男性的なものだった。

威厳のある男性的な装飾の形態を創造する方法と、多くの開口の必要性とを思案するにつ

G・ボフラン、オテル・ド・スービーズの大公妃のサロン、(パリ、一七三五―三九年)。いつの間にか壁が天井へと溶け込み、鏡が壁の奥への両義的な深みを示唆するこのローアン大公妃のための部屋は、まさにJ＝F・ブロンデルが「女性的な建築」の特質と考えた適度な曖昧さを作り出している。

けて、私がたちどころに行き詰まってひどく煩悶させられることになったのは、読者の察せられるところであろう。というのも、万人に開かれた家は必然的に蜂の巣のような外見にならざるを得ない。そして疑いもなく、公会堂というものは人間界における蜂の巣である。しかし建築を心得ているものであれば誰もが知っている通り、ファサードを多数の開口部が取り巻くことは、いわゆる骨張った形［*maigreur*］を産み出してしまうのだ。装飾において男性的な効果を産み出すのは平滑なマッスである…。（131）

ジェンダー言語は建築における古典の伝統と非常に深く結びついていただけに、その伝統とともに廃れてしまったかと思われるかもしれない。ところが逆に、ゴシック・リヴァイヴァルに際して、それはただ継続しただけでなく、イギリスにおいてもアメリカ合衆国においても、かつてないほどに株を上げたのである。多くのゴシック主義者にとって、ゴシック建築の本質はまさに、ウィリアム・バージェスが一八六一年に述べたように、「大胆さ、雄大さ、力強さ、厳格さ、そして雄々しさ」（403）にあった。『ジ・エクレジオロジスト』〔*The Ecclesiologist* 教会論者〕誌は、一八五九年に完成したバターフィールドによるロンドンのマーガレット・ストリートのオール・セインツ教会について評した際、「男らしく禁欲的なデザインに対するわれわれの全面的な称賛」（vol. XX, June 1859, 184-89）を、最大の賛辞として与えた。その少し後の一八八四年には、ロバート・カーが「ときとして男性的すぎるゴシック・リヴァイヴァルの流儀」（307）に対して警告を発する必要を感じるほどだった。その一方で、「女性的」という言葉は、ゴシック主義者の間では相変わらず非難の意味を持っていた。たとえば建築家のジョージ・ギルバート・スコットは一八五〇年に、幾何学的な装飾式《デコレーテッド》のスタイルに比べて、かつてあったような男性的で峻厳な性格を今も保持しているという点に主に認められる。装飾式の窓飾り《トレーサリー》は、ある人の目にはより完全なものと映るかもしれないものの、その美

E＝L・ブレ、公会堂のためのデザイン。「男性的な効果を産み出すのは平滑なマッスである」

しさはあまりに柔弱で女性的なのであって、完全なスタイルの主要な特徴としては受け入れ難い」(100)と書いている。批評家のベレスフォード・ホープは、「初期のフランス・ゴシックの迫力のある男性的な特質を［…］デコレーテッド・ゴシックの女性的な『［結核患者の頬などに現れる］紅潮』と」(19-20)比較することで、さまざまなゴシックの間に区分を設けた。またロバート・カーは、お決まりの定式になりつつあった仕方で、彼の自国贔屓を表明している。すなわち、「私はフランスの芸術を大いに称賛する者であるが、そのとき自分は何か女性的な魅力を持つものを称賛しているのだという感じをどうしても頭から拭いきれない。だから私に言わせれば、質実剛健な男性性の国であるイングランドは、フランス的な趣味になびくことはないであろう」(296)。そしてカーの同時代人であるアメリカの建築家で批評家のヘンリー・ヴァン・ブラントの目には、フランスの建築は彼の信奉する価値基準から遠く懸け離れており、ほとんど逸脱と境を接するほどのものと映った。——「精巧さはしばしば女々しさと境を接するものとなる」(161)。もっともアメリカでは、ジェンダー言語はまた異なった需要を満たすものであった。アメリカは芸術上の国民様式の独自の発展を果たせずにいるということが、一八三〇年代以来、アメリカの建築家や批評家の懸念だった。哲学者のラルフ・ウォルド・エマソンは一八三六年に、彼がヨーロッパ芸術の優位性と見な

ウィリアム・バターフィールド、オール・セインツ教会（ロンドン、マーガレット・ストリート、一八四九―五九年）。『ジ・エクレジオロジスト』は「男らしく禁欲的なデザイン」と書いた。

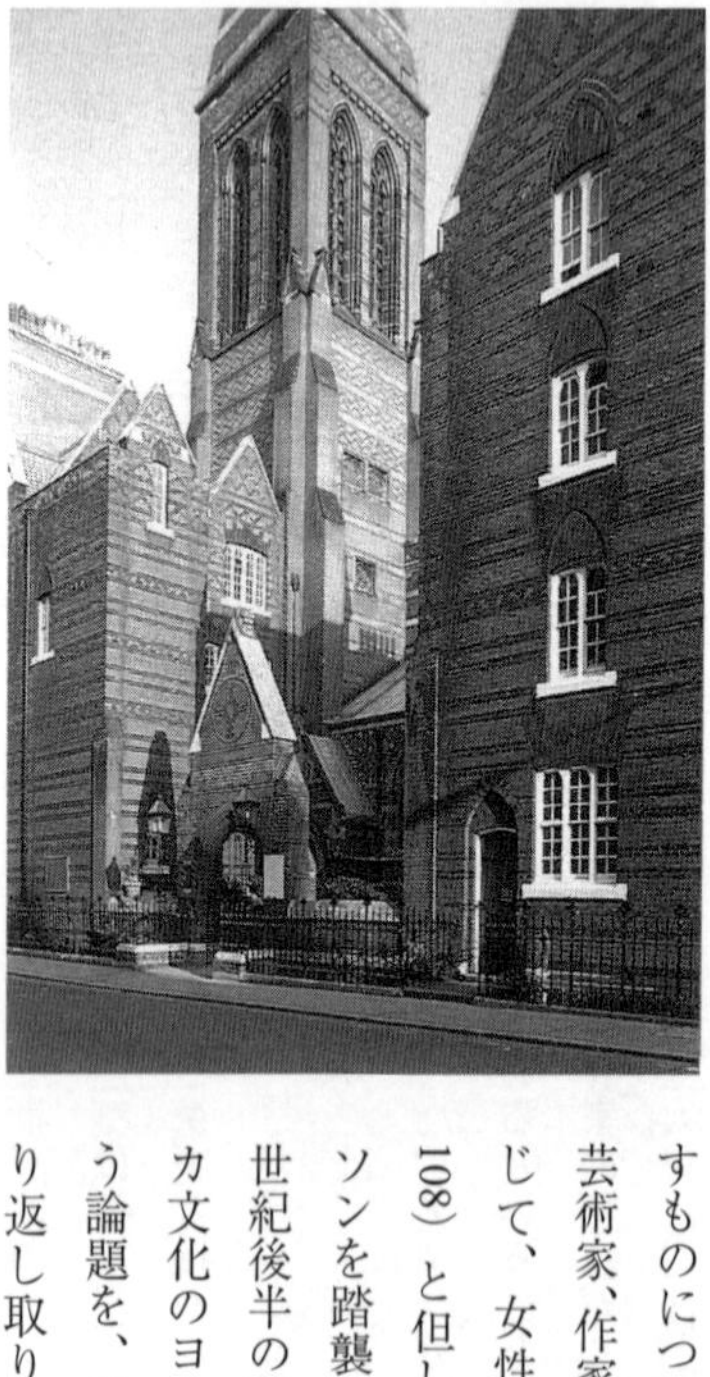

すものについて省察する中で、アメリカの芸術家、作家、建築家の作品については、「総じて、女性的で、個性がない」（vol. IV, 108）と但し書きを付けた。意識的にエマソンを踏襲したかどうかはともかく、十九世紀後半の建築家や批評家たちは、アメリカ文化のヨーロッパ文化に対する関係という論題を、ジェンダー化された用語で、繰り返し取り上げた。すなわちアメリカの芸術は、「男性的」となったときに初めて、その価値が証明される。H・H・リチャードソンの建築は、そのような段階に達したと広く認められた。たとえばヴァン・ブラントは彼の作品を「豪快で男らしい活力」（176）を持つものとして描写した。しかしこれなどはまだ序の口で、リチャードソンによるシカゴのマーシャル・フィールド倉庫についてのルイス・サリヴァンの一九〇一年の賛辞は、建築における男性性の賛美として古今を通じ最大限のものであると言っていいだろう。

さあ、この男を見よ。四つ足ではなく二本の足で歩き、活動的な筋肉や心臓や肺などの臓器を持った、この男を。生命を持ち、呼吸し、赤い血潮を有するこの男を。本物の男、男らしい男。雄々しい力――雄大な、活力に満ちた、エネルギーに溢れた力――、完全なる男性。（1976, 29-30）

サリヴァン自身の建築もまたその男性性を評価されるようになったが、それは一般化された理想という点からではなく、その利用者のジェンダーの直接的な表現としてのものであった。バッファローのギャランティー・ビルについて、批評家L・P・スミスは一九〇四年に『アーキテクチュラル・レコード』誌でこう述べた。「これは男たちが主役の、アメリカ的オフィス・ビルだ。[…]活動力、野心、率直な意志といった要素が、すべてその建築のさまざまな形態のうちに示されている」。しかし興味深いことにスミスはシカゴのカーソン・ピリー・スコット・ストアの街路レヴェルの装飾にも目を付けて、それが「その特質において女性性に訴えかけている」としている。すなわち、大部分が女性である買物客の女性性である。

だが、性的差異の用語法は、サリヴァンのところで突如として終わりを告げる。ブロンデルが下図を書き、三世紀にわたって建築家や批評家の思想を構成してきた「強い／弱い」「無地の／繊細な」「目的を持った／曖昧な」などといった序列的な区分を組織立てる隠喩であったジェンダーは、サリヴァンが死去した一九二四年までに姿を消した。ジェンダーの観点から建築を語ったモダニストは一人もいない——そしてそれをしない理由を述べた者も。モダニズムに同調することのなかった批評家たちの間においてさえ、この隠喩は突如として打ち捨てられたかのようである。一九二〇年代以来最近に至るまで、少数の稀な例外を除いて、性的差異の言語は、批評家や歴史家が過去の建築の特色をその時代の用語法で描写するために〔あえて〕時代錯誤的に用いられることがあるばかりだった。だからたとえば、一八九九年から一九〇一年の間に建てられたラッチェンズのティグボーン・コート（七八頁参照）について、ネアンとペヴスナーは『イングランドの建築』のサリー州の巻で次のように描写した。「ラッチェンズのすべての建物の中でも最も複雑で細心に加工されたテクスチャーが、このティグボーンに並外れて女性的〔feminine〕な——だが女々しい〔effeminate〕わけではない——外見を与えている。すなわち、目地にひたすら埋め込まれたバーゲート石の砕片、レンガの隅石、家中を取り巻く細い水平なタイルの帯などである」(487)。（これは「女性的」という言葉が、「男性性」の不足ではなく、ポジティヴな

H・H・リチャードソン、マーシャル・フィールド倉庫（シカゴ、一八八五―八七年、一九三〇年取り壊し）。「さあ、この男を見よ」――リチャードソンのマーシャル・フィールド倉庫は、古今を通じて建築の男性性の最も声高な賛辞を喚起した。

特質を描写するために用いられている稀なケースであることにも気付かれるであろう。）われわれに残された問いは、なぜ性的差異が建築の日常的な語彙から姿を消したのか、しかもなぜ、これほど突然に姿を消したのか、というものである。

考えられる理由の中で最も直接的なものは、モダニズムが言語に課した制約の中に見いだされる。「男性的」「女性的」という言葉は、あらゆる芸術分野によって共有された批評的語彙に属するものであったがために、建築の固有性を記述する能力を持たなかった。加えて両者は、他のあらゆる人間的な「性格」描写と運命を共にしていた。すなわち、それらは極めてあからさまに建築外の対象を参照するものであったから、建築自身の表現媒体《メディウム》としての個別性や唯一性を記述することが全くできなかったのである。さらに、モダニズムにおける言語の役割がただ知覚という行為そのものだけを扱うことであったとすれば、それについて性的な気質という観点から語る方法は（最近になるまでは）存在しなかったし、これほど深くブルジョワ的価値観に組み込まれた用語群では、そのような過程をいくらかでも客観性を持って記述することができるとは思われなかったということだろう。ジェンダーの隠喩がいろいろな意味でモダニズムに背馳するものであったとしても、恐らくそれに終止符を打ち、モダニズムに共感していなかった批評家たちにすら受け入れ難く思わせることになったものは、両大戦間期ヨーロッパの全体主義体制が、同性愛的と言っては言い過ぎかもしれないが、いかにも明白に男性的な文化を志向したことであった。そのことは作品そのものの絵解きをすれば明らかだが、同時にそのような国々における芸術家たちの言説においても明示されている。たとえばイタリアでは一九三一年の合理主義《ラショナリスト》建築宣言〔Manifesto of Rationalist Architecture〕はこう謳っている。「ムッソリーニの時代の建築は、男性性、力強さ、革命の誇示といった性格に、呼応するものでなければならない」（Patetta, 1972, 192）。こうした状況の下では、リベラルで反ファシズム的な傾向を持つ者にとって性的差異の用語法は全く受け入れがたいものとなった。そして一九四五年以降、それはヨーロッパ中からほとんど姿

L・サリヴァン、カーソン・ピリー・スコット・ストア（シカゴ、一八九九―一九〇一年および一九〇三―〇四年）。「その特質において女性性に訴えかけている」。

カーソン・ピリー・スコット・ストア、街路レヴェルの装飾のディテール。

を消したのである。数少ない例外の中で、それが喚起した関心という点からとりわけ引用しておく価値のあるものがひとつある。一九五一年、ロンドンでの英国博覧会〔Festival of Britain〕に際してのことであるが、それについて、完全なモダニストの建築家で通っていたはずのライオネル・ブレットが、「このような五〇年代の様式が次世代によってか細く女々しいものと考えられるようになるであろうことは見やすい道理だが、われわれはそのことを気に病むべきではない」と書いたのだ。同時代の作家の作品を描写するのにすでに廃れたジェンダー言語の用語法を持ち出してくることは、そうした作品が「近代的」になることができずにいて、「イギリスの代表としての」正統性の疑われるようなものであるということを示唆するばかりではない。さらに悪いことに、「女性的」ではなく「女々しい」という言葉で呼ぶことによって、そうした作品が、一人前の男であることや男らしくあることという本質的な要請にさえ、かなうことができずにいることを示そうとしているのである。建築の「正常《ノーマル》な」状態が男性的なものであるのだとすれば、「女々しさ」に陥ることほどまずいことはないであろう。

だが、「男性的」「女性的」、「男らしい」「女々しい」といった類のあらゆる性的な区分が建築の語彙から姿を消したかに見えるとしても、それは建築がもはやジェンダーを持たないということを意味するのだろうか。われわれが目にする建築は、いまやどれも中性的なものなのか。ある心理的区分の体系が、ほとんど二千年にわたって使われてきながら、それを提示する隠喩が不適当になったからというだけの理由で終わりを告げるものだろうか。あるいは同じ区分がどこか別のところに転置され、他の語彙の中で命脈を保っているということはないだろうか。実際、建築的言説が用いる言語についていくらか省察してみれば、ものごとを組織立てるような、ジェンダーに由来する構造は、姿を変えてはいても、全く放棄されてしまったわけではないということが示唆される。

そのような転置の第一の可能性としては、「形態《フォーム》」の言語とでも呼ばれるべきものがある。モ

E・ラッチェンズ、ティグボーン・コート（サリー、一八九九―一九〇一年）、エントランス正面、および石積みのディテール。「並外れて女性的な――だが女々しいわけではない――外見」。

ダニズムのキーワードでもあった「形態」という言葉（第二部「形」二三〇頁―参照）は、カントやヘーゲルによって発展させられたドイツの哲学的観念論の伝統から引き出されたものである。ヘーゲルにとって、芸術作品の形態とは、それによって観念を感覚に知らしめるような、外的で物質的な形〔shape〕のことである。このような芸術理論は、形態と、内的で基底的な観念ないしテーマとの、直接的な照応関係をよりどころにするものだった。すなわち、その外的な見た目によって理念を伝達することができないような芸術作品は、芸術の最も基本的な要請に答えることができていないということである。十九世紀の後半には、芸術が観念を伝達する方法が厳密にどのような本性を持つのか、そしてそれぞれの芸術分野が最も効果的に開示するのは観念のどの側面なのか、といった考察へと多くの知的努力が振り向けられた。影響力のあった議論の流れのひとつに、芸術の形態は運動を表象することができ、またそうすべき

M・ピアチェンティーニ、ローマ大学評議会棟（一九三二年）。「ムッソリーニの時代の建築は、男性性という性格に呼応するものでなければならない」

である、というものがあった。美学哲学者ローベルト・フィッシャーの言葉で言えば、「芸術の最高の目標は、動きのある諸力の抗争を描写することにある」(121)。建築にひきつけて解釈すれば、建築の関心と唯一性は、重力に対する建物の抵抗という静的な力を表象するその特定の仕方にあると受け止められたということである。ハインリッヒ・ヴェルフリンによるローマのマニエリスム建築の分析が主に取り組むのは、いかにして静的な形態が抑え込まれた運動を伝達するかということである。すなわち「バロック［この言葉で彼はマニエリスムを指している］は、完成、充足、あるいは『存在』の落ち着きをわれわれに与えることは決してない。それは、変化の不安定さ、移行状態の緊張を与えるのである。ここから再び運動の感覚が生まれてくる」。そして「この緊張の理念は、**居心地が悪いほどの充足されなさを感じさせる**諸形態によって高められる」ものであり、その例として彼は束ね付け柱《ピラスター》を挙げている（1984, 62-63）。建築が、それ自体は動いているわけではない諸形態のうちに暗示される運動を表象するという考えは、モダニズム的な思考の一部として習慣化されているものでもあり、いまだに広く受け入れられているように思われる。

　内的な諸力の抗争を静的に表象するものとしての形態というこの考えは、男性の身体構造の理念をよりどころとしている。男性の身体にこそ、外的な形態と筋肉の働きとの極めて緊密な照応関係が見いだされるからだ。ヴェルフリンの「形態」なるものについての理解は、J・J・ヴィンケルマンに起源を持つドイツ美術史学の学識における古典的人物像彫刻の読解に多くを負っている。[*3] 古代彫刻の男性人物像において特に称賛された特質は、筋肉の働きと精神の働きとの結合と集約が静的な形態のうちに表象されていることであった。それが最もよく現れているのは、トロイの司祭ラオコオンが彼を殺すために神の遣わした二匹の蛇と格闘するヘレニズム期の彫刻である。その一方で女性の理想的な身体構造は、内的な筋肉の構造と外向きの目に見える形態との照応関係を欠いており、それゆえ女性人物像は決して、この凍結されたエネルギーという特質を表現することができない。――そして慣例的に、古典的な女性裸像の彫刻は、動きを欠いた、しばしば静止状態の人物像を見せるものであった。女性の身体という観点からは、ヴェルフリンは彼の運動の理論を思いつくことはできなかっただろう。女性の身体は、彼にしてみれば間違ったかたちをしているのだから。

ヴェルフリンが彼の博士論文の中で発展させた形態の理論は、自分自身の身体感覚を建築の形態の中へと投影し感情移入することに基づいたものだった。彼が述べるように、「物理的な形態が性格を有するということは、われわれ自身が身体を有しているからに他ならない」(1886, 151)。美的知覚が生起するのは、「われわれ自身の身体を最も深くまで体験すること」、そしてそれを「生命のない自然へと」投影することを通してである(159)。しかしここで明瞭であるように思われるのは、ヴェルフリンが形態に意味を与えるものとして語っているのは身体一般ではなく、**彼の**身体であり、男性の身体であるということだ。

多くのモダニストが用いた「形態」という言葉は、男性〔という性別を持つもの〕であり、男性的な理念だった。それがこじつけに聞こえると言うのであれば、近代建築の批評家たちが形態について言ってきたことに目を向けるべきである。たとえばヴィンセント・スカリーはル・コルビュジエのチャンディガールについてこのように語る。

> 高等法院は、巨大な、くり抜かれたコンクリートの塊である。そのスケールを統合し、挑みかかるような力で上方と外側へと押し出す日除け羽板《ブリーズ・ソレイユ》が、ここでもそれはエントランス側のガラス皮膜を覆っている。そのせり出しを貫くように、純粋に上へと突き上げる力となってそそり立つ巨大な壁柱《ピア》は、張り出し庇《キャノピー》の吊り円蓋《ハング・ヴォールト》によってさらに上方へとつながっていく。人々はその間を通り、その奥にはほとんどピラネージ的な暴力性をもって傾斜路がせり上がる。それらの物理的な力は、それにインスピレーションを得たと公言するポール・ルド

英国博覧会における海洋船舶パヴィリオンおよびドーム・オヴ・ディスカヴァリー（ロンドン、サウス・バンク、一九五一年）。「か細く女々しい［…］だがわれわれはそのことを気に病むべきではない」

ミケランジェロ、サン＝ピエトロ大聖堂後陣の束ねピラスター（ローマ、一五四六—六四年）。ヴェルフリンによればその形態は「居心地が悪いほどの充足されなさを感じさせる」

ルフの手になるフロリダ州サラソータの二つ目の高等学校のエントランスと比較すればわかりやすい。このアメリカ版のデザインは、細く、平面的で、線的である。太陽に対するパラソルのようにぴんと伸張されたそれは、ル・コルビュジエが要請したような、確固とした位置を場に占める、確信に満ちた人間の身体に類比されるようなものとして読み解くことはできない。(48)

もし男性的な理念を理想の女性美に置き換えてみるなら、このような分析はあえなく崩れ去るだろう。一見すると中性的でありながら、「形態」という言葉は、二十世紀に考えられ論議されてきた仕方からすれば、相当に男性的な理念なのである。多くのモダニズムの批評が暗黙のうちに男性に同一化していたのに対して、フランク・ロイド・ライトが常に自分の建物のいくつかを女性的な対象物として描写していたことは、意義深い特別な例外となっている。たとえば一九四三年に彼はラシーンのジョンソン・ワックス・ビルを「ラーキン・ビルの娘」と呼び、「男性的なラーキン・ビル」に比べて「より女性的」とした(*Collected Writings*, vol. 4, 1829)。自分自身の男性性との関係において自らの建物を女性的なものと見なすことに積極的だったという点でも、他のさまざまな面でそうであるように、ライトはモダニズム的な慣習に一石を投じている。

建築においてジェンダー区分が浮かび上がってきそうな第二の領域は、カリフォルニアで発展したいわゆる〈マシン・アーキテクチャー〉についての批評である。硬質で金属的な外部と柔らかな内側とによって特徴付けられるこの建築について、議論の中で多用される単語は、「危うい」、「危うく、本来的に予測不可能な」というものであり、この危うさこそがその魅惑の一因であったように思われる。ニール・ディナーリの作品は、このジャンルの中でも繊細なヴァージョンを提示している。すなわち彼は、反復と厳密性——本質的に男性的な特色とされる——によって特徴付けられる二十世紀初頭の機械《マシン》の美学を捨てて、柔らかく、知的で、反応性があり、無限の順ラオコオン、およびそのディテール（紀元前一世紀）。静的な形態による筋肉と精神の働きの結合の表現。

メディチのヴィーナス(紀元前一世紀)。ヴィンケルマンは、朝日の前に花開く薔薇や引き締まってはいるが熟しきっていない果実と並べて、愉しむべき自然の恵み以上のものではないとして片付けた。理想的な女性像は、外へ向かう形態と内的な筋肉の構造との照応関係を欠いていた。

応性を持つ――ある意味で女性的な――機械の美学に置き換えたのである。しかし奇妙なことに、批評家たちはそのような解釈をなかなか認めようとしなかった。たとえばレベウス・ウッズはディナーリの作品について次のように書く。

歴史的な建築は彼にとってあまりに既知の連関を担い過ぎている(あるいは、そうであるかに見える)。それに対して機械は、遍在的、非美学的、非道徳的、中立的、冷静《クール》で、哲学的だ。機械は政治や時事性を超えている。それは、自然の力や未知の力を平定しようとすると同時にそれらに服従してもいる知性にとって、避けることのできない道具である。恋人として、積極的な共犯者として、あるいはまた人間的存在として…。(43-33)

ル・コルビュジエ、高等法院エントランス（インド、チャンディガール、一九九五年）。「純粋に上へと突き上げる力となった壁柱《ピア》」。©FLC L3(4)1-61

これはあたかも男性の性《セクシュアリティ》についての記述であるかのようだ――冷静で、自然を平定し、そのことで自然の誘惑に服従できもする。ディナーリを始めとするカリフォルニアの「機械の建築家《マシン・アーキテクト》」たちが発揮した魅惑の一端は、それが「自然の力や未知の力」の女性性に対する男性の征服という観点から見られやすいものであったことと、無縁ではないように思われないだろうか。このように根っからアリストテレス的な知性対物質という関係性の描写は、古代以来、西洋のあらゆる芸術家たちを安心させてきたものなのだ。

たとえジェンダー言語が日常的な批評の語彙の一部ではなくなったとしても、ジェンダー区分は今も明らかにわれわれの思考過程を構造化している。*4 隠喩の不在は、一緒にその区分までもが存在しなくなることを意味するわけはないかもしれないのだ。

「男性的」「女性的」の二者の関係性が反転されたとしたら、どうなるだろうか。最良の建築は男性的であるというのが、これまでの慣習だった。男性的な建築の特徴は誰の目にも明らかだ。すなわち、それは具現化された理想である。他方で女性的な建築は、常に劣っているというだけでなく、ブロンデルとフランク・ロイド・ライトを意義深い例外とする多くの文章の著者にとって、ポジティヴであるかネガティヴであるかにかかわらず、それ自身の固有な特質を全く欠いたものだった。通例、女性的な建築とは、男性的な建築の特質と考えられたものに対する他者性として、間接的に示されるものでしかなかった。ひとが指摘するように、女性的なものとは単に男性の言説による創案であり、自立したカテゴリーではないのだから、そうしたことも驚くには当たらない。すなわち、「男性の言説は、それ自身の目的のために、女性的なものを創案するのである」（Bergren, 12）。しかし建築が男性的、女性的といった言葉で語られなくなった今になっても、人々は、最良の建築は常に男性的であるということを自明の前提として受け入れているように思われる。このことは反転不可能なのだろうか。マイケル・ソーキンによる興味深い発言は、必ずしもそうではないということを示唆している。一九八五年にリチャード・ロジャーズのパッニール・ディナーリ、COR-TEX、ディテールのスタディ、ドローイング（一九九三年）。外部は硬質だが、反応性においては柔軟である。

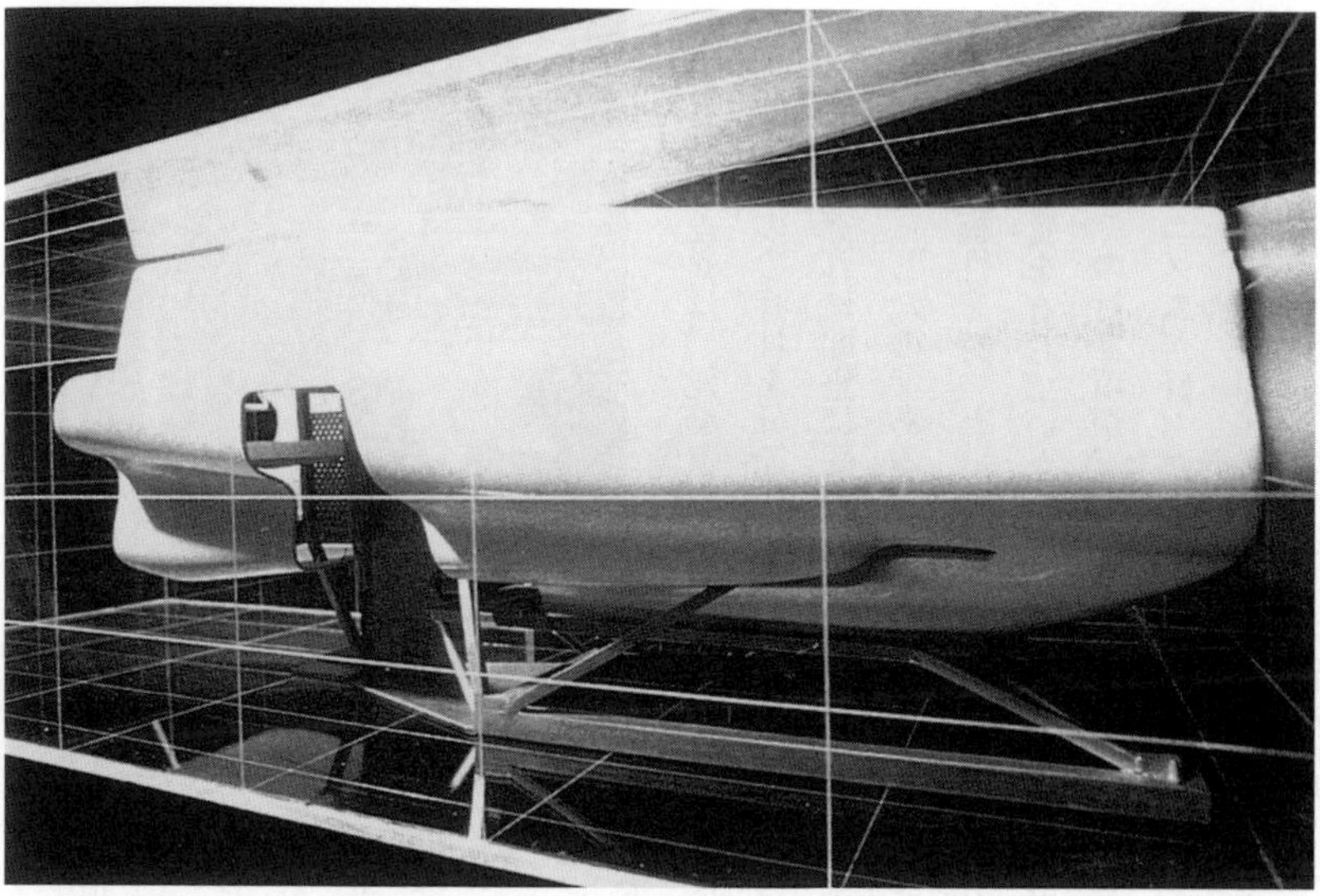

ツセンター・ビルを評して、彼はこのように書いている。

その総体は、あえて圧倒的に男性的な機械文化の歴史に参入している。『アーキテクチュラル・レヴュー』誌上に読まれた「ブリティッシュ・ハイテク」の理論は、その興隆の淵源を、創始者たちの子供時代の訓育、すなわちメカノ〔組立玩具〕やソッピース・キャメル〔戦闘機〕の模型などが溢れる幼年期の子供部屋に求めている。もっと直接的に関連性があるのは、機械を操る男たちの服飾の歴史だろう。金ぴかの飾りをまとって巨大な弩級戦艦のブリッジに立つ提督や、ボーイング七四七の操縦室に座ってびしっと決めた男の中の男《マルボロ・マン》だ。要点を言えばこうなる。それは建築の歴史とは関わりのない機械の歴史なのであり、社会環境についての特殊な偏見を伴うものだ。

R・ロジャーズ、パッツセンター（ニュージャージー、プリンストン、一九八二―八三年）。アメリカの批評家マイケル・ソーキンは、〈ハイテク〉建築が喚起する機械文化の「圧倒的な男性性」について――厳しい評価で――論評を加えた。

ソーキンのハイテク建築に対する見方は、男には似合っているが女がそこにいると場違いに見えてしまうということだ。建築思想における「男性性」の歴史という視点からすると、ソーキンの記事は、優勢なものを意味するのではなくむしろ狭量な女性嫌悪《ミソジニー》に注意を喚起するために、主流な批評家が「男性的」という言葉を用いた最初のものであるかもしれない。対立項の極性を反転させることによって、一連の新たな可能性が開かれるのである。

男と女の差異は、建築家や批評家にできあい《レディメイド》の区分体系を提供してきた。ほとんどの批評家は女性的なものの特性を分節化しないままだったとはいえ、両性間の生物学的かつ文化的な差異は、両極がそれぞれに即座に同定可能な属性を有するようなひとつの図式に従って知覚を構造化する方法をもたらしたのである。実際、古典建築の批評語彙の内部で用いられた用語の大多数は、強力な二項的極性を持つという特徴を受け入れており、そこでは対立項の両方の側がおのおのそれとわかる特質を有していた。すなわち「堅固な／軽快な」「固い／柔らかい」「自然の／人工の」といった多くの対立項が、そのような二項的組み合わせのパターンを踏襲している。それと対照的に、モダニズムが好んだ批評用語――「形態」「空間」「秩序」など――において著しいのは、その対立項が規定されていないという点だ。たとえモダニストたちの「形態」に対する肩入れが「不定形性」〔formlessness〕に対する恐怖に基づいていたに違いないとしても、その「不定形性」を――あるいは「非空間性」や「無秩序」を――構成していたものは、分節化されることなく間接的に示されるにとどまったのである。「形態」「空間」「秩序」といった言葉は、絶対的なものとして提示され、それぞれが属するカテゴリーをまるごと包括しそれぞれの「他者」をも含み込んだ概念として提示されるのが一般的だった。そのような特色がモダニズムの言語を計り知れないものにしている。批評の用語法に取り組む研究は、常にその対立項への考察も伴っていなければならないのである。

1 Rykwert, *The Dancing Column*, 1996. この神話の歴史とその発展の詳細については、特にp.29-34およびpp.97-115を参照。

2 Higgott, "'Varying with Reason": Inigo Jones's theory of design', 1995, p.56. を参照。

3 Pott, *Flesh and the Ideal*, 1994. 特にchapter IV, pp.113-44. を参照。

4 ロビン・エヴァンスはこの区分が発揮する力に関する具体的な例を示唆している。彼の提起するところによれば、ル・コルビュジエのロンシャンの教会――「女に捧げられた、主観性が生み出した傑作、誉れ高き直角と直線の破壊者」――において興味深いことのひとつは、その際立って女性的な形態が、独断的で男性的な創造過程の帰結であるという点である。Evans, *The Projective Cast*, 1995, p.287, p.320を参照。

4

ペンズハーストの家、ケント、一六一〇年。「近代の建物はどうしてこうも満足ゆかぬものばかりなのか…　感じたことを生来の母国語（それは役立たずで、見慣れない外国話法が足かせとして束縛的に作用することはない）で表すことだけを欲した時代の石工や教区司祭の村から生産されるものに比べるとよく分かる」（一八六二年、ジェームズ・ファーガソン）新しいが普通の考え方である建築の「土着性」――ファーガソンは初期には精力的に支持していた――は他の建築話法と同様に言語のアナロジーに基礎を置いている。

言語の隠喩《メタファー》 Language Metaphors

現在、最も緊急と思われることは、言語とのアナロジー（類比）に潜在する可能性を回復させることによって、われわれの分野に全体性と、なくてはならない楽観主義とを復興させることである。

——ジョゼフ・リクワート、一九七一年、五九頁

建築と言語はいくらでも同一視することができる。しかしこのような同一視はおうおうにして単純化や排除に至る。

——ベルナール・チュミ、一九七七年、九四頁

建築に見られるあらゆる隠喩《メタファー》の中でも、言語から派生した隠喩ほど多様に用いられ、これほどに異論含みなものは極めて稀である。第二部で議論する言葉のうちのかなりの部分は建築に用いられるときにも言語学の領域で用いられる意味を含んでいた。このことだけでも言語による隠喩の一般的な現象を考察することは有意義であろう。[*1] しかしこのような考察がとりわけ必要なのは、ここ二十年ほどの間に、建築を言語になぞらえることが多くの論争の原因となってきたからである。建築界において、言語とのアナロジーほど論争を巻き起こしてきたものはなかった。現在建築のあらゆる局面で建築を言語的観点から見ることに対する反発が見られるが、そこではおうおうにして過去にこのアナロジーが非常に生産的であったということが看過されている。そして、あたかもすべてが同じであり、同じ欠陥を持っているかのように、言語とのあらゆるアナ

ロジーをひとくくりにする傾向は、次の事実を見えなくしている。すなわち何らかの方法で建築を言語のようなものとして見るということが提案されなかったならば、思考されえなかっただろう建築の全体的で広大な広がりが存在するという事実である。この点さえなければフランスの歴史家ジャック・ギエルムが著した論文でさえも、言語の隠喩についての最良の歴史的な議論のひとつでありえた。言語の隠喩のすべてをある「建築―言語統語論」のさまざまな現れとしてしか扱っておらず、したがってすべて等しく不完全なものと見なしているのである。[*2]

言語とのアナロジーすべてが根本的に同じである、と仮定してしまうと、この話題を考える上で不要な制約を課すことになる。言語の隠喩の最も顕著な特徴のひとつは、その驚くべき多様さと幅の広さであり、それは言語や言語についての概念と同様に多様なのである。「言語とのアナロジー」は一枚岩なものではない。それはきわめて多くの異なる仕方で適用されており、それぞれの隠喩の相対的な長所および価値についてわれわれは正当に議論することができるのだ。

われわれは、当然のようにプランを「読む」ことについて語る。この行為の中に含まれるある知覚の過程を記述するのに、これ以上の方法はないのかもしれない。しかしプランを「読む」ことについて語ることと、建築の作品が言語的な記号であると主張することとの間には大きな隔たりがある。建築における言語とのアナロジーという問題により適切に取り組むための一歩として、言語が建築に提供しているさまざまな隠喩的対応物を識別することが考えられる。

それに移る前に二、三の一般的な区別が有益であろう。なによりも第一に、建築は言語**のよう**で**ある**ということと、建築は言語**である**ということの間には天地の隔たりがある。あるいは同じ論点をわずかに異なる言い方をすれば、次の二つの表現は全く異なる。ひとつは、建築は言語となにがしか共通のものを持っており、たとえば建築は己の物質性のなかに含まれているものの他に、種々の物事を伝えることができる。そしてもうひとつは、建築は話されている言語に見いだされるさまざまな統辞的なあるいは文法的な諸規則と十全に一致している、ということである。

第二に、言語の**意味論的**な側面——意味そのものに関するアナロジーと、言語の**統辞論的**な側面——文法的・構造的体系としての言語に関わるアナロジーとを区別しなくてはならない。そして第三に建築を**文学**——所与の言語の内部で発達した構成物になぞらえる類の隠喩と、建築を一般的な言語現象の意味での**言語**の類比的なものとして扱う類の隠喩とを区別することができる。

さらに言語の隠喩の歴史的な変遷を区別することも一歩進んだ課題となろう。十八世紀の建築家および批評家たちが建築と言語との類似点を指摘したときの動機や表現したいと願った考えは、一九六〇年代の建築家や批評家の動機や考えとは全く異なったものであった。彼らが言語を引き合いに出したというだけで、彼らが同じことについて語っていたと考えることはできないだろう。というのも一七八〇年代に「言語」という言葉によって理解されていたことは、一九六〇年代にそれによって意味されていたことでは必ずしもないのだから。サー・ジョン・サマーソンのベストセラー『古典主義建築の系譜』[*The Classical Language of Architecture*, 1963]でさえ、「言語」が古典の伝統を規定するテーマであったと暗示してしまうので誤解を招きかねない。実際には十六世紀から十八世紀の建築家で自らの芸術を丸ごと、一つの言語として記述しようなどと考えた者はいなかったのである。建築の諸概念が変化してきたということ以上に、言語の概念作用もまた変化してきた。いかなる社会的な所産も言語以上に継続的な思索やさまざまな理論を生み出してはこなかったし、この点で建築家たちをこれだけ魅了したものもなかった。言語はここ二百年のあいだ常に開かれた鉱脈であり、新しい層が露わになるたびに建築家や批評家たちは、新鮮な隠喩を見つけようと繰り返しそこに立ち戻ったのである。

言語の隠喩を使ってきた者たちはしばしばその満足ゆかぬ性質に十分気が付いていた。それでは隠喩の魅力とは何だったのだろうか。その欠点が十分に認識されていながらも言語の隠喩を用いることで何が達成されたのだろうか。

一九五〇年代以来言語の隠喩が浸透したことの理由の一部は、疑いようもなく二十世紀におけエクトール・ギマール、自邸内観、アヴニュー・モザール百二十二番地（パリ、一九一〇年頃）。「独創性の不毛な試み」。レジナルド・ブロムフィールドはユーゲントシュティル建築の新しい形態を、新しい話し言葉を発明するような馬鹿げた試みだと断罪した。

る言語の全般的な専制状況の結果であり、つまり言語理論が言語だけでなくあらゆる文化的な所産を説明しうると主張した結果だということである。それぞれの他の芸術実践——文学・絵画・映画もまた建築と同様に言語による解釈に屈してしまった。しかしこれで言語とのアナロジーの魅力が完全に説明されるわけではない。というのもそれらが建築において現れたのが、言語学が文化の一般理論を提供しうるのだと主張し始めるよりもはるかに前だからである。したがってある程度は言語の隠喩の魅力の理由を建築に固有の観点から理解することができるに違いない。建築は言語に頼ってきたという固有の歴史を示しており、他の芸術実践の歴史とは一線を画するものなのだ。

言語による隠喩は、建築において使われてきた中では六つの一般的な範疇に収まる。ここではそれらが登場した順序に沿って紹介していきたい。もちろん一度にふたつ以上の型の隠喩を用いることを妨げるものはなかった。実際に隠喩間の切り替えはある程度ありふれたものであった。

一　発明への異議申し立て

隠喩としての言語は、発明と革新への異議申し立てとして初めて用いられた。フレアール・ド・シャンブレは『古代および近代建築の比較論』（1650）の中で、次のようにコンポジット式オーダーの構成に疑義を呈している。「建築家は新しいオーダーを創り出すために、自分の勤勉さと努力とを費やすべきではない…それは弁論家が雄弁であるとの名声を獲得するために、いまだかって話されたこともない新しい単語を発明したり、創り出したりすべきでないのと同じことである」(104)。あらゆる種類の発明に反対する保守的な議論は、続く二世紀半を通じてさまざまな形で繰り返し喚起された。たとえば一八二〇年にはイギリスの批評家であるジェイムズ・エルムズが「言語と建築との間のアナロジーについて」と題するエッセイの中でゴシック・リヴァイヴァルに反対している。それは死んだ言語を再び復活させようという試みだというのである。より有名なところではジョン・ラスキンが新しい様式《スタイル》の発達に反対して、同様のアナロジーを『建築の七燈』(1849) の中で用いている。

われわれは建築の新しい様式を求めてはいない。…しかしわれわれはなにがしかの様式を求めてはいる。…われわれが持っているのが古い建築か新しい建築かということが問題なのではなく、われわれが真に建築と呼ばれるにふさわしいものを持っているかどうか、ということが極めて重要なのだ。言い換えれば、われわれが英語の綴りや文法を教えるように、コーンウォールからノーサンバーランドまでのわれわれの学校で教わるような規則を建築が持っているのか、それとも建築とは感化院や教区学校を建設するたびに、新しく発明されるべきものであるのか、という問題である。

しかし続けてラスキンはこのアナロジーをより肯定的な意味で用いて、建築家が自由に発明しうる範囲を明確化しようとしている。

現在の建築家の大部分の間で、〈独創性〉の本質と意味についてあるいは〈独創性〉が内に含むあらゆることの本質と意味について、驚くべき誤解が広まっているように私には思える。表現上の〈独創性〉は新しい語の発明に依存しているのではない。…天与の才を持つものならば現在使われている様式、自分の時代の様式を取り上げてその中で仕事をすることだろう。…建築家が自らの材料あるいは自らの規則を自由にできないと言うのではない。…しかし…彼らの自由は偉大な弁論家が言語に対して持っているのと同じ自由なのであって、単独性を求めて規則を無視することではない。(chapter VII, §iv)

半世紀後にも同様の隠喩が用いられているのが確認できる。建築家のレジナルド・ブロムフィールドは「独創性の不毛な試み」であるアール・ヌーヴォーに反対して次のように警告している。

建築の諸形態は、世界の歴史のこの時期に至って極めて古いものである。それは言語において単語は極めて古い、と言いうるのとちょうど同じ意味で古い。たとえば英語の可能性が尽くされたとは誰もいまだ唱えなかったことであるが、同様のことが建築にも当てはまるのである。(1908, 151)

モダニズムは革新に存在理由をおいており、この特殊なアナロジーを駆逐した。もっともこのアナロジーは一九八〇年代の保守的なポストモダニズムの傾向の中で再び見いだされることになった。

二　建築を芸術としているものを記述する

十七世紀そして十八世紀を通じて、建築界では繰り返し建築を機械技術《メカニカル・アート》ではなく自由学科《リベラル・アート》として確立する必要性が叫ばれた。自由学科の尺度は音楽と、そしてとりわけ詩によって与えられていた。他の諸芸術はそれらの二芸術との近しさによって自由学科の地位への主張を正当化した。絵画芸術においてはローマ時代の作家ホラティウスの『詩論』から発した「詩は絵のように」〔ut pictura poesis〕の理論が十七世紀に発達し次のように主張された。詩がさまざまなジャンル（悲劇・喜劇・牧人劇・諷刺劇等々）において、それぞれに固有の気分や感情を喚起しうるように、絵画もまたそれらを喚起することができると。十八世紀中葉のフランスでも、同様の議論がジェルマン・ボフランの『建築書』（1745）によって建築にまで拡張された。そして建築はさまざまな気分と性格を表現する力を持つという理念は（第二部「性格」一七四頁—参照）、世紀の後半には重要な位置を占めるようになった。建築に対する「詩は絵のように」のアナロジーの成功は、特にふたつのことに基づいている。

ひとつは、建築において各部の正確な配置を把握すること——ホラティウスが詩について言ったような「ふさわしい位置とふさわしい関係におかれた諸語の力」を理解することである。もうひとつは、詩のさまざまなジャンルと比肩しうるようなさまざまな「様式」が建築にも可能であるということを示すことができたことであった。十八世紀における言語の隠喩は、建築がホラティウスの詩の概念に適合するということを示すために用いられたのだった。

（i）全体に対する部分の諸関係の説明として。 建造物の各部分の全体に対する適切な関係という問題は、建築の歴史を通じて長く関心を集めてきた。それは中世建築にすでに存在していたもので、十五世紀にアルベルティによって古典主義的な建築に対しても改めて成文化されたが、**詩は建築のように**〔*ut architectura poesis*〕の主題の発達に伴って、文学および言語学の用語であらためて明確に言い直されたのである。ボフランはそのことを次のように『建築書』の中に記している。「建造物を構成しているモールディングの各断片や他の各部分は、建築においては文章における単語のようなものである」（18）。建造物の個々の要素を単語になぞらえそして正確な表現のために正しく結合しなければならないとするこの考えは、十八世紀の著作においては了解事項となっていた。イタリアの建築家フランチェスコ・ミリツィアはその『世俗建築原理』（1781）

で、フランスでの思潮を取り入れながら次のように記している。「建築における材料は文章における単語のようなものであり、互いにばらばらではほとんど効果を持たず、また軽蔑すべきやり方で配置されることもある。しかし技によって結びつけられ、活発で鋭敏な活力によって表現されるならば、限りない効果を生むこともできるのである」(Guillerme, 22)。そして驚くほど似た表現で、パリでブロンデルのアカデミーに通ったイギリスの建築家でありサー・ウィリアム・チェンバーズは次のように記している。

建築における材料とは文体における単語のようなものである。互いにばらばらではほとんど力を持たない。さらに配列の仕方によっては嘲笑、嫌悪そして軽蔑さえ引き起こすこともある。しかし技巧によって結びつけられ活力をもって表現されれば、それらは精神を無限に揺り動かす。巧みな作家ならば、粗野な言語においてさえ心を動かすことができる。そして技を持った芸術家の熟達した配置をもってすればみすぼらしい材料をも立派なものにすることができるのである。(75-76)

建築と言語の構成のアナロジーは、十九世紀に発達した断片《フラグメント》の理論によって次第に低調となる。そして断片の理論は、建築と言語のあいだの相違に着目した。一八一二年にフランスの科学者キュヴィエは、ひとつの骨について注意深く研究すればその骨が属している生物の全体を再構成できると喝破した(60-61)。この生物学とのアナロジーに拠って、建築においても同様にわずかの石材の断片から古代の建造物の全体を再構成できるであろう、との主張がなされた(とりわけヴィオレ・ル・デュクが名高い)。[*3] 異なるところもあるが類似した議論がドイツ・ロマン主義の思想からも起こった。ゲーテは次のように主張している。偉大な作品のそれぞれの断片はその対象の内的な生で満たされているので、その対象自体を必ずしも知らなくともその全体の精神ディディマのアポロンの神殿の断片(『イオニアの古代』第一巻、一七六九年)。断片から失われた作品、さらには文明全体の精神を再現できるという断片崇拝は、言語と建築作品の相違を示した。

を感じることは可能であると。それに対して、どのような状況の下でも、たったひとつの言葉あるいは文章から文学作品全体を再構成すること、あるいはその有機的な精神を把握することさえもが、建築や彫刻に対して主張されたのと同じ仕方で可能だということはないだろう。ミリツィアが「文章内のおのおのの語は、ばらばらではほとんど効果を持たない」と主張したのに対し、ふたつの断片の理論は建築の個々の要素は全体としての作品と同様の効果を潜在的に持っているのだと主張するのである。建築と文学の相違についてのこの議論の影響こそ建築と古典文学の理論との間のアナロジーへの関心を失わせるのに貢献したように思われる。

(ii) 建築における「様式」を特徴づける。 J・F・ブロンデルの『建築教程』(1752) は、十八世紀の建築批評の最大かつ最重要の作品であり、部分的には「詩は絵のように」を建築へ拡大して適用したものである。ブロンデルの著作は、建築と古典的な詩学との関係について多く言及している。それらはおもに建築において可能な表現のジャンルと性格の幅を示すためのものなのだが、また「様式」が詩におけるのと同様に建築の特徴でもあることを示すためのものでもある。「建築は文学のようなものである。単純《シンプル》な様式《スタイル》は大仰な様式よりも好ましい。というのも気取った単語によって偉大な観念を殊更に表現しようとして、逆に弱めてしまうからだ」(vol.4, lvi)。あるいは、「建築は詩のようなものである。たんなる飾りにすぎない装飾は、すべて過剰なものである。建築には己がプロポーションの美と巧みな配置の選択があればそれで十分である」(Collins, 1965, 180 に引用)。様式についての同じような概念は、十八世紀後半の著述家たちの間にも広まっていた。たとえばC・F・ヴィエルの『建造物の配置《オルドナンス》と構成についての原理』(1797) が挙げられる。

文体《スタイル》という言葉が文学において持つ用法はそのまま、われわれの目下の主題にも当てはめることができる。文学に関しては、それが存するのはその諸語の配置、諸句の配列であり、これらが言い回しを純粋で優雅なものにする…この言葉とそのさまざまな質とは、他の諸芸術ととりわけ建築にもかなり正確に適用される。(96)

またしばしば用いられるのは、散文と韻文との区別であり、普通は建築と建造物との隔たりを際立たせるために用いられる。たとえば、C＝N・ルドゥーの『芸術、風俗、法制との関係の下に考察された建築』(1804)が挙げられよう。「建築と石工術との関係は詩と文学との関係と等しい。建築は職人仕事の神懸かり的な熱狂である」。建築と建造物のこの区別は、二十世紀に至ってさえ、フランスにおける古典の伝統の後継者たちにとって、ずっと常識であり続けた。ピーター・コリンズによれば(1959, 199)、一九二〇年代にオーギュスト・ペレは建築の建造物に対する関係を、詩の日常会話に対する関係として考えていた。モダニストたちはこのアナロジーを忌避した。たいていは建築の単独性を際立たせ他の諸芸術の実践への依存を廃絶しようと望んだのである。ペレの生徒であるル・コルビュジエが『建築をめざして』(1923)の中で、建築と建設の差異を論じるに当たってこのアナロジーを用いなかったのは重要なことなのである。

次のことも強調すべきだろう。すなわち十八世紀のいかなる批評家も建築それ自体が言語的な現象だとは主張していないのである。言語から建築の一般理論を導こうなどという試みもなかった。確かに言語の一般理論が存在しない状況で——このような理論は十八世紀も終わりにならなければ現れなかった——そのような試みにはたして何らかの将来性があっただろうか。十八世紀のフランスの批評家たちが用いた文学的なアナロジーのたったひとつの目的とは、建築の情緒的な諸力に注意を引き、自由学科としてのその地位を正当化することにあったのである。*4

最初の小屋、ヴィオレ・ル・デュク（『人間の住居』一八七六年）。カトルメール・ド・カンシーは、建築はある場所で発生したのではなく、言語と同じように人類の普遍的な特性であると論じた。

三　建築の歴史的な起源を記述する

建築はどのように発生したかという問いは、ウィトルウィウス以来建築の著述家たちの懸案であった。建築が発生したのがギリシアか、ローマか、エジプトか、あるいは原始の穴居人とともに発生したのかという問いは、ロージエによって一七五五年に提示された自然の中にその起源を求める完全に思弁的な理論によってもほとんど解決されなかった。この論点は、十八世紀後半を通じて建築の思想家たちの関心を引き続け、カトルメール・ド・カンシーの受賞論文（碑文アカデミー）『エジプト建築について』の中で示された見事な解法に至ることになる（一七八五年に執筆されたが出版は一八〇三年であり、それまでに入念に改訂された）。*5　カトルメールの議論では建築はどこかある場所で発生したのではなく、言語のように人間が存在するところならばいずれの場所にも起こる人間の諸能力の発展であった。

建築はあるひとつの特定の民族によって発明されたものではない。それは人間の必要と快――社会状態において必要と混ぜ合わされた快――の普遍的な結果に違いないのである。建築の発明は、言語の発明と並列に考えられるべきもので、両者ともある特定の人間に帰されうるものではなく、ともに人類一般に帰属するものなのである。（12）

カトルメールはさらに次のように述べている。二つの異なる言語が共通の統語論《シンタックス》を持ちうるとわかったとしても、一方の言語から他方の言語へと必然的に発展したという結論に至らなかったように、建築についても同様の推論をすべきではないということである。

建築の起源をめぐるカトルメールの巧妙な説明が優勢となったのは、ようやく一八五〇年頃のことである。その頃ドイツ人建築家ゴットフリート・ゼンパーが、建築の体系的な一般理論を発展させ始めた。二巻本の『様式《スタイル》について』（1860-63）は、建築が古典主義のオーダーから発生したとは一切考えないという最初の包括的な建築理論であり、そこに至るゼンパーの努力は彼が建築を言語と類比的な現象と確信していたことに基づいている。『様式について』の導入部で彼は次のように説明している。

芸術はその固有の言語を持つ。この言語は形式的な型と象徴に存している。これらの型と象徴は最大限多様な仕方で、歴史を通じて文化の動向とともにそれ自身を変化させてきた。そして芸術は自らを知的に理解可能なものとするような仕方で、言語の場合と同じように限りない多様性を生むのである。言語学の最新の研究における狙いは、異なる言語形式に共通の要素を明らかにして、何世紀も経た語の変化を追いながら、それらがある共通の原型〔*Urform*〕において出合うような、ひとつあるいは複数の開始点にまで遡らせることであった…それと似たような試みが芸術上の探究の領野の場合においても正当化されるのである。（vol.1, 1）

ゼンパーの類比的な理論には多くの示唆が含まれていた。最も重要な示唆の一つは建築の諸形態が言語と同じように絶えざる発展の可能性を持つということであり、古典主義が建築表現の究極で唯一の具現化ではもはやないと古典主義の伝統に突きつけたことである。それはまた同様に、言語とのアナロジーによって最初に目論まれていた刷新への抵抗にも反論するものであった。*6

ゼンパーが影響を認めている「言語学の最新の研究」とは、おそらくドイツの文献学者フランツ・ボップの『比較文法』（1833-52）とヴィルヘルム・フォン・フンボルトの『言語と精神』（1836）である。ゼンパーのこの告白はわれわれに、言語の一般理論の発展を伴ってのみ言語は建築についての思考にとって有意義な範型たりえたということを教えてくれる。フンボルトの言語理論とゼンパーの思考の最も独創的な諸観点との間にいくつかの照応関係が見られることからも、フンボルトの著作を簡単に議論しておくことが有益であろう。フンボルトに従えば、言語は不変で単一化する因子を示しており、彼はそれを「形式」と呼んでいる。この概念はゲーテにおいて、あらゆる自然の有機体の根底にある有機的な組織化原理である原型〔*Urformen*〕の理論と近しく結ばれるもので、ゼンパーも同じ語を用いているのである。[*7] フンボルトにとって、言語は「生産物」ではなく、ある「営み」であり「思考を表現しうる分節された音声を作り出す無限に反復される精神の働き」(49)であった。言語の中に固定された要素は潜在する生成の法則であり、その生成原理から人間の思考の幅に対応した発話の可能性の無限の幅が生み出される。フンボルトに従えば「分節された音声を思考の表現にまで高めるという精神の働きの中で不変かつ一貫した要素を細大漏らさず把握し体系的に提示するとき、それは言語の**形式**を構成する」(50)。ここで「分節された音声」を「加工された材料」で置き換えるならば、われわれは建築形式に関するゼンパーの理論の妥当な要約を得ることができよう。そしてちょうどフンボルトが言語の起源をつまらなく的外れな問いだと考えたように、フンボルトの理論を建築に隠喩的に移し換えることで様式《スタイル》の歴史的な起源の考古学的な追究は、建築形式に潜在する一般原理の探究よりも興味を引かない主題になってしまった。フンボルトをはじめとして十九世紀初期の他の言語哲学者たちの間接的な影響は建築の思考——究極的には建築を、古典主義理論の抑圧と古代ギリシア・ローマの建造物の権威によって負わされた慣習から解放したのである。この影響は過小評価されるべきではない。

四　コミュニケーションの媒体としての建築を議論する

建築の意味論的な観点を議論するためのアナロジーとしての言語への関心はようやく一八〇〇年頃に現れた。十八世紀末のいくつかの建築が後に「**語る建築**」として知られるようになったが、この表現が一八五二年にレオン・ヴォドワイエによって作り出されたのは肯定的に用いたのではなく、ルドゥーの建築の貧しさに注意を引くためであった。*8 十八世紀末のいかなる建築家も批評家も、彼らの芸術には言語と比肩しうる表現の幅があるとは主張していなかった。ピラネージは『建築と透視図の第一部』〔*Prima parte de architetture*〕（1743）の中で、「語る廃墟」〔*parlanti ruini*〕（1972, 115）として古代ローマの記念建造物に言及している。しかしこれは取り立てて特徴のない修辞上の文飾で、繰り返し用いられることはなかった。一般に十八世紀の建築家が言語とのアナロジーを用いるときには、その比較の尺度はただ詩というジャンルにのみ基づいていた。イギリスの批評家ジェイムズ・エルムズの一八二〇年の評論「言語と諸芸術とのあいだのアナロジーについて」には、建築をコミュニケーションの手段として議論する意図はなかった。エルムズは、コミュニケーションが言語の特性だと十分気付いていたにもかかわらずである。エルムズは思想家としては偉大でも独創的でもなかったし、ドイツとフランスでちょうど発達していた造形芸術の表現的な力についての諸観念に一八二〇年になってもまだ気付いていなかった。

（i）**テクストとしての建築。**建築作品はそれらが文学作品であるかのように「読まれる」ためにあるという考え方の歴史を知るためには、われわれはカトルメール・ド・カンシーに立ち返らなければならない。建築の発展は言語の発展と対応しているという観念を彼は『エジプト建築について』（1803）において提示した。そこで彼は古代エジプトの記念建造物は「公共の図書館」のようなものであるという驚くべき見解を示している。エジプトの記念建造物の途方もない堅牢さと量塊的で滑らかな表面の目的は、なんらかの美的な効果ではなく碑銘を担うことにあった。

〔なぜならば、それらは〕、最も文字通りの意味において、人民の公共の記録だからである。歴史の語り部であるというこの機能は、宗教と政治とがそれらの上に課したものであり、そアミアン大聖堂、西正面（一二二〇年―）。小説家ヴィクトル・ユゴーによれば、十五世紀以前には「建築は人類の偉大な書物であり、人類の最高の表現形態であった」。ユゴーのゴシックの大聖堂の見方はイギリスの批評家ジョン・ラスキンによって熱狂的に支持され、彼のアミアンの解説に顕著に適用された。

れらが備えたこの教育的な能力は疑いなく、この機能を聖なる義務として、これらの記念建造物を永遠なものとしたのである。これらの記念建造物は、隠喩的な意味においてではなく、因習、信仰、偉業、栄光そして究極的には哲学的かつ政治的な、歴史そして国民の知識の宝庫なのである。(59)

あまり知られていない建築論のこの奇妙な一節に見られる考えは、(直接の影響によるものか否かはわからないが)十九世紀前半に書かれた最も人気のあった小説作品の中で再び現れることになる。一八三一年に最初に出版されたヴィクトル・ユゴーの『パリのノートル・ダム』である。一八三二年の第二版でユゴーは「これがあれを殺すだろう」「Ceci tuera cela」と題された章を加えた。この章でユゴーは活版本によって取って代わられるまで、ゴシック建築が人類の思考と歴史の最も完全で恒久的な記録であったという考えを提示した。*9「万物創世以来、キリスト教の時代であった十五世紀も含めて建築は人類の偉大な書物であり、力としても知性としても人類の発展のさまざまな段階におけるその最高の表現形式であった」(189)。「これがあれを殺すだろう」という一節によってユゴーは「人間の観念がその形式を変えるに伴って、その表現の様態も変わる。また各世代にとって重要な考えももはや同じ材料に記されることはなく、石の書物は堅牢で堅固なものながら紙の書物に道を譲ることになる」(189)ということを言おうとしたのである。ユゴーは自らのアナロジーを発展させて、中世においては異教の観念さえ建築を通して表現されたと主張した。というのも「思考はこのたったひとつの様態においてのみ自由であり、建物という書物においてのみ十全に描き出されたからである」(193)。彼は続けて「詩人として生まれたものは誰でも建築家となった」と述べている。自らの議論を要約して彼は次のように書いている。「十五世紀まで建築は人類の主要な記録であった。この間、世界の中で生まれたどのような観念もその複雑さを問わずすべて建造物となったのである。ちょうどあらゆる宗教の掟に対応する記念建造物が存在したのと同じように、あらゆる大衆的な考えに対応した記念建造物も存在したのである。実際人類は、その重要な思考のひとつひとつを石の中に刻んだのであった」(195)。ユゴーの小説は絶大な人気を誇ったものの(一八三三年から一八三九年の間に四つの異なる英訳版があった)、建築についてなされた十九世紀のあらゆる宣言の中でもとりわけ注目すべきこの章の影響力を適切に評価することは不可能である。しかしユゴーが当時意味を失った建築に関心をよせたこと、彼によって描き出された過去において建築が意味に満ちていたこと、そしてこれらは彼の建築と書物のアナロジーと同様に他の人々の感情と広く共鳴したということは明らかである。

同様の隠喩を用いた者たちの中で最も有名なのはジョン・ラスキンである。たとえば『ヴェネツィアの石』第二巻の「ゴシックの本質」と題された有名な章の最終段で、ラスキンは次のように述べている。「これから後、建造物についての批評は、書物の批評と同じ原理に基づいて正確に行わなければならない」。こう言うことで彼は、両者は読まれるために存在している、ということを意味したのである。建造物は書物であるというユゴーの考えはウィリアム・モリスによっても取り上げられ、より詩的に洗練された。たとえば次のような見解が挙げられるだろう。「完全な中世の書物を凌駕する唯一の芸術作品は、完全な中世の建造物である」(1892, 321)。あらゆる生きた芸術に対してモリスが求めたのは、表面を飾りそして物語を語るという二つのことであった。建築によって語られる物語は歴史的なものであった。「古代の建築の無傷な表面は人間の観念の発展、歴史の連続性に対する証拠となる…それはわれわれに過ぎ去った人類の望んだものが何であったかを語るだけでなく、将来にわれわれが願うであろうものも語るのである」(1884, 296)。これを理由にモリスは古い建造物の修復に反対し修理はいつも後からの仕事として目に見えるようにすべきであると主張したのだった。なぜなら「建物において物語が語られるとき、石の積まれ方はその物語の言語である」からであった。

カジノ「ゴールデン・ナゲット」、ラスベガス、一九六四―、ヴェンチューリとスコット・ブラウン(『ラスベガス』一九七二年)。同時代のヴァナキュラーとしてアメリカの商業建築を称えることによってヴェンチューリとスコット・ブラウンはその象徴的な豊かさに注目した、彼らはより旧い建築的伝統と比肩しうるものを認めたのである。この本の第二版ではこの図版はアミアン大聖堂の図版(一〇六頁)と対にされた。

建築は物語を担っていたという建築と書物のアナロジーは二十世紀初頭には厳しく批判され放棄されることとなった。その批判の中でおそらく最も洗練されたのは、ジェフリー・スコットが『人間主義の建築』(1914)第二章で展開した批判である。彼が「ロマン主義的な誤謬」と呼んで(ほとんどすべての十九世紀の建築が含まれていた)彼が批判する際のその論拠は、「建築は実際には第一に象徴的なものとなるということである。それは即時的で直接的な楽しみの源泉なのではなく、媒介的で間接的な源泉である」(1980, 54)ということにあった。スコットの書物は先進のドイツ美学理論と極めて保守的な建築の趣味との結合という点で逆説的であった。しかしわれわれはこの主張の中に、現代の意味論に依拠したモダニズムの建築家の表現と同じくらい明瞭な表現を見いだすのだ。正統的なモダニズムの枠内では建築作品は外部の事象の物語として「読まれる」のではない――それらはそれ自身でしかないのである。*10 二十世紀の後半の多くの人々が「言語学的なアナロジー」を議論したということは、この立場に対抗してあるいはそれを擁護する立場において理解されねばならない。

(ii) **話し言葉としての建築。** 建築作品は書物のように読まれるべきものであるとする考えに不可欠なのは、広く理解される日常《ヴァナキュラー》の言語として建築の存在を考えることである。なぜならば、そのような考えがないとすれば建築作品と対面する人々にとって、それらは理解不可能なものとなるからだ。この考えはユゴーのノートル・ダムの描写の下敷きとなったに違いなく、ラスキンとモリスによって洗練され、多くの十九世紀の作家たちによって採用された主張であった。ジェイムズ・ファーガソンは『モダン・スタイルの歴史』(1862)の中で次のように書いた。

芸術が真の芸術であるところでは、日常の言語による文学のように芸術は自然に実践され容易に理解される。芸術は、日常語による文学の本質であり最も表現的な部分である。ギリシアとローマにおいてあるいは中世においても、芸術とはそのようなものであった。しかしわれわれにとって芸術は屍に他ならない。われわれの芸術はわれわれの欲求も感情もそのままには表現しない。したがって現代の建物が、最も有能な建築家たちによって実施されたときにさえも、どれも全く不満足だといって驚いたりするべきではない。(34-35)

このような嘆きはここ一世紀半を通じて定期的に起こった。それは十八世紀の都市の住宅建築、「今日われわれが他の何よりも必要としている単一の建築言語による匿名の生産物」(Richards,1956,19)を要求することであったり、ヴェンチューリとスコット・ブラウンが『ラスベガス』(1972)の中で描写したような一九七〇年代のアメリカのヴァナキュラーな商業建築を求めることであったりした。

建築を日常《ヴァナキュラー》の言語とするきわめて根強いこの見方は、十八世紀後半のドイツ・ロマン主義運動から発する言語研究の発達によって可能なものとなった。言語の新しい理論はまずJ・G・フォン・ヘルダーによって提唱され、フィヒテ、ゲーテにそしてフンボルトにもある程度は受け継がれた。この理論において言語は、一民族という集団的存在の最も純粋で精気を帯びた表現、その民族精神《フォルクスガイスト》を構成している。ヘルダーにとって言語の重要性はその唯一性の中にある。たとえば他の言語では言うこともまた考えることもできない事柄がある言語においては語ることができるということは、その言語の話者の間に共通する精神の存在を認めることになる。ロマン主義者とその継承者たちにとって、言語はある民族の魂の究極の現れであった。スイスの歴史家ヤーコプ・ブルクハルトは後にこの考えをこのように表現する。「言語は国民精神、彼らの理想のイメージの最も直接的でかつ固有の顕現であり、彼らが自分たちの精神生活の中身を籠めた最も堅固なものである」(56)。この言語理論では、言語は話者が他者に考えを伝達するたんなる媒体ではなく、その言語を話すあらゆる人々の集団的な存在そのものを伝達する媒体なのである。この言語のモデルこそ建築に衝撃を長く残し続けるものであった。

このような考えの起源は、ヘルダーが一七七〇年に書いた受賞論文「言語起源論」に含まれていた。ヘルダーの論文は、言語の「自然」起源説というルソーの理論に対する集中的な攻撃であった。ヘルダーは、言語の起源が神から贈られたものや哲学的な体系の結果というよりも、人間の省察し推論する能力にあると主張した。ヘルダーにとって言語とは感情のたんなる表出から発達した体系ではなく、むしろ「言語は理性の最初の行為の本性的な産物」なのであった（Part II, 31）。「言語は魂自身の知性であり、人間が人間であるために必要な知性である」（30）。ストラスブールでこの論文に取り組んでいるヘルダーの知己を得た若いゲーテは、あの注目すべき論文「ドイツ建築について」（1772）を書くよう触発された。ヘルダーの言語は人間の省察する能力から発したという考えをゲーテは見事に適用し、同じく建築も造形的な形態における自己表現への人間の意志の結果であると言った。「なぜなら人間には造形的な本性が宿っており、それは自らの存在が護られているときにただちに活動的になる。人間に心配するものあるいは恐れるものがなくなるとすぐに、半神が自分の精神を吹き込む物質を手探りしてまわる」（159）。ゲーテにとって建築が言語のようなものであったのは、人間の知性と精神の直接的な表現を提供するからであった。同時に再びヘルダーに従って建築は言語と同様にたんなる個人の表現の媒体ではなく、より重要なことには特定の民族の集団的なアイデンティティそのもの、**民族精神**を表現するのだとゲーテは見ていた。

ドイツ・ロマン主義によってもたらされた言語モデルがなければ、十九、二十世紀の建築を通じて強力であった建築における「ヴァナキュラー」という考えもほとんど力を持たなかったであろう。この考えの流布に貢献した人々の中で最も重要な人物のひとりがジョン・ラスキンである。『建築の七燈』（1849）の中で彼が示した「ある国の建築は、その国の言語と同様に普遍的に打ち立てられたときにのみ偉大なのである」、――ドイツ・ロマン主義の思想に起源があることが明白なこの言葉は、世界中のほとんどすべての国で見られる建築のヴァナキュラーの継続的な探究に正当性を与えるものであった。

次のことも指摘しておく価値がある。建築という観念は言語と同じような個人と集団の伝達の媒体であるという考えは説得力があったにもかかわらず、このアナロジーを拡大することに警鐘を鳴らす人々もあった。ドイツの哲学者G・W・F・ヘーゲルはその『美学講義』の中で芸術の感覚的〔*sensuous*〕な性質を特に強調している。言語が純粋に記号、語を通じて伝達するのに対して、芸術独自の顕著な特徴は考えを伝達するのにそれに対応する感覚的な経験に依存していることにある（vol.2, 635）。言語のようである一方で、ヘーゲルにとって建築も含むすべての芸術の根本的な本質は言語ではないことに基づいている。そしてラスキンの同時代人であるイギリスの哲学者・批評家ジェイムズ・ファーガソンは、後には建築的「ヴァナキュラー」の支持者となるものの、その一八四九年の最初の著作『芸術における美の真の原理の歴史的探求』（1849）においては、伝達の媒体として建築と言語のアナロジーを考えることの不適切さをわざわざ強調している。「建築はいかなる物語も繰り返さないし、いかなる書物も描き出さない――建築はなにものも模倣せず、なにものも描き出さない。建築はいかなるおとぎ話も語らず、そして喜びや悲しみの感情がかろうじて表現されたとしても、その明確さは言葉を持たない獣程度である」（121-122）。たしかに、同様の議論が言語の意味論的側面とのアナロジーに対する最も本質的な反対のひとつでありそれは七〇年代に反芻された批判であった。それがなぜかと言えば、建築が伝達の媒体であるとしても、たんに不器用で頼りない媒体であるという理由だけではなく、個人が建築を通じて互いに語り合える方法がないからなのである。それは人々が同じ媒体を通じて建築的な「メッセージ」の発信者と会話を持ち得ないということである。それはただ一方通行の伝達を許すに過ぎない。

建築の意味論的な可能性への関心はモダニズムとともに急激に衰えた。初期のモダニズムの建築家、批評家たちはあらゆる言語とのアナロジーをほとんど完全に放棄していた。伝統的な建築モデルからの解放は部分的にはゼンパーの言語学的なアナロジーによって可能になったが、しかし一九二〇年代までには建築の自律性を示すという欲求のために、建築の文学的・言語学的な性質を示唆するあらゆるものは歓迎されなくなった。この言語とのアナロジーに対する禁止は第二次大戦後まずイタリアでようやく解除された。戦後イタリアの独特で矛盾した状況——一九四八年までの強力な共産党政党の政権参加、ファシズムによって創られた文化に取って代わる新しい大衆国民文化の創造への衝動、そしてファシスト体制下で活動していたモダニズムの芸術家・建築家たちの作品を復興したいという願望が建築作品の意味論への関心へと至った。特に建築をファシスト国家との同一性から引き離し、民主的で大衆的な芸術へと転換させるという問題がこの時期の雑誌『カサベラ』誌上に見られるような建築作品の意味への関心の一因となった。マルクス主義の批評家・建築家たちにとって当時の文化の主要な問題のひとつは、支配的なブルジョワ的秩序によって実践されているヘゲモニーの外でプロレタリア文化、ひいてはいかなる文化を発達させることも、そもそも不可能であることであった。イタリアの批評的・哲学的な伝統は芸術の観念論的な見方に支配されており、その見方では芸術の価値は、ある観念を感覚的なものに移し替える能力に存している。ブルジョワ的な文化の影響によって芸術はただの媒体——人とは違うように自分を見せたいという個人の欲望をたんに満足させるだけの媒体、個人をその社会的状況から庇護する媒体——へと転じ、観念を仲介するという目的を奪われてきた。別の言葉で言えば芸術は、自身を芸術としているまさにその質を失ったのである。芸術のそして建築の危機として受け止められたものは、それらが現実社会の物質的あるいは観念的な関係性についての何か重要なことをもはや言い表すことができない、という事態であった。この議論の最もよく知られた貢献者、歴史家・批評家のマンフレッド・タフーリの言葉では、それは「意味論的な」危機であり、その中で建築は事実上沈黙の中へと後退してしまったのである。

建築の意味性についての政治的・文化的な問題が議論されるのと時を同じくして、スイスのソシュールとアメリカのパースの仕事に由来する記号論が、この議論に導入された。一九五〇年代から六〇年代にかけてイタリアで記号論（六節で詳細に論じることとなるが）に大いなる関心が集まったのは、部分的には建築の意味についての根底的な問題との関わりにおいて理解すべきである。いかなる価値も歴史に結びつけない現代科学のひとつである記号論が意味の問題と格闘するモダニズムの建築家・批評家たちを惹きつけていた一方で、マルクス主義の批評家たちは、マンフレッド・タフーリを筆頭として頑なに言語学に抵抗し続けた。タフーリは建築がひとつの言語であることに何の疑いも持たなかったが、一方で言語の科学的な研究はそれ自体で「建築における公共的意味の喪失」という危機を解決しえないとする考えを譲らなかった。『建築の理論と歴史』（1968）第五章の中で、たとえ現代建築の問題が言語の問題だったとしても、自分が言語の科学的な研究が何かしらの貢献をなしうると信じられない理由を論じていた。タフーリにとっては、現代建築においても「十八世紀後半から十九世紀前半に発生した意味論的な危機はいまだにその発展に重くのしかかっている」のである。戦後の記号論への関心はマルクス主義の歴史家たちが試みたような科学的な歴史分析を排斥しようとする欲求の兆候であった。あるとりわけ不明瞭な一文において、タフーリは「建築批評における**言語の問題**の出現は、現代建築の**言語の危機**に対する応答に他ならない」（174）と述べている。このことによって彼は、建築の記号論の発展や言語学的方法によって建築分析をしようとする他の試みは、建築における全般的な言語の危機に対する応答として説明しうると言おうとしているのだ。タフーリは「記号学における必死の意味の探求」には批判的であったが、たとえそれが部分的で不適切なものであったとしても、建築と都市計画が、どのようにして「危険な説得の技術、あるいは最もよい場合でも、余剰の、修辞的な、訓戒じみたメッセージの撒布」（174）に矮小化されてしまったのかを明らかにするために記号論的探求はひとつの応答であったと認めてはいるのである。たとえ記号論的な探求に対して、建築の物質的条件を見えなくするという理由で批判的であるのは正しい態度であっても、「それらすべての困難を言語というものの要素として」(175) 認めないことは誤った態度である。というのもタフーリはここで「言語」という語によって「建築」を意味していた。タフーリは猛烈かつ情熱的に建築は言語であると信じていた（それは時として彼が建築について語っているのか、言語的な形態それ自体について語っているのかを見分けがつかなくなるほどであった）。しかし彼にとって主要な問題は建築と言語の科学とを明瞭に分けることであり、歴史的批評を発展させることであった。タフーリが絶えず建築を言語と呼び続けたことを理解するのは、一九九〇年代のアルプス以北の立場からは難しいかもしれない。それは戦後イタリアの文化的な環境によって、そして正統的モダニズムが当時世界中で呈していた圧倒的な空白期と空洞化によってのみ説明しうるのである。この章の初めに引用したジョゼフ・リクワートも含めた多くの批評家たち、そして言語の意味論的なアナロジーを戦後の新たな用法で最初に拡大的に用いた英語圏の批評家にとって、建築を言語として見ることの重要性は、その議論をモダニズムによって課された極端に狭い制約から切り開くことにあった。

五　文法とのアナロジー

一八〇二年にフランスの建築家J・N・L・デュランは、エコール・ポリテクニークのエンジニアのための教科書『建築学講義』(1809) の中で、建築を学ぶ過程を言語を学ぶ過程のようなものだと説いた。

> 文章における言葉、音楽における音符のように建築にも、それら無くしては先へ進めない多様な構成要素（支柱、壁、開口、基礎、床、ヴォールト、屋根そしてテラス）がある。そ

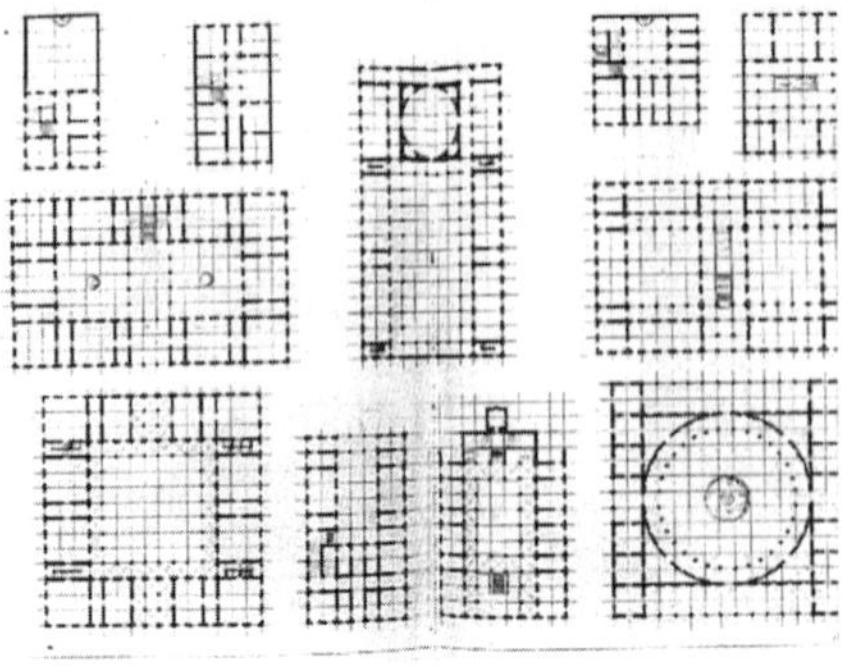
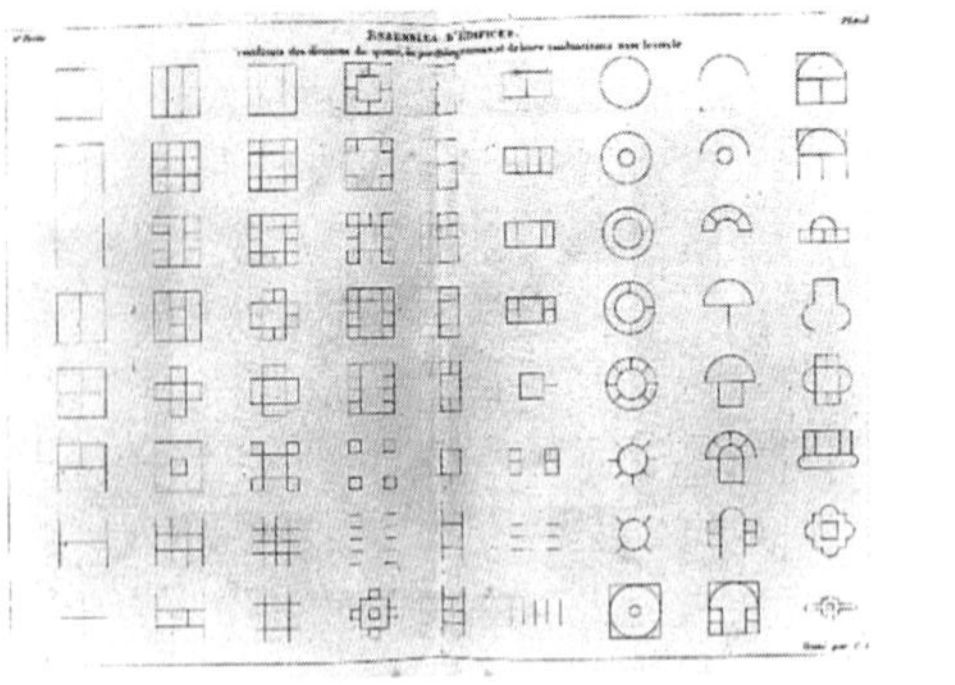

してそれらに慣れ親しんでくるとそれらをどう組み合わせたらよいか言い換えればそれぞれを水平にも垂直にも他の要素とどのような関係においたらよいかがわかるだろう。そして第二にそれらを組み合わせて、どのようにポーティコ、ポーチ、玄関、階段…中略…といった建築の異なる部分を構成するのかがわかるだろう、そして第三に今度はそれらがいかに組み合わさって建物全体…中略…が構成されるのかがわかることになるのだ。われわれの発言を聞けば、建築の勉強が一般的で豊かなごく少数の観念、ごく僅かだがあらゆる種類の建物の建設に十分なだけの要素、そしていくつかの単純な組み合わせにいかに還元されうるかということが理解できる。その成果は、言語の要素の組み合わせから結果するものと同じくらい豊かで多様なものである。そして私が述べたことはこのような勉強がいかに生産的でもあり簡明であるか、また生徒がこれまで聞いたことのないものでもあらゆる種類の建物を構成する手段を彼らに与え、同時に時間的な制約のために生じてしまうような障害を取り除いてやることが、どれだけ正当なことかが理解できるだろう。(1819 ed., 29-30)

言い換えれば、デュランは建築を文法の言葉で表現することで、簡単に素早く教えることができると提案したのである。話し言葉の文法同様、建築からもまとまった原理と要素が引き出せるというこのアナロジーが、デュランの時代以後一般に流布してきたが、その理由には徒弟制度とは別個の教育システムが制度化されたことが挙げられる。教育者たちにとって、言語と同じように文法的な原理のまとまりを通じて建築を教えることができる、ということの魅力は明らかである。デュランの方法を継承した者は数多い——最近ではフランシス・チンの『建築：形態、空間、秩序』(1979)や、クリストファー・アレグザンダーの『パタン・ランゲージ』(1977)が挙げられよう。十九世紀を通じて二十世紀の前半まで、文法のアナロジーは通常の建築議論の中で、かなり広く使われてでたようである。たとえば、有名なところではルイス・サリヴァンが次

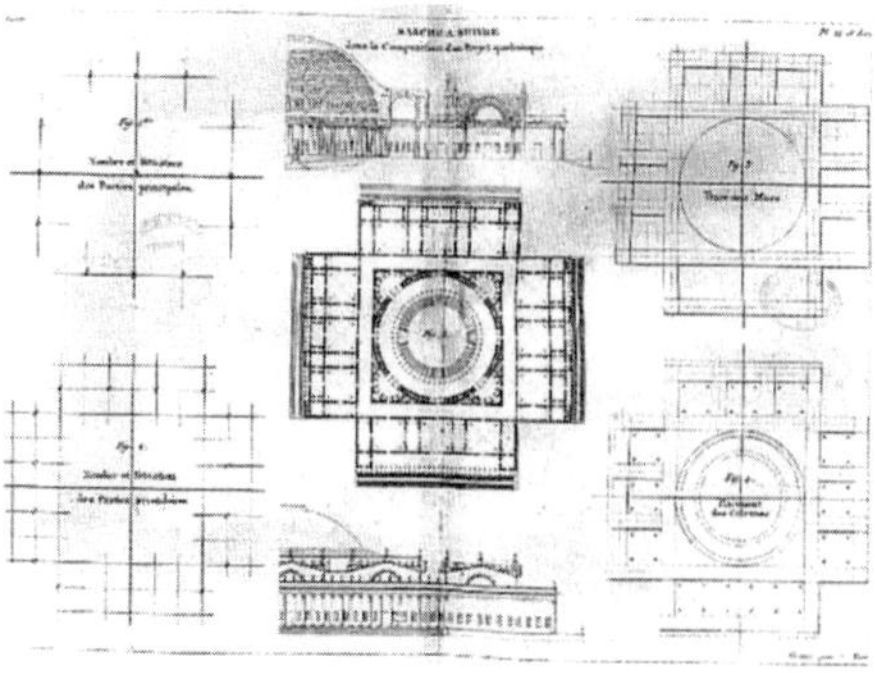

J・N・L・デュランによる建築構成の章（『建築教程』一八〇九年と一八一七年）。デュランの建築教授法は、建築を「文法」として提示した。単純な形態が互いに組み合わされて複雑な構成を作り出す方法を提供する。

のように述べている。「支柱、楣、アーチ…この三つ、ただこの三つの文字だけ、そこから雄大で壮麗な言語としての建築芸術が広がってきたのである」（「建築とは何か?」1906; Twombly, ed., 175）。そして一九二〇年代には、フランスの建築家・エンジニア、オーギュスト・ペレが好んで次のように言った。

建築の諸要素——柱・梁・アーチ・壁・開口部・ヴォールトそしてスラブ——は言語における語彙と類似したものであり、実用的な要求と感情的な欲求に従って互いに組み合わせることで無限に多様なパターンを生み出すことができる。だから話し言葉のように社会条件が変わるとこれらの要素は修正、あるいはすっかり様変わりすることもあるのだ。（Collins, 1959, 198-99）

この言語とのアナロジーに対する主な反駁は、もし建築の原理を学ぶことが言語を学ぶように簡単であれば、誰でもそれができるはずではないか、というものであった。意外なことではなく、デュランもアレグザンダーも、文法として建築を見る観点を提出したときには反職人的な動機を持っていた。モダニズムは概して建築の「諸文法」に対して好意を持っていなかった。それに対してサー・レスリー・マーティンとライオネル・マーチによって先鞭がつけられたような建築形態学の体系を発展させようという試みは、概して言語の潜在的な「構造」とのアナロジーを参照することによって自己正当化を行ってきた。文法として建築を提示する最近の試みとしてはウィリアム・J・ミッチェルの『建築の論理：デザイン、計算、認知』（1990）がある。

六　記号論・構造主義の建築への適用

われわれは言語とのアナロジーの最も物議をかもす部分に辿り着いた。厳密に言って記号論と構造主義とは言語を建築にとっての隠喩として主張したのではなく、むしろ建築は言語であると言ったのである。しかしながら記号論学者の間でさえ、そしてもちろん建築家の間でも、この区別は不明瞭であったので、言語の隠喩という一般的な文脈で記号論を考えることに不都合があるわけでない。

言語とのアナロジーに対する関心の急速な高まりの理由はすでに指摘した——正統的なモダニズムの空白期とその周辺にのみ限定された議論に対する不満と、戦後イタリアの特異な状況である。これらの関心と軌を一にして記号論と構造主義が出現した。これらは人類のすべての文化に対して言語的な分析を要求し、それはいまだかつてなかったほど建築を言語として議論する基盤を約束してくれたのである。イタリアの非常に厖大な建築的記号論の研究の中でも最初のひとつである一九五九年の著作の中で、イタリアの批評家ジッロ・ドルフレスは次のように書いている。[*11]

他の諸芸術と同じように建築を考察した場合、「言語」としての建築の諸問題は、思考の全く新しい潮流における根拠となる。この新しい潮流は建築を情報・コミュニケーション理論の観点から扱うことを可能にする。そして意味は対象・出来事・存在を「記号」と結合する行為として扱われうる。そしてその記号がそれらの対象や存在を喚起するのである。認識過程は、ある意味をわれわれの周囲の事物へと割り当てるわれわれの能力に存している。そしてこれが可能なのは「記号」が、われわれ自身の意識と現象する世界とをつなぐ環だからである。したがって記号はあらゆるコミュニケーションの最初のかつ直接の道具なのだ。私は一つのことを確信している。建築は、他の芸術のように、有機的な全体として、そしてある程度は記号の制度化された総体として考えられるべきである。ここで記号は部分的には他の言語的な構造と同一視されうる。(39)

第一次世界大戦の直前の時期にスイスのフェルディナン・ド・ソシュールとアメリカのチャールズ・パースによって二つの独自の理論としてほぼ同時期に生まれた、記号の科学である記号論は、事物は何を意味しているかではなく、意味はいかに発生するのかに関わっていた。彼らの理論の根本的な主張は、人類の全活動は意味作用の言語モデルに一致するというものである。*12 記号論学者にとって一般に人工物《アーティファクト》は、そして特に建築は記号論的モデルの一般的な適用可能性についてある特徴的で重要なテスト・ケースを提示するものだった。なぜならば第一目的がコミュニケーションである言語とは異なり、人工物や建築では第一目的は機能を満たすことにあるからである。機能目的を持つ人工物がコミュニケーションのための言語モデルにどれだけ一致するか、という問いはとりわけ言語哲学者ウンベルト・エーコによって提示されたものだ。*13 建築の記号論への関心のかなりの部分が、まずは建築家からではなく、理論の有効性を確かめたいという記号論学者の不安から発していることを認識しておくのは重要である。記号論学者の建築への関心と建築家たちの意味への関心は軌を一にしており、このことが一九五〇年代後半そして一九六〇年代にかけてのこの主題への関心の高まりを説明する。記号論と構造主義に関心を示した建築家たちの大部分にとって、記号体系の専門用語や非言語的なコードへの厳密な応用は重要ではなかった。彼らにとって意味があったのは、建築家に自分たちの意味決定能力の限界について考えさせることであった。記号論とのアナロジーに強く惹かれていたオランダの建築家ヘルマン・ヘルツベルハーは次のように述べている。「語や文と同様、形態にとって重要なのは、それらがいかに読まれるかということであり、『読者』の目にそれらが喚起するイメージである」(1977, 127)。知的な深みはそれほどないが、これは記号論無くしてはありえない考えであった。

一九六〇年代の後半には関心は建築から、記号論的分析のより有望な素材としての都市へと移行していった。言語モデルの都市スケールへのこの転換の最も有名な例の一つがアルド・ロッシルッカの古代ローマ円形闘技場の航空写真。都市における形態の恒常性——円形闘技場の楕円形——と、目的に応じた都市の時間的変化——住宅建築——とが、アルド・ロッシに都市と言語形態のアナロジーを着想させた。

の『都市の建築』（1966）である。この著作によって彼は、建築はそれ自体姿を変えなくとも、その用途と意味とを無限に変容させることができると論じた。彼は次のように書いている。「都市の研究において恒常的な要素の持つ意味作用は、言語において固定した構造が持つ意味作用と比較されうる。このことはとりわけ都市研究と言語研究とが変容の過程と恒常性の複雑体であるという観点からアナロジーを示していることからも明白である。」（22-23）。しかし、言語体系としての都市へと関心が移行したことは、ある程度は記号論自体の理論的な目的によって定められていたことでもある。ロラン・バルトは「都市の中を彷徨う者は…（中略）…ある種の読者である」と書いている。だが一方で彼がこのことに注目する理由は、何かのある決定的な読みへの到達不可能性を描くことにあったのである。バルトの都市への関心は彼のポスト構造主義の時期の始まりと対応しており、彼はこの時期、どんなに明確に限定された記号内容《シニフィエ》でさえも捉え難く、究極的には到達不可能であることを認めているのである。同じエッセイの中で都市について彼は、「いかに文化的そして時として心理学的でさえある複合体において、われわれは隠喩の無限の連鎖――そのシニフィエはつねに後退しあるいはそれ自身シニフィアン（意味するもの）となる――に直面している」のかについて言及している。（1967b, 170）。これは彼が「エロティックな次元」、無限に隠喩的な本性として描写するものを生み出し続ける都市においてまさに明白なことであった。都市の記号論的可能性へのバルトの関心は、少なくともある部分はシチュアショニストたちの精神地理学的な探求と、都市の規範的な表象を読み替え主観的にその経験を再構成する**逸脱** *derive*（英訳すれば **drift**：都市の中を動く者が主観的に都市の各部分を再編成することを言うのに用いられる）の技術から来ているように思われる。一方でシチュアショニストたちの全く非文学的な都市との遭遇様態は、社会現象の分析への言語モデルの侵入に抵抗する方法としてアンリ・ルフェーヴルらによっても用いられた。*14

一九六〇年代後半には、言語の新しい統語論の適応可能性にも関心が集まった。アメリカの建築家ピーター・アイゼンマンは一九六六年に次のように語っている。

私はある批評的な枠組みの中で形態の問題を提示している他の分野へと目を向け始めた。このことにより私は言語学、より限定して言えばノーム・チョムスキーの統語論《シンタックス》に関する仕事へと導かれた。このアナロジーから建築と言語との間にいくつかのアナロジーを設けること、より具体的に言えば建築形態の統合論的側面についてのとりあえずの仮説を立てることが可能になった。（1971, 38）

要するにアイゼンマンの関心は、建築に見られる慣習的な建設形態――柱、壁等々――はいかにして新しい意味を生み出すべく、組み合わされうるかということにあった。そしてアイゼンマンの仮説は、建築の諸形態は感覚によって認知される「表層」――テクスチャー・色彩・かたち――と精神だけが認知できる正面性・斜め・凹みといった関係性としての「深層」の中に現れるというものであった。この区別はアイゼンマンによれば、チョムスキーによって設けられた言語の深層／表層構造という区別のアナロジーである。彼は、感覚に表れる形態の直接的な表層に関わること無く、「深層」あるいは統語論のレヴェルで変化について考えることが可能だと指摘しようとしたのである。一分野としての建築の自立性と自己充足性を証明することがアイゼンマンの積年の願いであったことを考えると、彼が建築の特異性を記述するために言語とのアナロジーに訴えたことはいささかアイロニカルなことだった。イタリアの建築家ジュゼッペ・テラーニによる諸作品を分析した記事を書いた直後、アイゼンマンは隠喩としての言語理論への関心を放棄してしまった。そして、建築に潜在する統語論的な体系の可能性への関心は保ちながらも、その後の著述から明瞭な言語的アナロジーを排除したのである。

一九七〇年代の中頃までには、建築家も一般的な知識人も言語モデルに反対し始めていた。この反対の激しさは、構造主義者の専制状況と、記号論があらゆる社会的な実践において言語の絶対で完全な優先権を要求したこと——その魅惑の一部はこのテーゼの大胆さにあった——との関わりにおいて理解されなくてはならない。建築の言語モデルに対する批判は特に三点に絞られた。第一に、作品が意味するものあるいは象徴するものへの着目は作品それ自体から注意を逸らせ、作品を、どこか別の所にある観念の単なる運び手に貶め、作品自体がその作品固有の美的なものの極限を構成し、それ自体快の源泉となる可能性を否定する。これは広く口にされたことで、ベルナール・チュミが発展させた議論である。*15 第二に、言語の意味についての新しい理論、とりわけ哲学者ゴットロープ・フレーゲの理論が提起されたことによって、意味論の一理論としての記号学に疑問が持たれた。*16 第三に、特にアンリ・ルフェーヴルによって議論されたのだが、記号学が空間的な対象の産出を全く考慮に入れておらず、生きられた経験からどのように意味が構成されるのかを適切に記述するのにふさわしくないということであった。*17 たとえばルフェーヴルはゴシック教会について次のように書いた。「この空間は読まれる前に**生み出された**ものである。それは読まれ理解されるために生み出されたのではなく、むしろ人々によってその個々の都市の文脈の中で身体と生命とともに**生きられる**ために生み出されたのである」(143)。現在の建築界では言語とのアナロジーを非難することが通例となっているが、三十年前はそれらを同じくらい崇拝していたのである。建築が可能にするような意味を理解するために言語の隠喩が不適当であることについて特に深く考えられた議論が、リチャード・ヒルの『デザインとその結果』(1999)の第五章に含まれているがそれが唯一の例ではない。言語とのアナロジーへの反対の強まりは言語と建築とのあらゆる比較を疑わしいものとし、**あらゆる**言語的・文学的隠喩を禁止するほどだった。今ではこの反対は行き過ぎであると思えるのだが。たとえ建築が言語でないとしても、そのことが建築について語る隠喩としての言語の価値を貶めるわけではない。隠喩がその比較される対象のあらゆる細部までも復元しなくてはならない理由などないのだ。隠喩は、記述しようとする現象の部分的な記述以上のものではない。隠喩はつねに不完全である。むしろ、隠喩が全面的な復元に成功したとき、隠喩はもはや隠喩であることを止めるだろう。なぜなら隠喩とはどんなに似ていても本来は異なるものの間に成立するものなのだから。建築 - 言語のアナロジーに関する最近の議論の多くに特徴的な完全主義は、建築のある種の側面にとっては言語の隠喩は有効であり最善でありうるという事実を隠蔽してしまう。プランやファサードを「読む」時、建築的な「ヴァナキュラー」の存在を前にした時、建築を要素に分節化する時、さらには古代ギリシア・ローマ以来の慣習から自由に建築を考えることができた時でさえ、われわれは言語に多くを負っているのである。こういった隠喩のどれかを承諾することは、必ずしも建築言語意味論の完全な体系に忠誠を誓うことを要求しない。言語とのアナロジーに対する現在の魔女狩りが過去のものとなった時に、言語は建築にとって昔同様に観念の源泉として生産的であり続けると考えてもよいのではないだろうか。

1 第二部「フレキシビリティ」〔Flexibility〕、「形態」〔Form〕、「秩序《オーダー》」〔Order〕、「構造」〔Sstructure〕、「型《タイプ》」〔Type〕を参照。

2 「建築言語という観念・批判的調査」、『オポジション』、no. 10, 1977, pp. 21-26.

3 ステッドマン『デザインの進化』、第四章参照。

4 コリンズ『近代建築における理念の変化』(1965, chapter 17)、およびコリンズ『言語とのアナロジー』(1980) 参照。

5 シルヴィア・レイヴィン『カトルメール=ド=カンシー』(1992, pp.56-59) 参照。

6 ポドロ『美術の批評的な歴史家たち』(1982, pp.44-55) 参照。

7 フンボルトの言語理論については、チョムスキー『デカルト派言語学』(1966, pp.19-28) を参照。

8 ヴィドラー『クロード=ニコラ・ルドゥー』(1990, ix) 参照。

9 この小説の不思議な物語については、翻訳者であるジョン・スターロックによる序文を参照、ペンギン・ブックス、1978. ニール・レヴィン「本と建物：ユゴーの建築理論とラブルーストのサント・ジュヌヴィエーヴ図書館」、ミドルトン編『ボザールと19世紀フランス建築』所収、ロンドン、1982, pp. 138-73。

10 この問題についてのさらなる議論については、第二部「透明性」〔Transparency〕の導入部を参照。

11 スクルートン『建築美学』(1979, p.283, note 1)、この時代以降の建築の言語的な特徴について論じた主要文献リスト

12 アイヴァーソン「ソシュール対パース：視覚芸術の記号論のモデル」(1986) も参照。

13 特に彼の「機能と記号：建築の記号論」を参照、リーチ編、『建築再考』(1997) 所収。

14 シチュアショニストについては、T・F・マクドナフ「シチュアショニスト・スペース」参照、『オクトーバー』(no.67, 1994)

15 この問題の哲学的な議論については、マンロー「記号論、美学、建築」(1987) 参照。

16 スクルートン『建築美学』(1979, chapter7)「建築の言語」参照。

17 特にルフェーブル『空間の生産』(pp.130-147) 参照。

5

人間の循環器系、ピエール・ラルース『十八世紀大辞典』（一八六九年）。十九世紀に建築用語「循環」を導入したのは解剖学から直接借用したものであった。

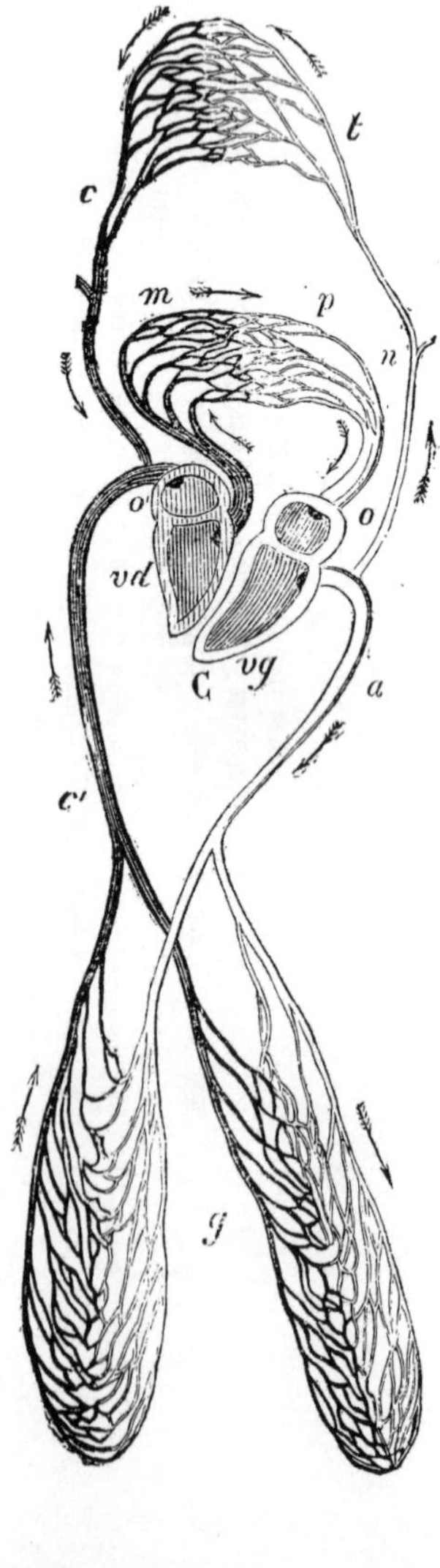

「空間の力学」——科学の隠喩《メタファー》

'Spatial Mechanics' - Scientific Metaphors

建築の専門用語では、多くの隠喩《メタファー》が科学に由来する。建築だけが科学の言語に頼っているというわけではない——その理由は実に明白であろう、科学は現代を支配する言説となったのだから——。しかし用語が科学に由来するからというだけで優れた隠喩になるだろう、と思い込むべきではない。むしろ、われわれがするべきことはある隠喩の成否を決定づける要因を探究することである。

第一の調査事案に、「循環」〔circulation〕という言葉を取り上げよう。慣習的な語で、建物内部や周辺における移動手段、とりわけ人の動きを指す。この用語——間違いなく隠喩で、初期の用例で確かめられるとおり、生理学から転用された——は、建築について考え語るようになる際に、事実上避けられなくなっている。事実たとえば、ル・コルビュジエの「重大な基本定理——建築、それは動線《サーキュレーション》である」（Le Corbusier, 1930, 47）が想起されよう。「循環《サーキュレーション》」という言葉は今や建築における客観的カテゴリーという地位を得て、〔言葉を超えた〕「もの」となったのかもしれない。しかしながら、この用語の現在での意味は十九世紀後半より前には知られていなかった。私が見つけることのできた、建物内で人が動く経路を指すものとしての「循環」という言葉の最も古い例は、一八七二年に出版されたヴィオレ・ル・デュクの『建築講話』第二巻にある。彼はこの語をそのように使った真に最初の人ではなかったかもしれない。しかし一八五〇年頃まで誰も使ってみなかったのはほぼ確実なことと思われる。

「循環」という言葉は今や建築の語彙に不可欠であるかのようだが、そうなったのは一八五〇年代以降に過ぎない。この事実からただちに二つの疑問が生じる。第一になぜそのときに専門用語に仲間入りし、それより早くも遅くもなかったのか。第二に「循環」という言葉を語り出したときの建築家たちは、すでに他の単語で知っていた何かを単に言い換えただけか、それとも全く新しく、それまで存在しなかった概念を明確に表現したのか、である。からだ中の血液の動きを指すものとして、「循環」という言葉は一六二八年にサー・ウィリアム・ハーヴェイによって初めて作られた。そしてその他の物質の流れを指す隠喩としての可能性に、ほぼ同時に他の諸分野がとびつき、とりわけ経済学では、十七世紀後半には一般的に用いられるようになった。しかし建築では、使おうと思えば使えたのに、二世紀半もの間取り上げられなかった。なぜか？

これに答えるには、この隠喩が初めて建築に用いられた言語であるフランス語で、**循環**が乗り物の往来をも意味することを念頭におくべきである。この独特の語義は、これもまた隠喩として、やや早く十八世紀末葉には導入されていたらしい。最初の用例の一つは一七六九年のピエール・パット『建築の最も重要な目的に関する覚書』で、そこでは「馬車の自由な循環」（11）が言及されている。しかしこの語義は一八二〇年代までフランスでは広まらなかったようだ。*1 フランスの建築家と批評家は一八五〇年代以降に建物の「循環」に言及し出した。そのとき彼らは必然的にもとからの意味を適用し、語の使い方に二重の意味合いを持たせた。

「循環」という概念が以前から別の名前で存在していたかどうか。これを知るのに、その概念を何らかの形で意識したと証言するかもしれない、より以前の建築著述家に頼ってもよい。適切な証人がさまざまいる中で、最適任の一人はおそらくJ・N・L・デュランに違いなく、彼の『建築教程』は一八〇二年に初めて刊行された。じつはデュランは「循環」という語を一度だけしか使っておらず、しかも、ごく些細な文脈でしかない。「独立した支柱は一般に円柱状、つまり最も循環を促す形にするべきだ」（Durand, J. N. L., 1819, vol.2, 9）。より以前の書き手と同様、デュランは自分やその生徒らの注意を、分配《ディストリビュシオン》つまり平面計画における軸線を保つようなヴォリュームの配置や、各部屋や建物各部の間の連絡《コミュニカシオン》、出入口《デギャジュマン》つまり通路に向けさせた。デュランにとっては**分配**こそが建築の第一の本分であった。だからある建物の周りでの人の動きの体系を、独立させて考察したり、デザインに対して何か特別な意義があるものとして考えていた証拠はない。しかし十八世紀へもう少し遡ると、一連の部屋を相互につなげることで人々が「循環」できる、という証拠がある。ブレがヴェルサイユについて「公衆は宮殿の主要な部分をたやすく循環［circuler］できる」（Boulee, 1976, 142）と述べているのだ。それでもこうした配置が「循環」の体系をなす、と建築家が考えていた証拠は全くない。十八世紀貴族のタウンハウスやカントリー・ハウスで相互につながっていた娯楽室が「循環」を作る、と現代の歴史家は記述してきたが、当時誰かがこの語を使い、考えた証拠はないのだ。つまり確かに当時の説明は順路に沿って各室を記述していくが、体験を構成する個々の部屋や階段室と別個の体系として順路全体を記述するところまでは飛躍していない。この配置を「循環《サーキット》」という言葉で呼ぶと、近代の概念を重ねてしまうことになる。[*2]　またさらに遡れば、建物の諸部分の関係を指す生理学の隠喩は確かに見いだせるものの、それは建築における単独の構成要素として人の動きが考えられたことまでは示さない。たとえば一六一五年、明らかにハーヴェイ以前の隠喩だが、ヴェネツィアの建築家ヴィンチェンツォ・スカモッツィは階段室をこう記述した。

> 建物におけるあらゆる部分の中で、階段は疑いなく最も必要で、人体における静脈や動脈のようである。なぜなら静脈や動脈が本来的に血を身体各部に行き渡らせる役割を果たすように、主階段と裏方の階段とは建物の最も深い部分に達しているからだ。（Scammozzi, 1615, 312）

これらのどの例もが、一八五〇年以前の建築家が現在の「循環」概念に対応するものを持っていなかったことを示しているならば、一八五〇—六〇年代に使われた隠喩の際立った用法を見ることで、この主張の説得力は増すかもしれない。一八五〇年以降の、まさに最初で最も興味深い例の一つは、フランスの批評家セザール・ダリーによるロンドンのリフォーム・クラブ（バリー設計）の分析で、ダリーはこの作品を未来の建築を予示するものとした。一八五七年に彼は「この建物は石、煉瓦、鉄による生気を欠いた塊ではない。それはほとんど生体であり、血管と神経の循環体系を具えている」（Daly, 1857, 346-7）と記した。人が動く経路よりもむしろ、主に目に見えない、壁内部に埋め込まれた暖房、換気、機械的な連絡装置に言及していたのである。この明らかに生理学の隠喩において示唆されたのは、これらの設備それぞれがそれ自身の体系であり、それらが仕える建物の物質性《マテリアリティ》と全く別に考えられることである。これこそ彼の隠喩の用法が建築における〔各部屋の〕配置というそれ以前の概念と異なる所以である。同様にヴィオレ・ル・デュクの、『建築講話』の住宅建築に関する箇所での、循環という隠喩の用法はこの点で興味深い。同じ箇所での「機能」の語法も同様に興味深い。

> すべての建物に、一つの主要な器官——一つの支配的な部分——があり、一定の二次的な秩序や部材があり、これら部分のすべてを循環の体系によって活かすのに必要な設備がある、と言えよう。これら器官のおのおのはおのおのの機能を持っている。しかし建物全体とはおのおのの要求に応じて接続されるべきである。（Viollet-le-Duc, 1987, vol.2, 277）

ヴィオレにとって「循環」という言葉はとても新鮮な隠喩で、ダリー同様、生理学からの由来であることを特に強調した。そしてこれもまたダリー同様に、この隠喩を使う目的は、循環が住宅の他の器官から独立し、それ自身の体系としてある程度考えうることを強調することだった。ダリーもヴィオレも「循環」という言葉を通して、建物の配置を説明するそれ以前の用語のどれ

C・バリー、リフォーム・クラブ、図書室と外観（ロンドン、一八三九年）。メンバーが寒さや隙間風に当たらずに大きな部屋に座れるリフォーム・クラブの快適さは、広範囲の暖房システムによって可能になった。これと給仕用の裏方通路や階段のために、フランス人批評家セザール・ダリーは意識的に生理学の隠喩を用いて、リフォーム・クラブを「ほとんど生体であり、血管と神経の循環体系を具えている」と説明した。

にもない意味を表現していたようだ。分配《ディストリビュシオン》、連絡《コミュニカシオン》、出入口《デギャジュマン》はみな建築の物質性に結びつく。だからそれらが意味するものを理解するには、建物を目か、少なくとも心に捉えねばならない。しかし「循環」という言葉にその必要はない。というのもそれが指すものは、物質としての建物ではなく、建物内部や周囲での可能性としての流れだからである。「循環」という言葉が特殊なのは、たんに諸部分の配置を指すのみならず、ダリーがリフォーム・クラブの記述で強調したように、生気を欠いた物理的実体としての建物から独立して考えられる、完結し自己充足した体系をも指すことである。実際、建築家や建築理論家たちによってすぐに、そのような仕方で「循環」という言葉が用いられるようになったのである。一八七一年には、パリ・オペラ座の建築家シャルル・ガルニエが、隠喩としての性質をなんら自覚せずに「循環」という言葉を使っていた。階段は「劇場において最も重要な配置［dispositions］の一つである。というのも出入口［dégagements］と動線《サーキュレーション》を計画しやすくするのに不可欠だからでもあるが、より重要なのは、芸術的な主題をなすからである」（Garnier, 1871, 57）と彼は書いた。しかし興味深いことに、同書の別の箇所では、［「循環」という］名詞への抽象化を完全に受け入れたわけではない。たとえば次の箇所では、「循環する」という言葉に特定の人々の集団によって具現化された動作の意味が残っている。「階段吹き抜けの壁に開口部が多いと、各階をめぐる［circulant］人々が、巨大な血管のような眺めや、階段を上下する群衆の絶えざる循環で、気ままに目を楽しませることができる」（85）。「循環」という言葉はフランスの学者たちの間では、正統で確固たるカテゴリーとしてすぐに受け入れられた。そこでたとえば、一九〇二年初刊、フランス・ボザール教育の古典的な手引書であるジュリアン・ガデの『建築の諸要素と諸理論』（1902）は「循環」にまるまる一章を割き、建築の構成における独立した要素として扱った。ここからル・コルビュジエの「重大な基本定理」まではあと一歩である。

もし「循環」という言葉の導入意義が、建築のある面を分離した体系として考えるのを可能に

C・ガルニエ、オペラ座階段室（パリ、一八五四—七〇年）。「階段を上下する群衆の絶えざる循環」は、建築家シャルル・ガルニエにとって建築の主題だった。

したことにあったならば、それは科学の方法を建築に持ち込もうという欲望のきざしと考えられるはずだ。建築が科学の営みに近付くには、建てられた作品の表層に見える複雑な現実から、特定の側面や特性を分離し抽象化すること、またその抽象化されたものが独立した分析を受けられることが必要だった。「循環」という概念はこの基準を比較的うまく満たしており、したがって建築の研究で特に好まれる主題であり続けてきたことは、驚きに値しないだろう。[*3] しかし、「循環」という言葉を導入したことにより建築を科学的な手法で扱えるようになった、と一般的見地から述べたとしても、この隠喩を作った人々はそれで具体的に何を伝えたかったのだろう？　隠喩の本性において、ある隠喩はある事柄について精確になるが、他の事柄について曖昧さを残す。つまり「循環」という言葉は建築の一つの面を分離した体系として示す点で精確だが、その体系に何が通っているのかという点では曖昧であった。それはダリーにとっては暖気であり設備であり、ヴィオレとガルニエにとっては人々だった。さらにどのような流れが「循環」という言葉で説明できるのか、その可能性を示す例として、別の書き手、ドイツの美術史家パウル・フランクルが、一九一四年初刊の『建築史の基礎概念』で「流れ」について言ったことを見てみよう。フランクルは建物内部の人々の動きが血液のような性格を持つことだけでなく、体系全体への知識が建築作品を理解するのに不可欠であることも主張した。

世俗の建物を理解するには、端から端まで、地下室から屋根まで、また突出する翼部《ウィング》を歩き通すことで、全体を知ろうとせねばならない。入口、中庭や階段へ通じる玄関ホール［vestibule］や通路、いくつかの中庭同士の結合、階段と各階で階段から延びる廊下、まるで人体の血管のようだが——これらは建物の拍動する動脈である。それらは明確な循環［Zirkulation］を作る通路で、個々の広間、個々の部屋、小部屋、個室へ通じる。家の組織は、これら動脈が循環を導いている範囲まで行き渡る。（79-80）

しかし人にせよ物にせよエネルギー——電流でも音波でも——にせよ、物理的な運動だけが建築に見られる動きではない。物質やエネルギーという実際の物理運動と同様、それを通して建築を体験できるような、身体に知覚された運動がある。実際メルロ＝ポンティは、運動という身体の力を想像の中で拡張する能力が、すべての知識の源にあると主張した。「純粋な状態での運動性には、意味を与えるという基礎的な能力がある」（142）。より明確には、フランクルの本の数年前に書かれた論文でエドムント・フッサールは、空間についての知識は動いていない主体に現れる運動の感覚を通じて生じる、とした。「すべての空間性は運動、つまり対象自体の運動と『自我』の運動を通じて構成される」（Margrave and Ikonomou, 84, footnote 222）。フランクルは『建築史の基礎概念』で、運動は建築の機能面での特性であることと同様に、知覚の作用であることにも気付いていた。彼が言うには、ある建物群には「内外を通じてわれわれを駆り立てる巨大な運動の流れ」がある（148）。つまり、誰かが入る前から建物のそこにいわば運動がある。そして動くのは人ではなく、空間こそがめぐりめぐっているのである。フランクルは循環を二つのカテゴリーで扱っていることに自分で気付いており——一方は空間性の体験に、他方は人間の行動経路につながる——、常ではないが一般に、「流れ」という語を使って、人々が取った実際の経路とは異なる、知覚された空間の運動を指した（彼は一五七頁で、場所と場所の間を人々が目的を持って動く「循環」と、空間の形態に暗示された運動感覚とを区別している）。「循環」という言葉が建築において複数の種類の運動を指すかもしれぬことを、忘れるべきではない。

　この点に至って、「循環」という言葉は、ひょっとすると建物における人の動きをいう最適の隠喩ではない、と再考してみてもよい。もともとサー・ウィリアム・ハーヴェイが「循環」という用語を血流に用いたのは、次の事実に注意を引きつけるためであった。つまり血液が身体中をただ**動いている**だけでなく、（それまで考えられていたような二種類の体液ではない）一定量の体液が身体に流れ、常に同じ場所、心臓に戻ってくるという事実である。[*4]　これは建物において通常起こることと一致しない。同じ集団の人々がいつもある建物を動き回っているのでもなければ、その全員が一様にすべての部分を通るのでもないし、（おそらく十八世紀タウンハウスでの親睦パーティにおけるゲストを除けば）常に同じ地点に戻りながら動き回っているのでもない。他方で、これはフランクルが関心を持ったような空間の運動に対するとても適切な記述である。さらに、体内における血液の循環と建物における人々の動きとが一致しないからといって、隠喩として「循環」という言葉がうまくいかなくなったようには見えず、つまり何か他の魅力があったに違いないのだ。その魅力に対する最もありそうな説明は、ダリー、ヴィオレ、フランクルらの用法に共通する特徴に見いだされるはずだ。彼らはみな、建物が一つの閉じられた体系で、開口部もなく、自己充足している――つまり身体だが、最も臨床的で非形而上的な見地で理解される身体――と考えるよう読者に勧めている。あらゆる反証にもかかわらず、あくまで厳格に囲われ自己完結した実体として建物を見ることに固執した多くの建築家と建物の所有者には、この妄想を強めてくれる隠喩は魅力的とならぬはずがなかった。[*5]　それでも、建物において起こることにもっと密接に一致した、人の運動を表す生理学の隠喩を他に考えること――「呼吸」〔respiration〕「息」〔breathing〕を考えよ――も十分できる。それに興味深いことに、ル・コルビュジエの一九五七年オリベッティ社計画での建物配置は、循環の体系というよりは呼吸の体系である。しかし「呼吸」が流行らなかったのは、「呼吸」によって建物が開かれた体系となって不明瞭な境界を持つことになったからだとも思われる。その見方はあまりに扱いにくく不安を生むので、ほとんどの建築家や建物所有者はそれに煩わされたくなかったのである。

「循環」という言葉は疑いなく、とてもうまくいった隠喩である――実際、あまりにうまくいきすぎたとも言える。無邪気な比喩として始まったものが、今や定着したカテゴリーとして受け取られている。たとえば後期モダニズム以降、建築の教科書は「動線《サーキュレーション》」が建物の設計におル・コルビュジエ、オリベッティ社電子計算機工場五・六階平面図（ミラノ郊外ロー、一九五七年）、『全作品集一九五七―一六五』所載。ル・コルビュジエの計画において人間の動きが配置されているのは循環の体系というより呼吸の体系により似ている。

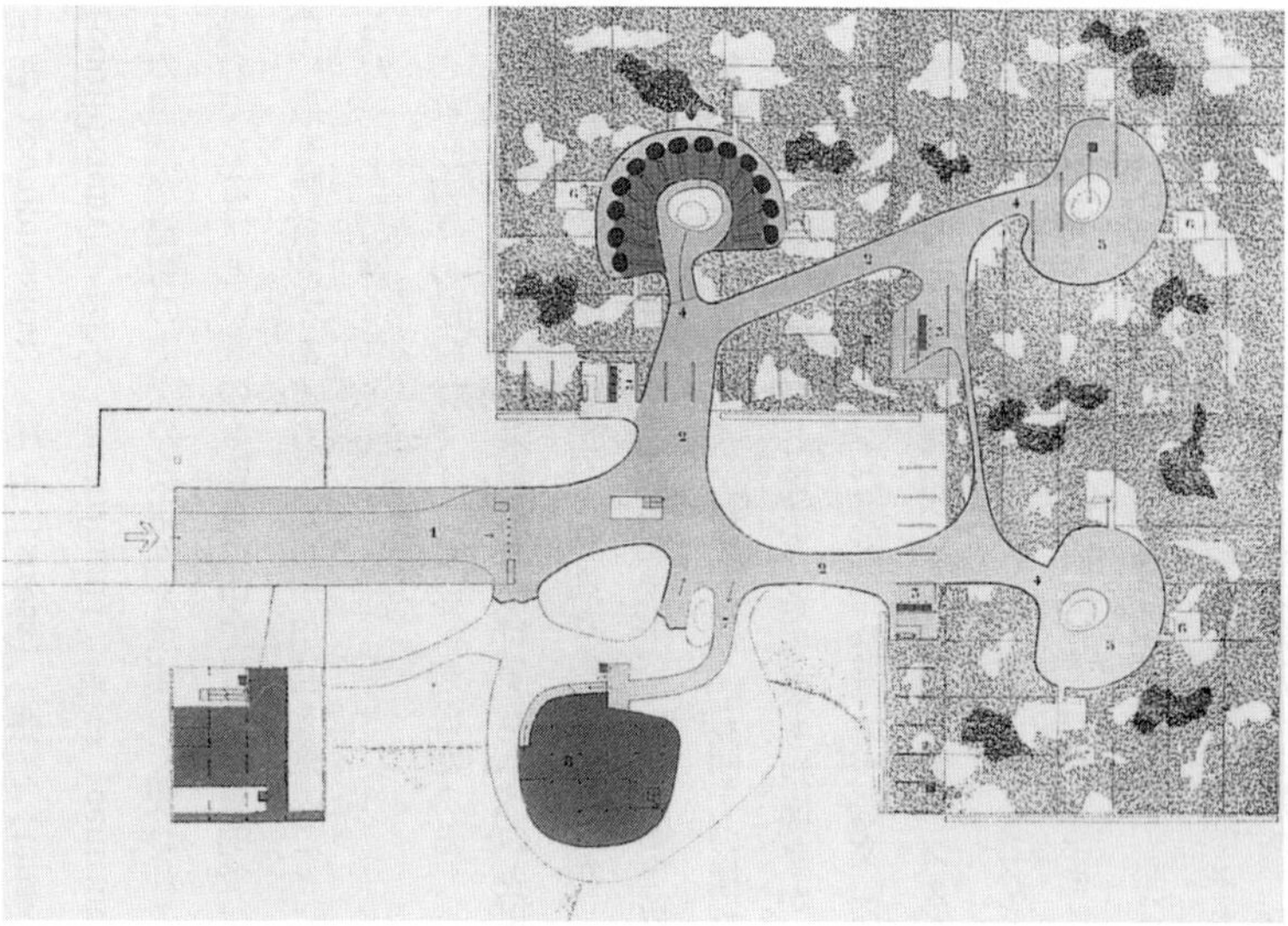

ける一つの要素であると当然視したし、今なお、批評家はあたかも建築の絶対的で客観的な特性であるかのように語る。*6 このの本質的にモダニズムのものであるカテゴリーはあまりに深く根付いたために、われわれのほとんどは、「循環」ぬきの建築を考えるには、意識的に知的努力を払うことが必要である。しかしこの隠喩が成功した要因は何かと考えると、身体と建物とをめぐるものの流れが厳密に一致するかどうかとは関係がないのは明らかだ。その代わり、その成功はより構造的な二つの理由によると提言したい。第一に、この成功によって建築が科学的方法による分析対象となったこと。第二に、あらゆる反証にもかかわらず、建物を閉じて自己充足した体系として見たいという望みが満たされること。この成功によって、人々は偽であるものを真であるかのように語り、矛盾に悩まなくなったのである。

注意を向けたい二つ目の科学の隠喩の群は、流体力学と静力学の双方に由来する。

圧縮〔compression〕、圧力〔stress〕、張力〔tension〕、ねじれ〔torsion〕、剪断〔shear〕、平衡〔equilibrium〕、遠心〔centrifugal〕、求心〔centripetal〕などである。ここで探究すべきはこれらの言葉が建物の実際の安定性を意味して使われる場合ではなく、その形態や空間的特性を示す場合である。というのも建築の中で最も物質的ではない側面、すなわち空間性のために、科学の中で最も物質的である力学から、用語を選ぶことには、何か驚くべきことが存するに違いないからだ。

これら力学の隠喩はドイツ美学に起源がある。ヘーゲルとショーペンハウアーへ遡る十九世紀初頭から中期には、建築を重力に対する抵抗の表現と見る伝統があった。ショーペンハウアーは「適切に述べるなら、重力と剛性との争いだけが、建築において唯一の美学上の題材である」と書いた（vol.1, 277）。十九世紀後半、この主題を数人の書き手が展開しており、たとえばドイツの美学者ロベルト・フィッシャーは「力同士の揺れ動く争いを描写することに、芸術は最高の目標を見いだす」（121）と提示した。最も想像豊かにこの考えを解説したのは、間違いなくハインリッヒ・ヴェルフリンだろう。彼は博士論文『建築心理学序説』（1886）で建築の感情移入体験についての理論を展開し、その後『ルネサンスとバロック』（1888）で特定の場所、特定の時代における建築にそれを適用した。『ルネサンスとバロック』におけるヴェルフリンの建築に関する説明は大きく「運動」に依拠している。つまりそれ自体は動いていないものの中で「物質と形態の力との対立」（1886, 189）から生じた、暗示されるにとどまるような動きである。ただ、これは静力学の記述としてもっともだろうが、それがこうした隠喩がわれわれの興味を捉えた理由と考えるべきではない。ヴェルフリンは建物に実際に働く諸力ではなく、建築が観察者に柱の圧力やヴォールトの張り出しなどの感じをいかに知覚させるか、に関心を持っていた。彼にとって問題だったのは、建築を通じていかにこうした体験が見る者に伝わったかであり、建物の構造体を実際どのように力が伝わったかではなかった。これらの記述においてヴェルフリンは、すでに心理学によって感情を記述するために使われたのと同じ隠喩の群——緊張、ストレスなど——を使うことで、間違いなく恩恵を受けている。実際ヴェルフリンは「バロックはわれわれに決して『存在』の静的な落ち着きを与えない、ただ変化による不安とはかなさによる緊張のみである」（1888, 62）などの主張においてしばしばこの偶然の一致を利用しているのである。力学は建築の美的体験のために隠喩を生み出す源として成功した。しかしそのことと、力学が建築での構造的な側面に対して持ちうる何らかの直接の対応とは関係が薄い。人間主体における感情や情動の状態を記述するのに同じ隠喩が利用できることの方に、まだしも関係が強かったほどである。

ヴェルフリンの後継者フランクルは同じ隠喩の群を引き継ぎ、『建築史の基礎概念』でそれら隠喩を建築空間の記述へと拡張した。一九五〇年代までには、これら力学の隠喩は十分知られて

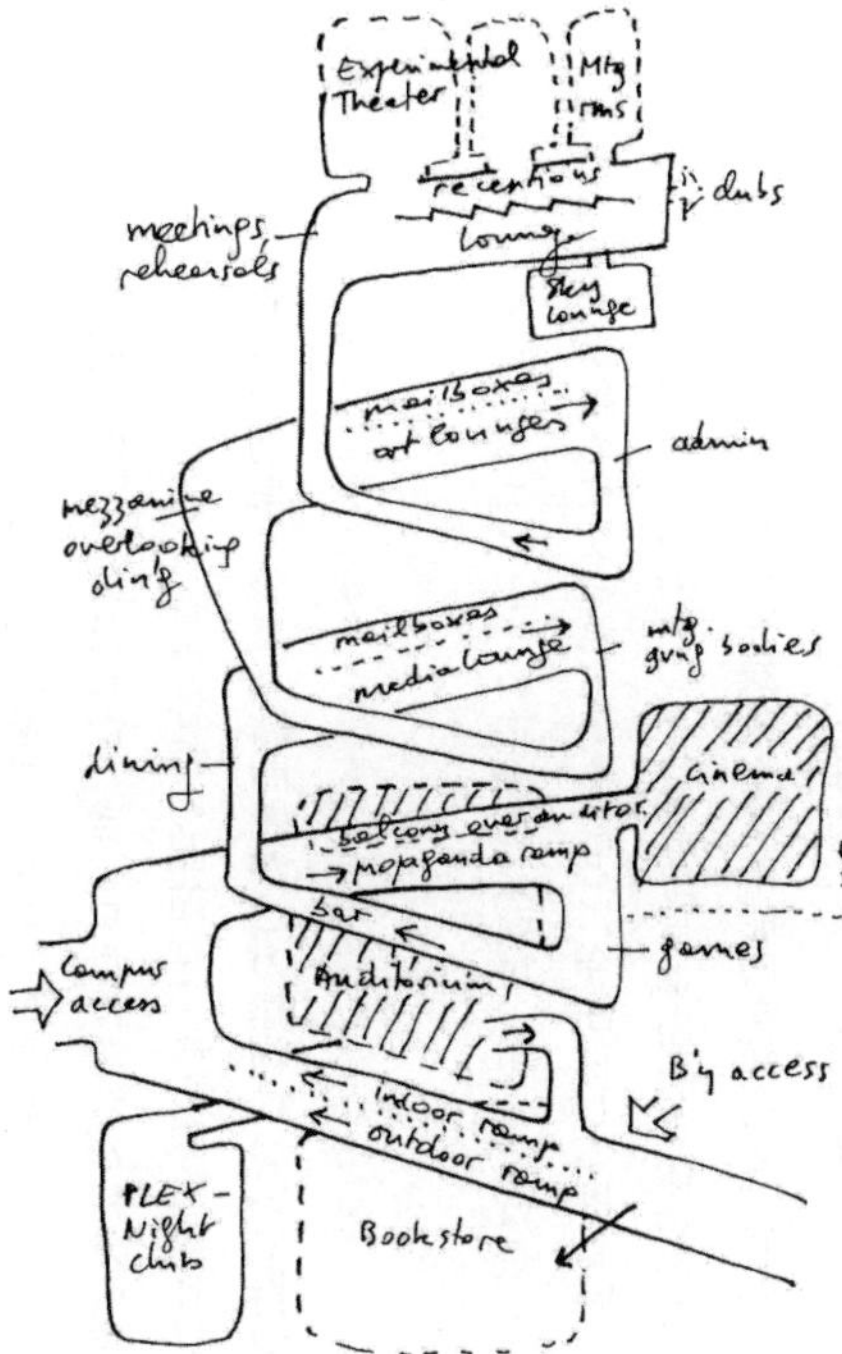

ベルナール・チュミ、コロンビア大学ラーナーセンター循環ダイアグラム（ニューヨーク、一九九四年）。近代の建築家にとって「循環」自体をものとして、建物の実体とは独立して表すのはごく普通である。

きたかのようであったので、批評家コーリン・ロウがル・コルビュジエのラ・トゥーレット修道院における「空間力学」に言及したとき、ロウは読者が自分の意味するところを理解できるだろう、と考えた（1982, 186）。ロウ独特の記述はこれら隠喩を存分に利用していた。ラ・トゥーレットの礼拝堂北面の効果、つまり訪問者がこの建物について持つ最初の眺めについての素晴らしい記述、どんなイメージより多くのものを示す記述がある。

> ル・コルビュジエは…この正面の立面に、現実には全く存在しない奥行きを組み込んだ。パラペットが斜めに切られていることに今注目してほしい。そのラインは水平からほんのわずかしかずれていないので、それを普段の平均的な体験からそうあるべきと考えてしまう姿、つまり水平へ「補正して」解釈する本能的な傾向を、眼が持ってしまう。パラペットを鉛直面の正常な上端として見ようとするため、眼は結果として、たまたま物理的にはそうなっている斜めの線ではなく、遠近法の後退線における一要素として心理的に読み取ろうとするからだ。つまりル・コルビュジエは「偽りの直角」を造ったのである。しかもこの勾配定規〔*fausse équerre*〕はそれ自体でも奥行きがあると推論するばかりか、地面の傾斜と気まぐれに相まって、建物が回転するかのようなイリュージョンをも時として導くようだ。
>
> 礼拝堂を取り巻くバスティオン〔要塞のような壁〕と鐘楼の間の表面に立ちのぼる生気、わずかだが、突如壁面に現れたかに思える揺らめき、それは壁が受けている前述の歪みに由来するに違いない。しかし、外壁面における現象上の《フェノメナルな》歪みがまぎれもなくバスティオン自体の実際の歪みで増幅されているとすれば、ここで三本の光の筒〔*canons à lumière*〕がどのように反作用的な歪みを生み出しているかに注目すべきである。

というのも、到着時に見られる建物の光景が、結局のところ一つではなく二つの螺旋に基づいているからである。一方に疑似直角があり、北西の角で修道院西正面における窪みを補ル・コルビュジエ、ラ・トゥーレット聖マリア修道院（エヴルー、一九五九年）。礼拝堂の側壁を示す北面。コーリン・ロウの注目すべき分析では、ラ・トゥーレットのこの面が、回転し捻じれる力の渦となる。

完して、回転、捻じれというイリュージョンを強める。他方で、あの三本の捻じれ、曲がり、悶えてすらいる光源があり——それらは秘蹟の礼拝堂を照らす——、これがよく独立し等しく力強い渦巻きのモーメントを生んでいる。北・西立面の作られ方に見られる傾向の背後には絵画的な、三本の光の筒の場合には彫刻的な操作が横たわる。つまり二次元的な螺旋と三次元的な螺旋がある。コルク抜きが常に歪んでいる面と拮抗している。両者の両義的な交錯が建物を作り上げている。そして礼拝堂の上に立ち上がる空間に暗示されるぐっと張りつめた円柱状の渦巻きは、すべての渦巻き運動同様エネルギーの低い素材を興奮の軸へと吸い上げる旋風のような力を持っているのである。そのため、三本の光の筒は、その彫刻性と隣接する壁面の絵画性によって幻想を確かなものとし、それらは一種のつなぎ縄のようなものとして緊張関係を保っている。(1982, 191-2)

この注目すべき記述で、隠喩は静力学から流体力学、再び静力学に戻る。しかしここでの効果はすべて、ロウが「ヴォイドは…〔内部の詰まった〕固体として振る舞う」(1982, 192)と見ていたことを通して生じている。ラ・トゥーレットの論考はロウの批評の中で最も現象学的なものと言えよう。そこで彼が扱うのは、おおむねさまざまな視覚上のイリュージョンの帰結として見る者に経験される感覚なのだが、しかし隠喩の幅の広さにもかかわらず、その成功は心理学と静力学の双方を参照したことによる多義性に起因するようである。

しかし空間における力学の別の解説者、一時コーリン・ロウの学生だったピーター・アイゼンマンに目を向けると、そうした隠喩がかなり異なって使われていたことがわかる。ロウにおいてこの隠喩は彼に見えたものを指したのに対し、アイゼンマンは、一九七一年に公刊されたテラーニに関する論考で、明らかに、彼の見ることができなかったものを記述するために使っている。アイゼンマンは物体の感覚的な性質——表面、テクスチャー、色、形——と、「感覚的には受け

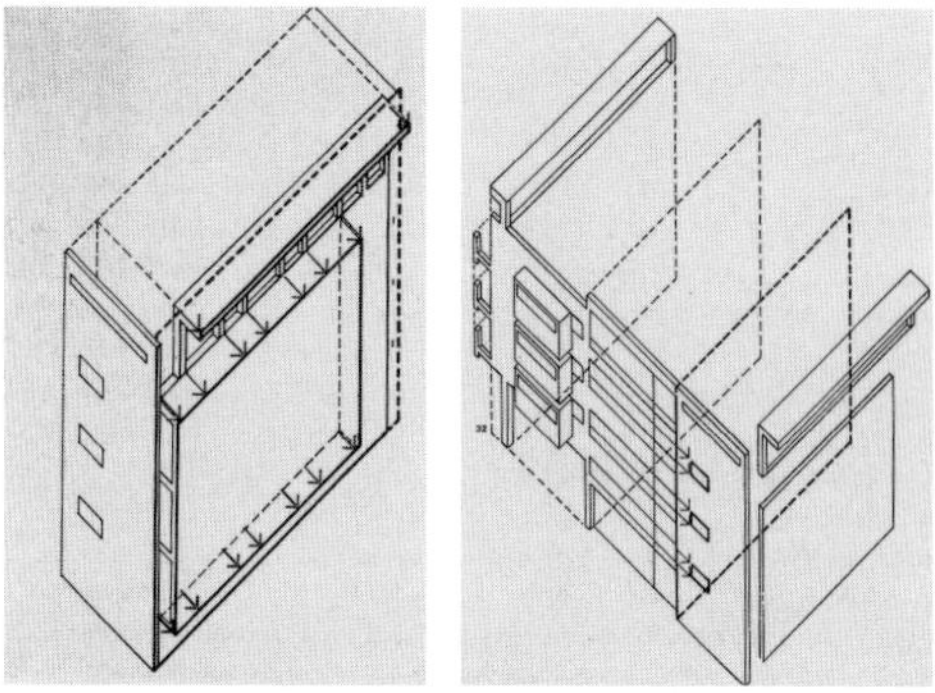

ピーター・アイゼンマン、カサ・ジュリアーニ・フリジェリオ、アクソメ図。アイゼンマンのドローイングでは、ファサードに暗示された静的な力の分析が説明される。

取られない概念的な諸関係に関する深遠な側面――正面、傾斜、後退、伸張、圧力、剪断のように、精神において理解されるもの」(38-39)とを区別している。彼がこれら用語を用いた例として、カサ・ジュリアーニ・フリジェリオ北面の分析があるが、彼自身隠喩とは認めず、建物諸部分の関係を文字通りに記述したものとしていた。ファサードの左側部分が前方へ飛び出していることに言及して、彼は書く。

> このヴォリュームの拡張部分は、ファサード全体を覆わず、本体との間に剪断的ずれを表現するために意図的に作られたようだ。この状態には二通りの読み方が可能だ。すなわち、付加的にファサードが拡張されたとも、周囲のエッジが削り取られ、内側の「堅い」ヴォリュームが現れたとも、読み取れるのだ。(47)

アイゼンマンが書く「剪断」とは観察者の実際に受ける感覚ではないし、彼はその可能性に興味を示してもいない。むしろ逆に、それは建築の構成の側に属するものであり、それを理解するのにはアイゼンマンの分析的な図解《ダイアグラム》がなくてはならない。彼がこれらの用語を使う際に心理学的側面が全く見られないこと、つまりアイゼンマンの解釈がもっぱらフォーマリスト的であることは、彼がじきにこの種の分析を放棄する理由と何か関係があるかもしれない。

　これまでのところをまとめると、最も広く使われる科学的隠喩が成功した理由は、それが単に科学的であるからではなく、それら隠喩が建築の他の確かな知覚つまり、社会的・心理的欲望に基づく建築の知覚を助けるからである。これらの隠喩や、他の多くの科学の隠喩が、建築と科学の関係に関して何を示してくれるかについて今省みてもよい。一見したところ、建築において「機能」「構造」「循環」「変容」などの言葉を使ってきたことは、ひとえにモダニズムの一般的な特徴である、建築実践を科学理論化するという傾向の現れのように見えるかもしれない。しかし、ジュゼッペ・テラーニ、カサ・ジュリアーニ・フリジェリオ（イタリア、コモ、一九三九—四〇年）。ファサードの構成は、ピーター・アイゼンマンによれば「剪断の状態」を作っている。

もし建築ではなく隠喩について知られている事柄から考えると、事態は少々単純でないとわかる。すでに示唆されたとおり、これら隠喩の魅力の一部は、隠喩によって建築が分析という手続きを受け入れることのできる科学のように**見える**ようになったことかもしれない。にもかかわらず、実際のところそれら隠喩によって——逆説的にも——その反対、つまり建築は科学ではなく、ましてや特段に科学に似ているわけですらないということを確定する。うまくいった隠喩というのは事柄が似ていることに拠るのではなく、むしろ似ていないことに拠るのである。効果的な隠喩に見られる特徴とは、それが観念に関するある一つの図式〔schema〕からイメージを借りてきて、別の、それまで結びついていなかった図式に当てはめることである。哲学者ネルソン・グッドマンが——それ自体素敵な隠喩において——書いたとおり、隠喩はある思考の王国から別の王国へ向かう「異国探検」である。また彼によれば、隠喩は「計算されたカテゴリーの取り違え」(73)とも見なせる。しかしそれを可能にするには、まず適切なカテゴリーの区分がなければならない。建築作品を「機能的」と呼ぶ——紛れもなく隠喩である——のは、有機体や方程式と見なしたいという願望の現れであるかもしれないが、そもそもそんなことはない。「機能的」という語がうまくいったのは、建築が生物学とも数学とも異なるということが一般に了解されていたからだ。さらに言えば、建築で用いられた科学の隠喩は、科学のさまざまな分野、物理学、数学のみならず自然科学にも由来しているのであり、それら全体の示していることは、建築は科学一般と似ていないということである。

歴史的に見てこれら科学の隠喩に関し最も明らかなのは、それがもっぱら近代にのみ属することである。力学や血液の循環が十七世紀頃知れ渡ってきて、潜在的には隠喩として利用できたにもかかわらず、誰も一世紀半前まで建築に適用することに興味を持たなかったようだ。なぜか?

他の領域では興味を持たれている——「循環」という言葉はハーヴェイが身体に見いだしたのとほぼ同時に、経済学者によって使われたし、力学からの「緊張」〔stress〕「張力」〔tension〕

といった用語は十九世紀初期の心理学で焦点となった。ではなぜ建築ではそうならなかったのか？　この疑問には二種類の答えがあるようだ。つまり、「循環」の事例ですでに提案したとおり、これら隠喩が表したのがそれ以前に語られる必要のなかったものだったのか、また建築において隠喩として用いるのに何らかの障害があったか、である。建築にそれら隠喩が用いられなかったことに、何か構造的な理由があるという第二の可能性に、少し注目してみよう。

アルベルト・ペレス＝ゴメスが『建築と近代科学の危機』において示唆するには、十八世紀後期以前、科学と建築とで概念上の区別がなかったという。だとすれば、誰も科学の隠喩に関心を持たなくとも驚くには値しない――全く効果がなかっただろうからである。科学が建築とは別個の知識分野にならなければ、建築をまるで科学のように見ることに特に魅力はないだろう。隠喩とは、異なるもの同士で可能な類似性を試みる実験である。二十世紀建築における無数の科学の隠喩はそれぞれ、小さな実験、建築と科学のあれこれの分野との関連を見いだす試みであった。しかしその隠喩はことごとく、本当は根底では建築という実践が科学的ではないという信念に拠っているのだ。もしこの認識論的な分離がいつか終わり、建築と科学との隔絶に何らかの修復が見られたとしよう。するとそれが起こったことの証は、すべての科学の隠喩がだめになり捨てられ、新しい隠喩が一切発明されないことであろう。それが起こるまでは、科学が到達しうるところまでは建築は達しえないと、――いかに見当違いだとしても――頑なに信ずることで、建築におけるすべての科学の隠喩は生存を維持し続けるのである。

1　「循環」『フランス語宝典』(vol.2, 1977）を参照。

2　モダニズムの表記法によって前近代建築を記述した一例として、ジルアール『イングランドのカントリー・ハウスでの生活』(1978, pp.194-201)〔森静子・ヒューズ訳『英国のカントリー・ハウス：貴族の生活と建築の歴史』住まいの図書館出版局、一九八九年、下巻五五―六七頁〕を参照。

3 病院の病棟配置の研究例として、ナフィールド地域病院組合『病院の機能と設計に関する研究』(1955, pp.9-11)を参照。「空間統語論《スペース・シンタクス》」(ヒリアーとハンソン『空間の社会的論理』(1984)を参照)の初期の展開もまた、ある確定した空間内で潜在的に人間が動けるその動きのモデリングに依拠している。

4 ハーヴェイ「心臓と血液の動き」(1635, trans.1963, p.58)。ハーヴェイは「循環」という概念をアリストテレスの大気における水蒸気と雨の循環〔cycle〕の記述から取った。「われわれは、アリストテレスが空気と雨は天体群の動きをなぞると言わねばならなかったのと同様に、この血液の運動を循環と呼ぶ」。

5 建物群の堅固な境界の概念に対する批評にはグラーク『建物の理念』(1992, especially pp.21-39)、またアンドレア・カーン「見落とし」(1996)などがある。

6 「循環」という言葉への教科書的言及としてはブロードベント『建築の設計』(1973, pp.393-399)を参照。現代の批評における語法の一例としてカーティス『ラズダン』(1994, p.196)、「循環はつねに推進力であり…」を検討せよ。

6

「われわれの時代の最も重要な力は目覚めつつある民主主義の精神のようだ…そして、われわれの希求する生きた芸術とは、この精神の結果なのかもしれない」（バリー・パーカー、一九一〇年）。「生きた」とは、パーカーが彼の住宅計画の性質を記述する際に好んだ用語だった。一九〇八年に彼がレイモンド・アンウィンと共に設計したロンドン、ハムステッド・ガーデン・サバーブのリッチフィールド広場の計画はその一例である。（アンウィン『都市計画の実践』一九〇九年）

「生か死か」――「社会的なるもの」を記述する
'Dead or Alive' -Describing 'the Social'

川の両岸、少し引っ込んだところに、背が低くて大きくもないがとても綺麗な家々が列をなしている。そのほとんどが赤煉瓦で建てられ、瓦で屋根を覆われていた。そしてなにより心地よさそうに見えた。まるで、あたかもその家々が生きていて、中にいる居住者たちの生活と共鳴するかのようだった。

――ウィリアム・モリス『ユートピアだより』、一八九〇年、九頁

人類の社会的存在を達成し、向上させようという非常に強い主張を持った実践のわりには、建築におけるモダニズムは、その作品において意図される特定の社会的な性質を記述する段になると、驚くほど歯切れが悪かった。ヴァルター・グロピウスが主張したように、「彼らの作品を人々の生活と関連づけること」、「個別の単位をより大きな全体の中の一部として」(1954, 178) 見なすことが、近代《モダン》の建築家の主要な関心事だったとしても、最も有能な批評家でさえ、その帰結を描写する際には、しばしばウィリアム・モリスと同様に不正確な言語に頼らざるをえなかった。建築の語彙は、建築の物理的な特性を認識するための言葉――「奥行き」〔depth〕、「可塑性」〔plasticity〕、「透明性」〔transparency〕、「分節」〔articulation〕、「テクスチャー」〔texture〕など――においては豊かだが、その社会的な性質を定義しようとした途端、言語の貧困さを露呈する。建築を社会的に捉えようと専心したルイス・マンフォードほどの雄弁な批評家でも、自身の考えを表現するうえでの言語の限界と明らかに闘っていたのだ。建築の社会的な特性を記述するうえ

で頻りに使われた用語のリスト――「機能的な」〔functional〕、「有機的な」〔organic〕、「フレキシビリティ」、「リアリティ」、「都市性」〔urbanity〕、「生命の」〔living〕、「活き活きとした」〔alive〕、「気取らない」〔homely〕、「使用者」〔the user〕――には、建築の語彙で最も使い古されて不十分な言葉がいくつかあるし、残りはといえば隠喩としての目新しさがほとんどない。「機能的な」、「フレキシビリティ」、「使用者」については第二部で詳細に議論するので、この章では、近代建築に要求される社会的な質を言葉で表現しようとする近代建築の苦闘を概観する。

社会的なるものの記述が十九世紀にそれほど問題とならなかったのは、おもに当時の建築家も批評家も「社会的」な建築を今ほど望まなかったからだ。実用性に関する概念、つまり適合《コンヴナンス》と「適合性《フィットネス》」をめぐって生じた限られた議論（第二部「機能」二五八頁―を参照）を別にすれば、建築と社会関係とを結びつける十九世紀の批評の主要なテーマは、建築作品を作るのに費やされる労働の性質に関係した。少なくともこの問題においては英国の建築家と批評家は確信を持って話し、書いた。ひとたびジョン・ラスキンが『建築の七燈』（1849）において「生きた建築」という考えを確立すると、彼とその後継者たちはほとんど不自由なく、建物を社会的特質の度合いを区別することにほとんど苦を感じなくなった。ラスキンはこう述べた。

> 私は、あらゆる装飾に関して問われるべき正しい問いはただ以下のことに尽きると思う。つまり、装飾が楽しんでなされたのか――彫刻師はそれに取り組んでいる間、幸せだったのか、と。それは、なしうるうちで最も困難な仕事かもしれない。あまりに多くの快がもり込まれたためより困難になるかもしれない。しかし、それは幸福なものでもあったに違いない。さもなくば、装飾は生きているもの〔living〕たりえないだろう。（ch.5, §24）

「建築になされた労働の目で量れる価値」という学説を記述するための「生命」というラス

キンの用語は、シラーの『人間の美的教育についての書簡』(1795)に由来しているようだ。シラーにおいては、「生命」〔life〕と「生命力」〔life-force〕という概念が、人間が芸術作品から美的な満足を得る方法についての説明の中心となっていた。しかし、シラーは「生命」〔living〕という言葉に何らかの社会的な含意があるとは一切考えなかった。つまりこの含意がラスキンの独創性なのである。ラスキンの「生命」という用語に、ウィリアム・モリスは「有機的な」という言葉を添えたが、語義はほとんど同じであった。つまり、建築物とは労働の具現であり、建てた人々の活力と自由が表れる度合いこそが建築物の社会的特質の尺度だったのだ。

建築の生産のうちに、つまり制作に携わる人々の間に生じる実り多い関係という特有な性質のうちに「社会的な」性質がある、という視点はモダニズムの時代になっても確かに続いていた。ル・コルビュジエの『建築をめざして』(1923)の巻末に収められた「建築か革命か」という著名な章の(ヘンリー・フォードを厳密に踏襲した)骨子は、建物自体のデザインを通してと同様

サン・ミケーレ寺院、ルッカ。ジョン・ラスキンのドローイングから彫られたファサード細部の版画。「ルッカの風変わりなファサード」の彫刻の多様性と創意はラスキンの「生きた」建築という考えにかなっている。自発的に提供された「労働の目に量れる価値」が即座に見て取れる一例。

プレハブ建築部品の現地組み立ての様子（フランクフルト、プラウンハイム、一九二六年）。一九二〇年代ドイツの新建築《ノイエス・バウエン》の建築家にとって、建築の社会的な問題とは第一に、ヘンリー・フォードが導入したやり方に沿った建物の生産過程の再編成にあった。

に、大量生産という新技術の利用にも、建築による社会救済の可能性があるというものだった。一九二〇年代初頭のドイツ新建築《ノイエス・バウエン》の建築家にとっても、社会問題としての建築とは、建物の生産を再編成することで達成されるべきものだった。たとえば、ミース・ファン・デル・ローエは、一九二四年の論文「工業化された建築行為」においてこう述べた。「私は、建築行為の工業化が、現代の問題の核心をなしていると考えている。もしこの工業化を達成できたら、社会的な、経済的な、技術的な、また芸術的な問題さえも自ずと解決されるだろう」(248)。しかし、近代の工業的な手法を強調したにもかかわらず、そのような著述は、生産関係に根ざすものとしての建築の社会化という十九世紀の視点に属していたのである。さらに建築に社会的価値を与える手段としての生産の組織化についての実験もまた、一九二〇年代に終わりを迎えたわけではなかった。より最近の例としては、イギリスでウォルター・シーガルによって一九六三—八五年に居住者自身の労働による建設を予定して設計された住宅群が挙げられるだろう。[*1]

しかし、建築の社会的な内容についての十九世紀的な見解から建築のモダニズムが分岐したのは、建築の生産と並んで**使用**のうちにも、社会的な表現を見いだそうとした点にあった。建築作品の中で起こったこと、つまり建築作品の使用を通じて、ヨーロッパのモダニズムが提示した理念とは、建築が社会的存在の集団性に表現を与え、そしてさらには手段として、社会生活の諸条件を改善しうるというものだった。理論的な観点からすると、この理念は二つの重大な困難をもたらした。第一は、建築が表すとされる「社会」なるものをいかに概念化するかであった。第二は、建築の美学に「使用」という概念を組み入れていく手段を見つけることだった。

建築の言説において最もよく現れてきた「社会」についての概念把握とは、「コミュニティ」という概念に含まれるものと、「公」と「私」との二分法に含まれるものだった。社会について他のモデルよりもこうした概念把握を建築家が好んだのは、それらによって空間における等価物が得られ、それゆえに建築家や都市計画家が、社会的な観点から建築や空間を評価し、計量化さえしうる見込みを得られる、その容易さで説明できる。社会についての他の概念——経済的な関係の相関として、個人性と集団性との弁証法（ドイツの社会理論家ゲオルク・ジンメルの著作におけるような）として、あるいは神話の構造として——は建築家にとってそれほど魅力的ではなかった。なぜならそうした概念は社会を物ではなく動態として捉えるため、構築性や空間性へと翻訳するのがより難しいと考えられていたからだ。好まれた二つのモデルのうちでは、「コミュニティ」の方が古く、一九五〇年代まで建築思想に強く影響を与えたものの一つだった。社会形成の近代的な概念としての「コミュニティ」は、一般的にドイツの社会理論家フェルディナント・テンニースによるものとされる。その著書『ゲマインシャフトとゲゼルシャフト』（1887）は、一八八七年に初めて出版され、一九四〇年に『コミュニティとアソシエーション』として英訳された。そして主にテンニースこそ、ヨーロッパのモダニストに、コミュニティによって構成されるものとしての社会という概念を与えたと言われてきた。*2　公私の領域を分離することで形成される社会という概念把握は長い歴史を持つが、建築への導入は第二次世界大戦後に過ぎず、一九五八年のハンナ・アーレントの『人間の条件』の出版に強く刺激されたものだった。政治的および社会的存在における「公」の終焉というアーレントの視点は、空間的な表現としても明快な等価物を持っており、アーレント自身この過程の兆候として十八世紀以来の建築の衰退について言及していた（36）。

建築のモダニストが、建築を「社会的なるもの」を表象する芸術にしようと願いながら悩んできた二つ目の問題点とは、使用に関係するものすべてが長年にわたって美的なるものの範疇から除外されてきたことだった。カントが一七九〇年に『判断力批判』で、近代的な概念としての美的なるものを人の知覚の一分類として初めて確立して以来、物の目的や有用性は美的判断の外にあると言われた。——この視点がカントとそれ以前のイギリス美学者、ロード・ケイムズらとの大きな相違の一つであった。彼らは有用性を美の概念の中に適応させていたのである。しかしカントによれば、目的に関する問いはすべて自由美の知覚を妨げるだけである。彼はこう説明する。「一定の内的目的を持つ対象に関しては、判断する者がこの目的の概念をなんら持たないか、自身の判断においてその目的から抽象化するときに限り、趣味判断は純粋たりうるだろう」(74)。明らかに目的を持っている建築に関して、カントは以下の結論を引き出している。建築は決して美的領域には到達しないか、もしくは建築が美しいものだとすれば、それは建築が目的を持たない限りにおいてである、と。彼が言うには、「建築において要となるのは、美的観念を限定する条件としての芸術的対象の、ある種の**使用**なのだ」(186)。カントは、有用性のない風景式庭園術の方が建築より芸術にふさわしいと見なしていた。

カントに続く大多数のドイツの美学者たちは、美的判断の構成素としての「使用」を受け入れないこととした。ではいかにして建築が芸術でありうるのか、この問いが後の哲学者たちを煩わせた。――一八〇一年と一八〇四年に講義として述べられたF・W・シェリングの『芸術の哲学』に表れたように、一般的な合意は、建築とは「必要から独立したときのみ美しい」(167)というものだった。美学の講義においてヘーゲルはより好意的で、建築の美的なるものとはまさしく目的と目的から独立した内在的な意味の豊かさとの関係に存すると示唆していたけれども(vol2, 633)、ドイツの伝統に属するほとんどの十九世紀の建築理論家は、美的なるものの外部にあるものとして使用を扱った。唯一の重要な例外はゴットフリート・ゼンパーだった――しかしゼンパーさえも、生産の前提としての必要性にしか関心を持たず、出来上がった建築との関係には関心を持たなかった。同じことはイギリスの建築に関する著述の伝統にも当てはまる。この伝統はラスキンの影響を強く受けているが、彼はシェリングのように、目的や必要を何ら建築の美的判断に関わらないものとしてその価値を低く見積もっていた。たしかにラスキンは、建築における「社会的なるもの」についての先進的な概念を生産との関連において持っていたけれども、建築作品の占用や社会的な使用を美的要素として語ることは一切なかった。一九二〇年代以前の建築の美学に関する著作では、有用性を建築の要素として考慮する重要な試みは恐らく唯一、一九一四年のパウル・フランクルの『建築史の基礎概念』だけだっただろう。この著作における、建築の歴史的分析のための第四の美的範疇とは、フランクルが言うところの「目的意図」(*Zweckgesinnung*)というものだ。彼は次のように記した。

〔この用語によって〕私が言いたいのは、建築は特定の期間持続する行為のために固定された舞台を形成し、一定の連続した出来事のために道筋を用意するということである。この行為が論理的な展開を持つように、連続した空間や、それぞれの空間内での主要な、ないし副次的な通路もまた、自身の論理を持っている。(157)

建築作品を「人間活動をかたどった劇場」(159)として解釈したいというフランクルの願いは、独創的で示唆的だったが、自身が認めるように、彼はほとんどこの考えを練り上げず、ゆえに最終的に彼の分析はかなり図式的かつ観念論的だった。

こうした目的と使用との禁止が建築の美学において長い間続いた結果、一九二〇年代に――特にドイツの――建築家たちは、伝統ある美的な目的ではなく社会的な目的にかなう芸術として建築のモダニズムを示そうと願っていることに自ら気付いたときに、達成したいことを述べる言葉が建築の語彙に著しく不足していることに気付いた。一九二〇年代初頭に、新建築つまりノイエス・バウエン〔*Neues Bauen*〕の信奉者が認識したとおり、問題は、以前はもっぱら社会の構成員の個性を表現していた建築が、今いかに集合体としての社会を表し、なおかつ芸術としての体裁を保つのかという点にあった。広く認識されたこの困難について、ベルリンの建築家アルトゥール・コーンは、一九二三年の著作に優れた記述を残している。

充足された欲求の背後に、象徴的な芸術形態が存在し、それが有機体に感応しながら次のように問うときに限り、非人間的で実用的な建物は居住可能なのである。…全体はいかに細かい部分との関係性の中で意義を得るのか。そして、どのような方途で全体はさらに大きな共同体の部分となるのか。

一つの解答——型にはまったものだが——は、技術、つまり生産の手段に関わる社会的集合〔sosical collectivity〕を代表するものとして個々の物体や建物を捉えることだった。一九二〇年代初頭に、ほとんどの建築家や批評家はそのように解決を考えていた。コルン自身も解決をそう記述したし、それはバウハウスの基底をなす原理でもあったし、もう一人ドイツの批評家であるアドルフ・ベーネが、一九二二年の「芸術、手工芸、工業技術」と題した小論において述べた方法でもあった。ベーネは以下のように記した。「自覚と責任に導かれた工業技術は、とりわけ強い相互依存性と相対性という制限の認識へとつながる、集団としてまとまった労働作業を通じ、大衆を動かし始め、分節する。このようにして、共同体が大衆から結晶化するだろう」(338)。

その時点までは建築家も批評家も、生産的な労働という観点を言い表す用語以外から社会的なるものを明確に述べることに成功していなかった。社会的な集合性の表現を建築の使用に広げて考える試みや、この表現を自らの美学の一部として見なそうとする——ちょうどフランクルが行ったような——試みは、とりわけ二つの言葉にかなりの程度拠っていた。即物性〔*Sachlichkeit*〕と合目的性〔*Zweckmässigkeit*〕(または目的的性格〔*Zweckcharakter*〕)である——英語では通常すべてを「機能」〔function〕と訳すけれども。これらの用語はすでにドイツの建築の語彙において使用と占用という言外の意味を暗に示していたが、一九二〇年代以前は(フランクルは例外かもしれないが)いつも美的範疇とは無関係のものとして扱われてきた。興味深いのは、一九二〇年代を通じてこれらの用語が社会的な意味をはっきりと示す美的用語へ変えられていく過程である。たとえいく人かの建築家、とりわけミース・ファン・デル・ローエの抵抗があったにしても。この文脈においてとりわけ興味深いのは、新建築《ノイエス・バウエン》の熱狂的な支持者であったアドルフ・ベーネの著作である。一九二六年の著書『近代機能建築』(1926)では、以前は二つに分かれていたカテゴリーを彼が意識的に一つにまとめていたことがわかる——「建物のおのおのの部分がその使用の意味に応じて配置されるとき、そして美学的な空間が生命《リヴィング》の空間となったとき…その建物は古びて形骸化した静的な秩序という足枷を捨て去るのだ」。彼はこう続ける。「この機能への適合性を通じて、建物ははるかに広く良質な統一を達成する。つまり、より有機的になるのだ」(119-120)(有用性と美的なるものとの統合を意味するベーネの「有機的な」という用語の使用は、この用語にも一九二〇年代に与えられた新しい変化の特徴を示した)。ベーネは即物《ザッハリッヒ》を集団における社会目的を表す用語としただけ——後に一九二七年の論考で「それゆえ即物的に働くとは、それぞれの分野で社会的に働くことである。即物的に建てるとは、社会的に建てることである」(Bletter, 53 における引用)と記した——ではない。以下の集団における社会目的から生じるものとして美的なものを捉えてもいたのだ。「というのもここに、つまるところ社会の圏域に、美的なるものの始原の要素があるに違いないからだ」(1926, 137)。一九二〇年代の終わりまでにこれらの理念は、新建築のメンバーにきわめて広く共有されていた。ブルーノ・タウトは、一九二九年の著書『近代建築』において、この新しい建築の特徴をまとめながら「美は建物と目的[Zweck]との直接の関係から生ずる」と述べた。そしてこう続ける。

もし、すべてが確固とした効率性に基づいていれば、この効率性そのもの、あるいはその有用性[*Brauchbarkeit*]が自身の美的法則を形成するだろう。…この責務を果たす建築家は倫理的、社会的な性格を持った創造者となる。だからその建物を何らかの目的に使う人々は、家の構造を通じ、相互のもてなしや交友の中で、互いにより良い振る舞いへ至るだろう。したがって建築は新たな社会的慣行〔*gesellshaftlicher Formen*〕の創造者となるのだ（1929, 8-9）。

タウトの著述が興味深いのは、ただ彼が目的と有用性を美的特質として認めたからというだけでなく、その先へ進み、建築は社会的集合性を表現するだけでなく、そのうえ社会関係を形成する力を持つとまで述べたからである。しかし、このように認識された社会の特質を記述しようとする努力にあっても、タウトはこれを表現する言葉を何ら見つけられなかった。

　ワイマール共和国の崩壊と新建築の終焉とともに、建築の社会化を目指す試みはドイツにおいて終結した。イギリスやアメリカへ移住したドイツ人建築家たちは、彼らの改革主義的な建築へのアプローチに対する敵意という、かの地における政治的な風潮に気付いただけでなく、一九二〇年代にドイツで彼らが発展させてきた社会化された美学を伝える語彙が英語に欠けていることへの不満を募らせてもいた。英語の「機能的《ファンクショナル》」という単語では「合目的」〔Zweck〕と「即物」〔*sachlich*〕に積み重ねられたニュアンスを伝えるのが全く不可能だったから、彼らがその言葉を全く使わずにいたのも驚くことではない。ヴァルター・グロピウスは、イギリスの読者向けに書かれた一九三五年の著書『新らしい建築とバウハウス』において、こう断言した。「『機能主義』（*die neue Sachlichkeit*）のようなキャッチフレーズは…〈新建築〉に対する偏った評価に影響を与えた」（23）——そのためしばらくの間、彼は事実上「機能主義」を自身の用語としては認めなかった。

　さて、ドイツ以外の国々で建築の社会的な内容を明確にしようと試みた方法のいくつかに目を向けてみよう。とすると、「リアリティ」という概念から始めるのがよいだろう。この概念は、当初一九三〇年代の文学理論として展開されたもので、「リアリズム」をどれほど建築と都市計画に適用できるかという点は常に論争の的であった。ハンガリーの文学理論家であるゲオルク・

ルカーチの一九三八年の著述によれば、リアリストの「目的とは、客観的なリアリティを支配する法則を深く理解し、社会を形成しようとする、より深く、隠され、媒介され、直接には知覚しえない関係の網を露わにすることである」(38)。またソビエト連邦の公式の社会主義リアリズム政策となることになったものでは、リアリズムは「芸術作品の中で真実に即して生を描けるように生を知ることを意味しており、死せる学者風の方法で描くためでも、単に『客観的なリアリティ』として描くためでもなく、革命の展開においてリアリティを描くため」(Zhdanov, 1934, 411)のものだった。これらの議論が最も明らかに役立ったのは表象芸術——文学、絵画、映画——だったが、たとえいかなる建築の「リアリズム」理論も一九三〇年代に起こった議論からは生まれなかったとしても、世紀の初頭からリアリズムが投げかけた課題に対応する観点から、建築家や批評家たちが建築や都市について議論していたのを見つけることは可能である。彼ら自身は「リアリスト」や「リアリティ」という語を用いなくともである。イギリスの建築家にして都市計画家でもあったレイモンド・アンウィンの一九〇九年の著書『都市計画の実践』に、とりわけよい例がある。住宅地の協同造成(一四八頁図版を参照)の利点を擁護しつつ次のように記した。

> 共同作業によってわれわれの町の郊外や村落に、導入できると考えられるもの、それは人々による秩序だった共同体の外的な表現であり、一方と他方の親密な関係があるという、イギリスの古い村々には疑いなく与えられ、村々に見られる美しさの大きな理由となってきたあの感触のことである。(381-382)

「人々による秩序だった共同体の外的な表現」と建築の特性を記述するに当たり、建築家と建築批評家は、一般に「リアリスト」という用語を使わなかった。これはおそらく、「リアル」と「リアリスト」という言葉が建築の語彙の中ではもっと他の、主に構造上の真実《リアリティ》に関する意味を担っているこことに関係するだろう――というのも、これが十九世紀後期にドイツにおいて（第二部「機能」一五八頁―参照）、そしてフランスやイギリスでも、広く使われていた語義だったからだ。イギリスの建築家W・R・レザビーは「徹底的にリアルであることによってのみ、建物に驚きを取り戻すことができる」と書いたとき、建設についての合理性の原理に従うことを意図していた。明らかにゲオルク・ルカーチが定義した意味での「リアリズム」のプログラムに従った建築作品で著名な唯一の例は、一九四九―五四年にかけてイタリアの住宅供給公社であるＩＮＡカーザが建設した住宅団地だった。とりわけ、ルドヴィーゴ・クァローニとマリオ・リドルフィによって設計されたローマ郊外のティブルティーノ地区計画は、建築家も「リアリズム」的だと説明し、批評家たちもそう論じていた。[*3] 田舎からローマへと移住した人々を想定し、既存の建設労働の技術を使うことで雇用を促進しようと意図されたこの計画は、建築のモダニズムにおける、グリッドと直線的なブロックを使った都市計画への合理的アプローチとは全く異なっていた。それどころか、配置は変則的で、建物は種々の型――五、六、七階建てのテラスハウス、数軒の八階建てのタワー――を奇妙に混ぜ合わせたものにさまざまな大きさの建築群、瓦ぶきの勾配屋根やその他の要素を伴っていた。これらの要素は、都市建築の慣習的な観念よりも、居住者の出身地である田舎の村落により多くの共通点を持っていた。全体としてはあたかも非連続で積みたされた発展の結果のような印象であった。ティブルティーノの計画はイタリアにおいて「リアリズム」的な建築がどうあるべきかについての議論を引き起こしたが、イタリア国外の建築界ではいずれも「リアリズム」という言葉自体が取り上げられなかった。イタリアではその言葉は通用し続けた――だから、たとえば一九七七年にロッシは一九六〇年代初頭の自身の研究をこう記している。「私は日常的かつ古来のリアリズムを探究していた」と。しかし実際のところその時点までには、ロッシのリアリズムへの興味は、社会の表象に関わるものというよりも都市の「集合的記憶」に関わるものだった。一九五六年に近代建築国際会議（ＣＩＡＭ）から袂を分かった国際的な集団、ルドヴィーゴ・クァローニ、マリオ・リドルフィ、INAカーザ（ローマ、ティブルティーノ地区、一九四九—五四年）。多くの居住者の出身である村々を思い出させるような計算された不規則性は、「リアリズム」的な計画としてのティブルティーノの評価に寄与した。

チームXの構成員たちの中には、リアリズムの心情が見いだされるが、それはリアリズムの先進的な理論とは到底呼べないものだ。たとえばイギリスの建築家であるアリソン&ピーター・スミッソンは一九五七年に以下のように書いている。

> われわれの機能主義とは、状況のリアリティを、矛盾と混乱の一切を伴った状態のリアリティを受入れながらもそれに、リアリティへ何かをなそうとすることを意味する。したがってわれわれはその変化、成長、流れ、共同体の**活力**を——建造物を通して——意義深いものにできる建築と都市計画とを作らねばならない（333）。

しかし「リアリティ」という用語には一応言及したものの、スミッソンたちの関心は、建築のリアリズム的な説明を発展させることではなく、むしろ初期のモダニズムに見られるような純理論的で抽象的な都市モデルに抗うこと、そしてそのモデルを「コミュニティ」と「アソシエーション」を中心に形成されるより柔軟なモデルで置き換えることにあった。「リアリズム」と「リアル」という用語は、近代における他の芸術実践においては広範かつ深く理解されたうえで使われたにもかかわらず、そうした用法はモダニズム建築の語彙の一部には決して——戦後のイタリアを除けば——ならなかったのである。[*4]

英語圏の建築家や批評家がモダニズムの時代を通じて建築の社会的特性の記述を見いだそうと努力したことに関連して、興味深い用語がもう二つある。「記念碑的《モニュメンタル》」と「都市性《アーバニティ》」である。「記念碑的」という用語は、モダニズムの語彙において激しく論争の的になった用語で、一九四〇年代後半のイギリスとアメリカではさらなる議論の主題となった。[*5] この語が使用された多様な意味をすべてここで振り返ることはしないが、アメリカの批評家ルイス・マンフォードが与えた独特の語法には注意を払う価値がある。戦前のモダニズム批評では「記念碑的」という用語は一般的には軽蔑的な意味合いだった。たとえば、チェコの批評家カレル・タイゲは、ル・コルビュジエのムンダネウム計画（二四五頁図版を参照）のあらゆる不備への注意を引くためにその言葉を使用した。また、ドイツの批評家ヴァルター・ベーレントが述べたような規範的なモダニストの観点もまた、「有機的な秩序という構想に基づいた構造を持ち、動的な特徴がある民主社会では、記念碑に対して何の用途も、したがって何の欲望もない」というものだった（1938, 132）。しかしながら一九四〇年代後半、マンフォードは「記念碑的」という言葉の否定的な意味を、社会的な価値を肯定的に述べるものに変えようと試みた。彼が一九四九年に書いたように「抽象的な形態によってではなく、社会的な意図によってこそ、記念碑の本当の姿が明らかになる」。彼が示した例は、たとえばデュドックによるヒルヴェルスム市庁舎とフランクフルトのレーマーシュタット・ジードルンクで、そこで彼はこう説明した。「本質的に記念碑とは、人々が共有する最高の目的に寄せられる愛と称賛を宣言したものである」（1949, 179）。しかし「記念碑的」という用語の意味を反転させようというマンフォードの試みは、到底成功したとは言い難かった。そしてブルーノ・ゼヴィのような当時の他の批評家は、この用語を軽蔑的に使い続けていた。マンフォード自身すらも、肯定的な用語にしようとする束の間の試みをじきに断念したようである。というのも、一九五七年にル・コルビュジエによるマルセイユのユニテ・ダビタシオンを論評したときには、この語のより慣習的な意味に戻っていたからである。彼は「ル・コルビュジエは記念碑的な効果を生み出すために、人間的な実質を売り渡した」として、その作品を非難した（81）。それでもなおマンフォードの短命な「記念碑性」に関する試みは、建築において社会的なるものを意味するために利用できる限られた語彙から脱出しようという試みとしては、教訓となるものだった。

もう一方の用語は、これもまた一九五〇年代にマンフォードによって再修正されるのだが、「都市性《アーバニティ》」であった。都会風で、礼儀正しく、上品であるという語の伝統的な意味（建物の佇ま

W・デュドック、市庁舎（ヒルヴェルスム、オランダ、一九二四―三一年）。ルイス・マンフォードは、デュドックの市庁舎の「記念碑性」を、その目的――つまり「人々が共有する…愛と称賛の宣言」――において社会的であると見なした。

いに関しては、この意味こそ、トリスタン・エドワーズが一九二四年の著書『建築における作法』（1924）において使用したのだった）に加えて、一九〇〇年あたりになってからは、都市における生活条件を意味するのにこの用語を使うことが一般的になった。しかし、この第二の意味は常に相対的に見て中立的で、質的な評価ではなかった。これに対し、マンフォードにおいては、以上の二つの意味が次第に混ざり合い、「都市性」に積極的な価値を与え、都市の社会生活について望ましいものすべてを意味するようになった。一九五三年のイギリスのニュータウンについてのエッセイにおいて、彼は幅の広い街路について以下のように述べている。「あのような開放性は、ただ都市性を減ずるだけでなく、社会的な快適さをもまた減ずるのだ」（40）と。そして、イーストロンドンのランズベリー団地に関する同年の別のエッセイにおいても、彼はこう述べた。「社会的に散逸することのない空間、社会性を無化することのない都市

性、空虚な気まぐれに陥ることのない多様性がここにはある…」(30)と。これらの引用だけでは直ちに明らかにはならないけれども、他のマンフォードの記述の文脈から読み取るなら、マンフォードが「都市性」という用語によって、文明化された集合的な都市生活と個人の自己充足の実現を意味していたのは明らかである。そして彼はこの両者を都市の真の目標と考えていた。マンフォードの用例に続いて、他の建築家や批評家も「都市性」という用語を同様の意味で使用し始めた。一つの好例が、サージ・シャマイエフとクリストファー・アレグザンダーの『コミュニティとプライバシイ』(1963)で、この著作は、社会の公的/私的空間モデルに対するアーレント以降の関心が明白に表れた建築における著作の最初の一つだった。「都市性」はこの本に頻出する用語である。たとえば彼らは「都市性」という用語を、E・F・セクラーを引用しながらこう紹介している。「[都市の]物理的なパターンにおける差異が全く欠如しているのは、選択の

ル・コルビュジエ、ユニテ・ダビタシオン(マルセイユ、一九五一年)。一九五七年、マンフォードはもはやユニテについて書いたときには、マンフォードはもはや「記念碑性」に社会的な価値があるとは考えていなかった。

欠如、そしてそれゆえに真の都市性の欠如を意味する。そして、非人間的な匿名性が生じる…」(50)。シャマイエフとアレグザンダーはこう続ける。「中には、過去のはっきりと境界づけられた都市には存在したような都市性のある生活を十分享受してきた高齢の人々もいる」と。この都市性とは、彼らの説明によれば「それぞれの都市にアイデンティティを与えた居住者、社会的な目的と建物のありようの相互作用」(51)から生じたものである。これらの記述からは、「都市性」という用語が社会的なるものと物理的なるものの混合の結果であることが明白である。建築におけるモダニズムの夢、つまり物理的なるものが社会的になり、社会的なるものが物理的になる融合の瞬間を記述する上で、「都市性」こそ今までわれわれが考察してきた中で最も適した用語だったのだ。

後の著作においても、クリストファー・アレグザンダーは建てられた空間の社会的な性質について取り組んでおり、彼の一九六〇年代の研究は、社会的な形態と関係性とを空間的に構成する方法を見いだすことに捧げられた。一九七〇年代の著作において、彼は数学的な技法への関心を捨て、マンフォードの一九五〇年代の著作により近い人間中心主義へと戻った。特に『パタン・ランゲージ——町・建物・施工』(1977)に表れていたのは、個人が社会的存在として集合的なありようを実感できる力のうちに、建築の価値があるという視点への傾倒だった。アレグザンダーがそれを記述するために使った語彙は興味深い。彼はこう記した。「町と建物は、それが社会にある人々すべてによって作られ、その人々が共通の模範的言語《パタン・ランゲージ》を共有することで初めて、活き活きとした《アライヴ》状態になれる」(x)。「活き活きとした」と「生きた《リヴィング》」という用語は、アレグザンダーの三部作に頻出する用語である——それらは、ラスキンの用法とは意味が異なる。むしろ、これらの用語は人々がある場所に対して応答する方法の記述なのである。何度も何度も、彼は「活き活きとした」ものと、「死んだ」ものとの比較をしている。たとえば、「階段それ自体、空間であり、ヴォリュームであり、建物の一部分である。だからもしこの空間が生かされなければ、そ

LCCアーキテクツ、エリザベス広場（ランズベリー団地、ポプラー、ロンドン、一九五一年）。ルイス・マンフォードにこう称賛された。「ここには社会性を無化することのない都市性がある」。一四八頁に掲げたリッチフィールド広場との配置の相似性を注目せよ。

れは死んだ場所になるだろう」（638）とか、「近代建築の中に作られた中庭はしばしば死んでいる」（562）などである。アレグザンダーにとって「死んだ」建築が意味するものとは、人々が集わない場所である。つまり「生きている」建築において、人々は滞留し、偶然の出会いが生じるのだ。『パタン・ランゲージ』の目的は、構造《テクトニック》や空間におけるいかなる特徴が「活き活きとしている」のかを同定することにあった。したがって、たとえば「人々は両側から光を受ける部屋に常に引きつけられるので、片方からしか照らされない部屋を使わず空っぽのままにしておくだろう」（747）。アレグザンダーの用法は詩的な魅力を持っている（彼が他に気に入っていた分類法は「暖かい／冷たい」である）が、彼がこのように比較的曖昧な用語を選択した理由は恐らく、建築を非専門化したい、専門家の支配から建築を解放したい、そしてすべての個人に建築を作る手段を持たせたいという願望との関連で理解するべきものだろう。したがって、彼が望んだ解放への一つの戦略は、建築家たちが使用してきた慣習的な用語を可能な限りはっきりと避けることだった。

この点で、アレグザンダーはオランダの建築家ヘルマン・ヘルツベルハーと比較することができる。ヘルツベルハーは、アレグザンダーの同時代人で、同様に人間中心主義的な建築への視点を共有していた。しかし、建築の社会的な内容を言語化するという問題に対しては、かなり異なった解決法を取った。短く要約すれば、建築の社会的な性質に対するヘルツベルハーの視点は、ちょうど言語の使用によって人類が他の動物から区別されるのと同じように、人類だけが空間に順応し、そこに意味を与える能力を持つというものである。言語と同じように、この能力は誰であれ一人の個人がコントロールできるものではなく、社会的に取り決めていくものである。このような状況においては、建築家は具体的な空間を個人的、社会的に使用する機会を生み出すことしかできず、その最終的な結果を定めることはできない。究極的には、彼の師であるアルド・ファン・アイクと同じように、ヘルツベルハーは現象学の影響を強く受けている。つまり建築とは社会的存在として世界の中にあるとはどういうことかを示す手段であるという前提があるのだ。そこで、ヘルツベルハーは以下のように記す。「建築はまた、実際には目に見えないものを示しうるし、以前には気付いていなかった人々の結合を引き出しうる」。これが成功した際に「ある建築的環境は、そのうえ、これら埋め込まれていたリアリティを『視覚化』し、そうして使用者に『世界について』何かしらを伝えるだろう」と（1991, 230）。アムステルダムのアポロ・スクール（一九八〇―八三年）（一七八頁図版を参照）の、彼自身による二つの棟について記した一節により、ヘルツベルハーによる言語の使い方の特徴が例証できるだろう。

> 学校の入口近くの踏み段や張り出しはどれも、子供が座るための空間になっている。特に、子供たちに保護を与え、子供たちが寄りかかれる魅力的な柱があるところではそうである。

このことを認識すれば形態が生まれる。ここでもう一度われわれは、形態が自己生成すること、また創り出すよりも人々や物がどうありたいのかについて注意深く耳を傾ける方が重要であることを、理解するのである。(1991,186)

ヘルツベルハーの描写的な言語は、部分的には言語理論を援用したもの——それゆえに彼は「構造」という用語を好む——だが、その他すべての点では慣習的なモダニストの語彙に大きく頼っている。たとえば、「形態」、「機能」、「フレキシビリティ」、「空間」、「環境」、「分節化」、「ユーザー」が頻出する言葉である。ヘルツベルハーがこれらの用語を選択したのは、用語の張りのなさを考えると、驚きに見えるかもしれない。それも無理からぬことだ。というのも、ある意味では彼に選択の余地はなく、これが建築の言語として利用可能なものだったのだし、他の言語などなかったのだから。ヘルツベルハーは、近代建築における既存の構造的《テクトニック》な言語に社会的なニュアンスを与えようともくろんだのと同じように、建築の言葉による語彙が社会的な価値をより表現できるよう望んだのである。

アレグザンダーの「活き活きとした」という用語の持つ詩的曖昧さとヘルツベルハーの既存のモダニズム用語への断固たる執着との間で、建築の社会的内容を明瞭に述べることを望む人々に残された唯一の代替案は、新しい用語群のセットを考案することである。アレグザンダーはこれを、一九六〇年代、とりわけ著作『形の合成に関するノート』(1964)である程度までは試みたが、専門家の支配に対する反動の中で放棄された。しかし、これは別の建築理論家、ビル・ヒリアーにとっての解決法策となった。彼は社会的対象としての建物という視点に全面的に傾倒していた。彼はこう書いている。「建物は、ある社会が時空間において自らを組み立て、時空間を通じて自らを未来へと置いてみるために持つ最も力強い手段の一つである」(1996, 403-4)。『空間の社会的論理』(1984)においては、彼とジュリアンヌ・ハンソンは、建てられた空間を社会活動と関

H・ヘルツベルハー、アポロ・スクール（アムステルダム、一九八〇—八三年）。「われわれは、形態が自己生成すること、また創り出すよりも人々や物がどうありたいのか注意深く耳を傾ける方が重要であることを、理解するのである」。

連させるようなしかたで記述する用語法を展開した。もし彼らの導入した「凸面」〔convexity〕、「軸上」〔axiality〕、「統合」〔integration〕といった用語が、理解されるのに説明の必要があるとしても、少なくともこれらの用語はすでに意味を背負いすぎた既存の語彙の上にもう一つ意味の層を重ねることを必要としないし、曖昧さから生じる混乱のリスクは回避しているのだ。

一般的に、建築の「社会的な」側面を記述する試みにおいては、言語は建築の期待を裏切ってきた。言語の固有の強み――つまり差異を生み出すこと――はこの領域では限られた価値しか持たないからだ。一方では社会的実践、他方では物理的な空間という二つの全く異なった事象の間の関係性を明らかにする役割は、言語の能力をはるかに超えていたことがわかるのだ。

1 *Architects' Journal*, vol. 187, 4 May 1998（ウォルター・シーガル特集号）、また McKean, *Learning from Segel*, 1989 を参照。

2 F. Dal Co, *Figures of Architecture and Thought*, 1990, pp.23-26、また M. Tafuri and F. Dal Co, *Modern Architecture*, 1979, p.100 を参照。

3 この計画についての英語での議論としては、Tafuri, *History of Italian Architecture 1944-1985*, 1989, pp.16-18、また P. Rowe, *Civic Realism*, 1997, pp.106-16 を参照。

4 Huet, 'Formalisme – Réalisme', *Architecture d'aujourd'hui*, vol. 190, April 1977, pp.35-36 を参照。彼は、この主張を確証している。ピーター・ローウィの近刊 *Civic Realism* は、建築における概念としての「リアリズム」を発展させる独創的な試みである。

5 G. R. and C. C. Collins, 'Monumentality: a Critical Matter in Modern Architecture', *Harvard Architectural Review*, no. IV, Spring 1984, pp.14-35 を参照。

第二部　Part II

辞書が始まるのは、言葉の意味をもはや与えることなく、言葉の役割を示す時である。

ジョルジュ・バタイユ、「アンフォルメ」、一九二九年

Character 性格

性格《キャラクター》は、意味に満ちた大きな言葉である。どんなに隠喩で圧倒してみてもその意味をほのめかすことしかできない。

——ルイス・サリヴァン、『幼稚園講話』一九〇一年、一二三頁

十八世紀に建築の言説に紹介された、性格《キャラクター》という言葉は、建てられた建築と隠された意味との関係を明らかにしようとする取り組みにおいて中心的な役割を担ってきた。「性格」への言及はほとんどの場合、「意味」の問題を提起することから、この語の分析においてこの点を考慮する必要がある。特に、時として「表象の危機」とも呼ばれてきた継続的な論争は、まさにこの「性格」という言葉を通して展開してきたのである。建築における過去二世紀半に及ぶ「性格」の多彩な使われ方は、大体にして、建物が「意味」を伝えるか否かという疑問と、もし「意味」を伝えるならばそれをいかにして識別するかの二点に起因している。

「性格」という用語は、おもに古典的伝統の中で発展したので、一般的にはその所産であると認識されているが、決して古典主義に限定された用語ではなく、二十世紀でも幅広く使われてきた。批評家コーリン・ロウが（一九五三—五四年に著した論考「構成と性格」の中で）この言葉をモダニズムの語彙から抹消しようと試みたにもかかわらず、この用語を堂々と使っている事例はモダニズムの時代を通じて多く見られる。「明断で、簡易でかつ瞬時にわかるような、建物の特質《キャラクター》の表現」（89）に留意するよう学生を促したプロト・モダニストのオットー・ワーグナーを始めとし、「おそらく色彩は建物の特徴《キャラクター》を決定づける唯一最重要の要素だろう」（1949, 251）と述べた二十世紀中期に教育施設を手がけたイギリスの建築家デヴィッド・メッド、「もしボストンの市区に構造的な明断さと特徴的な性格が与えられることになれば、非常に強化されることになるだろう」（1960, 22）と発言したアメリカの後期モダニズムの都市計画家、ケヴィン・リンチ、「この建物〔ミシソーガ市庁舎〕が何らかの品性《キャラクター》を伝達してきたこと、巧みな修辞的技巧でこれを効果的にしたことはほとんど疑いの余地がない」（1993, 85）と一九八八年に書いたイギリスの批評家ロバート・マクスウェルまで、例は多くある。もしロウの主張——「この時代は、物事の性格づけに決定的な禁忌を強要した」ということ、またこの語が「何か怪しい」ということ（62）——が証拠に裏付けられたものではないとしても、彼の論考は、最盛期のモダニスト特有の考え方と一致している点で重要であった。この考えは、彼のほかの著述に詳しく述べられているが、建築の意味はその知覚のうちにのみ存在するため、建築はその直接の存在以上のものを表象できないとするものであった。

過去二十年間において「性格」への関心は増大した。これは記号学的な意味論の衰退と、現象学を基盤とした意味の分析への人気の増大の現れである。「性格」の現代的活用法は、意味というものがある具体的な場所を活動的な人間という主体が占有する結果として理解される、という観点の下にある。この類の議論の最も有名な例は、クリスチャン・ノルベルグ＝シュルツの著述の中に現れる。彼はハイデッガーの考え方を踏襲し、建築の二つの基本要素を「空間」と「性格」に置いた。空間あるいは囲われたものなら何にせよ、それは人間のいる場所である。それに対し形容詞によって示される「性格」は、「環境に自らを同定すること、特定の場所でいかに自らがあるかを知ること」(1976, 7) という人間の要求を満たすものである。「性格」は「一方で全体を取り巻く雰囲気であり、他方で空間を規定する要素の具体的な形態や実体でもある。現実《リアル》な**存在**はすべて性格と密接なつながりを持つ」(5-6)。ノルベルグ＝シュルツによれば「われわれは**すべての場所に性格がある**ことを強調する必要があり、また性格とは

世界が基本的な様態でありそこでは世界が『与件』である」(6) という。建築の有意味性の問題を取り扱ったより包括的な議論は、これも現象学の知識に基づくものだが、ダリボア・ヴェゼリーの論文に見ることができる。彼は十八世紀以来の「性格」概念の発展を、建築における先験的な意味に関する一般的な体系の崩壊の主症状と捉えている。「建築における伝統的な形而上学や詩学を**性格**の美学に包摂しようという願望は、秩序についての、かりそめの幻想を創り出した。しかしそれは結局のところ、相対主義、恣意性、混乱の基盤となってしまった」(1987, 26)。ヴェゼリーの議論は、「性格」によって建築が「再現的な」すなわち表象されたものの暗号として、現実の複製を生み出すものとして認識さ

E・ジョーンズ、M・カークランド、ミシソーガ市庁舎（カナダ、一九八二―八六年）。「この建物が性格を伝達してきたことは疑いの余地がない」。「性格」は、コーリン・ロウがモダニズムの語彙から排除しようとしたにもかかわらず、近代を通じて常に使われ続けた。

れるようになったということである。「われわれの前にある建物がそこにはない何かを指示することで表象しているという確信は、指示を体験する唯一可能な方法とは建物ばかりかわれわれ自身もその一部であるような状況を通じてであるという、単純な事実を無視している」（24-25）。建築の言説において展開されたヴェゼリーの主張は、「性格」が人々に建物そのものと象徴的な意味との間の区別を当然視するよう促したという点である。世界についての美学、科学の知識が十八世紀に分離したことにより生まれた「性格」は、「建築の内装であれ庭園であれ表層、すなわち見えがかりの経験への傾向」（26）を誘発した。しかし、もしヴェゼリーが指摘するように「性格」が建築から有意味性を奪い去ることに一部貢献していたとしても、それは十八世紀以前にはあったとされる「表象のより正統な伝統との間に残された、唯一ではないにせよ主要な絆」（25）なのである。したがってヴェゼリーは「性格」を建築に不十分で有害な影響を及ぼすものと見なす一方で、守り続けていく価値があるものとも信じている。

　ヴェゼリーの批評はこれから「性格」の歴史とさまざまな用法に着目する上で、を念頭に置いておく必要がある。「性格」がフランスの建築家・著述家ジェルマン・ボフランの『建築書』（1745）によって建築に導入されたことは一般的に了解されている。*1 ホラティウスの『詩論』（1965）での類比を用いて彼は以下のように記した。

> 建築は具体的なものにしか関わらないように見えるかもしれないが、実際はいわばその言語形式を作ったり、表現可能で多様な性格《キャラクター》、役柄によって活性化されたりするさまざまなジャンルの中で考えていくことが可能である。舞台装置で神殿や宮殿によってその情景が田園詩か悲劇かが指し示されるのと同様、建築はその構成によってそれがある特定の用途向けか、個人住宅用かを表現する。種々の建物は、その配置、構造形式や装飾方法によってその目的を見る者に伝えるべきである。もしそうしないと、その建築は表現の規則に背き、そのあるべき姿ではないということになる（16）。

自らの議論を要約して、ボフランは以下のように記した。

> これらのさまざまな特質《キャラクター》を知らない者、あるいはそれを作品の中で感じさせることのできない者は建築家ではない…大宴会場や舞踏場は教会と同じような方法で作られてはならない…建築におけるすべての様式やオーダーには、それぞれの建物の種別に最も適した特徴的な性格を見いだすことができる。（26）

ボフランの特質《キャラクター》についての考えは、彼が表明したとおり、詩や演劇から引用してきたものであった。しかしこの建築への翻訳は決して容易ではなかった。なぜなら詩や演劇における特徴的なジャンル——叙事詩、田園詩、喜劇、悲劇——が建築にうまく対応しなかったからである。そのため十八世紀におけるその後の議論の大半は、建築によりふさわしい特質《キャラクター》を捜す試みに充てられた。このように他の芸術的実践で発展した批評的言語の依存が、コーリン・ロウを始めとするモダニストの批評家たちにとって「性格」を全くつまらないものにしたのは当然である。

　ボフランの考え方を最も体系的に発展させたのはJ＝F・ブロンデルであった。一七六六年に書かれ、『建築講義』（1777）に再録された論文で彼は以下のように記した。

ブロンデルによると「性格は建物にそれが何であるかを告げる」。ルドゥーにとっての役割は、他の十八世紀フランスの建築家と同様、個々のジャンルに適切な性格を与えることだった。上から順に、管理人の家（ルー川水源）、木こりの作業場、パナレテオン（善行の館）。（ルドゥー『建築』一八〇四年）。

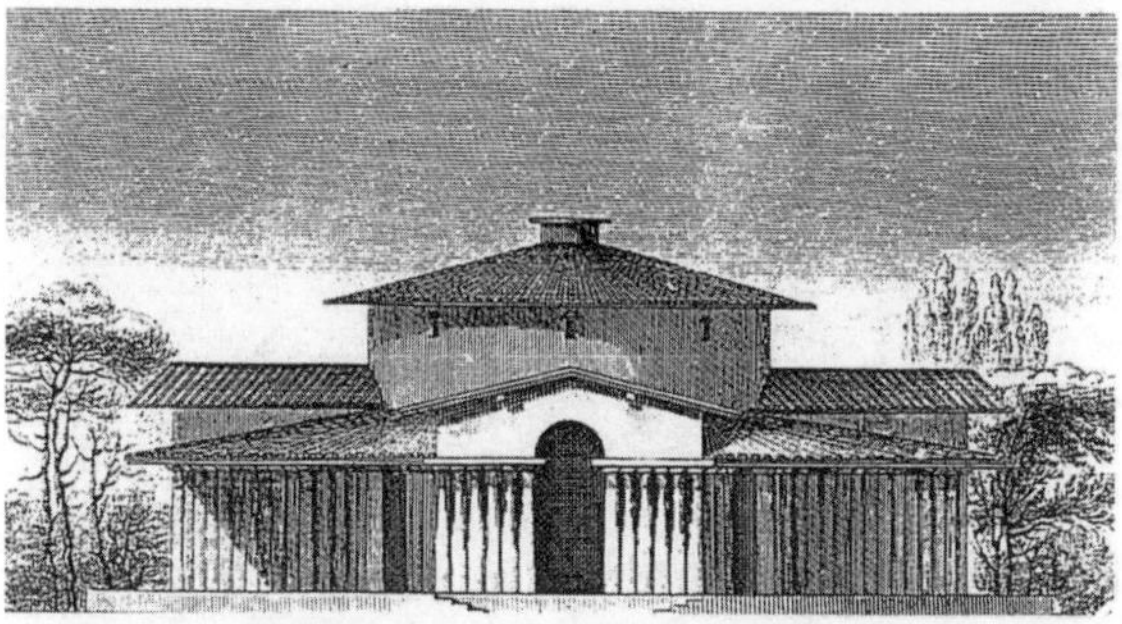

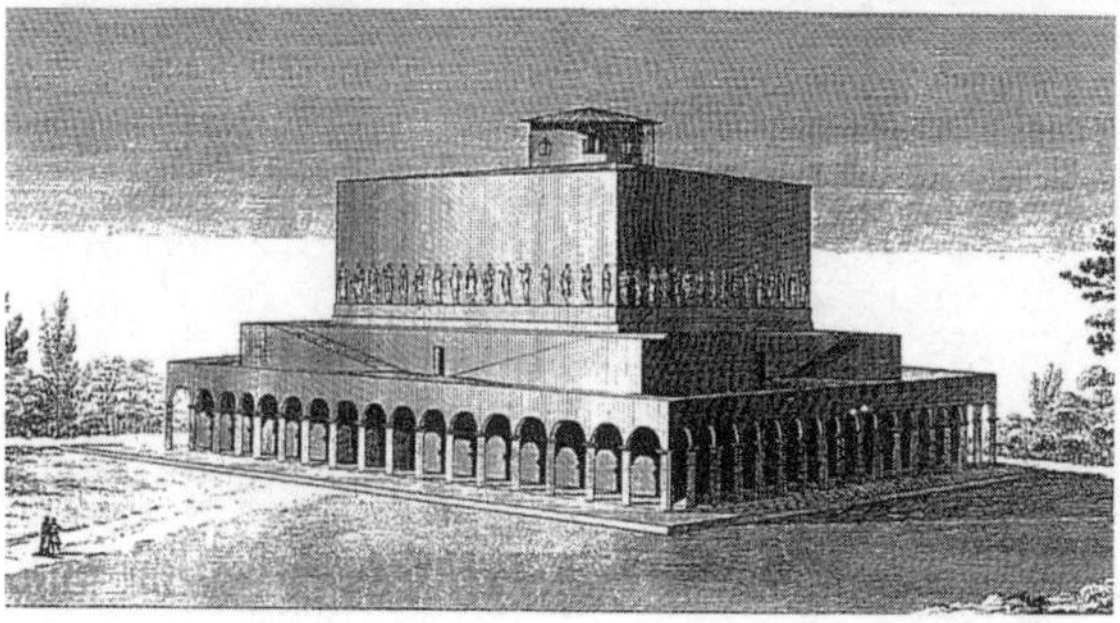

　種々の建築生産物すべてに、それぞれの建物の特定の用途が刻み込まれるべきである。すなわち、すべての建物はその全般的な形状を決定し、どういう建物かを表明する特質《キャラクター》を持つべきである。特有の特質《キャラクター》が彫刻のみによって示されるのでは不十分である…優れた全体的なマスの配置〔disposition〕、形態の選択、それらの根底にある様式が、その種類の建物にのみふさわしい雰

囲気を与えるのである。（vol.2, 229-30）

ブロンデルはさらに六十四の異なる建物のジャンル（または「型《タイプ》」四七四頁―）の区別を行い、その中でおのおのにふさわしい形態と装飾について論じた。それより前の『建築講義』第一巻第四章において、ブロンデルは建築にあり得る性格の範囲について説明した。そこでは少なくとも三十八の性格を挙げたが、その中には、崇高な、高貴な、自由な、男性的な、堅固な、男らしい、軽い、優雅な、繊細な、牧歌的な、純真な、女性的な、なぞめいた、壮大な、大胆な、恐ろしい、小型の、浮わついた、みだらな、曖昧な、不明瞭な、粗野な、単調な、軽薄な、貧弱な、などの言葉が含まれている（「男性的」「女性的」に関しては第一部第四章を参照）。性格それぞれの建築的表現に関する解説は魅惑的ではあるが、六十四の建物ジャンルを説明する上でブロンデルはそれらをほとんど活用しなかった。これは、これら本質的に文学的な比喩的表現を建築の限定された形態に当てはめることの難しさを暗示していると言えよう。

ブロンデルによる文学からの直接的な借用より成果があったのは、彼の同時代の建築家J＝D・ルロワであった。彼は、建築で表現される主題を、むしろ自然の体験から引き出すことを提案した。彼は『コンスタンティヌス一世から今日までキリスト教徒が教会に与えたさまざまな配置と形態の歴史』（1764）で以下のように記している。これはサー・ジョン・ソーンによる英訳であるが、後に彼の「性格」への傾倒についても着目することになる。

> あらゆる壮大な光景は人を威圧する。山の頂や大洋の真ん中で気付く、空の広大さや地面や海の限りなき広がりは、われわれの精神をより高め、そして心を大きく広げてくれるようだ。人間の素晴らしい作品もまた、同じ自然の印象をわれわれに与えるのだ。われわれはそれらを目にするとき強い感動を覚えるが、それは単に感じがよいにすぎないもの、小さな建物がわれわれに与えるにすぎないものをはるかにしのぐ。（50; Soane's translation quoted in Watkin, 1996, 201）

自然を前にして経験する感動の幅に匹敵したものを建築の中に見いだそうとする試みこそ、十八世紀後期における性格の議論での最大の関心事となるのだった。この主題は、美学を扱った二冊のイギリスの本に最初に提示された。ロード・ケイムズの『批評の原理』（1762）とトーマス・ワットリーの『近代造園の言説』（1770）である。双方とも出版して間もなく前者はドイツ語に、後者はフランス語に翻訳され、大陸における思想に少なからぬ影響を及ぼした。ケイムズの著作は、フランスでボフランが導入した新しい意味合いでの「性格」を英語において建築に適用した最初の例であった。「すべての建物はその用途に即した性格あるいは表現を持つべきである」（vol.2, 386）。ケイムズは建築の快の一部としてその有用性の表現を強調したが、芸術の基礎である「ある快い感情や感覚」を創り出すために、直接的で寓意的な趣向――ストウ〔庭園〕における古代の美徳と現代の美徳を主題とした二つの神殿のように――を凝らすことには批判的であった（vol.2, 432, 384）。ワットリーは、三つの性質――象徴的、模倣的、原型的――からなるより厳密な「性格」の分類を提示した。象徴的な性格――神話などの意味を帯びた寓意的な庭園装飾のような――の弱点は「直接の印象を与えないところにある。なぜならデザイン全体の十分な理解に到達するには精査され、比較され、場合によっては説明されなければならないからである」。より好ましいのは、言わんとしていることが「探求や努力で到達されるのではなく、寓意の細部から解放され、隠喩の力強さを持つことである」（158）。同様に模倣的な性格は、類似性を意識するので「外観が自ずと示唆する一連の思考を阻む」（159）ことになる。ワットリーはこう議論する。

サンタンジェロ城の基壇、G＝B・ピラネージによる版画（『ローマの古代』、一七五六年）。ピラネージの版画とバークの『崇高の美と観念の起源』に精通していたルロワは、人間の作るものは自然の光景と同様に、怖れ、驚き、喜びの感情を呼び起こすことができると指摘した。性格は十八世紀末には、そのような感情を呼び起こす建築作品の特質の描写として第二の意味を持つようになった。

造園芸術は、模倣以上のものを追い求める。それは**原型としての特質《キャラクター》**を創造することができ、隠喩から得られる表現をしのぐものをいくつかの情景に与えることができる。自然物のある特性や配列は特定の考えや感覚を呼び起こすのに適している…すべてがとてもよく知られているので、洞察や、考察や議論を必要とせず、一目瞭然で、瞬時にわれわれの感情で識別できるものである。(160-61)

「原型としての特質《キャラクター》」のよいところは「われわれは程なくその性格が形作られた方法を忘れてしまう」(163)点にある。

建築が、思考に頼ることなく心に直接訴えかけうるというこの考えこそ、十八世紀後期のフランスの建築家たち、とりわけル・カミュ・ド・メジエール、ブレ、ルドゥーを魅了し、十八世紀後半の性格に関する議論を支配した。ここでは、建築が効果としては自然に類似するものの、全く建築固有の「性格」を創造する実際の可能性があったようだ。『建築の特質《キャラクター》』(1780)でル・カミュ・ド・メジエールは、性格に対する彼の見解を説明するに当たって、絵画と演劇双方における類比を活用しながらも、究極的には建築が独自の特質を生み出しうるとしていた。家の中では「それぞれの部屋は独自の特質を持たなくてはならない。われわれの感情は、類比や比例関係によって決定される。部屋それぞれがわれわれに次の部屋を求めさせ、われわれの気持ちを引き込み、興味を持たせる」(88)。ブレはまさにル・カミュ・ド・メジエールから、彼の〈建築の詩〉の概念を展開した。ここでブレは性格を、季節の雰囲気——夏の素晴らしい壮大さ、秋の晴れやかな多様性、冬の陰鬱な薄暗さ——にたとえ、それぞれが光と影の特定の性質によって建築に表現され

W・ケント、エリジアン・フィールズ（ストウ、バッキンガムシャー、一七三五年頃）。ワットリーは、寓意や知性による思考の妨げなしに直接感情に訴えられる「独創的な性格」を創造する力が造園芸術にあると示唆した。

うると説明した（三四二頁図版を参照）。「陰影に基づくこの種の建築は、私独自の芸術的発見だ」（90）と彼は主張した。

これまで説明してきた「性格」の、十八世紀に主流だった二つの意味――建物が持つ特定の用途の現れと特有な気分の喚起――に、土地の感覚、すなわち場の表現としての性格という三つ目の意味を加えよう。絵画主義的《ピクチュアレスク》な風景や建築の実践に不可欠なこの意味は、一七三一年のアレクサンダー・ポープ「ロード・バーリントンへの書簡」の有名な一節に由来する。

建てる、植える、何を意図しようとも
柱を立てる、アーチを架ける
土地を盛る、岩屋《グロット》を掘る
すべてにおいて、決して**自然**を忘れるな
すべてにおいて**場**の**精霊**に問いかけよ

ハンフリー・レプトンのような絵画主義《ピクチュアレスク》の実践者にとって「性格の統一性」は「良き趣味の第一原則の一つ」（1795, 95）であった。そしてレプトンの同時代人のユーヴデール・プライスが説明したように「性格の統一性」は「誰か偉大な芸術家が建物と風景両方をデザインしたかのようであり、双方が格別に適合し引き立て合うような」（1810, vol.2, 177）ところに見いだされた。

今まで挙げられた建築家の中で性格の最も熱心な唱道者はおそらくイギリスの建築家サー・ジョン・ソーンだった。ソーンはフランスの建築思想を精読し、絵画主義《ピクチュアレスク》の原則に慣れ親しんでいたので、性格の概念のさまざまな意味合いについて特に幅広く理解できた。そこで性格は彼の王立アカデミーでの講義では（「簡潔さ《シンプリシティー》」とともに）最も頻繁に用いられた二つの批評用語の一方となり、彼が評価するものすべてにこの言葉が用いられた。たとえばヴァンブラに対して「彼の作品は性格に満ちており、その輪郭は豊かで多様だ」（563）と記している。ソーンは性格をここまで考察してきたあらゆる用法で用いた。第一に建築を取り巻く自然の状況との関連性を描写する際には絵画主義《ピクチュアレスク》で用いられていた意味で現れる。「周辺の風景はこの屋敷の建築上の性格を決定して…」（588）。第二にボフランとブロンデルに倣って、性格を建物の用途の建築的表現を描写するためにも用いた。第十一講義での長く雄弁な一節で彼はこの意味を強調した。

どんな建物でも明確な性格を生み出すためには細心の注意を払うのがよい。それは主要な特徴的部分のみならず、副次的で細かな部分においても同様である。いかに小さい〈繰り型〉でさえ、それが一部をなす集合体の性格を増減させる原因になる。

性格は非常に重要であるため、その最も繊細で洗練された変形のすべては、芸術家の細やかな感情と適切な眼識をもってよく理解され実践されなくてはならない。石を次々と積み重ねていくことで満足する者は有能な施工者として富を築くかもしれないし、雇い主に便利な住宅を建てるかもしれないが、そういった者は決

して芸術家にはなりえない。彼は芸術の関心や信頼を高めることも、芸術に一般の評価における重要性を与えることもないだろう。人間の心を動かしたり感情に訴えたりする芸術の力を増すこともないだろう。

わが若き友人たちは、逆の方向に促されたこともあるが、才能のある者の手による建築は求められるいかなる性格をも身に付けて造られるのは確実だ。しかしこの目標を実現し多様性を生み出すには、すべての建物がその意図された用途に適合でき、その目的と性格を最も明確で疑う余地のない形ではっきりと表現できることが不可欠になる。大聖堂と教会、統治者と権威ある聖職者の宮殿、貴族の邸宅、裁判所、司令官の館、裕福な個人の住宅、華やかな劇場、陰鬱な刑務所、どころか倉庫や店舗でさえその外観には異なった建築様式を必要とし、その同じ明確な刻印は内部の空間構成や装飾に至るまで連続するべきである。セント・マーティンズ教会の内部空間を見た者は、その上げ下げ窓と東側の張り出したバルコニーを見て、自分が信仰の場ではなくイタリアの劇場の特等席にでもいるように思ってしまうのではなかろうか。

ハンフリー・レプトン、ウエスト・ワイコム公園変更案（バッキンガムシャー、一七九四—九五年）。レプトンのようなピクチュアレスクの実践者にとって「性格の統一」とは「誰か偉大な芸術家が建物と風景両方をデザインしたかのように、両者が特別に適合し互いを引き立て合うように見える」ことを指す。レプトン『観察』（1805）より。

明瞭な性格なしでは、建物が便利で求められた役割を果たせたとしても、模倣の対象として取り上げられることもないだろうし、ましてや所有者に輝きを与えたり、国民の趣味を向上したり、国の名誉を増したりしないだろう。（648）

第三にル・カミュ・ド・メジエールやルドゥーに関連して、ソーンは性格を、光によって作られる雰囲気という意味合いで説明した。

> フランスの芸術家が見事に実践する「神秘的な光」は、その威力が十分理解されることも、また評価されることもないものの、才のある人にとっては最も強力な武器となる。しかしながら、これはわれわれの建築においてほとんど着目されてこず、その当然の帰結として光の採り入れ方が少なからず貢献する建物における性格の重要性も十分認識されていないのだ。(598)

英国およびフランスの理論に没頭していたソーンから少し離れ、ここでは十八世紀に展開されたもうひとつの「性格」の包括的な理論、ドイツ・ロマン派のものに目を向けてみよう。それはおもにゲーテと結びつけられるが、「表出する性格」の理論はさまざまなフランスの理論への反論において展開された。一部はゲーテの動植物の形態学から派生したものだった——それ自体フランスにおける生物学の記述への反論において展開されたものなのだが。この新しい理論に関する最初でかつ最も情熱的な記述は、「ドイツ建築について」(1772)という論考の中に見られる。ここで彼はストラスブール大聖堂の考察によって(四六七頁図版を参照)、その性格が大聖堂の石工、エルヴィン・フォン・シュタインバッハの魂の表現であることを見いだした。ゲーテはこのことからすべての芸術や建築の真実はその製作者の性格を表現する度合いに関わっていると推論した。「さて、この特性的な芸術こそ唯一の真なる芸術である。それが熱烈で、調和した、かけがえのない、固有な感情から駆け出し、他のいっさいに無関心どころか気付かないとき、たとえ粗野な自然から生まれようと、洗練された感受性から生まれようと、芸術は完全なもの、生気溢れるものとなる」(159)。「性格」を内なる力の外への表出とするこの考えは、その力が芸術家の個性のものであれ、その文化の特徴のものであれ、芸術を自然との連関のうちに位置づける。ドイツ・ロマン派が発展させたこの性格の理論は、ことさら芸術の国民性に関する記述で多用された。たとえば一八一六年の随筆でゲーテはこう記している。「われわ

ジェームス・ギブス、セント・マーティンズ・イン・ザ・フィールズ教会(ロンドン、一七二二—二六年)。ソーンによって不適切な性格と批判された。「セント・マーティンズ教会の内部空間を見た者は…自分が信仰の場ではなくイタリアの劇場の特等席にでもいるように思ってしまうのではなかろうか」。

ジョセフ・ガンディー、サー・ジョン・ソーン博物館ドームの下の図（一八一一年）。リンカーンズ・イン・フィールズのソーンの自邸は、十八世紀末に流布していた性格のさまざまな考えの複雑な試みである。建物は「建築家の家」であることを自ら表すばかりか、内部では光と闇の効果を実験して、物語か舞台劇の舞台にふさわしい雰囲気、あるいは性格を作った。

れが一人の人間の個性《キャラクター》を、状況に支配されるのではなく、むしろそれを制御し制覇するところに見いだすのと同様、われわれはすべての国民や集団に対し、芸術家や他の傑出した人物に現れる性格を正しくも認めるのだ」（Gage, 146）。

「性格」のより古い概念、特に建物の用途を表現するというものは、十九世紀にも一般的に使われ続けるが、「表出する性格」の方が「性格」を使う際の最も活力に富んだ面白い意味となった。そしてこの「性格」の理論こそ、特にドイツや英語圏で主流となった。たとえば、ヤーコブ・ブルクハルトの著作は建築における民族の特質は、ある国民に歴史的に育まれた特定の性格の表出の結果だという原理の上にすべて成り立っている。同様にアメリカ合衆国でも、アメリカ的な建築の展開に関する議論がおおよそ「性格の観点から巻き起こった——エマソンがアメリカ文化を「全体的に女性的で性格がない」（1910, vol.4, 108）と非難したのを思い起こす者もいるだろう。

芸術作品を製作者の精神の外への表現と見なす「表出する性格」の概念は広く受け入れられたものの、批判がないわけでもなかった。建築の真意は製作者の魂を伝達する力にあるというドイツ・ロマン派の考えへの熱狂が、自らの建築論すべての根底に流れていたジョン・ラスキンでさえ、建築表現の理論として、この概念の問題点に気付いていた——というのも作品を見る主体が、制作者の意図している通りに受け取ったものを理解していると確信できる術がないからであった。ラスキンはこの問題を『ヴェニスの石』第一巻で明らかにしている。

一連のレリーフを用いて聖書の歴史を記録した建物は、あらかじめ聖書に親しんでいない者には全く用をなさない。…つまり繰り返せば、感情に訴えかける力は、見る者が非常識であったり、つれなかったりすると、変化したり、消えてしまったりするのだ。それで批評家の落ち度によって建物が責められることも、逆に見る者が創造した魅力を与えられることもある。したがって表出された性格を建物における優秀さの何らかの公正な判断基準と見なすことはできない。少なくともその表現が本来呼びかけていた人々の立場にわれわれが完全に身を置き、すべての象徴を理解すると確信し、そして建設者たちが自分たちの言語の文字として用いたあらゆる連想に感じ入ることができるようになるまでは。

（chapter 2, §2）

十九世紀の人々をまさに「その表現が本来呼びかけていた人々の立場に」置くためにこそ、ラスキンは『ヴェニスの石』第二巻の「ゴシックの本質」という章を記したのである。この章は十九世紀の著述家に試みられた「表出された性格」に関する分析の最も徹底したもので、ラスキンはそこでゴシック建築の内在的な特質がいかに見る者へ伝達されるかを明らかにしようとした。岩石と鉱物の二重の性格、すなわちその外観の結晶の形と内部の分子構造を引き合いに出して以下のように記した。

> 全く同様に、われわれはゴシック建築に外的な形と内的な要素があることを見いだす。その要素とは施工者のある精神的な傾向であり、そのうちに明瞭に表現されている。たとえば奇抜さ、多様性への愛着、豊かさへの愛着、などである。また外的な形とは尖頭アーチ、ヴォールト天井などである。そしてこれら要素と形が両方そろって初めてその様式をゴシックと呼ぶことができる。…したがってわれわれはこれらの性格ひとつひとつを検証し、第一に何が〈精神の表現〉であるか、第二に何が厳密にいうところのゴシック建築の〈物質的形態〉であるか、決定しなくてはならない。(§4)

続けてラスキンはゴシック建築の物質的な形の六つの性質(粗野、変化に富むこと、自然主義、グロテスク、堅固さ、過剰さ)を列挙し、ついでそれらの性質と建設者の精神的な傾向との対応関係を示した。ゴシック建築の可視的な性質を建設者の精神的社会的生活に結びつける、ラスキンの極めて野心的な体系は、「表出された性格」の理論を、この概念を従来曖昧に用いてきたところから一歩先へ推し進めた。

性格に対する両義的な態度を示したもう一人の十九世紀の理論家はヴィオレ・ル・デュクであった。他の多くの建築家や評論家と同様に、彼も同時代の建築作品における性格の欠如を嘆いた(「この時代は、新たな発見が豊富なのにもかかわらず、後世に性格なき模倣や混成物しか残さないのであろうか」(*Lectures*, vol.1, 446))。にもかかわらず、建築の意味を性格の類型《タイプ》で解明しようとする全体的な体系には強く反対した。『理論的辞典』(1868)の項目「建設」でこう記した通りである。

> 建物が「狂信的」、「制圧的」、「専制的」であるなど全くありえない。これらは石、木材、鉄からなる一つの構成物に当てはまる形容語句ではない。建物には、よい建物か悪いものか、またはよく考え抜かれたか合理的な正当性を欠くか、このいずれかしかない。(1990, 116)

ヴィオレに関する限り、建物が持ちうる意味はその構造の完全性でしかなく、性格の体系などは不必要なものであった。この性格への反発は、アメリカにおけるヴィオレ・ル・デュクの信奉者たちの間でより明確になった。レオポルド・アイドリッツは、「彼〔建築家〕の作品の特質《キャラクター》は、その構造のみを示さねばならない。また構造は、表現されるべき理念と、用途のための要請に基づいた材料を示さねばならない」（1881, 486）と述べた。そして同様の文脈でヘンリー・ヴァン・ブラントは、論考「アメリカ合衆国における特徴的な建築様式の発達」（1893）の中でこう記している。

われわれが最高の建築作品の最も特色ある性格は新しい材料や工法を進んで受け入れる姿勢であり、また建築の性格を技術者の学問に委ね、実用と用途の要求に偏見なく適応することを全く厭わないところにある。（321-22）

この項の冒頭で引用した、ルイス・サリヴァンの性格に対する両義的な姿勢は、ドイツ・ロマン主義思想の「表出された性格」に対する自身の熱い情熱と、構造合理主義者の性格に対する反感との調和が困難だったことに、おそらく由来していた。

ジョン・ラスキン、玄武岩の島のスケッチ（『初期地質学ノートブック』）より。ラスキンは地質学における岩石や鉱物の結晶構造との類比を用いて、建築における「表出する性格」に正確さを与えた。内在的な要素——建築においては建設者の精神的な傾向——が岩石、または建物の外の形に対応していた。

あらゆる意味での性格という概念の、二十世紀初めにおける相対的な衰退は、おもに構造合理主義の影響によるものと見受けられる。構造合理主義が定着した所ではことごとく「性格」という語が愚弄された。たとえばW・R・レザビーは一九一〇年の合理主義的な講演「冒険の建築」をこう結んだ。

近代的な精神にとってのデザイン手法とは、可能性の明確な分析という科学的な、あるいは技術者の、感覚からしか理解し得ないものである。——詩的な事柄に対する曖昧で詩的な扱い方や、そこから派生する家庭らしさ、牧場らしさ、教会らしさ——多様な趣を扱うこと——過去百年間建築

家たちが行ってきたこととは異なるのだ。（95）

近代において建築家や評論家は「性格」に不審の念を抱くようになったものの、今まで検証してきたように完全に省いてしまうことはできなかったのである。

1 「性格」の歴史については、Szambien, *Symétrie Goût Caractère*, 1986, chapter 9, pp.174-99; Egbert, *The Beaux-Art Tradition in French Architecture*, 1980, chapter 6; Watkin, *Sir John Soane*, 1996, chapter 4, pp.184-255; Vidler, *Claude-Nicholas Ledoux*, 1990, chapter 2, pp.19-73 を参照。若干異なる見方については、Rykwert, *The Dancing Column*, 1996, pp.43-56 を参照。

E＝E・ヴィオレ・ル・デュク、フランスの街路住宅の計画。ヴィオレ・ル・デュクと彼の信奉者たちは、性格が建築の主要な役割とされた合理的に建設する方法の追求に無縁であるとして、禁止した。（ヴィオレ・ル・デュク『建築講話』第二巻、一八七二年）

Context コンテクスト

建築プロジェクトの役割とは、形態の変換を通じて、周囲のコンテクストの本質を明らかにすることである。
——V・グレゴッティ、一九八二年、一二頁、フランス語版への序

一九六〇年代に建築の語彙へと導入された「コンテクスト」〔context〕、「コンテクスチュアル」〔contextual〕、そして「コンテクスチュアリズム」〔contextualism〕といった用語は、モダニズムの実践への最初の本質的な批判の一部であって、その限りにおいてポストモダンの用語としても位置づけられるだろう。しかし、それらの用語がモダニズムの終焉にあったのか、それともポストモダニストの端緒にあるのかはさしたる問題ではない。というのも、これらの用語がここに包含されている理由の一部は、時系列すなわち時期的に後期モダニズムに属していることであった。もうひとつの理由としては、この言葉が総じてモダニズムの言説に向けられていたということがある。しかし、とりわけ重要なのは、これらの用語は、ある言語から他方の言語への翻訳という行為によって引き起こされる帝国主義をきわめてうまく例証しているからだ。

物語は一九五〇年代のミラノから始まる。五〇年代の半ばに雑誌『カサベラ　コンティヌイタ』に掲載されたエルネスト・ロジャースの論説において、モダニズムの建築家の第一世代の作品に対しての最初の重要な批判が現れたのだ。ロジャースは、モダニズムの建築家がすべての計画を単一の抽象的な問題として扱おうとする傾向、場所に対する無関心さや、すべての作品を非凡なものにしようという願望を批判した。建築を直接的な物理的意味においても、歴史的な連続体としても、周囲の環境との対話として考慮すべきだとロジャースは主張したのである。ロジャースの使用した用語は「ル・プレシステンツェ・アンビエンタリ」〔*le preesistenze ambientali*〕環境に先在するもの、もしくは「アンビエンテ」〔*ambiente*〕環境といったものだった。そして、これらの用語はどちらも「コンテクスト」という英語に訳されてきたのだが、このことが誤解を生じさせている。というのも、ロジャースは、このコンテクストという用語も、対応するイタリア語の言葉である「コンテスト」〔*contesto*〕も使わなかったからである。このコンテストという用語は、アメリカでコンテクストという言葉が流通した後で、その訳語として一九七〇年代にイタリアで一般的に使用されるようになったものだ。ロジャースが「ル・プレシステンツェ・アンビエンタリ」という言葉によって意図していたことを探ることは意義のあることである。というのも、後に混同されることになるアングロ・サクソンの「コンテクスト」とは、いくつかの点で異なっていたからである。建築が場所に対して応答することについての従来の議論——イギリスのピクチャ

アレスクの「地霊《ゲニウス・ロキ》」であるとか、イギリスの批評家であるトリスタン・エドワーズの「利己的な」近代商業建築に対する異議（1946, 2）などと比較すると、ロジャースの考えの特徴は、都市に表出され、その居住者の意識のうちにある、歴史的な連続性に絶対的な重要性を置いた点にあった。ロジャースが彼の論説の一つに書いたように、「環境〔アンビエンテ〕を考慮することは、歴史を考慮することを意味する」（1955, 203）のである。ロジャースにとって、「環境に先在するもの〔プレシステンツェ・アンビエンタリ〕」と「歴史」〔三九二頁―〕という二つの概念は、解きがたく結び合わされたものであった。つまり、「**歴史を理解することは、建築家の形成の上で不可欠なものである。**なぜなら、建築家は、自身の作品を**プレシステンツェ・アンビエンタリ**に取り込み、弁証法的に考慮することができるに違いないからだ」。（1961, 96）歴史的な過程としての「アンビエンテ」というロジャースの概念は、多様な典拠に由来していたが、とりわけ彼が明確に引用したもののひとつは、詩人T・S・エリオットのエッセイ「伝統と個人の才能」（1917）だった。このエッセイから引用するのは価値のあることである。というのも、それが継続性という相互連結、すなわちロジャースの頭の中での歴史とアンビエンテを明確にする助けとなるからである。エリオットは以下のように書いている。「歴史的な感覚は、過去が過ぎ去ってしまった認識だけではなく、その現存をも包含する」。さらに

> 現存する記念碑的な作品は、それら互いに理想的な秩序を形成しているのだが、その中に新しい（真に新しい）作品が導入されることによって修正が加えられるのである。現存の秩序は、新しい作品が出てくるまえにすでに完成している。そして、新しいものが付け加えられた後も秩序が保たれているためには、現存の秩序の全体が、たとえほんのわずかであっても変更されねばならないのである。こうして、全体に個々の作品の関係、釣り合い、価値などが再調整される。そして、これこそが古いものと新しいものとのあいだの順応なのである。ヨーロッパ文学、そして英文学の形式についての秩序概念を認めたものであれば誰もが、現在が過去によって導かれるのと同様に、過去が現在によって変更されるということを途方もないことだと思うことはないだろう。
> （1917, 26-27）

すべての作品が歴史的な過去を現在における認識に影響を与えるということの意味こそが、ロジャースの「アンビアンテ」についての認識にとってきわめて本質的であったのである。

二つの事例が、オーソドックスな近代建築への批判の中で、ロジャースがいかにプレシステンツェ・アンビエンタリという用語を使っていたかを十分に示してくれるだろう。「建築家は、時に環境によって示唆された特有かつ典型的な内容を自身の作品に吸収しないことで、フォルマリストと非難されても仕方がない」（1955, 201）。もしくは

バンフィ、ベルジオジョソ、ペレスッティとロジャースによる、店舗、オフィス、アパートメント2―4(コルソ・フランチャ通り、イタリア、トリノ、一九五九年)。このプロジェクトを通して表れる「環境」は、既存の構想に合わせて形成された混合使用の建造物というイタリアの歴史的な伝統を含んでいた。舗装道路を覆うアーケード、そして、記念碑的なタワーによって都市の境界の印をつけること、これらはすべて近代建築の語彙へと再解釈されていった。

依然としてうわべだけで捉えられたユニバーサルスタイルという名のもとに、ニューヨークや東京、リオに田舎にも町にも同一の築を生み出す、気取ったコスモポリタニズムに抵抗しようではないか。むしろ、私たちの作品を**プレシステンツェ・アンビアンタリ**と調和させようではないか。自然環境や人類の叡智によって歴史に生み出された環境へと（1956, 3）。

これらの理念を最初に世界的に知らしめることになったのは、一九五四年のフランク・ロイド・ライトのヴェネチアのマシエリ記念館についての議論であって、それはまた、ロジャース自身の理念の定式化に対しても寄与していた。グランド・カナルの一等地を占めるはずだったライトの計画は、歴史のある場所に対する近代建築の適合性や、どの程度彼のデザインが周囲の環境を十分に考慮し、もしくはしなかったのかについての熱い議論をイタリアの内外で引き起こした。その計画が実際には実施されなかったことは、デザインの価値に関係していたというよりは、むしろアメリカの建築がイタリアに建てられることに対する政治的な異議に関係したものだった。*1

ロジャースの**アンビアンテ**という概念は、『カサベラ』に関わるミラノの建築家仲間の間では広く議論され、彼らの著作におけるはっきりとした特徴となった。中でも、ヴィットリオ・グレゴッティの『建築のテリトリー』（1966）は言及しておく価値がある。あるいは、とりわけアルド・ロッシの『都市の建築』（1966）もそうである。そして、この『都市の建築』の後の名声は当時の他のすべてのイタリアの建築批評をしのいだのである。しかしながら、このことは、**アンビアンテ**との関係の中でのみ申し分なく理解されるのである。『都市の建築』は部分的には、**アンビアンテ**という概念についてのさらなる探究である。著書の米国版の読者に対して、**アンビアンテ**という言葉は、「コンテクスト」〔context〕として英語に翻訳されていたが、この微妙な差異は反映されることなく、ロッシが、これからわれわれが見ることになる「コンテクスチュアリズム」という用語が生み出された、コーネル大学のコーリン・ロウやその周囲の人々と同じ議論に関与しているように見せたのである。これほど事実から遠いものはない。つまり、ロッシが一貫して使っていた言葉は**アンビアンテ**であって、決してコンテスト〔*contesto*〕でも「コンテクスト」〔context〕でもなかったのである。そして、彼の「コンテクスト」に対する異議は、実際にはロジャースの**アンビアンテ**（もしくはその第三者による誤用）に対しての異議だったのであって、ニューイングランドで行われていた対話とはなんら関係していなかったのだ。つまり、いかに「コンテクスト」に対してそれほど批判的でありうるのか、そしていかにこの議論に対してそのように説得力のある主張を提出しうるのかというこのような英語版の矛盾は、純粋に翻訳の結果であって、イタリア語の原版に由来するものではないのである。われわれが承知しておかねばならないのは、ロッシの異議とは、「コンテクストは不思議なことに幻覚や幻覚法に関わるもののように見える。そのような議論であるゆえに、それは『都市の建築』とは何ら関係のないものである」(123) だとか、「コンテクストという用語に関しては、概してそれが研究の障害になるということに気付く」(126) というものであり、それは、アンビアンテに対する批判であって、「コンテクスト」に対してのものではないのだ。ロジャースのアンビアンテという概念に対するロッシの批判とは、その概念が十分に具体的ではないというものだった。つまり、ロッシが示したかったのは、建築の形態そのものを機能から独立して検討すれば、それは具体的になりうるということだった。というのも、形態こそが都市の経済進展の中で、唯一触知しうるものだからである。そしてそれらは土地開発と土地区画の実証可能な歴史を通じて記録される。それに対し、ロジャースのプレシステンツェ・アンビアンタリである「都市の集合的歴史意識」は曖昧なのである。

英語としての「コンテクスト」の歴史に目を向けて見れば、建築の語彙において最初に重要な事例として現れたのは、クリストファー・アレグザンダーの一九六四年の「形の合成に関するノート」(1978) だったように思われる。とはいえ、このテキストにおいて現れたコンテクストは、それ以後のこの語の使用法とはあまり関係なかった。アレクザンダーは、「コンテクスト」を「環境」〔environment〕の同義語として使用した。序文の中で彼は以下のように書いている。「すべてのデザインの問題は、二つの存在の間の適合を達成しようとする努力から始まる。つまり、ここで問題となっている形態と、そのコンテクストである。形態が問題の解決となり、コンテクストが問題を定義する」(15)。この機械論的な関係は、この本の後半で和らげられる。彼はこう書いている。デザインの目的とは、実現可能な最良の方法において要求を満たすことではなく、「形態とコンテクストとの間の不適合を防ぐことなのである」(99) と。にもかかわらず、この本の目的とは、「コンテクスト」を構成する変数を統制する体系を考案することだったのである。そしてアレグザンダーの考えによれば、この体系によって、真に機能的なデザインの達成を目指した以前の努力を阻んできたすべての先入観から解放されたデザインの方法論を展開しようとしたのである。アレクザンダーがより慣習的だった「環境」に代わって「コンテクスト」という用語を選択したことは、文化的な変数をその用語に包含したいという彼の願いによるものだったかもしれない。それ以外の点では、彼の厳格な機能主義者的なその語の使用はそれ以後の歴史とほとんど関係なくなってしまうのである。

「コンテクスチュアリズム」と「コンテクスチュアリスト」という言葉はイギリスの批評家コーリン・ロウが一九六三年から教え始めたコーネル大学の、アーバン・デザイン・スタジオにおいて、一九六六年初めて使用した (Rowe, 1996, vol.3, 2; Schumacher, 1971, 86)。これらの用語は文学の〈ニュー・クリティシズム〉運動から借用されたように見える。建築の場合がそうであるように、それらの用語の意味が建築の場合と異なっていて、つまり、肯定的であるよりはむしろ否定的であったのである。ロウのコーネル大学アントワンヌ・ル・ポートルによるオテル・ド・ボーヴェ 二階平面図（パリ、一六五二―五五年）。ル・ポートルが、パリの都市邸宅の標準的な配置を不規則な小区画地へと適用しながら、内部のシンメトリーや部屋と部屋との関係性を維持しようとしたことは、建造物とコンテクストとの間の好例としてロウに支持された。

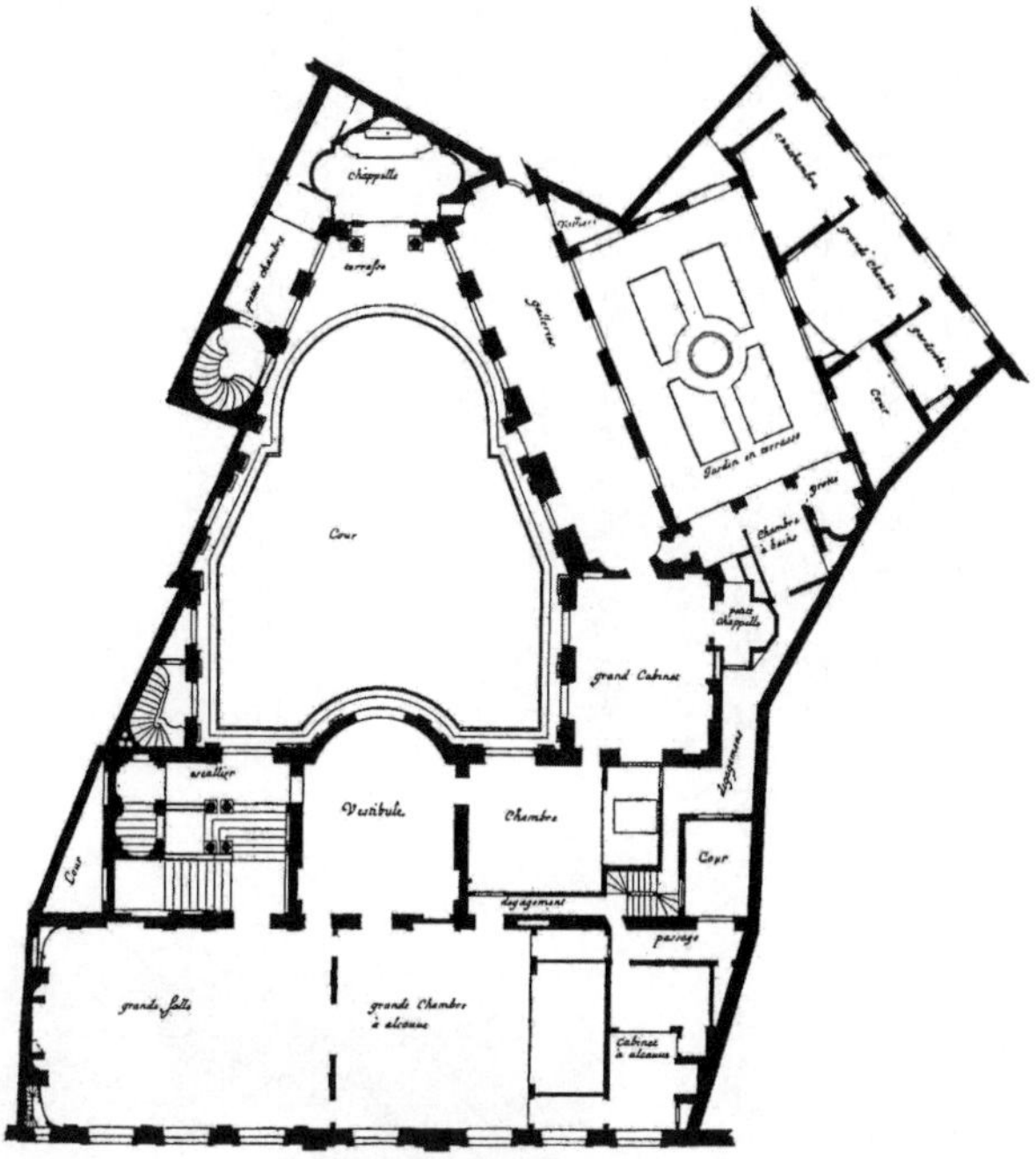

のスタジオにおいて展開されたモダニズム建築に対する批判は、エルネスト・ロジャースの議論と共通する部分も多かった。彼らは、「非凡な」建築に対しての距離を置いていたし、建物のプログラムの特殊性がいつでも特殊解を正当化するというモダニストの仮定に対しても同様だったのである。そして、彼らが自らの考え方を説明しようとするときに選ぶ事例の多くは同じだった。しかし、他方では重要な差異もあったのである。ロジャースが、歴史の弁証法的な過程が建築を通じてどのように明らかにされるかという点について関心を持っていたのに対して、ロウは歴史的な環境についてこのように推論的な解釈をすることには関心がなく、もっぱら建築作品の形態的な特性に注意を払っていた。また、ロジャースが、モノ、つまり「記念碑的建物」によって形成されるものとして環境を考えていたのに対して、ロウの強い関心は、モノや、それらが占める空間の間の関係に置かれていたのである。ロウのアプローチは、彼の好んだ事例に暗示されている。たとえば、アントワンヌ・ル・ポートルによるパリのオテル・ド・ボーヴェ（1652-55）のように、そこではフランスの典型的都市邸宅が、際立った特色を失うことなく不整形な敷地に適合するように、圧縮され、変形させられていた。そしてロウは、周囲の広大な場から切り離され、脈絡のないル・コルビュジエのサヴォワ邸とこの例を比較したのである。（Rowe, 1978, 78）コーネルスタジオの「コンテクスチュアリズム」が最初に発表された記事においては（それは、意味深いことに『カサベラ』に発表されたのだが）、かつてロウの教え子であったトーマス・シュー

マッハーは以下のように書いている。「理想化された形態がコンテクストに適合され、もしくはコンテクスチュアリズムが説明しようと探究する『コラージュ』のように使用されうるのはまさにそのような方法においてなのである。そして、コンテクスチュアリズムがデザインツールとして検討する対象である、所与のいかなるコンテクストからも抽出されうるのが幾何学的な構成のシステムなのである」。（1971, 84）一般的には、ロジャースとロッシの**アンビアンテ**についての関心は「歴史」的な視点によって特徴づけられるのに対して、コーネルスタジオの「コンテクスト」についての関心は、形についてのもの、とりわけ図と地の関係についての研究によって特徴づけられるものだった。*2 そして、イタリアの批評家や建築家たちが論争的であって、暗に「近代」の側に立つという特徴を持っていたのに対して、ロウの狙いは、モダニズムとそれ以前の都市とを融和させることにあった。ロウは、後に以下のようにスタジオの取り組みを要約している。「もし保守的でないのであれば、その全般的な調子は、中道急進派になる。その理想は、—ヴォイドの中にモノがある—〈近代〉建築都市と、—固体の中にヴォイドがある—歴史的な都市との間の調停だったのだ」（1996, vol.3, 2）。

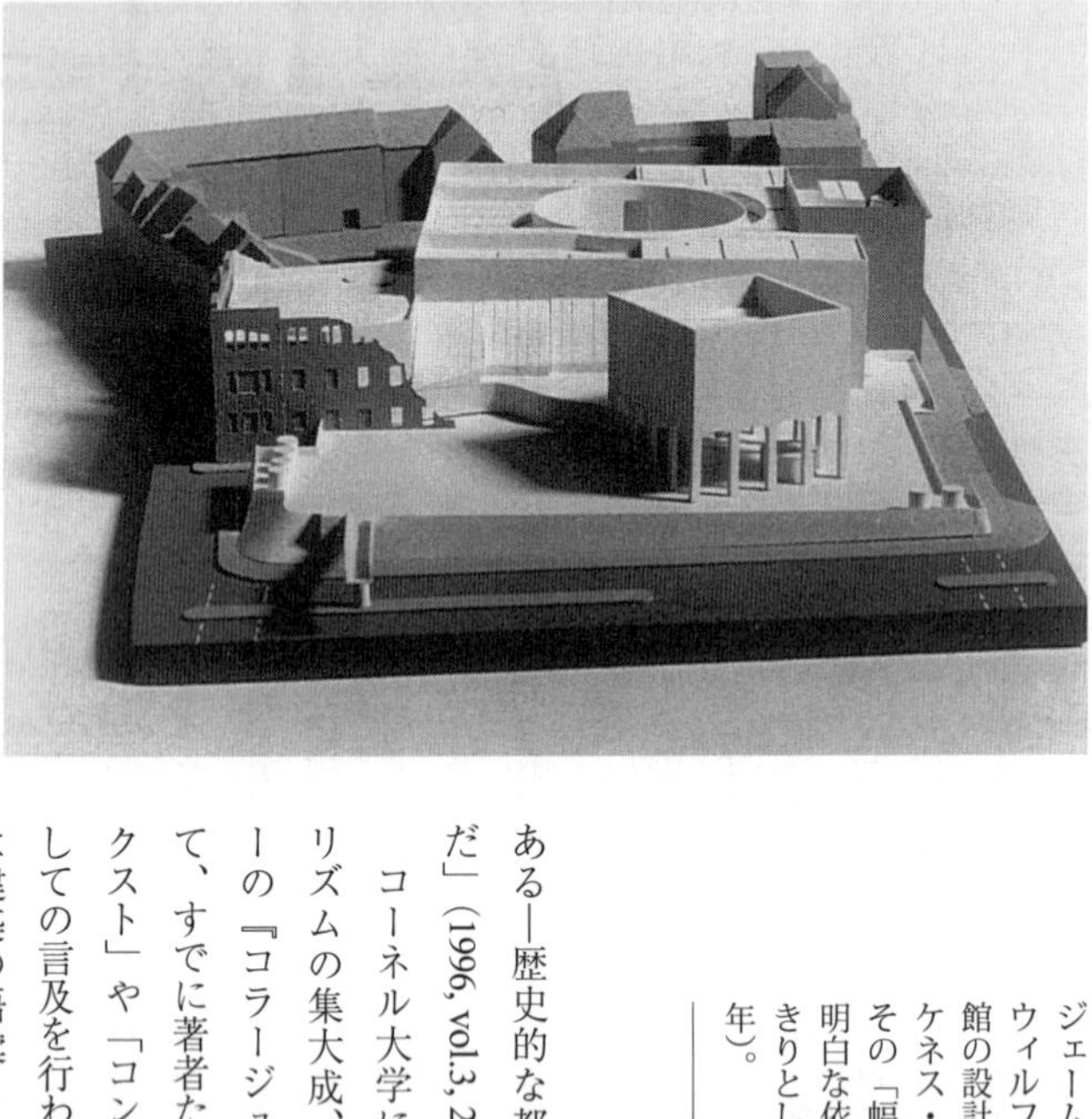

ジェームズ・スターリングとマイケル・ウィルフォード、デュッセルドルフ美術館の設計競技応募案模型（一九七五年）。ケネス・フランプトンが認めたように、その「幅広い文化的なコンテクストへの明白な依存は、彼の作品の多くと、はっきりとした対照を示している」（一九七六年）。

コーネル大学におけるコンテクスチュアリズムの集大成、ロウとフレッド・コッターの『コラージュ・シティ』（1978）において、すでに著者たちは実際には何ら「コンテクスト」や「コンテクスチュアリズム」に対しての言及を行わなかった。「コンテクスト」は建築の語彙として定着していたにもかかわらず。ケネス・フランプトンは一九七六年に、一九七五年のジェームズ・スターリングのデュッセルドルフ美術館の設計競技の応募作品について、「コンテクスチュアル」な内容の観点から批評を行った。スターリングが自らの作品について「コンテクスト」の観点から語り始めたのは、その後まもなくのことで、その中には、その言葉が使用されるようになる前に設計された計画も含まれていた。たとえば、一九七一年のセント・アンドリュース大学のアートギャラリーの設計案について一九八四年にスターリングはこう書いている。「それは、**形式的《フォーマル》**であり同時に**コンテクスチュアル**だった」と（1998, 153）。

ロウとコッターは一九七〇年代の後半にはすでに「コンテクスト」や「コンテクスチュアル」といった言葉の使用を避けていた。しかしその時期に、あたかもその観念を硬直化させ、そしてより幅広い威信を与えるかのように、イタリアで議論されていた**アンビアンテ**という言葉がアメリカの「コンテクスト」という概念へと組み込まれ、従属させられていったのである。しかし、その概念そのものを使用することについての懸念が叫ばれるようになるにはそれほど時間はかからなかった。フランク・ロイド・ライトによるニューヨークのグッゲンハイム美術館の拡張計画についての一九八五年の論評の中で、アメリカの批評家であるマイケル・ソーキンは以下のように書いた。「現在建築家たちが『コンテクスト』に夢中になっていることの帰結とは、いくらでも建て増しできることへのある種の共通の自信である。感受性が高く熟練した建築家であれば、どこにでも介入できるはずだという暗黙の議論があるのだ」。（148）この後にソーキンは、どうしてこのことが間違っていると考えるのかについての説明を続けた。一九八〇年の後半までには、疑いなく多くの建築家が「コンテクスト」という言葉について不満を感じていて、いよいよそのように述べる機運が熟していた。一九八九年のフランス国立図書館設計競技の設計についての「日記」の中で、レム・コールハースは苛立たしげに以下のように書いている。「しかしながら、そのような容器が都市との関係性をいまだ持つことができるだろうか。持つべきなのか。それは重要なのか。それとも、『くたばれコンテクスト』がテーマになりつつあるのか」（1995, 640）。

1　Levineを参照。*The Architecture of Frank Lloyd Wright*, 1996, pp.374-83.

2　ヨーロッパとアメリカのコンテクストについての有益な比較として、Shane, G 'Contextualism', *Architectural Design*, vol.46, November 1976, pp.676-79を参照。

Design　デザイン

イギリスの建築家でA・A・スクール〔Architectural Association School of Architecture〕の学長であるハワード・ロバートソンは、一九三二年に自身の著書『建築構成の原理』〔*Principles of Architectural Composition*〕を改訂する際に、その題名を変更して『現代の建築デザイン』〔*Modern Architectural Design*〕とした。それはささいな改題ではあるが、それだけで、二十世紀半ばにおける「デザイン」という単語の急激な普及を、十全ではないにせよ、雄弁に示している。一九四五年以降「デザイン」は「建築」という言葉をもまるごと包摂しかねないほどになったのだ。建築家は「デザイナー」と呼ばれ、建築の学校で教えられる学科は「デザイン」であると見なされるようになり、おびただしい建築書がそのタイトルに「デザイン」の語を掲げた。だが、この単語は抵抗なく普及したわけではなかった。たとえばアリソン&ピーター・スミッソンにとって「『デザイン』という言葉は禁句」（201）であり、彼らは「配置《オーダリング》」という用語を好んだ（この用語にもまた独特の意味合いが加わっているわけだが）。

「デザイン」というのがやっかいな単語であるのはどうしてか。動詞としてのそれは、建物などの物を作るための指示をあらかじめ用意するという行為を表している。名詞としてのそれは、二つのはっきり異なる意味を持つ。それは、まず第一に、それ自体が指示書であり、とりわけ設計図《ドローイング》という形態をとったものである。この単語はイタリア語の「ディゼーニョ」〔disegno〕（ドローイング）から来たものであり、英語では十七世紀までに、建築家による設計図に対して「デザイン」という言葉がごく普通に使われるようになった——サー・ロジャー・プラットは「図面〔draft〕とデザイン」（34）は同義語であるとしている。第二に、名詞としてのそれは、ある物を指して「このデザインは良い」と言ったりする場合のように、ある指示に基づいて実施に移された作品を指すこともできる。この語義もまた十七世紀以来、一般的なものになっていた——ジョン・イヴリンは、一六四四年にシャンボールを訪れ、その日記にこう記録している。「私がこの城を見たいと思ったのは、その豪奢なデザイン、とりわけ建築家パッラーディオの本に出てくる階段部分があるからだ」（80）。イタリア・ルネサンスにおける新プラトン主義的な思潮の中で、「デザイン」という言葉は、設計図という意味でも、実施に移された作品という意味でも、ヴァザーリ（1568）が言ったように、「知性に宿る概念の視覚的な表現に他ならないもの」として、広く受け入れられていた。[*1]「芸術的観念」とその表象とがこのように直接的に等置されていたことは、デザインの近代的な用法を理解するには欠くことができない。それは十七世紀の初めにはすでに英語にも定着していた——『建築要理』〔*The Elements of Architecture*, 1624〕においてサー・ヘンリー・ウットンは、ウィトルウィウスの「ディスポジチオ」〔dispositio〕という用語の意味を「まさに初発の〈観念〉〔Idea〕ないしはその〈デザイン化〉〔Designment〕を、きっちりと十全に表現すること以上のなにものでもない」(118)と説明している。一九三〇年代にモダニズムが「デザイン」という言葉を自分のものにすることができたのは、そうした既存の意味の蓄積があってのことである。「デザイン」という言葉は、経験の対象としての物質的な意味での建築作品と、隠れた「形」ないし観念の表象としての建築作品とを区別するような用語を求めるモダニズムの要請にかなったものだったのだ。「形態」が建築の第一義的なカテゴリーであったとすれば、「デザイン」は、その欠くべからざる共犯者だった。というのは「デザイン」は形態を現実化し世界の中に出現せしめる行為であり、ルイス・カーンの言葉を借りれば「デザインは、現実化——すなわち形態——がわれわれに命ずるものを、存在へと導くことなのだ」(288)。「知性に宿る概念の視覚的な表現」なのか設計図なのか、建築家の精神から生ずるものなのか建てられ

二重の螺旋階段(シャトー・ド・シャンボール、フランス、一五三〇頃)。A・パッラディーオ『建築四書』、一五七〇年。パッラディーオの描画を見て、ジョン・イヴリンは、「特に階段におけるデザインの過剰」を確かめるためシャンボールを訪れたい、と述べた。

た作品なのかという混乱をもとから抱えていた「デザイン」という言葉は、モダニズムにとってむしろ都合のいいものであった。ポール・アラン・ジョンソンが言うように「建築はプラトン主義の最後の砦である」(244)とするなら、それを可能にした概念の筆頭にあるのが「デザイン」である。なぜならそれこそ、建築作品が、同時に純粋な観念としても実体のある物質的な対象としても現れるというパラドックスを可能にするものであるからだ。それは、「空間」〔space〕や「形態」〔form〕とともに、モダニズムの三つの元素という位置にある。

ある水準では、一九三〇年代以来の「デザイン」という言葉の普及を、「構成」〔composition〕という用語の置き換えにすぎないと見なすこともできるだろう──ハワード・ロバートソンの本の題名変更が示唆しているように。この二つの単語は十九世紀を通じて共存し、ソーンの講義(559)にも見られるように、同義語的で交換可能なものとして使用されていた。しかし一九三〇年代頃になると、「構成」に異議を申し立てるモダニズムの実践者や批評家たちが現れ、代替案が求められるようになる。[*2]「デザイン」という言葉は、その他の意味合いもあいまって、十分以上にその後任の役を果たすものだった。たとえば、フランク・ロイド・ライトの一九三一年の有名な宣言、「構成は死に、創造が生き残る」がある。また、チェコの批評家、カレル・タイゲは、一九二九年に、ル・コルビュジエの「ムンダネウム」計画を、「構成。この言葉によって、ムンダネウムのあらゆる建築的失敗を要約することができる」と非難している(90)。しかし、「デザイン」という言葉は、「構成」という批判の多い用語が駆逐されたことで生じた隙間を埋めたことは疑いないが、そのただの代用ではなかったのである。

「デザイン」という言葉の普及は、それ自身が設定する両極性と関係している。つまり、「デザイン」は、一方で「建てること」とそこに含まれるすべてのこと、他方で建築に関しての非物質的なあらゆることとの対比関係を作り出す手段を提供したのだった。この対比は、ジェフリー・スコットの一九一四年の『人間主義の建築』においてつまびらかにされた。すなわち、「建設することとデザインとの関係は、建築美学の根本問題である」(100)。言い換えれば、「デザイン」とは、建設以外のことに関わるものなのだ。この両極性は新しいものではない。たとえば、一七二六年に、レオーニは、アルベルティが『建築論』の冒頭で行った重要な区別を次のように翻訳した。「建設の技芸のすべては、デザイン、そして構造にその本質を持つ」(1)。ただし、リクワート、リーチ、タヴァナーが手がけた最近の翻訳の中(422-23)で指摘しているように、「デザイン」という言葉は──少なくとも二十世紀後半の意味合いにおけるそれは──アルベルティが意図したこととはかけ離れたものであり、彼らはラテン語の原文どおり「lineamenti」という言葉をそのまま使っている。アルベルティによる区別に対するレオーニの言葉の選択は、「デザイン/構造」という言い回しが、十八世紀において、建築という一つの行為の二つの側面を記述するために広く了解され受け入れられたものだったことを示唆している。この慣習は十九世紀を通して持続したが、二十世紀の初めになると、これまで言葉と思想の領域のみに属していたこの区別は、二つの明白に乖離した行為となった。

「デザイン」の魅力は自由学科に加わりたいと切望しながらも、実際には建設の物質性に関わり合い、手仕事や商業的なものの結びつきを背負った職能にとって、この単語が自らの作り出すものにおける純粋に精神的な作業の部分であることを示したからであった。このことが十六世紀イタリアの建築家たちにとっての「デザイン」という言葉の魅力であったことは間違いないが、二十世紀の初めになると、とりわけあるひとつの理由によって、手仕事的な内容と知的な内容とを区別する必要性はますます高まっていった。すなわち、建築家の訓練に起こった変化である。二十世紀の初めまでは、フランスを除けばどこの国でも（またフランスでも相当程度）、建築家は、実践的な建築家の仕事場で実習生や見習いとして働きながらその仕事を習得した。二十世紀の初め頃、その訓練の場が、ほとんどどこでも、アカデミーや大学や建築学校へと移行したのだ――それは他の大部分の職業において起こった変化とも対応したものでもあった。建築においてそのことがもたらしたのは、建築家がその訓練の中で学ぶことが「実践」〔practice〕ではなく「原理」〔principles〕になったこと、言い換えれば完全に非物質化され頭の中で組み立てられた技芸になったということである。そして生徒がその訓練の中で「作り出す」ものは「建築」ではなくドローイング――一般に言われるところの「デザイン」――になった。精神の産物としての建築――教育されるもの――と、物質的世界に結びつけられた実践としての建築との分離は、このとき初めて目に見える現実として出現したのである。これまでは、「デザイン」と「構造」の対立は、ひとつの活動――建築――のふたつの側面についての考え方でしかなく、一方なくして存在することができるとは信じられなかった。しかし今では、実践から教育が離れてしまったことに伴い、「デザイン」という言葉は、建築のある特徴を把握する便利な方法というよりはむしろ、純粋かつそれ自身の中で充足した活動と見なされるようになったのだった。教育は、かつては言説においてのみ存在していた区別を現実化した。そして、伝統があり、一見立派な由来を持つ「デザイン」という用語の教育への適用は、訓練と実践の間のきわめて恣意的で人工的な分離を、あたかも普通で常識的なものと見せる手助けとなっていた。端的に言うと、「デザイン」という領域が設定されることによって、建築は、経験によって身に付けていくものではなく、学校で教えられるものになったのだ。

「デザイン」という言葉が、現実世界から自由な精神的な活動として認められるようになった意義は、建築を教える教師たちの表明から一際明らかである。たとえば、一九六〇年代のイギリス建築教育における改革の扇動者であるリチャード・レヴェリン・デイビーズの見解は、それ自身が目的となる活動として「デザイン」がどのように提示されたかということを如実に示している。「スタジオにおけるデザインの作業こそが、われわれの特徴だ。…スタジオにおいて、生徒は、建築的なデザインの統一性について絶え間なく思いデザイン・スタジオ（クラウン・ホール、シカゴ、一九五〇年代後半）。結局、それは建築学校における、建築というものの制度化だった。実践と訓練を分け、「デザイン」それ自体を目的とすることを促した。

知らされることになる…」（13）。自らの仕事の知的な要素の正当性を証明することを切望する建築家が、この「デザイン」の分離と具体化を喜んで受け入れたのは、何も驚くべきことではない。しかしながら、長い目で見れば、結局それは彼らにとって不都合になってしまったと言わなければならないだろう。というのも、いわゆる「設計・施工《デザイン・アンド・ビルド》」——そこでは建築家が、デザインを提供するために建設業者に雇われる——の発展は、「デザイン」という精神的な活動へ特化しようとする建築家自身の主張の通りに受け取られ、徐々に彼らを「デザイン」というたったひとつの能力の領域にのみ追いやってしまったからだ。

「デザイン」が、建築における一領域からそれ自身固有の活動へ転向したことは、実質的に哲学者の議論によってなされた。プラトンと新プラトン主義が、ルネサンス期の建築家に物体と「デザイン」を区別することを可能にしたように、カントの哲学は、それ自身ひとつの立派な固有の属性として人々が「デザイン」を捉えることを促した。『判断力批判』（1790）において、カントは、「絵画、彫刻、それどころか一切の造形芸術においては、したがってまた建築や造園においても、これらのものが芸術である限り、**デザイン**が本質的なものである」（67）と述べている。「デザイン」という言葉によって、カントはひとつには「ドローイング（もしくはデザイン）**対色彩**」という長年にわたる対立関係について言及したのだが、それはまた「形」の宣言としての「デザイン」への言及でもあった。その意義は、「デザイン」という言葉が、あらゆる純粋な趣味判断の基礎を提供しているということだった。

哲学は、それ自身固有のものとしての「デザイン」の存在を支えようとしたのであるが、この観点に関して争うものがいないわけではなかった。十九世紀の政治経済学の主要なテーマは、頭脳的な仕事と手仕事の分離であったが、このテーマは、ジョン・ラスキンによって、同種の意味合いで建築に援用された。ラスキンの議論は、『ゴシックの本質』において展開された。その著書で、ラスキンは、中世の職人が自らの仕事を方向づけるために享受していた自由を根拠に、ゴシック建築を評価した。彼は、建築において建物を設計し指揮する者と実際に建物をつくる者を区別する必要性を認めたけれども、同時代の建築に関して、中世の職人に比べ現代の職人が不名誉で低い地位に貶められていることを非難した。ラスキンは、建築家と職人の間の区別に対して異議を唱えたわけではなかった。彼が反対したのは、一方を名誉ある職業と見なし、もう片方を不名誉な職業と見なすということだったのだ。彼は次のように書いている。「それぞれの職能において、いかなる名人もどんなに困難な仕事を成し遂げたからといって高慢になってよいわけではないのだ。画家は彼自身の色を調合すべきであり、また建築家はレンガ職人の作業場で一緒に働くべきである」（§21）。ラスキンは、建築に関して「デザイン」という言葉を使ったことがなかった。実際、「デザイン」（彼は大抵ドローイングという特定の意味で「デザイン」という言葉を使っていた）は、彼が高く評価していた活動であった。なぜなら、人間の創造力が自然を芸術に変える力を示すその時を意味するのが「デザイン」というものであると考えていたからだ。「鏡はデザインしない。それはその上を通り過ぎるすべてのものを分け隔てなく受け取り、伝達するだけだ。…デザインとは、言わば、人間の発明であり、人間の能力を考慮に入れることなのである」。(*The Two Paths*, 35-36) ラスキンが建築における「デザイン」について沈黙を守っていたとするなら、彼のイギリスの後継者であるウィリアム・モリスと建築家のフィリップ・ウェッブ、W・R・レザビーは、ラスキンが言ったことの意味するものに注意を払い、「デザイン」という言葉を、疑いを持って扱った。というのも、その言葉の中に、彼らは、手仕事の社会的地位の低下の原因と兆候の双方を見ていたのだ。レザビーは、一八九二年に、手仕事が現在与えられている地位と過去の地位を比較しながら、その歴史的変化を強調した。「デザインは、一つのコンパスで製図するという単なる抽象的な活動ではない。…素材がある種の手仕事に委ねられたときに持つ表現能力に関しての識見だった。…手工芸は、今では、デザインと手仕事を切り離すというシステムによって破壊されてしまっている」(153)。また、フィリップ・ウェッブは、レザビーへの手紙の中で、「デザイン」という言葉を削除し、「創案《インヴェンション》」という言葉で代用したときの、すべての反対意見を要約する明らかな訂正を行った (Lethaby, *Webb*, 136)。なぜかというと、その言葉への意味深い抵抗にかかわらず、すでに「デザイン」は広く普及し、人々の精神に根付いていたので、ウェッブとレザビーは図らずも二十世紀初めの建築教育のモデルに対しても反対することになってしまっていたからである。つまり、彼らの「デザイン」への異議申し立ては、建築教育の制度化への異議申し立て以上の重要性を帯びなくなっていたのである。[*3]

われわれはここまで建築に関して「デザイン」という言葉を考えてきたが、とりわけイギリスにおいてそれは別の意味を持っていて、日用品や消費財に関連したかたちで、つまり「グッド・デザイン」というような表現で用いられていた。一九三七年に、ニコラス・ペヴスナーが「われわれの周りにあるこれらの粗悪なデザインと戦うことは、道徳上の義務となっていて」、またそれは、「われわれの時代における、例の社会的な問題の不可欠な部分」(11) であったと書いたとき、その語調にかかわらず、彼は新たな主張を提示しようとしていたのではなく、ただ単にデザインについての議論はすでに二百年以上にわたって続いていた「デザイン」についての議論を単に喚起していただけなのである。

イギリスでは、十八世紀初頭以降、自国の文化的な財産を、記念碑や建築物ではなく、「幾千もの大きく裕福なお店が持っているあらゆる品物」(Souligné, 1709, 154) によって判断するのが一般的になっていった。[*4] しかしこれらあらゆる品物の存在は、進んだ文明化の表れであったかもしれない一方で、個人が所有することとして見ればこの存在は贅沢をも意味していた。贅沢とは、ヴォルテールが観察したように所構わず欲望されながら、また一般に悪徳として非難されもするという、ひとつの逆説であった。贅沢品によってリビング・ルームとダイニング・ルーム（ケンジントン・パレス・ガーデンズ一番地、ロンドン、ウェルズ・コーツによる改修前と改修後、一九三二年）。イギリスとドイツにおけるモダニズムの言説のおなじみのテーマとは、「バッド・デザイン」（すなわち、乱雑であり装飾的である）か「グッド・デザイン」（すなわち、シンプルで非装飾的である）かということだった。「バッド・デザイン」は、文明の切迫した崩壊を示したため、これに抵抗することは「道徳的な義務」と受け取られていた。

示された脅威とは、贅沢品が人々を強欲にし、そのため社会秩序を脅かすことである。また贅沢品は悪者の手に渡ると、社会的栄誉の価値を下げてしまう。贅沢の追求を風刺するならば、スウィフトが十八世紀初めのイギリスについてガリヴァーに言わせた次の言葉が適当だろう。「家にいて、私がしかるべき服装をしたとき、私の体は百人の職人の技術によって維持されているわけである。私の家や家具においてはさらにもっと多くの職人を雇わなければならない。また、私の妻を飾り立てるためには、その五倍の人数が必要になる」(288)。スウィフトが、ひとりの女性のドレスを作るのに千人の男の労働が必要だということをばからしいと思っていたなら、彼の同時代人の多くは、それとは全く逆のことを議論していたのである。『蜂の寓話』(1714)の中で、バーナード・マンデヴィルは、かつて他の者が論じたように、贅沢の追求は、その循環によって富が生じるので、全体としての社会にとって好都合だと述べた。加えて、物質的商品に対する無意味な欲望は、必ずしも通常思われているような公共道徳の脅威ではなく、もし品位によって贅沢が規制されれば、このような贅沢の追求が、自分勝手な情熱を、社会的に受け入れられる当たり障りのない競争意識の形へと転換させるだろうと述べた。この重要な独自の観察は、もし物が適切に設計されるのならば(うまく「デザイン」されるのならば)、消費財は低級である必要はなく、社会的秩序を脅かすような攻撃的な贅沢品ではなくなるという可能性を開いた。この議論は、その後に続く「グッド・デザイン」についての討議の核心にあり、とりわけ十九世紀半ばのイギリスにおいて発展した。*5 ニコラウス・ペヴスナーの「粗悪なデザイン」に対する使命感は、そのような伝統の中にある(ペヴスナーは、ドイツ工作連盟〔the Deutsche Werkbund〕を通じてドイツでその議論を学んだ。そこでは議論が微妙に屈折し、資本主義に対する軽い批判になっていた)。*6

「デザイン」の他の意味は、これもまた十八世紀初めに端を発しているのだが、また経済競争の手段としてのものであった。たとえば、フランス産の贅沢品の成功は、デザインが優れていたからだと広く考えられていた。一七三五年にバークリ司教は、『問いただす人』の中で、テキスタイル・デザイナーを育てるために、アイルランドにデザインの学校を設立することを薦め、「デザインの学校がなかったならば、フランスやフランダースは、模様のあるレース、シルクやタペストリーでイギリスからかくも多くのお金を引き出すことができたかどうか」(§65)と述べた。そして彼は次のように続ける。「この問題を非現実的だと軽んじる人は、デザインからの拡張である芸術について、大部分の貿易と製造業へのその影響について、十分に考えたことがあるのかどうか」(§68)。十八世紀半ばまでには、付加価値の形態としての「デザイン」の意味は、一般にも理解されるようになっていた。建築家のサー・ウィリアム・チェンバーズは、消費の記事について次のようにコメントした。「デザインは、普遍的なメリットであり、多くのささやかな振る舞いに付加価値を与える。その重要性は商業・宣伝畑の人々にとって特に明らかであり、デザインがあれば、いかなる説明も必要ではなくなるのである」(75)。この原則は、経済競争を保護する手段として政府——一九四〇年代のイギリス政府、一九〇〇年代のドイツ政府、一九八〇年代のイギリス政府など——がとった、デザインの基準を改良するためのさまざまな試みの下に横たわっている。

「デザイン」という言葉にまつわるあらゆる曖昧さは、「デザイナー・サングラス」、「デザイナー・Tシャツ」というような現在の事象の中にも含まれていて、それはあからさまに豪奢なものに対する侮蔑の念を帯びている。同時に、その表現はそのような対象物に対する社会的な関心の高さや、趣向を向上させるためにそれらを所有する欲望を認めるものである。しかしながらそのような軽蔑の言葉はまた、デザイナー製品がよりつつましい「デザイン・フリー」の品々の価格をはるかに超えていても、それはデザイナーの配慮によるものだということで正当化されることを認めているのである。

1 Panofsky, *Idea*, pp.60-62. ルネサンス期の芸術理論についてのところで、このことを論じている。

2 Rowe, 'Character and composition', in *The Mathematics of the Ideal Villa and Other Essays*, 1982, pp.59-87.

3 論議される教育モデルについて述べた、Swenarton, *Artisans and Architects*, Chapter 4と、Crinson and Lubbock, *Architecture: Art of Profession*, pp.65-86を参照。

4 この議論はジュール・ルボックが *The Tyranny of Taste*, 1995によって詳しく展開した。この引用はそこからである。

5 Lubbock, *The Tyranny of Taste*, 1995, chapter 3を参照。

6 Schwartz, *The Werkbund*, 1996, pp.13-73を参照。

Flexibility　柔軟性

現代になると、「柔軟な」構造への要求が目立つようになってきた。
——C・ノルベルグ＝シュルツ、一九六三年、一五二頁

もちろん、柔軟性は、それなりに機能主義的ではある。
——P・コリンズ、一九六五年、二三四頁

「柔軟性」という言葉は、およそ一九五〇年以降、とみにその重要性が顕著となったモダニズム用語である。この言葉によって導入された時間性と予測不可能性により、決定論者の行き過ぎから機能主義を救い出す望みが与えられた。建物のすべての部分に関して特定の用途が前もって定められているべきだとする通念に反して、設計の段階ですべての使用目的を見通すことはできないという認識によって、「柔軟性」は建築の望むべき特性の一つとなったのである。たとえば、アラン・コフーンは以下のように述べている。

柔軟性という概念の背後には次のような哲学がある。現代の生活が求めるものはとても複雑で変わりやすいから、設計者が自分の役目としてそうした要求を予測しても、結果的にその機能にそぐわない建物を生み出し、いわばその設計者が働く社会のいわば「間違った意識」を映し出すことになるというものである。(1977, 116)

これから見ていくように、柔軟性の特定の諸要素はすでに生み出された建築作品の中でも認識されてきたものだが、一般的な建築原理として流布するようになるのは一九五〇年代初頭になってからである。最も早い言及の一つはヴァルター・グロピウスによるもので、彼は一九五四年に次のように自らの信念について述べている。「(1) 建築家は建築を記念碑としてではなく、建築が奉仕する生活の流れを受け止める容器として考えるべきである、そして (2) その構想は、現代生活の動的な特性を吸収するのに適した素地を作り上げることができるよう十分柔軟であるべきだ」(1954, 178)。一九六〇年代には、「柔軟性」は建築批評の公理になっていた。たとえば、ルイス・カーンの一九六一年の作品、フィラデルフィアのリチャーズ医学研究所は「その建築は、科学者たちの側の柔軟性への要求について十分に配慮されておらず、それほどうまく機能しているとは言えない」(Stern, 1969, 11) と批判され、(悪名を馳せた) ジェームズ・スターリングは一九六五年に、五年前に完成していたレスター大学工学部棟について語る中で、「変更への対応が可能で固有の柔軟性を備えた一般化された解法を提示することが欠かせなかった」と述べていた (1998, 99)。

「柔軟性」をめぐる最初の論争は柔軟性が、建築作品をある面において不完全で未完結にしておき、その決定権を未来に残すことによって、よりうまく獲得されるものなのか、あるいは建築家はあくまでも柔軟性を内包した完成品としての建物を設計したほうがよいのかということであった。不完全な建物による事例はイングランドの建築家ジョン・ウィークスによって示された。彼が不完全さを採用したのは、空港や病院のような多くの大型施設においては、建物が物理的に時代遅れになるまでの間にどのような変化が必要とされるかを前もって知る術がないという理由からである。したがって、実行可能な唯一の解法は特定の諸要素が未完結のままになる未決定の建築なのであった。(Weeks, 1963) こうした考えに説得力のある反論を提示したのは、チームX《テン》と交流のあったオランダの建築家たちだった(理由はわからないが、柔軟性の概念に関して言えば、どの国にもましてオランダの貢献が大きかったのであった)。一九六二年の論考の中で、アルド・ファン・アイクは「〈柔軟性〉と〈誤った中立性〉」を次のように攻撃した。「そうした柔軟性を過度に強調すべきでもないし、もう一つの絶対的なもの、新しい抽象的な思いつきという範疇に組み入れるべきでもない。…われわれが気を付けなければならないのは、どんな手にもぴったり合う手袋とはいえ、それが手そのものになるわけではないということだ」(1962, 93)。さらに『フォーラム』の同じ号の中で、ヘルマン・ヘルツベルハーも「柔軟性」の行き着いた先を強く批判していた。

「柔軟性」の意味することはそもそも他のどれよりも優る解決法など一つとして存在しないので固定された明確な立場というものを徹底して拒むということである。柔軟な計画は、正しい解法など存在しないという確信から出発する。その確信の根拠は、解決を必要とする問題は恒常的に流動状態にあり、常に移りゆくものだということである。柔軟性は相対性に常に内在するものであるが、実際のところそれは不確実性との関係としてでしかない。それは、すなわち自らコミットする勇気もなく、その結果自らが取るありとあらゆる行動と不可避的に密接に関連している責任を受け入れることから逃げ回ることである。(1962, 117)

「柔軟性」はただ「ある問題に対するあらゆる不適切な解法」を示すことができるにすぎない、という考えに基づいて、ヘルツベルハーは続く論文の中で議論を展開した。それは「柔軟性は必ずしも物事がより良く機能することに貢献するわけではない(なぜなら、柔軟性は与えられたいかなる状況に対しても、想像しうる最良の結果を生み出すことは不可能だから)」というものである(1967)。ヘルツベルハーが主に批判しようとしたことは以下のようなことだった。あらゆる将来的な可能性を予期しながら何一つ選びとらない建築は、退屈な結果を生み出し、その結果は人々の共感を得ることもないだろう。その代わりに彼が求めたものは、単一の明確な恒常的形態だった。その形態とはつまり「多様」〔polyvalent〕――「それ自身は変化することなくあらゆる目的に利用でき、最低限の柔軟性で最善の解法を選び取る余地が残されている形態」であった。しかし、ヘルツベルハーの「柔軟性」に対する攻撃は、機能主義に向けられた攻撃でもあり、人間味に溢れる人それぞれの使い方を、抽象的な「活動」という総称へと還元してしまう機能主義の傾向に向けられたものでもあったのだった。

生活することと働くこと、あるいは食べることと眠ることをもっともらしく活動という用語に押し込めてしまうことができたとしても、だからといってそうした活動が、それらが繰り広げられる空間に関して具体的な要求を生み出すということを意味することにはならない――そうした具体的な要求を生み出すのは人々なのだ。なぜなら彼らは全く同一の機能を独自のやり方で解釈したがるからである。（1962, 117）

後でも論じることだが、機能主義が押し付ける「個人の自由に対する集団的制約」に抗おうとするこうした欲望は、「柔軟性」のもう一つの全く別の側面と関係していた。

一九七〇年代後半までに、「柔軟性」は建築的性質としての魅力を多少失っていた。たとえば、かつて柔軟性を支持していたジェームズ・スターリングは、シュトゥットガルト美術館（一九七七―八二年）の自らのデザインに関して、以下のように述べたとされている。彼は「現在の建築が持っている性質――退屈で意味を持たず、態度をはっきりさせることもしない、顔のない柔軟性と無制限性に飽き飽きしうんざりしている」（Stirling, 1984, 252）。

モダニズムにおける建築の言説においては、「柔軟性」の目的とは、建築をめぐるあ

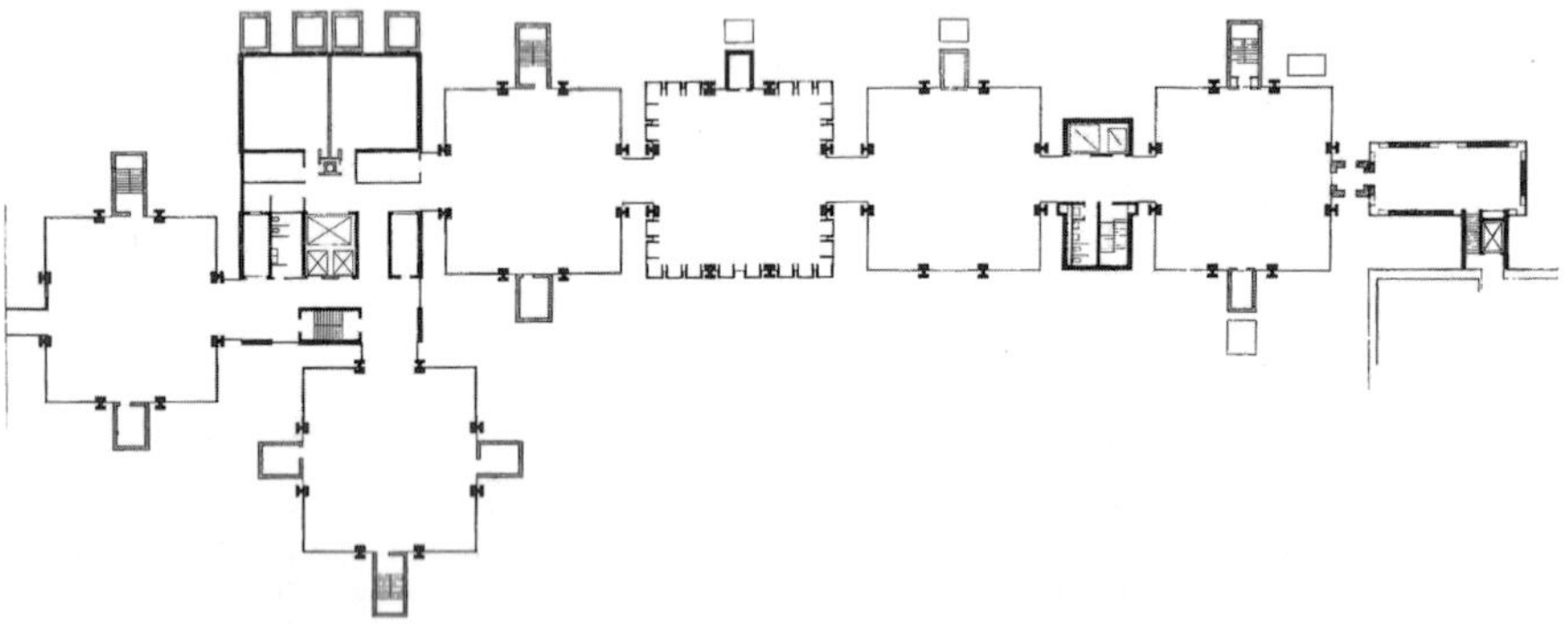

ルイス・カーン、リチャーズ医学研究所、平面図、ペンシルヴァニア大学（フィラデルフィア、一九五七―六一年）。「科学者たちの視点に立った柔軟性が求められていることについて十分に配慮されてない」―リチャーズ医学研究所は「柔軟性」が欠如しているとの理由で。

ジェームズ・スターリング&マイケル・ウィルフォード、美術館、中央中庭、(シュトゥットガルト、一九七九—八一年)。スターリングは美術館の形態の根拠として、自分が「現在の建築が持っている性質—退屈で意味を持たず、態度をはっきりさせることもしない、顔のない柔軟性と無制限性に飽き飽きしうんざりしている」ことを挙げた。

ケッペル刑務所、室内風景（アルンヘム、一八八二年）。コールハースは、ケッペル刑務所のような二十世紀以前の建築が持つ柔軟性は、無意味な空間の過剰から生じていると指摘している。

る矛盾を取り扱うための一手段として内部機能することだった。その矛盾というのは期待と現実の間に生じるのだが、その期待をグロピウスははっきりとこう述べる。建物を設計する建築家の究極的な関心は人間による利用や居住に向けられている。一方現実はといえば、建築への建築家の関わり合いは、居住が始まった途端に断ち切られてしまうのである。「柔軟性」を設計の中へ組み入れることは、建築家に、建築に及ぼす支配力を未来にまで、つまり建築に対して責任を負う実際の期間を超えてまで投企できるという幻想を抱くことを可能にしたのである。

建築における「柔軟性」の戦略は、三つの独立したものを特定することができる。

（一）**冗長性《リダンダンシー》**。これをうまく説明づけているのは建築家のレム・コールハースである。彼は著書『S M L XL』（1995）の中でアルンヘルムのドーム——円形一望監視システム《パノプティコン》の十九世紀の監獄型で、十九世紀に刑務所として建てられた建築——に関して次のように書いている。

おそらく伝統建築と…現代建築の間の最も重要でありながら、最も見落とされている違いが明らかになるのは、アルンヘルムの円形建築《パノプティコン》のような超記念碑的で、空間を浪費している建築が柔軟である一方、近代的建築が形態と計画との決定論的な一致に基づいており、その目的はもはや「道徳的改善」のような抽象的なものではなく、日常生活のあらゆる細部を網羅した文字通りの目録でしかないということが判明するときである。本来の柔軟性とはすべての起りうる変化に対する網羅的な見通しではない。…柔軟性とは余白——異なるどころか正反対の解釈や用途をも可能にする余分な許容力——を創り出すことである。

コールハースがアルンヘルム刑務所に見いだした空間的な冗長性は、近代以前の建築の多くに見られる特徴である。たとえば、バロックの宮殿にもその特徴が見られる。バロックの宮殿においては、各空間は特定の用途のためにあるのではないのだ。現代の視点からすれば、こうしたかつての建築の中にこの種の柔軟性を見つけるこ

G・リートフェルト、シュレーダー邸、図面と二階の室内風景（オランダ、ユトレヒト、一九二四年）。シュレーダー邸のスライド式の間仕切りは、区分けのない上階を小さな区画のさまざまな組み合わせに変えることができた。それは、技術的手段によって作り上げられた「柔軟」な近代的室内空間の原型と見なされることがよくあった。

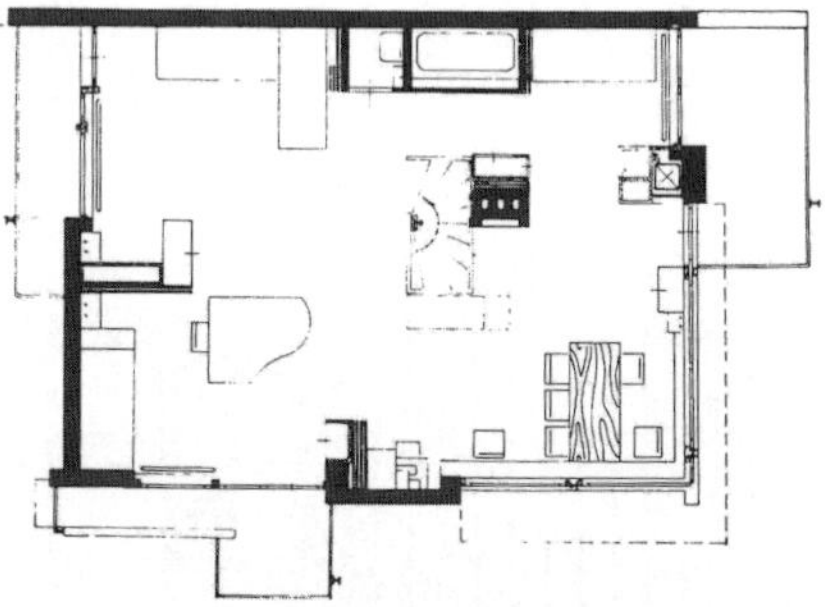

とができるかもしれないが、その建築が立てられた当時はそうした特徴は違った仕方で記述されていたために見過ごされてきたのである。

（二）**技術的手段による柔軟性**。このタイプの柔軟性のモダニズムにおける典型的な事例――同時に「柔軟性」の性質が技術的手段の観点から示された明らかに最初の事例――はリートフェルトが一九二四年に建設したユトレヒトのシュレーダー邸である。その邸宅では、上階には固定された間仕切りはなく、代わりに可動式のものが用いられている。オランダ人批評家J・G・ワトジェスは一九二五年に次のように書いている。「移動可能な間仕切りのシステムは一般的な固定された仕切り壁に取って代わってきた。そうすることで、極めて柔軟に室内空間を仕切ることができる。…その意図は、時間の経過に伴って変わり行く日々の要求にしたがって、室内を毎日でも変更できるということだ」(quoted in Bonta, 192)。その後も、多くのモダニズム建築がその要素――壁、窓、そして

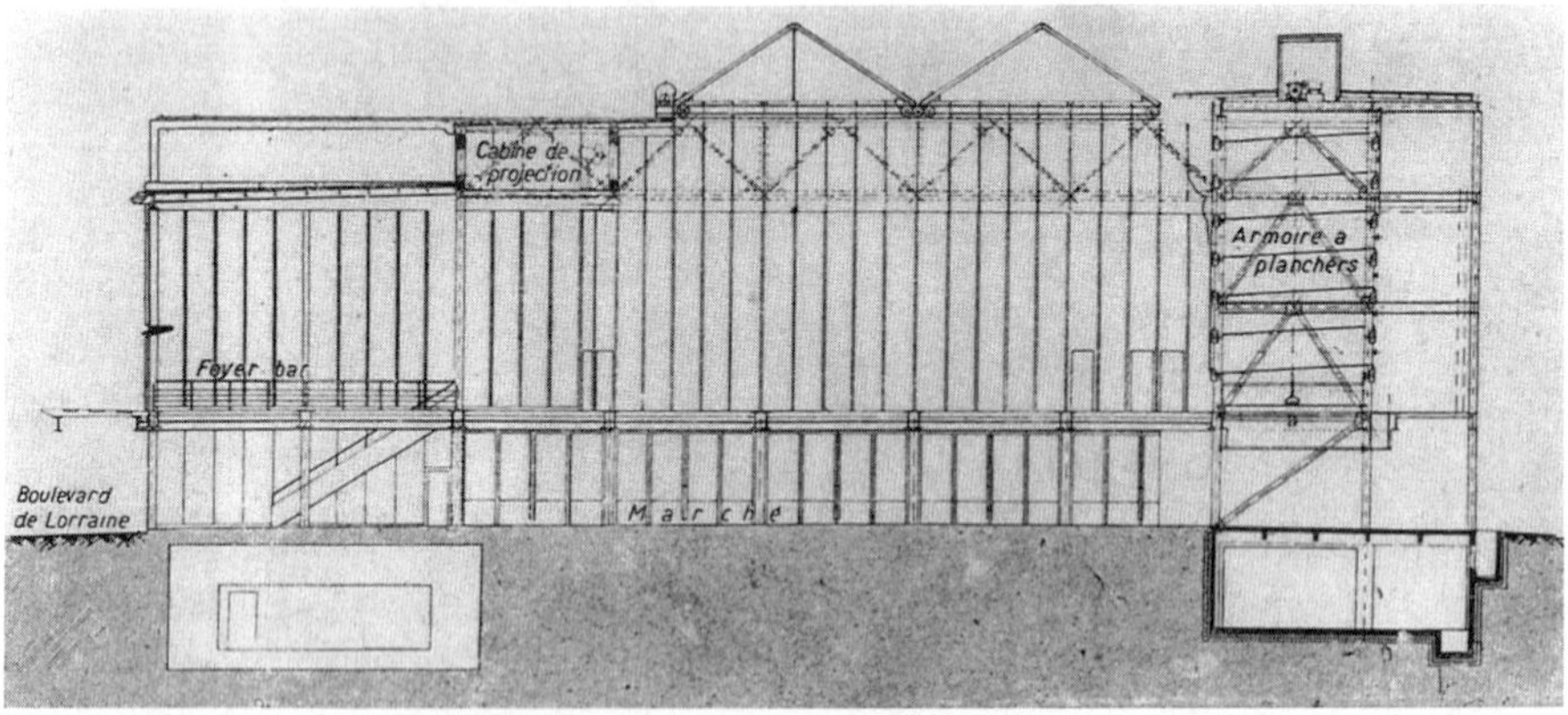

ボードゥワン、ロッズ、ボディアンスキー、プルーヴェ、〈人民の家〉の断面図、（パリ、クリシー、一九三九年）。「柔軟性」に関して最も野心的な建物の一つ、クリシーにある社会主義共同社会のための〈人民の家〉は、午前中は区分けのない屋根付き市場であり、午後から夜にかけては劇場と映画館に変わることができた。その際に用いられる手段は可動式の床、屋根、壁であった。

床さえも移動可能にすることで柔軟性を達成しようと試みてきた。極めて野心的で注目すべき一例は、ボードゥワン、ロッズ、ボディアンスキーそしてプルーヴェによってパリ郊外クリシーに一九三九年に建てられた〈人民の家〉であった。その建物は午前中は屋根付き市場であったが、可動式の床、屋根、壁によって午後から夜にかけては劇場や映画館として使用することができた。*1 戦後になると、技術を通じた柔軟性はスライド式あるいは折り畳み式の要素による巧妙なシステムを避けるようになった（とはいえこれらの要素はその後も多くのモダニズム建築においても採用され続けた）。代わりに注目を

集めるようになったのは、軽量の建築構造と機械的設備の発展であった。それらの発展は、伝統的な建築要素を全く用いずに空調を制御することを可能にした。特に影響力のあったものは、一九五〇年代のアメリカで発展したアントン・エーレンクランツとコンラッド・ワックスマンによるシステムであった。そのシステムでは、すべての設備が建物の天井裏に置かれた。これらのシステムの目的とは、建築内での機能の割り当てと配置を自由に行うことであり、その具体的な対象は学校と工場であったが、何人かのヨーロッパ人建築家たちはこのシステムに飛びついた。それは、フランスではヨナ・フリードマンであり、オランダではコンスタント・ニーウェンハウス（コンスタントとして知られている）、イギリスではセドリック・プライスであった。彼らが飛びついた理由は、これらのシステムが何かもっとすごいものへと変貌する潜在性を感じさせるものであったからであり、単に建物内に限定された意味での柔軟性を提供するだけではなく、伝統的な固定性から建物を開放し、その中をあらゆる建物が移動できる都市

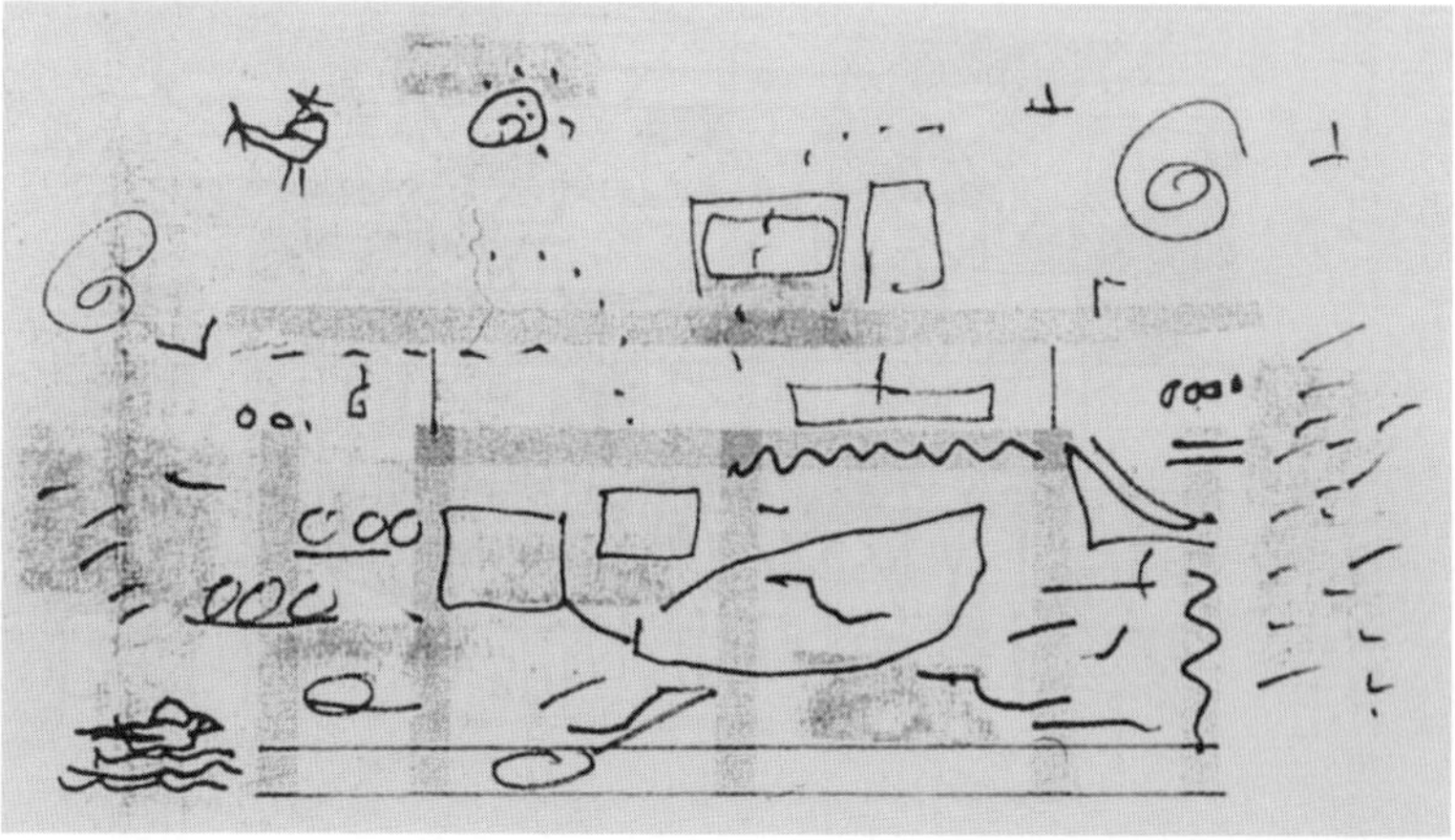

セドリック・プライス、ファン・パレス、「ストーリーボード」用スケッチ、（一九六四年）。

を可能にするものであったからだ。フリードマンの要求は以下のことだった。「個人の住まい《シェルター》にかなう新しい構造とは、（1）表面が地面と最低限触れているだけであり、（2）分解可能であり移動可能でなければならない、（3）個人によって思いのまま変形可能でなければならない」（1957, 294）。こうした要求において都市は、移動可能で可変性の高い設備フレームの中にあるものとして思い描かれている。

セドリック・プライスのファン・パレス（1964, 二五三頁の図版参照）は「柔軟な教育娯楽センターの一つの事例」であった。その建築では、鉄製格子状タワーのむき出しの骨組みと上部のトラス屋根は、その下での仮設の囲いを構造的に支え、その内部全体のどこにでも割り当てることができる設備と空調設備を備えていた。*2 ファン・パレスは実際に建設されることはなかった。一

方、一九七二—七七年に行われたより小規模なプロジェクト、ロンドン北部のケンティッシュ・タウンに建設されたセドリック・プライスのインターアクション・センターは、実際に建造された建築物の中では、ファン・パレスにおいて追求された完全に柔軟な建築の理想像に最も近いものと言える。この柔軟性は技術的な手段によって達成されたものであるが、もっとも次のことを付け加えておくべきだろう。インターアクション・センターは、やや例外的で無秩序な設計過程の結果として出来上がったものだということである。そのセンターの建設に関していえば、鉄の支持構造が建てられたときには、それに何を容れるかは誰もわかっていなかったし、その構造体は、センターと関係のあるさまざまな集団がその構造の中に何を置きたいのかということについて議論を繰り広げている間、一年間放置されていたのだった。[*3] パリのポンピドゥー・センターについて、その「柔軟性」が主張されることがあるが、現実にはその建物は柔軟ではなかった。ポンピドゥー・センターの「柔軟性」が実際のところ象徴的なものにすぎなかったことは、最近行われた修理のために長期間の閉鎖を必要としたことに表れている。

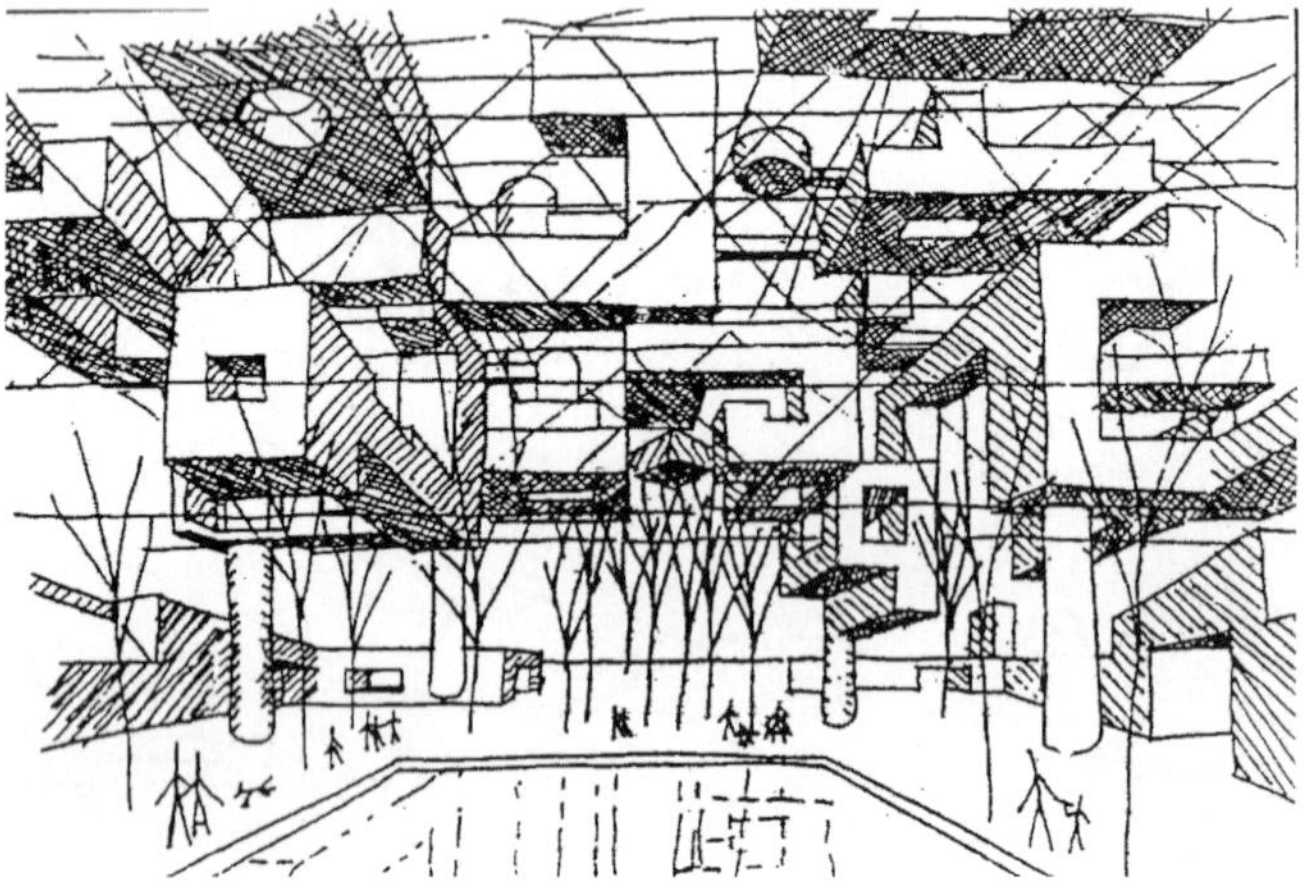

ヨナ・フリードマン、空中都市、ドローイング（一九五八—六〇年）。フリードマンが思い描いていたのは、現代の建設技術によって「建物」と「都市空間」を切り離すことが可能になり、その結果、空間が、建物に煩わされることなく自由社会の限りなく柔軟なメディアになることができるだろうということだった。

「柔軟性」が建物の特質として恒常的に認識されることは、それを技術的手段を用いて達成しようとする企ての特徴であった。「柔軟性」とは建物を通じて達成されるものであり、それを設計の中に盛り込むことが建築家の仕事であるとする前提は、「柔軟性」という概念が建築において用いられる場合の一般的な特徴であった。それらの前提は同時に、この意味での柔軟性と第三の意味での「柔軟性」とを分かつものでもある。第三の意味では、柔軟性は建物の特徴ではなく、用途の特徴となる。

（三）**政治的戦略として。**一九五〇年代末にシチュアシオニスト・インターナショナルによって展開された資本主義に対する批判は特に、日常生活のあらゆる側面を商品化する資本主義の傾向に集

C・プライスとE・バーマン、インターアクション・センター（ケンティッシュ・タウン、一九七二―七七年）。この建物が、実際に建造された建築物の中では、ファン・パレスにおいて追求された完全に柔軟な建築の理想像を代わりに示すものとして最もふさわしいものである。――この建物の中では、構造の柔軟性と用途の柔軟性との見分けがつかなくなっている。

中した。家庭生活、余暇、そして空間はすべて、個人の自由の領域から次々と切り離されてしまったのだが、それはそれぞれが機能的な構成要素に分解され、交換可能な価値を持った商品へと転換させられてしまったためであった。シチュアシオニスト・インターナショナルの目的の一部は、この過程に抵抗することであり、「遊びに満ちた活動の自由な領域」を通じて、資本主義の制約下に置かれてしまった生活のそうした側面をすべて取り戻すことであった。都市と都市空間に関しては、彼らは一貫してある戦略を用いた。その戦略とはデトゥルヌマン〔détournement〕――すでに特定の用途を与えられてしまっている既存の建物や空間を（本来の用途からすれば間違った仕方で）流用すること――であった。これらの観念の中には、アンリ・ルフェーヴルの『空間の生産』(1974）の中により発展した形で見いだすことができるものもある。ルフェーヴルにとって、資本主義による空間の支配は物理的にも、抽象的にも生じるものであった。機能的な区分が物理的に押し付けられることによってそれは生じるのだ。また精神が空間を捉える際に用いる抽象的な図式をも押し付けられるのだ。それ故、この空間の支配とは資本主義の最も侵略的な作用の一つとなる。「各機能は、支配された空間内にある特定の割り当てられた場を持つ。そのために、機能主義は機能を強調することで、まさにその多機能可能性を除去してしまうのである。」(369)。抽象的空間によってすべてが「窒息」してしまうのに抗って、ルフェーヴルは新しいタイプの空間的実践を思い描いていた。その実践とは、「抽象的空間が突き崩す社会的実践の機能、要素、契機を統合されたものへと復元するもの」(52）であった。こうした主張をする際に、ルフェーヴルが念頭に置いていたのは、たとえば初期のキリスト教がそもそもは俗世の用途のために作られたローマのバシリカを崇拝のための聖堂として採用したというような類いの事実であった。バシリカはやがてキリスト教会の典型にさえなるのである（369)。つまり、この場合、行動が形態に先立って存在したのであり、形態は時の経過とともに目的と結びついたのだった。ルフェーヴルにとって、「支配的空間」に対する抵抗に影響を与えるのは、流用すること、用途の自由を主張することだけなのである。流用は、空間の柔軟性と多機能性を使用者が実現することを通じて行われる。だが、彼は残念そうに次のように書いている。「喜びに満ちた真の空間、あえていえば飛び抜けてうまく流用が行われた空間は、いまだ実現していない」(167)。

使用を通じて、つまり流用の肯定的な働きを通じて、機能主義による空間の支配を打ち破ることができるというルフェーヴルの考えの中では、柔軟性は政治的な意味合いを内包するようになる。この考えに従う限り、建築家と建築は抽象的、支配的空間を共犯的に作り上げていくのであり、柔軟性の実現のための役割を何一つ果たしていない。つまり「使用すること」とは建築に対して行われる政治的行為なのである。だが、その一方で建築家のコンスタント、ヨナ・フリードマン、そしてヘルツベルハーにもある程度言えることだが、彼らは建築を多様な用途を実際に達成可能にするものとして思い描いていた。コンスタントにしても、フリードマンにしても関心を寄せていたのは、柔軟性を達成するための技術的手段であったが、次のことを強調しておかなければならない。彼らが想定していた柔軟性の究極的な目的は、資本主義によって形成された既成の所有関係や機能による分類を妨げることにあった。このことは、たとえば、コンスタントの論考「来たるべき偉大なゲーム」(1959)を見れば明らかである。「われわれが信じていることは以下のようなことだ。静的で変化しない要素はすべて避けなければならない。多様に変化することができる特徴を持った建築的要素が、内部で起こる出来事と柔軟な関係を築く上での前提条件となる。」(63)。ここで強調されているのは、起こるべき出来事であり、移動可能な建築要素は単なる前提条件に過ぎない。この枠組み〔scheme〕においては、「柔軟性」は建築の特質ではなく、空間の特質となる。それは、その空間を使用することを通じて獲得される特質なのである。

これまで「柔軟性」という言葉がわかりにくいものであったとすれば、それはこの言葉が相対している二つの役割を担わなくてはならなかったことに起因することは確かだ。つまり一方でそれは、機能主義を拡張し、目に見えるものにするために用いられ、他方で、機能主義に抵抗するために使われることもあったのだ。この区別は、建築家がこの用語を用いる多くの場合に認識されてこなかったことである。

1 Ellis, 'Prouve's People's Palace,' *Architectural Review*, vol. 177, May, 1985, pp.40-48 を参照。

2 *Architectural Review*, vol. 137, January 1965, pp.74-75 を参照。

3 Alsop, 'Speculations on Cedric Price Architects' Inter-Action Centre,' *Architectural Design* nos 7-8, 1977, pp.483-86 を参照。

Form 形

建築家は形の芸術家でなければならない。また形の芸術のみが新建築への道を開く。

――アウグスト・エンデル、一八九七年

近代を経てわれわれにもたらされた建築家のパラダイムは、形を与える者、つまり階層的で象徴的な構造を造った者のパラダイムであり、一方では諸部分の統一、他方では意味に対する形の透明性によって特徴づけられる。

――ベルナール・チュミ、一九八七年、二〇七頁

アウグスト・エンデルの楽観的な熱狂とベルナール・チュミの冷笑的な懐疑との間の九十年間に、「形」という、二十世紀の建築で最も重要だが最も困難でもある概念の歴史は繰り広げられてきた。たった一文で、チュミはわれわれが「形」に出くわす際のいくつかの問題を警告している。すなわち「形」がモダニズムの言説に不可欠であること、「形」は建築家が作り出すものだという想定、「形」は意味を伝えるために存在するという信念、である。

形は建築のモダニズムが構成する用語の三元素（「空間」と「デザイン」が残る二つである）の一つである。「形」への依存という点では建築に限ったことではない――他のいかなる芸術実践においても、さらに文化一般においても、「形」は不可欠なカテゴリーであり、そうでなければ分析という領域全体は知られることなく、近寄りがたいままとなってしまうだろう。しかし建築は「形」の問題について自らの特権を主張している。それは建築というものがわれわれのまわりの物質的な対象と空間とを物理的に形作ることにあったからである――この主張によってわれわれは、西洋思想における建築の意義全体の土台となる「形」の核心へと直行できる。

「形」には両義性が内在する。一方では「形状」を意味し、他方では「考え《アイデア》」や「本質《エッセンス》」を意味しているという両義性である。かたや感覚が捉える事物の特性を指し、かたや精神が捉える事物の特性を指しているのだ。建築は「形」という言葉を使う際に、ある見方をするなら、言葉に備わったこの二つの意味の混同のために犠牲になったか、この混同を悪意をもって利用したかのどちらかであった。「形」について言わねばならないことは、物質的な制作を扱う芸術の実践における、この言葉の二つの意味による両義性を理解することに関わっている。ドイツ語（形に関する近代の概念が最初に発達した言語である）はこの問題を考えるに当たって英語より少し有利である。英語には「形《フォーム》」のただ一語しかないが、ドイツ語には「形態《ゲシュタルト》」と「形式《フォルム》」の二語があるからだ。**形態**は一般には感覚で受け取られたものとしての対象を言うが、**形式**はふつう具体的な個物からある程度抽象化することを含意している。*1

十九世紀末まで、ドイツの哲学的美学の世界を除けばほぼどこでも、「形」という言葉は建築において、単に「形状《シェイプ》」や「量塊《マス》」を意味する以外、言い換えれば建物の感覚上の特性を記述する以外には使われなかった。もう一つの「観念的な」意味にこの言葉を当てることこそ、ドイツ人建築家アウグスト・エンデルが一八九七年にかなり興奮交じりに告げたことであり、この新たな側面の建築の世界での冒険こそ本章でたどることである。おおよそ一九三〇年頃、英語圏で「形」が、拡大したモダニズム的な意味で使われ始めたとき、「形」という用語への従来の理解においてはこの新たな概念がしばしば受け入れがたかった。たとえば、新建築の原則を記述しようとした初めての英語文献の一つ『近代建築デザイン』(1932)で、著者ハワード・ロバートソンはこう記した。「したがって主要な美学上の務めとは、興味を持って適切に形を扱うことである。基本的で『ありのままの』とも呼びうるような形に没頭するこのことこそ、近代建築デザインを特徴づけるのだ」(20)。ロバートソンは形が重要であるとはわかっていたが、それが「形状」となぜ、またどの点で、異なるのかをさほど理解してはいなかった。しばしば「形状」と変わらない意味で「形」が使われるのはいまだに事実であり、意図される意味について調べる有効な測定法とは、代わりに「形状」や「量塊」を使ってみることである。

「形/形状」の混乱に加え、十九世紀の建築を語る語彙において、「形」を理解する上でより複雑な問題がもう一つある。この問題とは、長年にわたり「形」そのものが意味するとされてきたものが、「形」が意味しないものほどには重要でなかったということである。「形」の真の意義は別の価値を定義する上での反対のカテゴリーとして使われることだったとも言えよう。「形」、この締まりのない容器はこれから見る通り、ときにかなり矛盾した、驚くほど多様な概念に順応したが、他の価値の一群を定義するカテゴリーとしても使われてきた。後述する議論を先取りしておくと、「形」という言葉は以下のさまざまなものに対置されてきた。装飾、大衆文化、社会的価値観、技術上の実験と発達、機能性である。

「形」という言葉なしに建築について語るのは今や思いも寄らないことのようだが、一つ明らかにしておこう。**「形」は思考装置でしかない**——事物でもないし、まして実質を備えた何かでもない。それに日々の建築に関する会話における表現として「形」という言葉が使用可能なのは、比較的最近に始まったことである。というのもそれはたかだか十九世紀に通用し出したに過ぎないからだ。「形」という言葉を使う際の明らかに常識的な合意が、問いの俎上に置くにはどう見ても値しないという人もいる。その人に対しては、「形」という言葉が常態となっていること自体まさに、われわれが「形」という言葉に懐疑的にならざるを得ないものである、とだけ答えておく。細胞に侵入しその部分となってしまうウィルスのように、あらゆる抵抗に打ち勝ち、ほぼそれなしでは建築を語ることができなくなったほどに、「形」は批評の中に完全に入り込んだ。歴史家のデイヴィッド・サマーズが視覚芸術の関連で注意した通り「形は、そう考えられている通りの中立的な分類や発達的なカテゴリーとは異なる」。[*2] 同じことが建築にも言える。

古代における「形」―プラトンとアリストテレス

「形」はなぜこのように柔軟で幅の広い概念となり、二十世紀建築の目的に都合のよいものとなったのだろうか。その理由の一部は、西洋哲学の長い歴史の中にある。そこにおいて「形」は哲学上の多岐にわたる問題への解決策として役立ってきた。建築に適用される前の「形」という言葉の哲学上の使い方を簡潔に概観する価値があろう。それは「形」の魅力の理由をいくつか見いだすためばかりでなく、そのさまざまな元来の目的にこそ近代建築の潮流における混同の根源のいくつかが明らかになるだろうからでもある。

古代における「形」の概念の第一の創始者はプラトンである。プラトンにとって「形」が複雑な諸問題への解決を与えてくれた――実体の本性、物理的変化の過程、事物の知覚といった問題である。[*3] すべての事物は本質において数か数比として記述できるというピタゴラスによる先行理論に対抗して、プラトンは幾何学図形、たとえば三角形や立体が世界の実体の基礎にあることを提示した。プラトンの議論は『ティマイオス』対話篇に展開されている。そこではまず、「常に存在するが決してそうならないもの」と「常にそうなりつつあるが決して存在しないもの」とを区別する。前者は「理性の助けによって知性に理解可能なもので、永遠に同じ」であり、後者は感情の対象である。ここで不変かつ精神〔mind〕によってのみ捉えられるものが「形」であり、感覚〔sense〕によって捉えられる事物と対比される。この区別はプラトンの思想に根本的なものであり、彼の哲学を通じ繰り返されている。たとえば「個物は視覚の対象であって知の対象ではない。一方〈形〉は知の対象であって視覚の対象ではない」（*Republics,* §507）である。いかなるものを作ろうと、プラトンによれば制作者は「形」に従うのであって、すでに存在するものに従うのではない（§27-28）。別の箇所では『クラチュロス』対話篇で、彼は機織りの杼を作る大工を例に挙げる。「では作っている間に杼が折れたとすれば、彼は別のものを、その折れたもののように作るのだろうか。それとも彼がもう一つを作っていたときに頼った形を当てにするだろうか」。もちろん答えは後者である。だからプラトンは「かのものは真の、また観念上の杼だとまさに言えないだろうか」と続ける（*Dialogues,* vol.3, §389）。ここからすでに明らかなのは、プラトンに関する限り、形は常にその外形として作られる事物よりも優っていたことである。『ティマイオス』に戻れば、プラトンは形と事物との区別を次のように展開している。

> 第一に、不変の形が存在する。作られたわけではなく壊すことはできない。なんら変形を受け入れず、どんな組み合わせも作らないし、視覚やその他の感覚で知覚することはできない、思考の対象である。対して第二に、形という同じ名前を背負い、形に似ているが、感覚可能で、実在〔existence〕として生じるものがある…これは感覚に助けられながら理念によって把握される。（§52）

思考の対象としての形には、すべて一種ないし二種の三角形で構成されたとプラトンがいう、表面で区切られた事物との対応が見いだされる（§53）。『国家』でプラトンは哲学者が感覚可能な形の追求において基本的な幾何学図形で始めることを説明している。「哲学者は実は図形について全く考えておらず、その図形に類似した原型について考えているにもかかわらず」である。彼が続けるには、「彼らが描いたり作ったりする図形…彼らはそれを単なる説明として扱うのであり、彼らの追求の真の主題は精神の目なしには見られない」（§510）。本来見えない事物の形という対象の特徴を一連の「形状」としてプラトンが示したことで、近代、ことさら建築において形の二つの意味はいまだに混乱しているのである。

プラトンの生徒であるアリストテレスには、形と事物との間の根本的な区別を作ることへのためらいが見られる。概していえば、対象が持つ物質と独立して、物質の内に見いだされる何らかの絶対的な存在が形にはあるということを、アリストテレスは受け容れようとしなかった。たとえば「それぞれの事物それ自体と、その本質とは、一にして同じである」（*Metaphysics*, §1031b）。アリストテレスはさまざまに異なった意味で「形」という言葉を使った。そのうち最も包括的で、彼の思想を最もよく伝えている定義とは、形状と観念の双方に言及しつつ、「形とはそれぞれの事物の本質とその第一の実体とを意味している」（§1032b）と述べたものである。アリストテレスの形に関する議論にはほかにも興味深い側面がある。たとえば彼は事物の形が現在そうではない状態、あるいは事物がいまだそうなったことのないもののうちに存在すると考える。言い換えると、形とはある欠如として考えられるかもしれないのだ（*Physics*, Book II, chapter 1, §193b）。この二つの対立項の間の引力について彼はジェンダーの見地から説明する。「形を求めるものは物質であり、それは女性が男性を求めるのと同じである」（*Physics*, Book II chapter 9, §192a）。

しかしアリストテレスの「形」に対する見解を単にプラトン批判や、常に「視覚や他の感覚に知覚できない」ものに絶対的な優位を認めることへの抵抗感から生み出されたものと考えるべきではない。というのもアリストテレスの「形」に関する考えは別の問い、植物と動物の発生過程に対する考察から起こったからだ。『動物部分論』でアリストテレスは、有機物の根源をその発達の過程のうちに求めるのは誤りで、むしろその完全な最終状態における特徴を考察し、その後初めて発達を論じなければならないと議論した。アリストテレスはこれを建物の類比で正当化する。

> 家の平面図、ないし家は、かくかくの形を持つ。そしてそうした形を持っているが故に、その建設はかくかくの手法で行われるのだ。というのも発達の過程も最終的に発達したもののためであって、過程のためにこれがあるのではないのだから。

植物と動物は観念の中ではなく、時間軸上の実際の先行者のうちに、その萌芽がある――「というのも人は人から生まれるからだ。それ故に親が特定の性格を持っていることこそ、子供に同様の性格が芽ばえることを決定づけるのだ」（§640a）。別の箇所では、アリストテレスは同じことが物質の生産のあらゆる過程に当てはまる、というのもすべては何かから生まれねばならないからだと論ずる。したがって彼が言うには「家は家から生まれる」、というのもどの家も物質的なものと独立には存在しえないからだ（*Metaphysics*, §1032b）。自ずから新奇さを持っている芸術作品の場合でさえ、人間つまり敏感な芸術家の技能や能力、またその特定の芸術を特徴づける約束事のうちに作品の萌芽としての原因がある。「芸術は実際のところ、物質のうちでの実現より先に、作り出されるべき結果に関する構想に本来的に存している」（*Parts of Animals*, §640a）にもかかわらず、アリストテレスはこの「形」を有機物の間での遺伝上の伝達のようなものとして見ており、作られも壊されもしない純粋な観念の対象としては見なかった。知ることのできない、萌芽の観念としてのプラトンの「形」と、芸術家の精神から作られた遺伝に関わる物としてのアリストテレスの「形」との区別のうちに、近代において語の曖昧さを生み出した理由がある。

新プラトン主義とルネサンス

形〔form〕と物質〔matter〕との関係を説明するためのアリストテレスによる建物の隠喩《メタファー》を、後期古代と中世に続く哲学者たちも使った。新プラトン主義者にこの比喩が最も広まったのだが、紛らわしいことに、彼らはアリストテレスが意図した目的とは全く異なる美の原因と起源とを定めるためにこの比喩を用いていた。したがって紀元三世紀のアレクサンドリアの哲学者プロティノスは『エンネアデス』において美が〈理想形〉にあることを示すため、次のように問うた。

建築家は、家に対する自らの内的な理想と調和して家が目の前に建っているのを知ったときに、どんな原則によってそれを美しいと述べるのか。彼の前に建つ家、特異なる石材は、外的な物質の塊の上に刻印された内的な観念であり、多様のうちに示された不可分なものではないか。（Hofstadter and Kuhns, 144）

十五世紀フィレンツェのプロティノス翻訳者、新プラトン主義者のマルシリオ・フィチーノは同様の議論を概説し、美は物質から形が独立することであると規定した。

最初に、建築家は建物の観念を、魂におけるイデアのようにして抱く。そして彼はできるだけそれに似せて、彼が考え出した種類の家を建てる。家が身体であり、家を似せて造るような建造者の無形の観念にとてもよく似ているということを、誰が否定しようか。さらに、家はその物体ゆえというよりも一定の無形の計画ゆえに、観念のように判断されるべきである。したがって、もしできるのならば、家の物体を除外せよ。実際に考えにおいては物体を除外できるのであるが、計画は残すことができる。そうすれば、物質的なもの、形あるものはいっさい手元に残らなくなるだろう。(Hofstadter and Kuhns, 225)

古典哲学に由来するこれら類似の「形」の概念は、十五、十六世紀のルネサンスの人文主義者たちの間で流布された。しかしその影響力は日常の建築の語彙には取るに足らなかったようである。日常の語彙では、どんなにそれが使われようと、一般的には形状《シェイプ》の同義語でしかなかった。したがってヴァザーリはミケランジェロの伝記において「ローマの人々は…カピトリウムに有用で十分な大きさで美しい形態を与えようと切望していた」と記録する(1965, 388)。この例外は、建築が古代の哲学者たちの世界観に適し、実際に世界の過程の類比を与えてくれる、と示したがっていたルネサンスの人文主義者たちである。アルベルティは十五世紀中頃に書いた『建築十書』において、すでに述べたような「形」の古来からの一連の理論をなんとかうまく利用した。彼のよく知られた主張とは「建物の形と形態《フィギュア》との中には、精神を興奮させてただちに精神によって認識されるような、ある本質的な美点が宿っている」(302)というものである。これは数と算術が万物の基礎であるというピタゴラス派の理論に依拠している。一方、彼が「全体の形を物質に何ら頼らずに精神に投影することは十分可能である」(7)というとき、これは新プラトン主義の思想と調和する。ところがエルヴィン・パノフスキーは、マテリアつまり自然の産物と、リネアメンティつまり「思考の産物」というアルベルティの区別を同じ用語で翻訳してしまった。パノフスキーはすべてを「形」の観点から見ようというモダニストの傾向を持っていたので、リネアメンティを「形」と訳したが、これは説得力に欠ける。というのもアルベルティによるリネアメンティの定義は古来であれ近代であれ、形の概念とはほとんど重ならないからである。つまりアルベルティはリネアメンティを「建物の表面を区切り囲む線と角とをつなぎ、たがいに合わせるための、正しく誤りのない方法」と記していたのだ(7)。*4

形をあらゆる物質的なものの特性とするアリストテレス的な考えは、ルネサンス期の建築思想ではほとんど焦点を当てられなかったようである。たとえ彫刻——ヴァザーリによって「物質的なものから余分なものを除き、芸術家の精神のうちに描かれた形態に切り詰める術」(1878, vol.1, 148)と定義された——との関連においてこの考えが現れたとしてもである。そして芸術家の観念を囲い込むものとしてのミケランジェロの彫刻観は、パノフスキーが指摘するように、明らかにアリストテレス的な基盤を持っている。*5 建築に関連して使われた、もっとアリストテレス的な「形」への見方の稀な例は、パッラーディオのパトロンであるダニエーレ・バルバーロがウィトルウィウスへの論評において以下のように記したものである。「全作品に刻まれ、理性に始まりドローイングを通じ達成されたものは、形と質を持った、芸術家自身による精神の証しである。というのも芸術家はまず精神から働きかけ、内的状態のあとに外部の物質を象徴化するのだから。特に建築においては」(11)。

ミケランジェロ、ジュリアーノ・デ・メディチ霊廟（メディチ礼拝堂、フィレンツェ、サン・ロレンツォ、一五三一―三三年）。ヴァザーリによれば（ミケランジェロについて）、彫刻とは「物質的なものから余分な形態を除き、芸術家の精神のうちに描かれた形態に切り詰める術」であった。

ルネサンス後

一般的には、古代の哲学において発展した形の観念は、人文主義の学者らに関心を持たれている一方、建築の通常の実践やその語彙に対しては、二十世紀までほとんど影響力を持たなかった。十六、十七、十八世紀を通じて、また実際のところは二十世紀のドイツ語圏諸国を除けばどこでも、建築家や批評家が「形」について語るときは、ほぼ間違いなく単なる「形状《シェイプ》」を意味していた。パッラーディオが「建物はその材料よりも形によって多く評価される」と述べたとき（Burns, 209）、彼がダニエーレ・バルバーロと仲間であるにもかかわらず、精神における何らかの形而上学的なものを持っていたようには思えない。またたとえば、フランスの理論家カトルメール・ド・カンシーが一七八八年に「石はそれ自体を複製する、もう少しよく言えば何ものも複製しないので、芸術に何ら形を提供しない」と記したとき、彼もまた「形状」以上のものを意味していなかったようだ。サー・ジョン・ソーンが『講義』において学生は十六世紀イタリア人の作品に「形の継承と多様性とが確かめられることを知るだろう」（591）と述べたとき、彼の用語の使い方はイングランド十九世紀の著述家の特徴そのものだった。一八二五年にジョゼフ・ギルトが自分で編集したサー・ウィリアム・チェンバーズの論文選につけた序論において「形だけが建築作品において精神に結びつく」と述べたときさえ――これがたとえ一九二〇年代のモダニス

A・パッラーディオ、ヴィッラ・ゴーディ（ルーゴ・ディ・ヴィチェンツァ、一五三二―四二年）。「建物はその材料よりも形によって多く評価される」。パッラーディオは、近代以前のほとんどの建築家同様、「形」という語を「形状」の同義語として使った。

トのように聞こえたとしても――彼は単に、問題なのは材料そのものではなく、それらがいかに配置されたかだと強調していたにすぎない。さらにヴィオレ・ル・デュクが『建築講話』（1860）冒頭で、「すべての形の理由を追求する――すべての建築の形態はその理由を持っているのだから」（vol.1, 7）と自らの提言を明らかにしたとしても、彼が抽象的な概念について語っていたと想像するべきではない。ヴィオレが『建築講話』において繰り返し「形」に言及していようと、彼がそうする理由とは「形」が使用される構造上の原則に依存していることを強調することだったのだ。

形は気まぐれの結果ではない…しかし構造の表現である。…私は形〔forme〕が決定される規則を教えることはできない。構造のあらゆる要求に応じることが、かの形のまさに本性であるからだ。私に構造を与えよ。そうすれば私はそこから自然に帰結する形を見つけよう。しかしもし構造が変えられれば、私は形を変えねばならない。（vol.1, 283-84）

「形」がより生気に満ちた動的な概念への大きな変化は、一七九〇年代にドイツで始まったが、二十世紀初頭までは、ドイツ語圏諸国にほぼ全くのところ限られていた。その諸国ですら、十九世紀のほとんどにわたって、「形」の議論は哲学的な美学にほぼ限られていた。一八九〇年代になってやっと広く芸術家や建築家が、その頃までには大きく拡大した意味でこれを使うようになった。一七九〇年代に発展した「形」への新たな関心は二つの異なる側面を持っており、それぞれが独自に、この概念の後への展開に対して重要であった。第一はカントによって展開された美的知覚の哲学に由来する。また第二はゲーテによって展開された、自然と自然発生の理論に由来する。

カント

十八世紀後期の哲学的な美学という学問分野では、美の淵源が対象物それ自体にではなく、それを知覚する過程のうちにあるという認識とともに始まった。この議論の展開において「形」は重要な概念となり、もはや（古代やルネサンスを通じてそうだったような）事物の特性ではなく、事物を見る上での特性に限られることとなった。この新たなアプローチに対する唯一最重要の貢献者はイマヌエル・カントだった。彼の『判断力批判』（1790）は「形」を芸術知覚の基本カテゴリーとして確立した。カントは美の判断が切り離された心的能力に属し、知識（認知）にも感情（欲望）にもつながっていないことを議論した。当惑させられるほど多様な諸感覚を示されながら、そこから意味をとるという人間の能力は、空間と時間との構成物であり、「形」の能力である精神内部の存在による。カントがこれを説明するには、「多数の外観の中から決定づけることで特定の諸関係に命じられた存在を可能とする」（*Critique of Pure reason*, 66）という。カントにとって重要なのは、形は感覚を通じて知る事物の様相とは異なる――それは**物質**であり、**形**は**物質**ではない、と強調することだった。美的判断、つまり精神が快を見いだすものを知覚することは、形という内的な概念を満たす特徴を外的世界のうちに認識する能力を通じて起こる。カントは美的判断がただ「形」にのみ関連すると強調する——「趣味の純粋判断において対象の快はただその形の評価にのみ連関する」(1790, 146)。知識や願望を思い起こさせる対象すべては純粋美的判断には無関係であり、「その決定の根拠は…ただ形の究極性である」(65)。魅力や他の連想を引き起こすすべて、つまり色、装飾といった偶有的な特性はみな、余計である。つまりカントが言うには「絵画、彫刻、いや実はすべての造形芸術、建築や園芸に至るまで、美術である限り、デザインこそ本質である。ここでデザインとは感覚を喜ばすものではなく、ただ形によって喜ばせるものであり、趣味の根本的な必要条件である」(67)。カントはまた美的判断から対象の有用性に関する諸側面をも除外する。これらはその対象が何をし何であるかについての知識に属し、そのため認識に属し、美的感性《ジ・エステティック》に属さないからである。すなわち「美的判断は…われわれの注意に対象の質をいっさい含めず、ただその対象に携わった表象の力を確定する際の最終の形のみを持ち込む」(71)。驚くには当たらないが、「形」が観る者の精神の特性だという自らの議論をひそかに傷つけるので、形が対象のうちに取りうる外観についてカントは不明確だった——たとえ、新プラトン主義者が好んだような規則的で幾何学的な種類の形は美的判断に影響しないと彼がじっさい示唆しているにしてもである。というのもそれらの形は確定された概念の表象であり、一方で不規則性は、目的を示唆しないために、純粋美的判断が行使される余地を多く残しているからである(86-88)。

カントの思想の、「形」の歴史における重要性は、「形」が見ることのうちにあり、見られたものにはないことを立証し、またそれは「形」が、精神が対象に美を認識する限りにおいて、対象のうちに内容や意味とは独立した形の表象を精神が見取るからだと立証したことにある。カントの同時代人、ロマン主義著述家のゲーテ、シラー、A・W・シュレーゲルらは、美的体験を生み出すに当たっての見る者と対象との間の関係についてのカントの説明に熱中した。その一方で、カントの抽象的な図式では、形のうちに、また快の本性のうちに、なぜ快を得られるのか十分に説明できないと感じた。シラーは『人間の美的教育について』(1794-95)において「生きた形」という観念を、なぜ芸術作品が美的に満足するものとなるのか述べるために展開した。シラーが提示した図式とは、人間の心理は二つの衝動——「形式《フォーム》衝動」と「感性《センス》的衝動」——を通じて説明され、第三の衝動「遊戯《プレイ》衝動」によって、主要な衝動の二つそれぞれは完全性を保ちながら相手を認識できる、というものだった。遊戯衝動が対応する外的な対象が「生きた形」であった。シラーはこれがいかに示されるか、こう説明する。

美という用語は生き物の領域全体を覆うほどに広げられるのでもないが、単にこの領域に限られるわけでもない。大理石の一塊は、生命を持たず、そうあり続けているといえども、建築家や彫刻家によって、生きた形〔lebende Gestalt〕となりうる。一方ひとりの人間は、生きており形〔Gestalt〕を持っているとはいえ、そのために生きた形からかけ離れている。単に彼の形〔Gestalt〕について考えるだけであれば、それは死んでおり、単なる抽象である。彼の形〔Form〕がわれわれの感情の中に生き、彼の生命がわれわれの悟性の中で形を呈するときに初めて、彼は生きた形となる（XV.p3）。

シラーにとって、ゲーテとシュレーゲル同様、全芸術の主題はそのような「生きた形」の中でわれわれが自らのうちに感じる生命をはっきり表現することであった。

ゲーテ

シラーの「生きた形」の概念は、友ゲーテが自然科学について展開した観念と密接に連関した。ゲーテが一七八〇年代後半からとりかかった植物の形態の研究において、彼は——本質的にアリストテレス的な探究で——始原の植物を見いだそうとした。始原の植物が持つ原型〔Urform〕にはすべての他の植物——いまだ実在しないものまで——が連関するという。ゲーテの思考は特にリンネや後のキュヴィエが展開する生物学上の分類法が不適切だと考えられるものに焦点を当てた。リンネらの方法とは本質的には動植物の構成部分によって、あたかもそれが人工物と同じ仕方で組み立てられたかのように分類するものだった。標本に不可欠である一貫性や全体性を説明できず、さらに活力に満ち生き生きとしたものとして標本の質を説明できなかったため、ゲーテにとってこの体系は失敗であった。シラーに述べたところでは、「自然を個別の断片にではなく、生きた実在のうちに再現するという別の方法があるべきです、全体から諸部分へ追い求めるような方法が」（Magnus, 69）という。さ

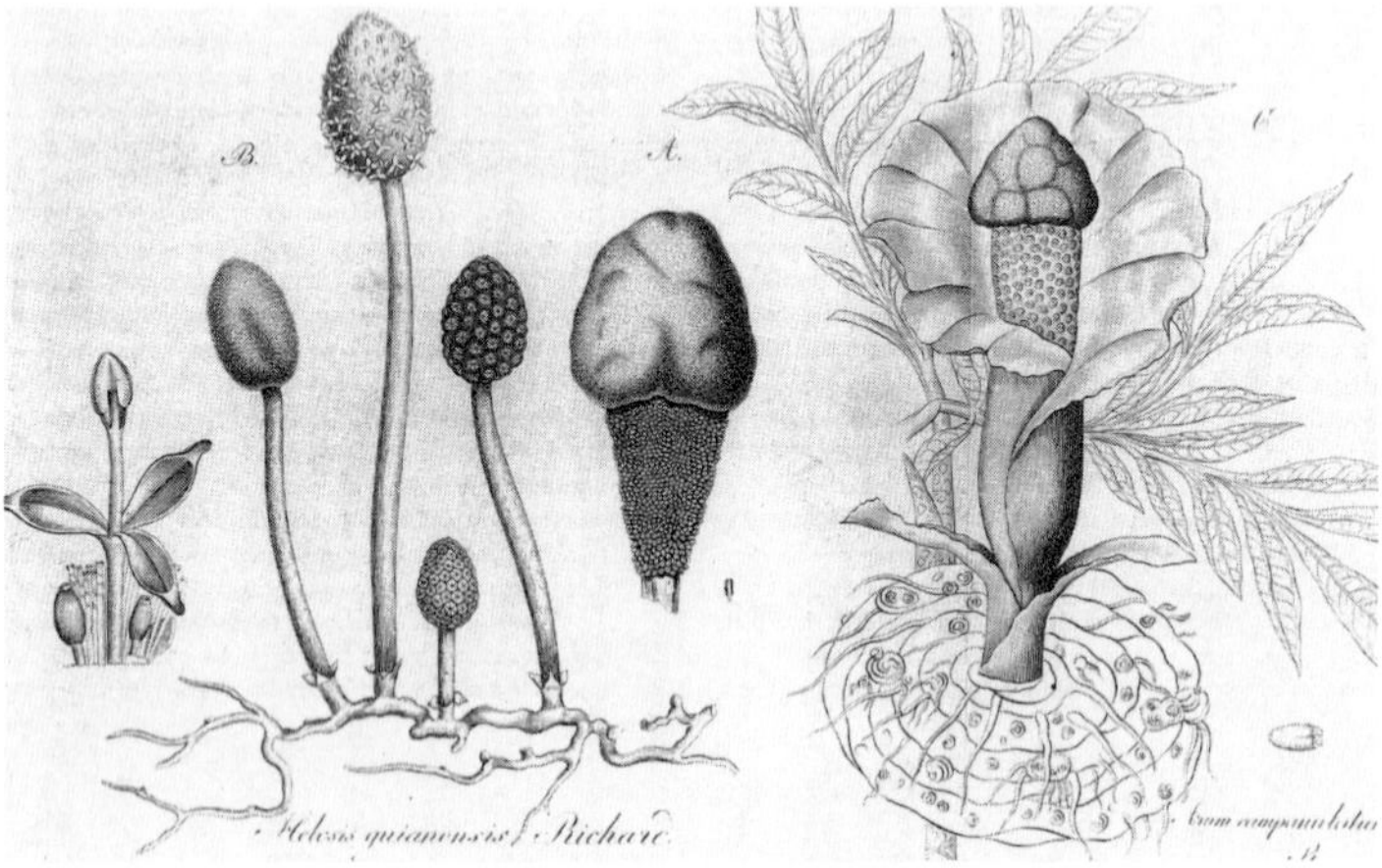

始原の植物、J・W・フォン・ゲーテ『自然学』（一八二三年）第二巻より。ゲーテは他のすべての植物の形がそこから推論しうるという始原の、根源的な植物の存在を予想した。

らにリンネの体系は自然の形を本質的に静的なものとして扱っており、自然においてゲーテが言うように「何ものもそのままではいない」ことを無視している。[*6] ゲーテが提示した代わりの分類法は、最も単純なものから複雑なものへ向かう連なりの中にすべての標本を置くものである。全標本に共通する特徴から、ゲーテは原植物〔Urpflanze〕（原型となる始原の植物）、その形からすべてのほかの植物が作り出されるだろうものの存在を演繹した。彼は一七八七年、ヘルダーにこう書き送った。

原型となる植物〔Urpflanze〕はこの世界が経験した最も奇妙な成長を見せるでしょうし、自然それ自体がそのことで私をうらやむでしょう。そのようなモデルと、それへ通ずる鍵とを手にすることで、無限に多様な植物を作り出すことができるでしょう。それら植物は厳密に論理上の植物となるでしょう——言い換えれば、それらは実際には存在しないとしても、存在しうるのです。それらは単にピクチャレスクであったり想像を映し出したりするものではないでしょう。内的な真実と必然性とが吹き込まれています。これと同じ法則が、すべての生けるものに当てはまるでしょう。（*Italian Journey*, 299）

こうした観点から見て、「原型」は有機物質全体の原理となり、すべての生成がこれに則っていた。ゲーテは形が内的な精神と切り離されては決して考えられないことを周到に強調していた。

自然には芯がない
殻もない
しかしすべてが同時に形づくる
汝自身を見つめよ、そうすればわかるだろう
汝が芯であるか、殻であるか

ゲーテや他のロマン主義者にとって、自然に見いだされる有機的な形と全く同じ原則が、等しく芸術に、また実のところ人間の文化のあらゆる産物に当てはまる。原型とまさに同じ概念がヴィルヘルム・フォン・フンボルトの言語研究に適用され、そこから今度はゴットフリート・ゼンパーの思考において、建築へのアナロジーを与えた（第5章一〇三頁を参照）。ゲーテの理論の意義は、思考にしかわからない絶対的で観念上のカテゴリーがあると仮定せずに、自然——と芸術——の常に変化し続ける側面を認める「形」の理論を与えたことにあった。ロマン主義者の「有機的な形」について最も明快で、おそらく最も影響力があった記述の一つは、一八〇八—〇九年になされ、英語には一八四六年に訳されたシュレーゲルの『劇芸術および文学についての講義』に見られる。

形という用語の精確な意味を理解しなければならない。というのは、ほとんどの批評家と、とりわけ生硬な紋切り型に基づいて主張する者が、この語を単に機械的な意味で、有機的な意味でな

く解釈するからだ。形が機械的であるのは、外部からの力を通じ、形がその質を顧みることなく、単に偶有的に加わったものとしてなんらかの材料に与えられたときである。たとえば、柔らかい塊にある形を与えて、その塊が固まった後同じままでいるときのように。やはり、有機的な形とは生来のものである。つまり有機的な形は自らを内部から開示しながら、萌芽が完全に発達すると同時にその形を決定づけていくことができるのだ。われわれは自然においてどこでも、そのような形を、あらゆる生きた力を通じて見いだす。塩や鉱物の結晶作用から植物と花まで、植物と花から人体に至るまで。自然——至高の芸術家——の領域同様に、美術でもすべての純粋な形は有機的であり、つまり作品の質によって定まる。つまり、形とは意義のある外部に他ならず、個々の事物にある雄弁なる外観、何らかの破壊的な偶発事で台無しにされない限り、その隠れた本質の真の証となるものである。(340)

ロマン主義者の「生きた形」という考えは、形が対象のみならず見る者の特性であるというカント的な観念を伝えている。その一方、カントの概念の純粋性を脅かしてもいる。というのも、形にはシュレーゲルが言うように、別のもの、つまり内的な生命力の**記号**となる危険があるからだ。ロマン主義者は苦労して、主体が自らの心理を感じ取ることを通じてこそ、対象の生きた形を認識できるという主張を通じ、二つの概念の間の統一性を保とうとしてきた。その一方、対象の特性から精神的なカテゴリーを切り離そうという傾向は、われわれが次に見る十九世紀初期ドイツの観念論哲学の発達の中で浮き彫りになっていった。

哲学上の観念主義

ヘーゲルが最も有名なのだが、観念論哲学者にとって諸感覚に対する事物の現れは、その中、あるいは間に存するイデアを押し隠すものだった——たとえプラトンに批判的でもあったにしても、彼に基づいたアプローチである。美学の目的は内に潜むイデアを明らかにすることであった。すなわち美術において「明確な内容はすべて、それに適した形〔Form〕を決定する」(Hegel, *Aesthetics*, 13)。形によって表されうる内容は、芸術家個人の性格から諸文明や時代全体の性格まで、幅があった。芸術実践の観点から検討した結果、「形」に対する観念論的態度を、後の観念論哲学者ローベルト・フィッシャーが一八七三年の論考で要約している。すなわち、彼は「形」がイデアの「代用物」であり、「この観念《アイデア》を解放すること」(120)が芸術家の目的であると論じた。

すでに「形」という概念が十九世紀初期にドイツでいかに混同されてきたかは明らかであろう。つまり一方ではカントにおいて、もっぱら知覚の特性であり、他方ゲーテにおいては、事物の特性であり、「萌芽」ないし発生の原則として認識できる。さらにヘーゲルにおいて、事物の上にあって先んじている特性であり、精神のみが知ることができる。建築家が最初に「形」という用語を使い始めたとき、三者のみな異なる意味がいとも簡単に混ぜられてしまったのも無理もない。建築において著作中で「形」が重要な概念となった初めての著述家、ゴットフリート・ゼンパーは、この用語を少なくとも二つの意味で使用した。ゼンパーにとって「芸術の形は…形以前に存在したに違いない原則や観念の必然的な結果である」(quoted in Ettlinger, 57)。しかしまたほかの箇所で彼は形が「目に見えつつある観念」であると説明した(*Der Stil*, trans. Mallgrave, 190)——この両者は、形の観念に関する純粋に観念主義的で、ヘーゲル的な言明である。他方『様式』冒頭で彼がその企図を、芸術の連続的な変化過程を基礎づける共通の原型を模索することとして説明した(一〇二頁を参照)のは、明らかにゲーテに拠ったものである。それも「芸術の形を**作る**」のではなく「芸術の形に**なる**」(183)ことを示そうとした彼の序文における言明のとおりである。

フォルマリズム

もし「形」がすでに十九世紀初頭に混同されがちな概念であったとすれば、十九世紀のその後に起こったことによって「形」は余計にそうなった。一八三〇年代から、ドイツの哲学的な美学は二つの学派に分かれた。一方は一般的に観念主義者と呼ばれ、形の持つ意味に関わった。[*7] 他方フォルマリストは、知覚以上の意味を持たない、形の知覚様態に専念した。両者が共有していながら、それぞれにとって全く異なった意味を持っていたのが、「形」ただ一語である。哲学の領域において、フォルマリズムはほとんどの世紀において優勢な学派であった。ポスト・カント主義の先導者はJ・F・ハーバートで、その美学への貢献は、モルグレーヴとイコノモウが説明するには、「芸術作品の意味は余計なものである。本質においてそれぞれの作品は、芸術家が技能や意図を用いて組み立てた独特の形の関係の組み合わせで成り立っているからだ」(10)と議論したことにある。ハーバートは美学を線、色調、平面、色彩の基礎的な諸関係を心理的に受け取るという観点から美学を定義し、著作のほとんどをこの過程の心理学的な側面に充てた。ハーバートのよく知られた弟子の一人は、スイスの教育者フリードリヒ・フレーベルである。彼の「ギフト」、だんだん複雑になっていく無彩色で幾何学的な形状の積み木のセットは、ハーバート的なフォルマリズムの美学の過程に実例を与えた——積み木は、何が世界を作っているかを幼い子供が学び取れる「純粋な形」なのである。フレーベルの積み木を見せられたことが、若いフランク・ロイド・ライトの将来の職業選択に影響したという伝説は、カントの美学と近代建築との思わぬ直接的な連関を示している。[*8]

ハーバートの美学は十九世紀後半にほかの哲学者によって展開された。第一はローベルト・ツィマーマンで、彼は発展的な「形の科学」、つまり形そのものよりも、特に形の間に感知された諸関係に専念した科学を展開した。フォルマリズム美学が建築に適用しうる可能性の一部は、建築家アドルフ・ゲラーの論考に現れている。『建築におけるたゆみない様式変化の原因は何か』(一八八七年)においてゲラーは「建築こそ**目に見える純粋形態の芸術**である」(198)と提示している。ゲラーは形の美を「本質的に楽しく、無意味な線フレーベル・ギフトNo 4（一八九〇年）、「純粋な形」。哲学者ハーバートの、形は意味と独立して存在するとの考えは、スイスの教育者フリードリヒ・フレーベルによる教育体系に展開した。彼の「ギフト」――純粋で木製の積み木のセット――は子供に段階的に、世界を造っているはずの要素について指導を与えた。

の、あるいは光と影の、戯れ」(195) とか「形は、何ら内容がなくとも見る者を喜ばす」(*Aesthetik*, 6) などと定義している。絵画や彫刻と異なり「建築によって、われわれが日々出会うような具体的な物の像を欠いた抽象的で幾何学的な線の体系が得られる。したがって建築作品を見る際には、われわれは絵画や彫刻では常に必然的に想起するような隠れた観念や記憶を欠いているのだ。ということは建築の形は自然のままの理性には何ものも意味しない」('Style Change', 196)。この驚くべき見方は、抽象的で非対象指示的な芸術の発展を予告し、その根源が建築にあることを示唆しているが、これはゲラーが内容を示すようなあらゆるものの「形」から厳格に、またカントのように離れたため可能となったことである。

ゲラーの論考は例外である。むしろ一八七〇年代以降、フォルマリズムの美学に対する潜在的に不毛なアプローチを再活性化できたのは、「感情移入」という、より科学的な概念を作り出した、「生きた形」という、先行するロマン主義の考えのためだった。芸術作品に魅了されるのは、われわれが作品に自らの身体に伴う諸感情を見とる能力を持っているからである。そう考えるのが『感情移入』という言葉なのだ。これが初めて明確にされたのは、一八五六年、哲学者ヘルマン・ロッツェによる。「どんな形も弾力を持っているから、われわれの想像力がそこに生命を投影せざるをえない」(I, 584)。重要で影響力を持つが全く思弁的な一八七三年の論考「形の視覚について」〔On the Optical Sense of Form〕において、感情移入は、哲学者ローベルト・フィッシャーによって取り上げられ、初めて建築と関連づけられた。建築に応用されたことで、感情移入は一八九〇年代に「形」という概念を豊かにするに当たり有益となった。感情移入は広く取り上げられたが、その後の使われ方に最も大きな影響力を(建築のみならずすべての芸術において)持った著述家の二人は、歴史家ハインリッヒ・ヴェルフリンと彫刻家アドルフ・ヒルデブラントであった。これからこの二人が「形」について何を言ったのか、細かく考察してみよう。

ヴェルフリン

ヴェルフリンの博士論文『建築心理学序説』は一八八六年に書かれ(一九三〇年代まで刊行されなかったが)、後のよく知られた著作『ルネサンスとバロック』(1889) と『美術史の基礎概念』(1915) に記された形の概念を特に明快に述べている。『序説』の冒頭の問いは、建築の形はいかに気分や感情を伝えられるかというものである。ヴェルフリンの答えは感情移入の原則のうちにあった――「物理的な形がその性格を表現できるのは、われわれ自身が身体を持つからである」(151)、というのも「われわれ自身の身体の組織化は、われわれがあらゆる物理的なものを把握する上での形である」からだ(157-8)。自らの身体の感覚と建築作品との対応を確立して、ヴェルフリンは「形」の概念が明らかにゲーテとロマン主義(彼が認めた淵源はショーペンハウアーである)に拠っているような建築の評価に戻る。

われわれを直立させ、形を失って崩れることのないようにしているものは何か。それはわれわれが意志とか生命など色々な言い方で呼んでいるだろう抗力である。私はそれを形の力〔Formkraft〕と呼んでいる。**物質と形の力との対立**は、有機的な世界の全体を動きのただ中におき、建築の第一の主題となる…形になるため奮闘し、形のない物質の抵抗に打ち勝たねばならない意志がすべてにあると想定できる。(159)

彼は続けて、アリストテレスの影響を受けた方法で、形と物質との共存を強調する。「形は物質を何か外部のものとして取り囲むのではなく、内在的な意志として物質から外ににじみ出るのだ。物質と形とは分けられないのだ」(160)。この提案から数々の興味深い洞察が出てくる。まず第一に、これによって彼は装飾を——ほとんどのモダニストがそうしたように——形に敵対するものと見なさず、むしろ「形の過剰な力の現れ」(179)と見なした。第二に、「近代」(つまりルネサンスとそれ以降の)建築に関する彼のコメントがある。「近代精神は特徴として、建築の形が何らかの努力で物質からにじみ出るのを好む。この精神はそうなることの過程、形の漸進的な勝利ほどには、結論を追い求めはしない」(178)。第三に、おそらく最も重要なのは、もし「形」が何よりも見る者の知覚に属するのであれば、建築における歴史的変化は何よりも視覚様態の変化という観点から理解されるべきだと彼が認めたことである——つまり、視覚には建築と同様**それ自身の**歴史があるということだ。この提案はカントの美学から自然に導かれるが、形という概念について後に続くモダニズム的な用法にいくばくかの問題をもたらすことになった。というのもこの提案は、新たな形が新たな物質の状況の必然的な所産であるという議論を弱めるからである。また形を取り扱うことは、無時間的で普遍的なカテゴリーを扱っていることだという、広く知られた——たとえばバウハウスの教育で——提案を問いの俎上に置いたからでもある。この基本的な困難は、この後見るように、一九二〇年代以降「形」の更なる展開についてほとんど関心が持たれなくなった理由の一つとなるだろう。

ヒルデブラント

アドルフ・ヒルデブラントの論考『美術における形の問題』(1893)は、第一義的には彫刻についてのものであるが、建築に関していくつかの重要な事柄があった。そして二十世紀初期の前衛的な集団の中で広く読まれたように、建築思想に一定の影響を持ったようである。この本は「印象主義」に、また芸術の主題が事物の外見にあるという見方に対抗して書かれた。ヒルデブラントは「形」と外見とを峻別することから始めた。事物は変化するさまざまな外見のうちに現れ、そのどれもが形を表すこともなく、ただ精神に受け取られるのみである。「形の観念とは、われわれが外見を比較することで抽出した総和である」(227-8)。形の感覚は筋感覚の経験、ないし事物が目に現れる外見を解釈するのに必要な、実際のもしくは想像上の運動で得られる。この議論から展開して、ヒルデブラントはあるとても独創的な洞察を得て、建築における「形」の概念を根底から転換した。それは建築における「形」が空間であるというものである。建築に関して彼は「空間自体が、内在的な形という意味で、目にとって効果的な形となる」(269)。「空間の形」という概念はそれまでも確かに使われていたが(Wölfflin, 'Prolegomena' 154 を参照)、建築における「形」が何よりも空間体験を通して確定されるべきだという提案は、哲学者アウグスト・シュマルゾウとともにヒルデブラントに負っている考えなのである。シュマルゾウはこの主題をさらに展開させたものをヒルデブラントの著書と同じ年に開かれた講義で明らかにした。「建築創造の本質」(一八九三年)でシュマルゾウは、見る者の感情移入がその量塊《マス》ではなく、空間にこそ導かれるという事実に建築の特異性があると論じた。シュマルゾウは建築空間と身体の形とがただちに等価であることを次のように提示する。

> 空間の直感された形は、どこにいようとわれわれを取り巻き、われわれは常に自らの周囲にこの形を建てて、われわれ自身の姿以上にこの空間の形を必然的なものと考えているが、この直感された形は、われわれの身体が持つ筋肉の感覚、肌の感受性、身体の構造がすべて貢献している感覚経験の残余から成り立っている。われわれが自らを、そして自らのみをこの空間の中心として体験するようになればただちに、その空間座標がわれわれの中で交わり、尊い核の部分が見いだされる…この核の上に建築創造は依拠している。(286-7)

シュマルゾウは続けてこの議論を詳述したが、建築に関連した「形」の意味への貢献として、パウル・フランクルの『建築史の基礎概念』(1914) と近代建築の美学との双方にとってこの議論は不可欠であった。たとえば一九二一年、『建築美学』においてH・ソーゲルは、そのときにはかなり独創的ではなくなった見解をこう記している。「建築における『形の問題』は『空間の問題』に置き換えられねばならない」(Neumeyer, 171)。

ここに至って、一九〇〇年頃までに「形」が意味していたことについて吟味してもよいだろう。少なくとも四組の対立する考えがある。

(1) 対象を見る上での特質(カント)か、対象それ自体の特質としての「形」か。

(2)「萌芽」、つまり有機物ないし芸術作品の中に含まれる生成的な原理として(ゲーテ)の「形」か、事物に先立つ「観念」として(ヘーゲル)の「形」か。

(3) ゲラーが提示したような芸術の目的、芸術の主題の総体としての「形」か、考えや力がそれを通じて現れるような単なる記号としての「形」か。

(4) その量塊《マス》によって建築作品に見られる「形」としてか、その空間によって見られる「形」としてか。

L・サリヴァン、ゲッティ家霊廟（グレイスランド墓地、シカゴ、一八九〇年）。形の目的に関する、建築の言説の中で際立って洞察の鋭い、ルイス・サリヴァンによる要約では、形は「非物質的なものと物質的なもの、主観的なものと客観的なものの関係を表している」。

このように十九世紀美学における思考をいくつかの重要な区分として説明するという重荷を負わされたので、二十世紀の建築の語彙において幅広く使われ始めると、この用語から明快さが欠けてしまうのは驚くほどではない。実際、これから見るように、この用語の魅力の一部はその多義性にあるのである。

ここまではドイツ語圏の中のみで「形」のその後の展開を考察してきた。この語が新たに拡大された意味において英語の建築語彙へ導入されたのは、アメリカでのことである。アメリカではウィーンで教育を受けた建築家レオポルド・アイドリッツが著書『芸術の本性と機能』（1881）において、本質的にはヘーゲル的な「形」の見方を初めてアメリカの読者に示した。アイドリッツの形への態度は「建築芸術における形は物質における思考の表現である」（307）という言明に要約される。アイドリッツの著書は、ルイス・サリヴァンの『幼稚園講話』十二、十三、十四における、よりよく知られた大変独創的な「形」の言説に先駆けるものである。これらサリヴァンの論考は、通常サリヴァンの「機能」観のために読まれるものだが、「形」について何を述べているかを見るとなおさら興味深い。特徴的な一箇所を引用する。

> すべてのもの、どんなものにでも、どこにでも、あらゆる瞬間における形。その本性、機能に従って、明瞭な形もあれば、不明瞭な形もある。漠然とした形もあれば、明確で鋭い形もある。均整の取れたものもあれば、純粋にリズミカルなものもある。抽象的なものも、物質的なものもある。目に訴えるもの、耳に訴えるもの、触覚、匂いの感覚に訴えるもの…。しかしすべては間違いなく、非物質的なものと物質的なもの、主観的なものと客観的なもの——無限なる神と限りある精神との間の関係を表している。(45)

この一節からだけでも、サリヴァンが第一にドイツロマン主義、ゲーテとシラーの「有機的形態《フォーム》」と、そこにこそ自然と芸術との対応があるという彼らの見方とに影響を受けているのが明らかである。これらが建築に妥当であることの表現として、『幼稚園講話』は、いかなる時代であれどんな他の言語であれ、他に並ぶものはない。

二十世紀モダニズムにおける「形」

建築でのモダニズムは「形」という言葉を取り入れ、後述するいくつかの理由から、それを基本的な用語とした。(一)隠喩ではないから(もしその生物学的な由来を無視するならば)。(二)建築の真の実体が直接的に知覚可能な感覚世界を越えたところにあることを暗示しているから。(三)美的知覚の精神機構を物質世界につなげるから。(四)自分が排他的で明白な制御を手中にしている自らの作品の(形の)部分について、建築家にその記述をもたらすから。しかしこれら要因のどれも、「形」という用語がモダニズムの言説において実際に意味しているものを示していないため、これを見いだすには、「形」という用語が使われた際のさまざまな対立項を見なければならない。

装飾への抵抗としての形。 これは装飾ではない建築の側面を記述し有効なものとする手段として、モダニズムにおける「形」の最初でおそらくは最もよく知られた用法である。この意味はドイツ人批評家アドルフ・ベーネによる、一九二〇年代に記された文例で明らかになる。『形』の概念は付属品、装飾、趣味、様式を扱わない…むしろ建物が恒久的な構造となりうることから生じた帰結を扱うのだ」(137)。形の反装飾としての概念の主な源は、最も有名なところではアドルフ・ロースが展開した、一八九〇年代ウィーンでの分離派の芸術家とデザイナーに抗した争論にある。ロースの一九〇八年の論考「装飾と罪悪」はこの観点を表現した最も有名なものである。ここで重要なのは、ロースがこの論考で提言された立場に至ることができたのは、すでにあった「形」に関する前提を通じてなのだ、ということである。初期の論考「被覆の原理」（1898）においてロースは「すべての材料には独自の形の言語があり、他の材料の形を自らすすんで求めることはなかろう。というのも形は材料の適用可能性と生産方法とから構成されるからである」（66）と記した。ロースはある材料を他の材料に似せること、つまり分離派作品の特徴をここで攻撃している。それぞれの材料が独自の形を持っているという考えはゼンパーに由来しており、『様式』からの次のような文にその根源を見取ることができる。「あらゆる材料はそれ独自の形の作り方を持ち、さらに他の材料から区別されその材料に応じた技術的処理を要するような特徴によって、条件づけられている」（§61, 258）。しかしロースは形と材料の関係についてのゼンパーの考えを繰り返したものの内容はかなり減っており、ゼンパーが避けたかった材料による形の決定を文字通りに示唆してしまっている。というのも、ゼンパーにとってすべての形は観念や芸術衝動の所産であり、それが作られる際の特定の材料は形を決定するのではなく単に修正するに過ぎなかったからである。ロースは「観念」への言及を一切排除したが、彼にとって形の基礎をなしていた概念形成はそれでも観念主義的であった。そのため彼は材料に内在する「形」があって、それが装飾によって損なわれるないし壊されると論じることができたのだ。ロースは二十世紀モダニズムにおける、かの憎むべき傾向つまり化粧や装飾への抵抗として「形」という言葉を使う先駆けをなした。

アドルフ・ロース、ツェントラルスパールカッセ内装（マリアヒルフ新館、ウィーン、一九一四年）。

大衆文化への解毒剤としての形。一九一一年にドイツ工作連盟の大会で「われわれはどこに立っているか」と題された長大な演説がなされた。そこで建築家で批評家のヘルマン・ムテジウスは二つの明確な対立項を指摘している。「形」と「野蛮」、また「形」と「印象主義」である。ムテジウスはこう語った。

> 文化と呼ぶにふさわしいものは、形に対する理解と尊重の念な

しには考えられません。一方形がないことは俗物根性の別名に過ぎません。清潔が身体の重要な要求であるのと同じように、形は知性の重要な要求です。粗雑な形を見ると、本当に文明化された人なら身体の痛みと、泥やひどい匂いで生み出される不快な感情に似たものが引き起こされるでしょうから。

アドルフ・ロースの装飾に対する反発のように聞こえなくもなかったかもしれないが、ムテジウスの攻撃の対象は実は全く異なっていた。フレデリック・シュワルツが示した通り、一九一四年以前のドイツにおいて「文化」は、資本主義の影響による疎外への抵抗の言説が発展する中で中心的で、よく議論された概念だった。*9 したがって「形」は数ある中でも、現代の経済生活の無情さに対抗する保証であった。ムテジウスは演説中「印象主義」の攻撃をもって再びこのことに立ち戻る。

アドルフ・ロース、ツェントラルスパールカッセ正面玄関（マリアヒルフ新館、ウィーン、一九一四年）。「形は材料の適用可能性と生産方法とから構成される」。ロースにとって「形」は第一に同時代の化粧や装飾の過剰に対する抵抗の手段であった。

P・ベーレンス、AEG重機工場（フォルタシュトラッセ、ベルリン―ヴェディング、一九一二年）。「文化は、形への理解と尊重なしには考えられません。一方形がないことは俗物根性の別名に過ぎません」。ベーレンスと工作連盟の同時代者らにとって、「形」は資本主義が作り出した大衆文化の皮相と無情さとに対する解毒剤だった。

束の間のものが建築の真の本質と相容れないことは明らかです。…芸術に対する現在の印象主義的な態度は、ある意味で芸術の発展にとって好ましくないものです。印象主義は絵画、文学、彫刻、ある程度はおそらく音楽にも認められるものですが、建築では考えるに足りません。稀に個人的な試みを行った建築家もいて、印象主義的な手法がどうありうるか例証しようとしましたが、これはただただひどいものです。

これはアール・ヌーヴォーに対する明確な攻撃でもあるが、シュワルツが指摘するように、工作連盟の文脈における「印象主義」への言及は、芸術と市場の関係をめぐる言説への言及でもあった。つまり社会的な状況と芸術の市場への対応との双方を指していた。印象主義とは自由放任主義《レッセ＝フェール》——社会の細分化、個人主義、商品を売る人や彼らの生産や特色に対する無関心——を指している。また商品自体の、過度に刺激し神経に作用する働きを示す特徴をも指している。明らかに「形」は、ムテジウスに関する限り、単に現代性を達成する手段ではなく、現代性の最悪の側面に抵抗する力をも持っていたのだ。*10 演説の後の方でムテジウスはこう続ける。「建築の形に対する感情を回復することは、今日の全芸術の第一条件です。…それは全くもって、われわれの表現様式《モード》での秩序と厳格さとを取り戻すような事柄であり、外見上の記号だけがよい形となりうるのです」。この観点からすると、「形」は近代工業を、それ自身が持つ最悪の過剰から救い出し、文化へと復活させるものである。「形」のこの概念は一九二〇年代ドイツのモダニストにとって重要となった。その英語による言明はハーバート・リードの『芸術と工業』(1934)である。そのような観念が形の概念をめぐって適応されうるのは、ヘーゲルが立てて、ゼンパーが十九世紀末の建築家に仲介した「形」の考えによってなのだ。

ムテジウスが建築の重要な主題として「形」を推し進めたのは、一九二〇年代に明らかになった教育の問題を示している。つまり学生が物理的実在を持たず、反面純粋に形而上学的なカテゴリー原理原則をいかに学ぶか、ということである。この課題はヴァルター・グロピウスの指導の下、バウハウスにおいて展開された教育課程の主題であった。それにこの主題についてのグロピウスの多くの表明は、定義からして教えられない内容をいかに学生が学ぶかを説明しようとしたものであった。グロピウスが一九二三年にこう説明した通りである。「視覚芸術におけるあらゆる創造的な努力の目的とは、空間に形を与えることである。しかし空間とは何か、それはいかに理解され、いかに形を与えられるのか」(120)。形の原則の学習についてグロピウスは、学生が「自分自身の形の観念をかたどる精神的な道具を与えられる」(123)と説明した。そのような個人の過程が、個人を越えた集合的な建築の本性を伝えられる特性を作り出すことに、どのようにつながるのか、グロピウスは説明していない。彼は後に、形が拠って来たるところについてより率直に物質主義的な説明に頼った。「現代の生産方法、建設作業、材料に対

「形に見る都市の特質」、ケヴィン・リンチ『都市のイメージ』（一九六一年）からの九つのダイアグラム。左上から「単独、形態を背景にした明快さ」「形の単純さ」「動きへの気付き」「時間的連続」「視覚の範囲」「方向の変化」「連続性」「支配」「連結の明快さ」。「われわれは自分の都市の茫漠たるスプロールの中に隠れた形を見いだすようにならねばならない」。リンチや他の都市計画専門家にとって、「形」は近代都市の疎外を克服しうる特質であった――そして「形」を見いだし明らかにするのは都市計画者の仕事であった。

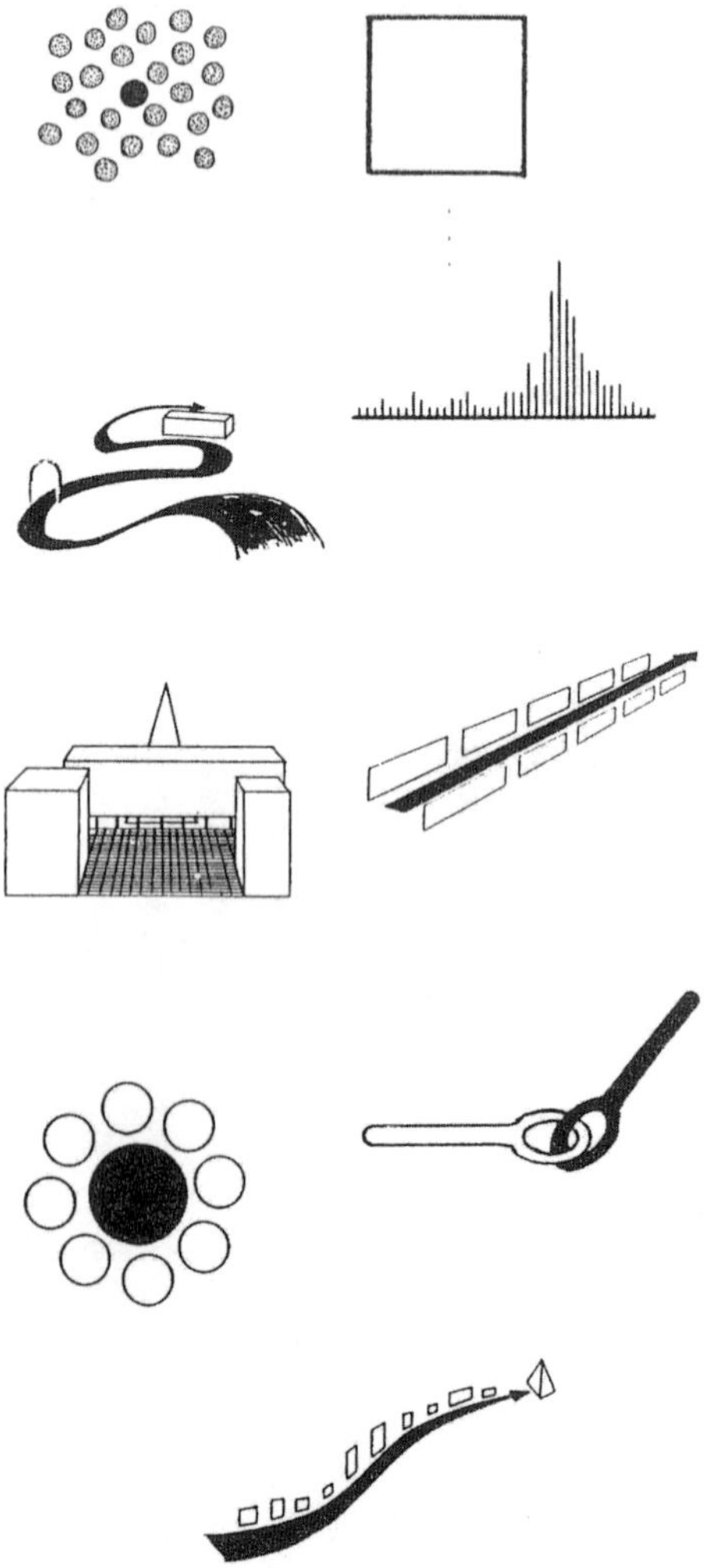

する確固とした考察によって、形はしばしば独特の驚くべきものとして生まれる」（1926, 95）。ロシアでのバウハウスに当たるヴフテマス〔モスクワ高等芸術技術工房〕では、同じ問題に関してモイセイ・ギンズブルグがより思弁的な観点を採用している。

ある形を〈規範化〉すること、またその形が建築家の語彙において固定した要素となることの根本的な危険。構成主義はこの現象に対する〈戦い〉を〈先導〉しており、これら建築の基本要素を形を作る状況の変化している前提との関連において〈たえず変化している〉ものとして追究する。したがって〈それは決して形の不変を許さない〉。形は未知数「x」であり、常に建築家が解を求めなおしている。

大衆文化と都市化のもたらす作用に抗する手段としての「形」への関心は二十世紀を通じて反復されてきた。たとえば一九六〇年にアメリカの都市計画家ケヴィン・リンチは、同時代アメリカの都市が理解できなくなっていることに関連して、「われわれは自分の都市の茫漠たるスプロールの中に隠れた形を見いだすようにならねば

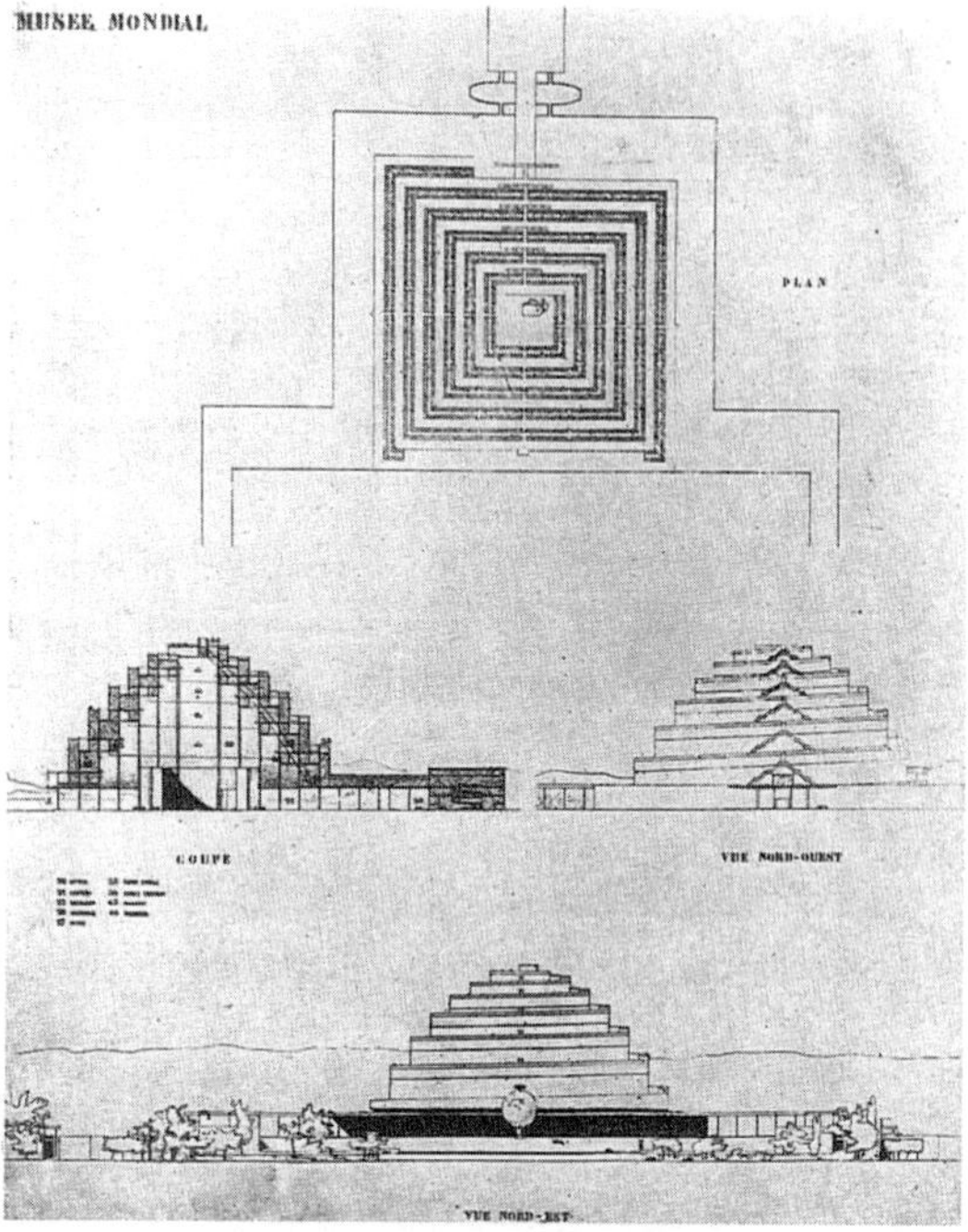

ル・コルビュジエ、ムンダネウム計画（一九二八―二九年）。ムンダネウム計画はその支配的なピラミッドの形のために悪評を生んだ。この形は社会的内容への無関心を示すため選ばれた。

ならない」（12）と記した。彼は都市のイメージをより明確に作り出す手段を考察するときにこれを再び取り上げた。その議論では不可視の観念としての形と、物理的な形状としての形とを混同することの影響を大きく利用している。「ここでの目的は形そのものの役割を明らかにすることである。実際のデザインにおいて形は意味を強めるために使われるべきで、否定するためにではないということは、当然である」（46）。

形vs社会的価値。 一九二〇年代初期に、ドイツ工作連盟においてかなり高く評価されていた「形」を、一部のドイツの建築家が深い懐疑とともに扱うようになってきた。一九二三年、その頃はベルリンでGグループのメンバーだったミース・ファン・デル・ローエは次のように記した。

> われわれには形の問題はない。あるのは建物の問題だけである。形は目標ではなく、われわれの仕事の帰結である。それ自体では、独立しては、形など存在しない。…目標としての形はフォルマリズムであり、われわれはそれを拒む。様式を求めて呻吟することもしない。
>
> 様式への意志さえも、フォルマリズムである。（Neumeyer, 242）

ミース・ファン・デル・ローエがその一人だと自認する、一九二〇年代初期のいわゆる「機能主義」の建築家にとっての目的とは、批評家アドルフ・ベーネが言うように「形の否定に到達する」(123)ことであった。これに根ざすのは、実用が建築における美学から締め出されていた十九世紀のカント的な伝統を、完全否定することであった。建築を単に技術を社会的な目的のために適用するものと考える建築家の図式において、哲学的な美学の産物としての「形」は存在しえないものである。実際、形の否定は、社会の目的に捧げられたものとしての建築観に与することを、最も明快かつ明瞭に断言する一つのやり方であった。そしてこのとき以来、ある建築家の「形」への関心に注目することは、同時に社会問題の軽視を示す常套手段となってきたのだ。これは特にチェコの批評家カレル・タイゲがル・コルビュジエのムンダネウム計画(二四五頁の図版参照)に対して一九二九年に批判したときのような、「フォルマリスト」という用語の軽蔑的な用い方に現れている。「その明らかな歴史主義は…芸術として考えられる建築の存立不可能性を示している。ル・コルビュジエの美的でフォルマリズム的な理論の失敗を示している…」(89)。近年では「形」は決まって社会的なことがらへの無関心をほのめかすために使われている。たとえばダイアン・ギラルドはこう記している。「おそらくモダニズム建築家とポストモダニズム建築家との基本的な連続性は、形の力すなわち都市と生活条件との向上のために他の戦略を締め出してデザインの優位を再主張することによっている」(27)。

すでに一九二〇年代、批評家アドルフ・ベーネは自著『現代機能的建築』においてこの明らかな対立を、「形はきわめて社会的な事柄である」という驚くべき新奇な考えを導入することで無効にしようとした。この試みは機能主義者が形を究極的には解消しようとしていることから、形の概念を救い出そうというものだった。そこにおいて自ら「ロマン主義的機能主義」と呼んだベーネの議論――要はおのおのの建物の形が固有の内的要求の成就であるというシュレーゲルに似た考えの適用――は、全く個人的で、それ独自の固有な状況に限定された解決法にしかつながりえなかった。さらには、何ら一般的な意義を有しないために、結局無秩序に通ずることにもなりえた。もしおのおのの建物が個別に考えられるのではなく、すべての建物を集めた総和の一部として考えられるのであれば、その建物は一般に妥当する一定の原則に適合しなければならない。こうした一般的な原則を意識することこそ、ベーネが「形」と述べたものである。ムテジウスの一九一一年の記述に含まれる、形が持つ社会的な救済の力を鑑みると、ベーネの考えは、特に個性の追求と社会化された全体の追求という二項対立において、社会学者ゲオルク・ジンメルに多くを負っている。ジンメルにとって社会研究の可能性はまさしく、「社会化の形」と個々人によって経験された実際の社会生活との共存に立脚していた。ベーネはジンメルの一九〇八年の「主観的文化」のような論考を念頭に置いていたのだろう。そこでジンメルは、次のように議論した。芸術の真に偉大な作品がその創造者個人の精神性によって特徴づけられるにせよ、そのような作品は**文化**の観点からは何ら価値を持たない。作品が文化的な意義を多く獲得すればするほど、創造者の個性はより見えなくなるのだ。ベーネは建築における「形」が社会における「形」と一致することを提言していた。

形は人間同士の関係を築き上げたことの結果にほかならない。生まれつき孤立したただ一人の人物にとって、形の問題は存在しない。…形の問題は全体像が求められているときに立ち現れる。形は全体像が可能になるときの前提条件なのだ。形は極めて社会的な事柄である。社会の権利を認めているものは、形の権利を認めているのだ。…人間性の形、つまり時間と空間に分節されたパターンがわかる者はみな、形の要求をもって住宅にアプローチする。ここで「形の」という言葉は、「装飾の」という言葉と混同されるべきではない（137）。

ベーネの考えは一九二〇年代後半のドイツ〈新建築《ノイエバウクンスト》〉の擁護者らの間で一定の流行を見た。ベーネの同時代者、建築家ブルーノ・タウトが、「したがって建築は新たな社会の形の創造者となるだろう」と記し、同じ連関を逆にたどったのが見いだされる。この考えは後にも何度か再現される。一九五五年にスミッソンは、住宅について記しながらこの考えを用いた。「おのおのの形は自発的な力であり、共同体を創造し、顕在化された生命そのものである」。建築の形が社会の形と等価であるという考え（建築の形が社会の形に由来するのか、社会の形を構成するのかは、スミッソンのテキストでは曖昧のままである）は、モダニズムから出現した「形」の新たな意味の、最も重要なものだった——そして最も問題含みで物議を醸してきた。

マルティン・ヴァーグナーとブルーノ・タウト「馬蹄形ジードルンク」（ベルリン—ブリッツ、一九二五—二六年）。「形は極めて社会的な事柄である」。批評家アドルフ・ベーネは本質的に反社会的であるという「形」への先入見を覆そうとして、「形」は個人が自らの属する社会の集合的性質への意識を獲得する手段だと示唆した。

形vs機能主義。ジンメルが「形」の科学としての社会学を推し進めていた頃、同じことが視覚芸術の外部にある別の分野で起こっていた。「形」が多大な重要性を持ち、すみずみまで効果を及ぼすことになった分野は言語学であった。十九世紀すでに、言語の研究はフンボルトの『言語論』に影響を及ぼしたゲーテの形の理論から恩恵を受けていた。二十世紀初期になって、フェルディナン・ド・ソシュールは、後に『一般言語学講義』として刊行された一九一一年の講義において、言語学における「形」の重要性を再び主張することとなった。有名なことだが、そこで彼は「言語は形であり実質ではない」という有名な原則を定式化している（122）。言語学の発展と、人類学や文学批評における構造主義思想とに対するこの主張の重要性はよく知られている。建築に対する影響はもっと後の一九六〇年代になるまで見いだせない。そのときこの提案によって、当時建築のモダニズムにおいて支配的でありながら最も不十分な側面と見られていた機能主義を攻撃する手段が得られたのだ。

アルド・ファン・アイクとヘルマン・ヘルツベルハーが最も有名なオランダ人建築家グループと、イタリア人建築家アルド・ロッシとにとって、言語が形であり、実質ではないというソシュールの提案は、言語の意味は恣意的であるという考えと同様に不可欠だった。建築における形が、形が従うだろう何らかの特定の目的と、形に対して与えられるだろう意味に先行し、それらから独立して存在しているという考えは、機能主義が持つ還元性に抗する際に極めて重要であった。ロッシはこの議論を第一に「型《タイプ》」という見地から公式化した——「形」と「型《タイプ》」との区別がさほど明らかでなく、事実彼はこの両者を交換可能なものとして用いてもいたのだが。したがってたとえば、一九七一年の『都市の建築』ポルトガル語版の序文に、ロッシは「形の、つまり建築の、実在は**機能上の組織化の問題に優越する**。…形は類型的《タイポロジカル》な形として存在するまさにそのとき、組織化について完全に無関心になる」と記した（174）。「形」において原則非物質的な言語的感覚を強調することの是非はヘルマン・ヘルツベルハーの次のインタビューを聞くと明快になる。「形と記号を関連づけようとする人たちに私は少々愛想が尽きているのです。どうしてかというと、その議論は形の意味を問うことになるのですが、私は形に意味があるとは思っていないからです」（38）。

アメリカ人建築家ピーター・アイゼンマンの二十年間にわたる機能主義への反抗において、「形」は再び攻撃の道具となってきた。ル・コルビュジエの「作品は、その形が純粋に目的によって制されていれば、感情を通じてわれわれに影響し、感受性に触れてくるものだ」（1925a）という言明が例であるような、正統的なモダニズムの考え方に対し、アイゼンマンは形と機能の間にも、形と意味の間にも、関連などないと繰り返し主張してきた。彼が主張するには「現在よりも正確で豊かな意味を受け取ったり与えたりできる環境を生み出す一つの方法は、形そのものの構造の本性、形の機能に対する、また形の意味に対する構造の本性を理解することである」（1975, 15）。アイゼンマンのひたむきな「形の構造」の追求には、二十世紀のもっと早くにおけるフランク・ロイド・ライトの見方と驚くべき類似がある。「発掘され続ける形の曖昧な宇宙」（1982, 40）があるというアイゼンマンの信念は、「地球の石だらけの骨組みには…

アール・P・カーリン、中央消防署（ニュー・ヘイヴン、コネティカット州、一九五九―六二年）。

すべての時代、すべての〈人〉に足りるだけの形と様式とが眠っている」（1928, *Collected Writings*, vol.1, 275）というフランク・ロイド・ライトの見方と興味深くも似ているのである。ライトは建築のあらゆる形が自然に隠されていると信じ、その一方でアイゼンマンはそれらが建築の過程のうちに見いだされると信じていた。形がすでに存在しており、ただ芸術家に発見されるのを待っているという見方を、両者は共有している。両者は、他の多くの偉大な建築家と同様に、「形」が思考の装置でしかなく、思考に先んじて定まった実在など持ちえないという事実を見失っていたようだ。

形vs意味。ヘルツベルハーやアイゼンマンにおいて、「形」が建築家の領域から意味の問題を排除するのに有効とされたことをすでに見てきた。形への過大な注目は意味への関心を損なうという、関連しているが逆の議論は、最も有名なところではアメリカの建築家ロバート・ヴェンチューリによってなされた。『建築における複雑性と多様性』第二版の序文において、彼は「六〇年代初期に…形は建築における思考の王者であり、ほとんどの建築家は疑いなしに形の諸側面に注目していた」（14）と記した。ヴェンチューリにとって、これは建築家が意味と意味作用とを無視していたことを意図していた。デニス・スコット・ブラウンとともに書いた第二の著書『ラスベガス』（一九七二年）〔原著名『ラスベガスから学ぶこと』〕は「建築における象徴主義に関する試論」（xiv）であり、こうした事態に取り組もうとするものだった。彼らが呼ぶところの「英雄的《ヒロイック》で独創的《オリジナル》な」近代建築において、「建築の形の創造は論理的な過程であり、過去の経験の模倣から解放され、ただプログラムと構造とのみに決定され」（7）ている。またその「全体像は抽象的な形を通じて伝えられた建築の性質にのみ由来する」（129）。そのような近代建築に抗して、著者

ヴェンチューリとローチ、第四消防署（コロンバス、インディアナ州、一九六五―六七年）。近代主義の「形」に抗する彼の立場において、ヴェンチューリは「その像は…抽象的な形を通じて伝えられた建築の性質に由来する」ニュー・ヘイヴンの消防署と、自らの「醜く平凡」で、そのイメージが「沿道の建築の陳腐」――偽りのファサード、ありきたり、構成要素への慣れ、サイン――に由来するという「コロンバスの消防署」とを比較した。

らは「醜く平凡な」建築を提唱した。沿道の陳腐な構築物を参照する「醜く平凡な《アグリーオーディナリー》」建築では「要素は、印象的な建築の抽象化と同様、象徴として作用する」。すなわち、象徴的また様式論的に平凡さを表象するのと同様に、それら要素は「文字通りの意味の層を付け加えるので」(130) 意味を豊かにしているのである。モダニズムの形への執着は、ヴェンチューリとスコット・ブラウンが呼ぶところの「あひる《ダック》」に帰結し、意味への着目を拒んだのである。

形vs「現実」。 近代芸術、特に抽象化は、十九世紀末ドイツで展開した「形」の諸理論と直接関係している。ドイツではヒルデブラントの一八九三年の論考と歴史家リーグル、ヴォリンガー、ヴェルフリンらの著作、またイギリスでは批評家クライヴ・ベルとロジャー・フライらの著作、これらみなが、一般に理解される近代芸術の純粋な本質としての「形」の意義へと貢献した。しかしこれに反して、常にいくばくかの抵抗があった。たとえば一九一八―一九年にダダイスト、トリスタン・ツァラなどは芸術の特質として混沌、無秩序、形の欠如を奨励した。この関心はシュールレアリストの間に受け継がれ、フランスの批評家ジョルジュ・バタイユによって最もよく表された。彼の一九二九年『批判的辞書』は「ランフォルム」〔L'Informe〕つまり「無定形」という項目を含んでいる。この項目は無意味であること、「事物を世界へと引きずり下ろすのに役立つ用語…それが指し示すものは、あらゆる意味で権利を持たず、クモやミミズのようにどこでも押し潰される」というものを褒め称えるカテゴリーである。あらゆるものに形を持つことを望む哲学に抗して、「宇宙は何にも似ておらず、ただ**無定形**でしかないと断言するのは、宇宙はクモや唾のようだと述べることに価値する」。

コンスタン、「ニュー・バビロン」(ドローイング、一九六一年)。一時はシチュアシオニスト・インターナショナルのメンバーだったコンスタンは、一九五九年から一九六六年に展開した「ニュー・バビロン」において「形」のない都市を研究した。

一九五〇年代のフランスでは、シチュアシオニストたちの間で形への反対運動が再び起こった。ここでの目的は美的なものではない。むしろ具象化の過程に対する異議である。つまり、固定されることで思考や関係が現実を隠す事物になる資本主義文化の傾向に対して、「形」がさまざまに原因であり徴候でもあるような過程に対しての異議である。概して非明示的な方法で、シチュアシオニストたちは「形」に抵抗した。シチュアシオニストの建築がもしあったとすれば、これは逆説を示していた。オランダの芸術家／建築家のコンスタン・ニーウェンホイスの作品の関心の一部は、建築は形を持たないものと受け止めようというものだった。つまりその建築は「現実」を、歪めたり固定したりして人が生を生き延びる自由を阻害しないようにしている。一般にシチュアシオニストによる世界状況への糾弾は、建築において、束の間で、流動的で、遊戯的で、決まった形を全く欠いた外観の建築物の提案となった。ユートピア都市「ニュー・バビロン」においてコンスタンは静的な要素ではなく「環境」による都市、

アリソン・スミッソン&ピーター・スミッソン、ロンドンシティ、ゴールデンレーン設計競技案。コラージュ（一九五二年）。レイナー・バンハム——「形」への辛口の批評家——は一九五五年にスミッソンのゴールデン・レーン計画を「非形式的な手段による一貫した視覚像」を作り出したとして取り上げた。

「束の間の要素による空間の見えの急速な変化」がいかなる恒久的な構造よりも重要であるような都市を提案した（Ockman, 315）。シチュアシオニスムの非明示的な形への反抗〔anti-form〕に対し、関心の強い流れが一九六〇、七〇年代にあった。特にアーキグラムのグループの作品や建築家ベルナール・チュミの初期の著作や作品に表れている。

「無定形」の建築の問題は間違いなく人々の関心を引き続けるだろうが、一方それでもそれは「形」の概念が先に存在することに拠っている。つまり無定形の建築とは「形」が非—在の建築ではないのだ。

形vs技術的環境的配慮。「形」と「構造」

や「技術」との対立は十九世紀にヴィオレ・ル・デュクとともに始まった。ヴィオレが著書『建築講話』で述べているように「すべての建築は構造から起こり、それが目指すべき第一の条件は、この構造と一致した外形を作り出すことである」(vol.2, 3)。よってルネサンスの誤りとは「形が当時優越した事柄だった。つまり原則はもはや考慮されず、構造の体系はなかった」(vol.2, 2)ことにある。この特異な「形」の極性は建築におけるモダニズムの中ではありふれている。歴史家で批評家のレイナー・バンハムの一九五〇年代末と一九六〇年代の記述に一例がある。バンハムの「形」への抵抗はさまざまな諸傾向をまとめている——シチュアシオニストの所感、特定の視覚芸術家たちの無形式主義、技術合理主義の強い要素などである。たとえば彼の形への反抗という主題に関する初期の一編は一九五五年の論考「新たなるブルータリズム」だった。アリソン&ピーター・スミッソン夫妻によるゴールデン・レーンの設計競技案からバンハムが選び出した特質とは「非形式的な手段により一貫した視覚像を作ろうという決断で、目に見える循環、区別できる居住単位を強調し、全体像の一部としての人間の存在を十分認めている」というものであった。一方同じ建築家たちによるシェフィールド大学コンペ案についても「ブッリやポロックの絵画におけるのと同様に、無形式主義がその構成において実在する《ポジティヴな》力となっている」(359)と述べている。しかしバンハムの「形」への敵意は第一に、技術革新への熱狂と結びつけられるべきだった。彼が特にバックミンスター・フラーの作品から引き出した教訓とは、構築に対する純粋技術的な取り組み方が、建築としては認識しにくいものになるかもしれないということだった。フラーのダイマクシオン・ハウスについて彼は——好意的に——「形の特質が…目立たない」(1960, 326)、むしろ航空機建造技術の建物への適用、また機械設備の革新的な利用によ

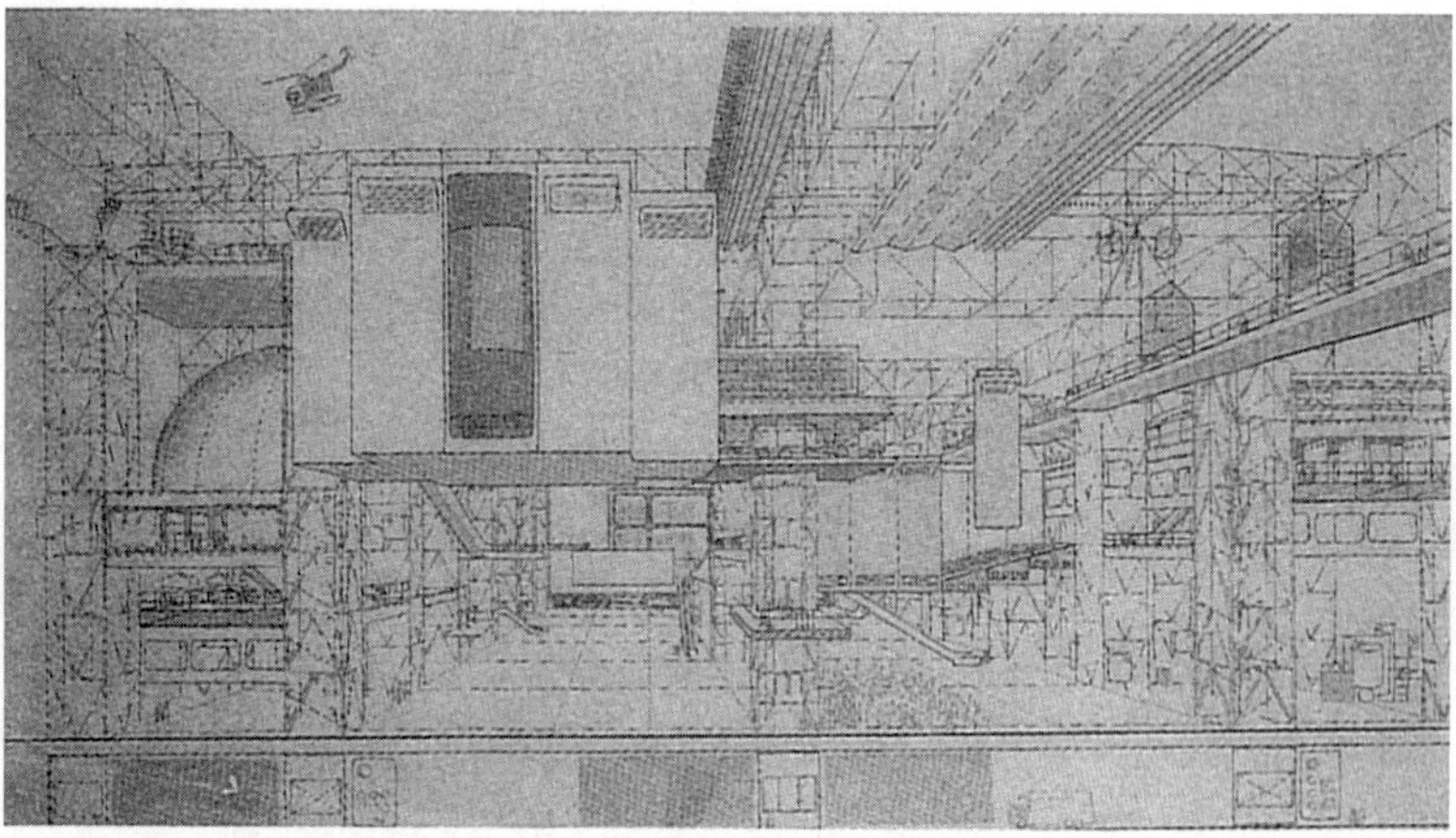

セドリック・プライス、ファン・パレス(主要ドローイング、一九六四年)。不確定の体積を持ち、絶えざる変化と再配置が可能な「無定形」の建築。

って特徴づけられると述べた。建築の未来は技術や技術本来の「形」に対する無関心とともにあるとの信念は、一九六九年の著書『環境としての建築』の基礎となっている。この取り組み方の一部はバンハムの親友セドリック・プライスの作品にも表れている。推奨者ジョーン・リトルウッドが「街路の大学」と述べた一九六四年の「ファン・パレス」計画は不確定の形を持った構造で、果てしない再配置が可能だった。プライスはこう説明する。「この複合体自体には、戸口がないため、人は自らの道順とさまざまな行為への参加の程度とを選択できる。骨組みが一定の大きさであり続けるとしても、用いられる全体の容積は変化しうるので、頻繁にくる使用者にも変化する眺めを提供できる」。ファン・パレスは個人の欲求によって日常生活にめぐり合い日常生活を再生産するような絶え間なく変化する機会を与えるシチュアシオニスムと、それが実現されるための最新技術の諸体系の応用とが結びついた混合物であった。シチュアシオニスムの解放と高度技術への熱狂との、同様にありそうもない結合は一九六〇年代のアーキグラムの作品において生じた。遊戯的な無定形というこの慣習において、パリのポンピドゥー・センター(一九七一―七七年)が最も影響力のあった試みであったが、ミース・ファン・デル・ローエのアメリカにおける作品の影響を受け、量塊《マス》とヴォリュームというひどく建築的な因習に回帰したことで、批評家らを落胆させた。*11

「形」はどうなるのであろうか。それが建築の言説の恒久的で不朽のカテゴリーではないことは明らかである。ある特定の諸問題への解決策として十九世紀に展開した――特に美的知覚の性質と、自然形態論の過程とにおいて――ため、「形」はこれらや他の関連した領域にとって特別に実りの多い概念であった。しかしそれが二十世紀に建築に立ちはだかった異なる諸問題を考える上で十分役に立ったかどうかは、かなり疑わしい。特に一つ――建物と、その内部や周囲での社会生活との関係――を挙げるなら、建築の決定論における信念を維持したという役割を通じ、この語は悲惨な結果を生み出したとも言えるかもしれない。無生命の事物の形が人間行動に直接影響するという前提、「形―機能」のパラダイムは、ビル・ヒリアーが指摘するように、ばかげていて、常識をおびやかしている(1996, 379)。つまり、彼が議論するように、この主題の全体を取り囲む混乱と誤解とは、部分的には「形」という語がもともとそのために考案されたのではないような問題に誤用されたことから生じているのだ。

ある意味で「形」はその有用性を失ってしまった概念である。人々はいつでも何かの形を語るが、形という語について語ることは稀である。つまり用語としてそれは凍ってしまい、もはや力動的に展開せず、それがどう役立てるかということに好奇心を持たれないのだ。この語を問うてみれば、その語の持つ一見自然で中立的な側面のいくばくかを失うのかもしれない。

1 この二つの語の違いについて議論するには、Schiller, *On the Aesthetic Education of Man*, ed. and trans. by Elizabeth M. Wilkinson and L. A. Willoughby, Oxford, Clarendon Press, 1967, pp.308-10 を参照。

2 David Summers, 'Form and Gender', in Bryson, Holly and Moxey（eds）, *Visual Culture. Images and Interpretations*, Hanover, New Hampshire, 1994, pp.406。

3 Popper, 'The nature of Philosophical Problems', in *Conjectures and Refutations*, 1963, pp.66-96 を参照。

4 Panofsky, *Idea*, 1968, p.209。Alberti, *On the Art of Building in Ten Books*, 1988, 'Lineaments', pp.422-23 を参照。

5 Panofsky, *Idea*, 1968, pp.115-21 を参照。

6 Fink, *Goethe's History of Science*, 1991, pp.88-89。また Magnus, *Goethe as a Scientist*, 1906, 特に第四章、五章、また Chomsky, *Cartesian Linguistics*, 1966, pp.23-24 も見よ。

7 この主題に関する十分な説明は、Mallgrave and Ikonomou, *Empathy, Form and Space*, 1994, pp.1-85 の序文を参照。

8 この話題に関するレファレンスは Levine, *Frank Lloyd Wright*, p.437, note 5 を参照。

9 Schwartz, *The Werkbund*, 1996, pp.15-16.

10 Schwartz, *The WerkBund*, 1996, pp.91-95.

11 例えば Colquhoun, 'Plateau Beaubourg', in *Essays in Architectural Criticism*, 1981 を参照。

Formal 形式的

「形」の形容詞である「形式的《フォーマル》」には「形」に絡む複雑な要因のすべてが存在する――いやそれ以上である。「形式的」はいつも、建築作品の特に「建築的な」特質を強調する意図で使われる。しかしその形容詞が通常修飾する名詞――「秩序」、「デザイン」、「構造」、「語彙」――それ自体が多義的であるため、混乱の度合いが増すのだ。たとえば「ボストンはおそらくアメリカの多くの都市とかなり異なる。形の《フォーマル》秩序のある地域にほとんど特質がないのである」(Lynch, 1960, 22)。またフランク・ゲーリーのヴィトラ・ミュージアムについてのプレス・リリース、「一貫性があり、にもかかわらず多様化されている形の《フォーマル》語彙は、さまざまな諸部分をともに結びつけている」(quoted in Maxwell, 1993, 109)。

「形式的」をさらに混乱させているのは、「略式《インフォーマル》」の反対語として、「格式張った《セレモニアス》」や「気取った《アフェクテッド》」という意味をも持っていることだ。これは庭園に関するのみならず、建築においても長い間使われてきた。たとえばサー・ウィリアム・チェンバーズはドローイングの巨匠でない限り「建築家のつくる構成はつねに弱く、形式的で優雅ではないであろう」(94)と警告した。またサー・ジョン・ソーンは古代の庭園を近代と比べて「生硬で形式的で、不自然に適用された芸術と、他方幸いなことにも芸術の力を借りた自然の極上の効果とは比較しようがない」(627)という。英語では「略式」の反対語としての「形式的」の用法は、「形」の形容詞としての他の意味よりも長く確立しており、他に何も示されなければ、初めはいつもこのもともとの意味に逆戻りするという傾向を持っていた――近代の例を取れば、カーンのイェール大学美術ギャラリーについて「その平面はとても形式的だ」(Benham, 1955, 357)。近代建築の意味が「形式的」に与えられつつも、一方で同時に意図的な遊びが「形式的/非形式的《インフォーマル》」の対比から作られることもあった。たとえばスターリングとウィルフォードのシュトゥットガルト音楽院・ダンスシアターについて「したがって両者の図式はともに形式性と非形式性とのゲームに捧げられ、軸方向の均衡状態と対角線方向の動きとの諸要素を用いて力動的な平衡を生み出す」(Maxwell, 1993, 99)。

「形式的」はときに、「形」が持つさまざまな否定的意味に基づく限定という意味で、軽蔑的でありうる。たとえばチェコの批評家カレル・タイゲによる一九二九年の批判では、ル・コルビュジエのムンダネウム計画〔‘Mundaneum’ project〕は「その明らかな歴史主義において…芸術として考えられるかぎり建築が生存不能であることを示している。それはル・コルビュジエの美的・形式主義的《フォーマリスティック》理論の失敗を示している…」(89)(タイゲはおそらく、文学批評におけるカテゴリーの一つとして、また作品を「非現実的」にするものとして「フォーマリズム」を使うルカーチの用法を援用している)。ルベトキンとテクトンのハイポイントII(一九三八年)は「形式的価値を使用上の価値の上に」置いたことで批判された(Cox,

1938)。マイケル・ソーキンは都市建築について書くことの困難について触れ、「それを形式的に評価することは、議論の見地が完全に閉じ込められること、効果に関する問いがつまらなくされることを要求する」(237)と述べている。

意味の正確さが求められるのならば(ご存じの通り、つねにそうあるわけではないのだが)、「建築構築上《アーキテクトニック》の」という言葉が「形式的」よりもよい言葉となろう。というのも少なくともこれはさほどの多くの事柄を意味するわけではないからである。

ジェームズ・スターリング、マイケル・ウィルフォード、音楽院透視図(シュトゥットガルト、一九八七年)。「形式性と非形式性」。

Function　機能

「機能《ファンクション》」という言葉（ここでは「機能的《ファンクショナル》」および「機能主義《ファンクショナリズム》」もその範疇に含めておく）が近代建築における重要な概念であることは疑いもないが、それが本領を発揮したのは、何よりもモダニズムの批判においてであった。この言葉の定義や意味、そして呼び名そのものも、かなりの程度まで、一九六〇年頃以来の建築におけるモダニズムの批評家たちの活動を通して生じてきたものなのである。ビル・ヒリアーが述べているように、「二十世紀における建築のマニフェストを総覧してみても、機能から空間的形態を決定するという論、あるいはその逆を、徹底したかたちで表明したものを見つけることはできない」(1996, 377-78)。われわれにとって機能についての「理論」とされているものはいずれも最近になって作られたものであって、近代建築が「機能主義」に支配されていたということになっている時期のものではないのだ。そこでわれわれがまずなすべきことは、「機能」という言葉が現在の一貫性と強度を獲得する以前に何を意味していたのかを特定することである。

ある「機能〔関数〕」が示すのは、ひとつの量〔quantity〕が別の量におよぼす作用の結果である。では建築に関して言う場合、何が何に対して作用をおよぼすのだろうか。十八世紀に最初に用いられてから十九世紀の終わりに至るまで、作用を受ける側の量とされるのは、ほとんどの場合建物の結構的《テクトニック》な要素、すなわち建物の「構造」（四二四頁―参照）であり、「機能」という言葉はこの用語に深く結びついていた。他方、作用をおよぼす側の量は、主に建物そのものの力学的な力だった。言い換えれば、二十世紀の初めになるまで――以下で論ずる数少ない例外を除けば――「機能」という言葉は主に建物の結構《テクトニック》に関わる用語だったのである。それが二十世紀を経る間に、「機能」は新しい用法でより広く浸透することとなる。それは建物それ自体を、人々や社会的な事柄に対して働きかけるものとして記述するような用法だった。この第二の意味――およびその逆、すなわち建物の形態を規定する社会の作用という意味――こそ、かくも衆目を惹きつけてきたものでありながら、歴史的にその由来をたどることがより困難なものなのである。

歴史的に考えるならば、「機能」という言葉には、一九三〇年頃までに少なくとも五つの異なる用法を特定することができる。この概念を複雑にしているのは、それがひとつの隠喩《メタファー》であるということ、それも少なくとも二つの、あるいは三つの分野から借りてこられた隠喩であるということだ。それは数学、生物学、そしておそらくは社会学からである。さらに面倒なことに、建築に用いられるものとしての英単語の「機能《ファンクション》」は、イタリア語、フランス語、ドイツ語に起源を持つ用語の翻訳なのである。これはとりわけドイツ語との関係において問題を含んでいる。ドイツ語には「機能《ファンクション》」

カルロ・ロドリの肖像（A・メッモ『ロドリ建築要論』第一巻、一八三四年、口絵）。「建物を理性と統合し、その機能を表象たらしめよ」。ヴェネツィアの托鉢僧ロドリは、古典的な装飾体系を攻撃する中で、初めて建築に関して「機能」という言葉を用いた。

と訳される単語が三つほどあるのだが、そのときそれぞれの異なったニュアンスは失われてしまうからである。

（一）数学的隠喩として——古典的な装飾の体系への批判。建築に関して初めて「機能」という言葉を用いたのは、ヴェネツィアの托鉢僧であったカルロ・ロドリであり、それは一七四〇年代のことだった。[*1]「Devonsi unire e fabrica e ragione e sia funzion la rapresentazione」——「建物を理性と統合し、その機能を表象たらしめよ」というロドリの標語は、古典的な装飾の体系の凡庸さに反対する議論を要約したものだった。彼の主たる異論は、もともと木造建築のために発達した形態を石で模倣することに向けられたものだった。ロドリの発想を今に伝える二つの文書のうちの一つを著したフランチェスコ・アルガロッティによれば、「それが機能においても真実でないのならば、何ものも表象されるべきではないということを彼は主張した」(35)。「機能」という言葉を彼がどういう意味で使っていたのかは、アンドレア・メッモという、ロドリの発想の、より正確なもうひとつの情報源から推測できる。メンモは、ロドリが望んでいたのは素材に作用する力学的な力から導き出されるような石の構築や装飾の形式を発達させることであったということを示している。このような発想が適用された実例は、ロドリの指導のもとに施工されたことが明らかな、ヴェネチアのサン・フランチェスコ・デラ・ヴィーニャ教会に付属する巡礼者用宿泊所の驚くべき楣《まぐさ》や窓框《まどかまち》に見いだされる。ジョゼフ・リクワートによれば、ロドリは「機能」という言葉を数学から借りてきていた。その言葉の数学への導入は、一六九〇年代にライプニッツによってなされたものであり、それは複数の変数の結合を示すためであった。ロドリの考える機能とは、建築のどの構成要素においても力学的な力と素材とを結合させることであった。ロドリの考えは、十八世紀後期イタリアの建築論者フランチェスコ・ミリツィアによって一般に普及したが、彼はそれを単に過剰な装飾に反対するものとして紹介し、誤解を招いた。すなわち、「目に見えるものはみないつでも機能を持っているべきである」(quanto è in rapresentazione, deve essere sempre in funzione - 1781, vol. 1, xv) といった具合に。だがロドリは装飾そのものに反対したのではなく、素材の内在的な特性に基づいた、異なる装飾のシステムを主張したのだった。ミリツィアの本は一七九〇年代以降フランス語に翻訳されたので、フランスの建築界においてこの用語が使われる源になったかもしれない。しかしその頃には、そもそものミリツィアの不正確な紹介と、科学として発展しつつあった生物学に由来する「機能」という言葉の新たな類似物の到来とによって、ロドリにおける数学的な隠喩としての精密さは完全に失われていた。

サン・フランチェスコ・デラ・ヴィーニャ教会、巡礼者用宿泊所（ヴェネチア）。ロドゥーリが直接関与したと唯一知られている作品で、その窓枠は彼の「機能」の考え方に従っている。框はいまにも割れそうなほどに厚い。

（二）生物学的隠喩、すなわち構造の各部分が有する相互および全体に関わる目的を記述するものとして。とりわけラマルクとキュヴィエの業績によってフランスで生み出された科学である生物学において、「機能」という言葉はひとつの要となる概念だった。それ以前の博物学者たちが器官の外見や体内における位置によって標本を分類していたのに対して、十八世紀末に発展した生物学という新たな科学においては、各器官は有機体全体の中でそれが果たす機能や他の器官との階層秩序的な関係によって分析された。この意味での「機能」は、「構造」という言葉と密接に関わっていた。なぜなら、構造の推測を可能にしたのは、――個々の四肢や器官の――「機能」の同定だったからである。

この用語が生物学において発展したのは一七九〇年代のことだったが、建築において多用されるようになるのはかなり後になってさまざまな脊椎動物における舌骨（舌と顎をつないでいる軟骨）の比較（ジョフロア・サン＝ティレール『解剖科学』第一巻、一八一八年）。十九世紀初頭の生物学において「機能」は主要なトピックとなった。ジョフロア・サン＝ティレールの「類比の理論」は、進化の観点から見れば個別の器官の機能は固定的なものではないということを示唆した。あらゆる脊椎動物において、種ごとの適応を通してそれぞれ異なる機能を発展させてきたもののただひとつの共通の起源へと類比的に結びつけられるような器官がいくつも存在するというのが彼の仮説だった。

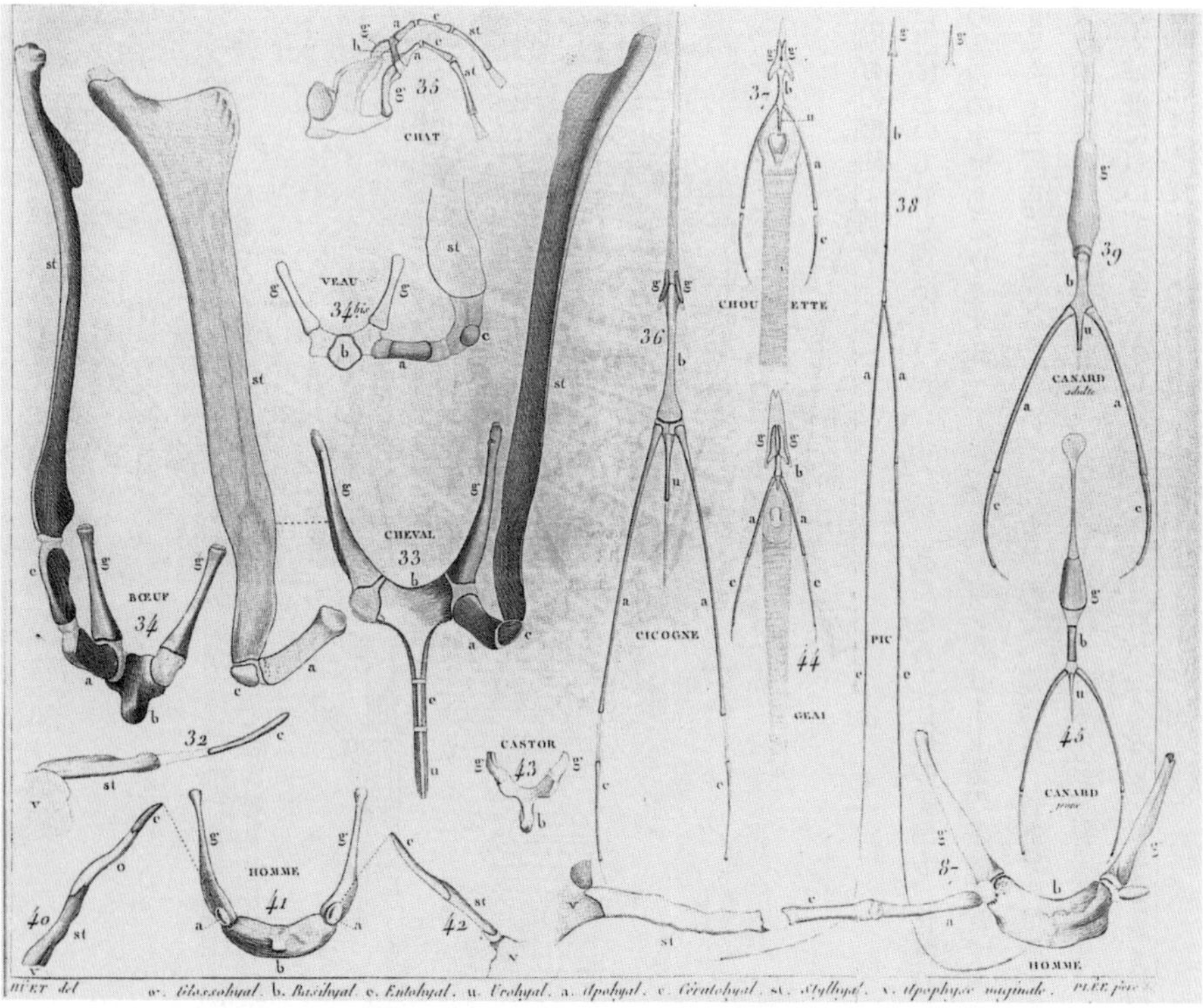

ノートル・ダム＝アン＝ヴォー（シャロン＝シュル＝マルヌ）の身廊バットレスを示す側廊断面図。（ヴィオレ・ル・デュク『系統的辞典』〔*Dictionnaire Raisonné*〕第四巻）。ヴィオレ・ル・デュクにとってそれぞれの個別の構成要素の「機能」とは――生物学の用語法に準じ――それぞれが全体の構築体系に対して持つ関係の記述であり、建築家にとっての最大関心事となった。

からである。「個々の製品や物にすべて固有の機能を割り当てることを良しとする現代の特質」が建築の言説において最も包括的に明示されるのは、一八五〇年代以降、この発言の主であるヴィオレ・ル・デュクの著作を通してだった（*Lectures*, vol.1, 449）。ヴィオレ・ル・デュクにとって「機能」という言葉は、彼の合理的構築の理論全般の基礎をなす重要な概念だったのである。たとえば壁について書きながら彼は言う。

どんな石工仕事の実例も、化粧石材の場合における各部材であれ、コンクリート造の各区切れであれ、その機能を明瞭に示すべきである。建物は、各部分の位置と機能とが見誤られることのないように、パズルを分解するようにして分析することができるのでなければならない。（*Lectures*, vol.2, 33）

また、ヴィオレはその隠喩が生物学に起源を持つことを――繰り返し――明言している。

十九世紀半ば以降の英語圏において「機能」という言葉が理解されたのは、主に、構造の中の各部分が果たす役割というこの意味においてである。このことは、イギリスの考古学者であるウィリアム・ヒューエルとロバート・ウィリスが一八三〇年代、四〇年代に行ったゴシック建築の構築体系の綿密な分析が流布していたことや、ヴィオレの書物の影響力とも関係しているだろう。「機能」という言葉の英語における使用の典型的な例をひとつ挙げるとすれば、アメリカの批評家モンゴメリー・スカイラーがオルバニーのニューヨーク州議事堂を、その改修を行った建築家レオポルド・アイドリッツとともに訪れたときの回想を引いておけばよいだろう。

> 旧い部分である鋳鉄パネルの間に自分の多色煉瓦のアーチや柱が挿入されたある日、彼はコート・ハウスの円形広間《ロトンダ》に立ち、新しい部分を指してこう言った。「ここが機能を果たしていて、あそこは」と旧い部分を指し、「果たしていないということを見誤る人はいないだろう」(1908, 181)

(三)「有機的な」形態理論における生物学的隠喩として。「機能」という言葉の第二の、しかしかなり異なった生物学的隠喩として、ドイツ・ロマン派が発展させた形態についての有機的な考えから引き出されたものがある。形態と機能についてのルイス・サリヴァンの有名な発言の背景にあるのもこの文脈である。ドイツ・ロマン主義においては「形」(二二〇頁―参照)は「力学的」であるか「有機的」であるかのいずれかだった。A・W・シュレーゲルが最初に行ったこの区別は、一八一八年にコールリッジによって英語にパラフレーズされた。

> ある所与の素材に、それ自身の素材としての特性から必然的に生じてくるのでない既定の形態を押し付けるとき、その形態は力学的である。たとえばある粘土の塊に何らかの形を与え、それが硬くなっても保持されるように望むときなどだ。それに対して、有機的な形態というのは内発的なものだ。それはそれ自身の内側からの発展につれてかたちづくられる。その発展が満たされることと、その外側の形態が完成に至ることとは、同じひとつのことである。それが生命というものであり、形態というものだ。(229)

形態の有機的理論において原動力となるものは何なのかという――、アリストテレス以来提起されていた――問いは手付かずのまま残されているが、この理論が建築家や論者たちに幅広く影響を与えたということには疑いの余地がない。その中には、英語圏で最初に「機能」という言葉を建築に適用した人物とされているアメリカの彫刻家、芸術理論家ホレーショ・グリーノーもいる。一八四〇年代に書かれたグリーノーの芸術と建築についての試論はいずれも視覚芸術における有機的な形態の発展と基本的に関係している。「機能」という言葉はその中で要となる役を担っているが、その意味するところについてグリーノーが正確に述べることはなかった——というのも彼の用法には幅があったからだ。一方でそれは建物の実用的な目的の端的な表現であり、他方では有機的な形態の外部への表現という、それよりもはるかに超越論的な考えであった。後者の場合、たとえば彼は次のように書いている。「内部の配置を参照することなしに、見た目や連想〔association〕のために外的なかたちを決定し、あらゆる種類の建物の機能を無理やりひとつの形態へと押し込めることはやめて、核となる中心から始めて外側へと作り進めて行こうではないか」(62)。しかしどのような意味で使われる場合も、グリーノーによる「機能」という言葉の選択は、明らかに生物学からのものだった——「構築の大原則を求めるわれわれの探求の第一歩として…動物の骨格や皮膚を観察しよう」(58)。そして彼の「他ならぬ〈創造者〉の仕事の中に最も純粋に含まれている構造の原理というものがあるとすれば、それは真っすぐに形態を機能に適応させることだ」(118)という結論は、そのような観察から引き出されたものである。二十世紀の批評家はグリーノーの発想の近代性を誇張するきらいがある。グリーノーの言う「機能」とは、単に初期ロマン派における有機的な形態についての考えに基づいていただけではない。彼が関心を持っていたのは、建築の個性の適切な表現という多分に十八世紀的な目標への方法としての「機能」であったというのは明らかなのであって、人間の要求を満たすという意味での「機能」(彼はそれについては何ら理論を持たなかったし、ほとんど語っていない)ではなかったということも忘れてはならない。「建物をその地位や用途に真っすぐに適応させるならば、その適応の当然の成果として、個性と表現とが得られるのだ」(62)。グリーノーの独自性は、二十世紀的な機能主義を先取りしたことにではなく(社会から建物へ、建物から社会へという相互作用を見て取ることがなかった以上、それは彼に帰せられるべきではない)、むしろ「機能」という観念を通して「性格」の概念を用途と結びつけることで、この旧来の概念に新しい生命を吹き込んだことにある——彼の言葉で言えば「〈機能〉の記録としての〈性格《キャラクター》〉」(71)を提示するために。

機能についてのグリーノーの概念把握が部分的にロマン派の有機的な形態理論から引き出されたものであるとすれば、若きルイス・サリヴァン(1924a, 207)を虜にした謎多きジョン・エーデルマンの「抑圧された機能」の教理についても、全く同じことが言える。サリヴァン——「**形態は機能に従う**〔*form follows function*〕」(1924a, 207)なるアフォリズムを作り出した当人であるとされている——がどこで機能についての彼の発想を手に入れたのかは正確には不明なのだが、彼がドイツ思想に依拠していたことについては論を待たない。[*2] サリヴァンにおける「機能」は、いかなる点でも有用性《ユティリティ》や使用者《ユーザー》の必要性《ニーズ》とは無関係である。代わりにそれは、有機的な本質の表現という形而上学をすべての基盤にしている。「〈胚〉こそ真の事物であり、自己同一性の座である。その繊細なメカニズムにこそ力への意志が宿っている。すなわち、形態における十全な表現を追い求め、ついにはそれを見いだすことになる機能が宿っているのだ」(1924b)。サリヴァンが「機能」について語るとき、それを「宿命」という言葉にパラフレーズしても彼の意は十分に尽くされる。このことは、『幼稚園講話』の十二と十三にある有名な長文の議論からも明らかだ。それは「一般的に言って、外的な現れは内的な目的に似るものだ。形、たとえばオークの木は、オークという機能ないし目的に相似し、それを表現する…」(43)というふうに始まる。彼のパートナーであったダンクマー・アドラーの「機能と環境が形態を規定する」という発言からも、サリヴァンが「機能」という言葉で意味していたことについてさらなる確証を得ることができるだろう――そこから読み取れるのは、「機能」は「環境」とは別のものだったということだ。サリヴァンに関するかぎり、「機能」とは「有機的な」形態を規定する内的な霊力なのであり、対する「環境」は、ロマン派の用語法においては外部的な動因として「力学的な」形態を規定するものなのだ。この区別は二十世紀を通して失われていった。有機的形態論はその認識論的な困難も手伝ってか、大方忘れ去られてしまい、かつてはそれと密接に結びついていた「機能」という言葉も、外部的な動因――「環境」――が形態に及ぼす作用へと移行していってしまった。

　サリヴァンはヴィオレ・ル・デュクを通して「機能」という言葉の生物学的な意味も知っていたはずである。そのことによって不可避的に、サリヴァンを始めとする人々がそれら二つの意味の混同を許容していた。この関係で興味深いのは、アメリカの建築家レオポルド・アイドリッツによる『芸術の本性と機能』(1881)という書物である。アイドリッツはウィーンで学び、それゆえにドイツ思想にも通じていたが、一八四三年にアメリカに移ってヴィオレ・ル・デュクの熱烈な信奉者となった。その本の中で彼はヴィオレの厳密に力学的で結構的な「機能」の意味と、ドイツの観念論的な機能の考え方とを融和させることを試みた。そこで彼はこう書いている。

> あらゆる自然の有機体はなにがしかの機能を果たすための力学的な能力を与えられている。われわれが多少なりとも明瞭に見て取ることができるそうした能力は、その全体としての形態や結晶体において表現されている。そのようにして、それらの機能の表現が見る者の心に伝達され、それらの存在の物語が語られるのである。建築家もまた、物質のこのような自然の状態を模倣し、形態がその機能の物語を語るよう造形する。そしてそれらの機能は常に、さまざまな質の組み合わせをとって現れる力強さや優美さや安定感といった特性の、力学的な成立条件なのである。したがって建築形態を造形する根本原理とは、力学のものなのだ。(223-24)

アイドリッツにとっては、力学的な機能の表現こそが建物の内在的な機能、「その存在の物語」を表象する手段を提供するものだったのである。

オーディトリアム・ビル、長軸方向断面図（シカゴ、D・アドラーとL・サリヴアン、一八八七―八九年）。「形態は機能に従う」、この句の元祖となったサリヴアンにとって、「機能」とは「内的な目的」であり、あらゆる生命あるもの――建築もそこに含まれる――の発展を方向づける霊力を意味した。

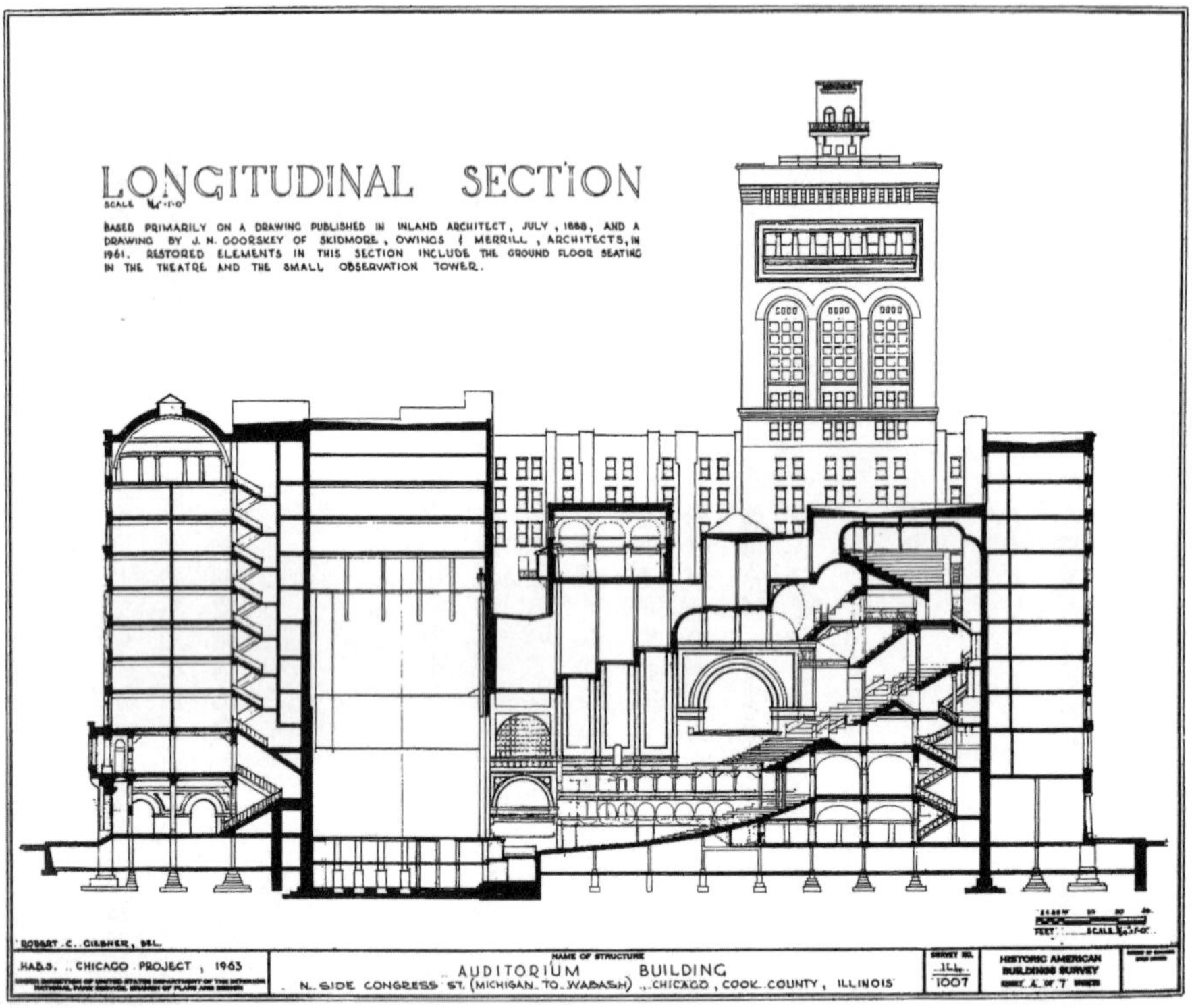

（四）「用途」を意味する「機能」。十九世紀半ばまで、ある建物ないし建物の一部で行われるべき活動という意味での「機能」という言葉の流通は、英語においてもフランス語においても限られたものだった。すでに扱った論者のうちの二人、グリーノーとヴィオレ・ル・デュクは「機能」という語をその意味で用いている。たとえばグリーノーは「空間を都合よく配分するには、その機能に応じて大きさを決定し、かたちを造形せよ――そうした行為が建物を組織する」（21）と書いている。ヴィオレ・ル・デュクは住宅建築について――一三〇頁で別の文脈から扱った明らかに生物学的なアナロジーにおいて――「どんな建物にも〔…〕一つの主となる器官〔…〕と、いくつかの副次的な器官ないし部位があり、それらすべての部分に循環システムによって供給を行うために必要な装置がある。それぞれの器官は、自らの機能を持ち合わせている。」（*Lectures*, vol.2, 277）と述べた。また、一八五七年にジョージ・ギルバート・スコットは工場のデザインについて「同じ機能を持つ部分を画一的な、類似した形に揃えるように」（212）と助言している。ある建物やその部分に定められた活動を記述するものとして「機能」という言葉が使われることは現代では珍しくないが、二十世紀以前には思いのほか稀であった。

（五）ドイツ語の「*sachlich*」〔即物的〕「*zweckmässig*」〔合目的的〕「*funktionell*」〔機能的〕の訳語としての「機能的《ファンクショナル》」。英語には「機能的《ファンクショナル》」の一語しかないが、ドイツ語には、一九〇〇年までに、その意味を持つものが三つあった。[*3] ドイツ人はそれらをしばしば交換可能なものとして使用していたものの、それぞれが違ったニュアンスを帯びており、そこからくる概念の深みは、ひとつの英単語で伝達しきれるものではない。

即物性《ザッハリヒカイト》

即物性《ザッハリヒカイト》という言葉は文字通りには「事物性」〔thingness〕を意味し、英語やフランス語には対応する語がない。ハリー・モルグレーヴによれば、一八九六年にドイツの批評家リヒャルト・シュトライターによって初めて建築の語彙に導入されたという。[*4] その意義は、一八八〇年代および九〇年代にドイツとオーストリアの建築家たちを席巻した「リアリズム」についての論争の文脈上にこそある。ドイツ語圏の国では「リアリズム」（*Realismus*）という言葉は構築的な合理主義を意味した。つまり、近代的な土木工事に最も明瞭に見られるような構造の力学の表現である。それらは歴史的な様式を無視するという成果において評価されたが、同時に観念を保持するという芸術にとって必要な特性を欠いているとも見なされ、「近代的」建築のモデルとしては欠陥があるものと考えられた。「リアリズム」に対して建築家たちが抱いた意見の相違のいくつかは、オットー・ワーグナーの『スケッチ、プロジェクト、実施された建築』（1890）の序論にも伝えられている。絵画における「リアリズム」が近代的な屋外を描く風俗画の絵画を生み出したというその影響を称揚した後で、彼はこう続ける。

建築におけるそのような〈リアリズム〉もまた特異な果実を実らせうることは、いくつかの並ならぬ印象を残す例にも見られる通りである。エッフェル塔、オステンドのクアザール等々の例には〈リアリズム〉が過多である一方、今日のわれわれの建築の大半にはそれがあまりに欠けている。特にウィーンでは、厳密な有用性の要求に従うどころか、普通の住居や賃貸用の建物に対して、全く異質な性格をあらゆる種類の増改築に与えようとする試みを目にするのである。(18)

ワーグナーとその同時代人たちが直面していた課題は、工学における「リアリズム」の教訓を建築の素材にも引き入れることだった。そこで建築家、批評家たちが目を向けたモデルのひとつが、当時の英米の住宅建築である。それらは、快適な生活環境を創出していると同時に、とりわけ土地伝来《ヴァナキュラー》の伝統を通して、ひとつの理念――「家庭性」〔homeliness〕――を表象することにも成功しており、住宅に対する「リアリズム的な」アプローチの好例であるように思われたのである。このような建築に成功をもたらした特質をどう記述するか、さまざまな試みがなされた――その際に導入された用語のひとつが *bürgerlich*《ビュルガーリヒ》（健全な、中流階級の）であり、また、**cheerfulness**〔活発さ〕や **comfort**〔快適さ〕といった英語の単語が用いられることもあった。一八九六年に批評家のリヒャルト・シュトライターは、この特質を表現するために「即物性」という言葉を編み出した。彼はそれを次のように使っている。

> われわれドイツ人は、英米の住居の持つ特性の多くを模倣することはできないし、するべきではない。それらはわれわれの状況に適合したものではないからだ。しかしそれらから多くを学び取ることはできる。なによりも第一に、また最も広範にわたって学ぶべきは、住宅設備の実用性〔*Zweckmässigkeit*〕、即物性、快適さ、衛生などの要請を考慮に入れるということだ。(1896)

同じ年の二つ目のエッセイでは、シュトライターは即物性とリアリズム――「機能性〔*Zweckmässigkeit*〕、快適さ、健康といった要求を最も完璧に満たすもの」(1896b)――とを等置している。しかし彼はそれに続けて、即物性だけでは芸術を創造するには不十分であることを述べる。すなわち、建築作品〔built work〕の性格は「周辺環境《ミリュー》、使用可能な素材の特質、そして環境と歴史に条件づけられた場の雰囲気から」(1896b)展開される必要があった。要するに、即物性は芸術の前提条件ではあるが、それ自体として芸術であることはできないのである。以来この用語は、近代的、リアリズム的建築のプログラムの実現に与する批評家たち、特にベルリンの建築家であり批評家でもあるヘルマン・ムテジウスによって採用され、広く用いられた。モルグレーブも言うように、ムテジウスは一九〇二年の小著『様式建築と建物芸術』〔*Style-Architecture and Building-Art*〕においてリアリズムの目標《アジェンダ》を明文化した。彼はこの本でリアリズムの語彙を総動員している――「*Realismus*」「*Zweckmässigkeit*」「*bürgerlich*」「*Sachlichkeit*」などがすべて重要な役割を演ずる。ムテジウスの目的は、英米の住宅建築の実用性と同等のものをドイツに見いだすことであり、彼はそれを十八世紀ドイツの中流階級の非記念碑的《ノン・モニュメンタル》な建築に見いだした。すなわち、「中流階級は、高級な貴族的芸術から、己の必要に資する芸術――単純《シンプル》な、即物的《ザッハリヒ》な、理にかなったもの……――を引き出した」(53)。そして十九世紀の犯した過ちは、「日常の仕事からモニュメントを作り出」そうとしたことであり、「過去のほとんどすべての時代、少なくとも芸術の実践が生来の質をいまだ保持していた時代では、モニュメンタルな建物芸術と単純かつ中産階級的《ビュルガーリヒ》な建物芸術の区別が遵守されていた」(75)。ムテジウスは、現在では「様式」は禁じ手とされるべきだと提案する。

> われわれは、われわれの身の回りの、大きな橋梁、蒸気船、鉄道車両、自転車…といったものに、真に近代的な発想と新しいデザインの諸原理が体現されているのを見いだし、それに注意を向けずにはいられない。そこにわれわれが認めるのは、科学的と言われてもよかろう厳密な即物性《ザッハリヒカイト》であり、装飾の表面的な形のどれをも慎むことであり、その作品が奉仕すべき目的に厳格に従うデザインである。(79)

> 敷地、建設方法、各部屋のデザインによって、窓、ドア、暖房、光源の配置によって提示される要請に対して…もし棟梁が、これらを正当に評価することに専念すれば――そのときわれわれはすでに、あの厳格な即物性への途上にいることになるだろう。その厳格な即物性こそ、近代的感性の基盤となる特徴であるとわれわれが認識するに至ったものだ(81)。

ムテジウスにとって、即物性は十九世紀の建築の様式過剰に対する処方箋であり、それを遵守するならば生来のドイツ的建築へと導いてくれるはずのものだった。ムテジウスが即物性という言葉を用いているこれらの

R・N・ショー、クィーン・アンズ・ゲート一八五番地の居間(ロンドン、一八九六年)。「即物性」。ドイツの批評家ヘルマン・ムテジウスは、彼が十九世紀イギリスの住宅建築に見いだした快適性、実用性、抑制性を記述すべく、全く新しい用語群――「家庭性」「中流的」「即物性」「合目的性」――を発展させた。

例からわかるのは、それが多くの言外の意味《コノテーション》を持っているということである。すなわち、反装飾的な、非貴族的な、土地伝来のもの《ヴァナキュラー》に基盤を置く、日常の事物の中に見いだされる、合理的な、科学的な、潔癖な、実用的な、生来的な、近代的な——これらすべてがそうであり、まだまだある。即物性という言葉は広範に用いられ続け、それは建築の領域にとどまらなかった。そして一九二〇年代までにはモダニズム文化のあらゆる側面に適用され、ワイマール・ドイツではほとんど「モダニズム」の同義語にまでなった。新即物主義〔Die Neue Zachlichkeit〕(「新しい客観性」〔the new objectivity〕と訳されることも多かったが)は、非=表現主義的な近代芸術の総称だったのである。*5

合目的性《ツヴェックメーシヒカイト》

ムテジウスは、「即物性」という新しい造語を用いると同時に、それよりもずっと身近な「*Zweckmässigkeit*《ツヴェックメーシヒカイト》」〔合目的性〕という単語も利用した。文字通りには「目的」〔purpose〕を意味するドイツ語の「*Zweck*《ツヴェック》」という単語は、ドイツ語圏では、直接的な物質の要求を満たすもの——実用性——を意味するだけでなく、内なる有機的な目的ないし宿命——サリヴァンの使った意味での「機能」——という意味でも使われていた。(この意味での使用例としては、一九二五年のヒューゴ・ヘリングの文章「形態へのアプローチ」を参照。*6)この単語の意味として一般的でないのは、合理的な構築——「現実主義《レアリスムス》」という言葉で表される理念——である。「実用性」という意味は長らく確立されていたが、二十世紀の初期になってさらに美学的な意義をこの単語に付加する試みがなされたことはとりわけ興味深い。カントが美的なもののカテゴリーから特に目的を排除していたことからすれば、これは芸術を成り立たせているものについての理解に大きな転換を生じたことを暗示している。このような変化を示すもののひとつとして、一九一四年に出版された歴史家パウル・フランクルの『建築史の基礎概念』がある。フランクルは四つのカテゴリーを通して建築の変化の過程を分析した。すなわち、空間的形態〔spatial form〕、物体的形態〔corporeal form〕、可視的形態〔visible form〕、そして「目的的意図」〔purposive intention〕(*Zweckgesinnung*)である。フランクルは、「目的」すなわち*Zweck*に対する彼の関心が構築とは無関係であることを極めて明確にしている。それはむしろ歴史の問題なのだ——すなわち、ある用途のために意図された空間を、その用途を理解することなく美学的な観点から分析することができたとしても、それは無意味に終わるという認識である。

たとえばコンスタンツェ湖畔のノイビルナウ教会(一七四六年)は、空間的、物体的、可視的形態の第三の段階の典型だが、現在では空っぽであるために、抜け殻を思わせる。どんな空間でも、本来の家具を失ってしまうと略奪にあったような生気を欠いた様子になる。…建築における目的について語るときに私が言いたいのは、建築は一定の持続的な活動のための固定的な舞台を形成するということであり、またある一連の出来事のための経路を与えるということである。そうした行為や出来事がそれぞれに論理的展開を有しているのと同様に、空間の連続や個々の空間内部の主副の通路もまた、それぞれの論理を有しているのだ。(157)

歴史家が直面する困難は、いかにしようとも当時に建物内で生起した行為や出来事に立ち会うことはできないということにある。したがって彼は、その空間の当時の側面を知ることは決してできない。「よく言われたことだが、ミュンヘンの王宮《レジデンツ》の劇場は、宮廷人たちで賑わっていた一七五三年と今とでは別物だ。人間もまた建築の一部なのだ」(159)。本来の歴史的な経験の喪失は、用途が変更された建物——監獄になった修道院であるとか——においてはさらに深刻であり、「たとえ十八世紀の宮殿がその家具の一部ないし全部を保持していて、観光客がその各部屋を案内されて見て回れたとしても、それはやはりミイラなのだ」(159)。「それでもなお」とフランクルは続ける。「この消失した生気の痕跡は、その目的が空間の形態の中に具現化されている範囲で、建物の背後に残っている」(160)。この発言における「目的」と「空間」との和合、カントがあれほど注意深くその分割を取りしきったこれら二つのカテゴリーの併呑〔Anschluss〕こそ、一九二〇年代に起こったことを予示するものである。

Gグループとして知られる一九二〇年代ベルリンの左翼建築家サークルにとって、合目的性の強調は重要な関心事だった。[*7] そのような強調によって彼らは既存の建築美学の発想すべてを——意図的に——撹乱し、そうすることで、カントが芸術の外にあると主張していた目的を、今やまさに芸術の主題そのものとしたのである。建築と用途との相互関係は、今や建築そのものの主要な内容として提示され、しかもただ「美的なもの」に対置されたのではなく、それに取って代わり、その概念の全く新しい意味を構成するものとして提示された。ドイツの批評家アドルフ・ベーネも、「建物の部分がその用途に基づいて配置され、美的な空間が生きた空間へと生成するならば、…その建物は古色蒼然とした静的な秩序の足枷を打ち捨てることができる」(119-20)と述べている。「建物芸術と時代の意志」として出版された一九二四年の講義においてミース・ファン・デル・ローエが行った合目的性についての驚くほど断定的な言及も、このような文脈において理解しなければならない。

> こうしたもの〔現代の工業的建築物〕は機能的な建造物〔Zweckbauten〕にすぎないという主張は妥当ではない。ここで建物の目的というのは、実質的にはその建物の意味そのものなのである。どんな時代の建物も目的に奉仕してきたし、それもきわめて現実的な目的に奉仕してきたのだ。ただその目的の類型や性格が異なっていたということだ。建物にとって目的は常に決定的なものだった。そして、聖と俗のどちらとなるかを規定するものであった。(Neumeyer, 246)

F・キュヴィリエ、劇場（ミュンヘン、レジデンツ、一七五〇—五三年）。フランクルの考察によれば、もはや十八世紀の宮廷によって占有されてはおらず、その「目的」——ないし「機能」——を奪われた今となっては、この劇場の美学的な要素のひとつであったものは現代の観者には失われてしまっている。

ミースは一九二〇年代の後半にはこのような観点から距離を置くようになった。一九三〇年に書かれた「美しく実用的に建てよ！　冷たい機能性〔*Zweckmässigkeit*〕に終わりを」においては、より穏当な、つまり当代の「機能偏重」〔*zweckbehaftet*〕の建築に批判的な立場をとり、機能に注意を払うことは美の前提条件ではあるが美へと至る手段そのものではないというムテジウスやベルラーヘに近い観点に立ち戻った。（Neumeyer, 307）こうした発言を英語の「function」という言葉で訳してしまうとミースの転向を誤解しかねないということは指摘しておくに値するだろう。彼が*Sachlichkeit*ではなく*Zweckmässigkeit*という言葉を使ったことから明確にわかるのは、彼が言及しているのは目的の表現についてであって、構築の合理的な表現――それについて彼は考えを変えたことはなかった――についてではないということである。ミースが*Zweckmässigkeit*を拒否した理由は、少なくとも部分的には一九二〇年代後半のドイツにおける建築論の応酬の中で*Sachlichkeit*や*Funktion*《フンクチオン》などとともにこの言葉

が展開されていったありかたとの関係で理解されなければならない。

　とりわけ「機能」にまつわる用語群の意味づけを考察したのは、すでに言及した一九二六年出版のアドルフ・ベーネの書物、『現代の機能的建物』〔*Der moderne Zweckbau*〕だった。ベーネによる書名は少し誤解を招くかもしれない。それは合目的的〔*Zweck*〕な建物のみならず即物的〔*sachlich*〕な建物についても扱っているからだ。この本の狙いは広い意味で**即物的**と言えるさまざまな観点を全般的に論じることにあり、ムテジウスの『様式建築と建物芸術』の出現以来、二十年にわたるこのような傾向の展開を偏りのない立場から筋道立てて批評的に叙述したことに

ミース・ファン・デル・ローエ、オフィス計画（クレヨン画、一九二三年）。「建物の機能〔*Zweck*〕とは、その建物の実際の意味である」。一九二〇年代初頭のミース・ファン・デル・ローエによる「機能」の強調は、それまでの建築美学の伝統をまるごと転覆することを意図したものだった。

その価値の一端があった。ベーネの本でとりわけ興味深いのは、彼が即物的と見なした作品の範囲が多岐にわたること、そしてその異なった現れ方を区別する際の彼の批評基準である。第一次大戦前の建築家の中では特にベーレンスとベルラーへを取り上げているが、彼らがヒロイックな形態にこだわったことについては懐疑的である(ベーレンスのAEGのための作品の中では、より有名なタービン工場――二四二頁の図版参照――よりも「もっと落ち着いていて**即物的な**《ザッハリヒ》」(109) フンボルトハインの組立工場を好んでいる)。また、一九一四年以前にはフランク・ロイド・ライトの住宅だけが、「住人たちの最も基本的な機能に立ち戻ることによって、生に直接根ざした…ポジティヴな**即物性**」(100) を示しているという。建物の住人の生活を実現している、というこの判断基準こそ、**即物的な**建築の特質を規定しているのだ。この点においてベーネは、それまでの見方とは大きく異なるものを提出した。そしてそれは建築家の役割についても極めて新しい発想を迫るものだった。

> クライアントの生き方、暮らし方、仕事の方法などの問題に取り組んで初めて、建築家は真に芸術的な、すなわち創造的な作品を掴み取り成就することができる。…そういうわけだから、「クライアントになる」ということはただ土地やレンガや建築家のために金を出すということではない。クライアントとはひとつの活動であり、手に入れた空間を、はっきりと明確に、濃密かつ有機的にわが物にし、そうすることでその関係を石造の壁の関係へと変換していくのでなければならない…(120)。

第一次大戦後の作品の中でも、クライアントの意向を石造建築[masonry]へと変換することに最も首尾よく成功し、建築を「作られた現実《シェイプト・リアリティー》」として扱ったものとして、ベーネは、シャロウン、ヘリング、メンデルゾーン、ペルツィヒなどの、今では普通「表現主義的」と形容されるような作品を挙げている。実際、彼が好んだ例のひとつに、メンデルゾーンのルッケンヴァルデ帽子工場(一九二一―二三年)がある。そこには「生産過程の最も功利的な組織に基づいて展開された、ひとつの緊密な、ぴったりとフィットする空間形態、機械の部品のように、仕事の機能や生産の手順に従った適切な形態がある」(116)。ただし、とりわけ「形態」の否認へと向かう彼らの傾向においてこれらの建築家に共感を寄せていた一方で、それらが結果として個々の物件の固有性を誇張するやり方に対しては、ベーネは批判的だった。そのような過剰な個性は、ベーネの見解からすれば、モダニティの即物的な傾向に背反するものだった。ベーネは――モダニティについて彼の理念は、多くの同時代のドイツ人においてそうであったのと同様、社会学者のゲオルク・ジンメルによって形成されたところが大きかったが――画一性ないし普遍性の原理と、個的ないし個人的な生活形態との摩擦を解消する努力としてモダニティを捉えていた。彼は、みずから「ロマン主義的機能主義者」と見なしたドイツの建築家たちを批判した。というのも彼らの作品は、将来的な用途変更に容易に対応することができず、したがって個々の条件に対置されるものとしての社会的な条件にとって必須な、一般性を欠いていたからである。その一方で彼は、「人間社会に属しているという本源的な意識」(131) に立脚し、一般的で典型的なものから導き出された建築というものをル・コルビュジエの作品の中に見いだしている。「彼の思考は全体から細部へと向かい」、彼は「全体性を己の出発点とする」(132)。ジンメルと同様ベーネも、個人的なものや個別的なものから導き出されたものは社会的な意味を担うことはできないと考えていた。そして真に機能的であるためには、社会を作っているもの、いわば社会の集合的な性質を、建築はむしろ実現しなければならない。

あらゆる建物が、建てられたものの全体の部分をなすものであれば、そうした建物はそれ自身の美的かつ形式的な要請によって、ある普遍的に有効な規則を見いだすことだろう。その規則は、各々の建物の機能的な性格〔Zweckcharakter〕から生じるのではなく、そのような全体の要請から生じるのである。というのも、そうした全体、すなわち、つまるところ社会的圏域にこそ、美的なものの始原の本領が横たわっているはずだからである (137)。

真の機能主義は建物の個としての機能を可視化することではなく、社会の一般的かつ集合的な目的との関係において考慮された建物の目的を可視化することであるとするベーネの理念は、さらに後になって深められた。一九二七年の著作で彼はこう述べている。「ひとつひとつのSache《ザッヘ》〔物〕は、人間同士の関係の結節点であり交差点である…。だから即物的に機能するとは、それぞれの領分で社会的に機能するという意味だ。即物的に建てるとは、社会的に建てるということだ」(quoted in Bletter, 53)。ベーネによる機能と社会的なものとの同一視は、一九四五年以降の一部の

ヒューゴ・ヘリング、牛舎（リューベック近郊、グート・ガルカウ、一九二二―二五年）。「建築は形となった現実になる」。批評家アドルフ・ベーネは、ヘリングの建築の完全に即物的な曲線をアール・ヌーヴォーのロマン派的な恣意性と対比させて肯定したが、にもかかわらずその過剰な個性については批判的だった。

機能主義の考え方に似ているように感じられるかもしれない。しかし、彼のこの発言に至るまでの思考を見ればわかるように、それはこのような理念が第一に基礎に置くところの機能性についての機械的対生物学的で因果論的な考え方とは全くもって無関係なものであり、むしろ本質や理念の表現についてのドイツ・ロマン派的な考え方から来ているのである。一九二〇年代後半にドイツ語圏の人々によって表現された機能についての見解は、ときに直接的に機械論的であるかに見えることもあるかもしれない——たとえば、「この世のすべての物は、機能〔Funktion〕×経済という公式によって生み出される」(95)という言葉で始まるハンネス・マイヤーの「建物」というしばしば引用される文章——。としても、上述の議論から明らかなのは、たとえマイヤーが住宅を生物学的な装置として考えていたとしても、それは一般的に支持されていた観点ではなく、「機能」という言葉の広義の意味についてのより広い論争という文脈におけるひとつの極端な議論にすぎなかったということである。

(六) 一九三〇—六〇年の英語圏における「機能」〔function〕。

一九三〇年代から六〇年年代にかけての英語圏の国において、「機能的」〔functional〕という言葉は「近代」建築にまつわる万能語となった。*8 ドイツで二十世紀初めの三十年間にわたって発展してきた思考の射程を記述するには全く不足な平板さをこの英単語に見いだしたであろう亡命ドイツ人の建築家たちが、総じてこの単語を使用することそのものを拒否したかに見えるのに対して、生来のイギリス人やアメリカ人たちは見境なくそれを使用した。この時期の大半にわたって、それは近代建築にまつわる論戦がなされる際の主要な用語となっていたので、新しい建築の支持者によっても反対者によっても等しく用いられていた。一九三二年のニューヨーク近代美術館での展示に伴うヒッチコックとジョンソンの書物『インターナショナル・スタイル』には、この語が果たした両義的な役割の好例が見られる。その政治的内容を排除することでアメリカにおいてモダニズムを認知させようとするヒッチコックとジョンソンの意図は、彼らがヨーロッパ的なモダニズムから取り去ろうとした側面——その科学的、社会学的、政治的な主張——を「機能的」という言葉で特徴づけた。しかし近代建築を純粋に様式的な現象として提示するために、彼らは「機能主義」〔functionalist〕建築という架空のカテゴリーを発明し、社会改革的ないし共産主義的な傾向を持つ作品をそこに押し込んでしまわなければならなかった。彼らは「機能主義者」を「様式のあらゆる美学的原理は…無意味かつ現実離れしている」と考える者たちである(35)と性格づけたが、それは実際のところ、ヨーロッパで起こっていることとはほとんど無関係なものであって、その記述に当てはまる建築家といえばハンネス・マイヤーくらいしか見つけることができなかったのである。また、「特定のクライアントを満足させるということはヨーロッパの建築家たちが常々回避していた重要な建築の機能のひとつだった」(92)という彼らの「機能主義者」の仕事の仕方についての論述は、ベーネの議論の慎重なバランスの取り方を無様に戯画化したものだっルベトキン&テクトン、ハイポイントII、ペントハウス・アパートメント、エントランス・ロビー（一九三八年）。「技術的な機能主義には決定的な建築を創造することはできない」。「機能主義」が差し出した自由は短命だった。一九三〇年代になると、大半のヨーロッパのモダニストの第一世代は「機能主義的」と称されうるようなものを作り出さないことに腐心するようになっていた。

た。

「機能」を貶めるこうした動向に対して、一九四〇年頃になるとそれを再建することに尽力する近代建築家や批評家も現れ始める。モダニストたちにとって、自身の作品が「形態」や「美学」に支配されたものではないことを示し、なおかつ生硬な機能主義というレッテルを貼られることも回避するということが重要だったのである。その結果、「機能」という言葉の意味を繊細化し、それを特定の目的へと傾斜させる試みが生じた。このような試みの最初の表れのひとつは、アルヴァ・アアルトによって示された。一九四〇年、「建築の人間化《ヒューマナイゼーション》」というその時期の有力な主題ともなった事柄についての文章において、彼は「技術的な機能主義には決定的な建築を創造することはできない」と書いている。近代的な主流の外側、すなわちかつてのダダイストやシュルレアリスト、また後にシチュアシオニストとなる者たちなど、機能主義に対する反抗を己の立場を明確にする主たる方途のひとつとしていた側からの圧力もまた、近代建築家たちに機能主義の擁護を余儀なくさせた。たとえば一九二五年に「機能的な建築、生活上の諸機能の伸縮性に即した建物」を要求していたフレデリック・キースラーは、一九四七年にはニューヨークのシュルレアリストの一員となっており、「神秘主義的な衛生と美学主義にふりまわされて、…建築における『近代的機能主義』は死んだ」(150)と宣言した。しかし、機能的であることへの反対者一人に対し、百人もの支持者がおり、支持をより際立たせていた。そうした中で、ヴァルター・グロピウスは(一九三五年にイギリスに渡ったときには努めて「機能主義」の重要性を軽視していたのだが)、一九五四年になってバウハウスの受け止められ方を微妙に修正し、より人間的に響くように改めたのである。すなわち「機能主義はただの合理的なプロセスとして考えられたわけではない。そこには心理学的な問題も織り込まれていた」(97)といった具合に。そしてさらに若い世代の建築家のあいだでは、「機能的」という言葉はその初期のさまざまな意味からいっそう離れた方向へと拡張された。アリソン&ピーター・スミッソンは一九五七年に『機能的』という単語は今や、いわゆる非合理的、象徴的価値をも含むものとならねばならない」(1982, 82)と宣言する。しかしながら、「機能」という言葉がこの時期たしかに議論を呼び、これらの例に示されるようにその意味を拡張し、あるいはより厳密化しようとするさまざまな試みがなされた一方で、機能についての包括的な理論が出現することはついになかったのである。形態と機能を関係づける理論がようやくそれとして見いだされるようになったのは、一九六〇年以降のことであり、皮肉にもモダニズムに対する一斉攻撃の中でのことであった。

(七) **形態—機能というパラダイム**。「機能的」モダニズムに関する論争においては、建物とそこに暮らす社会の構成員との間に関連が存在するという前提が暗黙の了解となっていた。一九六〇年代以降このような論点が認知されるようになると、建物の形態に対する社会的環境の作用、ないしは逆に、社会に対する建物の作用

J＝F・ブロンデル、修道院長住居の一階図案（一七七三年）。「設計に適切さ〔*convenance*〕の精神を行き渡らせるためには、それぞれの部屋がその用途と建物の性質とに合わせて配置されねばならず…」ブロンデルの*convenance*についての考えは用途に着目していたにもかかわらず、建物とそこに居住することとの間の関係についての理論を含んでいなかった。

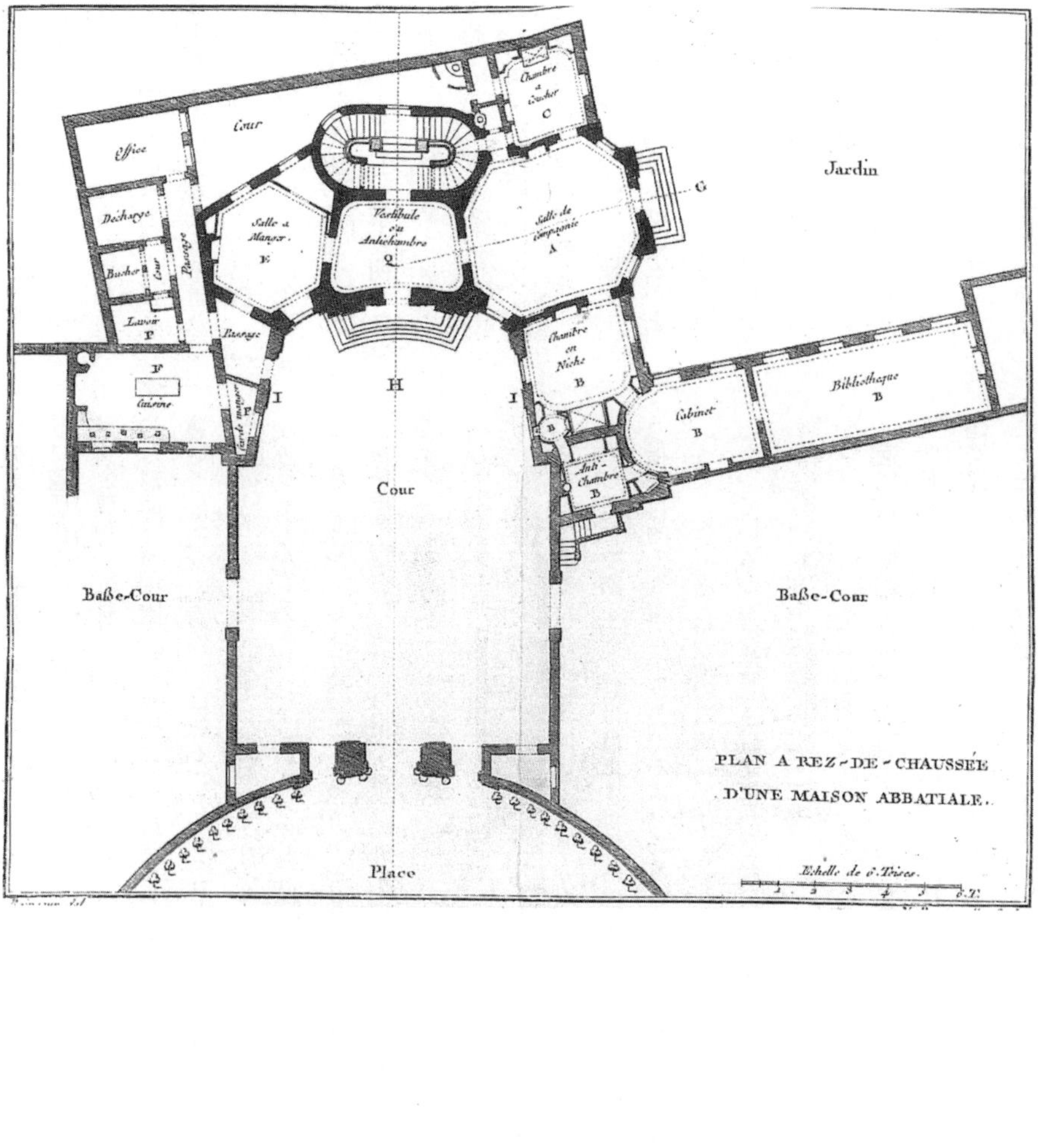

を記述することが課題となった。この点について歴史的な論述を行うことに困難が伴うのは、そうした観念が当然存在しており、しかも実際モダニズムにとって極めて重要なことであったにもかかわらず、一九二〇年代の終わりになるまでそれが明瞭に取り上げられることがなく、仮にあったとしても「機能主義」というかたちで言及されることがほとんどなかったことによる。「機能」という言葉が、建物自体の力学的な力がその形態に及ぼす作用の記述から、社会的な環境が建物に及ぼす作用や建物が社会に及ぼす作用の記述へと転換したことを、われわれは歴史的な問題として審理し、解き明かさなければならないのである。このような転換において極めて肝要だったのが「環境」〔environment〕という概念の導入である。じきにわかるはずだが、それがなければわれわれがここで理解しようとしている現象をそもそも記述することさえできなかったのである。

まず、人間が建物に対して持つ関係性について、近代的「機能主義」がそれ以前の古典主義的な理論からどれほど異なっているかを問うことが最初の足掛かりとなりうるだろう。建物がその用途に適合することが古典主義の建築理論において重要だったことは疑いない――これはウィトルウィウスの「有用性」〔commodity〕という用語に含意される事柄の一部をなしている。このカテゴリーは十八世紀フランスにおいて高度の洗練を受けた。そこで建物とその使用者とが取り結ぶ申し分のない関係性を指す用語として発展したのが「**適切さ**」〔convenance〕という言葉だった。J＝F・ブロンデルは一七五二年に書かれたものの中で、適切さを建築の原則の筆頭に据えつつ、その意味するところを次のように説明している。「設計に**適切さ**の精神を行き渡らせるためには、それぞれの部屋がその用途と建物の性質とに合わせて配置されねばならず、その目的に応じた形態とプロポーションを持たねばならない」(26)。英語では、適切さは通常「適性」〔fitness〕と訳された。たとえば一八三〇年代のイギリスで建築について健筆をふるった著作家であり出版者でもあったJ・C・ラウドンは、ブロンデルの区分にほぼ忠実に従って、convenanceを「目指す目的への適性」〔fitness to the end in view〕と、*bienséance*〔美観〕を「目指す目的の表現」〔expression of the end in view〕としている。

建物が現実においても表現においても有用で力強く長持ちするものであるためには、何はなくとも用途と真実とにおける美を持つことである。それは目指す目的への適性という美であり、目指す目的の表現という美である。あるいはより耳慣れた言葉で言うならば、ある用途のためにデザインされた建物がその用途にかなっていることの美しさ、建物がそれ自身をありのままに表していることの美しさである。(1114)

適切さや適性が何によって成り立つのかに関してブロンデルとラウドンにともに見られる曖昧さは、古典主義の伝統のうちにいる建築理論家の特徴であって、彼らは建物がその用途にかなっていることを必須と見なした一方で、それについての理論と呼べるような工場に隣接した庭で休憩するカドベリの労働者たち（バーミンガム、ボーンヴィル、十九世紀）。進歩的な工場主たちによって作られた十九世紀末から二十世紀初頭にかけての工場町には、改善された環境が居住者たちの社会的、倫理的状況に作用するという前提が存在した。

ものを何も持ち合わせていなかった。そのうえ、ブロンデルもラウドンも、またその他の古典主義の伝統内にいるいかなる著述家も、建物と用途との**関係**について語ることがない――いかなる仕方であれ、その一方がもう一方の帰結であるとするような示唆はどこにもないのである。建築家に求められたのは、両者を「適切な性格」〔appropriate character〕の内で適合させるということに尽きた。しだいに**適切さ**は概念としての活力を失い、「快適さ」〔comfort〕という言葉へと解消していった。（先に示唆したホレーショ・グリーノーの重要性は、この**適切さ**、すなわち彼が「用途への適応」と呼んだものを、ドイツ・ロマン派的な「機能」の観念を通して「性格」と結びつけることで、停滞から救済しようとしたことにあった）。しかしながら、これらの古典主義的なカテゴリーに欠落しているのは――またこの欠落こそがそれらを後のモダニズム的な「機能」の考え方と区別しているものなのだが――建物が、それを生み出す社会の内にあって、社会からの要求を機構として満たすものだという感覚である。そのような議論を行うためには、社会についての理論と社会的な因果関係についての理論とがなければならなかったのであり、まさにそのような理論の存在こそが、近代的な機能主義を古典主義的な**適切さ**の観念から引き離しているのだ。

　建物と用途の関係をめぐる理解を変化させた社会の理論の源となったのは、もちろん生物学だった。生物学が社会の研究に与えたものとして、「機能」や「階層秩序」といった考え方に加えて、**周辺環境**《ミリュー》ないし「環境」の概念があった。古典主義的な**適切さ**に欠けており近代的な機能主義に含まれていたのは、人間社会は物理的かつ社会的な状況との相互作用を通して存在しているというこの考え方である。実際、「環境」という言葉がなければ近代的な機能主義は存在しえなかったということは、いくら強調してもしすぎることはない（逆に言えば、「環境」という言葉や、機能主義の方程式のもうひとつの係数である「使用者」という言葉に出合ったら、機能主義はその間近にあるものと確信してよい）。しかしながら、とりわけ立証することが難しいのは、このようなパラダイムがいつ、どこで、どのようにして建築の言説に入ってきたのかということである。それが十八世紀には不在であったことは確認できるし、二十世紀の後半には存在していたということも確証がある。だが、その間に何があったのだろうか。この領域についてはミシェル・フーコーが『言葉と物』で探究し、より最近ではポール・ラビノーが『フランスの近代』で再び探究しているが、この「環境」というどこにでもある概念がいかにして近代思想の中に地歩を得ることになったのかについては、われわれはいまだ理解から遠いところにいるのである。われわれになしうる最良のことは、この過程のうちのいくつかの比較的明確な点を要約しておくことだ。

　周辺環境ないし環境という概念はアリストテレスの頃から動植物の変化を理解する上での基礎となっていたが、アリストテレスやその後継者が生体とその周囲の関係を調和と均衡のとれたものと見なしていたのに対して、十八世紀の後半にラマルクによって決定的な変更がなされた。ラマルクはこの関係を基本的に不安定なものと見なしたのである。すなわち、活性状態にある生体は自らをその周辺環境につねに帰属させようとするのだが、周辺環境は生体の生存には無関心であるから、生体に適応を促すことになる。十九世紀初期においてサン＝シモンをはじめとする社会理論家によって採用されたことによって、生体とその環境との関係についてのラマルクの理論は、社会のプロセスを理解するうえで非常に好まれた類型となった。たとえば、それは一八三〇年代から一八四〇年代に書かれたオノレ・ド・バルザックの一連の小説である『人間喜劇』の主題となった。すなわちそれは『ゴリオ爺さん』(1835) において初めて登場したことになるが、意義深いことに、この小説はラマルク派の自然主義者であるジョフロワ・サン＝ティレールに捧げられたものだったのである。パリの下宿に住む者たちの運命は、そこで彼らの周囲の環境への順応を通じて描写された。しかしこの建築への順応と都市生活を同一視することにおいては、より慎重になる必要があるだろう。ヴィオレ・ル・デュクのような著述家は確かに社会的環境の重要性を認識していたが(実際、同じ構造原理が異なった時代や環境に適用されると、異なる結果を生じる理由が説明されている彼の第十講義において、それは議論の重要な部分を担っていたのである)、それは単に一般的な用語として提示されていたのであり、建物の社会に対する働きかけといったような相互作用的な理論は見る影もなかった。同様に、一八八一年にレオポルド・アイドリッツは「建築家が心に刻み付けておかねばならないのは、建築の形態が他のすべての人工的生体〔art organisms〕、あるいは自然の生体〔organisms of nature〕と同様に、周囲の環境から生じるということである」(467) と主張した。しかしここで、われわれに示されたものは一方向のプロセスにすぎない。他方、十九世紀末までには、イギリスにおいて改革派の工場主による労働者のための模範的な村が作られていた(二八一頁の図版参照)。そして田園都市運動の初期の成果の中には、それと逆のプロセスが、すなわち居住者に対して建物が働きかけるという明確な関係が存在していた。そして一九〇一—〇四年におけるトニー・ガルニエによる想像上の『産業都市』において、配置や建物と、居住者の生活様式との関係についての明確な想定があり、それはミュゼ・ソシアルという団体の考え方と一致するものであった。ラビノーはこの時代のフランスの社会、空間に対する考え方をある程度詳細に議論している。彼によれば、この「社会問題」の高まりは、レッセ＝フェール型の自由な政治経済が凋落し、国家が市民の繁栄に対し責任を負うようになったことと対応しているのである (169)。周辺環境に対する関心と、「機能主義」への信頼は(たとえそれがそのようなものとして知られていなかったとしても)、そのプロセスの一部であり、ワイマール・ドイツにおける社会民主主義体制、さらには戦後の西ヨーロッパにおいて表面化したのである。

ここで、十八世紀における〈フランスの自然主義者〉や〈スコットランドの政治経済〉の影響というやや筋道の異なった議論を追ってみよう。上記のような伝統の中から現れた十九世紀初頭の〈功利主義者〉たちは、社会の諸部分が全体のより大きな利益のため

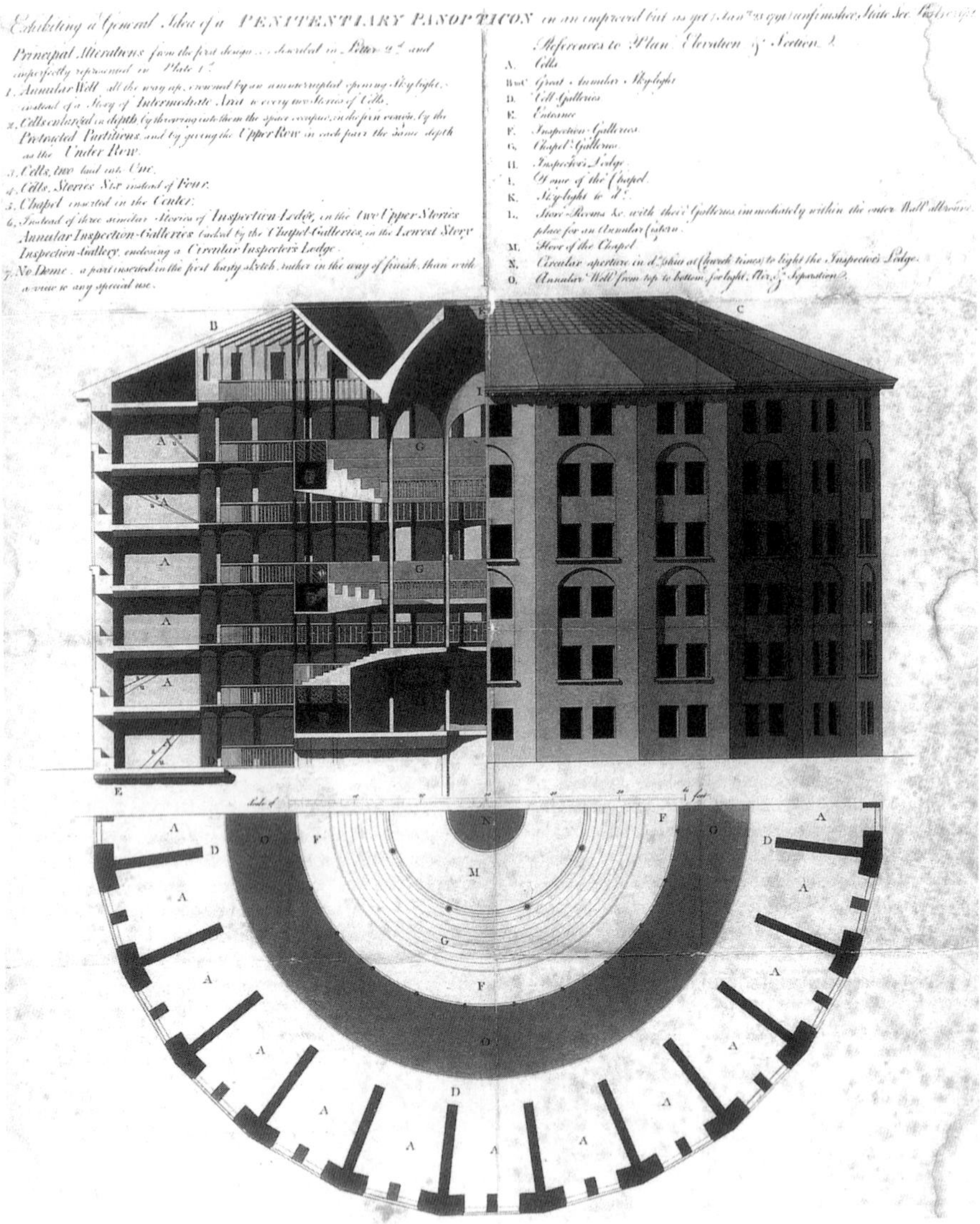
Exhibiting a General Idea of a PENITENTIARY PANOPTICON
Principal Alterations from the first design
imperfectly represented in Plate 1st
1. Annular Well all the way up
instead of a Story of Intermediate Area to every two Stories of Cells.
2. Cells enlarged in depth
Protracted Partitions, and by giving the Upper Row in each pair the same depth
as the Under Row.
3. Cells, two laid into One.
4. Cells, Stories Six instead of Four.
5. Chapel inserted in the Center.
6. Instead of three similar Stories of Inspection Lodge, in the two Upper Stories
Annular Inspection-Galleries backed by the Chapel-Galleries, in the Lowest Story
Inspection-Gallery, enclosing a Circular Inspector's Lodge.
7. No Dome. a part inserted in the first hasty sketch, rather in the way of finish, than with
a view to any special use.
References to Plan, Elevation & Section.
A. Cells
D. Cell Galleries
E. Entrance
F. Inspection Galleries
G. Chapel Galleries
H. Inspector's Lodge
I. Dome of the Chapel
K. Skylight to d°.
L. Store-Rooms &c. with their Galleries immediately within the outer Wall
place for an Annular Cistern.
M. Floor of the Chapel
N. Circular aperture in d°. (shut at Church times) to light the Inspector's Lodge.
O. Annular Well from top to bottom, for light, Air & Separation.
Scale of
feet

ウィリアム・レベリー、刑務所の全展望監視システム《パノプティコン》（版画、ジェレミー・ベンサムのために書かれたドローイング、一七九一年）。社会全体のより大きな利益のために社会の諸部分を統制する装置としての建物の原初的モデル。

に自らを適合させていく必要があると信じていた。建物は世界の特定の部分に境界を設定するという意味で、これに与している――ベンサムの〈全展望監視システム《パノプティコン》〉（右頁）はこの最も有名な例である。しかし、同様の原理は監獄のみならず、学校、病院、養護施設といった他の公共建物の基盤でもあった。多くの社会的集団が全体の利益のために調和的に働きかけるという理想は、特に工場において最も包括的に適用された。しかし近年の傾向にあるように、これらの施設が近代の機能主義の始まりを表していると結論づけるには慎重であるべきだろう。一八二九年に、フランスの建築家であるL・P・バルタールがイギリスの監獄についてこう述べた。「それらは唯一の動力の作用に従属する機械のように機能している」（18）。このとき彼は監獄内の日課に見られる調和に言及していたのであり、監獄の収容者に対する働きかけに言及していたのではない。これは、一八三五年、マンチェスターの綿紡績工場についてアンドリュー・ユーアが興奮気味に述べた、「広大な自動装置という理念は、中断なく強調しながら、自らの役割を果たす、力学的かつ理知的な諸部分から成っている」（13）という言葉にも同様に当てはまる。監獄や工場がその中にいる人々の精神状態に影響を与えるという点に関して、十九世紀初頭の同時代人はこれを建物それ自体ではなく、彼らに加えられていた管理の結果であると考えていたのである。近年の一部の歴史叙述に含意されているのとは反対に、十九世紀の前半に、建物の形態によって日々の振る舞いが変わりうると信じられていたということを実証するのは、実は極めて困難なのである。しかし確かにここでの区別が微妙なものであるのに対し、進歩的な工場主たちが、模範的な住宅を建てることで、工場の内部における組織原理を工場の外に住む雇用者の生活に拡張し始めていた十九世紀末までには、この区別は認識できないほどのものになっていた。たとえば、カドベリによるバーミンガム郊外の模範的な村であるボーンヴィルにおいては、家とその配置自体が生活と居住者の社会的な発展に変化をもたらしてくれるであろうという期待があったことは明白であった。

　しかし、当時の人々はこうした発展を「機能的」とは一切言及しなかったし、こうした実践に結びつきうるような「理論」などというものは、他のいかなる名においても知られていなかった。これらの例やそれ以外の十九世紀の例を通じた、機能主義の実践の発展を記述しうるような歴史的な物語の発明は、ここ三十年間ほど歴史家の仕事であり続けている。同様に、ここまで議論してきたような、絶望的なまでに幅広い理念や歴史的な例が統合された、「機能主義」理論と呼べるようなものを作り出す試みは、建築家や批評家たちがモダニズムに抵抗しようとし始めた一九六〇年代になってやっと生じてきたものなのである。すなわち、そのアプローチを「機能主義的」であると描写したくなるサー・レスリ・マーティンのようなモダニズムの建築家たちは、一般的に言って、決定論的な考え方を含意するいかなるものからも距離を置くことに極めて多くの注意を傾けていたのである。

正統的なモダニズムに異議を唱えた最も初期の、また最も有名な著作のひとつが、アルド・ロッシの『都市の建築』である。この極めて大きな影響力を持つ書物は、一九六六年にイタリアで出版された。「素朴な機能主義」[naive functionalism]というロッシの批判は、その中に社会的な記憶が保持されている一般的な類型から都市の建築は成り立っているのだという彼の議論において、極めて重要な役割を担っている。ヨーロッパの都市は、本来の目的をほぼすでに終えている一方で、そのいかなる意味をも失っていない建物から成っており、その結果、その存続に関して機能は無意味なものとなっている。「素朴な機能主義の区分は、…あらゆる都市の人工物は特定の固定的な機能だけを満たすために作られており、その構造は、ある時点でそれらが果たす機能と正確に対応しているということを前提にしているのだ」(55)。彼はさらにこう続ける。

> 機能のみでは都市の人工物の持続性を説明するのには不十分である。仮に、都市の人工物のタイポロジーの起源が単に機能であるとしても、これは[一部の建物が]存在し続けているという現象の説明にはならないだろう。…実際には、われわれはその役割がはるか昔に失われた諸要素にしばしば価値を認め続けている。こうした人工物の価値はしばしば、単にその形態の内にあるものである。それは、都市全般の形態に不可欠なものである。(60)

しかし実のところ、ロッシの用いる「機能主義」の概念は曖昧なものだった。つまりそれは、彼の「類型《タイプ》」の概念と対になるものを提供し、彼に形態の優位について論じることを可能にさせるような内容の寄せ集めだったのである。

ロッシの後そう長くないうちに、それについて書く者は長らく現れなかったが、フランスの哲学者であるアンリ・ルフェーヴルとジャン・ボードリヤールは共に、「機能主義」を定義することに対する類似した衝動を示していた。といってもそれは、機能主義自体に対する関心からというわけでは全くなく、現代性《モダニティ》に対する彼らの議論を発展させる上での補助とするためであった。『空間の生産』におけるルフェーヴルにとって、「機能主義」とは「抽象的空間」(四一一頁参照)のひとつの側面であった。それは近代の資本主義社会に特徴的な、平板化され、画一化され、窒息しそうな空間の形態であった。ある箇所においてルフェーヴルはこう述べる。「空間についての科学は…**使用についての科学**と見なされるべきである」。しかし、彼はこう警告する。「機能主義者が勧めるように、使用という言葉を単に機能的な言葉として定義することは、不正確であり、還元主義的であろう」。さらにこう続ける。「機能主義とは、それぞれの機能が支配的な空間の内部で個別に空間を割り当てられているがゆえに、多機能性というまさにその可能性が排除されるところまで機能を押しやるものだ」(368-369)。使用に対する機能的なアプローチによって制限を与える代わりに、ルフェーヴルは空間の共同体による取り込み〔co-option〕に関心を抱いた（彼は、ローマのバシリカ聖堂を初期キリスト教の共同体が取り込んだことを例に挙げている）。というのも、複数の主体が生きられた「社会的空間」の生産を直接達成するのは、まさにこうしたプロセスを通してだからである。ルフェーヴルにとって（そして彼はこの点はロッシと共有していたのだが）「機能主義」とは、使用を固定するためにその対象を貧しくするものであった。

商品を、記号によって取って代わらせる資本主義の傾向に関心を持っていたボードリヤールにとって、「機能性とは解釈の体系以外の何ものでもない」(196-97)。つまり、（いくら合理的に見えようと）その用途によって物の意味を固定し、それを流行の影響から守ろうとすることは全く恣意的な試みなのだ。「深く考えてみると、物を機能に還元するという事実の中には非現実的な、ほとんど超現実的とさえ言える何かがある。その不条理さをあらわにするには、この機能性の原理を限界まで追求すれば十分だ」(192-193)。ボードリヤールは機能主義と超現実主義《シュルレアリスム》を必然的に対立するものと見なしていた。機能主義は形態がその用途を示すと見せかけるが、他方で「超現実主義は、物とそれ自身のあいだに機能主義的な計算〔calculus〕によって打ち立てられる距離を楽しむのだ。…胸の肌とドレスの折り目、あるいはつま先と靴の革との融和。シュルレアリストたちはそれを否定することで、この裂け目と共に想像的に戯れるのである」。(193)

これらの例は、建築だけでなく他のさまざまな分野においても、機能主義に明確な

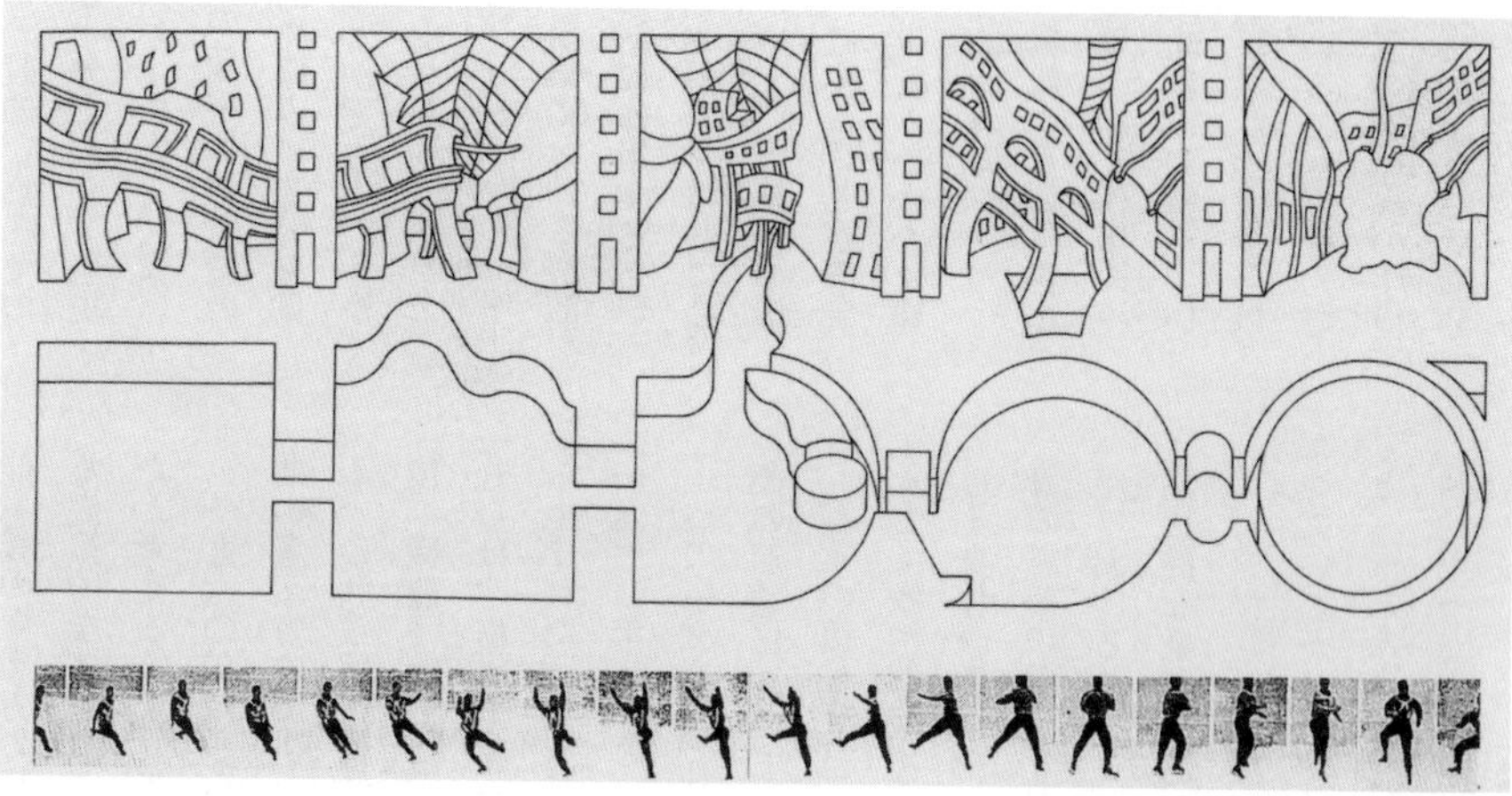

ベルナール・チュミ、「マンハッタン・トランスクリプツ」（ドローイング、一九七八年）。「マンハッタン・トランスクリプツ」の中では、身体的、社会的運動と建てられた空間との関係を探査する試みがあった。しかもその試みは「機能」の観念に頼ったものではなかった。

属性を与えることがモダニズムの批評、あるいは一般的な意味での近代性《モダニティ》の発展に必要だったということを示すには十分だろう。歴史的研究はこれに対応する経路をたどった。一九六〇年代後半以降の、学校、病院、監獄、市民会館などの特定の建物の類型《ビルディング・タイプ》についての広大な歴史調査は、形態と機能についての理論的枠組みの基盤を見いだすという大きな試みの一部であると見なすことができる。しかしこの時代には特筆すべき二つの書物がある。ピーター・コリンズの『近代建築における移りゆく理想』(1965)とフィリップ・ステッドマンの『デザインの進化』(1979)である。建築における機能主義的な思考の系譜を発見し、とりわけ環境が形態に作用するという考えの起源を同定しようとしたコリンズとステッドマンは共にこれをラマルクの進化論に位置づけた。しかしながら、二十世紀の機能についての考え方の一部がラマルクの発想に一致することが事実であったにせよ、これまで見てきたように、十九世紀のいかなる建築家や建築理論家も(ホレーショ・グリーノーとジェームズ・ファーガソンはその例外でありえるかもしれない)「機能」という言葉をそのような意味で理解していたとか、人間と環境の相互作用の一部として建築を考えようとする関心をどんなに曖昧にでも持っていたかという証拠はおどろくほどない。建築に関わる著述家たちは、構造の理論との関係において生物学的な類比を用いることを好んでいたが、彼らが社会的な現象と同様に建築を〔人間の〕発展の手段として考えていたということを示す証拠は断片的にしかない。もしも生体と環境についてのラマルクの理論が、実際に現代における機能主義の考え方の起源であったとしたら、生物学についてのいかなる直接的なアナロジーよりも、社会学を経由して建築にたどり着いたと考える方が妥当であろう。

一九六〇年代から一九八〇年代においては、機能主義に関する初期の考え方の多少なりとも一貫した説明の断片を認めることができる。これらは、機能主義を過小評価するのが目的であったが、その後「機能」という言葉を回復させるさまざまな試みが行われた。これらは、極めて異なった意図に基づいて活動していた人々の間から生まれた。一方では、建築家のベルナール・チュミがいた。彼は一九七〇年代から一九八〇年代にかけての自身の論考のアンソロジーへの序文で、それら論考全体を流れるテーマをこう説明した。「建築の形態についての過大評価された考えに対し、彼らは機能という言葉の復権を目指している。より特定していえば、建築の社会的そして政治的な領域の内部で起こる行為、出来事と共に、空間における身体の動きを再度刻み付けることを目指している」(3-4)。自身の以前の考え方をこのようなかたちで提示するという、一九九六年におけるチュミの選択は、ピーター・アイゼンマンへの極めて直接的な批判であった。というのも、それに先立つ二十年間、アイゼンマンは形態支持で反機能的な視点に基づいた意見表明を行っていたからだ。実は、チュミ自身の初期の視点を検討してみると、一九九六年の発言が示唆するよりはるかに「機能」に対して批判的だったことが見て取れる。出来事〔event〕や活動〔activity〕、運動〔movement〕、衝突〔conflict〕の実体化に彼はずっと関心を持ち続けていたのだが、初期においては「機能」はこれらを描写するのに適さないと見なしていた。一九八三年に、彼はこう書いている。

「機能」の型にはまった定義を乗り越えることで、〔マンハッタン・〕トランスクリプツは、いくつかの調査のレベルでの組み合わせを用いてプログラムの概念を訴える。…今日、プログラムの観念について議論することは、機能に対する形態という考え方、あるいはプログラムと類型との因果関係、もしくは新たなユートピア的実証主義などへの回帰をいささかも含意しない。それとは反対に、空間が、その内部で起こることについに直面するような調査の領域を開くのである。(71-72)

これら二つのテキストをまたぐ十三年間に、「機能」という言葉における含みはチュミがそれを遣うことを支持できるほど大きく変わっていることは明らかである。

「機能」のもう一方の弁護人はビル・ヒリアーである。『空間は機械である』(1996)において、彼は「形態と機能の基本的枠組み」(これは彼の言葉である)とその問題についてこの上なく明快な調査を行った。しかしそこでは「機能主義」を葬り去ることが目的だったのではなく、むしろそれをよりよいものに置き換えるという目的から、何がその理論における誤りだったのかを理解することが目的だったのだとヒリアーは強調している。近代建築の失敗についての一般的な認識では、まさにこの「機能」の失敗という観点によって表されるものであると正確に解釈している。「ここから導き出される適切な推論とは」、ヒリアーは次のように書いている。

設計者たちによって用いられた機能主義の理論は誤っていたということだろう。しかし機能的な失敗は形態と機能との関係が中心的な重要性を持つことを確認することになった。結局のところ、形態と機能との関係がそれほど強固でないとしたら、機能的な失敗などというものはそもそもありえなかったのだ。そうすると、機能についての新理論への要求が後に続くべきである。ところがその反対に、機能の失敗が大衆の注意を劇的に引きつけたまさにその時に、機能についての理論全般の放棄があり、形態と機能の問題に関する学問的な放棄があったのである。一見したところ理に沿わないこの反応を理解するために――そしてこれがある程度の正当性を持っているということを確認するためにも――、排除されたものが一体何であったのかを正確に理解する必要がある。(376)

この点に関するそれまでの探究者たちすべてと同様に、ヒリアーは最初ごくわずかな証拠の断片から、「理論」を思弁的に作り出さねばならなかった。かつて存在したことはなかったが、モダニズムを知るために存在が不可欠な理論である。ヒリアーの「形態と機能」の理論の説明における特徴のいくつかはこの章の中ですでに用いているが、ここで彼の議論を大まかに要約しておいてもよいだろう。

形態と機能の基本的な枠組みにおいて暗に示されている誤りは、個人の振る舞いに対して建物が具体的に働きかけることができるという誤った期待にあったとヒリアーは言う。「一体どうして建物のような物質的対象が人間の振る舞いに直接影響を与えるなどということがあろうか?」(379)。このような異論は一般的な常識をおびやかすだろう――そして、功利主義者たちや十九世紀初頭の政治経済学者たちが誰一人としてこのようなことを主張しなかったことは思い出すに値するだろう。にもかかわらず、常識のレベルにおいては、建物の中で起こっていることとその形態との関係には何かしらの関係があるとされている。ヒリアーは、「住宅から都市に至るまで、あらゆる段階の建てられた環境における形態と機能との関係は、さまざまな空間の形成を通過している」(378)という仮説によって、この難問を解決する。しかし、この枠組みに対するモダニズムの定式化は、空間の形成にまつわる一切の概念を欠いており、無価値なものであるとして――正当にも――排除された。

人々と建物のあいだの関係に関する根本的に不十分な理論が、いかに真実として受け入れられているのかという疑問を、ヒリアーはかつて他の者たちがそうしたように、ラマルクの進化論の自然科学以外の分野での普及や根強さに帰した。生体と環境との相互作用というラマルクの理論は、生物学においては、生体がランダムな変容の過程を経るというダーウィンの進化論によってすぐさま乗り越えられた。それに対し建築と都市計画においてはラマルク主義が生き残ったのだ。環境的決定論が生きながらえたことは、何かを説明することも予測することもできないことを考えると驚くべきことである。しかしもっと驚くべきこととして、それは人工的な環境がまるで自然の環境であるかのように扱う誤解を招く、誤った隠喩に基づいているとヒリアーは強調する。

それは建設された環境についての最も重要な事実へ探求者たちの目を向けさせない。その事実とは、環境が社会的な振る舞いの単なる背景ではなく――それ自体が社会的な振る舞いだということである。それは、主体によって経験されるより以前に、すでにそれを作り出した振る舞いという起源を反映した法則性に染められているのである。(388-9)

ヒリアーによれば、形態と機能のパラダイムを排除しただけでなく、少なくとも一時的にはアヴァンギャルド建築界において、建物と用途の関係についてのあらゆる関心を停止させたのも、近代建築におけるこの著しく不適切な隠喩の遺物だった。

「機能」という概念の歴史を振り返ってみると、建物とその内部および周辺での生活との関係について語る必要性が実際には常にあったということは明白である。しかしこの関係を認識する方法の違いは、古典的な建築についての考え方の伝統とモダニズムの考え方との決定的な違いのひとつであった。もしもモダニズムがこの関係を議論するために見いだした手段が不適切な隠喩の上に打ち立てられているのだとしたらどうだろうか。この隠喩は使われなくなりつつあるようだが、それはこの関係についての議論までをも打ち切る必要を意味しているわけではない。ここで問題なのは「機能」に代わる納得のいく概念と適切な用語法を作り上げることであり、さもなくば「機能」という言葉から生物学や環境決定論といった含みを取り除くことだろう。

1 ロドリについては、Rykwert, 'Lodoli on Function and Representation', 1976 および、*The First Moderns*, 1980, chapter 8 を参照。

2 Andrew, *Louis Sullivan*, 1985, pp.32-34, pp.62-67 参照。

3 これらの三つの言葉の相対的な意味とそれらを翻訳することの難しさについて短い議論がなされているので、R. H. Bletter, introduction to Behne, *The Modern Functional Building*, 1926（trans. 1996）, pp.47-49 を参照。

4 Mallgrave, 'Form Realism to *Sachlichkeit*', in Mallgrave（ed.）, *Otto Wagner*, 1993, pp.281-321 を参照。

5 Willett, *The New Sobriety. Art and Politics in the Weimar Period*, 1978 参照。視覚芸術に関わる一般的な意味については、特に pp.111-17。建築の文脈における用法については、Miller Lane, *Architecture and Politics in Germany*, 1968, pp.77-89 を参照。

6 この記事とヘリングの「機能的《ファンクショナル》」概念については、Blundell-Jones, *Hugo Häring*, 1999, chapter 8, pp.77-89 を参照。

7 Gグループ（形成〔Gestaltung〕を意味するGは、彼らの雑誌の名前だった）については、Neumeyer, *The Artless Word*, 1991, pp.11-19 を参照。

8 一九三〇年代のイギリスにおけるこの語の意味についての有意義な議論として Benton, 'The Myth of Function' 1990 を参照。

History 歴史

この〔未来派の〕建築は歴史的連続のいかなる法則にも従属不可能である。

——A・サンテリアとF・T・マリネッティ、一九一四年、三三五頁

今では歴史で気をもむことはあまりなくなった…私は伝統主義者で、歴史を信じている。

——P・ジョンソン、一九五五年

結局のところ建築の歴史は建築の素材である。

——A・ロッシ、一九八二年、一七〇頁

有意義な建築を創造するということは、歴史を真似ることではなく、明確に表現することである。

——D・リベスキンド、一九四四年

建築家が歴史について語ると、常に物議を醸す——そして多くの場合紛らわしい。「歴史」が「問題」となったのは、モダニズムの影響によるところが大きいが、それはその主要な特徴が一般的に過去と関係あるあらゆるものの排除と考えられたからである。しかしながら建築において「歴史」はモダニズムの出現以前から議論の対象としてあった。それゆえにここで「歴史」の二十世紀における重要性を検証する前に、十九世紀における役割を理解しておくことは有意義である。

十九世紀における「歴史的建築」

歴史学は十九世紀の科学であった。それは、過去に関する膨大な知識を蓄積することを可能とするばかりか、現在と過去との相違を説明するための歴史的変化の過程に関するさまざまな理論を生み出した。歴史学において芸術一般、としてとりわけ建築は特別の位置を占めていた。それは建築作品の体験が過去と現在を分断しているヴェールをあたかもくぐったかのような錯覚を起こさせるからということだけでなく、十九世紀に発展した芸術論が、建築に歴史的証拠としての特段の重要性を与えたからでもあった。ヘーゲルにとって芸術の真の内容は、「教養の有無にかかわらずあらゆる人間に、心の最も奥深い部分が担い、経験し、生産することのできるすべての感情を経験するよう促す」ことで、人間の精神が受容可能なすべてを意識化するところにあった（46）。この点芸術は、人間の意識の過程そのものに観察者を迎え入れたために、過去の文献や証拠のいかなるものとも著しく異なっていた。したがって、スイスの美術史家のヤーコプ・ブルクハルトが一八六八年から七一年にかけて行

った歴史に関する講義の中で「歴史は芸術を通してどのように発言するか」（72）と問いかけたとき、彼は建築の内容の一部が「歴史」であることを当然視していた。しかもそれは、過去の出来事の記録という意味において、人間の精神が自らの存在を省みる知的能力の証しとしてでもあった。

十九世紀における歴史学の発達は、建築家にとって非常に有益なものとなりえた。なぜならそれは、すべての時代の建築に流れる共通の原理を見つけ出す手段を与えてくれたからである。しかるにヴィオレ・ル・デュクは『系統的辞典』〔Dictionnaire Raisonné〕の「修復《レストレーション》」の見出しの中で、この現象に対する考察をこう記した。

> 歴史に関して言えば、われわれの時代、われわれの時代のみが有史以来初めて過去に対して極めて特別な態度で接していると言えよう。われわれの時代は、人間の進展、進歩とさまざまな変容を一歩ずつたどりながら、過去を分析し、分類し、比較し、完全な歴史を記述することを望んできた。このようなわが時代の新しい分析的態度ほど新奇な事実は、浅はかな観察者が推測したように、単なる一過性の流行か気まぐれ、あるいはわれわれの弱さの現れと見なして無視することはできない。…わが時代のヨーロッパ人は、人間の前進が加速されている状況ゆえに、そしておそらく正確に言えばあまりにも速く前進しているからこそ、人類の過去すべてを再現する強い必要性に駆られている。人が幅広く図書を収集するように将来の更なる労働基盤を収集するような段階に達したのだ…。こういった状況に対して尻込みしてこれらの意味することとすべてから目をそむけ続けることなどできようか。（1990, 197-98）

ヴィオレにとって歴史は古い偏見を疑い、忘れ去られた原理を取り戻す手段を提供してくれるものであった。

しかし、歴史が建築家にとって力の源泉となりえたとしても、同時に彼らにある義務を負わせることにもなった。すなわち「歴史」は以下の二つの点から問題になった。ひとつは、過去の建築に関する知識の膨大な蓄積が建築家の独自性への余地を妨げたという点であった。イギリスの建築家ジョージ・ギルバート・スコットは一八五七年にこう述べた。

> 前の時代と比べたとき、現代ならではという特質は――われわれが美術史に精通しているということである。…これはわれわれにとって楽しみあるいは学識という観点からは非常に興味深いことではあるが、私が危惧するのは芸術家としてのわれわれにとっては助けになるものというよりはむしろ妨げとなることである。（259-60）

一八九〇年代までに多くの建築家は過剰な歴史的知識の重荷から逃れる可能性にすっかり悲観的になっていた。アメリカの建築家ヘンリー・ヴァン・ブラントは一八九三年に、建築家が歴史から知

G・E・ストリート、法廷裁判所（ロンドン、ストランド、一八七四―八二年）。「歴史的建築、十九世紀の建築家たちは、彼らのもとに提供された過去の建築に関するかつてないほどの知識を活用するだけでなく、時代の特質を表現していると後世に評価されるような建築を創造することが求められた」

りえた過去の建築の全貌を活用するだろうという期待がいかに大きな弊害を生むかを明らかにした。

実際われわれが過去、およびその時代を通じて建築の巨匠たちが成し遂げてきたことを記憶している限り、われわれがギリシア、ローマ、キリスト教、モハメット風あるいはルネッサンスと呼んでいるような独自の様式が生まれ育つことが二度とありえないことは十分明白である。(327)

過剰なまでの考古学的な知識を前にして、十九世紀後半の主要な関心事のひとつは、絶え間ない様式のリバイバルによる様式の価値の低下をいかに避けるかにあった。なぜなら、多くの建築家たちが感じていたことであったが、そのような現象は建築の芸術としての地位を傷つけるものでしかなかったからである。

「歴史」が十九世紀の建築家に提示したもうひとつの問題は、彼らが負わされた「歴史的建築」を創造する責務である。それは換言すると、もし建築が過去の人々の意識に接する機会を提供したとするならば、十九世紀に作られる建築は後の世代に対して十九世紀の精神構造の本質を明らかにすると想定できるということである。ラスキンが『建築の七燈』の「記憶の燈」の中で「その時代の建築を歴史的なものとする」(chapter6 §2) 役割について書いたのは、まさにこの将来に対する責務をこそ意味していた。多くの建築家たちは、自らの責務を十分認識しながらも、彼らの芸術がその時代を適切に記述できる力については大きな不満を抱いており、それは十九世紀後半の建築の議論の主要のテーマのひとつとなった。この問題に関する最も興味深い発言のひとつは一八八九年にウィリアム・モリスが行った「ゴシック建築」と題する講演にある。

結局のところ、現在の折衷主義が不毛かつ無益なものだと近代世界が気づき、再び言わねばならないが、封建主義を打ち倒したほどの広範で重大な変革からしか出てこないような建築の様式が必要であり獲得するだろうことに気づくとき、そのように結論づけたときに、建築の様式は真の意味で歴史的となるであろう。建築の様式は伝統を抜きにすることはできないし、少なくともそれは以前に行われてきたあらゆることと全く異なることで始めることはできないであろう。しかし、それがいかなる形で現れようともその精神はその時代の要求や願望と共鳴するものとなり、過ぎ去った要求や願望の模倣とはならない。それは、そのようにして過去の歴史を記憶し、現在において歴史を創り出し、そして将来に対して歴史を伝えることになる(492)。

このモリスの講演では十九世紀における「歴史的建築」の二つの意味が両方とも含まれている。一方で、過去の建築の包括的な知識の痕跡を考古学的に、あるいは構成原理として含んだ建築のことを指す。また他方で、その時代の精神を表明していると将来認められるような建築を意味する。

「歴史」とモダニズム

二十世紀初頭のアヴァンギャルドの反歴史的な姿勢はよく知られているところであるが、それは十九世紀における歴史学の発展によって建築家に課せられた負担に対する、ある意味必然的な結果であった。マンフレッド・タフーリの言葉を借りると「反歴史を確立し、自分たちの作品を反歴史的なものというよりも、史実性という概念を超越したものとして提示したアヴァンギャルドたちは、この時代における唯一正当的な行動をとった」(1968, 30)。歴史を拒否することは過去に対する復讐であった。建築家たちの復讐の下地の一部は、著作『悲劇の誕生』、『反時代的考察』、『道徳の系譜』において十九世紀の歴史学を攻撃したフリードリヒ・ニーチェによって用意された。実際、ニーチェは歴史そのものの重要性を否定したわけではなく、むしろ歴史を克服し、忘却することを通して超歴史的な意識に到達し、完全に現在に生きる必要性として問題を捉えていた。*1 しかしニーチェ――とりわけ最も広く読まれている著書『悲劇の誕生』――は、歴史なしで生きることを奨励していると容易に解釈できてしまう。そしてこのメッセージこそが、この章の冒頭で引用した、近代建築における最も有名な反歴史的な言説、一九一四年の未来派建築宣言の根底に流れているのである。

一九二〇年代のヨーロッパにおける建築のモダニズムの発展の中で、新しい建築の支持者たちが同意できた比較的少ない原理のうちのひとつは、建築における伝統主義、あるいはアカデミズムを敵対視したことであった。一九二八年にラ・サラで行われた近代建築国際会議〔CIAM〕の創立会議での宣言文の最初の段落には、署名者たちは「自らの作品に過去の時代や過ぎ去った社会構造における設計原理を適用することを拒否する」と記されていた。ヴァルター・グロピウスの指導のもと構築されたドイツのバウハウスの教育プログラムでは、学生に建築史を教えなかった――これは、それまでの建築教育手法では先例のない大きな転換であった。グロピウスは後に「無垢の初心者が過去の偉大な成果を目の当たりにすると、容易に自ら創造する気をそがれてしまう」(1956, 62)と、この方針の正当性を主張した。そして一九三六年にグロピウスがアメリカに移住し、ハーバード大学で建築の講座を与えられたとき、彼は自身の反歴史主義を保持していた。ただし彼は、アメリカ文化の長所が絶対的なプラグマティズムと歴史からの解放にあるという――ラルフ・ウォルド・エマソンからヘンリー・フォードにまで至るさまざまな人々によって広められた――神話を最大限活用し、反歴史主義をプラグマティックにアメリカの文脈に適用させていた。グロピウスは、新しい建築をニューイングランド地方のプラグマティズムと同一視することで、ハーバードの必修科目から建築史をはずすことを正当化した。*2

モダニズムの建築家が作った建築作品や上述の出来事などから、一九四〇年代にはモダニズムが反歴史的であると一般的に考えられていた。しかしながら実際には、それは部分的に正しいだけであった。なぜなら別の意味――ウィリアム・モリスが意味したこと――からすると、近代建築は全く「歴史的」であるからだ。それは全くその時代の建築であり、その時代精神を包含し、そのように将来認識されるであろうからである。そしてまさにこの点、すなわちモダニズムが真に「歴史的」であると証明することこそが、ドイツの歴史家ニコラス・ペヴスナーが一九三六年に著した論争的書物『近代主義運動の先駆者たち』や一九四一年にジークフリート・ギーディオンの著した『空間、時間、建築』（一九三八年から三九年にかけてグロピウスの招きによってハーバード大学で行った講義をもとに書かれた）の根底にあったのである。しかしその頃までには「歴史」という言葉がとても軽蔑的な意味合いを持つようになっていたので、たとえ双方が言わんとしていたことであったとしても、近代建築を「歴史的」と記述することは不可能であった。ギーディオンの「われわれの時代が自らを意識することへ向けての進歩の反映を、われわれは建築の中に見いだそうとしている」(19) という発言に対し、前の世代ならばその目的が「歴史的」であることにすぐに気がついたであろう。ペヴスナーやギーディオンといった評論家がことさら強く非難したのは、彼らが「歴史主義」と呼んだものであった。それは、カール・ポパーの著書『歴史主義の貧困』(1957) によって広まった言葉であった。ペヴスナー独自の解釈（ポパーとは全く関係ない）では、十九世紀の建築家たちの実践ならびに、同時代の建築家の中に見いだされた危険な回帰を攻撃するよう導かれていた。一九六一年、ロンドンでのＲＩＢＡ〔王立建築家協会〕での講演で彼はこのように説明している。

> 歴史主義は、歴史の力を過信するあまりに、独創性のある行動を窒息させ、前の時代に着想を得た行動でそれを補おうとする傾向である…私が興味を持ち、歴史主義への退行だと言う現象は、まだ復活したことのない、より最近の様式を模倣したり、そこから着想を得たりしているものである。当然のこととして、過去の様式の復活は弱さの現れである。(230)

モダニズム以降の「歴史」

ペヴスナーが挙げた「歴史主義」の事例の多くはイタリアのものであった。建築の言説に「歴史」が再登場したことを理解するには、われわれは大戦後のイタリアに着目する必要がある。『カサベラ・コンティニュイタ』誌の編集長であったエルネスト・ロジャースが一九五五年に「歴史の連続性の問題は…建築の思考において比較的新しい収穫である」(202) と書いたとき、彼はイタリアに特有であった問題を述べていた。これにはいくつかの理由がある。第一に、大戦前のイタリア・モダニズムはグロピウスやＣＩＡＭの賛同者の大多数ほど根本的には反歴史的ではなかった。たとえばノヴェチェント・グループは近代的な建築の様式を展開したが、伝統的な要素を自由かつあからさまに使っていた。より強硬なモダニストであった〈合理主義者〉たちも歴史的建築に対しては驚くほど寛容であった。[3] そして、大戦後のイタリアのモダニストたちが明らかに伝統的な形やモチーフを活用したことは、より教養主義的なアングロ・サクソン系の評論家たちを憤慨させたものの、彼ら自身の

ガベッティとイソラ、ボッテガ・デラスモ（トリノ、一九五三—五六年）。「過去の様式のリバイバルはすべて弱さの現れである」。ニコラス・ペヴスナーは、物議を醸したガベッティとイソラによるボッテガ・デラスモを「歴史主義的」として名指しした。

モダニズムの理解とは共存しうるものであった。[*4] 第二の理由として、大戦前のイタリアのモダニストたちは、全員ファシズム政権のもとで仕事をしていた——しかもその過程で素晴らしい作品を残した——という事実が、大戦後のイタリア建築家たちをジレンマに陥れた。というのも彼らは一方でファシズムを拒否しつつも、モダニストたちの作品の質を否定したくなかったからである。これに対するロジャースの解決策は**連続性**《コンティニュイタ》という概念によってもたらされた。そこでは芸術作品の重要性はその時代を象徴することにあるだけではなく、時を越えて語り継がれることにあり、ゆえに直近の歴史的意味を超越するのであった。そこでロジャースは「伝統に真に根ざしていない作品は本当に近代的とは言えない。同時に古くからの作品はわれわれの声に共鳴しなければ現在において意味がない」(1954, 2) と述べたのである。**連続性**の質は、お互い関係のある「歴史」と「アンビアンテ」——後に「コンテクスト」（一九〇頁—参照）と言われるようになる——の二つの現象によって決まっていた (132-135)。ロジャースは、建築家は双方を活用することの必要性を強く主張し、一九六一年に以下のように記した。「**歴史を理解することは建築家の形成過程において必要不可欠である**。なぜなら彼は自身の作品を既存のコンテクスト〔*preesistenze ambientali*〕の中に挿入するにあたって、それらの弁証法的な関係に配慮できなくてはならないからである」(96)。ロジャースが「歴史」を重要視したのはイタリアの建築家たちが直面していたジレンマに応えるということだけではない。第一世代のモダニズムの建築家たち（とりわけグロピウス）がやってきたこと、ならびにあらゆる設計課題に対してそれ独特の解答を作るべきだとする姿勢に対する、明確で精緻に組み上げられた批判でもあった。ロジャースの歴史への理解は甘いものではなかった。彼はクローチェにも精通し、「歴史」と「過去」を混同するような過ちを犯さなかった。過去と現在の相剋としての「歴史」は現在においてしか作りえない。したがって新しい建築作品すべては歴史的行為であり、それらは多かれ少なかれ既存の作品すべての再解釈を促すのである。こういった意味合いでロジャースは建築を「歴史」と捉えていた。

「歴史」を近代建築の言説に持ち込んだ張本人ともいえるロジャースは、その重要性を明確に建築家たちに示したが、それらの知識を建築家がいかに実践の中で活用すべきかについては決して明らかではなかった。『カサベラ』グループの若手メンバーであったヴィットリオ・グレゴッティは一九六六年に「歴史は興味深い道具を提示する。その知識は必要不可欠のようでありながらも、一旦習得しても直接使うことはできない。換言すればそれは廊下のようなもので、出口に行き着くために端から端まで歩き通さなければならないが、それが歩き方について何かを教えてくれるわけでもない」(87)。一九六六年に出版されたミラノ・グループのメンバーによる二冊の本、グレゴッティの『建築の領域』〔Il Territorio dell'Architettura〕とアルド・ロッシの『都市の建築』において、おのおのの著者は歴史の知識がいかに建築に活用されうるかという問題を扱った。出版に続いてドイツ、フランス、ポルトガル語に翻訳され、一九八二年にようやく英語の翻訳が出版されたロッシの著作は、グレゴッティのものより広く知られており、英語圏に「歴史」を注目させる主要な役割をはたした。**連続性**の主題の詳説として、『都市の建築』はロジャースの始めた議論をより深めた。ロッシの主張は、建物は建てられた当初の機能よりも長持ちし、それ自身変わることなく別の機能を引き受けることから、機能主義（二八五頁参照）が都市形態の理論としては不十分であるということであった。使われ方の継続的な変遷に代わるものとして、ロッシは都市が「恒久的なもの」から構成される――「こうした永続性は過去の物理的な痕跡としての記念碑や、都市の基本レイアウトや計画における永続性として明らかになる」(59)と提案した。都市の土地開発や区画の過程の歴史的研究によって都市の人工物《アーティファクト》の「恒久的なもの」が明らかにされることになる。そういった意味で「都市は歴史の文書となり、実際のところ、都市の現象を歴史を用いずに研究することなど想像を絶する」(128)のである。科学的手法が唯一の都市の分析方法だと教え込まれた世代にとって、建築のアヴァンギャルドの一員から発せられたこのような示唆は、控えめに言っても論議を巻き起こすものであった。

ロッシの意味するところの「歴史」の一方が、残された人工物の「恒久的なもの」に現れる都市発展の過程だとすると、もう一方はフランスの社会地理学者たちに由来する「集合記憶《コレクティヴ・メモリー》」という概念に包含される。彼らの関心は、何がある場所を他の場所から異ならせるのかを解明することにあった。それは経済的要因のみでは説明不能であった。なぜなら実際には多くの場所で同一条件を考えられるが、それでも場所は異なっているからだ。そこで場所の唯一性を説明するために彼らはひとつひとつの場所には、独自の「存在」、その場所の建造物の形に表現された集合記憶があると推論した。ロッシはその考えを援用し、「すべての都市はそれぞれの魂を持ち、それは古い伝統、現在の生きた感情、あるいはまだ満たされていない願望で作られている」(162)と主張した。ロッシの議論の独創的なところは、「恒久的なもの」と「集合記憶」という都市の歴史の二つの理解の仲立ちとして建築を位置づけ、それが、二つの概念を結びつけるだけでなく、連続性を調査、検証する上での唯一の具体的な証拠であると示唆した点にある。「歴史を集合記憶、すなわち集団とその場所との関係性として見なすことは、都市の構築物とその個性、またその個性が形として現れた建築の重要性を認識させてくれる点に意義がある」(131)。結局のところ、ロッシの意図は**連続性**をより厳格な概念とするところにあった。ロジャースの思弁的で一般論的な姿勢に対して、ロッシは具体的な研究方法を提案し、新しい建築へ積極的に貢献する方策を提示した。

ヨーロッパにおいて建築家たちが本格的に「歴史」に着目する最も大きな契機を与えた本がロッシの『都市の建築』であったとすれば、アメリカをはじめとする英語圏ではその役割をロバート・ヴェンチューリの『建築の多様性と対立性』が担った。ロッシの著作と同じ一九六六年に出版され、正統派モダニズムを批判したところまでは共通しているが、その他の点、とりわけ「歴史」という言葉の定義で両者は全く異なっていた。ロッシの攻撃の対象が「機能」であったのに対し、ヴェンチューリの攻撃は「形《フォーム》」、特にモダニズムにおける形の過剰な単純化に向けられていた。驚くべき幅の歴史的事例を通して、ヴェンチューリは複雑で曖昧な形態を主張した。彼は歴史的事例を挙げながら現代建築に関する議論を展開したことを、T・S・エリオットの引用をもって正当化した。ここで暗示されたのは、もし文学におけるモダニズムが伝統に依存していることを認められるのなら、建築におけるモダニズムも同様にすべきだし、それによって建築の意味がより豊かなものになるということであった。確かにヴェンチューリはロッシと比較すると、「歴史」をより一層控えめかつ伝統的な意味合いで使った。ヴェンチューリは「私は建築家としてなるべく慣習に従うのではなく、過去に対する感覚を意識し、思慮深く検討された先例を範としている」(13) と記したが、この目標はほとんどの十九世紀の建築家にとって馴染みがあり、賛同できるものであった。ヴェンチューリの「歴史」は、モダニズムの構成原理の観点から分析された先例から成り立っていた。この考え方に大きく影響を受けたポストモダンの建築家たちにとって、ヴェンチューリの著作から得た主な教訓は、歴史的先例が建築の意味を豊かにするという点であった。そして多くのポストモダンの建築家たちにとって、この点が「歴史」の主要な魅力となった。アメリカのポストモダニスト、ロバート・スターンは一九七七年にこの状況をきわめて格調高く以下の言葉にまとめた。「建物の歴史は、建築における意味の歴史である」(275)。

イタリアは例外だが、一九五五年には真剣に取り組んでいる近代建築家なら誰しも「歴史」は重要ではないと考え、彼らの作品はいいものであれば歴史を超越しているものだと答えたであろう。この年に行われた講演でフィリップ・ジョンソンはこの状況を上手に要約した。

> 近年における最も大切な歴史という支えはもはや有効でなくなった。昔はいつでも本を頼りにすることができた。たとえば「私の塔が好きじゃないってどういうことだ。ほら、レンもやっているし」とか、「彼らはあれを支金庫のビルでやったじゃないか、何で私だとダメなんだ」などと言えた。今では歴史で気をもむことはあまりなくなった。(190)

しかし一九七〇年代初頭までにはすべてが変わってしまい、みな自分の作品に「歴史」があることを誇示しようとした。ほとんどの

R・ヴェンチューリ、プリンストン大学ゴードン・ウー・ホール（一九八四年、左はより古い一九二〇年代の大学校舎）。「先例に…導かれ、思慮深く検討された」。ヴェンチューリの「歴史」に対する認識は、イタリア人たちが思うほど、過激でも野心的でもなかった。

場合これはわかりやすいモチーフを用いることによって何かしらの「意味」があると主張することであった。建築家が「歴史」を実際どのように理解していたかは多くの場合よくわらないところであった。たとえばアルド・ロッシの初期の近代主義運動に関する「作られたもののうちで秀でたものには歴史があるように思える」という発言は、この不思議な構成要素がいったいどのようなものかと思わせるが、ある意味ほとんど関係ないことともいえる。なぜならおそらくロッシがここで確認したかったことは、モダニズムの先駆者たちが歴史と伝統を否定していたにもかかわらず、偉大な建築の規範に含まれうるということだったからである。

過去二十年間に多くの建築家たちが「歴史」について語るのを聞くと、十八世紀の建築家たちが「自然」のことを語っているのを想像してしまうのは無理もないことである。作品を位置づけ、同時に何らかの特質を提供するための、曖昧に定められたカテゴリーといった感覚は双方に共通なものである。そして十八世紀の先行者たちが自然の構成される過程にほとんど興味を示さなかったのと同様、二十世紀末の建築家たちは概して歴史の分野でどのようなことが起こっているかに対して驚くほど無頓着であった。なぜなら二十世紀の歴史家の間では、歴史を明確な真実に達することのできる精密科学とした十九世紀の考え方に対する異議申し立てが行われ、大筋否定されたからである。すなわち歴史が行ったことは過去の出来事に対し、特定のイデオロギーを正当化するための解釈を作り出す、特定の人々の利益のための行為だったと一般的に認められるようになり、多くの歴史家の関心は歴史が形作られた過程の調査に向けられるようになった。歴史家たちの間で「歴史」は、過去の史料を分類し、解釈する現在の知性の産物という認識であるのに対し、建築家たちの間では過去の建築作品そのものが「歴史」であるとの信念が残っていた。どのようにして過去に作られた建築作品が、現在に作られる「歴史」となりうるのかは、ほとんどの建築家が気にかけなかった矛盾点である。この混乱状態を実証するには「文化遺産」ほど適切なものはない。そこでは、保存された過去の事物や建物が「歴史」そのものとして提示され、それらを歴史とならしめた偏見や利害関係に満ちた経緯に関しては、われわれの目の前に提示される事物の十二分な具体性によって覆い隠されてしまう。

ダニエル・リベスキンドは二十世紀の歴史哲学の教訓を学び、それを作品に適用した数少ない建築家の一人である。リベスキンドは歴史が定められ、固定されたカテゴリーでなく、作られることで初めて存在し、現在においても作り直されるものであることを十分認識している。一九九四年に彼は、「開かれた社会で活動する建築家は都市の中で表現されている歴史のさまざまな解釈の対立と奮闘する責務がある。有意義な建築を創造するということは、歴史を真似ることではなく、明確に表現することである。またそれは歴史を消すことではなく、取り組むことである」と記した。一連の博物館の依頼では（ベルリン、オスナブルック、ロンドンのヴィクトリア・アルバート博物館）計画そのものの性質からして歴史の過程を熟考することを求められたが、リベスキンドは特にベルリンのユダヤ博物館において、この問題に対する鋭い理解を示した。ここで彼は大戦後のドイツでのユダヤ人の歴史という解決の難しい特質を建物のテーマに不可欠なものとしようと試みた。一九九七年のロンドンのA・A・スクール〔Architectural Association School of Architecture〕での講演で、彼は「博物館が簡単に整理できないように計画されているのは、歴史がそのようなものだからだ」と発言した。博物館は歴史がまだ完結していないことを示している。そして、出来事が過去の人々によって行われたとしても、最終的な責任は現在のわれわれにあるのである。ユダヤ博物館で浮き彫りにされた「歴史」の理解では、ポストモダニズムによって流布された本質的に装飾本位の歴史観は遠く忘れ去られている。

D・リベスキンド、ユダヤ博物館の内観（ベルリン、一九八九—九八年）。リベスキンドの博物館は、過去を記述する歴史が現在において形作られることを了解し、それに関連する困難を強調する。

1 ニーチェの歴史思想については、White, *Metahistory*, 1973, chapter 9を参照。

2 W. Nerdinger, 'From Bauhaus to Harvard: Walter Gropius and the Use of History' in G. Wright and J. Parks (eds), *The History of History in American Schools of Architecture*, 1990, pp.90-98を参照。

3 Doordan, *Building Modern Italy*, 1988, 特に74ffを参照。

4 「ネオ・リバティー」リバイバルとミラノのトーレ・ヴェラスカによって引き起こされた論争については、Tafuri, *History of Italian Architecture, 1944-1985*, chaper 4を参照。

Memory　記憶

われわれはそれ〔建築〕が無くとも生きていくだろうし、礼拝に赴くだろう。しかし、それ無しでは何も思い出せない。
――J・ラスキン、一八四九年、第六章、二項

しかも、永きにわたってわれわれは歴史についてではなく、記憶について語ってきた。
――G・C・アルガン、一九七九年、三七頁

…都市においては、歴史が潰えるところで記憶が始まる。
――P・アイゼンマン、ロッシを紹介しながら、一九八二年、一一頁

記念のために建物を作ることは、建築の最も古くからある目的の一つである。ある人々や出来事を直接見て知っている個人の心的な回想をこえて、社会的に共有されたこれらの記憶を保ち続けることができる、と建築は期待された。それは古代以来変わらない建築の特徴の一つであった。「意図的な記念建造物《モニュメント》」〔intentional monuments〕とでも言うべきもの、つまり特定の人々や出来事を記念するために建てられた作品の例は、今なお数多く残っている。しかし、指摘しておかなければならないことは、建物は記憶を保ち続けるための手段としては頼りないものでしかないということである。大抵は、物は残っていても、その物が思い出させる人や出来事は忘れ去られてしまっているのである。グラヌムのローマ時代の霊廟は一体誰のために建てられたのか。その人の名前をたとえ知っていたとしても、ほとんど意味はない。というのは、その人についてそれ以外何もわからないからである。では、オランジュの門が想起させるものは何であろうか。それは戦いであり、勝利であることは間違いないが、それ以上のことを思い出すことはできない。人間の記憶のはかなさに抵抗する記念碑の力に信頼を置きながらも、建築による記録とはうまくいったとしても大したことはない。

「記憶」と建築に関して近代の関心は、意図的な記念建造物よりもむしろ、意図的であるなしにかかわらずすべての建築に関して、それを知覚する際に記憶が果たす役割へと向けられていた。建物を経験する上で記憶が不可欠な要素になるかもしれない、という考えは、十八世紀以来、少なくとも三つの異なった形で繰り返し現れており、その度ごとに異なった目的を持っていた。記憶は、建築思想の全般的な変化を最も明確に示す概念の一つである。変化の兆候がどの時代よりもはっきりしたのは、その最も新しい段階においてであった。その段階とは、モダニズムによる記憶の殲滅とも思われたものが過ぎ去った後の、一九七〇年代、八〇年代の記憶のとめどのない洪水の時期であり、その記憶の洪水のために都市全体が記憶で

溢れかえってしまいかねない時期であった。

建築を感受することの一部としての「記憶」は、最近の議論の中で考えられているほどすっきりと理解できるものではない。第一に、どういった意味で建築が持つ感性的美の一部を記憶が構成しているのか全くはっきりしないのであり、そもそも記憶がそこに属しているかどうかは実に疑わしいのである。[*1] 第二に、「歴史」と「記憶」との違いはいつも明確であるとは限らない。最近の議論の中では、両者が同義語のように扱われることがよくあるようである。第三に、三つの歴史的段階それぞれにおいて、「記憶」は異なる意味を持っていた。二十世紀のピーター・アイゼンマンが、十九世紀のジョン・ラスキンや十八世紀のホレス・ウォルポールと同じことについて語っていると決めてかかるのは明らかに間違いであろう。最後になるが、第四に、建築家と都市計画家《アーバニスト》が、特にポストモダンの時代に、「記憶」に熱狂した部分的な理由は、古代以来、哲学者や心理学者が、建築や都市を記憶の心的過程における現象を説明づけるための隠喩《メタファー》として用いることが定式化されていたことと関係していた。たとえ、多くの場合こうした類比の要点が記憶と都市が似ていないことに注意を向けさせることであったとしても、記憶と建築が同種同族のものだと思い込もうとする衝動に抵抗することはできなくなっていた。このことに関してたった一つだけ例を挙げれば、ジークムント・フロイトは『文化の中での不満足感』の中で、精神の内に蓄積する素材が保存されることを描き出すためにローマを用いたのだが、それに続けて、他の点ではこのイメージが精神の心理機構との比較に適していないことを強調していた（6-8）。このようなことがあっても、「永遠の都市」や記憶の地としてのローマについて多くのことが語られることが止むことはなかった。[*2] しかし、建物と記憶の結びつきという仮定を何よりも後押し

C＝N・ルドゥー、「記憶の神殿」。自身の理想都市のためにデザインされたルドゥー「記憶の神殿」は、ルネサンス以来あらゆる建築に通有のものと見なされてきた目的を、固有の建物に分化させたものだった。

ローマ時代の霊廟（フランス、プロヴァンス、サン＝レミ、グラヌム、紀元前三〇年頃）。この霊廟が誰を記念するものだったのかははるか昔に忘れ去られている。

したのは、歴史家のフランシス・イエイツが著書『記憶術』（1966）において、長い弁論を記憶する手段として記憶宮や記憶劇場を用いる古代の記憶法を再発見したことであった。想像上の建物の一室や特定の場所に議論の各部分を当てはめていくことによって、話し手は少しずつ論説について思い出すことができたのだった。フランシス・イエイツの著書は建築批評界では広く読まれ、確かに影響力を持っていたが、それはある特定の記憶法の歴史を説明したにすぎなかった。建築それ自体が「記憶術」の一つだとする歴史的権威に基づいたさらなるこじつけの主張がそれだけで正当化されることはほとんどなかった。以上を始めとするさまざまな点で「記憶」という概念が複雑さを孕んでいることは、「記憶」を建築のカテゴリーとして考える上で、考慮しておかなければならないことである。

それでは「記憶」に関する三つの歴史的段階について考えてみよう。建築の、そしてその他の芸術の感性的美における要素として記憶が最初に現れてきたのは十八世紀のことであり、それは一つの新展開だった。記憶がその時代に現れてきたのは、知識の増大による断片化や、文化と文明の全体性が失われてしまうという感覚に対して、記憶が抵抗の力を持っているように思われたためであると一般には考えられている。芸術作品に対する反応の一つの相である「記憶」を涵養することが、何らかのかたちでの回復につながるという希望を与えたのである。[*3] 建築のある特定の分野では、「記憶」の特別な価値とは「記憶」が主体の自由を確立することであるとされていた。従来は、建築の質は均整の法則や、そうした権威づけられ記憶宮、ロバート・フラッド『記憶術』（一六七一年）より。フランシス・イエイツが中世およびルネサンスの雄弁術における記憶宮を再発見したことは、建物と記憶との関係に対する関心の再興に寄与した。

た規範によって判断されていたのだが、記憶に与えられた価値によって、あらゆる個人が建築作品から自分だけの個人的な快感を引き出す自由を得たのだった。「記憶」の発見の起源を哲学に見いだすとするならば、一般的には、ジョン・ロックが『人間知性論』（1689）の中で示した精神過程についての説明に始まるとされる。確かに、記憶が個人に与える知覚の自由は、ロックが他の著作の中で市民に訴えかけていた政治的自由と一致していた。知覚についてのロックの説明を普及させたのは、一七一二年に『スペクテイター』に掲載されたジョセフ・アディソンの「想像力の快感」についての一連の記事だった（no.411-21）。その六番目の記事の中で、快感は単に視覚をはじめとする諸感覚から得られるだけではなく、想像上のものをじっくり観想することによっても得られるものだとアディソンは主張した――「想像による第二の快感は、さまざまな対象物そのものから生じる観念と、それらの対象を再現する彫刻、絵画、記述、あるいは音声から受け取る観念とを比較する精神作用から発する」（no.416）。アディソンが示したことは、芸術作品の力は作品が喚起する観念連合〔association of ideas〕に由来するということであった。「われわれの想像力は…不意に、都市や劇場、平野や牧草地へとわれわれを導いていく」、つまり、知覚に現前しているものからはあまりに遠すぎる土地へとわれわれを導いていくのである。「そのように、空想の中に過去に過ぎ去ってしまった風景が浮かんでくるとき、当初見たときに心地よかったものは、さらにより心地よいようである。記憶は対象そのものが持つ歓びを高めるのである」（no.417）。アディソン自身は、観念連合や記憶の連関について、建築との関わりの中では何も言っていなかった。文学を別とすれば、十八世紀のイギリスで彼の理論を最も手早く応用できた芸術は、庭園術であった。十八世紀前半には、庭園建築、廃墟、そして彫刻の目的が特定の記憶や連想〔association〕を喚起することに置かれる傾向にあった（たとえば、ストウ庭園のそれはイギリスの歴史と憲法上の自由についての観念を想起させることだった）一方で、あるはっきりとした変化が十八世紀の後半に起こった。これまでとは全く異なる、規定化されていない連想へと移行したのである。この変化は、トーマス・ワットリーの著書『近代造園術についての批評』（1770）の中で、象徴的な連想の様態《モード》から表現的なそれへの脱却として描写された。その後者においては、自然の風景は、特定の指示対象なしに、あらゆる個人の中にそれぞれ異なる観念の連鎖を生み出し、その連鎖自身が美的な快感の要因となるだろうと考えられていた（123-24）。

十八世紀末のイギリスにおける美学では、精神活動の三つに区分された段階――対象の直接的な認知、記憶、そして想像――の関係は主要な論点の一つになった。ロード・ケイムズは著書『批判主義要論』（1762）の中で次のように書いている。「私たちが住む世界を充たす事物は、その多数であることのみならず多様であることにおいても特筆に値する。これらは、精神に多くの知覚を与えるのである。知覚は、記憶の、想像の、そして反省の観念と結びつけられて、切れ目や隔たりのない完全な連鎖を形作るのである」（vol.1, 275）。

ジェイムズ・ギブス、自由の神殿（イギリス、バッキンガムシャー、ストウ、一七四一年）。その建物は、アングロ・サクソンの自由という——休止状態であったにせよ——固有の記憶を喚起した。

ケイムズに従えば、アーチボルド・アリソンとリチャード・ペイン・ナイトが展開した議論は、連想された思考の連鎖が広範で多様であればあるほど、その分だけ美的な感動は豊かなものになるというものであった。アリソンは著書『趣味の自然本性と諸原理についての試論』(1790)の中で次のように説明している。「われわれの観念がより増大すればするほど、あるいはわれわれの知覚がどんな主題をも取り込むように広がっていけばいくほど、われわれがそれに結びつける連想の数は多くなり、われわれがそれから受け取る崇高や美の感情も強くなるのだ」(vol.I, 37)。こうした言い回しの中では、記憶は、ペイン・ナイトが『審美原理についての分析的考究』(1805)の中で述べている「改善された知覚」へと至る手段を与えるものだった。つまり、記憶は対象物が喚起することのできる観念の範囲を拡充したのだ。ペイン・ナイトは次のように説明する。

> あらゆる知性による快感は、観念連合から生ずるのであるから、連想の構成要素がより複合的になればなるほど、そのような快感の得られる圏域も拡大する。知性豊かな精神にとっては、感覚に現れるほとんどすべての自然や芸術の対象物が、諸観念の新鮮な連鎖や組み合わせを刺激したり、前からあったそれらのものを活気づけ強化したりするのである。(143)

美的受容の理論としては、観念連合にはいくつかのかなり深刻な欠点があったし、その退潮も少なくとも部分的にはその欠点によって説明される。第一に、それは個人の趣味や判断に強く依存するものであり、美的快感を、教養教育の恩恵を受けた人々のために大幅に制限してしまっていた。というのも十分な記憶の蓄えを享受することができたのは彼らだけだったのだから。つまりアリソンは古典建築との関連でこう説明するように、「疑いのないことだが、民衆は、そのような対象物から、教養を身に付けた人々が感じるよりも非常に劣位な〈美の感情〉しか抱かないのである。現代の教育がいちはやく結びつけるような〈連想〉を、彼らはひとつも持たないからだ」。(vol.II, 160) 美的なものについての説明が、特定の個人の経験という偶有性にこれほど強く依存していては、一般理論としては説得力に欠けていたのである。観念連合の第二の欠点は、それが美的なものの所在をすべて主体の心的過程の中に位置づけたことである。快感は、対象物が喚起するさまざまな想念の連想から引き出される――すなわちペイン・ナイトが述べるように、「われわれの記憶の中でひとりでに互いの連合を作り出す」(136) さまざまな観念から引き出されるのであり、対象物との遭遇からではないということだ。ドイツで主にカントによって展開された美学哲学では、美的なものは、対象物の感受と対象を観る主体が感じる感情との中間にある何かに関係していた。この伝統に与する哲学者たちにとって、ただ精神の内部しか扱わず、また美的なものは意識的には制御できないとする説明は、あまり関心を惹くものではなかった。おそらくこのような理由から、「記憶」や「連想」といった言葉が、カントの哲学や十九世紀ドイツの美学哲学の中に居場所を得ることがなかっジェイムズ・ラッセル、「ローマにおけるイギリス人の目利きたち」、油彩(一七五〇年頃)。「観念連合」の考えは、美的な感覚作用を、相応な記憶の蓄えを獲得できる十分な特権を持った人々だけに限定するものだった。

たのである。そしてイギリスにおいてさえ、「記憶」や「観念連合」は、急速にその訴求力を失っていった。コールリッジが一八一七年に書き記しているように、「この〔連想という〕原理は実践的な指針とするにはあまりに漠然としている——哲学における連想なるものは医学における刺激〔stimulus〕という用語に近い。すなわち、すべてを説明しながら、何事も説明していないのである。なにより、それ自身についての説明がなされないままなのである」（vol.II, 222）。

「記憶」や「観念連合」という言葉の十八世紀的な構想が、コールリッジと同様にわれわれにとっても使い物にならないと感じられるとしても、忘れてはならないのは、その主たる目的は秩序、均整、装飾といった伝統的な規則の権威をその基盤から切り崩すことにあったということである。このような目標がいったん達成されてしまった以上、もはやその価値は失われ、われわれはそれらをまるごと忘れ去ってしまうこともできていたかもしれない。だが、そうはならなかった。というのもそれらは、十九世紀半ばにジョン・ラスキンが展開した、建築における「記憶」という言葉の第二の位相の基盤となったからである。古くなった十八世紀の連想の理論を取り上げて、より永続性のある強靱な概念へと転換したことは、ラスキンの功績であった。『建築の七燈』（1849）の六番目には「記憶の燈」があり、そこでラスキンはこう書いている。「人間の忘れやすさを力強く克服し得るものは二つしかない。すなわち〈詩〉と〈建築〉である」。この二つのうちでは、建築の方が優っている。なぜなら建築は「人間が考えたこと、感じたことばかりでなく、彼らの手が触り、彼らの力が働き、彼らの目が捉えたものをも」（chapter VI, §ii）提示するからだ。言い換えるなら、建築だけが提供し得るものは人間の労働の記憶であり、それは手の労働と精神の労働の両方を含むからであった。古代建築の姿が触発する記憶とは、古き時代の美徳や自由、クロード・ロラン風の風景の回想といったありふれた題目ではなく、その仕事がどのような性質のものであるかについての実感であり、その建物が作られた際の労働の状況なのである。ラスキンと十八世紀の彼の先人たちとでは、「記憶」という言葉についての構想にかなりの差異がある。第一の相違は、ラスキンにとっては想起されるものとは精神的な想像作用の終わりなき連鎖ではなく、もっと限られた特定のもの、すなわち仕事であるという点である。第二の相違は、記憶は個人的なものではなく、社会的で集合的なものであるとされる点である。つまり、国民文学や国民詩と同じく、建築もまた国民建築として、ある国家が共有の記憶を通じて一体性《アイデンティティ》を確立するための手段のひとつなのである。第三の相違は、「記憶」という言葉は過去にのみ関わるものではなく、現在が未来に対して有する義務でもあるとされている点である。

> われわれがものを建てるとき、われわれは永遠のために建てるのだと考えよう。それをただ現在の満足や現在の使用のためのものとするのではなく、われわれの子孫がそれに感謝を寄せるようなものとしよう。われわれが石を積み上げていくとき、いつかそんな日がくるのだと考えよう。われわれの手が触れたことによっ

て、その石が神聖なものとされる日が。そして人々が、その労働と仕事の跡を眺めやり「見よ、これは、われらの祖先がわれらのために成したのだ」と語る日が。(chapter VI, §x)

ラスキンの「記憶」という言葉についての考えは、「歴史」という言葉についての彼の理解と深く関わっており、その二つを区別しようとしても得るものはないだろう。ラスキンの時代においては、その二つの言葉についての彼の考えが第一に直接的な影響を与えたのは古代建築物の保存に対してだった。ラスキンの議論の意義は、詩と同じように、建築もまた特定の誰か、あるいはただ現在だけに属しているのではなく、すべての時代に属しているのだと強調したことにある。建築に対して現在が有する権利は所有者が生きている限りのものであり、その建築を後代のために守ることが現在に課された義務なのである。ラスキンはこう断言している。

われわれが過去の時代の建物を保存すべきかどうかというのもまた、都合や心情の問題ではない。**われわれにはそれに手をつける権利は全くないのである。**それはわれわれのものではない。一部はそれを建てた人々に属し、一部はわれわれに続くすべての世代の人類に属するのである。(chapter VI, §xx)

ラスキンの記憶についての考えが最も直接的に影響を与えたのは、新しい建築というよりも、むしろウィリアム・モリスと一八七七年設立の古代建築物保護協会〔Society for the Protection of Ancient Buildings〕によるイギリスにおける保存運動の進展に対してであった。(もっとも、モリスに対するラスキンの影響は建築の思想に限られるものではない。モリスは「記憶」という言葉を彼の政治思想の重要な一要素へと展開していくことになる。)ラスキンの建築に関する後期の著作である『聖マルコの安息所』や『アミアンの聖書』(1883)においても「記憶」という言葉は重要なものであり続けたが、その意味は変化し、より一般化されたものとなっている。これらの本においては、いくつかの建物が、人間の歴史、神話、宗教の全域へと通じる経路を与えてくれるものとして登場する。それらは、記憶を具現化するものというよりもむしろ、人間の記憶を触発し、その記憶を理解へ関連づける手段となるのだ。

その少し後にオーストリアの美術史家アロイス・リーグルが書くこととなったエッセイは、古代建築物の持つ記憶としての意義というラスキンの観念をさらに精緻にしたものとして興味深い。それはオーストリア＝ハンガリーの政府による古い建造物の保護のための提案の一部として一九〇三年に書かれたのだが、彼は、人々が厳密にはそうした古い建造物をどのような点で価値あるものと見なしているのかについて問いかけようとする。その中でリーグルは、「歴史的価値」〔historic-value〕、すなわちその作品が何らかの歴史的時期についての証しを提示しているということと、「経年的価値」〔age-value〕、つまり時間の経過という一般化された感覚とを区別した。そして、大多数の人々に関する限り、求められるのは経年的価値の方であると結論づけている。

リーグルがそのエッセイを書いた頃には、「記憶」という言葉はすでに攻撃にさらされていた。ニーチェの「生に対する歴史の利害について」というエッセイにおける有名な記憶の排撃と忘却の称揚は、一八七四年のことである。そこでニーチェは「ほとんど記憶なしでも生きること〔…〕は可能であるが、忘れることなしにはおよそ生きることなど不可能である」(62)と断言した。この歴史の消去、そして記憶の消去に対するニーチェの信念は、その信念が直接知られているか否かにかかわらず、モダニズム建築に、そしてモダニズムの絵画や彫刻に、繰り返し現れるテーマのひとつとなっていった。

モダニズム建築の言説において「記憶」という言葉への言及は稀である。モダニストたちは記憶を否認することさえせず、ただ単にそれを無視したのだ。モダニズム建築にとって——モダニズム芸術にとってと同様——作品の内的本質を減ずるものや、作品との無媒介的な対峙の外側にあるものは、侵入させてはならないものであり、作品にとってのそうした脅威の筆頭が記憶だったのである。そのような思考の典型はジェフリー・スコットの『人間主義の建築』(1914)であった。この著作はドイツの哲学的美学の伝統に多くを負っている。スコットは「〈ロマン的欺瞞〉」を攻撃する中で、「ロマンティシズムは造形的な形態にはそぐわない。ロマンティシズムは、漠然としたものや記憶に浮かんでくるものに関わり合いすぎるので、徹底して具体的であるもののうちには自らの自然な表現を見いだすことができないのだ」(39)と述べる。ロマンティシズムの表現手段《メディウム》である文学の重要性と価値が存在するのは、

主として、その素材に相当する調子についての響き、連想の中である。反対に建築は、主に直接訴えかけることでわれわれに影響を与える芸術である。建築の重要性と価値は、素材や形態と呼ばれる素材の抽象的な配置に主に宿るのである…根本的に、この二つの芸術の言語は、全く異なるのであり、正反対ですらあるのだ。(60-61)

しかし、絵画、彫刻、建築などの造形芸術の中で記憶が否定されたとしても、モダニズム芸術の一つの形態——文学——の中では、記憶は主要なテーマであった。実際、モダニズム文学の一部の批評家たちにとっては、記憶は文学的な流行であったのであり、書くことと読むことの両方の行為に最も著しく関わる能力であった。このことをマルセル・プルーストの『失われた時を求めて』ほど明確に示しているものはなかった——もっとも、この本をそのように注目すべきものにしているのは、ヴァルター・ベンヤミンが記しているように、それが「忘れることについての作品」であって、「その中では、思い出すことが横糸であり、忘れることが縦糸である」(204)からだった。忘れることなしに記憶は存在しえないことと、記憶の利点は記憶と忘れることとの弁証法の中にあるということに、プルーストが気づいていたことは重要であり、その認識が二十世紀初頭のもう一人の記憶についての偉大な研究者であるジークムント・フ

サンテリア、新都市のための *casa gradinante*（一九一四年）。未来派は、多くのモダニストと共通するように、美的知覚の構成要素としての「記憶」を拒絶した。

ロイトとの彼の接点なのである。だけれども、プルーストは記憶と建築についての文脈の中で特に興味深い著者である。というのは、彼はラスキンの熱狂的な読者であり、それは特にラスキンの建築についての記述に関して言えることであった。実際、彼は『アミアンの聖書』をフランス語に翻訳していた。プルーストは建築、文学と記憶との関係についてのラスキンの考えを完全に理解し、それをわが物としていた——彼は『失われた時を求めて』の構造を大聖堂《カテドラル》の構造のように描写しさえしたのである。*4 しかしながら、プルーストが発展させていくことになる記憶についての考えは、ラスキンのものとはいくぶん異なるものであった。ラスキンにとって建築は記憶であった一方で、プルーストは、記憶と対象との関係は不安定で捉えどころのないものでしかないと強調していた。そこで言われる対象には建築も含まれていた。彼は、『失われた時を求めて1——スワン家のほうへ』の中で次のように述べている。

〔自らの過去を〕取り戻そうとするのは、無益な骨折りである。あらゆる知的な試みが無駄であるとわかるに違いない。過去はその範囲の外側に、知性の手の届かないところにあるのであり、われわれがさっぱり気づかないある物的対象の中に（あるいは物的対象がわれわれに与える感情の中に）あるのだ。しかも、それは、われわれ自身が死んでしまう前にこの対象に出会う偶然のめぐり合わせがあるか否かにかかっているのである。（vol.1, 51）

プルーストにとって、建物が無意識の記憶を呼び起こすきっかけとなりうる一方で、その過程は偶然によるのであり、頼りないものであった。そうだとすると、「記憶」がモダニストの美学にとって重要である一方で、その価値は対象、そして建築が属する物質世界と記憶が属する精神世界との間の根本的な相違と非連続性を認識することに由来すると言える。この識別は、建築における記憶についての十八、十九世紀の概念にはないものであり、これから見ていくように、二十世紀末においてもその大部分は無視されていたのだった。

ではここで、建築における記憶の第三段階に目を向けてみよう。その時期は、二十世紀の最後の三分の一に当たる。この段階の特徴を理解するために、いくつかの文脈が必要である。一般には、二十世紀はそれ以前の歴史ではありえなかったほどに記憶に取りつかれていた。博物館《ミュージアム》、公文書保管所《アーカイヴ》、歴史研究、文化遺産計画に対する二十世紀の膨大な投資は、忘れることに怯えているように見える文化の兆候である。その補助的な記憶、つまりパーソナル・コンピュータの驚くほどの商業的成功ほど、このことを明らかにしているものはない。また、二十世紀には、「歴史」と「記憶」の違いが拡大した。おそらく、そのことを最も説得力を持ってはっきりと示しているのは、ドイツの批評家ヴァルター・ベンヤミンであった。ベンヤミンにとって、「歴史」——十九世紀の学問のひとつ——は、支配権力の利益に与するように出来事を歪めてしまうものであった。「記憶」

マヤ・リン、ヴェトナム戦争記念碑（ワシントンDC、一九八二年）。ヴェトナム記念碑やその他の二十世紀の戦争記念碑に対する大衆の称賛は、モダニズム建築が、記憶を否定することで、感情に訴える意味の蓄積から自らをどれほど切り離していたのかに注意を向けさせることになった。

を通じて、過去の断片は制御することもできず爆発的に現在へと入り込むのだが、その「記憶」とは個人が歴史の覇権に抵抗するための最も重要な手段であった。

ある特定の活動の中で、それ以前のいかなる歴史においても前例がないほどに、西欧文明は記憶が朽ちていくことに抵抗するための物的対象の能力に異常なほどの信頼を示してきた。それは多くの戦争で亡くなった者たちを追悼する戦争記念碑建設に見ることができる。フランスのティエプヴァルやイタリアのモンテ・グラッパ、あるいはより最近で言えばワシントンDCのヴェトナム戦争記念碑のように、すべての戦死者の名前を偲ぶ記念碑は、かつての時代においてはそれと同じようなものは存在しなかった。これらの人工物が作られた理由が何であれ、それらの目的が何であれ、こうした多くの記念碑は、個人的にしろ、集団的にしろ、これらの多くの死を忘れてしまうことは近代社会にとって最大の脅威のひとつであるという前提のもとに成り立っている。そしてまた、そうした記念碑は、物的対象が持つ記憶を保存する力に揺るぎない信頼を置いていることを示しているのだ。[*5]

こうしたさまざまな記憶をとどめるための活動や制作物すべての中では、モダニズム建築やモダニズム絵画はたいした役割を果たしているのでもないし、単に傍観者であるにすぎなかった。しかも、建築家、あるいは芸術家が、これらの記憶を長くとどめようとする活動に身を投じようとすると、彼らは――ムンダネウム計画（二四五頁の図版参照）に携わったル・コルビュジエのように――すぐに敵意のある批判を呼び起こしてしまった。[*6] モダニストの美学の中で記憶を否定することは、モダニストであると自負する者が、自分自身と記念碑、あるいは記念のための作品とを関連づけることを実質的に不可能にしてしまったのである。しかも、記憶の軽視は建築と芸術の外側から哲学によって強められたのだった―たとえば、モーリス・メルロ＝ポンティの『知覚の現象学』第二章は、観念連合主義に向けられた拡張的な批判であり、記憶は知覚とは関係ないことを主張していた。

その一方で、極めて多くの記念のための活動が西欧社会で行われ、一九六〇年代までには、建築家は自ら故意に遠ざけていたこれらの感情に訴える意味の豊かな蓄積（と利益になる仕事）に羨望の目を向けていることに気づいたのである。それゆえ、レイトモダニズム建築の空白や「沈黙」に反して、「記憶」と再び結びつくことは格別に魅力的であるように見えたし、当時の一部の文学作品も、これを一つの戦略として支持しているように見えたのであった。最もよく知られているのは、フランスの哲学者ガストン・バシュラールが著した『空間の詩学』（1958）であった。これは、広く読まれた著作で、その真の主題は、「空間」ではなくむしろ「記憶」と言った方がより正確かもしれなかった。バシュラールの目的は、「家が、人間の思考、記憶、夢を統合する最も偉大な力のひとつであることを示す」ことであった（6）。しかし、このことが、建築家が「記憶」と関係を持つことに関して建築家自身に白紙委任しているように見えたとしても、その際には困難が生じてくる。その困難とは、バシュラールにとっての記憶は純粋に精神的なものであって、彼自身慎重に説明しているように、その記憶の概念は容易に記述というかたちで表現できるものではなく、当然、物質的な構造に置き換えられるものではなかったということだった（13）。再び、われわれは次のような事実に直面する。個人の記憶が建物によって呼び起こされたり、空間的な特徴を持つようになることさえある一方で、実際に建てられた建築作品は、フロイトとプルーストの両者ともが認識していたように、記憶の精神世界を十分に類比的に表現できないのであった。記憶と建築の生まれながらの相違は、二十世紀初頭にすでに認識されていたが、バシュラールの著作に潜在的に含まれていた。しかも、より最近になって、その両者の関係はより引き離されるようになった。フランスの哲学者ミシェル・ド・セルトーは著書の中で次のように述べている。彼にとって「記憶はある種の反博物館《ミュージアム》である。それは、特定の場所に集めることはできない」（108）。記憶特有の力の源となるのは「変容を受け入れる――碇につなぎとめられることもなく、可動であり、固定された位置を持たない――まさにその許容力である。…記憶はこの変化を受け入れられなくなったときに衰え始めるのである」。さらに、彼は続けて、「記憶はどこか他の場所からやって来る。記憶はそれ自身の外部にあるのだ。記憶は物の間を転々と移動するのである。記憶の芸術の戦略は、それが何であるかということと、その不安を呼び起こすずうずうしさと関係しているのである」（86-87）と述べる。ド・セルトーの観点からすると、建物と記憶の間の確定的な関係はプルーストの議論より、さらに説得力を失ってしまう。

二十世紀末に起きた建築言説への記憶の再導入は、モダニズムの正統性に対する挑戦という比較的わかりやすい目的のためのものだった。この運動の推進者の一人として、ドイツの建築家O・M・ウンガースは以下のように説明した。

> 文化的、歴史的価値を担うものとしての記憶は、〈新建築《ノイエスバウエン》〉［Neues Bauen］によって意識的に否定され無視されてきた。環境が機能的に正しく組織された際に生まれる匿名性は、集団の記憶に覆いかぶさるようにそれ自身が前面に出てくるのである。歴史的に形作られた場所や歴史的な特異性は目的合理主義［*Zweckrationalismus*］の機能的な制約の祭壇の上で犠牲にされたのであった…歴史的なイメージと一致している都市はほとんど残っていない。（75-77）

記憶の再発明と関連づけられる人々の中で、圧倒的によく知られていて、最も議論されている（というのも他のものの中で、その概念の彼の使い方は風変わりであったからである）のは、イタリアの建築家アルド・ロッシであった。彼の著書『都市の建築』（1966）の中で、正統的モダニズムに関する彼の批評の一部として、彼は、都市建築の新たな形態を開発する手段は、すでに存在する建築を研究することだと提案した。あらゆる既存の都市の建物は、その都市特有の**永続性**のパターンを明らかにするだけでなく、より深いレベ

O・M・ウンガース、住宅、リュッツォー広場（ベルリン、一九八二―八四年）。一九八〇年代初頭からのウンガースのプロジェクトは、今や滅びてしまった都市の「記憶」を意識的に呼び起こすようになった。

ルで、その「集合記憶」〔collective memory〕を特徴づけるのであった。ロッシは次のように述べている。

> 都市それ自体は住民の集合記憶なのであり、記憶のように都市は対象や場所と関連づけられる。都市は集合記憶の**場**なのだ。そうだとすると、その**場**と住民との関係は、建築と風景両方の都市の支配的なイメージになるのであり、ある人工物がその記憶の一部となるにつれて、新たな都市が生まれるのだ。この全体的に肯定的な意味においては、偉大な観念が都市の歴史を通じて流れ出てくるのであり、その観念が都市に形を与えるのである。(130)

彼は自分の議論をまとめながら、「記憶…は都市の意識である」(131)と記している。

「記憶」を導入したロッシの目的は「機能主義」以外のモダニズム建築のための論理的根拠を見つけることであった。その関心は一九五〇年代から六〇年代初頭にかけてのミラノの評論誌『カサベラ・コンティニュイタ』と関係のあった建築家の仲間内では共通のものであった。*7 ロッシの議論に込められた教訓は、都市の中に建てることを引き受けた者は誰であれ、都市の物質的な構造を変化させるだけでなく、より大胆に、その都市の居住者の集合記憶をも変容させることになるだろうということだった。ロッシのこの考えは、われわれが今まで論じてきた前例にではなく、二人の戦前のフランスの著述家に特に由来していた。一人は歴史家のマルセル・ポエットであり、もう一人は社会学者のモーリス・アルブヴァクスであった。ポエットにロッシが由来したのは、シカゴ学派の社会学者に倣って都市の機能関係から都市の現象を調査しようとしてもそれは正確なものにはなりえず、現在の形跡の中で明らかになるように都市の過去を記録することによってのみ正確な都市調査は可能になるという考えであった。ロッシに「永続性」〔permanencies〕の観念を与えたのはポエットであり、その観念とは、都市の多様性のまさにその本質となるものは、ある拭い去れない特徴を持つ時代を生き延びる持続性の中にあるというものだった。もう一つの観念、都市の住民は、都市の建物の中で明確になる集合記憶を共有しているという観念は、ロッシが社会学者のモーリス・アルブヴァクスを由来としたものだった。アルブヴァクスは、エミール・デュルケームの教え子であり、彼がその欠点ごと受け継いだ「集合記憶」というのは、デュルケームの社会理論に由来するものであった。手短に言えば、デュルケームが提案したことは、都市は経験的に実証されている制度——宗教、政府、文化など——を通じて存在が確認されるのだが、都市をまとめ上げているものは、都市の住人が共有する都市の一部であるという共同体意識であるということだった。近代社会に特徴的な疎外や**アノミー**は共同体意識の衰退から生じるのである。一九二〇年代、三〇年代に行われたモーリス・アルブヴァクスのフランスの労働者に関する研究が主張したことは、仕事において求められる責務が、労働者に社会とのつながりの感覚を失わせるのであり、この喪失がフランスにとっての最大の危機をもたらしているということだった。彼が理解したことは、その唯一の改善法は、職場の中で生み出される疎外を埋め合わせるために、その外側の社会的環境《ミリュー》を強化することであるということだった。アルブヴァクスと交流があったのはアンリ・セリエであり、フランス田園都市運動であった。それは、戦間期に近代の生活を再び人間的なものにするためにパリ周辺に多数の「田園郊外」を作ろうとする中でのことであった。*8 ロッシが「記憶」の観念を読み取った『集合記憶』は、アルブヴァクスの最後の著作の書名であった。実のところ、その中で、アルブヴァクスがあえて論じた点は、社会集団が特定の場所についての共通の記憶を通じて集団としての同一性《アイデンティティ》を保持する一方で、その記憶は実際に存在する物的空間に関係するのではなく、その集団によって心のうちに形成されたその集団特有のその空間のイメージに関係していることであった。言い換えれば、記憶の媒介物は都市の人工物ではなく、集団の心のうちにあるイメージなのである。アルブヴァクスについてのロッシの選択的で、まさに文字通りの読みは、アルブヴァクスが非常に多くの重要性を付与していたニュアンスをほとんど気にも留めていなかった。また、ロッシの読みはデュルケームの社会学から受け継がれた弱点に対してもあまり注意を払わなかった―その弱点とは、特に、経済的要因よりもむしろ社会的要因の中に疎外の原因を特定しようとしたことであった。また、社会の集団的行為のための満足のいく規範を個人心理学が提供するという前提もそれに当たる。ロッシはアルブヴァクスの諸前提を無批判に再生しただけでなく、より注目すべきことに、彼はアルブヴァクス自身の考えとは全く異質の、強度に理想主義的な枠組みにそれらの前提を投げ入れたのである。そのために、たとえば、ロッシは次のように書いている。「過去と未来との結合は都市についての観念そのものの中に存在する。その観念とは、記憶が人の生涯を通じて流れていくように都市も流れていくのである」(131)。そして彼は都市をそれ自身目的を持ったもの、すなわち自らの都市の観念を実現するためのものとして表現した。だけれども、もし、ロッシのアルブヴァクスの使い方が、アルブヴァクス自身の考え方とほとんど関係がなかったのだとすれば、われわれはおそらく、カルロ・オルモが言うように、ロッシの記憶についての観念は、論理的に厳密であるというよりも詩的であるということを認めるべきであろう。いかなる場合も、「記憶」という言葉を採用する一方で、ロッシは同時に、特にその後の著述やプロジェクトでは、都市人工物の自律性についての観念への愛着から、完全に反歴史的であることができた。しかし、一貫性はなかったにもかかわらず、一九七〇年代、八〇年代の欧米の建築家に、都市の組成〔fabric〕は都市の集合記憶を構成するという観念を与えたのは誰にもましてロッシであった。

よく引用されるが、「記憶」をモダニズム建築の文脈に導入するもう一つの事例は、コーリン・ロウとフレッド・コッターによる一九七五年の試論「コラージュ・シティ」であった。正統的なモダニズム建築と都市計画〔urbanism〕が孕む短所についてのこの広範で深い考察の中で、著者は、モダニズムが未来のユートピア的環境の実現だけに固執していることに疑問を投げかけた。フランシス・イエイツの『記憶術』に明示的に言及しながら、著者は理想の都市は「予言の劇場であると同時に、記憶の劇場として振る舞うことはないのだろうか」（77）と問いかけた。著者の主張の要点は、人はその両者に対して選択権を持つべきで、未来に身を置くことを強制されるべきではないということだった。一般的に、モダニズムは、記憶が蓄積した文脈を受け入れずとも斬新さを生み出すことができるという間違った想定の上に立っていた。本来は、斬新さは否応なしにそうした文脈から生じてくるのだった。ロウの著作を見ると、この試論を除けば作品の内的本質を強調する徹底したモダニストであり、この試論はある種の逸脱だった。しかしながら、多元主義を弁護した点では、建築におけるポストモダニズムの発展においては、それは重要なテキストであった―そして記憶へのその主張がこの一部を成していたのである。

ロッシ、ウンガース、ロウなどによる観念を熱狂的に受け入れたことから、新たな正統主義が展開した。その正統主義の中で、アンソニー・ヴィドラーは次のように記している。「都市計画〔urbanism〕…は、それ自身の記念碑として都市を建設するための理論と実践として定義することができる」（1992, 179）。しかし、この提案が抱える問題の一つは、それ以前の歴史から、人々がこうしたやり方で都市や建築を実際に知覚していたという直接の証拠がないことであった。ポエットとアルブヴァクスの議論の結果として、あるいは、ロッシなどを媒介として、都市がそのような言い回しで議論されるようになったにすぎないのである。都市の住民たちの具体的な記憶として都市景観の正当性を示す必要から、新しいタイプの歴史的プロジェクトが展開した。そのプロジェクトは、それ以前の歴史の中にこうした観念が存在したことを証明することを目的としていた。これらの試みの最も野心的で洗練されたものは、クリスティーヌ・ボイヤーの『集合記憶の都市』（1994）だ。この著作の目的は、「どのようにして都市が、集合記憶の場となるのか」（16）を明らかにすることである。しかし、この観念の学術的な起源を非常に徹底して興味ありげに調査しながら、ボイヤーはその命題そのものには全く疑問を抱かないのである。つまり彼女は、都市は記憶の具現化したものであるという前提を立てているのであり、新しい正統主義を共有しているのである。

建築の主題の一部としての記憶のポストモダン的正統主義の兆候は、三要素からなる。第一に、二十世紀の心理学、哲学、文学の領域で企てられた記憶の一般現象に対する広範な調査そのものに向けられるはずの関心が欠如している。特に、フロイトと同様、プルーストの洞察が軽視されている。彼らの洞察とは、「記憶」そのものが興味深いのではなく――重要なことは、記憶と忘却との緊張関係であるということであった。古代のギリシア人たちがレーテ〔Lethe〕（忘却）の泉とムネモシュネ〔Mnemosyne〕（記憶）の泉とを近くに配置したのは理由なしでのことではない。彼らがその配置から主張したことは、トロポーニオス〔Trophonios〕の神託に意見を求めようとした者はまず前者の泉から飲み、次に後者を飲むということだった。二番目に、個々の記憶を参照することで社会の記憶を説明することができるという、一般的ではあるが、不当な前提の存在である。そして第三に、実際はあらゆる人工物にいえることだが、建物が物質世界の中で、記憶の偶然性の世界のための満足のいく類比を示すという仮定は、全く説得力を持ち合わせていない。

社会の記憶に関する近年の研究の中では、関心は物から、記憶に作用する媒介物としての活動へと移っている。ポール・コナートンは著書『どのように社会は記憶するのか』（1989）の中で、記念する際の「刻み込む」実践と「組み入れる」実践との違いを描いている。さらに、「刻み込む」実践——記憶が物の中に記録される実践——は、社会の記憶を形作る上では、「組み入れる」実践——ある種の具体的な行動を含む実践——ほど重要ではないと提案する。祭典、儀式、行為の規則と反復を通じてこそ、集合記憶は社会のメンバーの中に再生されるのであり、特定の場所に付与されるかもしれないのである。こうした見方からすると、戦争記念碑のような物体は、その周りで執り行われる祭典や活動ほど重要ではないのである。実際、建築作品を通じて社会的に記憶を保存しようという願いは、そうした組み入れる実践が無いかぎり、無駄なものであるように見える。これは、実のところ、ドロレス・ハイデンによって描き出された教訓である。彼女は、著書『場所の力』（1996）の中で、ロサンゼルスのあちこちで社会的な記憶を保存しようとするさまざまなプロジェクトについて書いていた。いかなる建物、あるいはいかなる人工物でさえも、二次的な手段として利用されることはあっても、それらに頼ったプロジェクトは一つも存在しなかった。特定の場所の歴史的な連想と意義を解釈し、再解釈するワークショップを通じて公的に参加することが最も強調されていた。

モダニズムは、建築や都市計画から「記憶」を剥ぎ取る十分な理由を持っていた。建築や都市計画の活動的な構成要素として「記憶」を回復しようとする試みは、モダニズムが一九六〇年代までに建築を還元することでたどり着いたように思えた見かけ上の沈黙状態の観点から理解できるかもしれない。だが、建築家や都市計画家は、二十世紀の間に他の分野で行われていた「記憶」についての調査に対して無関心であって、建築が「記憶術」に対して他と明確に区別ができるような貢献を果たしているのかどうかはいまだに疑わしい。建築のカテゴリーとしての「記憶」は短命に終わるかもしれないのである——「記憶」は本質的に建築とは異質なものなので。

1 たとえば次を参照。Scruton, *Aesthetics*, 1979, pp.138-43.

2 たとえば次の文献に紹介された「ローマ・インテルロッタ」展（'Roma Interrotta'）の多様なプロジェクトを参照。*Architectural Design*, vol. 49, 1979, nos 3-4.

3 Ballantyne, *Richard Payne Knight*, 1997, chapter 1 を参照。

4 R. Macksey, Proust への導入として、*On Reading Ruskin*, 1987, xxxi を参照。『アミアンの聖書』と『胡麻と百合』の訳書に付したプルーストの序文のこの翻訳は、プルーストのラスキンに対する傾倒ぶりを完全に説明している。

5 Gillis (ed.), *Commemorations*, 1994 を参照。二十世紀の戦争記念碑の分布域と特殊性について興味深い議論がある。

6 Teige, 'Mundaneum', 1929 を参照。このプロジェクトは、その記念碑的性質と「非近代的で古代的な特徴」（88）のために批判された。

7 Olmo, 'Across the Texas', 1988, *Assemblage*, no.5 を参照。ロッシの観念を取り巻く状況がわかる。

8 Rabinow, *French Modern*, 1989, p.321, p.336 のアルブヴァクスについてを参照。

9 Halbwachs, *Collective Memory*, 特に pp.140-41 を参照。

Nature　自然

建築は他の芸術ジャンルとは異なり、手本を自然に見いだせない。

——G・ゼンパー、一八三四年就任演説、H・ゼンパー、一八八〇年、七頁から引用

建築家は画家と同じように都市に住む期間は短い方がよかろう。建築家をわれらが丘に送りたまえ、そこで自然を通じて控え壁《バットレス》、ドーム、の理解しうるところを学ばせよ。

——ジョン・ラスキン『建築の七燈』一八九四年、第三章二四節

人が作るものを自然は作れない。自然は家を建てないし、自然は機関車を作らない、自然は運動場を作ることもない。それらは表現することへの希求から生まれ出る。

——ルイス・カーン、一九六九年、ワーマン、一九八六年、七五頁から引用

レイモンド・ウィリアムズは「自然の用法の通史はみな、人間の思考の大部分を扱うものになろう」(221)と書いた。同様のことは建築にも当てはまる。建築においてここ五百年ほぼ一貫して「自然」は、建築とは何か、何であり得るかについて考えを体系化する際、たとえ第一ではなくとも、主要なカテゴリーであり続けてきた。唯一の明らかな中断は二十世紀初期から中期にかけてであり、モダニズムの全盛期に「自然」がほぼ放置されていた頃である。しかし一九六〇年代以降、環境保護運動の到来によって、作り直された「自然」が建築の語彙に戻ってきた。

人間が作った世界——「文化」——と人間が存在する世界——「自然」——は、おそらく従来着想された中でただ一つ最重要な精神におけるカテゴリーで、その形成においてこのカテゴリーが必須でなかったような分野は稀にしかない。建築も例外ではない。しかしこの分類では建築——人間の産物——が、カテゴリーからして異なる自然ではなく、文化に属することは明らかだろう。自然との関連から建築を定義する多くの試みはいかにもひねくれているようだが、人々がどのように建築を着想してきたのか、そして過去におけるその意味を知ろうとするなら、こうした試みを理解せねばならない。建築の自然との関係についての数々の説明においては、自然と同じ法則に従ったり自然を模倣したりする点で建築が自然の**ようである**と提言する者と、建築は自然で**ある**——男女が自然の対象であるかぎり、彼らにシェルターや象徴的表現を与える建築は、話し言葉と同様、自然の産物となる——という者を区別するべきだろう。後者の意味における建築は、人類が世界において存続する条件と見なさ

れる。双方の提案を拒んだ二十世紀の建築理論家たちが直面した問題は、建築が自然でも自然のようでもなければ何なのか、という問いであった。

（一）**建築における美の源泉としての自然。**建築における美の議論の源流となるもともとのモデルは、あらゆる芸術と同様に、『ティマイオス』対話篇における自然界の構造についてのプラトンの弁明から、新プラトン主義哲学者へ継承された。自然の中のすべての事物はみな数的比例ないし幾何学に支配されるというプラトンの考えを取り入れて、新プラトン主義者たちは人間精神を満足させるかぎり、芸術は同じ原則に従うと議論した。この議論を建築に適用した突出した最も有名な例は、十五世紀中期に書かれた『建築論』（建築十書）においてレオン・バッティスタ・アルベルティがなした。とりわけアルベルティが彼の均斉〔concinnitas〕（各部に関して、また全体に関して、諸部分の優美な配置を基礎づける調和の原則）の理論を説明づける箇所で、建築のモデルとしての自然の意義が明らかになる。

　全体においても諸部分においても、均斉は自然の中でそうであるほどには広がらない。…自然が生み出すすべては均斉の法則に規定され、自然の主要な関心とは、何であれ自然が生み出すものは完全無欠であるべきだということである。…このように結論しよう。美とは、一定の数、外形、位置による、本体における部分の共鳴と調和の一形式であり、均斉、つまり自然における絶対で根本的な規則が命じるとおりである。これは建てる術の主要な目的で、その尊厳、魅力、権威、価値の源である。（302-3）

　アルベルティが均斉に与えた重要性は、自然が建築に対する絶対の権威だと彼が信じていたことを示唆するだろうが、別の箇所では彼はより慎重である。アルベルティは自然の優越というプラトン的な見方に従うと同時に、芸術が本質的に自然と異なるというアリストテレス的な考えも認めていた。『自然学』でアリストテレスは――特に十七世紀の芸術・建築理論家にきわめて重要となることになる箇所において――「一般的に芸術は自然が完成に持ち込めないものを完結させ、部分的に自然を模倣する」と書いた。（Book II, §8）芸術がいかに自然と異なるかについてのこの見方は、アルベルティの著書における建築美についての別の重要な箇所に表れる。そこで彼は「すべての側面においてまったく完全で完璧なものを何であれ生み出すことは自然自体にとってさえ、当然のこととは言えない」と記し、自然でも何らかの選択が求められることを含意する。つまりこれこそ芸術の役割で、というのも「芸術を通してのみ正しく価値のある建物が実現できることを誰が否定できようか」（156）。ここや他の箇所（159）のように、自然美とともに建築美のアイデンティティを弁明する者としてアルベルティを見なす通念と対照的に、彼は工夫や技能を美の源泉であると主張し、建築は人為の芸術であるとする、十七世紀になってより流布した見方となるものへの扉を開いた。

建築美が自然に基づいているという考えへの最初の率直な挑戦は、十七世紀、フランスの理論家・建築家クロード・ペローの『五種の柱の配列』(1683) に現れる。建築の比例関係に対する自然の優越をペローが否定したのは、実際、顕著で徹底しており、以後二世紀以上にわたる、建築と自然の関係に対する、根本的な再考の先頭を切った。『配列』における彼の発言は簡潔だが明快である。

> 自然の模倣も理性も良識も決して、柱の諸部分の比率や規則《オーダー》通りの配置に見られると主張される美の基礎を構成しない。実際、それら諸部分から与えられる快には、慣習以外の源を見いだすことができない。(52)

ペローが断定的であったにもかかわらず、彼の議論はときに推測されたほどには当時論争を巻き起こさなかった。しかし長期的に見れば、ペローの議論は、美が対象に宿るとの考えの最終的な終焉、そして美が見る主体の構成概念であるという考えへの交代、これらの嚆矢となった。*1 この主題は以下第六節で議論する。

(二) **建築の原始**。建築の根源への問いは建築理論家の間で長く続いている主題であった。*2 『建築書』第二書第一章において建築の神話的な根源を述べたウィトルウィウスに手がかりを得て、ルネサンスとルネサンス以後の理論家たちは幅広く、ときには大胆に、始原の建築の形態について思索を凝らしてきた。洞穴、小屋、テントが建築の根源的なモデルを与えたかどうかは考古学的事実への目配り一切なしに——とは言っても見つけられる訳もなかったが——、ただ当面の建築において従うべき原則を正当化する目的のために追究された問いだった。仮説上の原始人の建物から議論を展開する、建築における最初のテキストは、フィラレーテ(1460-64)の試論で、最初の建物は木の幹で造られた小屋であり、柱の根源の形態を与えたと提言された。十七世紀後期には、最初の人類が自ら見いだした自然の条件下での創造物という仮説上の根源から、あらゆる創造物(より具体的には国家)の現在ないし理想の条件を構成することが慣習的となった。建築においては、始原の建物やオーダーの根源に関するウィトルウィウスの神話(『建築書』第四書第一章)は建築を人類の最初の「ありのままの」状態に結びつける手軽な根拠を与えたため、ルネサンス期の建築に関する書き手たちに人気があった。しかし、十八世紀までに、英雄的な原始の築造者というウィトルウィウス的考えはもはや真剣に受け取られず、単なる迷信と見なされた。それでもなお、建築の神話的な根源という物語が生き残るが、それは全く異なった目的、つまり建築を理性的な体系とする考えを示すために役立っていた。同時代の理論を規定するために自然における建築の根源という物語を使った群を抜いて知られた例は、フランスの著述家マルク=アントワーヌ・ロージエの『建築試論』(1753) である。この本はロココ批評の展開であり、次のように始まる。

次のことはすべての芸術と同様に建築にも成り立つ。その原則は簡潔な自然に根ざしており、自然の過程においてその諸規則は明確に導かれる。根源の状態にある人を考えてみよう。自然本性的な衝動と必要以外に手段も指針もない。彼は休む場所を欲する。静かな小川の側に彼は草で覆われた土手を見る。その鮮やかな緑は彼の目を喜ばせ、その柔らかな毛並みは彼を招く。彼はそこに至り、花に彩られたこの絨毯にぼんやりと手足を伸ばし、安らぎのうちに自然の贈り物を楽しむことばかり夢見る。しかしすぐに太陽の熱が彼を灼き、彼はシェルターを見つけざるを得なくなる。最初に森、次いで洞窟を試したが、満足はどちらにも見いだせないので、

彼は自然の無配慮な欠落を埋めることに自らの勤勉さをもって決心する。埋もれることなしに守ってくれる住み処《か》を作りたいと思う。森にある何本かの落ちていた

枝が彼の目的に適した素材である。彼は最も強い四本を選び、正方形の上に真っ直ぐに立てる。その上にもう四本を架け渡す。さらに二つの辺の上に、互いに傾いて一点で重なるようもう四本並べる。この屋根は葉で覆われ、日光も雨も通さないよう十分しっかりと包まれる。そしてここにわれらが人間は泊まった。…それが単純な自然の道筋である。その過程の模倣にこそ芸術はその誕生を負っている。…この始原の規範の単純さに近く居とどまることでこそ、あらゆる失敗を避けられ、真の完全を得られる。直立した木材によってわれわれは柱の観念を得る。その上の水平の部材でエンタブレチュアの観念を得る。最後に屋根をつくる傾いた部材でペディメントを得る。これは芸術の巨匠たちみなに認識されてい

原始の建築者、フィラレーテの試論（一四六〇―六四年）。最初の建物の起源というウィトルウィウス的な神話によって、建築は人類の最初の「自然な」状態に結びついた。

る。ここで注意して欲しいのは、その結果においてこれほど豊かな原則などいまだかつてなかったことである。したがって建築のオーダーに不可欠な諸部分を、必要からの帰結としてのみ導入されたり気まぐれで加えられたりした部分から見分けるのは容易である。(1755, 8-10)

ロージエの独創性は、読者たちに親しまれただろう自然における建築の根源の説明ではなく、続けてそれを適用したその使い方にある。ヴォルフガング・ヘルマンが言うには「彼の小屋は、はるか昔の奇妙な例証でも、建築における進化論の要素でもなく、今や不変の法則を演繹できるまでになった偉大な原理である」。(1962, 48)著書の中でロージエは彼の素朴な小屋を見失わず、それが表現する諸原則に従って論じる建築術のあらゆる面での利点を主張していった。ロージエから離れる前に、彼が「自然」という語に与えた意味を強調するべきだろう。それはアルベルティや他の者が理解したとおりの比例や美の根源ではないし、ロマン主義者が考えただろう方法で経験されうる何物かでもない。むしろそれは構築と装飾の原則、その最も近いアナロジーが「理性」であるに違いないものである。

ロージエは仮説上の根源の建物から自らの建築理論を引き出す最後の建築思想家では決してなかった。というのはカトルメール・ド・カンシーやゴットフリート・ゼンパーも同じことをすることになったからだ。しかし十九世紀初期に「自然」それ自体が、仮説上の根源の建物を「自然」と呼ぶことがもはや無意味となるような大きな哲学上・科学上の変容を経験した。実際ゼンパーは一八五〇年代までには、これが彼の思っていたことに対しいかに不適切な記述かを明らかにすることに注意を払うようになっていた。

(三) 建築の価値安定化——「ミメーシス」すなわち自然模倣。

古典の著者たち、特にキケロやホラティウスに見られる芸術理論において根本的な考えとは、芸術(この場合第一義的には詩作)の本質的な特性は自然を模倣する能力であるということであった。[*3]十五世紀の間に、芸術作品が自然を再現する際の忠実さが作品の質の第一の基準と考えられ、この自然模倣の追求は、たとえばレオナルド・ダ・ヴィンチの作品に容易に見いだすことができる。しかし詩作、絵画、彫刻はみな自然を再現すればその成果を達成できたのに対して、建築は再現的な芸術ではなかった。というのも、それは自然の対象を再現するのでも、詩作のように人間の気分や感情を再現するのでもないからである。建築が本来的に自然を再現できないこと、すなわち、模倣的《ミメティック》芸術としての資質を欠くことは建築が自由学芸として受け入れられるに当たり重大な障害だった。もし建築家が詩人や画家と社会的に同等の間柄に立ち、自身を建物職人と十分差別化しようとするなら、建築は自然が表現される芸術だと証すことが必要だった。三世紀の大部分、十五世紀末から十八世紀末にかけて、この問題は建築思想において主要な関心事であった。

大まかに言って、建築が模倣的芸術であるとの主張を正当化するために展開された二種類の議論があった。第一のものは建築がその自然のモデルを模倣すると主張した――つまり仮想上の原始の建物である。建築が材木や皮革を石材に翻訳しながら小屋やテントの形態を再現するかぎり、それを自然の模倣と呼び得た。この理論の何らかの正当化はまたもウィトルウィウスに見いだせるが（第四書第二章）、この理論は十八世紀に完全な形で構築された。人類の知識すべてにわたる壮大なる編纂と分類であるディドロの『百科全書』において、建築は絵画や彫刻とならんで模倣の芸術とされている。

M＝A・ロージエ『建築試論』（一七五三年）扉絵。建築は自然の建物を指さし、人類にその原理を教える。

この主張に対する根拠づけはダランベールの『百科全書』への「序論」（1751）には見いだせないにもかかわらず、この断定を正当化する仕事は十八世紀後半に建築家の関心を呼んだ。ウィリアム・チェンバーズの『試論』にある原始の小屋から建築が展開する図解は、この関心に由来する。

第二の議論もまた十八世紀に展開した。それは建築が自然の見えがかりを再現しない一方で、自然本来の諸原則を再現できただけで原始の小屋（ウィリアム・チェンバーズ『公共建築の装飾部分に関する試論』）。十八世紀後半の建築家による、建築の「自然」とされる根源に対する初期の関心は、建築が本当に模倣の芸術であることを正当化するためであった。

なく実際行ってきたし、自然の再現が直接的で文字通りであるような他の芸術ジャンルより、その意味でもっと深遠なミメーシスの形式をもたらした、というものだった。自然の再現に対するこのアプローチはロージエにすでに見られたが、十八世紀後半に集中的に精緻化されることになった。社会的、実体的には、この議論の目的は明らかである。というのもそれによって初めて建築家は、自分の技術がたんに他の芸術に等しいだけでなく、むしろ優っていると主張できたからである。

建築の模倣的性質の正当化を最も十分に、かつ完全に展開するのに功があったのは、フランスの建築理論家カトルメール・ド・カンシーである。彼は一七八八年から一八二五年にかけてパンクックの『系統的百科事典』に向けて書かれた一連の論考において、独創的で興味をそそる議論を展開している。カトルメールの目的は、建築が模倣であるとのダランベールの提言を擁護し、建築がいかに自然を模倣するかについてロージエより説得力のある説明を提示することにあった。さらに同時に、彼は初期の模倣理論の誤りを補おうとした。カトルメールの出発点（論考が出版される際の順序には対応しないが）はある意味で従来の書き手は誰もしてこなかった、建築が模倣するとされる「自然」は物理的な物質の世界をいうのか、その世界について人々が抱く観念を言っているのかという問いに立ち向かうというものだった。彼の答えはつまり、「自然」は両方だというものだった。彼はこう記した。

自然という語をここで最も広い意味で捉える必要がある。つまり、物質的な存在の領域と道徳ないし知性の事柄の領域とを含む自然である。……模倣の技芸と呼ばれるためには必ずしも、その技芸は明確で自然に根ざしたモデルを持つ必要はない。この種のモデルは形体と色の模倣によって目に訴えかける二つの芸術〔絵画と彫刻〕に合致するだけである。……したがって自然があらゆる芸術のモデルと理解されるとき、明白で、物質的な、つまり五感で知覚できる領域に自然の観念を囲い込むのを避けることが必要である。自然は目に触れるものと同様、不可視のものにも存在する。……模倣することは必ずしも物の類似を作ることを意味しない。というのもその産物を模倣せずとも自然を模倣できる。つまり自然が作るものを作ることにおいてではなく、自然が作っていく様を、言いかえれば自然の行動そのものを模倣することができるのである……。（「模倣」）

従前の書き手のほとんどが一様に避けてきた、カトルメールの次の問題は、建築における自然模倣が文字通りなのか隠喩的なのかという問いだった。これに対する彼の答えは、彼の顕著で巧妙な建築理論の核心だったが、両方だというものだった。彼は建築が二つの原則に根ざすことを論じた——木造建物の石による文字通りの模倣と、自然物に見られる秩序と調和の原則の類比による模倣である。彼は木材構造の石への置き換えの理論をまず取り上げるため、原始の建物が三つの「類型《タイプ》」に始まることを提言した（四七四頁―を参照）。三つとは洞窟、テント、木の小屋で、それぞれ建築に自然のモデルをもたらす。しかし「自然が芸術に示しうる三つのモデルのうち、大工仕事は間違いなく最も完全で素晴らしく」、木の小屋をギリシア人は引き継いだ（『建築』）。カトルメールは小屋の木材構造を模倣することに大きな重要性を与えた。実際彼にとってそれは「建築によって引き出される快の主要な原因の一つ」（同上）であり、自然の根本的な法則を構成した。彼にとって他の素材を石で再現するのは、非難されるべき虚偽ではなく、建築の魅力の多くを生む快い虚構だった。彼が示唆するには、すべての芸術は真実を偽ることで効果を達成する。というのも人は「騙されずに誘惑されることを望んでいる」（同前）からだ。木造の小屋で表現された、建てることの自然な過程を文字通り模倣することで、建築は他の芸術と同様に強い模倣の印象を生み出すことに成功した。カトルメールの理論において特に注目に値するのは、技巧が自然を修正し逆らう手段であり、自然の対立項だとした初期の書き手たち（（四）を参照）と異なり、両者の対立を何ら見いださなかったことにある。それどころか彼は、変化の過程に関係する技巧をそれ自体疑似自然的な過程であると見なした。「自然は確かに、小屋を造らなかった」と譲歩する一方で彼はこう続ける。「しかし自然は人を自らの形成に促し、また昔の人は、望むなら粗野でありうるが信頼できる本能によって、また惑わせない感情によって導かれ、その形成に真の自然の効果を受け入れてきた」。しかしこの点で議論に巧妙な術がある。というのもカトルメールが言うには、小屋や物語を完全に放棄したとしても、小屋や物語から示された道理は無効にならないと主張したからである。もしそうであるならば、カトルメールにとってロージエと同様、自らが語る〔自然という名の〕道理は実は理性に由来するもので、そうした道理の「自然な」根拠とは道理を説明するための慣習にすぎなかったようである。論理的必然としては「自然」は次の段階から完全に省かれることになるが——これはまさに、ゴットフリート・ゼンパーが彼独自の顕著な理論を一八五〇年代に展開した方向であった。

第二の原則、類比による模倣に移ると、カトルメールは自らの議論をこう要約する。「建築家は…自然がそのあらゆる産物に展開する体系に従い、体系を明白にしたときこそ、自然を模倣している」（『模倣』）。見た目で自然に酷似しないことこそ建築を芸術の中で最も理想的なものにする。

> われわれの感覚の傾向と理解したという認識とに呼応する、秩序ないし調和といった自然の原則に基づく自然模倣一般によって、〔建築は〕魂を与えられ、もはや模倣者でも模造者でもなく自然それ自体の対抗者となった。われわれは自然が〔建築に〕至るところで類比ばかり提供するのを見てきた。建築はモデルを模倣するというよりも、自身を自然になぞらえるのである。建築は見えるものを作るのではなく、作られつつある状態を見ながら作るのである。建築が学ぶのは帰結ではなく原因である。それによって建築は模倣においてさえ独創的なのだ。…建築のモデルは自

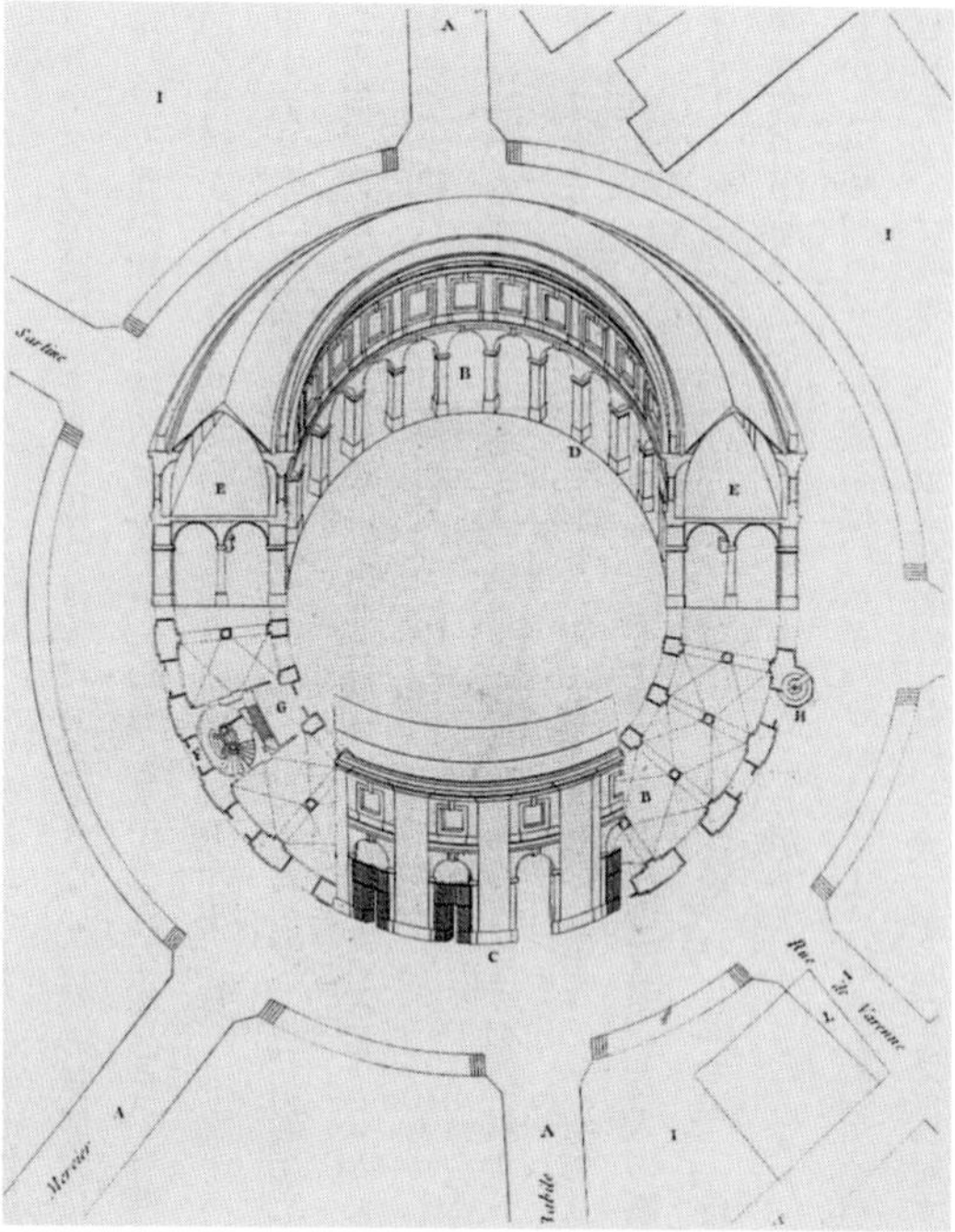

ル・カミュ・ド・メジエール、穀物取引所（パリ、一七六二―六六年、現存せず）、配置図と鳥瞰断面図（部分）。カトルメール・ド・カンシーによれば、建築――穀物取引所のように好評な作品――は「自然の対抗者」であり、自然の仮定を模倣するとしても自然の目に見える帰結を再現はしない。

然の秩序であり、それはどこにでも存在するが、どこにも見えない。（「模倣」）

カトルメールの自然模倣理論は歴史的に見ると、行き詰まりと考えられた。その極端な理性主義により彼の「自然」は（特に当時ドイツの著述家や哲学者らがこの概念に与え始めた、もっと生気を帯びた意味と比べると）あまりにも人工的な構築物になり、ほとんど説得力がない。彼の自然に関する議論は、知識の分類に関する十八世紀中葉の啓蒙の議論に属し、建築の実践に対しては限られた適用しかできず、以降追究されることはなかった。その一方、建築の技術を純粋な観念とする彼の考えは、捨てるにはしのびない価値があり、「自然」への言及を除かれながら生き残っている。

（四）**芸術における自由を正当化する際に持ち出された自然**。古代ギリシアの哲学において、自然と芸術との差異は、アリストテレスが述べたように「芸術は自然が完成に持ち込めないものを部分的に仕上げる」ことだった。十六―十七世紀イタリアにおいて、自然が創られたものにおいて常に不完全だという考えがますます芸術における思考で優位を占め、自然のモデルから離れる芸術家の自由を正当化した。この見方は十六世紀のミケランジェロとヴァザーリに結びつけられる。ついで十七世紀には、ベルニーニが一六六五年のパリ訪問の際、フランス絵画アカデミーの構成員に「自然は常に弱々しくけちです。…自然を学ぶ芸術家はまずその欠点の認識と修正に熟練すべきです」と述べた（Fréart de Chantelou, 166）。そのような考えはたちまちフランスの芸術界に浸透した。たとえばアンドレ・フェリビアンは『完全なる画家の思考』で「自然は美の根源であるが、自然において個々のものは通常何らかの形で不完全だとわかるので、芸術は自然を凌駕する。つまり自然はすべてが完全であるべきだと目論むが、不意の出来事で失敗してしまう」と述べた。この考えは自然モデルという考えがいまだ広がっていない建築においては何ら直接的な影響がなかったが、庭園設計では効果が特に明確だった。ヴィラ・ランテなどの十六世紀イタリアの庭園や、ル・ノートルによるヴォー＝ル＝ヴィコントやヴェルサイユのような十七世紀フランスの庭園は、それ自体では美に到達できない自然の無能力に対し、人間の知性と技巧とが卓越した力を示すような作品を、有機的な自然から作ろうとした。庭園術のテキスト、J・B・ドラ・バローデリの『庭園術試論』（1638）、アンドレ・モレの『喜びの庭園』（1651）、クロード・モレの『計画と庭園術の劇場』（1652）などにおいて「自然」への言及が欠けていることが目を引く。

自然の不完全さが芸術家の創造を正当化するという信念は十八世紀末葉までは広く支持され続けた。英国の建築家サー・ウィリアム・チェンバーズは『東洋風庭園術論』（1772）の冒頭、友人の画家サー・ジョシュア・レイノルズの考えをほぼ反復した部分で、「自然は芸術の助けなしには人を楽しませることができない」と述べた。しかし当時、こうした議論は、ホイッグ党員によく好まれたケイパビリティ・ブラウンの風景式庭園の「自然主義」が広がるのに対する（傑出したトーリー党員であるチェンバーズによる）攻撃でもあった（（五）を参照）。

（五）政治的理念として——自由として、制約の欠如としての自然。 美点としての、自由で気取らないものとしての「自然」という現代の意味は、十八世紀初頭まで知られていなかった。イギリスの哲学者の手になるこの意味の展開は、具体的にはヨーロッパの専制政治、特にルイ十四世の体制が解放、言論の自由などの「自然」権を否定したと受け取られたものへの反発として起こった。そしてこの展開は非常にはっきりと庭園設計への彼らのアプローチの中で示された。ジョン・ロックの哲学にも見いだせるが、特に美学的な次元での展開はロード・シャフツベリによって初めて解説された。彼は『モラリスト』（1709）で次のように述べる。

> 私はもはや自らのうちに自然の種類の〈もの〉に対する〈情熱〉が増していくのを禁じえない。技芸も〈人間〉の奇想も気まぐれも、そうしたものの本物の秩序を、かの原始的な状態に割って入ることで台なしにはしなかった。粗野な岩石、苔むす洞窟、不規則で手の込んでいないグロット、砕かれた滝さえも、野性そのものの恐ろしい〈魅力〉がありながら、〈自然〉をかえってよく表すものとして、ますます人を引きつけ、〈王侯の庭園群〉の形式張った茶番を超えた〈壮大さ〉を持つように見えるのだ。（Hunt and Williss, 124）

同様の感想をジョゼフ・アディソン（たとえば『スペクテイター』四十四号、一七一二年六月二十五日）やアレクサンダー・ポープ（「ロード・バーリントンへの書簡」一七三一年）も表している。

こうした自然美に関する本質的には文学の観念は、苗木屋で庭師でもあるステファン・スイッツァーが、一七一八年初刊、一七四二年に拡充され再刊された『田園見取り図』で、直接庭園の設計に適用した。

ちょっとした〈そよ風〉にも簡単にゆらぐ、気取らずぞんざいな〈自然の房〉は、最も繊細である〈ピラミッド〉や、最も長く入念に刈り込まれた〈エスパリエ〉〔垣〕よりも、多くのものをわれわれの〈想像力〉に提供する。というのも、われわれが少なからぬ適切な〈場所〉において、この頃はこの手の〔自然な〕ものを完全には否定しないのに、その手のものがなぜより〈自然な〉ものを締め出すような〈美〉たりうるというのか？（Hunts and Willis, 153）

カントリー・ハウスの環境は、彼が言うには双方の美を結合させるべきで、そうすることで住家のすぐそばの幾何学的な庭園の先では、

ときに小牧場や穀物畑、ときに荒れた雑木林と庭園、ときにさらさら流れる淵や小川、つまり鮮やかな技芸ではなくふんだんな自然によって飾られた場所、名人の手によって自然の放縦が少しだけ指導されたような場所を、人は通るであろう（同前）。

こうした考えは一七二〇年代に流布したとはいえ、風景式庭園の実践に適用さ

A・ル・ノートル、ヴェルサイユ庭園（一六六一年—）。「病んだ眼は、逆転した自然を見るだろう。そこでは樹木が彫像のように刻まれ、彫像が樹木のように生い茂る。ヨーロッパ専制政治の庭園の技巧に関するアレクサンダー・ポープの考察から、彼は自然において無制限の自発的な美を見るようになった。

れ始めるにはもう二十年かかった。ホレス・ウォルポールによればジアン、一七三〇年代後半、バッキンガムシャー州のストウにあるエリジアン・フィールズにおけるウィリアム・ケントこそ初めて「垣根を飛び越え、あらゆる自然が庭園であるのを見た」(1771)者だった。ストウでは、政治上の自由と自然に提供された解放との連関が明確にされた(一八〇、三一一頁の図版参照)。こうした自然の観念の適用が英国のピクチャレスクなランドスケープ・デザインの基礎をなし、庭園術の十八世紀後期における実践の主要なテーマとなった一方、その建築への拡張はよりゆっくりなされた――しかも大体において、次節で考察する美学における理論展開と関連してなされた。自由な政治の基礎としての自然に関するのちの解釈は、十九世紀アメリカの哲学者ラルフ・ウォルド・エマソンと、二十世紀の政治哲学者であるテオドール・アドルノとマックス・ホルクハイマーの『啓蒙の弁証法』に見られる。この両者の建築への影響は後々議論する。

（六）**観者の知覚の構成物としての「自然」**。美の要因が物質――または「自然」――の客観的世界にあるという考えから、美の源泉は対象の物質性ではなく人間の精神がそれらを把握する仕方にあるという見方への転換は、すでにクロード・ペローに関連して言及した（(一)を参照)。デイヴィッド・ヒュームがいうとおりの「美はもの自体にある質ではない。ただ単にそれを観想する精神に存在する。そしてそれぞれの精神が異なる美を受け取る」(1757, 136-37)という考えの展開は、ジョン・ロックの伝統に連なるイギリスの哲学者たちに継承された。その芸術への適用はジョゼフ・アディソンの『スペクテイター』誌の連載「想像力の快」(四一一―二一号)によって一七一二年に初めて普及した。

われわれ人間は一度受け取った像を、最も想像力に快いようなあらゆる多様な絵や視覚へと保持し、変換し、混合する力を持っている。というのも、この能力によって地下牢にいる人は、自然の全域に見られるどれよりも美しい光景と風景で、楽しむことができるからだ。(no. 411)

芸術の基準としては「自然」はもはや単に外在的な対象とか現象とかではありえず、自然を知るときの人間の経験の質をも含めねばならなかった。

建築において、十八世紀中期に最も広く読まれ広範な影響力を持ったテキストは、エドマンド・バークの『崇高と美の観念の起源』(1757)だった。ペローと同様に、バークは美しい建築の比率は自然物や人間の形体に由来するという考えを捨て去った。バークは「人体が建築家にいかなる指針も与えないということは私には明白である」と記した。さまざまな理由の中で特に、

建築家が人体を自分の仕事の規範とすることほど奇妙に滑稽なことはないだろう。人間と家屋や寺院ほど類似や類比がないものはありえないのだから。いったい両者の目的が全く異なること

を述べる必要があるだろうか？　私がとかく疑うのはこれである。これらの類比は技術の産物と自然における最も高貴な産物との間の一致を示すことによって、芸術作品に名誉を与えるよう考案されたのであり、自然が芸術作品の完成のため暗示を与えるべく奉仕したということでは決してない。（100）

建築であれ何であれ芸術の効果が自然の比率や調和の模倣に基づくということをバークが否定することで、彼は主要な議論に集中できた。つまり美的感情、崇高と美とが自然物の視覚により誘起されるということ、また芸術は観者のうちに痛みや快といった同じ感情を再生産できるときにかぎり成功するということである。バークがいうには「想像力において、自然物の特質から生じる痛みや快のほかに、模倣が原物に対して持つ類似から快が受け取られる」（17）。バークはこの考えを建築に関連して詳述していないが、仏英両国で他の者が行った。

彼／彼女が自然物から経験しうるのと同じ感情を主体のうちに起こすのが建築家の役割だという考えは、十八世紀後期と十九世紀初期の建築家の間で主要な関心事となった。フランスの建築家J＝D・ル・ロワの『キリスト教徒がその聖堂に対しコンスタンティン大帝の治政から現代に至るまで与えてきた配置とさまざまな形態との歴史』（1764）はバークの理論の可能性を把握するのに手早い。

あらゆる壮大な光景は人々の前に立ちはだかる。たとえば空の広漠さ、陸や海の広範さは、山の頂上や大洋の只中で見いだされるが、それはわれわれの精神を高揚させ考えを拡張させるようだ。人間の最も偉大な作品も同様の印象をわれわれ人間に与える。（50）

特定の感情を誘起するような建築の効果を創造することが、フランスの建築界において主要な議論の種となった。それはル・カミュ・ド・メジエールの『建築の特質』（1780）、J＝L・ルクーの建築幻想、ブレの計画において明白である。

ブレは一七九〇年代に書かれた未公開の『建築、芸術についての試論』において「もし…人が自らの芸術でわれわれが自然を見るときに経験するようなかの感情をわれわれのうちに引き起こすことができたら、そのような芸術はわれわれの持ついかなるものより優れていよう」と述べた（85）。したがって一方で自然の形態の研究、他方で諸感情こそが、ブレが「建築の詩情」と呼ぶものを作る目的で専心したものだった。ブレによる感情の理論で最良かつ最も独創的な例は「影の建築」である。

私は田舎にいて、月夜に森の外れにいた。月光で作られた影が私の目を惹いた…私自身の気分のために、この像の効果は私にとってとてつもなく憂鬱に見えた。地面の影の中に描かれた木々は強い印象を与えた。私の想像力がその光景を強調し、したがって私は自然において最も陰鬱なすべてを垣間見た。そこで私は何を見たのか。極度に朧げな光の中で黒く立ちはだかる物体の塊である。…感じ取っていた感情に打たれて、私はすぐにこれをいかに建築に適用するか思案した。影の効果によって成り立つ構成を見つけようとした。このためには、私の想像力においてそれまで活気を帯びたものすべてを取り戻す光（自然のうちに私が見たような）を想定した。このように私はこの新たな種類の建築を見いだそうとしたのだった。（106）

ブレ（七一頁図版も参照）やルドゥーの実施された作品群とル・カミュ・ド・メジエールのパリ穀物取引所（三三七頁の図版参照）を別にすれば、こうした考えを最も良く適用した建物はおそらく、英国の建築家サー・ジョン・ソーンの作品に見いだされよう。彼は実際、英国のピクチャレスク理論に熟知していただけでなく、ル・カミュ・ド・メジエールの著作を精密に研究していた。リンカーンズ・イン・フィールズの彼の家（一八四頁の図版参照）はデイヴィッド・ワトキンが提示したように、ル・カミュ・ド・メジエールが

E＝L・ブレ、王立図書館計画ドローイング（パリ、一七八八年）。ブレが自身の個人的な発見とし、自然から学ばれ、ブレの図式に適切な「性格《キャラクター》」を与えるのに生かされた「影の建築」。

提示した知覚の建築を解釈しようという試みであった。[*4] 講義においてソーンはかたくなに建築は自然に何らかのモデルを持つという考えを否定し、建築が全くの「発明の術」であると主張した（532）。よって建築が他の芸術諸ジャンルに対し優越するという彼の見方は、建築を「自然自体の対抗者」とするカトルメール・ド・カンシーの記述とさほどかけ離れていない。

（七）「第二の自然」としての芸術。 芸術に対するこの描写はゲーテによって作られ、十九世紀初期において芸術と自然との関係の全体について思考する上での根本的な転換をなした。これはそれまで考察されてきた、従来の自然という語法の大部分を時代遅れにしたほどである。この芸術の自然に対す

る関係の新しい定式化は、従来の考え方のほとんどが芸術の研究に由来していたのに対し、むしろ自然の研究に由来した。カトルメールは建築を、非模倣的で独創的であるという美点のために自然と類似していることを示唆した。にもかかわらず、彼の自然の概念自体は、直接観察される自然現象には少しも注意を払わないままの、硬直した理性的な構成概念にすぎなかった。芸術の研究が自然の理解を導くのではなく、むしろ自然の探究が芸術の理解を助けるという思考の変革は、ゲーテの記述に最もはっきり見られ、またその広まりにはゲーテとその周辺が大きく貢献した。

　ゲーテの広汎にわたる科学的探究は、彼にとって、詩人と批評家としての創造の所産と同様に重要であり、別個のものとして捉えられてはいなかった。特に解剖学と植物形態学の研究こそが、彼が芸術と自然との関係について理解を広げる際に影響した。リンネとフランスの自然科学者たちに対するゲーテの批判によると、彼らはあたかも種が人工物と同じように組み立てられたかのように、生物の構成部分にしたがって種を分類していた。ゲーテは一七九四年のシラーとの会話を回想して、「自然を個別の断片にではなく、生きた実在のうちに再現するという別の方法があるべきです、全体から諸部分へ追い求めるような方法が」(69)という。この生きた全体の追求こそ、ゲーテの自然探究を、また彼の「自然においては何物も静止しない」という認識をも特徴づけるものである(「形」二一〇頁―参照)。ゲーテは、作品が芸術家によって授けられた生気に満ちた力の外部への表現になるために、芸術家も〔自然探究と〕同様の方法をとるべきだと信じた。そればかりか、スピノザに即して、彼は精神が受け取る感覚とそれを引き起こす感覚刺激との間にはっきりした区別があるとは考えなかったし、この区別が人工の物体と同様自然の物体を知覚することにおいてさえも真であるとは考えなかった。彼が言うには、「自然を全体であれ細部であれよく見ると、私はいつもこう自問する。ここに表現されているのは対象なのか、お前なのか、と。…現象は観察者からけっして分離できない、むしろ観察者の個性に編み込まれている」(236)。換言すれば、芸術作品の質とは、それが生きる精神の産物であり、作品を見ることは生きる主体の積極的な知覚の関与を伴った。この点で、芸術はその形成においても受容においても、双方で自然のようであった。

　こうした考えの一部は一七七二年に書かれたゲーテの青年期の論考「ドイツ建築について」に見られる。この論考は第一義的には、ロージエの理性主義的な「自然」概念に対する攻撃であり、作品が人間の表現への本能の所産であることに建築作品(この場合ストラスブールの大聖堂、四六七頁の図版参照)の力が存すると提唱した。要旨において、ゲーテは次のように書いた。

> 　というのも人間の本性のうちには、その生存が保証されているときに活動的になる、形態を作り出す意志があるからだ。不安や恐怖の必要がなくなるとただちに、彼は休息の間にさえ忙しい半神のごとく、精神を吹き込める対象を捜し回る。そこで野蛮人は自分のココナッツの殻を彫り、羽根を付け、身体を気まぐれな線、

醜い形態、けばけばしい色彩で彫り込んだのだ。

エルヴィン・フォン・スタインバッハの大聖堂は、そのような不断の眠れない魂の産物に他ならない。

しかし、初めて古典古代の作品に出合った一七八六―八八年のゲーテのイタリア滞在の間にこそ、彼の建築と視覚芸術に関する考えが本格的に展開した。一七八七年八月十一日にローマで、彼は「いま目の前が開けつつあり、芸術は言わば私にとって、偉大な人間たちの頭脳から生み出された第二の自然となりつつある」(『イタリア紀行』、306)と記した。ヴェローナの円形競技場、アッシジのミネルヴァ寺院、スポレートの水路の後に彼はこう記録した。

私が見た三番目の古い構造物…第二の自然、それは公共の目的に供するもので、これこそまさに彼らの建築とは何かを示す…今こそ私は、あらゆる気まぐれな建造物を嫌っていたのがいかに正しかったか感じ取れる。たとえばヴァイセンシュタインのヴィンターカステンは、何の目的もない意味のない建物、装飾のついた巨大なお菓子にすぎず、それは他の多くも同様である。それらはそこに生きることなく建っている。というのも内なる生気を持たないものは生命を持たず、偉大ではありえないし決してそうなれもしないのだから。(100)

そしてギリシア人がいかに芸術において完成の域に達したかを自問したうえで、彼は「私の推測によると、彼らギリシア人は自然が営まれるのと同じ法則にしたがって営んでおり、それこそ私が追い求めているものだ」(137)と答える。同時にこれらの作品のうちに再現された「自然」の一部は、見る主体の能動的な存在によって補われている。すなわち、パエストゥムの古代ギリシア人の寺院遺跡を訪れたとき、ゲーテは「寺院群を歩きまわることでのみ、人は寺院群に生命を吹き込むことができる。すると生命が息を吹き返すのを感じ取ることができ、まさに建築家の意図したように、生命が寺院を組み立てるのである」(179)と書いている。

ゲーテ自身はギリシアとローマの建築を好んでいたのに、建築が自然の方法にしたがい生きた力によって生気づけられるという考えは、ゴシック建築の方により強く結びつけられることになる。特にゲーテの周囲でもより若いメンバー、特にシュレーゲル兄弟は、一八〇五年のナポレオンによる対プロシア戦勝後のドイツ愛国運動に与していた。彼らはドイツの芸術としてゴシックへはるかに高い関心を抱いた。その後十九世紀のほとんどを通じ、ゴシックは自然モデルに最も密接に対応する建築と見られることになった。

建築を「第二の自然」とする考えの、抜群に洗練された進展の二つは、十九世紀の偉大な二人の建築思想家に見られよう。ドイツの建築家ゴットフリート・ゼンパーと英国の批評家ジョン・ラスキンである。この二人は、建築が自然に何らかの類似点を持つものの、それ自体は自然ではないというゲーテやドイツの哲学者によってなされた区別を完全に受け入れていた。G・W・F・ヘーゲルが『美学』（1835）で言ったように、建築は「明らかに人間の手によって建てられた無機的な自然であり」、「内在する精神によって特徴づけられ生気づけられる」有機的な自然と区別されるのである（vol. II, 653-654）。

ゼンパーの知的達成は、あえて言うならば、カトルメール・ド・カンシーの模倣と人工物に関する理論とドイツ観念主義の哲学とを結びつけ、従来展開されてきた建築の人工性に関する特段に洗練された理論を構築したところにある。後から振り返れば、主としてゼンパーの考えによってこそ、十九世紀初期のヨーロッパの建築家にとって建築の自然モデルは全く不要になったと言えよう。ゼンパーは建築の根源が自然にないことを力説した。一八三四年のドレスデンにおける就任演説で、ゼンパーは「建築は他の芸術ジャンルと違い、手本を自然に見いださない」（**H. Semper; quoted in Ettlinger 57**）といった。代わりに彼は「工業技術が…建築ないし芸術の形態と規則一般を理解する鍵である」と信じていた（「形態の美の特性」**1856-59; Hermann, *Semper*, 224**）。したがって、ゼンパーの記述のほとんどは全く建築に触れることなく、製織、陶芸、金属加工、大工術、石工術を取り上げた。一方、ゼンパーは建築が自然に由来しないと信じていたにもかかわらず、彼は実際に自然との類似を、常にそれが類似にすぎないことを注意深く強調しつつも、建築の形態が出来上がる方法のうちに認めていた。この考えを示唆したのは、キュヴィエのパリ植物園の動物博物館であり、そこでは標本が進化の階梯に沿って陳列されていた。ゼンパーはドイツ観念論的な思考を習熟したことで、この骨格標本の列のうちにそれ以前の形態があるという考えを抱くに至った。

最も単純な原型の形によって展開し説明されるすべてのものと同じように、限りなき多様性がそれでも基礎の観念において単純でわずかであるような自然におけるように、自然が繰り返し同じ骨格を何千と修正することで新しくしてきたのと同じように…それらと同じように、自分の芸術作品もまた、根本的な諸観念によって条件づけられた一定の標準形態に基づきながら現象の無限な多様性を許すものだと、私は自分に言い聞かせる。（「建物の比較理論の趣旨」一八五二年、ゼンパー『四要素と他の記述』170）

ゼンパーの人工物に対する考えは特に二つの箇所に含まれる。『建築の四要素』の第五部と『様式』（1861）の第一巻六〇節である。これらの箇所で、ゼンパーは三つの個別だが、たがいに連関する議論を展開した。第一は歴史的に見て、もともと建てる技術とは他の目的――編む、粘土を焼く、段を作るために石を並べて切る、木を組む――のため発展した技術が建築の主題に適用されたにすぎないので、建てる技術に工業技術は先行するというものである。こうした手による技術から、垣根の編まれたような形、大工術での木材の接合部などの技術をつたえる象徴がつくられ、それが建築に意味を与えた。第二の議論は歴史的に見て、囲うことへの人間の欲望が、

F・マジエーリ、円形競技場（ヴェローナ、一七四四年）。「第二の自然」。有機的自然に見られるのと全く同じ生気に満ちた過程を古代建築に見るためやって来たゲーテが初めて見たローマ建築。

それを達成する手段に関する知識よりも先行していたというものである。

空間という観念を形式上作り出したことは…間違いなく壁にも、石や他の材料から築かれた最も原始的な壁にさえも、先行する。

支え、守り、運ぶために使われる構造は空間や空間の分割には直接関係しない要求である。(『様式』254)

小屋を築くことではなく空間を囲うことこそ、最初の建築的な行為であった。したがって、(編んだマットやカーペットに由来する)囲いを作る術こそが建築における主要な象徴を与えたのだ。それは壁を作る技術的手段が変化しようとも、忘れられるべきでない象徴である。ゼンパーは記す。

後に軽いマットの壁が粘土タイル、レンガ、石材の壁に変わったときでも、枝編細工つまり根源的な空間の仕切りは、その初期における意味の重要性を実際にも観念上でもそのまま残している。枝編細工は壁の本質である。カーペットを吊るすことは真の壁、つまり空間の目に見える仕切りであり続けた。しばしばカーペットの後ろには硬い壁が必要だが、その理由は空間の創造には無関係である。すなわち、その壁は安全、荷重の支持、耐久性などのために必要であるにすぎない。こうした二次的な機能への必要が生じないところならばどこでも、カーペットは空間の仕切りの根源的な手段であり続けた。硬い壁を建てることが必要なところであっても、硬い壁は単に、壁の真正で正当な代表者である色鮮やかな編まれたカーペットの後ろに隠された内側の目に見えない構造にすぎない。(『四要素』103-4)

カーペットから後の壁の材料へという考えの変化は、クラッディングとして空間の境を区切るという壁の根源的な意味が失われていないことを保証した。

第三は、前の二つから導かれるが、建築の最も根源的な段階を過ぎれば、建築を作る材料の真実を隠すことが建築の固有の特質になるという議論である。ゼンパーの着想は、異なるように表現していても、カトルメール・ド・カンシーのものに似ている。ゼンパーは記念建造物が、もともと祭での構築物、花や植物で装飾された木製足場に起源があると提唱した。より高い耐久性がそれに求められたとき、この装飾的な要素は木や石など他の材料に置き換えられたという。脚注において彼はこう続ける。

思うに、仕上げと覆いとは人間の文明と同じくらいに古い。…もし形態が意味のある象徴つまり人間の自律的な創造として作られるのなら、真実を、材料を拒否せざるをえない。…汚れなき感情のために、原始人はあらゆる初期の芸術的探求において、真実の拒否に至る。あらゆる分野の偉大で真正な芸術の巨匠はそこに立ち戻る——芸術上の高次の展開の時代においてこうした人々のみが、**覆いの材料を覆った**のであった。(『様式』257)

したがってゼンパーにとって建築という芸術の全体は、ある材料から他の材料へ観念や主題を翻訳する能力のうちにある。カトルメールにとって変容とは建築が自然模倣の術であるという古い前提を保つための方法だったのに対し、ゼンパーはドイツという背景もあって、それを建築の意味の主要な原因として見た。建築が人間の作品であり自然への参照に何ら従属しないことに全面的に由来する意味である。したがってゼンパーこそ、建築の自然との絆を断ち切ったのだった。

ゼンパーの業績がカトルメールの古典主義をドイツ・ロマン主義の思考と結びつけたことだったとすれば、ジョン・ラスキンの業績は英国のピクチャレスクを同じドイツの哲学学派の理論に注入することにあった。*5 英語圏のあらゆる書き手の中で、当時誰もラスキンほど、芸術と建築の自然に対する関係へ多大な注意を払った者はいない。そのため彼の考えは簡単には要約できない。ラスキンは自らの極めて宗教的な見解によって、自然を神の作品と見なし、そのため英国の風景画への崇敬と併せて、自然は唯一あらゆる美の根源であると固く信じるに至った。彼の画家への提言は「心を全く純真にして自然へ赴き、苦労しつつも信頼して自然と共に歩み、自然の意味を見抜くのがいかに最高であるかだけを考え、その教えを覚え、何も拒まず、何も選ばず、何も軽蔑しない」ことであった(『近代画家』1843, part III, section VI, chapter 3, §21)。『建築の七燈』(1849)でラスキンは同様の助言を建築家に行う。「建築家は画家のように、都市で長く生活するべきではない。建築家をわれらが丘に送りたまえ、そこで自

結び目——「根源的な技術を示す象徴」、『様式』第一巻(一八六〇年)。ゼンパーは建築が他の芸術ジャンルと異なり、自然に由来せず、代わって人類が発展させてきたさまざまな技術の過程に由来すると強調した。編むこともその一つである。にもかかわらず、ゼンパーは建築を、その過程が有機的自然のそれと類比的である点で「第二の自然」と見た。

然ではバットレス、ドームがどう理解されているのか、学ばせよ」(chapter 3, §24)。ラスキンは美が自然物に元来起源すると確実に信じており、「力の燈」と「美の燈」において建築がその効果を自然との「共感」によって実現すると示唆してバークにならった。しかしその一方で、絵画はおろか建築においてはさらに、ラスキンは自然の形態や対象の単なる模倣では、最も劣った派生的な美しか生み出さないだろうと考えた。真の芸術の質は、人間の意志と自然から提供された未加工の素材に彼の創意の力を刻印する能力とに由来した。ラスキンが言うには、建築における高貴なものはみな「神の作品における人の喜びの表現」に由来するという(『ヴェネツィアの石』

ジョン・ラスキン、サン・ロー大聖堂(ノルマンディ、部分)、『建築の七燈』(一八四八年)。草の繊細さや彫り物の扱いにくさは、ラスキンにとって建築と自然が本質的に似ていないことの証拠であった。ラスキンは建築家が自然を研究するべきだと信じていた一方、建築家が作り出すものは人間の創意の力の刻印を帯びている点で自然と異なる。

vol. I, 1851, chapter xx, §3)。ラスキンが初めて「生命の燈」と呼び、ゲーテの「形態を創造する意志」に比したこの意志の働きこそ、建築に精神的表現の力を与え、建築を人間の感情と通じさせ、かみ合わせるものだった。一八五〇年代初頭に自分の考えを要約した一節において、ラスキンは次の二つを区別する。

ディーンとウッドワード、オックスフォード博物館（一八五四―六〇年）内観。博物館の目的を示す動植物の彫り物の独創性〔inventiveness〕によって、この建物は建築と自然との関係に関するラスキンの考えの同時代における最良の例証となった。

> 自然からの喜びの諸起源を〔人が〕受け取ることと、その配列における信ずべき創造に富んだ力の発達と。というのもゴシックのみならずすべてのよい建築の二つの精神的要素は…建築に属し、建築において、主にそのものとして、他のあらゆる芸術の主

題、人間の仕事、人間の平均的な能力の表現より称賛に値するからだ。絵画や詩はしばしば、自身の外にあるものに対する人間の崇敬の弱い発露にすぎない。しかし建築は人間自身の創造により近く、人間の必要から生まれ、人間の本性を伝える。（『ヴェネツィアの石』、vol. II, chapter vi, §40, 1853）

建築に表現されることを求める二つの特別な衝動とは「欠点の告白、そして変化への希求の告白」である。そしてこの存在こそが人間を自然の建築から区別する。「鳥や蜂の建物はこのようなものの表現を必要としない。それは完全で不変だからだ」（同前）。したがってラスキンは、建築の表現方法は自然探究に由来しうる一方、建築が自然の単なる模倣であるのは誤りだと明確に述べる。なぜなら建築を建築たらしめるものは、美を自ら作り出すという人間の精神的希求の、建築によって示される証拠だからだという。こうした考えは、ピクチャレスクの唱道者が主張したような種類の自然の考察とはかなり異なる。ラスキンにとって建築が「第二の自然」であるのは、それが精神の仕事と手の仕事という人間独自の能力の所産だからである。すなわちこの能力は建築の最良の作品群に自然の作品に比すべき生命を授ける一方、作品群は、建築が結局常にそこに照らして判断されるに違いない有機体としての自然の完全性を、決して獲得しない。ラスキンの長大な記述の大部分は、人間の意志と自然の素材との結合がいかに実現されるかという課題に取り組んでいる。

付言するべきなのは、ラスキンの後期の記述において自然に対する態度が変化していることである。『空の女王』（1869）とそれ以降の書物において、ラスキンは自然現象の観察を通してではなく、自然の意味と本質とを単なる観察以上に完全に伝えると彼が信じた神話を通して、自然の意義を評価するべきだとの見方をとった。この考えが以降の建築思想に対して持った意義は限られたものだった。W・R・レザビーの『建築、神話主義と神話』（1891）が唯一この考えを建築において展開した試みである。実際の建築作品における、ラスキンの初期の「自然」観の最良の例は、ディーンとウッドワードのオックスフォード博物館（1854-60）である。後期の、より詩的な理論の適例はC・F・A・ヴォワジーとC・H・タウンゼントの作品群に見られよう。

（八）「文化」の解毒剤としての自然。ロード・シャフツベリの時代以降の十八世紀の思考（（五）を参照）に見られる、自然は文化の人工性に対する抵抗の手段であるとの考えは、コールリッジとワーズワースという英国のロマン主義詩人たちに余すところなく探究された。しかし合衆国においてこそこの考えが建築において帰結することになる。この中心人物はラルフ・ウォルド・エマソンだった。エマソンの自然観は複雑である。ゲーテとイングランドのロマン主義詩人とに影響され、彼は一八三〇年代に人間の精神の力によって表された事物の質として自然を見た。「その美とは人間自身の精神の美である」（1837, 87）。しかしエマソンはまた、自然のうちに超自然的なものの啓示を見た。「あらゆる自然における事実は霊的事実の象徴である」（1836, 49）。したがって、自然を用いて、人間は自身の精神的存在を自覚した。つまり「正確に捉えるとすべての対象はまさしく魂の新たな能力を解放するものとなる」（1836, 55）。エマソンの思考の意義は、部分的にはアメリカで考えられたという文脈にある。一八三七年に語ったところによれば、彼は「われわれはあまりに長くヨーロッパの優雅なミューズに耳を貸してきた」（104）と不満を述べ、アメリカ人はその着想を日常の、そして自然の、直接経験から求めることを示唆した。

私は偉大なもの、遠いもの、ロマン的なものを求めない。イタリアやアラビアでなされることとか、ギリシア芸術やプロヴァンスの吟遊詩人とは何かとかだ。私は普通のものを愛する、見慣れたもの、気安いものの足許に場所を探して座る。私に今日への洞察を与えよ、それであなた方には古代と未来の世界を差し上げよう。（102）

この日常の経験とは、部分的にはアメリカ人が歴史に条件づけられることなく自然環境と直面するということであり、またそこから生の哲学、芸術の哲学が生じるであろう。こうした考えの建築における可能性は、エマソンの同時代人ホレーショ・グリーノーが一八四三年に論考『アメリカの建築』でその一端を認めたが、エマソンの考えの影響を最も強く受けた建築家は、ルイス・サリヴァンであった。サリヴァンの記述はエマソンの文体と共鳴するだけでなく、その自然称賛は完全にエマソンの超越論の精神の内にあった。サリヴァンの論考『インスピレーション』（1886）と特に「建築とは何か」（1906）はエマソンそのものである。だが自身の建築、特に華麗な装飾（モダニストにはあまりにも邪魔である）においてこそ、サリヴァンは文化的な因習と伝統から自由に作品を作ることと、「芸術〔は〕人間による蒸留を通した自然である」（1836, 47）とするエマソンの理想を実現することを追求した。ルイス・サリヴァンの助手フランク・ロイド・ライトは明らかに同じエマソン的な考えの多くに浴していたが、自然主義的な装飾には訴えることなく、建築的に実現することになった。

（九）**自然の拒否**。一般にヨーロッパの思考において、諸芸術の推定されるモデルとしての「自然」への関心は、十九世紀後半において著しい下降線をたどった。これはある程度自然科学自体の発達、ダーウィンや他の理論によっている。これらの理論は自然の過程と芸術の過程との相違点を効果的に強調した。論者や芸術家にとって自然はますます関心を持たれなくなった。「自然がわれわれに教えることは何もない」とシャルル・ボードレールは一八六三年の『現代生活の画家』に記した。「自然は罪悪以外なにものも促さない」（31-32）。つまりボードレールにとっての芸術の質はその人工性に存した。同様の自然と芸術との本質的な峻別はフリードリヒ・ニーチェの生涯を通じた主題だった。彼は『悲劇の誕生』（1872）において「芸術は自然の模倣ではない。むしろ自然の傍らで育まれ自然を乗り越えるための形而上学による増補である」（140 - translated in White, 343）。社会思想、政治思想においても、自然に関する観念はこの時代に変化した。マルクスとエンゲルスは二種の自然を前提とした。一つはそこから材料を採られるという自然であり、もう一つは人の営みの結果として作り出され、商品それ自体となる自然である。[*6]「自然」と「文化」の区別は――従来は重要だったが――今やそれ自体疑問に付される。

L・サリヴァン、ゲッティ家墓廟の門（シカゴ、グレイスランド墓地、一八九〇年）部分。サリヴァンの華美な装飾は、後のモダニストたちを当惑させるが、自然の中に、文化に汚されない日常の発露を見る超越主義の伝統に適合していた。

十九世紀末葉までには、特に「近代《モダン》」を信奉した建築家に対し、自然は何も与えるものがなくなっていた。ウィーンの建築家オットー・ワーグナーは、一八九〇年代になって近代建築の唱道者として広く認知された最初の建築家であった。彼にとって建築が特別に持つ質とは「それだけが自然に全く規範を置かない形を作りうる」(62)こと、「その産物〔建築物〕を全く新たに形作られたものとして示しうる」(81)ことであった。この観点は、ゴットフリート・ゼンパーの議論から容易に系譜をたどれるが、二十世紀初期のモダニズム建築の特徴的な態度になり、また広く建築に関する思想を支配するものになる。もし「自然」がもはや建築について整理して考える際に役立つカテゴリーとして用がなくなったならば、その代わりは何だったのか？ すべての視覚芸術にとっての一般的な問題として、このことをドイツの美術史家ヴィルヘルム・ヴォリンガーが『抽象と感情移入』(1908)において認識していた。ヴォリンガーが考えた芸術は決して自然を表象しないし、第二の自然でもないし、自然を参照することで価値体系を引き出すこともない。むしろ、芸術は「自然と同等の地位で並び、その最も深く内奥にある本質において、自然を事物の目に見える表面として理解する限りでは、自然と何ら関係を持たない」(3)。ヴォリンガーの議論は、芸術はそれ自体独立した現象であり、それ自身の法則によってのみ理解できるというもので、一方で抽象へ、他方で表現へという、芸術における二つの傾向の緊張関係に特別な関心を寄せた。ヴォリンガーが抽象に与えた評価は戦間期において芸術家同様建築家にも広い影響を及ぼすことになった。たとえばオランダのデ・スティルの美術家ファン・ドゥースブルフにとって、自然の側面を重力を含めてみな否定することが芸術の役割だった。

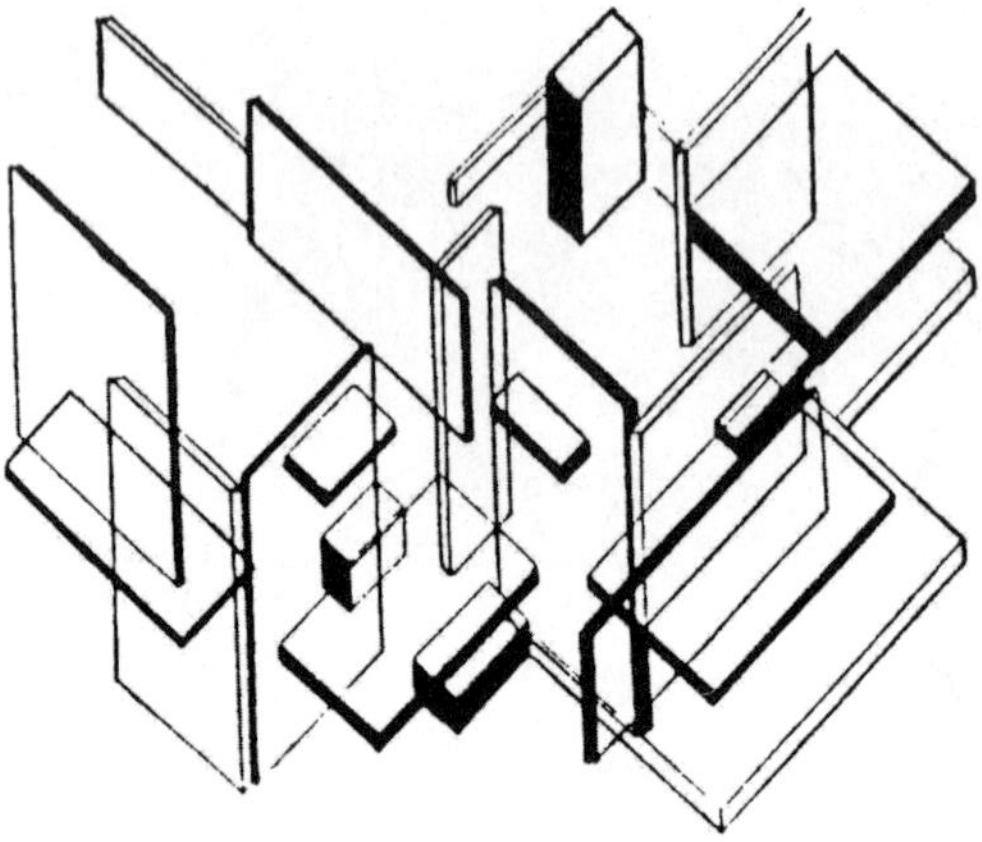

テオ・ファン・ドゥースブルフとコル・ファン・イーステレン、ある私邸の等測図、一九二三年。「脱自然化された現実」——新造形主義者にとって、芸術の目的は「自然」から独立した世界を作り出すことだった。

二十世紀建築のその後の歴史から見ると、

建築を整理する概念として「自然」に代わりうるものは何かという問いへの最も有意義な回答が、イタリア未来派によってもたらされた。一九一四年の未来派建築マニフェストによれば「古代人が自然の要素から自らの芸術の着想を引き出していたのと同様に、われわれは…この着想を、われわれが作り出した全く新たな機械にみちた世界の要素から見いださねばならない」。(Conrads, 38, 三一七頁の図版参照) 技術にこそ建築が規範を見いだすというこの考えは、間違いなく二十世紀において「自然」に代わる唯一最も重要な考えだった。そしてこの考えが支持されてきた際の情熱は、少なくとも部分的には「自然」が退くことによって取り残された間隙を埋める必要、また「自然」の再侵略に対する畏れによって説明できる。しかし技術だけが自然に対する代替物というわけでもなかった。たとえば別の重要なものに建築自体の伝統があった。この議論の例は未来派建築マニフェストとおおよそ同時代の二冊の英語による書物、レジナルド・ブロムフィールドの『女性的芸術』(1908) とジェフリー・スコットの『人間主義の建築』(1914) に現れる。両著書はラスキン的な自然主義に対する痛烈な批判で、その代わりに建築作品そのものの研究を勧めた。たとえばブロムフィールドがいうには、建築家の科学とは「実際の建物の研究と観察によってのみ達成される。というのもこれら建物がわれわれの「自然」であるのだから——樹木や洞窟や岩石が自然ではないのだ。建物と材料の研究は建築家にとって、彫刻家にとっての解剖学の研究に当たる」(104-5)。

しかし二十世紀のモダニズム建築家のすべてが自然を否定したわけでは決してない。二つの際立った例外が、アメリカ人建築家フランク・ロイド・ライトと、スイス人建築家

ル・コルビュジエ、人間、建築、自然——ユニテ・ダビタシオン(一六五頁の図版参照)の図式。「人はガラス壁の前の床面に立ち、太陽、空間、緑に向かう。彼の目はこれらのものに出会う」。ル・コルビュジエは建築の目的を、人を自然に戻すこと——そして自然を快適に味わう条件を作り出すことと考えた。

ル・コルビュジエである。ライトによる自然の強調はエマソンとサリヴァン以来のアメリカの伝統（上記（八）で論じた）に属する。ライトの数多くの自然に関する記述の中でも、次のものが特徴的である。「本来、自然は、われわれが知っているような建築形態の現れとなる建築上のモチーフのために、材料を供給する」（「建築の要因」1908, *Collected Writing*, vol.1, 86）。これは十八世紀の書き手のように聞こえるだろうが、意図された意味はかなり異なるし、アメリカ建築というアイデンティティにも関わっている。また付け加えるべきは、次の世代のアメリカ人建築家、ルイス・カーンがあえて「自然」を斥けたとき（「人が作るものを自然は作れない」）、これはある意味でこのアメリカ人がヨーロッパの伝統に明らかに再び取り組んだことの現れだったということである。

モダニズムの建築家が「自然」を概して否定したことに対するもうひとつの例外はル・コルビュジエであった。彼の初期の教育は、自ら読んでいたラスキンに多大な影響を受けていた。未来派による機械時代の比喩表現の方に入れ込んだ一九二〇年代の合間を除けば、ラスキンに着想を得た「自然」への情熱がル・コルビュジエには常に現れていた。ル・コルビュジエの主要な都市計画プロジェクトである〈輝く都市〉の第一の目標は、人間が都市化の結果失ってしまった自然との関係を回復しようというものだった。ユニテはこの〈輝く都市〉の一断片の建物であった。ル・コルビュジエの一九三〇年代と四〇年代の脱都市化計画はみな、人間が「自然」をより完全に味わい楽しめる状況に戻そうという関心に基づいている。ユニテはこの目的を達成するための複合的な機構として考え出された。だからその中では、「自然」の実現が建築の目的となってくる。

（十）**環境主義——生態系としての自然と資本主義批判**。以上取り上げた「自然」の意味は一九六〇年代以来環境運動によって全く変化してしまった。環境運動は「自然」と「文化」が別個の範疇であるという古い前提に異議を唱え、代わりにそれらが単一の系の部分であることを強調した。この帰結は、正統的なモダニスト（特にゼンパーの伝統の中で育った者）が示してきた「自然」に対する無関心を逆転させ、建築の中で自然を、相変わらず不正確ながらも、再び強力な概念にした。建物はエネルギーを過度に使用し——世界のエネルギーの半分にも達する量が建物の生産と運用に投入される——、天然資源を猛烈に消費する——アメリカだけで一日に三千エーカーの未開拓地の上に〔建物が〕建設される——ことで生態系の微妙なバランスに多大な影響を与えているという認識がある。このために、建築〔行為〕は将来の地球上の生命に影響を与える実践だと見なされるようになった。この議論を典型としてリチャード・ロジャースが述べている。「建築には自然との対立を最小化する必要がある。このためには自然の法則を尊重せねばならない。…建物を自然の連鎖の中に入れることで、建築はまさしくその根源に立ち戻るだろう」（1997, 98）。これらの観点からすると、建築はそれが生態系の内部に作り出す最小限の損害によって判断される。たとえばリチャード・ロジャース・アンド・パートナーズ、裁判所（ボルドー、一九九三—九八年）。生態系としての「自然」。建築の目的は自然への最小限の妨害にとどめることとなった。ここでは法廷室の上にある木製楕円ドームの形が自然換気を最適化し、エネルギーを費やす機械換気の必要をなくすように設計された。

ロジャースのボルドー裁判所は、まさにその形が「自然の空調システム」の結果であり、このアプローチを実証している。またボルドー裁判所は、ロジャースが「エネルギーを大量に消費する環境で人々を自然から孤立させる」という慣習的な大オフィスビルへの対案として示されている（88）。

ロジャースや「持続可能な」建築の同調者たちが言及する「自然」は決して単純な概念ではない。これらの考えを生んだ環境運動自体が、その複数性、多様な根源、幅広く異なった目的によって特徴づけられる。[*7] 一方では、その知的基盤がフランクフルト学派の政治哲学、特にテオドール・アドルノとマックス・ホルクハイマーの『啓蒙の弁証法』（一九四七年）にあり、そこでは社会に立ちはだかる第一の問題は、人間の人間による搾取ではなく、自然の人間による（あらゆる意味での）搾取として示される。こうした点から見ると、資本主義批判は生産という社会関係から人類と「自然」との関係に転換した。この議論は少なくとも環境保護運動の基礎の一部をもたらし、国際規模の資本主義への批判を支えてきた。同様にこの議論は、工業生産の主流の外にある技術や過程を用い、支配的な政治、経済の秩序を批判する意図で、「代替的な」建築の開発を刺激した。ロジャースの作品も、他の環境配慮建築の唱道者の作品も、この範疇には当てはまらないだろう。他方では、世界に対して技術が潜在的に持つ破壊的な作用は、それ自体では環境配慮建物に対して先進技術が有害でありうることを意味しない。この潜在的な作用はレイチェル・カーソンの一九六二年の著書『沈黙の春』（環境保護運動の主要な着想源の一つであると広く認められている）で初めて叫ばれた懸念である。フォスター・アソシエイツのフランクフルト・コメルツ銀行のような作品は、非伝統的な材料と洗練された電子システムとを用いて、エネルギー消費が低水準の建物を生み出している。間違いなくフォスターにとっても、また他の多くの建築家にとっても、自然法則の尊重は、最終的な結果に高度の技巧への妨げとはならない。持続可能な、また「環境配慮」建築、ある者の定義によると「地球資源を少ししか使わず、自然との協調関係のうちに考えられる暮らし方をも表現する建物」（Farmer, 6）は——環境運動そのものと同様——広教会のようなものである。環境主義は「自然」を建築上の特質の新たな基準としたかもしれないが、「建物を自然の連鎖の中に入れる」とは何を意味するのかについては全員一致からはほど遠い。「地球にやさしい」建築に適切な材料とは何かについての多様な意見によって、この見解の相違がわかる。環境主義の浸透とそれが生み出すたくさんの矛盾が、ほぼ確実に、「自然」が建築において有効な——争点ともなる——範疇であり続けることを証明しているだろう。

1 ムーマン『クロード・ペローの理論』*The Theory of Claude Perrault*, 1973, p.42, 140, pp.168-79, またペロー『配列』（1993）へのA・ペレス＝ゴメスの解題（14）を参照。

2 この主題の歴史についてはRykwert, *On Adam's House in Paradise*, 1972（黒石いずみ訳『アダムの家——建築の原型とその展開』鹿島出版会、一九九五年）

を参照。

3 ミメーシス理論のルネサンス後の展開の完全な説明は、Lee, *Ut Pictura Poesis*, 1967を参照。さまざまな芸術ジャンルの相対的社会価値に対するこの理論の関係については、P.O.Kristeller, 'The Modern System of the Arts,' 1951（渡辺守道訳「ルネサンスの思想」、東京大学出版会、一九七七年）を参照。

4 Watkin, *Sir John Soane*, 1996, pp.213-15.

5 ラスキンのドイツ哲学に負っている点についてはSwenarton, *Artisans and Architects*, 1989, chaper 1を参照。

6 Neil Smith, *Uneven Development*, 1984, 特にpp.16-28を参照。

7 環境主義における「自然」の矛盾に関する議論についてはSoper, *What is Nature?*, 1995, 特にchapter 8を参照。

8 Hagan, 'The Good, the Bad and the Juggled,' 1998を参照。

Order オーダー

建築を創造するとは秩序（オーダー）を与えることである。何に秩序を与えるのか？　機能と物体《オブジェ》である。

——ル・コルビュジエ『プレシジョン』、六八頁

建築は、ギリシア語でタクシスといわれるオールディナーティオー（オーダー）…から成り立っている。オールディナーティオーとは、ディテールを個別的に整えていくことであり、全体としては均整のとれたものとなるように比例的な整理を行うことである。

——ウィトルウィウス『建築書』、第一書　第二章

英語の「オーダー」は過剰なまでの意味の豊かさを持っている。オックスフォード英語辞典は名詞として三十一、動詞として九の意味を掲げている。それらのうちで建築に固有なのはわずかに二つなのだが、それでも建築的な用法における「オーダー」の語が他の三十八のうちのいくつかの意味と混じり合う部分があると考えるべきだろう。建築の「秩序＝オーダー」を理解するための最も明快な方法は、オーダーが担っている役割に目を向けることである。オーダーの意味作用全体が転換する一九七〇年代の前半までは、その役割は四つあった。（1）部分と全体の関係を通じて美を達成すること。（2）社会階級（社会秩序）を表現すること。（3）社会・市民秩序の模範・手段として建築を用いることで無秩序《カオス》を回避すること。（4）都市的な意味では、無秩序へと流れがちな都市に固有な性格を制御すること。これらの意味はいつもはっきりと区別されるわけではないし、実際その意味の重なり合いにこそこの概念の面白さが由来するのである。（冒頭のル・コルビュジエの引用が示唆しているように）「秩序＝オーダー」はモダニズムの第一世代の建築家によって高く評価された特性であったのだが、一方でモダニズムの概念の中で最も攻撃を受けやすいもののひとつでもあった。一九六〇年代を通じて建築内部からさまざまに批判され、後には外部からも批判され、その意味作用全体が改められてしまった。それをこれから説明していこう。

（1）**部分と全体の関係を通じた美の成就**。冒頭で引用したウィトルウィウスの一節は、古代建築において理解されていた「オーダー」の本来の意味を教えてくれる。しかしながら古代から現代に至るまで、この一般的な意味とドリス式・イオニア式・コリント式などのさまざまなオーダーの諸体系とのあいだにある曖昧さが存在していた。古典の伝統の歴史を通じて、この一般性と特殊性の二つの意味の重なり合いは、お互いに有利なことでもあった。このことはチャールズ・ムーアの一九七七年の発言に見ることができる。「わ

れわれは建物に意味論的にふさわしいオーダーをまとわせる以上のことをしなくてはならない。われわれは建物にわかりやすい秩序《オーダー》をもたらさなくてはならないのだ」。

ウィトルウィウスが各部の調和した配置を説明するために使った「秩序《オーダー》」という言葉は—おそらく先行するギリシアの建築家がそうであったように—アリストテレスの「タクシス」〔*taxis*〕という概念から取り入れたものである。アリストテレスは『形而上学』の中で、数学を論じながら次のように記している。「美の主たる形相は秩序《オーダー》、均斉《シンメトリー》と明確性によるものであり、これらは数学的な科学が特に強く表しているものである」(1078b)。アリストテレスは『詩学』第七章においても同様の観念を用いているが、ここでは詩の組み立ての構造を議論するために生物学的なアナロジーとして用いている。「生物であれ、いくつかの部分から組み立てられているどのようなものであれ、美しいものは、これらの部分を秩序正しく配列していなければならないばかりでなく、その大きさも任意のものであってはならない。というのも、美とは大きさと秩序にあるからだ」。ウィトルウィウスが用いた数学的なあるいは生物学的な全体と各部との関係に見いだされる美という「オーダー」の意味は、古代からルネサンスまで絶え間なく用いられた。そしてリクワート(1996)が指摘したように直接的な連続性はないものの現在においても用いられている。アルベルティ以来今日まで、建築に「秩序《オーダー》」の体系を与えうる数学的・幾何学的な原理を見いだそうとする試みが繰り返されて来た。ル・コルビュジエの比例体系であるモデュロールやアレグザンダーの数学的集合はその最近の例のひとつである。

建築において秩序を定義しようというこれらのさまざまな試みはどれも、かなり重要な認識論的な問題を示している。第一に建築は何に秩序を与えるのか？ 物質なのか？ 空間なのか？ 流れか？ 知覚か？ それとも社会的関係なのか？ 秩序が何に存しているのかが言いえて初めて秩序の概要を作ることができる。しかし、何が秩序づけられるべきか（それは常に対象の実体からの知的な抽象だ）を定義することによって生まれた秩序は、抽象的モデルによってすでに囲われあらかじめ決定されているのである。少し違う言い方をすれば「秩序《オーダー》」は常に、具体的な事物ではなくむしろ抽象的なものに関係している。したがってもしわれわれが建築に「秩序《オーダー》」を見いだすとすれば同語反復的だが、それはまず抽象として認識したものを改めて物として再構成し直すことなのである。二つめの問題は秩序が何に由来するかである。精神から、というのはもちろんだが、しかしいったいどのような形で？ すでに見たように数学は建築の秩序にとってなじみの源泉であったのだが、他にもモデルは存在していた。とりわけ数学同様アリストテレスによって提案され、ルネサンスの理論家たちによって追求された自然がそうである。十八世紀のフランスの理論家カトルメール・ド・カンシーは建築のモデルは「自然の秩序の中に」存し、さらにそのような秩序は「たとえ目に見えなくとも至る所に存在している」(「建築」33)と述べているが、彼はまさしく古い観念を繰り返していたのである。しかしカトルメールの時代においてさえも科学思想の発展によって

セルリオ『建築書』第四書（一五三七年）五つのオーダー。十六世紀の建築家セバスティアーノ・セルリオは「オーダー」を「建物の五つの様式」として体系化した最初の人物である。しかしその後、古代の「オーダー」は、全体に対する各部の一般的な配置と柱の種類と両方を意味するものとして用いられた。

「自然」それ自体が一般化された抽象物から内部の仕組みが分析できるような現象へと変化した。自然の、見えないがしかし可能性としてありうる「秩序《オーダー》」は多様化して、建築の新しいモデルの豊かな源泉が生み出されたのである。十九世紀のジョン・ラスキンによる結晶と鉱物組成についての研究や、二十世紀の建築家が生物学者ダーシー・トムソンによる動植物の成長パターンの研究（『成長と形』(1917)）に払った関心とは、数学以外から派生した「秩序《オーダー》」の概念が応用された例のうちのふたつである。一九四五年以後「秩序《オーダー》」への関心は知覚心理学、人工世界の秩序において鍵となる人間の知覚研究へと移行した。クリストファー・アレグザンダーによる数学的集合についての研究は、それらが人間の知覚にとって最も把握しやすいパターンであるという原理に基づいている。また都市の秩序についてのケヴィン・リンチの分析の基盤も、都市そのものではなくわれわれが都市を認識する知覚器官にあった。

（2）**社会階級（序列《オーダー》）の表現とその秩序。**建築は社会階級を示しかつ守るものだと古代においては理解されていた。ウィトルウィウスは『建築書』第六章第五書において、異なる社会的地位のための住居のヴァリエーションの概要を描いてみせた。そこで彼は次のように指摘している。「それ故この方式に従ってそれぞれの種類の人たちに対し、…建物が配置されるならば、非難されるようなことは一つも起こらないであろう」。一四五〇年頃からヨーロッパを席巻した住宅建築の大流行に伴って、社会的差異の建築的な表現が重要な関心事となった。ルネサンス以後の古典の伝統の最たる特徴のひとつは社会階級を示す「デコールム」〔decorum〕と「ふさわしさ」〔propriety〕への配慮である。オーダーそのものの理解（畢竟オーダーの正確な使用）と同じく古典主義の体系の根本的な要素であるこれらの問題は、デコールムの原理についての知識を必要とする。社会階級と住宅建築の関係の重要性はサー・ヘンリー・ウォットンの『建築の原理』（一六二四）で明らかにされている。「それぞれの人物にふさわしい大邸宅・住宅は主人の階級に応じてふさわしくまた魅力的に装飾されるに値する」(82)。「デコールム」がこれだけ敏感な問題となったのは、十六世紀の住宅建築の奢侈をめぐって展開した社会的言説が原因である。一方で財産を持つ者（とりわけ政治的な職務を占める場合には）は贅沢に建設する義務があると考えられた。他方で、壮麗な建物は社会的地位の低い人々の妬みを掻き立てる。彼らの上流階級の奢侈を真似ようとする傾向が、最初にあった階級差を解消してしまい、社会的ヒエラルキーの存在すなわち市民秩序を脅かしたのである。[*1] このような緊張関係は十六―十七世紀のヨーロッパの至る所で感じられた。一五一五年のフランスの次の例は、このような議論の所在を明らかにしている。

王から年金や封土を全くあるいはほとんど与えられないジェントリー階級は完全にあるいは部分的にでも宮廷の様式を真似たがる。それ以外には考えられないのだ。なぜなら残りの臣民にとっては、王子やその宮廷の倣いに従って生きる以外に望むことなど他にないからだ。このようにして、貴族制はあるべき秩序を欠いたために破壊されたのである。(Seyssel)

このような要求を規制するため、すなわち社会的ヒエラルキーを守るために「デコールム」――施主の地位にふさわしい建築装飾の形式――という概念が発達したのである。

規模の異なる建物は外観のデコールムによって社会階層の違いを示している（ル・ミュエ『建築術』一六四七年）。

フランス革命の後デコールムへの関心は衰退する。おそらく社会階級を守るための役に立たないということが証明されたからだろう。二十世紀にも何がしかの意味を残していたデコールムだったが、それすらもラッチェンスのような建築家によって最後には一掃されてしまった。彼はブルジョワ向けの小住宅を貴族の大邸宅の様式で建設したのである。(七八頁の図版参照)

(3) **社会秩序のモデル、利器としての建築を通じた無秩序《カオス》の回避。**十八世紀後半から建築の「秩序《オーダー》」と社会「秩序」とのあいだにあるつながりが認められるようになった。それは「秩序」を保つという意味か、あるいは自然に存在し、運命づけられた社会の調和という特定の意味にも理解されていた。このつながりは緩やかな連携あるいは規制可能で厳格な対応関係としても存在していた。緩やかな連携の一例としては、イギリスの建築家チャールズ＝ロバート・コッカレルによる一八四一年のロイヤル・アカデミーでの講演が挙げられよう。秩序についてのコッカレルの主要な関心は、ピクチャレスクに対する彼自身の批判に由来する。ピクチャレスクを実践している人々はコッカレルに言わせれば、多様性と不規則性を追い求めるばかりに「建物の主要な効果は、その規則性と秩序が周囲の不規則な事物や景色との間に持つ対比からから引き出されるということを忘れている」(159)。しかしながらコッカレル自身も建築の秩序《オーダー》と社会秩序との間にある関係を認めている。「最も偉大な建築的取り組みはいつも政治的・倫理的に無秩序であった時代の後に興るという事実を思い起こすならば、われわれはそれらの作品の中に革命や暴動が否定してきた秩序への自然な愛情を認めうるだろう」(159)。

仮にコッカレルが秩序ある建築は政治的な無秩序に対する自然な反応だと考えたとしたら、この建築的手段による国民の厳格な規制という予想が十八世紀後半から十九世紀前半に発達した公共施設において高い完成度に達することになる。このテーマの最も有名な典型は疑いもなくイギリスの哲学者ジェレミー・ベンサムと彼のパノプティコン型監獄モデルの計画であった(二八四頁の図版参照)。その建築はそこに入ったすべての者の内面に「厳格な規則性の感覚」を生み出し、「行為が思考にほとんど追いつかない」ようになるほどだとベンサムは考えていた。[*2] 一七八〇年代後半に練られたパノプティコンは、それがなければ秩序のない混沌とした世界の中に、秩序ある関係を再建するべく計画された建築の最も明快な実例であるが、決してそれが唯一の例ではない。ベンサムがパノプティコンの最大の長所のひとつと考えていたのは、それがあらゆる施設に応用可能なモデルであるということだった。すでに一七八〇年代にはイギリスでウィリアム・ブラックバーンによって設計された一連の監獄が建設されていた。彼が影響を受けた監獄改良運動家ジョン・ハワードは、入獄者が社会的関係の望ましいモデルを理解するまで回復できるように工夫を重ねた。このような実験への関心はフランス革命という出来事によって掻き立てられた。なぜならそれは、社会は本来的に無秩序で不安定なものであり持続していくために常に矯正策を必要としているという、多くの人々がうすうす感じていた事実を確証するような出来事であったからだ。十九世紀の前半にはヨーロッパ中の国々で、とりわけ建築による社会の調整方法に大きな注意が払われた。監獄だけでなくあらゆる施設建築・病院・学校・感化院・救護所そして工場に払われた大きな関心はすべて社会的関係を規制し病人・貧者・狂人・若者といった社会の周縁にいる人々の無秩序に流れる傾向を抑制するという懸案から派生したものである。

一九七七年ベルナール・チュミは建築のモダニズムを議論する文章の中で次のように書いている。「デ・スティルの基本形態への執着は時代錯誤な純粋性への回帰だというだけでなく、ゆるぎない秩序《オーダー》への意図的な退行でもある」(82)。彼が言及している「秩序《オーダー》」とはコッカレルと同様に明らかに道徳的なものだが、社会全般に向けられたものではなく、個人の心理に向けられたものである。

(4) **都市の無秩序の制御**。都市の誕生以来常に都市の無秩序への不満も存在して来た。都市は本来的に混乱しており、都市にある種の秩序を与えて暮らすのに適したものにしなくてはならないとたしかに一般的には考えられて来た。初期ルネサンス以来この主題についての思索においては、明瞭に定められた部分からなる都市には秩序があり、さらに規則正しい外観を与えられた建物・街路・広場を持つ都市は秩序を持っていると考えられていた。この考え方の芽はアルベルティの中にある。彼は秩序を達成するために街路と街区の配列と配置に注意を促し外国人を占有地区へ隔離することを推奨している(191)。言っておかねばならないのは、外観が秩序づけられているように見える場、社会には秩序があり、規律正しいという仮説は、近代の誤謬の最たるもののひとつであったということだ。しかしながらこの誤謬はアルベルティからオスマン男爵、ダニエル・バーナムそして一九五〇年代から六〇年代のマスタープランナーに至るまで都市計画の唱道者たちによって当然のことと思われてきたのだ。たとえばサンクト・ペテルスブルクやパリの二十世紀の歴史は、物理的秩序を持つ場所は政治的に安定しているなどという主張に根拠などないことをただちに明らかにすることになる。

この二百五十年間に確認されるのは、以下のような一連の試みである。つまり、このような誤謬から逃れ、秩序だって見える外観も本来的に混沌としたものを規則的なものに見せるためのたんなる幻想にすぎないと認識し、都市を都市たらしめているのが不協和であると認める試みである。それが簡単な議論でなかったのはたしかだ。というのも都市に視覚的な秩序がないとすれば、無秩序もまたありえないのではないか? そして都市が自ずと無秩序を生み出してしまう以上、建築家やプランナーにいかなる役割が残されているというのか?というのも彼らの主要な技能は彼ら自身たびたび主張してきたように、秩序を創造することにあったはずだからである。バロック的な幻想を断ち切る最も早い試みのひとつはロージエの『建築試論』(1753)である。そこでロージエはパリの無秩序についてのお決まりの不平不満の後に、都市は細部において豊かな多様性を含まなければならないという驚くべき主張を掲げている。「そのようにして秩序とある種の混乱とが存在するのである」(224)。この多様性の主張を彼はもう一度『建築省察』(1765)の中で反転したかたちで繰り返し主張している。「公園を計画することのできる者ならば誰でも、容易に都市の計画も描くことができるだろう…。その計画は規則性と空想性、関係性と対立性、光景に変化を与える偶然性、細部においては深淵な秩序、全体においては混乱、喧噪、猥雑さを持たなくてはならない」(321-13)。ロージエの後継者は彼の助言に従わなかった。オスマンのパリは、むしろ全く正反対で全体に大きな秩序を与え、細部において混沌としていた。最近では都市の無秩序へ再び関心が集まっている。ケヴィン・リンチは『都市のイメージ』(1960)の中で、都市は一貫したパターンとして認識されなくてはならないと主張しつつも、多くのアメリカの都市では「形式的な秩序を与えられた地区には性格が乏しい」ということを認めている(22)。リンチは「完全な混沌は…決して愉快なものではない」と主張しているが、同時にあまりに秩序づけられて新しい活動パターンを抑え込んでしまう環境も忌避しようとする。「われわれが求めているのは最終的な秩序ではなく、継続的なさらなる発展を可能にするような開かれた秩序である」(6)。都市の無秩序がますます魅力を増して行く様が、ヴェンチューリとスコット・ブラウンの『ラスベガス』(1972)に見られる。無秩序とは「われわれが見ることのできない秩序」であるというアンリ・ベルクソンの定義を引用しながら、彼らはラスベガスのメイン・ストリート、ザ・ストリップの環境を、たやすく理解できるものではなく、いままさに生まれてくるものとして表現している。

〈ストリップ〉の秩序はすべてを包含してしまう秩序である。それはあらゆるものを受け入れる一見矛盾した土地の利用から、ウォールナット・フォーマイカのネオ・オーガニックというかネオ・ライト的なレストランのデザインモティーフに加えられた不調和な外観の宣伝広告メディアの混交に至るまで。それらは専門家の手になる秩序ではないし、視覚的に理解しやすいものでもない。(52-53)

オーガスト・ヘックシャーを引用しつつ、二人は「混沌はとても近くにあるものだ。それを避けながらもしかし近くにあることによって、力が…与えられるのである」と述べている。しかし疑問の余地なく視覚的な秩序と都市の秩序の古いつながりを完全に断ち切った著作はリチャード・セネットの『無秩序の活用』(1970)であった。セネットはアメリカの白人中流階級の暮らす清められた見かけは安全な郊外の世界と、社会的相互作用のあらゆる局面から彼らが家庭の領域へ引きこもることに批判的であった。彼はアメリカの都市の問題は、社会的な軋轢をも都市の中でともに縮小あるいは避けようという都市計画の誤った目標の中にあるのだと指摘している。

都市生活の中で浮上すべきことは、社会的関係、とりわけ顔を付き合わせた関係を通じた社会的葛藤を含む関係である。というのも差異や葛藤といった軋轢を経験することによって、自分の周囲の生活環境を自覚することになるからだ。葛藤の体験を成熟したものとするには、オスマン男爵のパリの仕事以来支配的な前提を打ち破らねばならない。すなわち都市計画は全体としての都市に秩序と明瞭さをもたらすように導かれるべきであるという思い込みである。このように考えるのではなく、都市は一貫した制御可能な全体的な形式を持たない部分部分の社会的秩序として構想されるべきなのだ。中央からの制御を受けない非ゾーニング地区を拡大させていけば、都市の中で視覚的・機能的な無秩序を促進することができるだろう。この無秩序は、有効な社会的探求を制限するあらかじめ決められた死に体の都市よりもましなのだと私は信じている。(138-42)

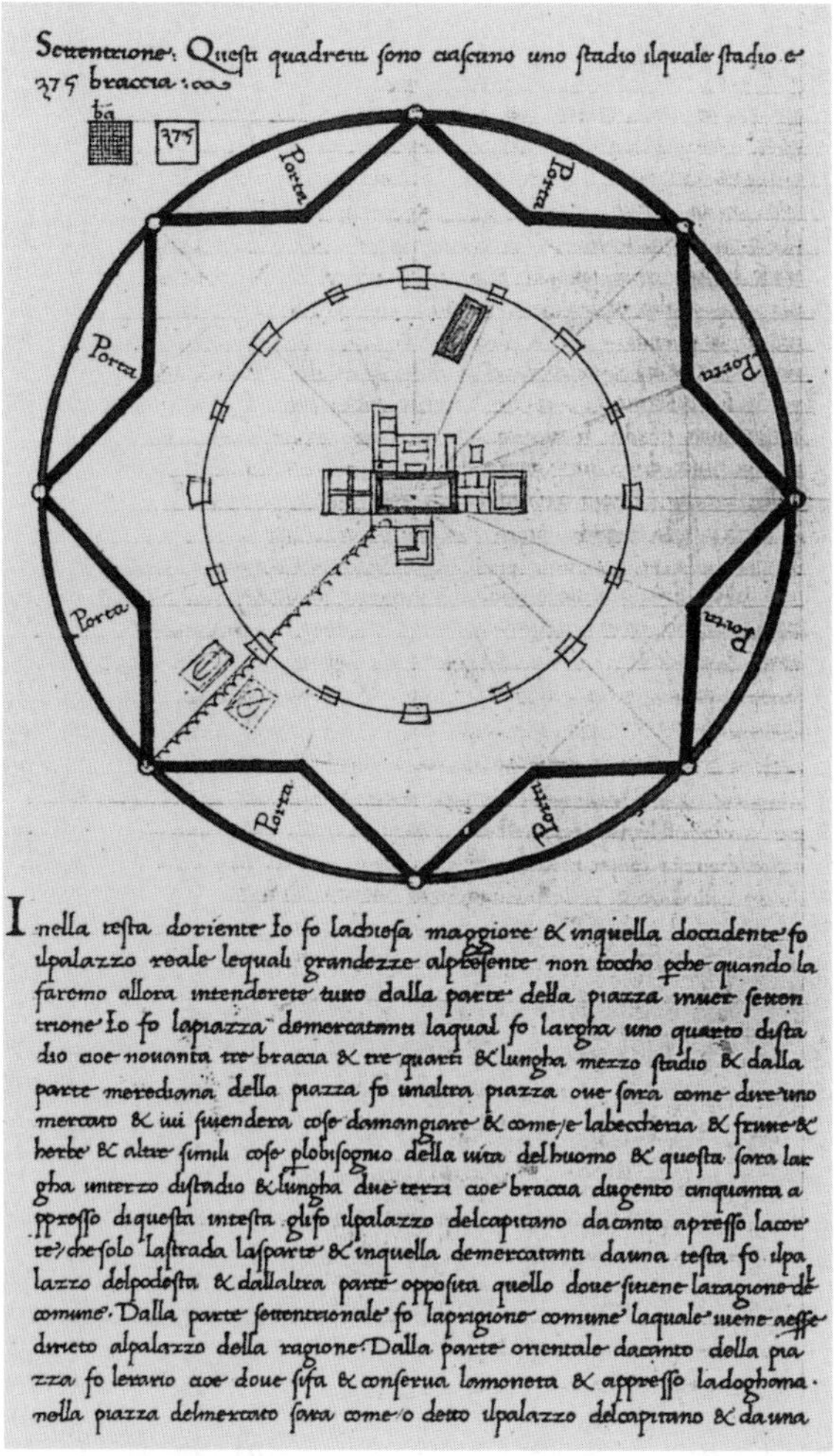

フィラレーテ『スフォルツィンダの理想都市平面図』(一四六〇—六四年頃)。完全な社会のイメージとしての完全な形態——しかし秩序あるプランが必ずしも社会的安定を生まないことを歴史は示している。

セネットの無秩序の要請は、これまで知られていた都市計画を放棄することを意味していた。同じことが建築にも当てはまるだろうか？

モダニズムの建築サークルの内部では、一九二〇年代から六〇年代にかけて「秩序」は強力な概念だった。というのもたしかに多くの実践家にとってこの概念は、彼らの活動を正当化し社会的な領域に介入する権利を与えるものだったからだ。『プレシジョン』の中でル・コルビュジエが明らかにしたように（本節冒頭の引用文参照）、「秩序」とは構成的・機能的考察をともに包摂した用語なのである。この点がイギリスの建築家アリソン&ピーター・スミッソン夫妻に訴えかけたのである。彼らは一九五〇年代に、自分たちは「デザイン」するよりもむしろ「秩序」を与えているのだと繰り返し説明していた。「秩序」に包摂される意味の幅は当惑するほどに大きい。たとえばミース・ファン・デル・ローエのアーマー工科大学（後のイリノイ工科大学）における一九三八年の就任演説を引用してみよう。

オーダーの理想的原理はたしかにその理想と形式に過度に固執するときには、われわれの真実と単純さへの関心も実践的な感覚も満足させることがない。

したがってわれわれは、全体に対する各部の関係を決定し、その各部に意味を与えふさわしいものとするオーダーの有機的原理を強調することにしよう。

この点についてこそわれわれは決断しなくてはならないのだ。

物質から目的に即して作品を創造するという長い道のりにはたった一つの目標があるだけだ。神に見捨てられた現代の混乱から秩序を創造することである。

しかしわれわれが欲しているのはそれぞれの事物にふさわしい場所を与える秩序であり、われわれはそれぞれの事物にその本性にふさわしいものを与えたいと願っているのだ。

ミースは秩序を建築の鍵となる概念だと考えていた。それによって彼が意味していたのは上に説明した意味のうちの第一のもの（全体に対する部分の関係）と、第三のもの（混沌と混乱に対する処方）、さらには（個々人よりも）個々の事物がふさわしい場所を占めるようにという要求には第二のものもわずかながら読み取れる。

一九五〇年代にはミース・ファン・デル・ローエの作品はアメリカの批評家たちから、特にその秩序が評価された。たとえばピーター・ブレイクはレイクショア・ドライヴ八六〇番地について「外部世界に対して均一で秩序ある規則性を表現している」と述べている。正統的なモダニズムに反発した一九六〇年代の建築家たちはこのカテゴリーをとりわけ格好の標的として選んだ。格好だったのはひとつにはそれが先行世代の濫用によって弛緩していたためであり、次にそれに固有のパラドクスのためであった。ブレイクがモダニズムの建築家の「純粋な秩序というとりすました夢」と呼んだものへの最初の徹底的な批判はロバート・ヴェンチューリの『建築における多様性と対立性』（1966）に始まる。ヴェンチューリの本は秩序にパリ、ブルヴァール・ヴォルテールとブルヴァール・リシャール＝ルノワールの交差点、十九世紀の絵葉書。「都市プランは全体としての都市に秩序と明快さをもたらすように計画されなくてはならないという思い込み」。オスマンのパリは、一九六〇年代に急進的な都市計画者が反発した規則正しさの最たる例である。

ミース・ファン・デル・ローエ、レイクショア・ドライヴ八六〇—八八〇番地(シカゴ、一九四八—五一年)。「統一され規則正しいパターン」。近代建築の「秩序」への愛着は一九六〇年代に無防備な標的となった。

対立するどころか、逆に極めて強くそれを支持しており、秩序は正統的なモダニズムが想定したのとは異なる仕方で理解され、異なる場所に見いだされるべきであると訴えたのだ。ここでは、つながりのないふたつの議論が展開されていた。一番目のものはこの書物の最も明示的なテーマである。それは建築作品においては各部の諸関係が複雑で対立するものであったとして全体が秩序を持つことは可能であるという主張だった。建築の各部はプログラムと用途の要求からくる不整合性と不規則性とを全体の一貫性を失うことなく許容することができるはずであるということだ。たしかに、ヴェンチューリにとって建築が興味深いのは、秩序が変則によって壊された時である。「『不完全な』部分を持たない建物は完全な部分を持ちえない。なぜなら正反対なものを対比させることで意味が生ずるからだ。巧みな不協和は建築に活力を与える」(41)。しかし彼はこうも主張する。「秩序は存在して初めて破壊することができる」そして「秩序を破壊するという傾向は、逆に秩序を過大視することを正当化する」(41)。ヴェンチューリが見たいと望んだのは、全体的な秩序が十分に堅固で予測不可能な変化と付加とを許容することができるような建物だった。「われわれの建物は煙草の自動販売機をも受け入れられなければならない」(42)。秩序に関するヴェンチューリの第一の議論は本質的に構成に関わるものであった。それは独創的であったが、ウィトルウィウス的な意味を超えるものではなかった。ヴェンチューリの第二の議論は、全く異なり、アメリカの建築家・批評家・都市計画家たちのアメリカの都市は無秩序だという慣習的な見方を俎上に載せている。ポップ・アーティストたちからヒントをえてヴェンチューリは、アメリカの街路の写真について論じながら次のように述べている。

これらの構成のうちのいくつかには、うわべともそんなに隔りのないところに固有の統一感がある。それは支配的な接合や、より単純で構成に矛盾の少ないモチーフを持った秩序に起因する自明でわかりやすい統一ではなく、難解な全体の複雑で錯綜した秩序から派生した統一である。(104)

別の言葉で言えば、ヴェンチューリはほとんどの人々が混沌だとして退けている都市の光景も、注意深く見つめるならば実際にはある秩序が明らかになると主張しているのである。「おそらく卑俗で蔑視されている日常の景観からこそ、われわれは複雑で対立する秩序を引き出すことができる。その秩序はわれわれの建築に対して都市の全体としての根拠と活力となるに違いない」(104)。これが『ラスベガス』で追求されたテーマである。

一九六〇年代後半には他の建築家・批評家も無秩序に関心を抱き始めた。ロバート・マックスウェルはロバート・ヘリックの詩「ドレスの中の甘い無秩序」を引用しながら建築家や都市計画家の課題を「単純で本質的に制御可能なシステムから満足できる複雑性をいかに生成するか」(26)だと見なしている。けれども「無秩序」について語るということと「無秩序」を建設するということは別の事

A・アアルト、ウォルフスブルグ文化センター平面図（一九五八—六三年）。「彼は各部を分散させたり、ミースのように各部を同じように設計したりすることもない」。ヴェンチューリは規則正しさへのモダニズムの強制に屈服するのを拒んだアアルトを称賛した。

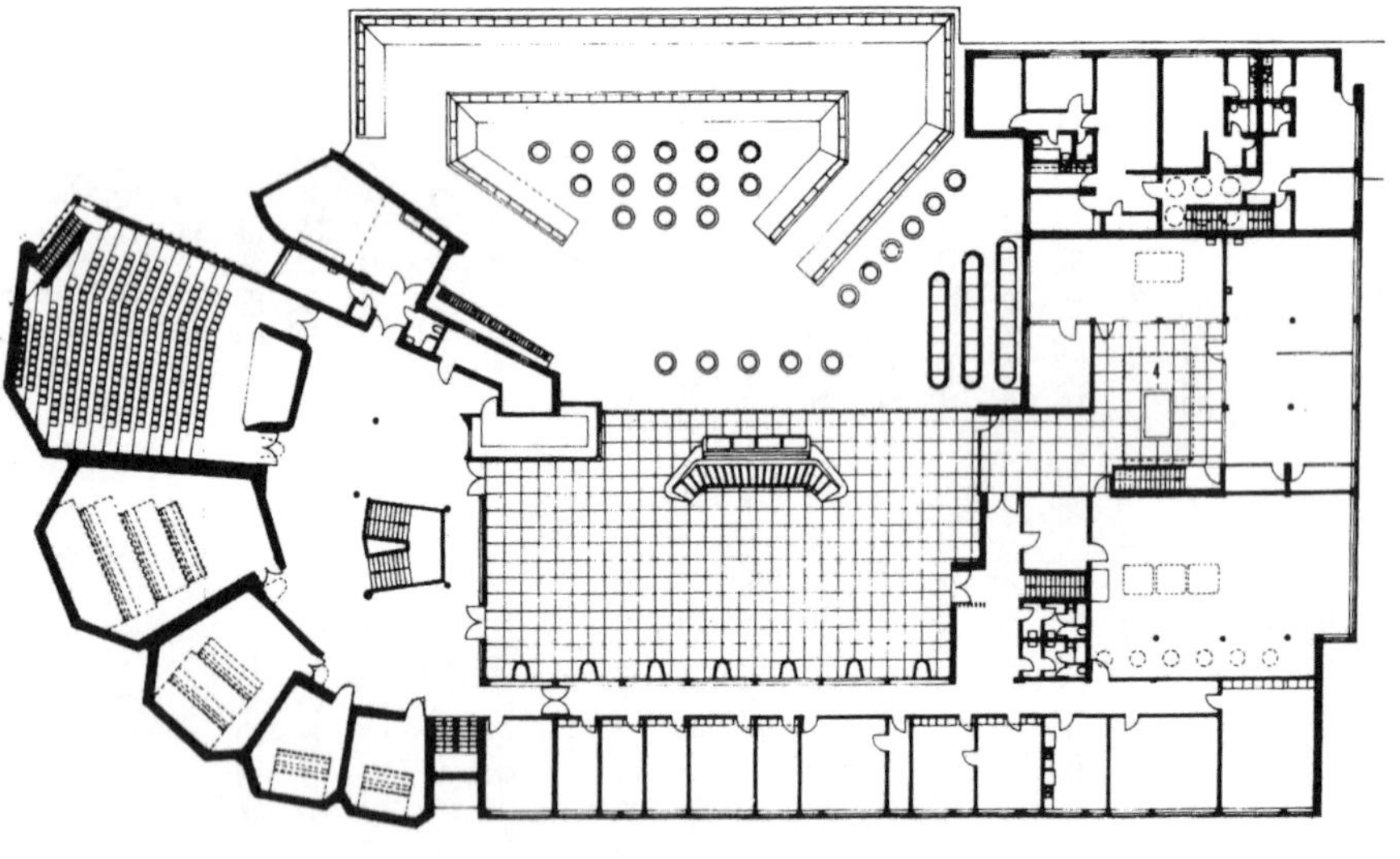

柄である。特に一つの作品を挙げるならアルヴァ・アアルトのウォルフスブルグ文化センターは、異なる各部に対してそれぞれ別個の幾何学システムが適応された建築として興味を引いた。ヴェンチューリはこの建物についてコメントしたが、ディミトリー・ポリピュリオスはこの点を詳細に解説した——多様な内部空間がいかにバラバラなものであっても、全体の形には強い統一感がある。

「秩序」の意味の完全な再定義は一九六〇年代後半に、二人のフランスの哲学者ミシェル・フーコーとアンリ・ルフェーヴルの仕事によってなされた。両者とも直接的に建築それ自体の「秩序」ではなく、むしろより一般的な「秩序」を問題にしているのだが、両者とも建築に特有な「秩序」との関係を認識していた。フーコーとルフェーヴルにとって秩序体系の創造は近代の資本主義の最たる特徴の一つであり、それら秩序体系は思考、社会的生活、経済的関係、時間、空間、つまりはすべてに浸透している。二人の思想家にとって経験の全体性を抽象的な秩序体系に還元する傾向は近代世界の最も顕著な特徴であった。空間も例外ではない。そしてフーコーによれば「われわれの時代には秩序化のパターンの形式の中で」——言い換えれば直接的な経験としてではなく、それを理解するために発達した系列・系樹・ネットワークのさまざまな抽象的な図式において「空間はわれわれに現前するのである」(351)。建築が「秩序」の表現である限り、建築にはすでに至るところに現前しているものを再生産する以上のことはできない。この図式においては建築家が「秩序」に示す関心は、完全に自分の実践の内部に閉じた、それ以上の重要性を持たない些末なゲームとしか思われないだろう。しかしフーコー、そして特にルフェーヴルは、建築家には思考の抽象的モデルの広汎な普及に部分的にでも責任があると考えていた。ルフェーヴルは近代世界で顕在化している還元主義的なあらゆる思考形式——ひとつの概念を特権視しすべてをその概念に適合させる傾向——に批判的であった。専門家が展開する還元モデルはとりわけ危険なものであった。なぜなら、ある実践の枠内にのみ適用されるとき、専門家が強制する秩序には自己正当化と自己目的化が伴うからである。「アーバニズムと建築とはこのよい例を与えてくれる。労働者階級はとりわけこのような『還元されたモデル』——空間・消費・いわゆる文化モデルも含む——の結果に苦しんでいるのである」(107)。

フーコーとルフェーヴルの著作の影響から、もはや建築において無邪気に「秩序」について語ることができなくなった。建築作品においては誰もが同じ成立過程——人生のあらゆる局面で出会うある秩序化のプロセス——の特定の現れに目を向けていた。おそらく初めにこのことを評価しそれを利用しようとした建築家はベルナール・チュミであろう。チュミにとっては近代科学と資本主義の同盟が世界をモデルと概念に還元してしまった。彼が繰り返し述べた関心は、建築が概念の領域へと非物質化されてしまうことに抵抗することだった。そしてこのことが建築をめぐって創造された思考のあらゆるカテゴリー、とりわけ建築を「統一」あるものだと宣言するカテゴリーに対する疑念を彼に抱かせたのだった。建築作品の「統一」とは「その自律性が作品の形式的な自律性に反映される統一的・求心的・自己生成的な主体」という神話の産物なのだ（「ディスジャンクション」208）。チュミのねらいは、近代建築を資本主義と近代科学に絡ませた概念的モデルから自分の作品を自由なものとして構想し表現することにあった。特に統一と秩序という概念を問いなおすことを意味していた。理論的な著作（『マンハッタン・トランスクリプツ』（1978）一八七頁の図版参照）と建築作品（パリ、ラ・ヴィレット公園、四三八頁の図版参照）とのふたつの仕事についてチュミは次のように書いている。「このふたつの作品が構想されることによって、両者は始まりも終わりも持たないものとなる。それらは反復・ねじれ・重合等々によって構成された操作である。たとえそれぞれが内的な論理を持っていたとしても…秩序の観念は常に疑問に付され、挑まれ、縁まで追いやられるのである」（209）。別の言い方をすればチュミにとって「秩序」を問いなおすことは、美を追求することや混乱の回避を求めることではなく、むしろこのポスト構造主義の時代にすべてのものを抽象的なモデルにあまねく還元するという共犯者とならずに建築家に何が可能なのかを定義することだった。

けれども次のことも指摘できるだろう。チュミは「秩序」は全く放棄すべきものだと主張したのではなく、たんに「秩序」には疑問の余地があると主張しただけであると。そして他の「秩序」を全く欠いているように思われる建築家——コープ・ヒンメルブラウやモーフォシス——がどれほど自分たちの建物のデザインと建設プロセスを秩序のない包括的なものにしようと努力していても、開放系ではあるにせよ「秩序」に驚くほど強い執着を持っているのである。モーフォシスのトム・メインは、一方で建築はその不完全性によってモダン・カルチャーの流れを反映すべきだという考えを支持しながらも、他方では「われわれに重要なことは一般的で多義的な一貫性あるいは秩序を規定し、その中で創ることである」と主張するのである（8）。最近の建築評論家であるポール＝アラン・ジョンソンは、「今日多くの建築家にとって、建築における秩序はあまりに周知のことなので、改めて関心を抱くほどではなくなっている」（240）と述べている。しかしたとえ「秩序」が三十年前に比べて語られることが少なくなったというのが事実だとしても、それは秩序が「あまりに周知のこと」になったからでは全くないのだ。むしろその理由は秩序について語ることがあまりに難しくなったことにある。なぜならば秩序が提起する問題はあまりに広くまた危ういものだからだ。もし建築が「秩序」を創造しないならば、もはや建築など全く必要ないだろうし、環境の変化のプロセスはなすがままに任される。しかし建築がもし「秩序」の産出に関わっているのなら、自らの手には負えない広範な領域の影響を受けることになる——すなわち「文化」という名のもとで、経験が純化され、変形され、還元された形でわれわれに送り返されるプロセスのうちに建築も巻き込まれることになる。このような状況で初めて、なぜ建築家が「秩序」の問題について沈黙を選ぶのかがよく理解されるだろう。

1 この問いについての有意義な議論としては *The Tyranny of Taste*,1995, さらに Thomson, *Renaissance Architecture*, 1993. を参照。

2 Bentham, 1791, quoted in Evans, *Fabrication of Virtue* , p.215. パノプティコンについては chapter 5 を参照。

Simple 簡潔性

創られつつある作品が今の時代を正しく映し出すためには、簡潔《シンプル》で実用的で——言ってみれば——軍事的とも言えるアプローチが全体を通じて完全に表現されなければならない。

——オットー・ワーグナー、一九〇二年、八二頁

建築に対する私の理解は極めて簡潔なものである。

——ミース・ファン・デル・ローエ、一九二五年、ノイマイヤーより引用、二三頁

私は、われわれの作品は単純《シンプル》でないと思いたい。

——ジェームズ・スターリング、一九八四年、Stirling, 一九九八年所収、一五一頁

「簡潔性《シンプル》」が、建築言語の中で最も過剰に用いられる言葉のひとつであることは間違いない。それは二十世紀以前からすでにあり余るほどの意味を担ってきたのであり、その点からするとモダニズム用語ではない。にもかかわらず、モダニズムの建築家たちは自らの作品を特徴づける言葉として至る所で用いてきた。そのために、簡潔性はモダニズム美学の典型的な特質として広く扱われてきたのである。このことを強く印象づけたのは、後期モダニズム建築家たち——特にロバート・ヴェンチューリ——によってモダニズムの特徴の中でも最も抵抗すべきものとして選び出されたことであった。結果として、一九七〇年代末以来、ほとんどすべての建築家が「単純性《シンプリシティ》」を否定すること、あるいは少なくともジェームズ・スターリングのように、それから距離を置くことに苦心するようになったのである。

モダニズムの著名な先駆者たちのほとんど——オットー・ワーグナー、アドルフ・ロース、ヘンドリク・ベルラーヘ、ヘルマン・ムテジウス、ルイス・サリヴァン、フランク・ロイド・ライト——は、彼らが新たに生み出した様式がその「簡潔」性によって特徴づけられることをことさら強調していた。その後に続く世代のモダニズム建築家たちは、自分の作品や憧れの作品を決まって簡潔性という言葉で描写していた。このことがどれほど一般的であったかを示すにはほんのいくつか例を挙げるだけで十分であろう。ル・コルビュジエは一九三〇年にこう書いている。「辛抱強く繰り返し述べ続けなくてはいけないことだが、偉大な芸術は簡潔な手段から生まれる。歴史は、私たちの精神が簡潔性へと向かうことを示している。簡潔性は判断の、そして選択の結果であり、熟達していることの顕れである」(1930, 80)。フィリップ・ジョンソンは、彼の一九四七年の著書『ミース・ファン・デル・ローエ』の中で、バルセロナ・パヴィリオンについて次のように書いている。「その設計は簡潔である

ミース・ファン・デル・ローエ、ドイツ展示館（バルセロナ・パヴィリオン）の室内写真（バルセロナ、万国博覧会、一九二九年）。「簡潔であると同時に多様《コンプレックス》である」。

と同時に多様《コンプレックス》である」(58)。その他にも、チューゲンハット邸について「簡潔な美」(60)と書いたり、イリノイ工科大学について「構内のすべての建物に見られる特徴である簡潔性」(140)であるとも書いている。また、ミースのアフォリズム「少ないことは豊かなこと〔less is more〕」を最初に広めたのもジョンソンが著したこの著作であった。例となるのはこれだけに終わらない。エーロ・サーリネンは彼自身が設計したCBS本社ビル(1965)について次のように記している。「おそらくその美しさは、そのビルが超高層ビルとしてニューヨークで最も簡潔な表現だと私は信じている」。「この建物を見ると、どうなっているかが正確にわかるだろう。その構造形式はとても直接的で簡潔なものになるだろう。単にやるべきことだけをやるだけなのだから」(16)。それ以外にも、たとえばケヴィン・リンチは次のような意見を述べている。都市の設計が目指すべきものは、「形態的な簡潔性」、つまり幾何学的な意味での形態の明晰性と簡潔性や部分の限定である。…このような性質の形態は、イメージとしてより容易に組み込むことができる。逆に観察者たちが複雑な事実を簡潔な形態に歪曲していることは明らかである」(1960, 105)。

これらの例がまさに明らかにしているように、モダニズムの「簡潔性」は建築の一側面だけに当てはまることではなく、設計法から、構造的な表現や受容される効果に至るまであらゆることに適用されていた。そして、ここで再びそれに対する反論に着目すると、その反論もまた多岐にわたっている。簡潔性に対する反論は、「都市は当然のことながら簡潔性を扱う問題である」(1961, 449)とするモダニズム都市理論における間違った前提に対するジェーン・ジェイコブスの批判から、ロバート・ヴェンチューリの建築の多様性と対立性についての主張にまで及ぶのである。ヴェンチューリの議論は、『建築の多様性と対立性』(1966)の第二章に示されており、そこではモダニズムによる単純化《シンプリフィケーション》は建築の多様性と対立性を抑圧する傾向として特徴づけられている。この議論は、本質的に不恰好だったり、調和の取れていない要素を排除してしまうような構成上の単純化に反対するものであった。「露骨な単純化は、個性のない建築を意味している。少ないことは退屈だ〔Less is a bore〕」(17)。ヴェンチューリは目的としての簡潔性を完全に否定したわけではなく、それを無理強いすることを拒絶したのだった。「建築の多様性を認識することは、ルイス・カーンが『簡潔性への欲望』と言い表したものを否定することではない。そうではなく、美的な簡潔性とは、精神を満足させるものであり、その簡潔性が正当で深遠なものであるとき、それは内なる多様性に由来する」(17)。ヴェンチューリの目的は、建築計画の多様性がどのように認識可能であるか、そしてさまざまな要素が緊密に結びついた建築を作り出す必要性にどのように対処するかを示すことであった。この主題は、最終章「複雑な全体を獲得する責務」の大部分を占めている。

ヴェンチューリの著作が世に現れた一九六〇年代末以来、「簡潔性」が肯定的な批評概念として用いられるのは、明らかに多様性という条件を満たしているときだけになってしまった。たとえば、そ

舞踏場、パラッツォ・ガンジ(パレルモ、一七五〇年代)。十八世紀の建築家にとって、簡潔性とは、第一にロココ様式の過剰と気ままさに対立する用語であった。

れはウィリアム・カーティスがイギリス人建築家デニス・ラズダンの作品についてどのように述べているかを見ることで理解することができる。「強制された簡潔性と間違った簡潔性とは、どちらもこの枠組みの中では避けられている。いくつかの建築の設計過程を調べることで、ラズダンの設計の外見上の簡潔性が実際は互いに対立するもの同士の緊迫した統合を覆っていることがわかるのである」(1994, 198)。

「簡潔性」がモダニズム言語の中で、何かを意味していたならそれは一体何だったのだろうか? 批評概念としては、簡潔性の価値の多くは、それ自身がそもそも持っている意味よりも、むしろそれが対立するものに明らかに由来している。十八、十九世紀を通じて、その用語の主張は何らかの批評的価値に対立する力から生まれてきたものだった。モダニズムに関連する問いは、二十世紀において簡潔性がそれ以前の用法の中ですでに与えられていた意味を乗り越えて、何か新しい意味を獲得したのだろうかということにある。

(1) **ロココ様式に対する十八世紀の批判。**十六世紀のセルリオは「簡潔性」を彼の批評言語の中で肯定的な用語として採用した(五九頁を参照)。その後は、古代建築を説明するための一般的な言葉となっていたが、簡潔性が最初に論争的な言葉となったのは、十八世紀中頃のフランスとイタリアでのロココ式に対する批判においてであった。一七五〇年代までには、簡潔性の美点は、ロココ様式に反対する者によって恒常的に主張されるようになっていた。たとえば、ピエール・パットは一七五四年に次のように述べている。「巧妙に仕立て上げられている雰囲気を建築に与えたいという願いから、常に建築の主要な特性であった壮大さと高貴な簡潔性は取り払われてしまっている」(15)。また、イタリアの建築作家フランチェスコ・ミリツィアは一七六八年に以下のように書いている。「建築のその病は、余分なものがありすぎることから生じている。したがって、建築を完全なものにするには、そうした余分なものを排除し、建築の外観を損なってしまう愚かさと気まぐれによるそれらの装飾を引き剥がさなければならない。簡潔であればあるほど、建築はより美しくなるのである」(1768, 66)。これらもよい例であるが、簡潔性の伝道者としてこの言葉を最も称賛しているのは、ロージエ神父であり、それは彼の著書『建築試論』(1753)の中で行われた。その著作の独自性は、簡潔性を単に古代建築の特質として提示するのではなく、簡潔性を建築が自然に生まれたときから備えている原初的な特性であると議論することであった。原始時代の建物である最初の小屋についての彼のよく知られている説明(三三二頁の図版参照)に続いて、彼は次のように説明している。「この最初の規範の簡潔性に近づくことでこそ、根本的な間違いは避けられ、真の完成が達成される」(10)。ロージエにとって、ギリシア建築の完全さは、自然の簡潔性に建築を近づけることができるか否かにかかっていた。そのときに用いることが許される要素は、それらの構造的な目的との関係によって説明づけられるものだけである。実際、ロージエが「建築の真の諸原理」に一致しているとして挙げる唯一の古代建造物は、ニームのメゾン・カレであり、その建物は「誰をも感動させる簡潔性と高貴さ」(11)を備えているとされた。

ロージエのロココ様式に対する批判を、彼の同時代人の行った批判とは異なったものとしたのは、その批判が、ロココ様式が簡潔性を欠いていることに向けられただけでなく、「簡潔性」を自然に由来する肯定的な性質へと変貌させた所にあり、熟達した建築家とはその簡潔性をうまく操ってその効果を発揮するものだとしたことであった。

私が建築から多くの無用なものを取り去っていることは事実である。また、日常的に用いられる装飾のための価値のないものや安物を建築から剥ぎ取っていること、建築にただその自然の状態とその簡潔性だけをまとわせていることは確かである。しかし誤解しないでほしい。私は、建築家から、あるいは彼らの作品や彼らの方法に価値を認めていないわけではない。私はいつも、建築家に簡潔に、そして自然に作業を進めることを求めているのであり、なにか芸術を気取ったものや抑制された表現を求めているのでは決してない。私の求めるようなやり方で仕事に従事する者は、その仕事量を減らすどころか、私が彼らに多くの検証と異常なまでの精確さを課すことに合意するだろう。…建築家は、天賦の才がないと余分なものに惹かれてしまう。彼が作品を余分なもので溢れさせてしまうのは、それを簡潔にするための知恵がないからにすぎない。(56-57)

熟達した建築家の手にかかれば強力な効果を発揮する性質として簡潔性を肯定的に捉えたロージエの考えは、十八世紀の他の著述家に取り上げられ、繰り返し述べられた。たとえば、J・F・ブロンデルは彼の著書『建築講義』(1777)の中で次のように書いている。

> 簡潔な建築は、すべての建築の中でも最も高く評価されるべき建築である。簡潔性は、巨匠たちの作品に見られる特質である。簡潔性は、芸術では定義することができず、最も有能な教授であっても教えることのできない特性を孕んでいる。簡潔性はそれだけで、精神《スピリット》と建築を眺める目を魅了することができる。簡潔性は崇高さに通じるものであり、何と言われようとも、芸術に背くような無理強いされた構成や、大衆を喜ばせるためにはわれわれの言うところの簡潔性より諸要素の混乱や見境なく施された彫刻の方が簡単であることを利用する節操のない者たちによるさまざまな装飾の過剰よりも好ましいものである。簡潔性を感じ、評価することのできる目利きはほんのわずかしかいない。(vol.1, 396-97)

装飾的な過剰に対する解毒剤としての意味での簡潔性は、新古典主義の常套句となった。たとえば、それはイングランドの建築家サー・ジョン・ソーン(簡潔性は彼が好んで用いた批評的な言い回しのひとつであった)が王立アカデミーでの彼の講義の中で使ったいくつかの用法のうちのひとつであった。装飾に関して、彼は次のように警告した。「若い建築家は間違った次のような考え

メゾン・カレ(ニーム、紀元前一世紀末)。「その簡潔性と高貴さに誰もが心を打たれる」。ロージエは、古代の「簡潔性」を彼の時代の建築を矯正するものとして考えていた。

へ導かれてしまうことがよくある。その考えとは、装飾を惜しみなく施すことが常に建物の美しさを増すというものである。これは間違いである。あらゆる真の装飾を見いだすことができるのは、簡潔性の中でこそなのである」(637)。ソーンにとっての「簡潔性」は「野生《ワイルドネス》」に対立するものであった。そのことについて、彼は脚注の中で述べていた。「簡潔な形態、あるいは、簡潔性は、過剰な野生より好ましい。簡潔性は単調さを避けながら再現されることができ、過剰な多様性に頼ることなくよい効果を生むことができる」(603)。

しかし、彼以前の、そして彼以後の他の批評家と同じように、ソーンは過剰な簡潔性が平凡さや単調さを生み出してしまう危険性に気づいていた(590)——彼はサー・ジョシュア・レイノルズが『芸術論』(1797)の中で示した警告を心に留めていたのかもしれない。レイノルズは以下の二つのことを警告していた。ひとつは、簡潔性それ自体を最終目的として追求することは「不愉快で不快」(151)になってしまうということであり、もうひとつは、簡潔性をあくまで「消極的な美徳」、「過剰に対する中和剤」として扱うべきだ(149)ということだった。

(2) **感覚の極大化**。美は対象にではなく、精神による対象の知覚の中に宿っているのだという十八世紀半ばの哲学上の革新が、とりわけ重要な有効性を新しく簡潔性にもたらした。ロード・ケイムズの一七六二年の著書『批評の原理』は、建築に関してこれらの観念を前進させた最初期の最も影響力のある著作である。この著書に従うと、「簡潔性は支配的な原理であるべきである。おびただしい装飾は視覚を困惑させ、対象が一つの全体としての印象を作り出すのを妨げるだけでしかない」(vol.2, 387)とされる。むしろ芸術作品の美的な目的は「いわば一挙に作り上げられた一つの全体的な印象のように精神に触れること」(vol.1, 181)であるべきだとする。より長ったらしいが、似た議論はドイツ人作家J・J・ヴィンケルマンの『古代美術史』(second ed., 1776)の中にも見られる。

われわれのあらゆる行動や言動と同様、あらゆる美は統一性と簡潔性によって高められる。それそのものだけで偉大であるものは何でも、簡潔性をもって実行され、表現されたときに高められるのである。簡潔性と言っても、それを用いることで、そうした偉大なものをより厳しく制限するのでもないし、その偉大さを何ら失うのでもない。なぜなら、精神はその偉大なものを一目で把握し、評価するのであり、それを一つの観念として理解し、悟るからである。だが、それを悟らせるための下地こそが、われわれの前にその真の偉大さを示すのである。そして、それを理解することによって精神は拡大し、同様に高められるのである。

それゆえ、その構成要素の多さから、別々の部分としてしか理解できない、あるいは一挙に把握できないものすべては、その偉大さの一部を失ってしまう。それはちょうど、長い道が路上に現れる物や立ち寄ることのできる多くの宿によって短縮されるようなものである。魂《ソウル》を魅了する調和が生じるのは、アルペジオやタイ、スラーのように結ばれた音符においてではなく、簡潔で長く引き伸ばされた音符においてである。これが、過剰に装飾されてしまうと、大きな宮殿でさえ小さく見えてしまう一方、様式が優雅で簡潔であれば、住宅でさえも大きく見える理由である。(43-44)

簡潔性についてのこの独特の意味は、十八世紀末から十九世紀初頭にかけての建築家たちの間に広まっていた。ソーンからのもう一つの引用は、古典建築に要求される性質についてのものであり、彼が建築芸術の究極的な目的と考えていた五感に影響を与える上で必要となる特質として簡潔性を含めていたことを示す。「秩序と正しい均整がなくてはならない。構成部分には複雑性と簡潔性が、量塊、光と影には多様性が宿らなければならない。そうすることで、陽気さと憂鬱、野生、そして驚きと驚嘆さえも含む多様な感覚を生み出すことができる」(587)。また、簡潔性の利点は新古典建築を象徴するものとしての役割に限定されたわけではなかった――以下の『建築の七燈』でのラスキンの発言を見てほしい。「薄暗がりと簡潔性だけでも手に入れよ、するとよきものはすべてふさわしい場所と時間に現れるだろう」(chapter 3, §xxiii)。このことは明確に言及されることはほとんどなかったとしても、建築が感覚に与える効果を直接的にかつ最大にさせるものとしての簡潔性は、モダニズムの時代を通じてその言葉の重要な意味の一つであったことはほとんど疑いない。

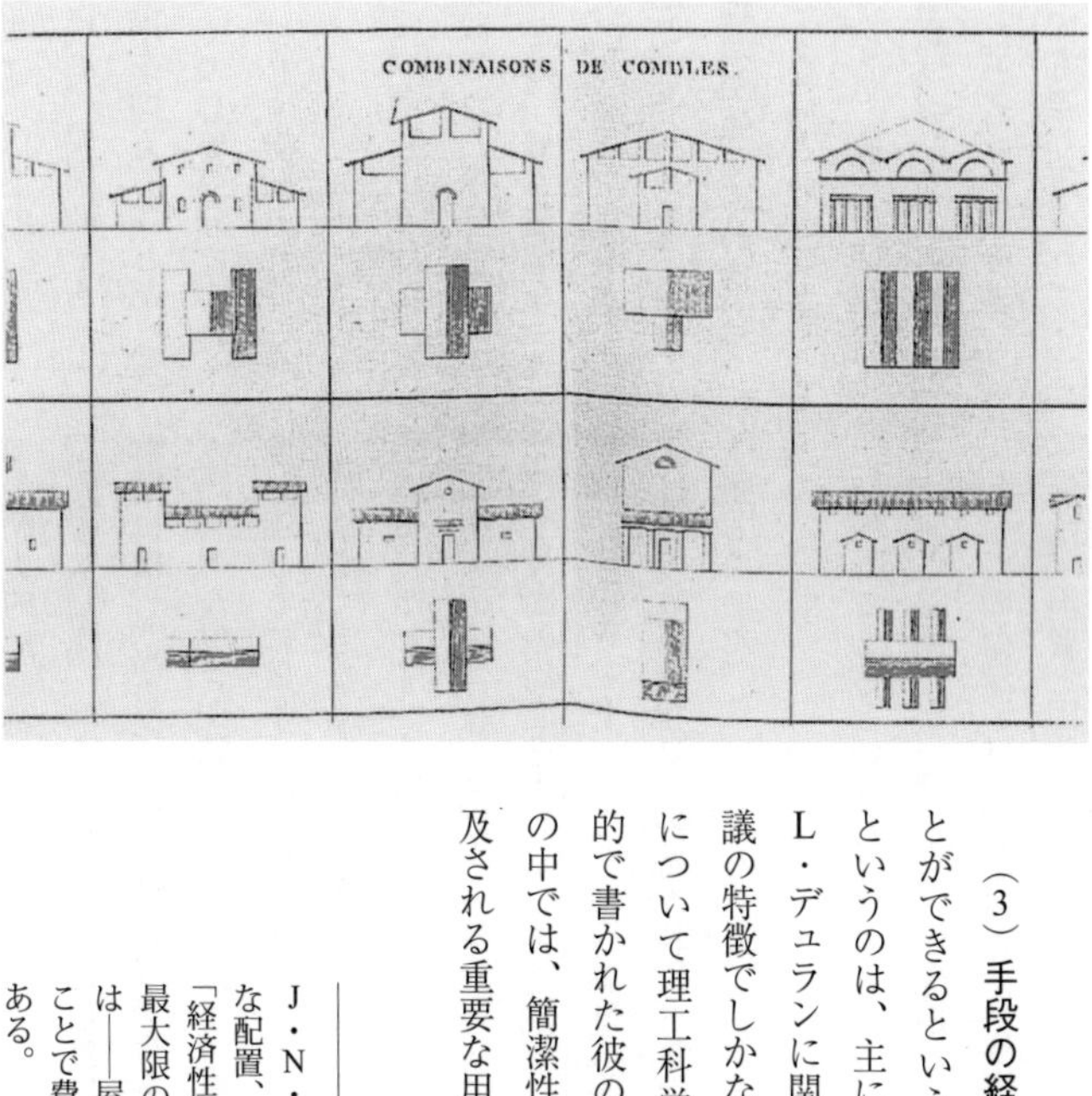

J・N・L・デュラン、屋根のさまざまな配置、(『建築学講義』、一八一七年)。「経済性が、すべての必要部分について最大限の簡潔性を指示する」、というのは――屋根の構成のように――そうすることで費用が抑えることができるからである。

(3) **手段の経済性**。費用をより抑えることができるという理由で簡潔性が望ましいというのは、主にフランス人建築家J・N・L・デュランに関わる十九世紀初頭の建築論議の特徴でしかないようである。建築の基礎について理工科学校の技術者を指導する目的で書かれた彼の著作『建築学講義』(1805)の中では、簡潔性は全体を通して繰り返し言及される重要な用語の一つであった。デュランの用法の中での簡潔性が持つ独特で革新的な意味は、以下の引用部に現れている。「建築は対称的《シンメトリカル》であればあるほど、規則的であればあるほど、そして簡潔であればあるほど、費用を抑えることができるという結論に至るだろう。経済性が、すべての必要部分について最大限の簡潔性を指示すれば、不必要なものは必ず排除されるということを付け加えるまでもない」(vol.1, 8)。

デュランの簡潔性は経済性の意味に限定されていたわけではなく、建物の効果の面からも言及されている。「建設された際に最大限の効果を生み出すのに最も適したプロジェクトとは、最も簡潔な配置のものである」(vol.1, 34)と述べているが、デュランを有名にしたのは、経済性を設計原理の中に持ち込んだことであった。強調しておくべきことは、デュランが述べる簡潔性が関係するのは、平面の構成であり、量塊の配分と配置のことでしかないということである――つまり、それらはすべて設計の問題であり、施工の問題ではなかったのである。デュランが考案した諸原理は、フランスの技術者たちの間では標準的な原理になっており、たとえば彼の後継者レオンス・レイノーの『建築論』(1850)の中でも繰り返されている。

(4)**芸術と建築の歴史における一局面として。**芸術が進歩的な発展を遂げるものであることを示したことが、十八世紀におけるヴィンケルマンの学問的な成果であった。ヴィンケルマンの調査は、古代ギリシア芸術と、興隆期、古典的卓越期、退廃的没落期の三つの歴史的局面への分類に集中していた。最初の局面での芸術は、「膨張と誇張」、つまり行き過ぎた情熱に特徴づけられる。だが、古典期には、「高貴なる簡潔性と静かなる偉大さ」(13)に移行する。ヴィンケルマンが強調したことは、古典期の偉大な芸術が簡潔性を成し遂げるには多くの困難を伴ったということである――その管理と抑制ができなくなってしまうことこそが、芸術が退廃へとまっさかさまに堕していく原因となるのである。その後の世代の哲学者や美術史家の多くは、「簡潔な様式」があらゆる文化が成しえたものの中で最高の局面を表しているとするこの意見を受け入れた。たとえば、G・W・F・ヘーゲルは著書『美学講義』の中で、簡潔《シンプル》な様式は元の段階の粗野で野蛮な特徴と結びつけられるべきではないと主張していた。

> 粗野であるという意味での単純で自然な始まりは、芸術と美とは何ら関係がない。…美の簡潔性としての、そして理想的な均整としての簡潔《シンプル》さは、むしろ多数の途中段階を経て、多数性、多様性、混乱、浪費と困難が乗り越えられて初めて、到達できる結果なのである。…これは、教養を持つ者の振る舞いに似ている。(vol.2, 615)

十九世紀ドイツ美術史の中では、「簡潔性」が様式の歴史的発展の成熟した局面を特徴づけているという見解は自明のことであるかのように受け入れられた――また、モダニズム建築家が自分の作品を簡潔だと描写した際に、この連想を用いることで、作品の成熟と歴史的正当性を強く主張しようとしていたことは疑いようもない。ウィーンの建築家アドルフ・ロースは、一九〇〇年から一九一〇年にかけての評論の中で装飾の原始的で堕落した性質について主張していたのだが、それは前述した理論の中での皮肉的な定式と言えよう。

（5）質素《シンプル》な生活、事実に即していること。

十九世紀の終わりに、批評家たちは次のような考えを持つようになった。それは、実用的で事実に即した建築を追い求めること、中流階級の住居での家庭的な安らぎを主な規範として捉えることで、建築の刷新は達成されるものだとする考えである。この考えの主な支持者は、ドイツの建築家であり批評家でもあるヘルマン・ムテジウスであった。彼は著書『様式建築と建築術』（1903）の中で以下のように説明していた。

今日誰もが働くのと同じように、皆の衣服が中流階級向けのものであるように、そして現代の新しい建築上の形態が（それらが建築家の作品でない限りでは）完全な簡潔性と素直さの路線に乗っているのと同様、われわれは本質と目的が簡潔で素直な中流階級の部屋に住みたいと思うのである。（94）

これに関して重要な考えは、ムテジウスが採用した即物《ザッハリッヒ》という言葉に込められている。この語を直接英語に翻訳することはできない。というのも、その言葉は、「実用的」、「物質的」、「事実的」、「事実に即した」、「飾り気のない」、「判明な」、「機能的」といったさまざまな意味を持っているからである（二六七―二六九頁を参照）。[*1] 即物建築に関してムテジウスが規範としたものは、イングランドのアン女王様式運動の住宅群、とりわけリチャード・ノーマン・ショウの作品であった。記念碑的建築と並んで、ムテジウスは次のような建築が当時より前の時代に存在していたことを知った。

バリー・パーカー&レイモンド・アンウィン、スタンレー・パーカー邸の居間（ハートフォードシャー、レッチワース、一九〇七年頃）。「質素な生活」。ウィリアム・モリスに触発されて、閑散とした室内は生活のあり様を表すものとなった。

> 簡潔な中流階級向けの建築術…それは住居や日常品に関する人々の日々の要求を満たしていた。この生産においては…こうした建築術は簡潔で自然なままであって、必要で親しみやすいものにとどまっていた。一般に、それらの建築は、時代を超えた地域ごとの職能上の伝統に従っていたのである。そうした伝統は、記念碑的建築に見られる変化に限定的にしか影響を受けていなかった。(75)

十九世紀末にイギリスの建築家が成し遂げていたことは、「簡潔で自然、かつ合理的な建設手法」(96)という伝統を復活させたことであり、彼らはそれを国内での作品の表現手段にしたのである。その結果として生まれたものは、ドイツやオーストリアでのユーゲントシュティルが生み出した建築の装飾の過剰とは対極に位置するものであった。

「簡潔性」は日々の日常生活の心地よさの中にあるとするムテジウスの考えはウィリアム・モリスに由来していた。モリスの著述は、簡潔性の利点に関することで満ち溢れていた。質素《シンプル》な生活やありふれた人々の周りにこそ芸術作品のための本質的な題材が存在するという考えがモリスによるものであることは間違いない。数多くある事例の中から一つだけ選ぶとすると、モリスの次のような記述を挙げることができる。「生活の質素《シンプリシティ》さとは、たとえそれがほとんど最低限のものであっても惨めさはないのは、それがまさに、洗練へ向かうための基盤そのものだからである。…生活の質素《シンプリシティ》さからこそ、美への憧憬が生まれてくるのだろう」(1881, 149-50)。ムテジウスとドイツ工作連盟のおかげで、日常生活の表現としての簡潔性の意味がモダニストたちの間ではかなりの重要性を持つようになった。それは、特にワイマール時代のドイツにおいて顕著であった。

T型フォード。一九〇九年に紹介され、フォードの大量生産車は二十世紀初頭の建築家にとって簡潔性の第一の規範となった

(6)**生産の合理化**。最後に現れてきたモダニズム固有の簡潔性の意味は、ヘンリー・フォードが廉価自動車を生産するために用いた方式に由来していた。これらの考えは一九二〇年代のヨーロッパに衝撃を与え、建造物の製造と建築的実践だけでなく生活の質全体

ミース・ファン・デル・ローエ、礼拝堂、イリノイ工科大学（シカゴ、一九四九―五二年）。「簡潔であるべく意図されているのである。そして実際に、簡潔なのだ」。ミースにとって、「簡潔性」は超越論的な意味を含んでいた

に革命をもたらすという期待を広く流布させた。この期待は間違っていたかもしれない。だが、この衝撃と期待がこのフォードの考えをモダニズム時代における「簡潔性」の最も強力な参照の一つにしたのである。ヘンリー・フォードは、自伝『わが一生と事業』(1922)の中で、自らの教義を提示している。

> 私は、簡潔性へ向けての努力をした。一般の人々はほんの少しのものしか持っておらず、(私がすべての人に権利があると考える贅沢品の共有をすることは言うに及ばず)必要最低限のものを買うことにすら多額の費用がかかってしまう。その原因は、われわれが作るほとんどすべてのものが必要以上に複雑になっていることにある。われわれの衣服、食料、家庭用品――すべてのものが今よりも簡素《シンプル》なものになりうるし、同時に見栄えもよりよくなるだろう。…目的に合った物から始めて、それから全く無用な部分を取り去る方法を見つける研究をしなさい。このことは、すべてのことに当てはまる――靴、服、家、機械、線路、蒸気船、飛行機。無用な部分を切り落とし、必要な部分を簡素化《シンプル》することで、同時に製造費用を減らすのである。(13-14)

フォードは続けて、簡素化《シンプル》の原理が、彼自身の製品T型フォードの開発と改善の中でどのように適用されたかについて説明している。

フォードの簡素化《シンプル》についての考えを建築家たちは一九二〇年代に意図的かつ故意に利用していた。ミース・ファン・デル・ローエは一九二四年に次のように認識していた。「フォードが求めているものは、簡単《シンプル》であると同時に啓蒙的である」(250)。大量生産方式が建築の規格化を導き出し、ひいては建築と都市全体の形態の簡素《シンプル》化が起こるという期待は、少なくともグロピウスが一九一〇年に「美的に一貫した原理に基づく住宅供給のための計画」を著してからは確実に存在していた。また、たとえば、ロシアの建築家モイゼイ・ギンズブルグが、未来の労働者向け住宅での「論理的簡潔性による空間の合理的利用」(79)について言及するとき、彼が念頭に置いていたことは近代の大量生産方式がデザインに恩恵をもたらす潜在能力を持っているということだった。

強調しておくべきこととして触れておくと、ヘンリー・フォードによって提案された「簡潔性」は、デュランの言う「簡潔性」とは同じではなかった。デュランにとって簡潔性《シンプリシティ》とは建築設計とその構成における経済性であったが、フォードにとっての簡潔性は、生産手段、労働者、原料、設備の再組織化におけるものであった。フォードにとっては、車にしろ家にしろ、最終的な製品の設計がどんなに簡素化《シンプル》しても、それ自身が最終目的として理解されることはなく、製造過程のさまざまな経済性を実現する単なる手段と見なされるだけであった。

簡潔性に意味が過剰に付されているという事実に直面すると、モダニズムの建築家と批評家がその言葉をとにかく使い続けたのはどうしてなのか不思議に思うかもしれない。イリノイ工科大学にあるミース・ファン・デル・ローエが設計した礼拝堂についての彼自身による一九五三年の記述は、限定形容と矛盾原理ではぐらかされているので、その記述は意味を拒絶しているように思える。「この礼拝堂には目を見張るようなものはなにもない。見世物として意図されているのではなく、簡潔であるべく意図されているのである。そして実際に、簡潔なのだ。しかし、その簡潔性は、原始的であるのではなく、高貴なのである。小さいものでありながら、偉大なのだ――実際、記念碑的である」（328）。しかし、フリッツ・ノイマイヤーが示したことは、ミースが伝えようとしていた表現は、超越論的な知識を啓示するための手段としての建築の意味であったと提言した。[*2] 簡潔性を心理的効果を最大限引き出すための手段だと考えていた十八世紀の作家たちの時代を過ぎ去ると、簡潔性の目的は、ニーチェが『反時代的思考――生に対する歴史の利害』の中で歴史家に要求しているように、「普遍的に知られていることを聞いたこともないものに焼き直し、簡潔性を深みの中で見失い、また深みを簡潔性の中で見失うほどに、極めて簡潔で深く普遍なるものを表現すること」（94）であった。ミース・ファン・デル・ローエにとって、その意味こそが、彼が見向きもしなかったそれ以外の、ザッハリッヒとしての意味や生産者にとっての意味から簡潔性という用語を取り戻すべき意義を与えたのであろう。

1 ムテジウスの紹介としてS.Anderson, *Style-Architecture and Building-Art*, 1902を参照。特にpp.14-19, 34-35, 38n10。

2 Neumeyer, *The Artless Word*, 1991, chapter 6.

Space　空間

私が本当に興味を持っていること、それは建築的な空間をデザインすることである。

――ニール・ディナーリ、一九九三年、九五頁

空間とは、建築という名において、人が人に与え得る最も贅沢なものである。

――サー・デニス・ラズダン、一九九七年

建築それ自体のどの定義にも、空間という概念をあらかじめ分析し明確にすることが要求される。

――アンリ・ルフェーヴル、一九七四年、一五頁

二人の現代の建築家と一人の哲学者によるこれらの言及によってわれわれは次のような考えに至るかもしれない。われわれは、最も純粋でこれ以上削ぎ落とすことのできない建築の構成要素――すなわち建築にとっての唯一の属性を、「空間」に見いだすことができる。それが建築を、他のすべての芸術的実践とは異なったものにするのである。しかし、もしもその考えが疑う余地なく共感でき、また確かであるように思えるとしても、「空間」が何を意味するかということについての合意がほとんどないとわかったら、われわれの自信は消え去ってしまうだろう。上記のどの言及も、もし一八九〇年以前に発言されたならば、ドイツの美学者たちの小さなサークル以外では全く意味をなさなかったであろうことに気付くとき、空間が建築の根本的なカテゴリーであるというなおも存在している信念までも、より心もとなくなるのである。というのも、一八九〇年代以前に、用語としての「空間」は、単に建築上の語彙としては存在していなかったからである。空間という用語が適用されることは、モダニズムの発展と親密に結びついているのであり、よってそれが何を意味していようとも、まさにモダニズム特有の歴史的な状況と関係があり、「空間」のパートナーである「形態」と「デザイン」にも同様の事情がある。

十八世紀以来、建築家たちは「ヴォリューム」や「ヴォイド」については語っていたのであるが、ときおり「空間」はその同意語として使われた。たとえばソーンは「ヴォイド空間」(602)についで言及した。そして「空間の無駄」を避けるためにプランを工夫する必要性に言及した(602)。[*1]「空間」はまだこの意味でよく使われているが、「空間」はモダニズムの建築家たちが空間に適用したさらなるものを伝えることになり、まさしくこれらの重なり合わされた意味こそ、われわれがすべての関心を寄せる問題である。

近代建築において使用されている「空間」という用語の曖昧さの多くは、それと一般的な哲学のカテゴリーである「空間」とを進ん

で混同しようとすることに由来している。寸法や広がりといった物理的な属性に加え、この問題を少し違った角度から検討すると、「空間」は、われわれが世界を知覚するための精神の属性という装置の一部でもある。このように「空間」は、建築家が操作できる世界の中のものであると同時に、それを通じて精神が世界を知ることができる精神的な構築物であるので、（その産物をどう知覚するかには影響を及ぼすかもしれないが）全く建築の実践の範囲外にある。これら二つの無関係な属性を意図的に混同したままにすることは、建築空間を語る上での本質的な条件であると思われる。そしてこの混同は、建築空間について言及されているほとんどのものにある。そしてこの混同を示す表現は、建築家が空間を「生み出す」という共通に持たれている確信の中に——この章の初めに引用したデナリとラズダンの言葉に潜在している確信の中に見いだされる。アンリ・ルフェーヴルの『空間の生産』（1974）の目的の一つは、精神が抱く空間と身体が遭遇する「生きられた」空間とを区別することによって生じる問題を示すことであった。ルフェーヴルの著書は、「空間」について最も包括的で革新的な批評であるが、建築における「空間」についてのほとんどすべてに疑問を投げかけており、これについては後に述べる——しかしながら、その著作の説得力にもかかわらず、空間が慣習的に建築という範囲の中で語られる方法に対してはほとんど影響力がなかった。

建築のカテゴリーとしての空間の理論展開は、ドイツで起こった。だからドイツの著述家にこそ、その起源や目的を求めなければならない。これはすぐさま、この主題について英語という言語で議論することの問題点を示すことになる。というのも、空間という意味のドイツ語の「*Raum*」は、物理的に囲まれているものである部屋と、哲学的な概念とを同時に指し示すからだ。ピーター・コリンズが指摘したように「ドイツ人にとって部屋を無限の空間の単なる小さな一部分であると見なすことは、それほど想像力を必要としないことである。というのも、彼らが他の仕方で考えるのは、事実上不可能だからだ」（1965, 286）。英語においてもフランス語においても、物理的に囲まれているものが、哲学的な構成概念にたやすく結びつけられることは不可能であったし、結果的にドイツ語の「*Raum*」の訳としての「空間」は、元の言葉の示唆的な部分を欠いている。ドイツ語にはあるが、英語にはない可能性の例は、ルドルフ・シンドラーの一九一三年の「マニフェスト」の翻訳の中に見いだされるのであり、以下に議論する。

われわれはこの用語の意味を翻訳することの影響に気付くだけではなく、時代の影響も考慮に入れるべきである。建築における「空間」の意味は固定的ではなく、状況や任された役割に応じて変化する。デナリやラズダンが空間に熱狂している時に、その空間の意味をたとえばミース・ファン・デル・ローエが一九三〇年に空間によって意味したことと同じであると決めてかかってはいけない。われわれはいつものように、論じているカテゴリー——この場合は「空間」であるが——にとって何が対立項であるかを問うことで議論を進めていくべきである。一九九〇年代に「空間」に価値が置かれた理由というのは、一九三〇年のそれとは同じではないのだから。空間は、不変で絶対的なものとして語られる傾向があるにもかかわらず、建築における他の用語と同じように移ろいやすい。

モダニズム建築における空間の前提

建築で使われている用語が、それまでに展開されていた哲学の言説からどれほど借用されているのか、また建築の実践の中でつむぎ出された経験と知覚からどれほど生じているのかを語るのは時として難しい。しかし、「空間」の場合では、哲学的な美学理論における空間についての言説の展開は、建築における使用より先立っているという明白な証拠があるようだ。このことから、われわれは哲学が建築の概念に関する枠組み全体を提供すると結論づけてはならないが、部分的に提供していることには疑問の余地はない。十九世紀にドイツで見られた哲学上の関心に起源を持つ建築の「空間」に関する限り、考慮すべきと考えられる二つの伝統が存在する。その一つは、建築の伝統よりも哲学から建築の理論を創出する試みであり、それはゴットフリート・ゼンパーを中心とする。美学への心理学的なアプローチに関する内容で、カントの哲学につながるにもかかわらず、一八九〇年代まで出現しなかった。実践においては、思想上の二つの流派の違いはそれほど大きくはないのだが、それらを分けて考えることは有用であろう。

近代建築における根本的なテーマとして「空間」を紹介したことの責任は、他の誰でもなく、ドイツの建築家、理論家であるゴットフリート・ゼンパーにある。ゼンパーは建築の起源に関して全く独自の、オーダーを参照しない解説を最初に進めていく上で、建築にとっての最初の衝動は空間を囲むことにあると提案した。物質的な構成要素というのは、空間を囲むことにとって副次的でしかなく、よって「壁は、そのように囲われた空間を明示的に具現化し、視覚化する建築要素である」（『様式』1863, 254）。囲うことが物質よりも優位にあるというこの言及でも、他の言及の中でも、建築の将来は空間を創造することにあるとゼンパーは提案した。ただ、彼がどのようにこのような洞察に至ったかは定かではない。建築に関する彼の考えが建築における起源とは明らかに異なるのは、哲学的な起源から展開されたからだとすれば、おそらくそれは何かしらヘーゲルの『美学』を読んだことに負っている。ヘーゲルにとって「囲うこと」は建築の合目的性の特徴であり、それゆえそれ自体、美的で概念を担う属性とは全く区別され、折り合わないものである。しかしながら、ヘーゲルによる建築への評価において全体に及ぶ主眼は、元来人間の物質的な欲求を満足させることから起こったものが、いかにして純粋に象徴的で目的を持たず、イデアを独自に具現化するものに同時になりえたのかという問いを発することに他ならない（vol.2, 631-32を参照）。この問いを検討する中で、囲まれた空間についてヘーゲルは簡単に論じているが、議論の展開は不十分なままであったにもかかわらず彼の言及は特にそのゴシックの宗教建築に関して大変示唆に富んでいた。彼はゴシックの宗教建築をその合目的性を超越していると見なしており、そこでは空間を囲うこと――

「長さ、奥行き、高さ、そしてそれら寸法の性格の差異がつけられていた」(vol.2, 688) ことによって独自の宗教的な観念が実現されていた。ハリー・モルグレーヴによると、「囲うこと」は一八四〇年代にドイツにおいて建築の主題として建築家の間で話題となっていたことであるが、――モルグレーヴはカール・ベティヒャーの論文、「古代ギリシアとゲルマンにおける建設原理」(1864) を引用した――しかし空間を囲うことが建築の根本的な属性であると提案することにおいてゼンパーが最も進んでいた。*2 ゼンパーの空間に関する言及は短いものであったが、ゼンパーの議論に賛成する人にも、しない人にも、大きな影響を与えた。二十世紀初めの十年において、建築の主題としての「空間」を初めに打ち出したドイツ語圏の初期近代の建築家たちにとって、ゼンパーが彼らの空間という概念の源であることに疑問の余地はなかった。アドルフ・ロースは一八九八年の論稿、「被覆の原則」の中で、「建築家の一般的な職務は暖かく生活しやすい空間を提供することである」とゼンパー的な用語で主張をし、さらに続けて、「空間の素材と形態の双方から効果が生み出される」と述べていることがわかる。オランダの建築家、H・P・ベルラーヘは、ドイツで刊行された一九〇五年の講義(「様式についての考察」)において、「建築は空間を囲う術であるので、われわれは空間の建築構築上の性質を構造上の意味と装飾の意味の双方において強調しなければならない。この理由から、建物は第一に外側から考えられるべきではない」(152) と述べた。一九〇八年には、次の論稿の中で、ベルラーヘは「建築の目的は空間を創造することであり、このように空間から進めるべきである」(209) とより断定的に宣言さえした。また、一九一〇年にドイツの建築家ペーター・ベーレンスは、後に『芸術とテクノロジー』として出版された講義の中で、「というのも建築は、ヴォリュームの創造であるので、その仕事の本質は覆うことではなく、空間を囲うことである」(217) と述べた。これらすべての建築家が一九二〇年代のモダニズムの世代に深く影響を及ぼしており、彼らによる空間の定式化の重要性は、ゼンパーのモデルに従いつつ、空間を**囲うこと**の問題として見たということにある。囲うこととしての空間の意味こそ、間違いなく彼らが実用的な言葉に適用するのに最も容易と考えたことであった。どのように建築空間が記述されようとも、この意味は「空間」の意味の中で長い間最も広く使われており、他の意味が導入された後でさえそうだったのである。

われわれがここで触れなければならないもう一人の建築思想家は、ドイツ語話者で、ゼンパーの弟子の、一九一八年以降の世代の建築家に多大な影響力のあったウィーンの建築家、カミロ・ジッテである。彼の著作『芸術原理による都市計画』は一八八九年に刊行されている。ジッテは都市デザインを「空間の芸術」(Raumkunst) として考えたのであり、彼の都市計画への方針は囲まれた空間を作り出すという原理にすべて基づいている。他の建築家たちが空間を囲うことを純粋に室内の見地でしか捉えていなかったのに対し、ジッテは巧みにも、この建築のテーマを戸外の空間に解釈し直した。「空間」が建物の内部のみならず戸外に帰属していたということの洞察が、一九二〇年代には大変重要になった。

今一度、一九二〇年代になってからの新しい「空間」の理解に寄与した他の伝統に目を向け、十九世紀後半における美的直観の理論展開を見てみよう。事実上この哲学の伝統の創始者であるカントによれば、空間は精神の属性であり、装置の一部なのであって、それによって精神は世界を認識可能にする。カントは『純粋理性批判』(1781)の中で、彼にとって空間が何を意味するのか略述した。彼が書いているところによれば、「空間は外的な経験に由来する経験的な概念ではない」(68)。「空間は事物それ自体の属性を表すことはなく、事物の互いの関係性を表すこともない」(71)。その代わりに、「空間は純粋な本性として先験的に精神に存在し、そこではすべての客体が決定されている」のであり、さらに「空間はすべての経験以前に、これらの客体の関係を決定する原理を含んでいる。それゆえに、われわれが空間や広がりを持つ事物などについて語ることができるのは、唯一人間の立場からである」(71)ということだ。心的能力としての空間が美的判断のために機能する可能性はカントによっては展開されなかった。けれどもショーペンハウアーは、彼の建築についての興味深い論文である『意志と表象としての世界』(1818)の中で、この可能性を認識しており、「建築は第一に、われわれの空間感覚の中に存在し、よって空間感覚に対するわれわれの先験的な能力に訴えるのである」(vol.3, 187)と言っている。しかしこの空間感覚は、一面的な見方でしかなく、一八七〇年代になって感情移入の理論が発展して初めて、空間感覚からどんなものでも作られることになった。哲学者ローベルト・フィッシャーは、最初に建築に対する感情移入の可能性を見いだし、おもに形態の意味を解く手段としての身体感覚の投影について書いた。しかし彼が論文の前書きで説明したのは、彼の感情移入の理解は夢の研究から、また「夢の中のある刺激に応えて身体が空間の形態として自らを客体化する」方法から得られたということだった(92)。しかしながら、形態よりも空間への身体の投影を提案したにもかかわらず、この論点をさらに発展させることはなかった。

フィッシャーが感情移入の概念を進化させていたのと同時期に、哲学者フリードリヒ・ニーチェは芸術実践に深く影響を与えることになった著述に専念していた。ニーチェの影響を推し量ることは難しいが、――ドイツ語圏において、十九世紀の終わりと二十世紀の初めに若い芸術家や建築家みなに読まれた哲学者を一人挙げるとすれば、それはニーチェであった。たとえ彼が実際には建築について何も書いておらず、そして視覚芸術についてあまり直接には書いていなくとも、彼の著作は間違いなく、ユーゲントシュティルや初期モダニズムの建築家たちに浸透していた。というのも彼らにとって、ニーチェの著作はどの建築理論とも同様に重要であったからだ。ここでわれわれに関係があるのは、ニーチェが空間理論に貢献したことである。それについて彼はほとんど直接には書いていないが、これから見ていく空間についてのどの建築理論と比べても、おそらく彼の芸術理論が含意したことは、モダニストたちの思考において同等かそれ以上の影響を与えた。彼の最初の著作、『悲劇の誕生』（一八七二年）での彼の有名な宣言とは、「実存と世界は、美的現象としてのみ正当化されるように思える」というものだ（141）。もし芸術と生命が一つであるならば、その時、ほとんどの美学理論が拠り所としてきた主体と客体の区別は忘れ去られ、さらに生命と同様に芸術は、純粋な主観性という視点からアプローチされるであろう。ニーチェが議論したのは、文化というものは一般的に二つの本性から生まれるということだった。アポロン的本性とは夢の中で心に提示されるイメージを具現化することであり、ディオニュソス的本性とは歌と踊りで体験される陶酔である。アポロン的本性は外形や視覚に快を与えたが、ディオニュソス的本性は、これはニーチェの素晴らしい発見なのだが、身体全体の存在を含んでいた。つまり、空間の理解のためのディオニュソス的本性の含意こそわれわれが考察しようとするものだ。ニーチェはディオニュソス的本性を次のように表現した。

歌やダンスの中で、人間は自身を高位の共同体のメンバーとして表現する。自分がどのように歩き、話したかを忘れてしまって、空へと飛んでいこうとして踊っている。他ならぬ彼の身振りは魔法にかかった状態を示しており…自分を神であると感じ、夢の中で歩いているのを見た神々のように、今や魔法にかけられたかのように、恍惚状態で歩いている。彼はもはや芸術家ではなく、芸術作品になったのだ。（37）

そしてニーチェが続けるには、「身体の象徴化のすべては、演じることに集約されている。単に唇、顔、話すことを象徴化するのではなく、ダンスというパントマイム全体で、すべてのメンバーにリズムに合わせて動くことを強いる」（40）。ディオニュソス的な精神を司っているのは、エネルギーの過剰さ、つまり「根源的な喜びが満ち溢れること」である。リズム感のあるダンスに表現されている、この力の過剰さは、ある空間で演じられており、翻せばその空間は、その動きによって生命を吹き込まれている。ディオニュソス的な本性がその存在を感

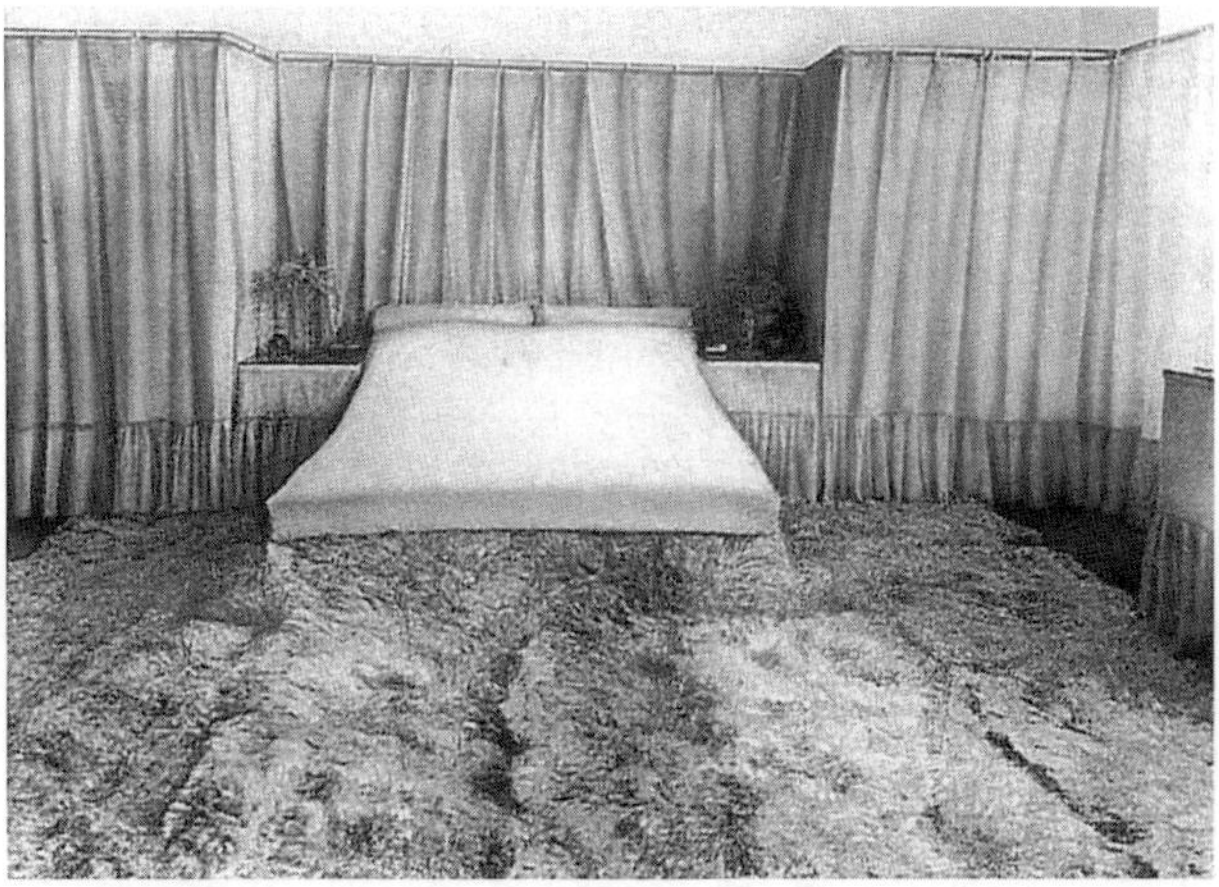

アドルフ・ロース、ロースのアパート内のリナ・ロースの寝室（ウィーン、一九〇三年）。「建築家の第一の仕事とは、暖かく生活しやすい部屋を提供することである」。

じさせる場としての空間の重要性をニーチェは認識していた。ニーチェが覚書き（『権力への意志』として出版された）に「私は力の礎としての絶対的な空間を信じている。つまり空間は制限を加え、形を創る」（293）と記していたように。この後に、彼は「私にとって「世界」とは何か」という修辞学的な問いを自問自答している。

この世界は…汚れていて荒涼とした何かでもなければ、無限に広がっている何かでもなく、決められた力として決められた空間に定められ、あちこちが「空虚」である空間ではなくて、むしろ力全体として、すなわち力の戯れや力の波動として、一つであると同時に多数であり、ここで増加すると同時にあちらで減少するような空間である。（550）

身体運動という力学から生まれた、力の場としての空間というニーチェの考え方は、その萌芽が示されはしても展開されることはなかったが、この暗示はニーチェを読んだ同世代のドイツやイタリアの建築家たちには見失われはしなかった。

感情移入の理論に立ち返ると、一八九三年に三つのおのおの独立した注目すべき論文がほとんど同時に発表されるまで、ショーペンハウアーの言及によって提示された可能性は、まだ議論されないままであった。これらのうち第一の論文は、ドイツの彫刻家アドルフ・ヒルデブラントによる『造形芸術における形の問題』であり、世の中にある事物を知覚する過程に関心を向けることそれ自体が、彫刻のみならず絵画や建築固有の主題の理解につながるだろうことを議論した。ヒルデブラントは建築の理解において友人であるコンラード・フィードラーに影響されており、そのフィードラーはゼンパーを読んだことで、ゼンパーが建築の根源的な衝動と定めた、囲われた空間それ自体が建築における思考の第一の対象であるという示唆を得た。[*3] ヒルデブラントにとって芸術家という仕事は、単に外形を通して表現される事物の様相と、「形態の観念」、「外観の比較によって抽出されたものの総合計」、つまり想像によってのみ知られる総合計とを区別することである。想像上で成り立っている知覚が生じるのに必要な範囲のイメージを心に与えるために、ヒルデブラントは、形態の明確な観念に到達するときに、空間における両目と身体の両方の動きを強調した。視覚芸術の役割とは、一つのイメージにおいて、客体が存在している自然の空間と客体の形態を明らかにする、見る主体の動きとを再構成することである。ヒルデブラントが形態を理解する前提として空間を強調したことは、それを記述する仕方と同様に独創的であった。

ある空間連続体〔spatial continuum〕によって、われわれは空間を三次元の広がりとしてだけでなく、われわれの想像における三次元の可動性もしくは筋感覚の動きとして捉える。この最も本質的な属性は連続性である。それでは空間連続体を水のかたまりであると想像してみよう。それによって水中に容器を沈めることができ、それによって水中の一つの連続したかたまりとしての全

体の概念を失うことなしに、明確に形成された個々のかたまりとしてそれぞれのヴォリュームを規定することができる。(238)

芸術における表象はまさに空間という考えを喚起することに関連している。そしてヒルデブラントは続けて、

もしわれわれがこの自然の空間の外形を全体として視覚化する作業に取り組んだとしたら、その時われわれは、その空間を、三次元的に、ある部分は個々の対象のヴォリュームで、そしてある部分は空気で占められたヴォイドとして想像しなければならない。そのヴォイドは外部的に制限されたものではなく、むしろ内部で活性化されたものとして存在している。まさにある対象の境界や形態がそのヴォリュームを示すのと同時に、対象それ自身によって仕切られた空気のヴォリュームという考えを喚起するやり方で、対象を構成することもまた可能である。ある対象の境界というのは、厳格に言えば、それを取り囲む空気のかたまりの境界でもある。(239)

ヒルデブラントはこの箇所において、一九二〇年代においてとても重要な、少なくとも三つの空間に関する考え方を提示したのだ。それは空間それ自体が芸術の主題であり、連続体であり、そしてその内部から活性化されるということであった。この驚くべき一節の後では、囲まれたものとしての空間というゼンパーの考えは、ずっと遅れており決定的に鈍く見える。

ヒルデブラントが形式化したのは、絵画において一平面上のある一つのイメージは、いかにして彼が生き生きと描写したこの空間を表現しうるのかという問題であった。彫刻において、その仕事はより難しい。というのは像は完成時にはその周囲を取り囲んでいた空間連続体から切り離されてしまうのだが、その連続体を伝えなければいけないからである。しかし建築にとって、その問題は少し違っている。なぜなら「われわれと空間との関係によって建築の直接的な表現が見いだされるのであり、建築は、単なる空間での動きの可能性という観念ではなく、一定の空間についての感覚を呼び起こす」からである。作品それ自体が既にわれわれを空間において方向づけているので、想像上の知覚の努力は全く含まれていない。このことによってヒルデブラントは「空間それ自体が、固有の形態という意味において、目にとっての効果的な形態となる」という注目に値する結論を出すに至った(269)。言い換えると、他の芸術で芸術家は、人物像または生命のない物によって空間を表象しなければならないのに対して、建築ではその必要性がない。というのも、空間は直接的に理解され、他の対象によって空間を再構成する必要がなく、空間それ自体、視覚が注目している形であるからである(二三六頁を参照)。そして以前の建築評論家すべてが、ゼンパーも含めて、壁、もしくは耐力部材を建築がその主題を伝えるために依拠している要素として見ていたのだが、ヒルデブラントは、これらは「統一的な空間のイメージの効果においてのみ特定の相対的な価値を持ってい

る」と議論するに至った。要するに、精神がまず、空間を一つの形態だと捉えて初めて、物理的な要素はただの物にすぎないと見ることができるのだ。「〔加重や支持という〕機能的な考えが特定の形態に展開できるのは、特定の知覚の総体が持つ空間のコンテクストにおいてのみである」(269)。ヒルデブラントの建築についての言及は簡単なものであるが、それらの言及は建築についての新しい言説の可能性を開き、それは二十世紀において多くの人の心を捉えることになる可能性となった。

ヒルデブラントの空間への言及に劣らず注目に値するのは、アウグスト・シュマルゾウの論文、『建築創造の真髄』という建築により限定した議論であり、一八九三年に講義され、翌年に出版された。この論文は何が建築の美学を構成しているかという思索的な研究である。ヒルデブラントと同様に、シュマルゾウは建築の美学が物質的な構成要素に存在することを否定した。シュマルゾウは言葉を尽くして問うている。

目的を持って削られた石の山のような積み上げや、うまくつなげられた梁、しっかりとアーチがつけられたヴォールトは建築という芸術作品を造っているのだろうか。もしくは、人間の美的な観想が全体へと移行され、純粋で自由なヴィジョンとともにすべての部分を理解し評価し始めたその瞬間に初めて、芸術作品が存在するようになるのか。(285)

彼が続いて議論する、このヴィジョンとは空間の意味・感覚を通じて構成されている。そして建築史全体を鑑みると、すべての作品に共通する属性とは、空間の構成物を実現することである。ヒルデブラントと同様に、シュマルゾウは建築の空間と形態とを等しく見なしている。しかしこの点において、この二人の著述家の空間についての観念の類似性が消失する。シュマルゾウは自身の包括的で独創的な「内部からの美学」に着手し、それは感情移入の理論——事物を知覚するのに、精神が身体感覚の知識を事物に投影すること——に由来している。しかしこの感情移入の理論はこれまで、もっぱら中が密な対象を知覚するためにあったのだが、シュマルゾウは巧みにもそれを空間と引き合わせたのであった。われわれは世界を身体で経験することから始まり、さまざまな視覚および筋肉の感覚をとおして空間を直観することができる。

われわれは自分たちが、かつ自分たちのみがこの空間の中心だと経験し、その空間の座標が自分たちのところで交差することを習得するとすぐに、われわれは重大な核心、つまり建築の創造が基礎にするいわば元手に気付いた。…われわれの空間の感覚〔Raumgefühl〕心的能力としてや空間の想像は空間の創造に向かい、芸術における満足感を探求する。われわれはこの芸術を建築と呼んでおり、簡単に言うとそれは**空間の創造主**である。(286-87)

シュマルゾウにとっては、われわれが身体を持つがゆえに空間

A・ヒルデブラント、『求愛』(大理石の浮き彫り、一八八〇年)。対象が存在していた空間連続体を表象するためのものとして、彫刻の役割を捉えた。しかし建築はこのような空間を**表象する**必要はなかった。その代わりに、建築作品における空間の存在こそが、物質的要素に美的な重要性を与えた。

は存在するのであり、「要するに空間の構築物とは存在している人間から生まれたものであり、主体内部からの投影であるので、われわれが物理的に空間内にいるのか、または精神的に自分を空間に投影しているのかは関係ない」(289)。言い換えると、造られた空間というのは、主体の身体特有の空間感覚の三次元における陰画であり、また彼が後に記したように、「われわれは空間の構築物を自分の外部にある身体として、それ自身の組織体とともに知覚している」(293)。

事実これらのたいへん示唆に富んだ考えは、それらの可能性において、一九二〇年代においてさえ建築家の間に流布していた建築空間の理解の範囲をはるかに超えていた。特にシュマルゾウが強調したのは、「空間の構築物」は精神の属性であり建物に実在する幾何学的な空間とは混同されるべきではないということだった。この点は、後に哲学者マルティン・ハイデッガーによって展開されたが、ほとんどの建築家たちには無視されてしまった。シュマルゾウの考えは、建築の実践にはせいぜい限られた影響しか与えなかったが、それは建築史においては当てはまらない。過去の建築の研究が、歴史上のさまざまな場面において、直観された空間感覚の具現化として過去の建築を扱うべきであるということは、理論的にはシュマルゾウの図式に追従していた——彼が「建築の歴史は空間の感覚の歴史である」と記述したように。この教えは有名なアロイス・リーグル、パウル・フランクルといった後に続く歴史家たちによって、熱心に始められ追求されることになる。われわれが認めるべきことは、これらや他の歴史家の著作を通じて、「空間性」は芸術史の研究の対象としてもう一つ別の生命を獲得したということであり、またたとえジーグフリート・ギーディオンの有名な著述においてそうであるように、言葉がたまたま一致したとしても、この意味は、建築家の間での一般的な意味と区別されるべきものだということだ。

一八九三年に登場した、空間に関する三つの考察の第三番目は、美学者テオドール・リップスによる論文「空間の美学と幾何学的 - 視覚的錯覚」である。リップスは感情移入の理論を展開したことでよく知られているが、この論文の中では、見ることには二種類あって、物質に関係する視覚的なものと、物質がなくなった後に何が残るかに関係する美学的なものであると議論されている。リップスにとって、空間とはこの非物質化した対象である。彼が言うには、「力強く、活力に満ちた空間は抽象的な空間創造という術の唯一の目的である以上、われわれが物質による伝達物を退けるのを、何物も妨げられない。よって空間を抽象的に表現する芸術において、空間の形態は純粋に非物質的に存在しうる」。[*4] 後の論文の中でこの空間の美学をリップスはこう説明した。「空間形態の美とは、その中で自由に動くという理想的な感覚を持ち続けることができる私の能力のことである。これと対照的に、醜い形態では、私はそれをすることはできずに、その中で自由に動き、その形態を観察したいという私の潜在的な衝動は妨げられて不可能にされる」。[*5] このリップスの理論はシュマルゾウの理論とはきわめて異なっている。というのは、リップスは囲うこととしての空間という概念を全く持っていないのであり——むしろ彼は、物質の内部にある生命を視覚化するやり方として空間に関心を持っていた。リップスの考えは、ヒルデブラントやシュマルゾウの考え方に比べて、建築にとっての固有性をより欠いているにしても、三者のうち、短期的には建築家に対して、特にユーゲントシュティルの実践者にとって、おそらく最も影響力があった。[*6] さらにリップスは、多くのドイツ人の空間理論家のうち、イギリスの作家ジェフリー・スコットによって言及された唯一の人物であるということもまた言及するに値する。スコットは、一九一四年の『人間主義の建築』において、初めて英語という言語によって、建築の主題として新しい感覚の空間性についての考察を発表した（特に二二六—三〇頁を参照）。これまで、建築空間が建築家によって語られるようになるまでの、建築空間についての言説にとっての学術的で哲学的な前提をわれわれは見てきた。一九〇〇年まで存在していた「空間」についての概念の多様さは、部分的には、この多様さに対する解決法として展開されてきた学術的問題の多様さで説明されうるであろう。これらは次のように簡単に要約することができる。

（1）建築元来の**動機**を記述すること。ヘーゲルにとって、特にゼンパーにとって、空間を囲うことの重要性は、これまで建築が芸術として発展してきた目的としてであった。

（2）建築における美的な知覚の要因を記述すること。特にシュマルゾウとリップスによって展開されたように、「空間」は、建築作品において美的感覚を刺激するものは何かという問いに対する答えを提供した。

（3）芸術作品は**動き**を示さなければならないという十九世紀の芸術理論すべての根本にある期待に応えること。本質的に静的である建築作品がいかに動きを表現するかということは、長い間の関心事であった。ゲーテによる一七九五年の示唆に富む一節は、一世紀後に展開された解答に通じていたのである。

> 建築作品は、芸術として見るためのものとのみ考えられてきたのかもしれないが、しかし第一には、――これについてはあまり注意が払われていないが――人体の動きに対する感覚に働きかけるべきものである。踊るときわれわれはあるルールに従って動き、心地よい感覚を得る。そしてわれわれはよく建てられた家を通して、目隠しされた人に同じような感覚を呼び覚ますことができなければならない。（Gage, 196-97）

特にヒルデブラントの論文の重要性は、主体の運動による身体の経験の見地から**動き**を語る手段として「空間」を提示したことにあった。

「空間」から「空間性」へ

空間に関するこれらの考え方のある部分が建築の日常言語と合体し始めたのは一九〇〇年を過ぎてからであった。「空間芸術」として建築家が自身の作品を語っている、初期の二例を見てみよう。

第一は、ミュンヘンの建築家、アウグスト・エンデルであり、リップスの講義のいくつかに出席していた。一九〇八年の彼の著作『大都市の美』は、エンデルが「空間の生命」と呼ぶものに関するものであった。彼が説明したのは、

> 人間は、建築家や画家が空間と呼ぶものをその身体で創る。この空間は、数学的、認識論的な空間とは全く違う。絵画的または建築的な空間は、音楽とリズムであり、なぜならその空間は、ある比率としてわれわれの伸長に対応するからであり、逆に今度は空間がわれわれを解放し取り囲むからだ…ほとんどの人たちが建築を、形のある部材、ファサード、柱、オーナメントとして捉えている。しかしこれらすべては二次的なものである。本質はその形態にあるのではなく、その反対で空間にある。つまりは壁の間にリズムをもって広がり、壁に規定されているヴォイドなのである。（71-76; quoted in van de Ven,150）

形態の陰画としてのこのエンデルの空間の考え方において、リップスの考えの痕跡を見ることはそれほど難しいことではない。しかしながら、身体によって空間が創造されているという言及は、むしろ空間についての違った理解を示しており、それはある点では、シュマルゾウの「空間の構築物」に呼応している。それは特に、数学的な空間とのカテゴリーの違いを強調することにおいて顕著である。しかし、それと同時に、リズミカル、かつ音楽的な空間の特性

を記述するのは、シュマルゾウのものではなく、ディオニュソス的精神というニーチェの概念に起源があることを示唆している。[*7]

ある建築家による「空間」に関する第二の初期の考察は、ルドルフ・シンドラーというウィーンの建築家から生まれた。彼はその後アメリカ合衆国に移住している。一九一三年の彼のマニフェストは、過去において「すべての建築上の努力は、形態が物質のマッスを克服することに向かっていた」という議論から始まるが、現在に至ってはこうした構造に対する注意はもはや当てはまらない。

われわれはもはや造形的に物質のマッスを形成してはいない。近代の建築家は部屋《ラウム》を壁、天井、スラブで思い描き、形づくる。唯一の観念は空間《ラウム》であり、その組織化である。物質のマッスなしに、内部空間《ラウム》の陰画《ネガ》は、家の外に陽画《ポジ》として現れる。このように「箱型」の家はこの発展の新しい方向を示す原初的な形態として現れたのだ。(10)

この空間の考察は、主に、ゼンパー、ロース、ベルラーヘによってはっきりと述べられた、囲うこととしての空間という伝統に属している。しかし、構造上のマッスや物質を消去することへのシンドラーの強調は、ヒルデブラント、シュマルゾウ、リップスによる一八九三年の三つの論文のすべてを、またはいずれかを想起させる。[*8] シンドラーは一九三四年に、このマニフェストに発想を与えた空間という天啓について記述した論説を書いた。彼はこの論説の中で、物質性から解放された建築を考えるという方法を探究してきたことを明らかにした。少なくともエンデルとシンドラーの証言からわれわれが結論づけられることは、空間についてのさまざまな新しい概念は一八九〇年代に展開されたが、その最も洗練されたもの——シュマルゾウの「空間の構築物」——は実践している建築家にとっては最も興味がないものだったということである。

もっとも、歴史的な思考において、いちばん生産的であったのがシュマルゾウの考えであった。一九〇〇年から一九一四年は、建築史上とりわけ活発な議論が行われた期間であり、先の十年に始まる空間についての言説を参照しながら、主体に関する考え方が再検討された。そのプロセスにおいては、特に「空間性」、すなわち空間を知覚するという人間の心的能力として記述されうることを定義づけようとする見地から、いくつかの洗練が言説にもたらされた。これに最も貢献した二人の著者は、アロイス・リーグルとパウル・フランクルであった。リーグルは初めての著作『美術様式論』を一八九三年に刊行した。とりわけその著作で示されるのは、芸術の発展が、付随的な外部の要素、つまり目的、材料、技術との関係において把握されるのではなく、内部の発展で把握されるということである。この内部の発展は、次々と起こる歴史上の段階それぞれで人々がさまざまな美的な知覚を持っているという見地から初めて理解されうる。次の著作『後期ローマの芸術と産業』(一九〇一年)でリーグルは、古代の作品に現れる見方の違いは、主に空間性といオーギュスト・エンデル、階段、エルヴィラ工房(ミュンヘン、一八九八年)。「人間というのは、身体を使って、建築家や画家が空間と呼ぶものを創造する」。エンデルの作品は、テオドール・リップスによる美学的空間の理論に関する知識に影響を受けた。

う感覚の変化の見地から理解されるべきであると唱えた。リーグルは建築に関する議論を次のように始めた。

> 後期ローマ建築の特異な性格は、空間の問題に関することである。後期ローマ建築は、空間を三次元の物理的量として認識しているので、近東の建築や古典建築とは異なっている。とはいえ空間を、無限で形がない量としては捉えてはいない——だから後期ローマ建築は近代建築と分けられる。(43)

リーグルは続けて、後期ローマ建築に見られる空間の知覚についてのさまざまな目立った特徴について詳しく述べている。しかし、この試み全体を通じて重要なのは、物質的な世界を解釈できる人間の心的能力が実際に歴史上の進歩をたどってきたとすれば、この進歩の証拠は、建てられたものとしての建築空間の進化の中に見いだされるべきであるという仮定である。近代建築にとって、これが含意していることは明白である。というのは、近代性というものが、歴史上の発展の新しい段階として何らかの意味を持っていたならば、それは空間の新しい知覚を伴って起こるはずだからである。そして今度は、その空間の知覚は新種の建築に表明されているに違いない。何が原因で、どちらが結果かという混乱はさておき、この新しい建築が一九二〇年代の近代建築の原因解明に取り組んでいた歴史家たち、特にジーグフリート・ギーディオンに衝撃を与えたことは明らかである。

建築の空間性に関する歴史研究の第二の主要な著書は、パウル・フランクルによる『建築史の基礎概念』である。この著書でフランクルは、空間が建築史の本質的な主題であるというシュマルゾウとリーグルの提案に倣って、ルネサンスとルネサンス以降の建築の空間に関する分析の図式を展開した。フランクルが主に貢献したことは、初期ルネサンスの建物の「加算的な空間」とルネサンス以降の「空間の分割」とを区別したことにある。フランクルが加算的な空間〔という言葉〕で意味することは、建物の空間性は個別の仕切られた部分の連なりによって建設されるということだ。たとえばバロック教会では、この仕切りが壊され始めた。

> すべてのルネット〔ドーム天井の半円形の明り採り〕には、相互浸透作用、つまり二つの空間の融合があり、その結果それらの境界となっている表面は、確実には決定されない。…通常の観察者にとって、空間は大きな丸天井のヴォールトを突き抜け、その幾何学的な境界線を越えていくように見える。このことによって、見逃せない不確実性が引き起こされる。(30)

一五五〇年以降に展開され、加算的な空間と対極にあるのが空間の分割である。ここでの空間の分割とは、区切られた部屋の連なりとして構成された空間というよりむしろ、全体を通じ「空間の滑らかな流れがある」(46)ものであり、もっと大きく限りない空間の一部として考えられている。室内の輪郭により興味がなくなるにつれて、より多くの人たちが外部にある「無限で形がないユニバーサル・スペース」(47)に気付く。この時代の建物には「**室内空間全体**をある断片、もしくは不完全な何かとして表象する欲望」(47)が見られる。この傾向は十八世紀のバロックではより顕著となり、そこで室内は「ユニバーサル・スペースの偶発的であり漠然とした断片のような様相を呈する」(61)。ドイツのバンツにある巡礼教会がその例であって、そこでは「室内には、連続的で吸引力があり小聖堂や回廊が付属するユニットの効果があり、このユニットは波打った建造物として無限の外部空間に接触しているように思われる」(65)。フランクルの図式は、われわれがこれまで見てきたものの中で、特定の建物における空間性の最も厳密な考察を提示しながらも、空間性そのものの概念はなおざりにされていることを認めねばならない。もともとシュマルゾウの空間の建造は明らかに心の効果であり、建物内部に見られる実際の幾何学的な空間とは混同されるべきではなかった。しかし、この区別がフランクルによって解消されてしまい、彼にとって空間性は建物の属性となった。このことは、建築に携わる人間にとって「空間性」をより実践的に使用できるようになったと思われるものの、同時に、この使用は概念の価値を押し下げて、囲いか連続体かという空間の物理的な感覚へわれわれを引き戻してしまった。

「建てられた」空間

一九二〇年までに、空間は建築語彙の一つのカテゴリーとして確立したのであるが、建造された作品という形では、建築は物質ではなく空間の芸術であるという主張を正当化するといえるようなものはほとんど見られなかった。ベルラーヘやベーレンスの戦前の作品は空間的な特質では目立ったものがなく、アドルフ・ロースもこの点では同様であった。ロースの作品は後には彼の用語であるラウムプラン〔空間計画〕を表現できているものの、一九一四年以前には、主に素材と表面にその特徴があったのだ。その人の建物が（ベルラーヘによれば）「空間的」と言いうる唯一の建築家が、フランク・ロイド・ライトであった。——ライト自身は一九二八年に至るまで、自分の作品を「空間」という言葉では記述してはいなかったにせよ。[*9] 建築の生産という見地から見ると、一九二〇年代において最も顕著な特徴の一つに、間違いなく、「空間の芸術」としての建築を認識するために、多くのそしてさまざまな努力が払われていたことがある。この時期に建てられた作品の歴史はよく知られており、ここはそれを再び記述する場ではない。強調すべきことは、作品が議論されるのに使われた**語彙**と概念は、一九二〇年までにはすでに存在していたが、その作品の所産ではなかったということだ。

しかしながら、「空間」がそれについての言説がすでに存在していたからというだけで、モダニズムの建築家たちに採用されたと憶測するべきではない。これまで見てきたように、この言説を発展させる動機は、三つの目立った問題、歴史、哲学、美学の問題に対する解答なのである。それらの問題は建築家の関心を引いたかもしれないが、そのどれもが結局、建築の問題ではなかった。二十世紀の

バンツにある巡礼教会内部、(一七一六年)。「普遍的な空間の定義されない断片」。フランクルの解釈では、「空間」は心的な知覚の属性から建物の属性へと転換した。

初頭に建築家が直面していた特定の問題はそれとは違っていた。その問題とは近代を特徴づけて正当化し、それについて語る方法を確立することであった。この点において、「空間」は彼らの目的に役立った。第一に、「空間性」という概念は、近代的な認識という目立ち、なおかつ歴史上特別な特徴を定義するにあたって、新種の建築に対してありうる中で最良の事例を提供した。第二には、建築を語るのに、「空間」は隠喩《メタファー》でもなく指示的でもないカテゴリーを提供したのであり、同時にそのカテゴリーは、建築家が物理学や哲学といった社会的に見てより高等な言説と付き合うことを可能にした。それまで建築は商売やビジネスにすぎないといった不面目をこうむっていたことに限って言えば、最も非物理的な属性——「空間」——を扱うという主張によって、建築家は自分の仕事は手ではなくてむしろ頭によるものであると明確に示すことができるようになった。結局、空間への建築的な関心に対する動機は、その関心に対する哲学的または科学的な動機とは異なっている。しかし彼らが同じ専門用語を共有しているからといって、彼らが同じことを話していると考えるような誤解をしてはいけない。

　過度の単純化という危険を覚悟で、一九二〇年から一九三〇年の期間に、「空間」という最近出現したカテゴリーに何が起こったのかを要約してみることができよう。ファン・デ・フェンの著書によって明らかになったのは、この時代における「空間」の意味は、あらゆる建築家や著者が新しい語尾変化を作ったので、ほとんど制限なく生み出されたということだった。モホリ・ナギは『ザ・ニュー・

ヴィジョン』（1929）の中で、問題を明確にするために、異なった種類の空間を記述する四十四種類の形容詞を挙げた。しかしあまり細部に立ち入らなければ、一九二〇年代において建築家や批評家に使われた「空間」という意味には、大まかには三種類あると言えよう。囲うこととしての空間、連続体としての空間、身体の拡張としての空間である。

（一）**囲うこととしての空間。**この空間はゼンパーが確立し、ベルラーヘとベーレンスによって展開された流儀に近いものだろう。一九二〇年代初期のほとんどの建築家にとって、これは最も一般的に理解されていた「空間」の意味である。まさにこれこそアドルフ・ロースの用語ラウムプランと一体化された意味であり、ロースが初めて一九二〇年代に自身の住宅の三次元的な室内について記述するのに用いた言葉であった。

（二）**連続体としての空間。**室内と戸外の空間が連続しており無限であるという考え方は、オランダのデ・スティルのグループやエル・リシツキーやモホリ・ナギがいたバウハウスのグループにとって重要であった。この考え方は戦前の著作、歴史家アルブレヒト・ブリンクマンによる『広場とモニュメント』（一九〇八年）の中で提言されていたのだが、この主題の展開こそが一九二〇年代に空間を考えるにあたっての、最初の見解の一つであった。この考えを最初にしかも明確に実証したものの一つが、ウィーンの建築家フレデリック・キースラーによるシテ・ダン・レスパス（空間の中の都市）であり、これは一九二五年のパリ博覧会でオーストリアのパヴィリオンに設置された。キースラーは『デ・スティル』七号で次のように記述している。

張力の自由空間におけるシステム
空間の都市生活〔urbanism〕への変換
基礎もなく、壁もない
地面からの分離と、静止している軸からの抑制
生活の新しい可能性を創造することの中に、新しい社会を創造する

（Banhum, *Theory and Design*, 1960, 198 の引用）

この考え方はモホリ・ナギの『ザ・ニュー・ヴィジョン』で最も明らかに展開された（これについては後に議論する）。

（三）**身体の拡張としての空間。**あるヴォリュームの中で想像される身体の拡張という見地から空間が認識されるという考え方はシュマルゾウから知られた。しかしながら、バウハウスの教授であるジーグフリード・エベリングは『膜としての空間』（一九二六年）の著作の中には、この考え方の独創的な変形が登場した。この著作のミース・ファン・デル・ローエへの影響がフリッツ・ノイマイヤーによって最近になって指摘された。*10 エベリングは空間を膜、つ

F・キースラー、シテ・ダン・レスパス〔空間の中の都市〕、オーストリアパヴィリオン（パリ装飾美術博覧会、一九二五年）。キースラーのインスタレーションは、都市生活における重力から自由で非物質的な要素としての空間を最初にモダニズムの表現にしたものの一つである。

まり木の樹皮のように、人間と外部の世界との間にあり保護して覆うものとして捉えている。よって空間は、人間の行動によって直接形成され、人間の外部との関係に同一化された。空間は人間の生物学的な感覚によって形成され、人間の動きや生活への欲求によって活性化される「連続した力の場」となった。この空間に関するきわめて実存的な見方は、モホリ・ナギの『ザ・ニュー・ヴィジョン』で言及されている。

一九二〇年代に著述された、建築空間に関する多数の著作の中で、もともと一九二八年に出版されたモホリ・ナギの『ザ・ニュー・ヴィジョン』は群を抜いて最も興味深いものである。モホリ・ナギはバウハウスでのカリキュラムを担当しており、「空間」が建築にとって本当の主題であるならば、いかにこれを教えるべきかという問題に直面していた。モホリの本にあるほとんどのアイデアの源泉はたしかに先の三十年間に展開された空間に関する言説に認められる。けれどもモホリ・ナギはそれらの言説をたいへん巧みに統合したのであり、とりわけ、それまで建築の知覚に関連する思弁的な美学の問題だったものを、実践的に新しい建築作品の創造に適用できる図式に転換したのであった（これにあたって、モホリはシュマルゾウの警告を無視しなければならなかったし、「空間」が心的な知覚としての「空間性」と混同されることは免れなかった）。モホリは、「建築の根幹とは、空間を支配することの問題に存する」(60) と記した。美学が建築は空間の芸術であると表明し、しかもその空間の芸術を生じさせることを建築家に託したとすれば、このモホリの言説は実に正しい。モホリはシュマルゾウや心理学者に倣って、空間は生物学的な能力であることを受け入れたが、リーグルやフランクルに倣って、「空間性」は歴史的に条件づけられ、歴史のおのおのの時代に特有なものであると認識していた。よって、建築の仕事は人類に対して現在における空間の意識を自覚させることにある。これがいかに生まれたかということについての、モホリの豊かで多岐にわたる考察を要約することはほとんど不可能であるけれども、いくつかの主要点を引き出すことはできる。彼はいかに空間が理解されるべきかについて書く中で、空間を囲うこととして捉える考えを明らかに否定していた。

> 建築は内部空間の複合体でもなく、もしくは単に寒さや危険から逃れる隠れ家、固定された囲い、変更不可能な部屋の配置でもない。建築は生活をする上での有機的な構成要素であり、空間体験を支配する際の創造である。こう理解されるのに…それほど時間はかからないであろう。(60)

この言及や他の言及の中でも、モホリは空間についてのゼンパーの伝統も明確に否定し、同様にアドルフ・ロースのラウムプランの構成についても否定している。そして「空間」と「ヴォリューム」が等しいということも否定していることは明白である。ある一文とそれに伴ったダイアグラムとでモホリが意味することもまた説明している。「あるヴォリュームの側壁（つまり、はっきりと外が囲まれている立体）が違った方向に分散されたら、空間のパターンや空間の関係性が生じる」(60-61)。この例においてわれわれが注意すべきであるのは、すでに確立されていた二つの考え方である。つまり、空間は材料に連関していないことと（モホリは他の場所でも論じている）、空間は構造上の部材を引き離すことによって完成され、その結果それら部材の隙間にあるヴォイドには、建物を貫き、外と内とをつなぐ空間の連続体が作られるということである。これ

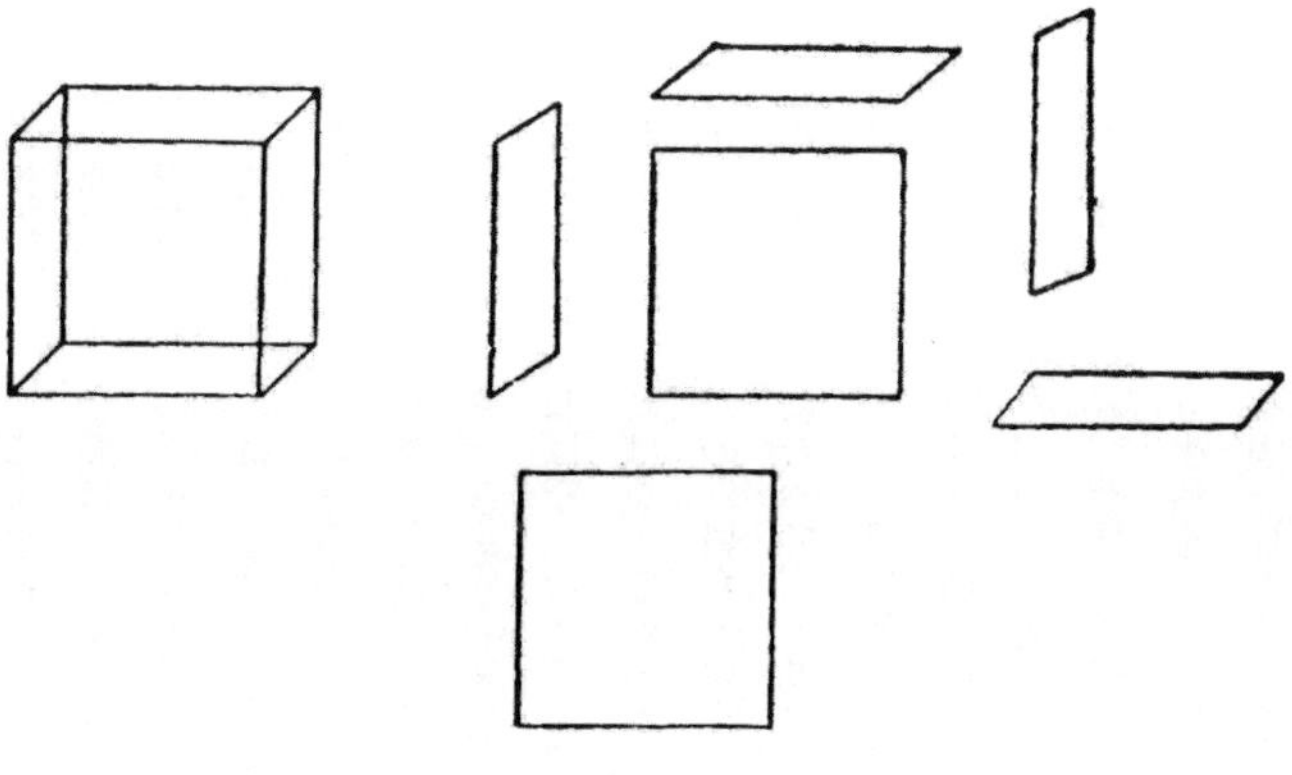

「ヴォリュームと空間の関係。もし、ヴォリュームの壁面（たとえば、明らかに取り囲まれた立体）がバラバラな方向に散らばると、空間的なパターンや空間の関係性が生まれる」。モホリ・ナギの建築空間についてのさまざまな説明のうちの一つ（モホリ・ナギ『ザ・ニュー・ヴィジョン』一九二八年）。

によって彼が意味したことの一部は、ラ・ロッシュ邸の図解に付けられたル・コルビュジエ自身のキャプションに見られる。「『空間の断片』は細片、針金、ガラスのネットワークによって『宇宙』空間から切り取られる。それはあたかも空間が分割できる、小さな物体であるかのようである」(58)。しかし、モホリはこれ以上のことを意味している。というのも、空間の連続体では「境界線は流動体となり、空間は流れているものとして捉えられる…開口部と境界線、穿孔と動く表面、これらは外縁を中心へと運び、中心を外部に押しやる。脇へ上へ、放射状に、すべての方向への絶え間ないうねりによって、人間が至る所に空間…を…所持していることが明らかになる」(63-64)。空間が単一の宇宙の連続体であり、それは建物によって見ることが可能になるという考えに加えて、空間は動きによって生み出され、その空間の中で人が動くにつれて変化するという考えも彼は持っていた。――この考えはモホリの同僚であるエベリングの『膜としての空間』を思い起こさせ、確かにモホリにとって重要なものである。だから建物は「空間における創造的な表現計画」となる。しかしこれでさえもモホリの空間についての概念を汲み尽くしていない。空間それ自体に、人間が場を占有していることと無関係な、「力による力動的な場」(62)があるとモホリは提案した――この考えをモホリはボッチョーニやイタリアの未来派たちから引き出したとバンハムが示唆している。モホリは自身のテキストや自身が選んだとても独創的な図によって、建築が空間創造の芸術として、どのようにしてアプローチされるべきかを提案した。

この点において、一九三〇年代初期に建築家によって語られた、空間についての特徴的な言及を選び出し、それがどの目的に適っているかを詳細にわたって検討しよう。ミース・ファン・デル・ローエは、一九三三年のミラーガラスの可能性に関するパンフレットに、この素材がもたらす好機について書いている。「今こそわれわれは空間を分節し、さらにそれを開け放して風景へとつなぐことができる」(Neumeyer, 314)。[*11] なぜミースはこの素材を望ましいと考えねばならなかったのか。なぜ空間という見地から建築の目的を示さねばならなかったのか。ここでわれわれは、「空間」の対極にあったのは何かということを考えるべきである。ミースのような建築家にとって、一九二〇年代における問題は「近代的」であることであった。その当時そこで目的を達成するために利用可能な手段の中でミースが特に関心を持ったのは二つあった。第一は、ニーチェにしたがい、歴史と文化の制約から自由になり、現在に生きることである。それが建物に翻訳されると、建物は、主体の自由な動き、つまり生活を広げる機会の肯定を意味しており、主体の生活を収容して制限を加える、堅固な物質の塊であるという昔の考えに反対した。さらにそのことは、建物についての「歴史的な」ことすべて、そのマッスらしさや物質性の否定をも意味していた。これに対するミース自身のアプローチは、実体のない「皮膚と骨」の建築を通じて、現在に生きることを実現することであった。第二のアプローチとは、「象徴主義」の撲滅であった。戦前のドイツ建築界で展開された思想の方向性は、建築は、近代的であるためにザッハリッヒ(つまり

「事実に即した」、「本当の」）であるべきであり、象徴的な方法によってその目的を達するべきではないというものだ。ミースと同時代のベルリンの人たちによる作品、たとえばメンデルゾーンやヘーリンクの作品は、マッシブであると同時に極めて象徴的であり、その二つの属性がミースの理解していた「近代的な」ものとは相反していると批判された。一九三〇年頃にミースは二つの作品を完成した。バルセロナのドイツパヴィリオンとチェコスロバキア、ブルーノのチューゲンハット邸である。それらの作品は一般的にこれらの属性双方から自由となり解放されたと見なされている。ミースの目的は、主体が建築と出合うことで、「近代の精神」を意識させるような建築を制作することにあるようだ。ミースに「生活を把握する」という記述があるように、この目的は、マッスと材料によって抑制されることなく、動きの自由と機会によって達成されるべきであるというものであった。ミースの友人であるルードヴィヒ・ヒルベルザイマーがチューゲンハット邸を見て、「人々はこの空間で動くべきだ、そのリズムは音楽のようだ」と寸評した（Neumeyer, 186）。よってミースが空間を語る時のやり方の一つに、主観性に特権を与える言葉によって、「近代的」な美の特性に自分が深く関わっていることを示し、「伝統的な」建築によって示されたものすべてに反対を示すということがあった。ミースにとって「空間」は、疑問の余地なく、建築の精髄である——しかもすべての時代の建築ではなく、「近代」というものを表象する建築の精髄である。

英語における「空間」という語の採用は、比較的ゆっくりと起こった。一九一四年のジェフリー・スコットの『人間主義の建築』という唯一の場合を除けば、一九四〇年以前には、空間に関するドイツの言説の豊富さを伝える著作は何もなかった。すでに述べたように、ライト（一九一八年にシンドラーがライトの事務所に働きに来てから「空間」について何らかの概念を持ったと予想されてきた）はその言葉を一九二八年まで使わなかった。そして顕著な例では、ヒッチコックとジョンソンがニューヨーク現代美術館の展覧会のために『インターナショナル・スタイル』を書いたとき、彼らは新しい建築を「ヴォリューム」という古い言葉だけで記述し、「空間」にはあえてたった一度しか言及しなかった。「ヴォリュームは非物質的で重さが無く、幾何学的に仕切られた空間であると感じられる」（44）。ドイツの建築家にとってその「空間」という言葉は、その時には自分の語彙の一部として自然なものだったが、一般に英語の用語としての「空間」は、彼らが英国や合衆国に移入して初めて広く知れ渡ることとなった。モホリ・ナギの『ザ・ニュー・ヴィジョン』が一九三〇年に英語に翻訳され、その翻訳によって英語圏には「空間」を理解する重要な源泉が提供された。それと同時期にスイスの歴史家、ジーグフリート・ギーディオンは、一九三八年から三九年にかけて、ハーバァードでノートン記念講演を行った。それは一九四〇年に『空間・時間・建築』として出版されたが、これは英語で初めて、空間の芸術としての建築の歴史に対する重要な考察を行ったものだった。これによって、おそらく「空間」という用語が英語で受け入れられるようになったのだ。「空間」と「空間性」

に関して言えば、ギーディオンの著作は先行する著作に対して何ら新しいものを含んでいなかったのだが、重要な著作であった。というのも、彼の著作が、英語圏の建築家によってあまりにも広く読まれたため、建築空間という言説が普及しその基準となったためである。さらに、ギーディオンは、テキストと図解の説得力ある組み合わせにより、建築空間を概念としてではなく、実際に近代の建造物の総体の中に存在し確認できるものとして示すことに成功した。すべての芸術の中で近代建築ほど「この新しい空間の意味」(428)、すなわち近代的な視覚と意識に特有な空間性に表現を与えることにおいて、成功したものはないということを、ギーディオンは最もうまく示したのである。

ギーディオンの影響と第一世代のモダニズムの建築家によってもたらされた権威づけによって、一九五〇年代と一九六〇年代には、「空間」は建築に関わる言説において世界中で標準的なカテゴリーとなった。この「空間」のために、ロバート・ヴェンチューリとデニス・スコット・ブラウンが一九七二年に、『ラスベガス』で「おそらく現在われわれの建築において最も支配的な要素は、空間である…分節《アーティキュレーション》が装飾の後を継ぐとすれば…空間は象徴主義に取って代わったものである」(148)と言及するに至った。この言及にほのめかされているように、「空間」に付与された重要性を減じようとする試みは、一九七〇年代後半から一九八〇年代にかけてのポストモダニズムの建築の特徴の一つである。チャールズ・ジェンクスの要約によると、ポストモダニズムの空間へのアプローチは、モダニズムの実践と比較すると、あえて控えめで、しかも多義的であった。「境界線はしばしば不明確なまま残されていて、空間ははっきりとした境目がなく無限に広がっていた」(50)。けれども、より衝撃的であるのは、ポストモダニズムの建築において、平面性や作品のイメージの誇張へと向かう傾向や、「空間」の軽視を非難するよう人々を誘う試みが広く見られたことである。この文章の冒頭で引用されたデナリやラズダンの言説もまた、ポストモダニズムに見られる空間の軽視に対する反応と見られるかもしれない。

しかしながら結局、一九八〇年代や九〇年代においても、建築界で、「空間」への関心は生き続けていた。このことは、一九五〇年代後半から七〇年代にかけて広まっていた建築の言語モデルへの反発であったのだ。この対立は、建築家ベルナール・チュミと理論家ビル・ヒリアーの本来別々の仕事を見ても明らかである。チュミは、一九七五年の初めて刊行された小論集において、「建築における対象が純粋な言語であり、建築が建築記号の文法と語句の結びつきの無限の操作であるという主張」を非難した。常に概念を参照することによって建築に言及し、建築を精神の事物にするという傾向をチュミが払拭したことによって、空間への関心がさらに促された。彼の記述によると、「言語の抽象領域へ、そして非物質化された概念の世界へ入る旅は、入り組んだ複雑な要素から建築を取り除くことを意味する。…空間とは現実である。なぜなら空間は、私の理性よりずっと前に私の感覚に影響を及ぼすように思えるからである」(1975, 39)。しかしながら、建築の言説が空間を認めているならば、ミース・ファン・デル・ローエ、チューゲンハット邸内部（チェコスロバキア、ブルーノ、一九二九年）。「人々はこの空間で動くべきだ、そのリズムは音楽のようだ」。ルードヴィヒ・ヒルベルザイマーによるチューゲンハット邸の内部の知覚。

それは空間が概念で表現されていることによる。続く論考でチュミは、「空間」の特異性は、概念（「空間性」）であるとともに、経験されるなにものかでもあることを認めた。――これは明らかに建築出身の人が認めた最初のものであった。

> 定義からして、建築の概念は空間を経験することにはない。**空間の性質に疑問を持つ**ことができないと同時に、実際の空間を作ったり、または経験したりすることもできない。理想の空間と現実の空間にある複雑な対立は、確かにイデオロギーとしては中立ではないが、その対立が暗示するパラドックスは根本的なものである。（1976, 69）

このパラドックスを探究することは、その後ずっとチュミが考える主要なテーマとなった。彼が書いているように、「**建築の瞬間**というのは、建築が生きているのと同時に死んでいる瞬間であり、空間を経験することが建築固有の概念になる瞬間であるというのが私の主張である」（1976, 74）。それから、「喜びに満ちた建築とは、空間の概念と経験が突然一致したところにある」（1977, 92）。「空間」についての特異な難しさに対する――少なくとも建築の世界の人間としては――稀有な洞察は、チュミがアンリ・ルフェーヴルの作品に精通していたことに多くを負っていた。

建築形態論者である、ビル・ヒリアーの場合、同様に空間のシンタックスを展開している彼の著作は、建築の言説がその概念を他の学問分野（特に言語学）から借用する傾向に反対し、建築それ自体の現象をもとにして、建築を記述し分析するやり方を見つけ出すことを決心したことから派生している。ヒリアーは、建物と建物の中やまわりに生じる生活との関係性を問題にして、建物が取り扱われるべきなのは、物理的な事象としてというよりも、空間の配列〔configuration〕としてであると議論した。他の学問領域との類似性を避けつつ、ヒリアーが提案するのは、「建築のパラダイム〔paradigm〕は配列のパラダイムであり」（391）、「建

フランク・ゲーリーとクレス・オルデンバーグ、チャットデイ・オフィス（ロスアンジェルス、オーシャン・パーク、一九八九―九一年）。ポストモダンの建築においては「空間」よりも象徴主義である。

物は…蓋然的な空間機械であり、その配列を通じて社会へ情報を発信すると同時にそれを吸収する」（395）ということである。ヒリアーが空間の配列の点からだけ建物と環境を記述し分析する方法を見いだすことに関心を持ったのは、建築の有効な理論とは、建築にとって独自なものから得た理論だけであるという見解から生じている。

ハイデッガーとルフェーヴル

これまで、主に建築の内部における観点から、空間についての言説を考えてきた。二十世紀に企てられた二つの主要な哲学的探究に目を向けると、第一にはドイツの哲学者、マルティン・ハイデッガーによるものがあり、第二にはフランスの哲学者、アンリ・ルフェーヴルによるものがある。これらによって、空間についての建築特有の概念の限界のいくつかが明確にされるであろう。

ハイデッガーによる空間の理解とは、カントが提唱したような、世界を知覚する心の属性でもなく、さらに空間とは、世界に人間の存在がある前に存在するものでもない。つまり、世界にある存在から独立したところに空間があるわけではない。「空間は人間に対峙しているものではない。外部の対象でもなければ内部の経験でもない。人間がいて、その向こうや上方に空間があるというわけではない」（「建てること、住むこと、考えること」358）。この議論が最初に現れたのは、『存在と時間』（1927）においてであり、そこでは次のように根本的な提案がなされた。「空間は現存在の中には存在しないし、世界が空間の中にあるわけでもない。空間は現存在の中には発見されないし、『あたかも』世界が空間の中にあるように現存在が世界を見ているのではない。しかしその『現存在』〔Dasein〕は、もし存在論的によく理解されているなら、空間的である」（『存在と時間』146）。空間性が世界内存在とわれわれが遭遇する際の主要な様相であるのに対し、このような空間は事物から離れて知られるものではなく、他の事物との関係においてのみ知られうるのだ。ハイデッガーが書いているように、「注意深い世界内存在があらかじめ考慮している、常にすぐ手にできるものは、そこにある。すぐ手にできるものの『場所』は、他のすぐ手にできるものに向けて方向づけられる」（『存在と時間』137）。そして彼は家の部屋がもう一つの対象である太陽との関係において方向づけられる方法を例として挙げている。そして「事物がある区域はその場に何も見つからない時にはじめて、そのような区域として接近可能になる」と指摘した（『存在と時間』138）。

一九五二年の「建てること、住むこと、考えること」の論考でハイデッガーは、建物とのより具体的な関係においてこれらの考えを述べていた。ハイデッガーはこの主題について——慣習的な建築上の思考とは反対に——「建物は決して『純粋な』空間を形にしてはいない」（360）ことを強調した。むしろ、彼が議論しているのは、空間の中にある客体によって創造される存在としての「空間を占めるもの」〔locale〕（『存在と時間』でwhereの代わりに使われている用語）を見るべきであるということだ。彼は橋を例にしている。

――川の土手のある張り出しであるような「空間を占めているもの」は、「橋の価値によってのみ存在することになる」（356）。ハイデッガーが空間として理解していたもの、「それに対して部屋が造られるもの、部屋をその境界にはめ込むもの」とハイデッガーが記述しているように、それはすでに存在している空間を占めているものの中にのみ生じることが可能である。「**したがって、空間は『空間』よりも空間を占めているものからその本質的な存在を受け取る**」（356）。空間を占めているものと「空間」との関係を考えると、ある空間を占めているものはその空間の近くにあるかもしれないし遠くにあるかもしれないが、測定されうるこれらの距離は、ある特定の種類の空間、つまりある間隔を構成していると説明されている。実物を指標に置き換えることで、間隔を抽出し、それを拡張として考えることが可能となる。その拡張は純粋に数学的に「空間」として示されうる――しかし、この種の貧しい空間（彼はそれをいつも引用符を打つことによって区別していたし、その種の空間は、建築家の空間として通常理解されているものとかなり密接に関係している）は、どこにでも翻訳されうる単なる抽象であり、空間の元質が横たわる空間を占めているものとの本質的な関係を欠いている。一方では、特定の事物やその空間の中にいる人に依存的で、境界のない空間があり、他方では、座標で示されうる数学的な抽象としての、外部から規定される境界を持つ空間がある。それらの区別は、ハイデッガーによる空間の考察の基本である。ハイデッガーの空間に対する考えが、一八九〇年から一九三〇年の間に建築家が展開した空間についてのほとんど全ての考えと矛盾していることが、今や明らかであろう。ハイデッガーは、空間の記述から距離やすべての数量化できる様相を廃止することを目指しただけではなく、シュマルゾウや彼の後継者たちにとって、とても重要であった身体による空間の解釈や共鳴を認めることを拒否したのであった。空間を考察するにあたって、特にハイデッガーには主体自身の身体の考察が全くないことこそが、モーリス・メルロ＝ポンティの空間についてのまた別の考察を喚起したのだ。そのメルロ＝ポンティの考察は、『知覚の現象学』の第三章で展開されているが、そこで議論されているのは、身体自身の空間性を認識する必要性である。メルロ＝ポンティが記述しているように、「私にとって、私の身体の存在が空間の一断片ではありえない。もし、私に身体がなかったならば、私にとって空間は全く存在しないであろう」（102）。そして「身体とは、世界を持つための、われわれに共通の媒体である」（146）。

ハイデッガーの建築への影響力は、一九六〇年代になって初めて気付かれるのであるが、それは二点あった。第一に、ある集団での専門用語として、「場所」が「空間」の座を奪ったことである。たとえば、オランダの建築家アルド・ファン・アイクが一九六一年にアムステルダムの孤児院について書いている（四一六頁の図版参照）。

私は、空間と時間が何を意味しようとも、場所と機会がより多くを意味するという結論に至った。というのも人のイメージの中で空間は場所であり、人のイメージの中で時間は機会だからである。決定論的な思考による精神分裂気味のメカニズムによって、時間と空間は引き裂かれ、凍りついた抽象のままである。…よって、家は場所の集まりであり――都市もまた場所の集まりである。(237)

第二は、「空間」は測定不可能であり数量化できないというハイデッガーによる主張が、最近の建築においてこうした点へ注意を促そうとする試みからすると妥当に見えるかもしれない。ハイデッガーの議論が、建築よりも哲学に向けて発せられたものであったことを考慮すると、建築の実践と彼の考えとの直接的な妥当性を見ることは容易ではない。一九五八年にフランスで初めて刊行され、広く読まれた、クリスチャン・ノルベルグ=シュルツの著作群と、ガストン・バシュラールの著作『空間の詩学』を通じて与えられた、ハイデガーの考え方の解釈の方が、建築にとってより影響力があったということとは、ほぼ正確だと言えよう。

アンリ・ルフェーヴルの『空間の生産』はフランスで一九七四年に初刊が出たが、これに目を向けると、この書が「空間」に関する最初で最後の包括的な批評であり、それと同時に「空間」の一般的な理論化の試みであると考えるに至る。『空間の生産』は、空間が建築に適用される際に、空間についての記述で今まで言われてきたほとんどすべてのことに疑問を投げかけた。特別巧みで複雑なこの著書を、完全に要約することは不可能であり、以下に述べることは、建築について最も直接触れている議論の要点を引き出す以上のものではない。

ルフェーヴルの出発点は、哲学のみならず、すべての人文科学が、「空間」とは何かということを無視したことである。精神は空間について考えるが、しかも精神はそれを空間の内部で行う。したがって空間は概念的であると同時に物理的であり、社会関係の具現化でありイデオロギーの具現化である。建築作品が目指すものの一つには、思考によって生産された空間と、そこで思考が生じる空間との関係性の性質を明らかにすることがある。この分裂はすべての社会の特徴ではなく、自身の主要な目的の一つは、むしろ近代文化の特徴としてこの分裂に対峙することだとルフェーヴルは強調した。

『空間の生産』の核心には、「社会的空間」というカテゴリーがある。ルフェーヴル理論のどの点にアプローチするにしても、その前にこの難解な概念を理解しようと試みなければならない。社会的空間とは、社会の文化的な生活がその内部で生じているもの、すなわち個人の社会的な行動を「組み込んでいる」(33)ものであり、「たんなる『枠組み』でもなければ、なんでもその中に注がれるものを受け取るためだけにデザインされた…ある種現実的に中立的な形態や入れもの」(93-94)として理解されるべきでもない。なおかつ社会的空間は「事物」でなく、「それ自体」で扱われるべきである。そして社会的空間は生産物でありながら、砂糖一キログラム、布地一ヤードといった感じには生産されていないが、「労働であると同時に生産物――『つまり社会的な存在』の具体化」として理解され

A・ファン・アイク、孤児院（現在、ベルラーヘ・インスティトゥート）内部（アムステルダム、一九五八―六〇年）。「空間と時間が何を意味しようとも、場所と機会がより多くを意味する」。部分的にはハイデッガーの影響のもとで、一九六〇年代には、建築での決まり文句として、「場所」が「空間」の座を奪った。

るべきである（101-2）。特に表現力のある隠喩でルフェーヴルが記述したように、社会は空間を「秘密裡に隠蔽しており」、社会の進展につれて空間を生産しながら、それを専有する（38）。近代社会における特異で最も非難されるべき特質は、社会がその複雑な空間を抽象へと変形していることであり、その空間はまず（日常生活の社会的な関係を通じて）知覚され、（思考によって）心に抱かれ、そして（身体的な経験として）生きられる。西洋の歴史全般の傾向として、社会的空間全体を抽象として描写してきたことがあり、ルフェーヴルはその抽象を便宜的に「心的空間」として記述することで示している。ルフェーヴルの課題とは、社会的空間を再び意識させることである。「社会空間が、一方では（哲学者や数学者によって定義された）心的空間から、他方では（習慣的、感覚的行為や「自然」の知覚によって定義された）身体的空間から、区別せずにはいかなくなるくらいに、社会空間はその特異性において明らかにされるであろう」（27）。

　では、建築にとってこれが意味することを

考えてみよう。ルフェーヴルが「建築空間」と「建築家の空間」の間に線引きをしたことは評価に値する（300）。「建築空間」は、人々がそれを経験するおかげで、社会空間を生産する手段の一つとなる。

　建築は、それぞれ固有の区別されうる特徴を持った、生きている身体を生産している。このような身体に、つまりその存在に生命を与える原理は、目に見えることもなく、同様に読み取られることもない。さらに、その原理は言説の対象でもない。なぜなら、その問題となっている空間を**使用している**人たちの中で、すなわちその人たちが持つ、生きた経験の中で、その原理が再生産されているからである。（137）

　一方で「建築家の空間」は本章全体に及んで論じられたものである。「建築家の空間」は、建築家が自らの職業の実践において影響を及ぼす空間の巧みな操作であり、建築家の行為が生じる言説でもある。「建築空間」は、社会の特質をおのおのの主体の中で、単純に再生産している。その社会では建築空間が発見され、よってその社会は、建築空間が属している社会よりも良くも悪くもない。その一方で「建築家の空間」はルフェーヴルにとって憎悪の対象である。「建築それ自体に関するすべての定義が、前もって空間という概念を分析し開示することを要求している」（15）とルフェーヴルが書いたとき、文脈から切り離して考えれば、空間が建築だけの資質であるという見解を彼が持っていたとも考えられるかもしれない。〔しかし〕これほど真実から離れたこともないだろう。ルフェーヴルによれば、「すべての学問分野は空間に関わっており」（107）、いかなる意味でも建設と関係するがために、建築が他の分野よりも空間に対してより多くの権利を有しているということはない。それと同時に、社会空間についての考察を単独で満足にできる分野は何一つとしてなく、というのも、それぞれの分野が社会空間を自身の目的に合った抽象と見なしてしまうという傾向があるためである。この点からすると、何よりも建築が最悪である。「建築家、都市計画家、プランナーを空間についての専門家であり最高の権威者として尊重することは、間違いなく全くの幻想にすぎない」（95）。建築家は伝統的に空間に携わってきたために、その実践において権限を主張するけれども、心的空間と身体的空間の分裂に対して誰よりも責任がある。建築家は、その分裂を、意識を支配し操作する主体に自らが奉仕することで、補強し永続させてきたのだ。この著書でルフェーヴルは、このことについて再び言及し、「建築家が眼前の、大きな全体から一切れのまたは一断片の空間を切り取り、空間のこの部分を『所与のもの』として手に取り、自分の趣味、技術上の熟練、思考や好みに従って、それに働きかけると想像するのは容易である」（360）と書いている。しかし、ルフェーヴルは続けて、これが思い違いであることを述べている。その第一の理由は、建築家に与えられた空間はユークリッド幾何学の中立的で透明な物質ではなく、むしろすでに生産されたものである、というものである。「この空間は全く純粋無垢ではない。それは特定の方策や戦略に応じている。それはたんに生産を支配している様式《モード》による空間でしかなく、よって資本主義の空間である」（360）。この根本に関わる指摘は、ルフェーヴルの「社会空間」についての分析全般から派生している。そしてその指摘は、二十世紀前半に展開されたルフェーヴルによる建築空間の伝統全般の批判の中で、最も説得力のあるものであり、空間は以前から存在していて、中立的な所与のものであるという暗黙の仮定への挑戦である。それが思い違いであるという第二の理由は、もし、建築家が「完全な自由」という条件のもとで自分が創造していると思っているならば、彼らはだまされているということだ――というのも、建築家の目は彼ら自身のものでは全然なくて、目は彼らが生存している空間を通じて形成されているからである。第三には、建築家が用いる装置は、――たとえばドローイングの技術であるが――透明で中立な媒介物ではなく、それ自体が力を持った、ある種の言説であるからである。さらには、ドローイングという実践それ自体が、重要な手段の一つであり、それを通じて、社会空間は、交換の目的のために均一化された、さらには生きられた経験から流れ出て抽象に変えられる。第四には、建築家によって実践されるドローイングの技術だけでなく、まさに建築の実践すべてにおいて、五感覚の中でも、視覚を特権化し、イメージや壮観が現実に置き換える傾向を支えている。これもまた近代資本主義の中ではっきり示されている傾向である。

> 目は…対象を遠くへ追いやり、それらを受動的にする傾向がある。単に**見られる**ものは一つのイメージに――そして氷のような冷たさに還元される。このような鏡の効果は一般的に見られるようになる。見るという行為と見られるものが混同される限り、両方が無力になる。このプロセスが完了するまで空間は、強烈で、攻撃的で、かつ抑圧的な視覚化から独立した社会的な存在にはいたらない。(286)

ルフェーヴルにとって、建築は空間を視覚的なイメージに還元することに加担した。第五に、これはモダニズムの建築において特にそうなのであるが、建築には、空間を均一であるかのように見せたことに対して、責任の一端がある。つまり「ヴォイドの中に存在し、他の性質を持たない「プラン」に…「現実」を縮小すること」(287)に対してである。つまり建築は、空間による騙しを永続化したことについて、多くの責任を負っている。というのは、「しばしば空間は、まさに事物が欺くように欺く」からである(92)。

ルフェーヴルの「建築家の空間」に対する批判の根底にあるものは、彼の「抽象空間」への批判である。「抽象空間」は、社会空間が資本主義によって変形された結果である。その根本的な特徴とは、心的空間の「生きられた」空間からの分離であり、結果的に、マルクスが考えたように、人間という主体の単に人間の労働からだけではなく、日常生活のすべての経験からの疎外でもある。哲学や科学の創造物である、この抽象空間は、「社会的なさらには身体的な「リアリティ」に投影される以前に、思考する人の頭の中に形作られている」(398)。その結果、空間に対する意識は、空間が生きられることを通してではなく、常に薄く還元的な空間の表象を媒介して生じており、この表象は学問的制度や他の、資本主義のイデオロギー的な実践を通して提供される。空間が取り替え可能であるように、空間を同一に見えるようにすることと、空間内部にある矛盾についての証拠を抑圧することは、この縮小化のプロセスの結果の中にある。

> 抽象空間とは支配の道具であるが、その空間内部に抱かれているものすべてを窒息させる。この空間は、抽象的な均一性を課すために、その空間を生んだ歴史的な条件、空間自身の(内部の)差異、そして発展の兆しを見せるようなどんな差異も破壊する、致死の空間である。(370)

抽象空間の中では、その場にいる人は自分自身が「使用者」という抽象になることがわかり、提示された、骨抜きにされ切り刻まれた形でしか空間を見ることはできない。その内部で自分自身を見つけた空間は一貫しているように**見え**、透明な心的空間に思えるが、これもまた、抽象的な心的空間によって達成された平面化や縮小化の一部にすぎない。

近代の抽象空間において特徴的である、心的空間と生きられた空間との分裂の存続に対して責任のあるすべての職業のうち、ルフェーヴルによると、建築家ほど罪深いものはいない。彼が述べたように、「建築家と都市計画専門家が提供したのは――**作動中のイデオロギー**としての――空の空間であり、それは根源的で、断片的な内容を受け入れる用意のある入れ物で、バラバラの事物、人々、住人を取り入れるだろう**中立的な**媒介である」（308）。この申し立てこそが、ルフェーヴルによって著書の中で何度も繰り返されたことであり、建築の独立性を主張するどころか、建築における「空間」についてのすべての言説によって、いかに空間が現代の権力と支配の遂行に結びつけられてきたかを明らかにしている。

ルフェーヴルの分析は、建築空間についてそれまでなされてきた発言や記述のほとんどすべてから、自らを切り離している。『空間の生産』には、強い現象学的な要素があるものの、ルフェーヴルはハイデッガーからも距離を置いている。その主な理由は、ハイデッガーが歴史を否定し、空間の大きさとしての身体を忘れ、架空の用語以外のもので、どのように「存在」が生産されるかを説明できなかったことにある（121-22）。本章で議論されてきた「空間」を扱った著述家の中で、ルフェーヴルが最も共通性を持っていたのは、ニーチェとメルロ＝ポンティである。彼がある箇所で言及しているように、ルフェーヴルの目標とは「社会の実践を身体の拡張として扱うこと」であり、基本的にニーチェ的な態度である。しかし同じ文で続けて、「［この］拡張は…やがて空間の展開の一部として、またしたがって**作られたもの**として考えられる歴史的真実性それ自体の一部としても現れる」（249）という。その点では、空間の**歴史的な**分析の展開に関して、彼はニーチェから出発している。

先に挙げられた疑問とは、今やそこに戻るのであるが、なぜ二十世紀の建築についての言説の中で「空間」が最高位にあるかである。二六五頁では、建築家の職業上の、そして芸術的な地位という観点からの問題を考えて、さまざまな提案が進められた。ハイデッガーとルフェーヴルについて考える上での利点から、この疑問へ戻ろう。この二人の著述家の両方が明らかにしていることは、建築家が話している「空間」とは、一般の空間ではなく、彼ら自身の職業にきわめて特有な空間の理解である――自分自身の目的のために生み出されたカテゴリーであるということである。同時に、ルフェーヴルが明らかにしたのは、この「空間」は単に建築家自身の目的に役立つだけではなく、近代資本主義社会における、権力と支配についての趨勢を占めている言説の一部であるということだ。ルフェーヴルの著作の特別な価値は、自分の目的を設定して自分自身の原理を生産するという自己決定の実践として、建築を捉える傾向に対抗したことである。それとは反対に、ルフェーヴルが明らかにしているように、建築は数ある社会実践のひとつであり、建築が空間を規定する作業において、建築は自分自身の目的ではなく、権力一般の目的に奉仕する。

　ルフェーヴルの議論のうち説明されずに残った疑問の一つに、なぜより以前に空間について明確な発言がなされなかったのかということがある。というのも、彼の論文によれば、建築家も寄与した「抽象空間」は二十世紀のずっと以前に始まっていたのだから。ルフェーヴルは、これについて実際は言及していないのだが、空間という言葉が建築語彙に仲間入りする前に、空間についての言説は存在していたとわれわれに思わせるのだ。もしそうだとしたら、「空間」という用語が、最初に発展した美学という制限された特別な片隅から建築家によって熱狂的に取り入れられたのは、建築家が長年取り組んできたが、話す手段がなかったものに名前を付けたいという願望から生まれたのだろうか。もしくは、空間という言語の使用は、建築家が自らを、雇用の拠り所である権力と権威の源泉と同一視したいという素朴な願望に起因しているのだろうか。建築家は、身体空間と空間についての言説との両方を理解すれば、何もしなければイデオロギーとしてしか存在していなかったものを表象する手段を発見するという伝統的な役割を遂行していると言われたかもしれない。これこそ、ルフェーヴルが部分的に提案した見解なのだ。これらの見解のどちらかが正しいとすれば、建築における空間についての言説の成功は、建築にはあまり関係がないということになる。むしろその成功は空間における支配権を、人々に受け入れられるような形で矛盾なく提示する統治能力の必要性により多く依存するので

ある。

1 ロビン・ミドルトンが『ソーンの空間』（一九九九年）で指摘したことは、『批評の要素』で哲学者ロード・ケイムズが、建築を知覚する上での空間の主観的な体験の重要性を強調したことであり、――「場所と同様に空間は、すべての視覚的な対象の知覚に携わる」（1817, ed. vol.2）――ソーンがケイムズの本を注意深く読み、それについて言及していたことであった。

2 Mallgrave, *Semper*, 1996, p.288.

3 C. Fiedler, 'Observations on the Nature and History of Architecture'（1873）, in Mallgrave and Ikonomou p.130, 135, 142を参照。同様に彼らによる序論pp.29-35も参照のこと。

4 van de Ven, p.81からの引用。

5 T. Lipps, *Aesthetik*, 1923, p.247. M. Schwarzer, p.53を引用。

6 Mallgrave and Ikonomou, p.47を参照。

7 エンデルの著書やその影響についての議論は、Neumeyer, *The Artless Word*, pp.181-83を参照。

8 シンドラーのテキストについての議論は、Mallgrave, 1992を参照。

9 一九一二年にベルラーへは、ライトの住宅のインテリアについて、それらは、「造形的であり――平面的で二次元的なヨーロッパのインテリアとは対照的である」とコメントしている。Allen Brooks, *Writings on Wright*, p.131を参照。ライトが「空間」という言葉を最初に用いたのは、『建築のために　第九巻、用語』の中であり、一九二八年に出版された。Wright, *Collected Writings*, vol.1, p.315を参照。

10 Neumeyer, *The Artless Word*, pp.171-77を参照。

11 この言説の重要性を論じるには、Neumeyer, *The Artless Word*, 177以降を参照。

Structure　構造

実際に、すべての建築は構造《ストラクチャー》を起点として発生し、建築が目指さなくてはならない第一条件はその構造に合致した外形をつくることにある。

——E・E・ヴィオレ・ル・デュク、『講義』第二巻、一八七二年、三頁

英語では何でもかんでも構築物《ストラクチャー》と呼ぶが、われわれヨーロッパではそうではない。われわれは掘っ建て小屋はそう呼び、構築物《ストラクチャー》とは言わない。われわれは構築物《ストラクチャー》という言葉によって哲学的な思考をする。構築物《ストラクチャー》は全体である、上から下まで、隅々の細部に至るまで——同じ思考でもって。それこそわれわれが構築物《ストラクチャー》と名付けるものである。

——ミース・ファン・デル・ローエ、カーターによる引用。一九六一年、九七頁

形態という言葉で構造について語ることはできないし、逆もまた同じである。

——ロラン・バルト、「神話は今」、一九七六年、七六頁

建築家は構造を疑わないことになっている。構造は確固としていなければならない。何といっても、もし建物が崩れたとしたら、保険料（や評判）に何が起こるのだろうか。

——ベルナール・チュミ、「六つの概念」、一九九一年、二四九頁

建築に関連した「構造」には三つの用法があった。

（一）建物の全体像として。たとえば、サー・ウィリアム・チェンバーズは一七九〇年に、「市民の建築は、聖なるものも、世俗のものを問わずすべての構築物《ストラクチャー》を対象とする施工者の技芸の一領野である」(83) と言っている。また、一八一五年にサー・ジョン・ソーンは、「イニゴ・ジョーンズ、サー・クリストファー・レン、そしてケントは彼らの趣味の認否を問われ、判断を疑われて、非難されてきたのは当然のことである。というのも、彼らは時折、ロマネスクとゴシックの建築を同一の構造の中で混合したからである」(600) と述べている。十九世紀の半ばを過ぎてからもしばらく、英語において、これだけが「構造」という言葉の建築における意味として認められたものだった。

（二）ある建物を支持するシステム。他の要素、たとえば装飾、外装、付帯設備とは区別される。これは、先に引用した中で、ヴィ

オレ・ル・デュクによって示された意味であり、十九世紀の後半に主流となった。

（三）あるドローイングによるプロジェクトや建物、建物の一群、もしくは都市全体や地域がはっきりとわかるようになるための図式。その図式はさまざまな要素のどの一つによっても同定されうる。さまざまな要素というのは、最も一般的なのは構造部分の配置、マッス——もしくはその反対つまりヴォリュームや「空間」、さらには相互の連絡や連結の体系である。それらは皆、単独では「構造」ではなく、「構造」を認知する要因を与える記号であるにすぎない。二十世紀における主たる特徴は、「構造」を有すると思われる要素の数が増加したことである。

最初の意味は分かりやすいので、それについてあまり言及する必要はないだろう。すべての複雑な問題は他の二つの中に潜んでいる。二番目と三番目の意味は切り離されることはできない。なぜなら、実践においては、それらがあたかも別々であるかのようにしばしば語られているにせよ、（二）というのは、実は（三）の特殊な場合に相違ないからである。（二）と（三）の混同というのは、モダニズムの「構造」という言葉の用法のもともとの特徴であるが、（一）の存在によってさらに混同されている（特に英語では他の言語よりもひどい）。構造が**物**であり、さらに言えば建築家が専門家としての知識を特に主張しようとする物だという印象を与えるのである。

その結果もたらされた混乱は、次のような一文によってあまりにも明らかである。ブロードゲートにあるアラップ・アソシエイツのピーター・フォゴによる作品についての、建築家ニコラス・ヘアによる一九九三年の記述である。「外部と内部の諸部分は、この上ないほどの正確さで分節化されているが、構造と建設の階層的な論理によって、首尾一貫した全体に秩序づけられている」。ここでの「構造」が、建物の物理的な支持体を意味しているのか、もしくはまた別の、他の要素によって明らかにされる目に見えない図式を意味しているのかはわからない。

この混乱を解決する鍵は、「構造」は隠喩《メタファー》であり、それは建物に始まったかもしれなかったが、外国での長い旅をした後に建築へと回帰しただけだったと認識することにある。さらに「構造」は、一つではなくて、**二つの**隠喩であり、たがいに違った分野から借用されている。第一は自然科学であり、構造に十九世紀的な意味を与えた。第二は言語学であり、二十世紀的な意味を与えた。一方、他の分野——たとえば民族学——では、構造の新しい言語学的な意味が紹介されたときには、古くからの生物学的な隠喩をその分野から一掃するキャンペーンが活発に行われたのであるが、建築では、これは全然起こらなかった。その代わりに建築の分野で顕著であったことと言えば、本質的に相反する二つの隠喩が、一つの用語で、長い間共存することであった。このことは、もともとの、第一の意味での「構造」に大いに関係していることは間違いなく、「構造」に関して、建築家が特権を主張できるようにしている。もし、「構造」の第三アラップ・アソシエイツ、フィンズベリー・アヴェニュー一番地（ロンドン、ブロードゲート、一九八二―八四年）。「構造と建設の階層的な論理」。しかし「構造」は目に見えるのか。

の言語学的な意味が、他の意味を退けるがために支持されたならば、この権利は消滅するであろう。なぜなら、個人が話すことで言語を「つくる」と主張しないのと同様に、建築家が構造を「つくる」とは主張できないだろうからだ。

支持の手段に関わる、全体から切り離された要素としての構造

この意味は、主に、十九世紀半ばのフランスの建築家であり理論家であるヴィオレ・ル・デュクに関連している。彼はその意味を生み出したわけではないのだが、その意味を確かに広めた。彼の著作がフランスのみならず、英国やアメリカでも翻訳を通じて獲得した幅広い読者層を通じ、彼は今に至るこの言葉への親しみに一役買っている。何度もヴィオレによって繰り返し発言された、構造がすべての建築の基礎になっているという見解は、彼によるゴシック建築の優越の正当化であった。彼の視点の特徴は次のようである。

十三世紀の建築の形態とその構造〔*structure*〕とを切り離すことは不可能である。この建築のすべての部材は構造の必要性からの産物であり、これは、動植物界で、有機体の必要性によって生み出されない形態やプロセスは存在しないことと同様である…私は形態が支配されている規則をあなたに提示することはできない。なぜなら形態は構造の要請すべてに適応するという本性を持っているのだから。〔ですから〕構造を私に与えたとしてください。そうすればその構造から自然と生まれた形態を私はあなたに見せられるでしょう。しかし、もしあなたがその構造を変えてしまったら、私は形態を変えなければならない。（*Lectures*, vol.1, 283-84）

ヴィオレが古い建物の「構造」を示すために、自身の著作に図示した分析的なドローイングによって、どれほど「構造」が抽象的なものかはっきりする。見る者の視線の下には、石造建築の堅固なマッスは、無に分解し、加重と抑制の純粋なシステムのみを残して他は全く見えない。ヴィオレの「構造」という概念はかなり早くアメリカで取り上げられ、ウィーンで教育を受けた建築家で理論家のレオポルド・アイドリッツや、彼の友人でありアドラーとサリヴァンの事務所建築の論評で有名で影響力のあった批評家、モンゴメリー・スカイラーによって利用された。アイドリッツは、自著『芸術の本性と機能』（1881）で、「構造」は建築の基礎であるという考えをヴィオレから得たのだが、それをドイツ哲学での観念主義の枠組みの中で使用した。アイドリッツは、建築の主題としての「構造」の完全性を認知する代わりに、基礎にあるイデアが表象されるための手段として「構造」を考えた。「建築家が扱う構造の感情を描くことや、構造の魂をそのまま描くことが、建築家の問題である」（287）と彼が言っているように。アイドリッツが関心を持った大半は、イデアと「構造」との関係である。モンゴメリー・スカイラーは「近代」建築の探究に専心したが、ヴィオレにより近い「構造」という着想を持っていた。そして、スカイラーの記述の中には、物理的な構成要素を持ちながら構造の上で抽象化するという不明瞭さが明らかに見られ、それは「構造」の英語における用法の特徴となっている。たとえば、一八九四年の「近代建築」という論文では次のように言っている。

これらのそびえ立つ建物の真の構造、「シカゴ・コンストラクション」は、鉄とレンガの構造である。そしてその構造の建築での表現、もしくは表現しようとする試みをわれわれが探しても無駄である。石積みを建築で包み込むことに、どんな長所、短所があろうとも、それはたんに包むものであり、物それ自体ではない。

サン・ル・デセロン（オワーズ）の祭壇。ヴィオレ・ル・デュクの分析的なドローイングでは、見る者の視線の前に、石造建築の堅固なマッスは、不安定な点に分解し、結果的に「構造」を露わにする。

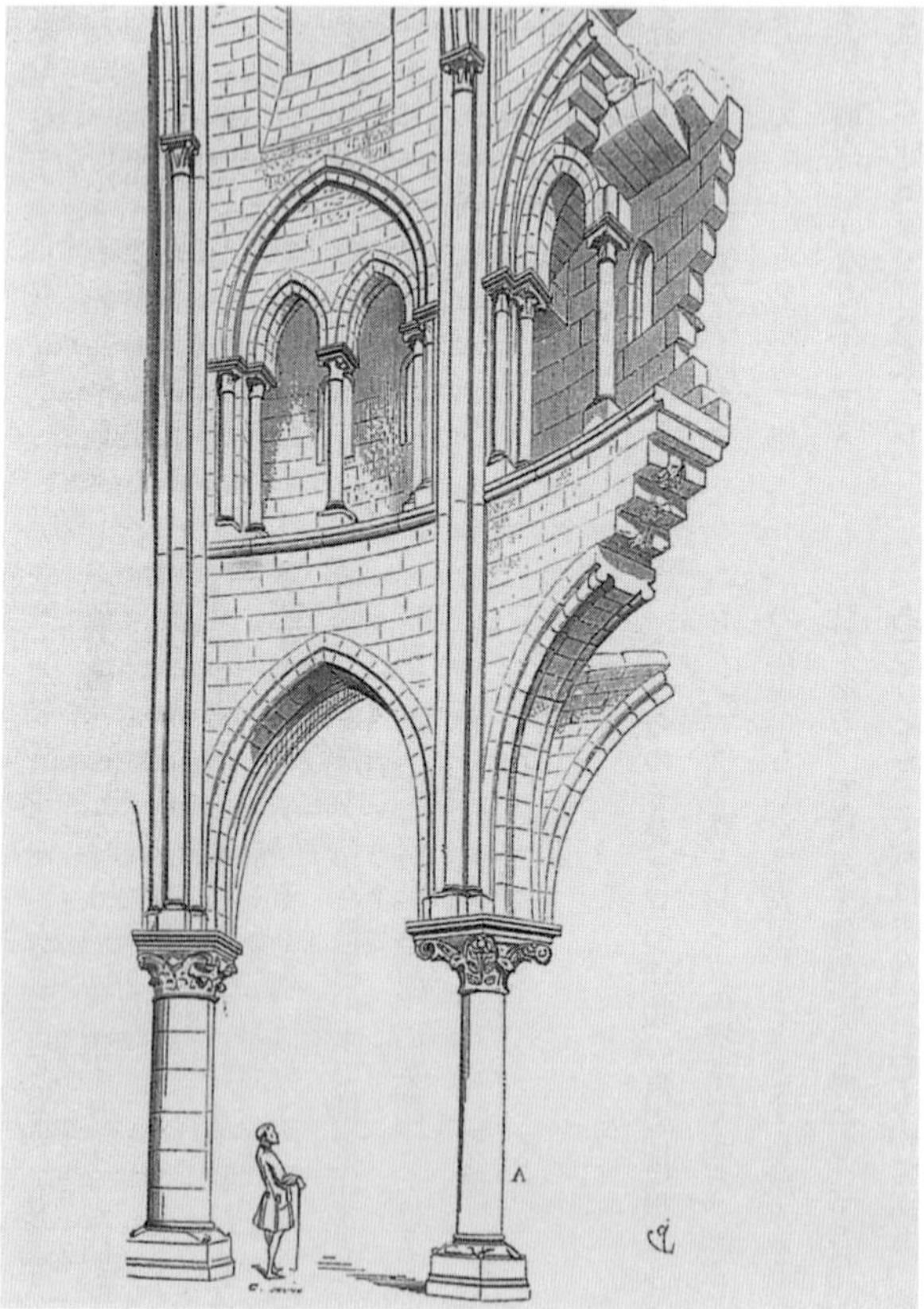

物それ自体は内側にも外側にも、どこにも現れることができない。歴史上の建築という形では、構造が表現され得なかったが、その理由のために、構造を表現する試みが放棄されてきた。（113-14）

ヴィオレのようにスカイラーは生物学の見地から「構造」を考えていた。「自然界と同じように芸術において、有機体は相互依存関係にある諸部分の集まりである。それら諸部分の構造は機能によって決定され、また諸部分の形態は構造の表現である」（115）というように、スカイラーは生物学者キュヴィエからの引用で論を進めた。ヴィオレの最も有名なイギリス人の弟子はW・R・レザビーであるが、彼は建築の歴史を「実験的な構造に対する大いなる喜び」として特徴づけている（70）。フランスにおけるヴィオレの影響は広範囲にわたり、彼の考えを吸収した草創期モダニストの中では、おそらくオーギュスト・ペレが最も有名である——彼は自身のアプローチを記述する中で、自分がヴィオレから習ったように、「構造」というカテゴリーを常に使った。たとえば、「今日の大きな建物では、基幹構造、つまり鉄や強化コンクリートでの枠組みの使用が可能である。それは建物にとって、動物にとっての骨格と同じである」と言っている。

　建築作品における「構造」と外観との区別は、ヴィオレ以降のすべての建築家や著述家たちが関心を持つ本質的な問題であり、現在思われているほど、当然のことではなかった。構造技術者と建築家の職業的な区分にわれわれは慣れてしまっているので、「構造」、すなわち建物の他の部分と切り離した属性としての支持体系を語ることは、われわれにとってはたやすいのだ。この考え方を一般に流布し、この抽象化に対する名称として「構造」を普及させた人物こそ、ヴィオレであった。一方で、十八世紀後半のフランスの建築と工学での発展のために、彼はそれしかできなかった。アントワーヌ・ピコンが示しているように、建物の慣習とは別に、また「安定性」という前提となる考えとは別に支持体系を記述し分析する能力——言い換えれば、実際のどの建物からも独立して支持体系を考える能力——は、十八世紀末のフランスの技術者が達成したことである。*1 サー・クリストファー・レンやクロード・ペローの作品において、このアプローチに対するより早い先例が存在する。しかしその一方で、このアプローチは、十八世紀末の建築家スフロ、パットや技術者ペロネの作品をめぐる議論において建築上の問題を読み取る効果的な方法としてしか発展しなかった。これらの議論の中で、何が安定的に**見える**かについての一般的な慣習から離れることに顕著な躊躇があり、スフロと特にペロネだけがこのリスクを取る覚悟ができていた。重要なことは、ペロネが自分の議論を紹介した方法であった。一七七〇年の手紙の中で、ペロネは、スフロのサント・ジュヌヴィエーヴ教会のスレンダーな支柱を擁護し、ゴシック建築の美点を賞揚した。

> これら後の建物の魅力は、動物の形態〔*structure*〕をある程度模倣して建てられているというところにある。高い、繊細な円柱、そして横リブ、斜めリブと副リブのついたトレーサリーは骨と並びうる。小さな石と迫石〔くさび形の石〕は、四、五インチの厚さしかないが、これらは動物の肉に匹敵する。これらの建物は自身の生命を宿すことができ、骸骨もしくは船体のようであり、それらは似たモデルで構成されているように思える。(Picon, 1988, 159-160)

　これはアルベルティが建物の構成と動物の皮と骨を比較した有名な一節（Book III, chapter12）のように聞こえるのだが、根底にある目的は全く違っていた。*2 アルベルティは構成部分の連結性に関心があったのに対し、ペロネは建築の因習的な規範との関係における、この建物の軽さにより関心があった。ペロネの言及に関して、

J-G・スフロ、サント・ジュヌヴィエーヴ教会・パンテオン内部（パリ、一七五七年―）。スフロの円柱のか細さは、安定性についての関心を喚起し、動物の「構造」との比較を促した。

現在の文脈において注目に値するのは、特に二つのことである。その一つは、ペロネに彼自身の「構造」に対するモデルを与えたのは、建物の建設という単純な荷重のシステムではなくて、博物誌であるということである。前述の引用ですでにわれわれが見てきたように、後に「構造」に関わる論文を採用した大変多くの建築家たちは、その論文は生物学上のもので、建物の隠喩ではないという事実にわざわざ注意を促したのであった。[*3] その時、建築において支持体系に対する用語としての「構造」はもともと生物学からの隠喩で、建物からのものではなかっただろう――たとえ生物学の用法それ自体が建物から借用されたかもしれないとしても。

これによってわれわれはペロネによる引用から生じた第二の点に気付くのであり、それはなぜペロネや他の人たちが「構造」の生物学的な意味に大変熱心だったのかを説明している。アントワーヌ・ピコンによると、ペロネが望んでいたことは施工の実践や建設とは別個の、建設——もしくは「構造」——の理論であった。建設は長い間建築家に親しまれてきた用語であり、原理のみならず慣習や労働実践と一体となって、全体の包括的な建物の実践から成り立っていた。このように、十八世紀半ばのフランスにおいて、ブロンデルは建築を「配置」、「装飾」、「建設」に分けたのであり、それはおおまかには、用・強・美というウィトルウィウスの三要素に呼応した分け方であった。しかし、ペロネや後の合理主義者にとって、「建設」はすべての建物のノウハウや先入見によって妨げられるために、安定に関係するすべてを「建設」という項目の下で分類することは、満足のいくものではなかった。というのは、J・N・L・デュランが十九世紀初頭に述べたように、「建設」は「石工事、大工仕事、建具、鉄材組み立てなど、建築において使われたさまざまな機械的な技能の解逅を表現している」からだ(vol.1, 31)。「構造」という言葉の重要性とは、建築家が以下のような障害を乗り越え、支持体系を考えられるようになったことにある。その障害とは、二千年にも達する、既存のものに関する知識に由来する、蓄積された慣習的な知恵である。一七七〇年代にペロネはさまざまな伝統的機械的技能なしに建築を考える手段として「構造」を示したが、実際はペロネは建物に関して「構造」という言葉を使わなかった——スフロへの同じ手紙ではその後、彼は「建設」という用語を使用し続けた——。「われわれは建設〔*constructions*〕する過程で自然を模倣しながら、耐久性のある建物を少ない材料でつくることができた」などのように。正確には、いつ「構造」が支持体系の抽象化を習慣として記述するようになったのかは明らかではない。たとえば、ロンドレによる『建造技術の理論と実践の概論』(1802-17)ではその言葉が使われていなかったし、われわれが現在「構造」として理解するだろう主題は「建設理論」と呼ばれていた。「構造」をモダニズムの概念として最初に使用した一人は、イギリスの著述家、ロバート・ウィリスであり、彼のゴシック建築分析は明らかにフランス合理主義の考え方から影響を受けていた——しかし彼はその言葉自体はほとんど使用していなかった。一八三五年の著述で、後に「構造」と呼ばれるものを指し示すのに、「機構的《メカニカル》建設」という言い回しを使ったのだ。ウィリスは次のようにカテゴ

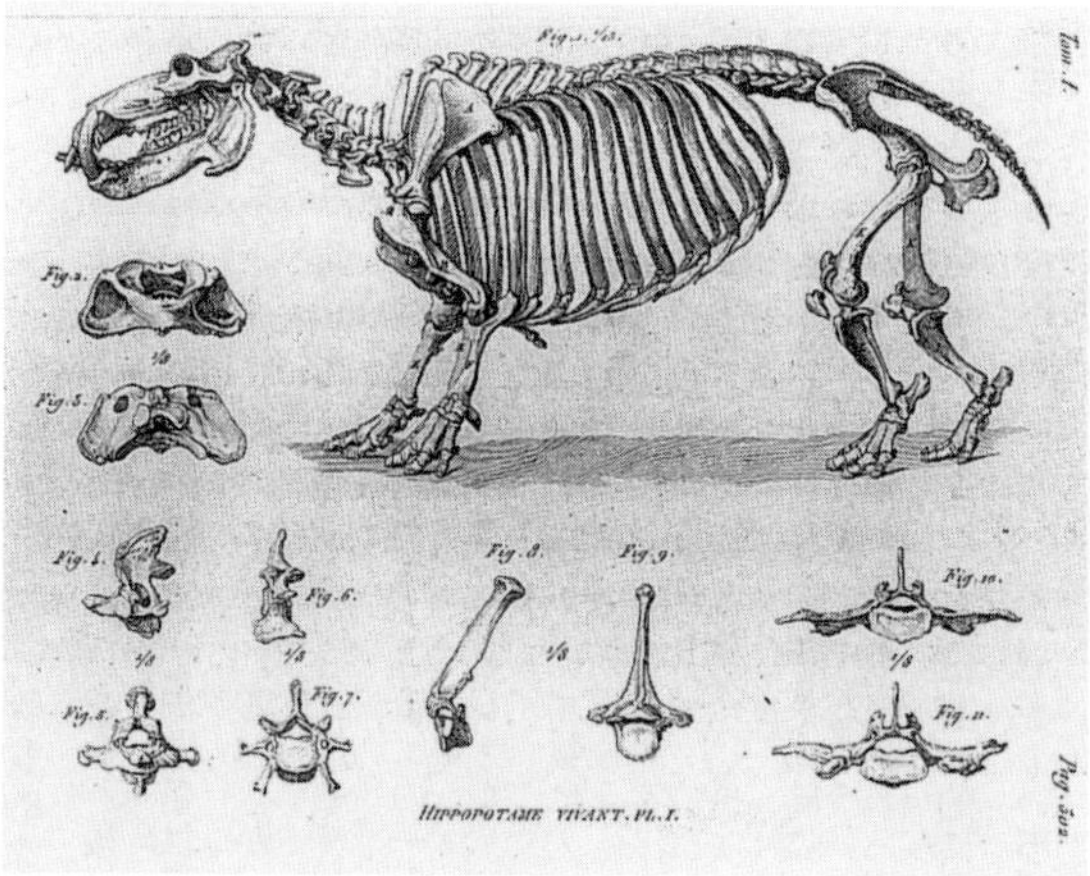

カバの骨格(キュヴィエ『化石化した骨』一八二一年、一巻)。カバの重量は、一番小さな骨で支えられている。

リーを説明した。

ある建物の建設には、二つのことが観察される。それは、どのように実際に重さが支持されているかということと、どのように重さが支持されているように見えるかということである。前者を私は機構的《メカニカル》もしくは実際の建設と呼び、後者を装飾的もしくは見かけの建設と呼ぼう。これらをはっきりと分ける必要があるのだ。(15)

ウィリスは時々、「建設」の代わりに「構造」を使ったのだが、「構造」によって「本当の」支持体系を意味する時はいつでも「機構的《メカニカル》」という形容詞を使って「構造」を限定した。つまり、明らかにウィリスは、自分の読者が「構造」という言葉だけでその近代的な意味を理解することは期待していなかった。『キリスト教建築の真なる原則』の冒頭でのピュージンの有名な定式化(四六三頁参照)は、フランスとイタリアとの合理主義から同じように派生していると思われる。そのピュージンは、「構造」ではなく「建設」を使用していたが、一八四一年の英国では、「構造」と言うだけでは、彼が意図する意味を成さなかった。一八七〇年代になってさえも、イギリスの著述家たちは、具体的な物質から離れて支持体系を示したい時には、引き続き「機構的構造」という言い回しを使っていた。独立した隠喩として「構造」を広めたことの責任は、フランスでも英語訳においても、ヴィオレ・ル・デュクにあることは疑いもない。

建設の物質的な事実から離れて構造の機械的体系を考えることが可能になり、後に習慣的になった。ひとたびこうなると、「構造」についての論争はほとんど、結果としての作品に「構造」がどれほど見られるべきか、見られるべきでないかに関してだった。これはよく知られたモダニズムの議論である。たとえば、ミース・ファン・デル・ローエの一九二二年の論考「摩天楼」を考えてみよう。それはヴィオレ・ル・デュクが(ましてやレオポルド・アイドリッツならさらに)気に入っただろう言い方で問題を提示した。

建設中の摩天楼だけが、むき出しの建設の思考を表しており、そしてその時に、高く聳える鉄の骨組みは圧倒的な印象を与える。壁が立てられると、その印象は完全に壊される。建設の思考、つまりは芸術的に形を与えるのに必要な基礎は、形という無意味でどうでもよい不要なものによって、損なわれ、しばしば抑え込まれる。(Neumeyer, 240)

あきらかにミースは構造を観念すなわち「むき出しの建設の思考」と見なしており、つまり建物における実際の物理的な現れとは全く別のものとして見なした。しかしその一方で、この区別は、特に英語において、何度立て直されても、常に崩れてしまう。ウィリスらが大変熱心に打ち立てようとしたこと、すなわち「構造」は抽象であり、諸部分の関係であり、現実に目に見えるものではないということは、モダニストの建築家たちによって物理的な対象、物と見な

ミース・ファン・デル・ローエ、建設中のレイクショア・ドライヴ八六〇―八八〇番地（シカゴ、一九五〇年）。「建設中の摩天楼だけが、むき出しの建設の思考を表している…」。

されるという結末に至った。この章の冒頭で引用されている、小屋と建造物に関するミースの言及は、このパラドックスに注意を促している。

ヴィオレ・ル・デュクは機械的、構築的な「構造」を優位に推し進めた。ミース・ファン・デル・ローエや他の多くのモダニストの建築家たちに支持されたが、決して広く受け入れられたわけではなかった。十九世紀には、ヴィオレと同時代のドイツ人、ゴットフリート・ゼンパーの全く違った建築理論において、構造は最小限の重要性しか置かれず、囲まれた空間を創るという第一の目的に対する全く副次的なものとして扱われた。したがって『様式』でゼンパーは、「この空間的な囲いを支え、守り、抱えるのに役立つ構造とは、**空間**や**空間の分割**には直接関係しない条件であった。それは、根源的な建築の思考とは相容れず、当初は形を決定する要素ではなかった」と書いた（vol.1, §60, 1989, 254）。ゼンパーのウィーンの弟子であるアドルフ・ロースは、構造に対する同様の無関心さを示した。というのも「建築の一般的な仕事とは、暖かく生活することができる空間を提供することで」あり、そこにカーペットや壁掛けが貢献できると述べたからである。「床のカーペットも壁のタペストリーもそれらを正しい所に収めるべき構造的な枠組みを必要としている。この枠組みを作り出すことが建築家の第二の仕事である」（1898, 66）。より最近では、構造学的な構造を明らかに第二の地位へと格下げすることこそ、建築における最も文字通りの意味での「脱構築」となっている。たとえば、ウィーンのパートナーシップ、コープ・

ヒンメルブラウ（そのアプローチは同胞アドルフ・ロースのものと奇妙とも言える類似性がある）は「初期段階において構造計画はまず優先されるものでは決してないが、プロジェクトが実現される時、とても重要となる」と述べた。皮肉にも、コープ・ヒンメルブラウの作品や他の脱構築《デコンストラクション》の建築家たちの作品は、構造に対して「合理的」アプローチによって展開された作品よりも、しばしばより構造的な工夫を凝らすことを要求することがわかった。ロビン・エヴァンスが言っているように、「建築家の構造からの解放で引き起こされるのは、建築家が解放されるのであって、建物が解放されることではない」（1996, 92）。

なぜ異なるカテゴリーを「構造」と呼んだかという、より根本的な問題への取り組みは全く見あたらない。というのも、これまで見てきたように、「構造」は、神に定められたカテゴリーとはかけ離れた、抽象であって、十八世紀後半に自然科学の隠喩から作り出されたからである。「構造」は日々の建造の実践である「建設」という言葉の規範的な束縛から建築家を自由にするためにあった。この用語の目立った特徴は、抽象として始まり、その重要性が不可視性にあったものが、近代の語法で**物**〔thing〕に変化したことにある。

コープ・ヒンメルブラウ、フンダー＝ヴェルク3（オーストリア、サンクト・ファイト・アン・デル・グラン、一九八八—八九年）。建築家の「構造」からの解放は、必ずしも建物の解放を意味するものではない。

建築以外の分野での「構造」

「構造」が建築の語彙の一部になったと同時に、他の分野においても展開が起こっていた。建築家や他の人々の双方に対して説得力あるイメージを与えた自然史における、「構造」という概念についてそれが何だったのかということを、手短に考えてみる価値がある。

十八世紀の自然史の主要な仕事とは、種の分類にある。最初の方式は、リンネによって確立されたが、諸部分を視覚的根拠に基づいて標本を分類することであり、それぞれ、数、形、比率、位置という四つの価値に従って評価される。これらの四つの価値が**構造**を成している。「われわれにとって、植物の諸部分の構造は、その本体を作っている個々の構成と配置を意味する」（Tournefort, 1719; quoted in Foucault, 1970, 134）。ミシェル・フーコーの主張は、この方式はそのように分類された植物と動物の「生命」

の特質を見きわめる点で完全に失敗した。実際に動植物は、これら自然史家たちによって記述されると、全く生物ではないも同然だった。*4 この欠点を克服し、動植物にある生命の質を記述しようとしたのは、十八世紀後半の博物学者、ラマルク、ヴィク・ダジール、キュヴィエらの仕事の特徴であった。初めは視覚的根拠だけで分類されていた諸部分は、今や、全体としての有機体に対するそれらの相対的な重要性のヒエラルキー、つまり機能に従った定義を必然的に含む図式の中で分類された。この方式においてもはや、「構造」は、諸部分の相関的な機能を伝える機構となったのであり、目に見える判断基準のみに根ざした特性ではなくなった。その結果、ミシェル・フーコーが記述しているように、「分類…するということは…目に見えるものを目に見えないもの、いわばより深い起源へ関連づけることを意味しよう」(229)。「構造」は目に見えるものと見えないものとの関係づけることができるものであり、「生命」を定義するやり方、すなわち生物の有機的な特性となる。

博物学者による「構造」の概念の重要性は、ペロネや技師、その後ヴィオレ・ル・デュクに訴えかける中では、何よりもまず、彼らが建物を機能的な諸部分がヒエラルキーに従って配置されたものとして考え、その外見が目に映す形跡を無視できるようにしたことであった。次に、重要であったことは彼らが建物をまるで生物であるかのように考えることを可能にしたことであり、その概念のもとでは生物は先に決定されたある考えに従ってその形が決められるのではなく、諸部分の相関的な機能に従って変化するだろうとされた。十八世紀後半の建築家や技師たちのように、古典的な伝統の因習によって規定された定式に疑問を呈したいと思っていた誰にとっても、この有機体の生命の特質としての「構造」の概念が魅力的であったのは、明らかだった。建築家は、他ならぬ博物学者から、諸部分の機械的な機能の関係、つまり建物の視覚的根拠とは別に認識される関係として、自身の「構造」概念を類比によって発展させた。

「構造」が重要となった他の主要分野(言語学は別で、それは次のセクションで議論する)は社会学である。ここでも、社会学の研究にモデルを提供したのは博物学者の「構造」の概念である。この発展の重要人物は、ハーバート・スペンサーであり、彼にとって社会学研究は自然史の研究と区別がなかった。彼が言うには「まさに生物学がすべての有機体を見渡して、発展、構造、機能のある一般的な特徴を発見したように…社会学は社会の発展、構造、機能の真実を認識するべきである」(1873, 59)。スペンサーにとっての「構造」は社会の機能単位であり、彼は「活動の」(つまり生産の)単位と「規定の」単位である教会や法律や軍のような制度とを区別した。社会はサイズが大きくなり、より複雑になるにつれて、その構造もまた複雑になった。「サイズにおいて増大するほど、構造において肥大するというのは、生物の組織体同様に、社会の組織体の特徴でもある」(1876, §215, 467)。「構造」はいつもある特定の機能の結果である。「個々の任務は個々の構造を必要とする」(§254, 558)。それに「構造の変化は機能の変化なくしては起こりえない」(§234, 504)。スペンサーの「構造」の理論では、われわれがすでに生物学や建築の理論で見てきた、器官の「機能」もしくは建物の構成要素と「構造」との直接かつ決定的な関係の概念が見られる。スペンサーの機械論的な「構造」の概念は、生物学から発展した「構造」の概念が「機能」に結びつけられるその度合いを強調しているだけでも、注意を引く価値がある。しかしながら、スペンサーは十九世紀後半には広く知られており（ルイス・サリヴァンとフランク・ロイド・ライトが彼について言及している）、建築外で「構造」に対する隠喩を探していれば、彼が「構造」に近代的な重要性を与えたという意味で、初期の生物学者と同様に影響力があるかもしれない。スペンサーの社会理論も、次で論じる構造の概念において、根本的な攻撃対象になってしまった。

物を理解できるようにする方法としての「構造」

当初生物学が「構造」のモデルを供していたのだが、二十世紀初頭には、その地位は、その後「構造の真の科学」（Barthes, 1963, 213）を供した言語学に取って代わられた。「言語は相互依存した言葉の体系であり、その体系の中で、言葉それぞれの価値は、他の言葉が同時に存在することによってのみ生じる」（114）というソシュールの前提は、言語研究は言葉が何を意味するかではなく、言葉がどのように意味を伝えるかだけを問うことによって処理されうると示唆した。言語を理解可能にするものは特定な言葉の意味ではなくて、それらが使用されている体系であった。言語の「構造」は、言葉とそれが指示するものとの機能の関係性の問題でなくなり、言語における差異体系の研究となった。「機能」との連結を解かれた「構造」は、二十世紀の言語学の顕著な発展に不可欠なものであった。この言語学は、言語構造において代わりのモデルを作り出す際の、実践者の創造性によって特徴づけられる分野であった。物が理解できるようになる知性の図式として、「構造」の理解が発展してきた他の研究分野の中でも、構造人類学ほど注意を引いたものはない。人類学者や社会学者は伝統的に、ハーバート・スペンサーのように、社会の制度や実践が何の**ために**あったか、そして社会機構においてそれらがどのような機能を提供したかを問うことによって、社会の研究を進めてきた。構造人類学者はこれを無視したのだが、なぜならそれは単に経験的、事例的な社会の記述に至るのみだからであった。その代わりに、構造人類学は、社会活動のすべての生産物を本質的に移転可能で交換可能なものとして扱った。つまりこの体系の中では、これらの生産物は、儀式だろうと制度だろうと工芸品だろうと、移転され、代替されるのである。この体系こそがそれら生産物に付随されるであろうある特定の意味や機能というよりむしろ、まさに社会の「生命」であるような構造を示している。こういった観点からとらえられる「構造」は、対象を通して知覚されるものではあっても、対象の特性ではなくなるのだ。

言語学での「構造」の意味を適用するのに最も有望な材料は、建築ではなく空間にある。室内空間は、決まりきって、構造の生物学的／機械的な隠喩という形で議論される――たとえば、ロウやスラツキーのル・コルビュジエのガルシェにあるヴィラ・シュタインについての言及――その一方で、構造の言語学的意味は全く違った分析の秩序の可能性を与えた。空間は、言語のように物質ではなく、囲われた「建築」空間というよりも「社会的」空間として考えられる時には、社会が構成される際の特性の一つである。人類学者、クロード・レヴィ＝ストロースはこのことについて言及し、記述している。

いくつかの原始社会の構造であると考えられるべき空間のさまざまな特性に初めて注意を喚起したのは、デュルケームとモースの偉大な功績であった。…空間の形状と社会生活の他の様相の形の特性とを連関させる試みは事実上なかった。これは、大変遺憾であり、というのも、世界の色々な場所で、社会構造と、村落、村、宿営といった空間構造との明らかな関係性があるからである。(1963, 290-291)

彼が続いて述べているように、世界のさまざまな場所での社会空間と社会構造との明らかな関係性の欠如や、他でその関係性が示す複雑さは、どんな種類であれ、その構造的なモデルを考案することを大変困難にしている。しかしながら、彼自身による『悲しき熱帯』で記述されている南米のボロロ村の分析は、社会空間の構造分析が持つ可能性を示す簡潔で説得力のある例であり、形態学と空間構造の調査の発展を刺激した。

少し異なった、明らかにより詩的な、新しい言語学の意味での対象への「構造」の関係性の説明が、ロラン・バルトによって進められた。

すべての構造主義的な活動の目的とは…この対象が機能する規則(つまりその「機能」)によって示すようなやり方で「対象」を再構築することである。よって構造は、実際には対象の似姿であって、しかも導かれ、興味を持たれた似姿である。というのは、模倣された対象は、目に見えないままの、もしくは、そちらのほうがよければ、自然の対象の中での理解できないままの何かを出現させるからである。構造主義の人は真実を捉え、解体し、再構成する。

バルトが言っている、構造主義的な活動は、「初めの世界に似た世界における真の構築物であり、それは世界を模写するためではなく、理解可能にするためである」(1963, 214-15)。バルト自身のこの例は、「エッフェル塔」(一九六四年)という論文の中で示されており、そこでは、ユゴーとミシュレそれぞれが示した、パリとフランスの文学的な鳥瞰図について、

われわれはそれによって感覚を超越し、それらの構造のうちに物を見ることができる。…パリやフランスは、ユゴーやミシュレの筆のもとでは、理解できる対象となるが、――これは新しいことなのだが――どんな物質性も失われないのだ。つまりある新し

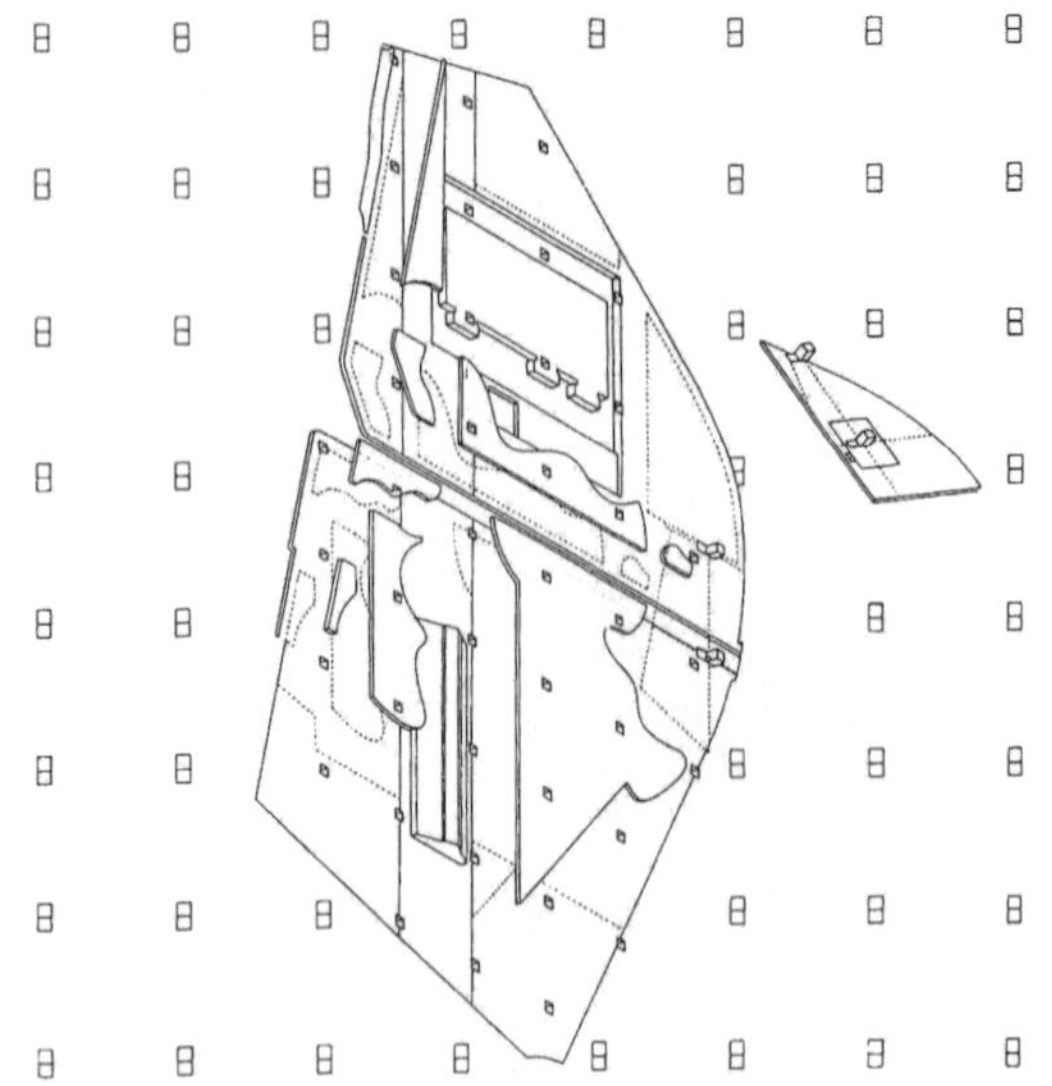

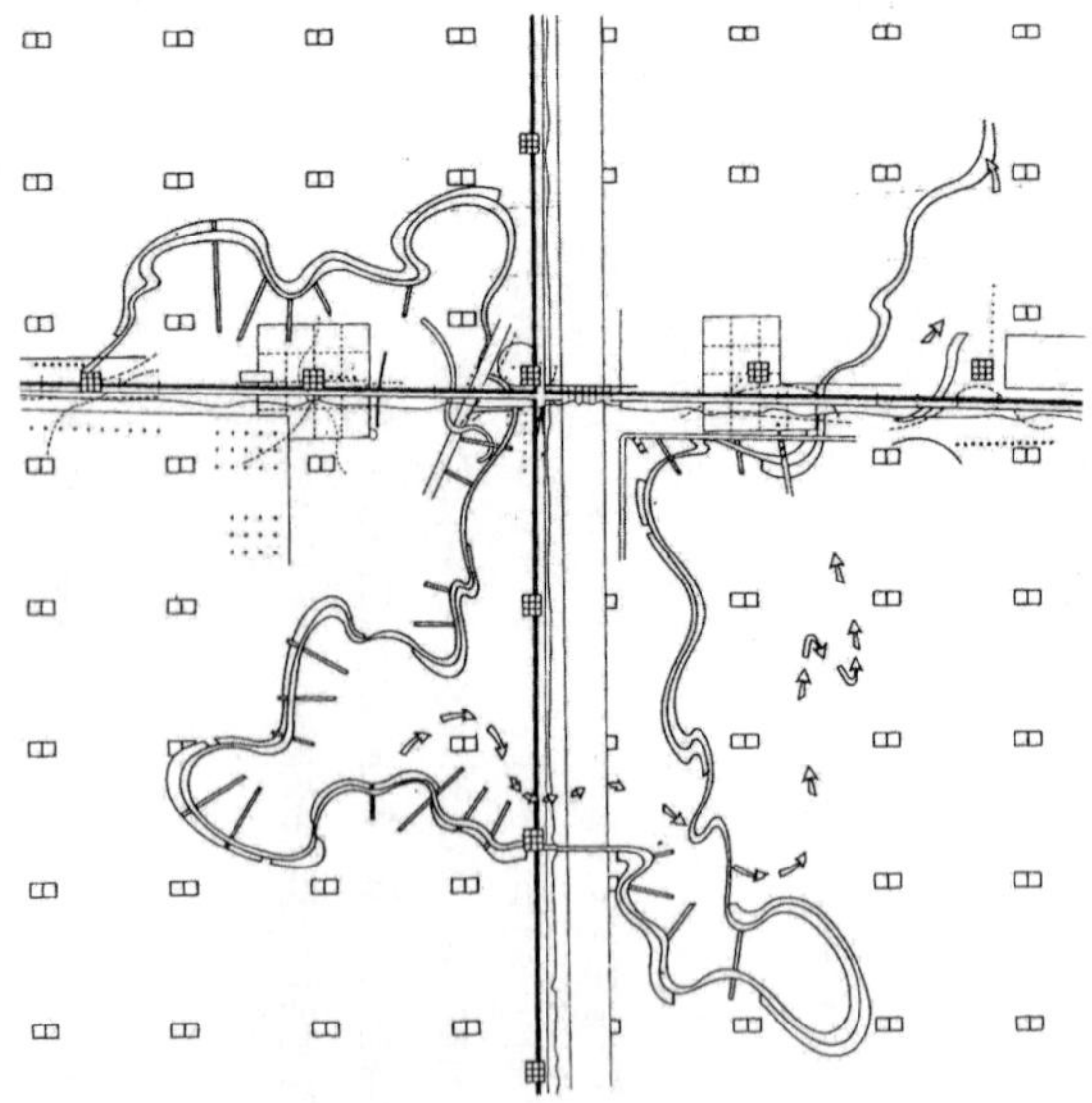

B・チュミ、空虚な升目、ラ・ヴィレット公園のためのドローイング（パリ、一九八五年）。チュミのラ・ヴィレット公園の計画は、「秩序」と「構造」の両方の一般に受け入れられていた考え方に疑問を投げかけた。
（上）「点、表面に重ねられたフォリーのグリッド」。
（下）「線と点が結合する——ギャラリーと映画の遊歩道がフォリーで衝突する。」

いカテゴリー、具体的な抽象のカテゴリーが出現する。さらにこれはわれわれが今日構造という言葉、つまりは知性の形の集積体に与えることのできる意味である。(1964, 242-43)

バルトが著述家や他の芸術家たちができると提案した意味で、建築家自身で「構造」をつくる可能性は、構造主義や記号学が広く研究されるようになった一九五〇年代後半から興味をそそられ引きつけられた一つである。この言語学の隠喩への関心は、五章において、十分に議論がなされている。この建築と言語学との間に見い出された類似性がどのように展開したかという事例として、作品が雑誌『フォーラム』で発表されたオランダの建築家グループ、とりわけヘルマン・ヘルツベルハーが挙げられる。ヘルツベルハーの見解によると、建築家によって生み出された形は、冷たくて生気がなく、解放するというよりは抑圧的である。彼の目的は、建物の占有者たちによって彼らのやり方で解釈され、完結されるであろう形を展開することにある。彼が意味するところを記述するなら、利用可能な建築の形と個人の解釈能力との関係は、あたかも言語とスピーチとの関係として理解されるだろうと彼は示唆した。そしてこの枠組みの中で「われわれは基礎をなす『客観的な』形の構造があると思い込んでいる――われわれはそれをアーキ・フォームと呼ぶ――その構造の派生物を所与の状況でわれわれは見ているのだと思い込んでいる」(144)。彼の認識では、建築家は、この社会的に確立された「アーキ・フォーム」による既存の構造の中で働くことに専心しており、決して何か新しく創造できるわけではない。しかしそれでもなお、新しく予想もしなかったものを意味するように建物の使用者が再構成できる対象を建築家は実現するだろう。これらオランダの建築家のあいだでは、言語学的な意味での「構造」の一つとしてこの社会認識と建築との関係を示すことは最もいい加減な類比以上のものではなかった。その一方、この「構造」の衝動、すなわち世界を理解可能にするために体系を発見し、建築的な形で再構築したいという願望は、一九六〇年代後半と一九七〇年代において、建築の主な関心事であったことは強調されるべきである。

構造主義自らが認めている矛盾や世界を抽象にする傾向があるという理由から、構造主義への反対に転じることもまた、一九六〇年代後半と一九七〇年代の主要な特徴であった。特にアンリ・ルフェーヴルやジャック・デリダの著作において明らかであった。ルフェーヴルが生命を抽象的な概念に転じることに疑問を持った一方で、デリダは、構造主義が根拠としている「理解可能性」という概念を議論した(特に、デリダの論文「人文科学についての言説における構造、記号、遊戯」を参照のこと)。両者の議論は建築において、ある関心を呼んだのであり、建築では一九六〇年代を通じ、言語学のモデルや構造主義の思考がとても魅力的であったのだ。

ベルナール・チュミの一九七〇年代の作品と著述は、「概念の世界へと建築を非物質化する」つまり「言説と日々の経験の領域を分ける」(1976, 68-69)という構造主義者の傾向に反対することによって動機づけられている。初期の頃から、チュミは「構造」を特別な軽蔑の対象にしていた。たとえば「**言語**もしくは**構造**とは、快という文脈に十分に適合しない、建築の読み方に特有の言葉である」(1977, 95)。彼の色々な戦略の中で、「構造」について問いかけることは、ラ・ヴィレット公園の計画のように、主要なテーマであった。

> 建築の体系は、それが示す一貫性のために常に注目されることをわれわれは知っている。古典時代から近代運動に至るまで…一貫していない構造という考え方は、単に思慮を欠いているのだ。建築の他ならぬ機能とは、すでに理解されているように、非構造化された構造という考えを排除している。しかし、ラ・ヴィレット公園を支配している、重ね合わせ、交換、代替というプロセスによって導かれることとは、構造という概念を根本的に問いかけることにほかならない。(1986, 66)

しかしながら、ラ・ヴィレット公園において、どのように「構造を問題にした」かは明らかとは言い難い。三つ重ね合わされたシステム(グリッド、動きのパターン、表面)を持っているという事実は、「構造」の必要性に疑問を投げかけるというよりもむしろ追認しているのである。しかしこれ以上に、この計画や都市の他の部分が都市の占有者に理解されるためには、知覚の、心的「構造」がいかに必要か、また建築家の権限内にともかくも「構造」があるか否かという問題をこの計画は無視している。チュミによると、デリダはチュミが「脱構築」に興味を示したことに驚いて、彼に「しかし、どうやって建築家は脱構築に興味を持ちうるのですか。結局、脱構築はアンチ・形、アンチ・ヒエラルキー、アンチ・構造で、建築が表象するものの対極なのですよ」と尋ねた(1991, 250)。デリダの最初の驚きは残ったままである。建築の「実践」は「構造」を削除して生き残るだろうか。その結果は何か。その答えは「構造」それ自体と同様に曖昧であり、その質問が生物学もしくは言語学の、どの隠喩に向けられているかに全くもって依拠している。それが生物学であれば、建物の崩壊、形のないこと、カオスに導かれるし、それが言語学であれば、その結果は無知と無理解、結局は主題の絶滅になるであろう。どちらの予想も認めがたいので、「構造」は、その曖昧さにおいて、建築の概念として他の言葉に取って代わられるようには思われない。

1 Picon, *French Architects and Engineers*, 1992 特にchapter 7を参照。

2 アルベルティの『建築十書』のさまざまな翻訳は、「構造」の意味が歴史によって変容することによる困難を示している。第三書第四章は、「*Reliquium est, ut structuram aggrediamur*」という文で始まる。バルトーリは一五六五年に、これを「*Restaci a dare principio alla muraglia*」と訳し、それを一七二六年にレオーニは「われわれは自分たちの壁を始めることにした」と英訳した。リクワート、タヴァーナー、リーチは、一九八九年に、元のラテン語を「今もわれわれは構造を扱い続けている」と訳した。これは十八世紀に容認されうるものであったが、支持体系を抽象化したという現代的な意味でアルベルティが「構造」の概念を持っていたという間違った考えに、現代の読者が導かれ、これを誤解する危険性を孕んでいるのである。もう一つ別の箇所に、アルベルティは「*structurae genera sunt haec*」(Book 3, chapter 6)と書いており、それはイタリア語に「*Le maniere degli edifici sono queste*」と訳され、レオーニはこれを「さまざまな種類の構造はこれらである」と訳した。そしてリクワートらはより正確に原文のラテン語を訳して、「これらがさまざまな種類の建設である」とした――この節は壁を造る方法について言及しているので、この訳は疑いもなく、現代的な用語法において「*structura*」の意味した内容を表している。

3 Steadman, *The Evolution of Designs*, 1979, chapter 4 はこの点を詳細に述べている。

4 Foucault, *The Order of Things*, 160-61 を参照のこと。この討議が依拠している議論として 132-38、226-32 も参照のこと。

Transparency 透明性

透明性に関わる諸観念は、現代に最も関連がある特徴の一つである。

——T・メイン、一九九一年、七九頁

「透明性」は全くモダニズムの用語で、建築において知られるようになるのは二十世紀以後である。これはたんに建築においてガラスの利用が発展したことに関係するだけではない。というのも、「透明性」がガラスの特性を表しているとだけ考えてしまうと、「透明性」の意義のほとんどを見落とすことになるからである。この語は建築において三つの意味を持つ。「文字通り《リテラル》」の透明性と「現象として《フェノメナル》」の透明性という前二者の区別は、コーリン・ロウとロバート・スラツキーの連名による二本の論考で最初に明確にされた。「意味における透明性」という三番目の意味はより普及しているが、いまだそれほど精確には規定されていない。

（一）**文字通りの透明性**とは、光を透過することを意味し、それによって建物の中や向こう側を見通すことができる。このことを可能にしたのは、ラーメン構造と大面積のガラスを取付ける技術の発達であった。これらの発達が建築のモダニズムにおいて重要だったのは否定できないが、モダニズム建築家たちの心を捉えたのは〔とりわけ〕その美的重要性だった——その重要性とは、建築的要素としての壁を溶解し、また外面と内面との伝統的関係を逆転させることで生じたものである。たとえば、このことは一九二九年にドイツ人建築家のアートゥール・コーンがその問題をどう見ていたかということの中に示される。

> 現代の技術によって、独立したガラス壁、建物を取り囲むガラス皮膜を持つことが可能になった。したがってそれは外壁はもはや窓が穿たれた不透明な壁ではないことになる。たとえそこでは窓が支配的な要素であろうと——、この窓は壁そのものであり、言い換えれば、この壁はそれ自体で窓なのだ。そしてこのことでわれわれは一つの転換点を迎えた。それは、何世紀ものあいだに達成したものに比べれば、かなり新しいものである…その転換によって消滅したのは外壁であるが、何千年もの間、外壁は石や材木や粘土製品のような不透明な素材を必要としてきた。しかし現状では、外壁はもはや人が受ける建物の第一印象ではない。ガラスの壁を通して最初に目に付くものは、内部であり、奥行きを表す空間とその空間の輪郭をかたどる構造フレームである。このガラス壁はほとんど目に捉えられず、反射光の歪みや鏡面効果があるときに初めて目にすることができる。（170）

J・ヌーヴェル、G・レザン、P・ソリア、アーキテクチャー・スタジオ、アラブ世界研究所（パリ、一九八七年）。文字通りの透明性。

コーンが概説した美的な可能性は、ラースロ・モホリ・ナギによって同年『ザ・ニュー・ヴィジョン（材料から建築まで）』の中で「透明性」として記述された――そしてこれが今に至るまで定着してきた用語である。文字通りの透明性は建築におけるモダニズムの時代には有効であり続け、廃れたのはポストモダニストたちの好みが張りぼての壁に向いていた一時期だけだった。逆にポストモダニズムの追放を際立たせたものは、ガラス皮膜への回帰であり、その特徴は稀に見る大きさとその不可視性であった。特にフランスにおいては、技術官僚による合理主義の伝統が強く、この語が使われるときは特定の政治的な意味を含んでいた。コフーンはポンピドゥー・センターの文字通りの「透明性」について以下のように書いている。「この建物はあらゆる人が入ることができ、一般の人が自由に使えるものと見なされる」（1977, 114）。同様のことが言えるのは、ジャン・ヌーヴェルのいくつかの作品や、フォスターによるニームのキャレ・ダールであろう。

（二）**現象としての透明性**――立体的な対象どうしの間にある見かけ上の空間――は一九五五―五六年にコーリン・ロウとロバート・スラツキーが連名で書いた二本の記事の主題である。[*1] 彼らはジョージ・ケペシュの『視覚言語』（1944）から以下の文章を引用して議論を始めている。

もし互いに重なり合う複数の像を見たとき、それぞれの像が

> 互いに重なる共通部分を自らのものと主張するような場合に、空間という点において矛盾に直面する。この矛盾を解決するには、ある新たな視覚上の性質の存在を想定しなければならない。それらの像は透明性を孕んでいる、と。つまり像は、互いを視覚の上で損なうことなしに相互貫入できるのだ。しかし透明性は視覚上の特徴だけでなく、より広範な空間秩序をも暗示する。透明性が意味することは、異なった空間的な位置が同時に知覚されることである。空間はただ後退するだけでなく、常に前後に動いてもいる。透明な像の位置は、近くにあるかと思えば遠くにも見えるといった多義性を持っている。(160-61)

ケペシュの言う透明性の意味は明らかにキュビスム絵画の空間表現上の手法に関連しており、ロウとスラツキーの議論の初めの部分はこれに割かれている。しかし同じ観念を建築に適用することにより、彼らが示すとおり、「避けがたい混乱」が起こる。

ル・コルビュジエ、ペサックの集合住宅計画(ボルドー近郊、一九二五—二八年)。ジークフリート・ギーディオンは、ル・コルビュジエのキュビスム絵画における物体の相互貫入と、彼の建築を撮った写真を覆わんばかりの不透明な壁とで作られる「透明性」のイリュージョンが類似することに注意を促す。©FLC L2 (6) 1-46

> なぜなら、絵画は第三の次元を暗示することしかできないが、建築は第三の次元を抑え込むことができないからである。建築において、三次元が見せかけではなく現実である限りは、文字通りの透明性は具体的な現実となりうる。しかし現象としての透明性は達成がより困難であろう——それに実際、議論するのがあまりに困難であるため、一般的に批評家は建築における透明性をもっぱら素材の透明性だけに関連づけようとしてきたのだ。(166)

そこでロウらは、続いて次のことを示そうとした。ル・コルビュジエのいくつかの作品——ガルシェのシュタイン邸、国際連盟競技案、アルジェ業務街区計画——が、暗示された面の重ね合わせによって、実際の空間とは異なる空間的な奥行きのイリュージョンをいかに作り出したか。またそうすることで見る者の精神に、ケペシュが言及する「多義的な意味」をいかに作り出したか、である。そして二本目の論考で、ロウらはそのようなイリュージョンが近代建築に特有のものではないこと、たとえばルネサンスのパラッツォやミケランジェロのフィレンツェ・聖ロレンツォ教会のファサードの案にも認められることを示そうとする。

一九四四年にケペシュがこの種の透明性に最初に「現象として」の名を与えたようだ。この特性が建築において言及されることはそれ以前からも確かにあった。ロウとスラツキー自身が気付いているように、モホリ・ナギの『ザ・ニュー・ヴィジョン』における「透明性」への言及の中に、この種の透明性が暗に示されている。モホリ・ナギの前年に出版され、建築におけるモダニズムの普及にとって同じく重要な別の本、スイス人建築史家・批評家であるジークフリート・ギーディオンの『フランスの建築』(1928)でも、「現象」の側面を思わせる観点から「透明性」について言及している。ル・コルビュジエとオザンファンのピュリズム絵画と、ル・コルビュジエの独立住宅(三五頁の図版も参照)との比較に続けて、ギーディオンは「写真においてだけでなく現実においても、家々の輪郭がぼやけている。そこでは——雪の風景におけるある光の状況と同じように——はっきりした境界が非物質化する。この非物質化によって、上っているのか下っているのか区別できなくなり、だんだん雲の上を歩くかのような感じを引き起こす」と記す。彼の後継者と同様に、ギーディオンはこの効果を発見できたのは画家のおかげであるとした。「オランダ人、とりわけモンドリアンやドゥースブルフのおかげで、初めてわれわれの目は、表面、線、空気といったものから生じうる、ゆらぎのある諸関係へと見開かれた」。

(三) **意味における透明性**。この意味での透明性と、モダニズム美学における意義とは、アメリカの批評家スーザン・ソンタグによる『反解釈』(1964)の中で最適な説明がなされている。「透明性は今日、芸術——そして批評——において最も高貴、最大の解放力である。透明であることが意味することは、ある輝きを体験することであり、しかもその輝きは、ものそれ自体、もののありのままの姿の中にあるということだ」(13)。形式と内容、対象と意味の間に何ら区別はあるべきではないというこの考えは、すべての芸術ジャンルにおいてモダニズム美学のまさに核心に位置しており、それは建築に限ったことではない。モダニズム芸術の理想は、何ら解釈を要しないことであった。なぜなら、芸術が持つ意味はすべて、作品の感覚体験に内在しているからである。つまり再びソンタグを引用するならば、この理想は「表面が一様ですっきりしており、推進力に勢いがあり、その訴えが直接的であることによって…作品はついに…まさにそれ自身となるような作品を作ることである」(11)というものであった。他にこの特性を異なった名前で呼ぶ者もいた。たとえばアメリカの彫刻家ロバート・モリスは「現在性」〔presentness〕(1978)、ドナルド・ジャッドは「直接性」〔directness〕と呼んだ。

建築には、透ける素材はこの特性を成し遂げるための本来的な手段であると思い込む傾向が強く存在していた。それはソンタグが「透明性」――「ものそれ自体の輝き」――と呼んだものである。このことを示す初期の例は、ミース・ファン・デル・ローエが一九三三年に「ミラーガラスがないとすればコンクリート、鉄はどうありうるか」という問いへ次のように答えたときだ。

ガラスの皮膜やガラスの壁はそれだけで、骨組みの構造に明快な構築的な〔constuructive〕外観を可能にし、その建築構成上〔architectonic〕の可能性を約束する。…壁が、開口部が、床が、天井が何であるのか、今や再び明らかになる。構築の単純さ、構成方法の明快さ、材料の純粋さが本来の美の輝きを映し出すのだ。(Neumeyer, 314)

ミース・ファン・デル・ローエがなし得た以上に注目すべき、ガラスに関する最近の偉業の根底にも同様の諸前提がある。

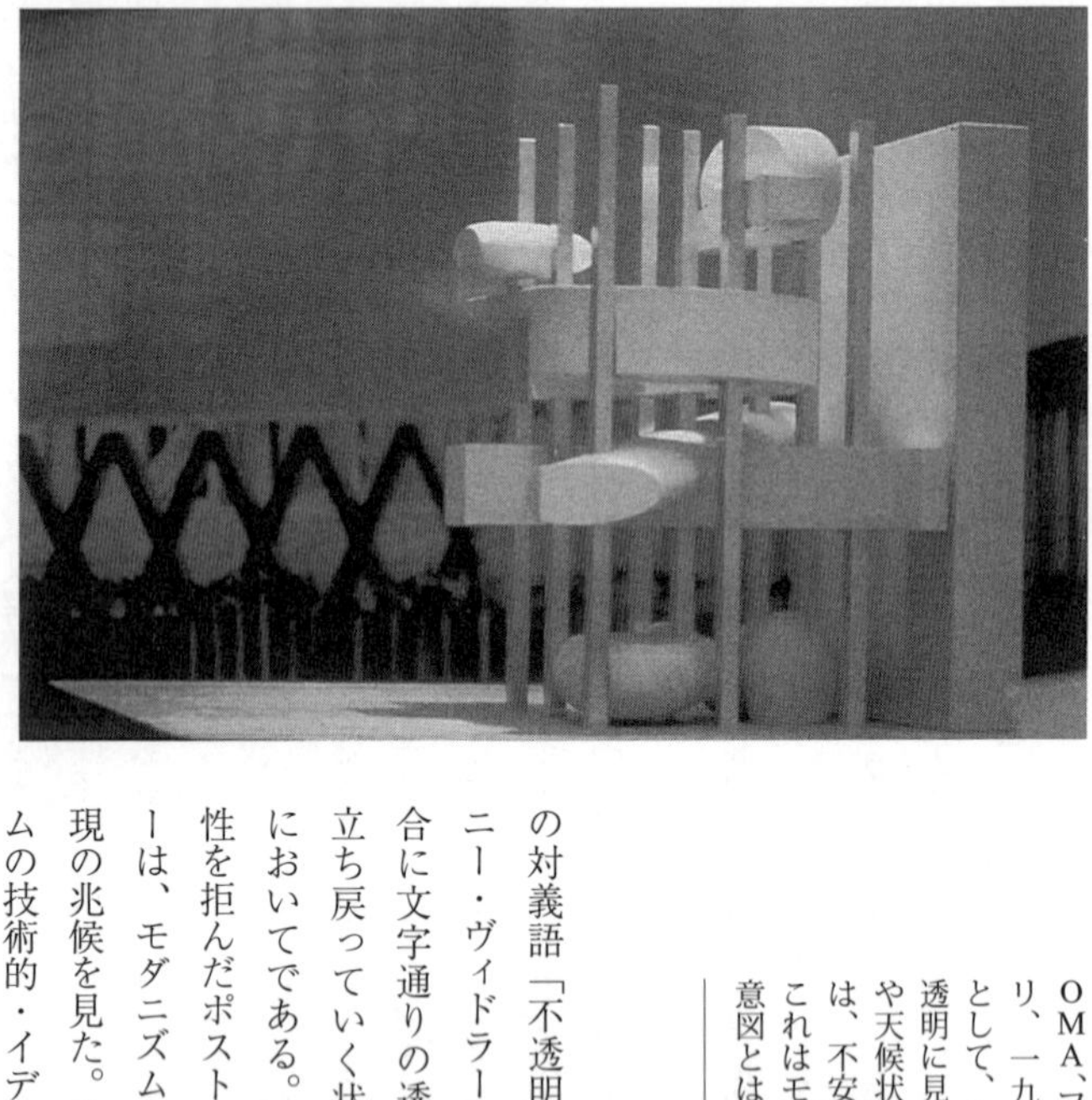

OMA、フランス国立図書館設計競技（パリ、一九八九年）代替案模型――透明として、かつ不透明として――。建物が透明に見えるか不透明に見えるかが時刻や天候状況により異なるという不確定性は、不安を誘うものになりうるだろう。これはモダニズムにおける「透明性」の意図とは全く異なるものである。

意味における透明性という表現がより広く用いられるのは、その対義語「不透明性」〔opacity〕――アンソニー・ヴィドラーの指摘に従うと、多くの場合に文字通りの透明性を持つ多くの建物が立ち戻っていく状態*2――との関わりの中においてである。（あらゆる意味での）透明性を拒んだポストモダニズム以降、ヴィドラーは、モダニズムへの新たなアプローチの出現の兆候を見た。そのアプローチはモダニズムの技術的・イデオロギー的遺産を引き継ぎながら、その前提を問題化しようとした。この一例として、彼はOMAの一九八九年フランス国立図書館設計競技案――ガラスの立方体の中に多様な不定形で不透明なものが中で宙吊りにされている――が「透明性の確認と同時に透明性の複雑な批評」と見ることができると指摘した。そのとき、内部のさまざまなアメーバ状の固体が何であるか、（天気や日照の状況によって）

時として半透明になる外装を通して見るそれらが何であるかを正確に見分けることはできない。そのことは、ヴィドラーが「不気味」〔uncanny〕の予兆とした不安と離反の状態に主体を投げ込むようなことである。したがってヴィドラーの論には「透明性」によってモダニズムの先駆者が予見することのなかった美的効果が生じるかもしれないという示唆がある。

1 "Transparency: Literal and Phenomenal", Part 1,（first published 1963）in Rowe, *Mathematics of the Ideal Villa*, 1982, pp.159-83; Part 2（first published 1971）, in Ockman（ed.）, *Architecture Culture* 1993, pp.206-25.

2 Vidler, *The Architectural Uncanny*, 1992, "Transparency", pp.216-25 を参照。

Truth 真実

…真実の探究が、建築家を導く星でなくてはならない。
——オットー・ワーグナー、一八九六年、八三頁

近代の建造物は、建築的意義を、自身の有機的な比例関係の影響とそれによる活力から引き出すべきだ。それは自身に対して偽りがあってはならないし、論理的に明晰で、虚偽や瑣末なものに汚されてはいけないのである。
——ヴァルター・グロピウス、一九三五年、三二頁

建築とは、真実へと手を伸ばすことである。
——ルイス・カーン、一九六八年 ― ヴルマン、二八頁

一　モダニズムにおける真実《トゥルース》とその後

モダニズムの歴史において生じたこれらの記述は、建築のモダニズムにおいて、「真実」が紛れもなく重要な概念であったことを示唆している。しかし、「真実」それ自体はモダニズムの概念ではなかったのである。というのも、この概念はモダニストによって生み出されたものでもなければ、新たに重要な意味がもたらされたわけでもないからである。つまり、建築における批評のカテゴリーとしては、「真実」は十八世紀後半そして、十九世紀の創造物だった。そして、モダニストたちは、その語が十九世紀の最盛期に獲得した多様な意味を再生産したまでのことであった。過度に単純化された議論として、一般的にモダニストとポストモダニストの間の感受性の主要な差異とは、「真実」への執着もしくは拒絶であったと考えられているが、だからといってわれわれは「真実」をモダニズムを特徴づける概念と見なすべきではないのである。批評理論における「真実」への近年の攻撃は、単にモダニズムへの批判であっただけではなく、西洋思想の伝統そのものへ向けられた批判であったのだ。さらに、建築においては、批判にさらされていた「真実」とは、二十世紀のモダニズムに特有の概念だったのではなく、以前の世紀から引き継がれたものだったのである。われわれは、二十世紀のモダニストが使っていた「真実」のさまざまな意味合いを概観し、そしてその後の「真実」へ向けられた攻撃の主要な特徴を記述することから始めるが、建築に関連した「真実」についての最も興味深い議論は、すべて十八、十九世紀に属するものであり、それゆえにこれらの議論がこの項目の大部分を占めることになる。

モダニズムの建築家や批評家の用法として、「真実」は、三つの意味合いで立ち現れる。しかしそれは常にはっきりと区別されていたわけではない。だから、先のルイス・カーンの引用はどれか一つに言及していたのかもしれないし、三つすべてに言及しているのかもしれない。まず、「表出的真実《エクスプレッシブ・トゥルース》」、その作品の内

に潜む本質や作り手の精神に忠実な作品という意味である。そして、これはグロピウスによって意図された意味である。第二は、「構造的真実《ストラクチュラル・トゥルース》」で、作品の外観はその構造形式と、それを構成する素材の特性に従うべきだという期待だった。たとえば、何が現在の普遍的な建築言語を構成しうるかという点に関して一九五五年に省察した際に、エンジニアのオーヴ・アラップは以下のように述べている。「ある共通のイデオロギーへ向かう私が見いだしうる最短の道はたびたび言われてきた次のような確信から導かれる。それは、われわれの新しい技術の時代における建築の再生が、構造の忠実な表現を通して達成されるに違いないというものである」(19)。そして、第三は、「歴史的真実《ヒストリカル・トゥルース》」で、作品はその時代のものであるべきで、個々の芸術ジャンルにおいて達成された歴史的発展段階に忠実であるべきだという要求である。たとえば、これは、ミース・ファン・デル・ローエが一九二四年の記事である『建築芸術と新時代の意志』〔Building Art and the Will of the Epoch〕において込めた意味合いである。そこでは、彼はこう書いている。

> ギリシアの神殿や、ローマのバシリカそして中世の大聖堂は、個々の建築家の作品としてではなくむしろ時代全体の創造物としてわれわれにとって重要である。[…]それらは、彼らの時代の純粋な表現なのである。それらの本当の意味とは、これらの神殿や聖堂がその時代の象徴であるということだ。[…]われわれの実用的な建造物は、その時代を正確に解釈しているときに初めて、建築の名に値しうるのである。(Johnson, Mies, 186)

歴史的真実は予想通り、モダニズムの歴史家の著作に顕著に表れたもので、彼らのねらいとは、近代建築がまさに歴史的に運命づけられたものであることを証明することだった。そのようにして、ジークフリート・ギーディオンは、一九二八年の彼の著書『フランスの建築、鉄の建築、鉄筋コンクリートの建築』の冒頭で、「われわれは、[…]われわれが今『新しい』ものとして記述する建築が、この発展の一世紀の正統な一部であることを認識する」と書いている(86)。同様の関心が、歴史家のニコラス・ペヴスナーの著作の基礎となっており、それは一九三六年の『近代運動の開拓者たち』に明らかである。そして、驚くべき四十六巻からなる『イギリスの建築』において選ばれた建造物も、大概は歴史的な忠実さを表現したものだった。この性質を欠いたものは無視され、もしその規模や重要性から収録が避けられないものは糾弾された。たとえば、一九二七年から一九二九年にかけて建設されたネオバロック風のノッティンガムの議事堂がそうで、ペヴスナーは現代のストックホルムのタウンホールと比較する中でこれを否定的に扱いながら、「イオニア式の列柱は内部同様に感動的でもなく真実を語ることでもない」(1951, 130)と述べた。これら三つの真実の意味合いすべて、つまり、表出的、構造的、歴史的真実は十九世紀に発展するのだが、それらの発展の過程は、後に詳述する。

一九六〇年以降の批評の主要な特徴であった「真実」への攻撃は、

主として文学批評に由来していた。「真実」への抵抗は、建築においては確かに見られたが、建物の経済的な現実が真実の探究の放棄を困難にしていた。そして、真実の拒絶は、おおむね、文学における読解理論の建築への適用としてであった。しかしながら、わずかの重要な例外はあるので、ここで手短に扱っておきたい。最初のものは、ロバート・ヴェンチューリの著作に表れる。一九六六年の著書『建築の多様性と対立性』において以下のように記述している。「私が好む要素とは［…］一貫性のある明瞭なものよりも、むしろ矛盾に満ちた曖昧なものなのである」(16)と。彼の熱意は、バロック建築の両義性に対して向けられており、彼はこの両義性をモダニズム建築の単一性との比較の中で際立たせた。ゆえに、「真実」への攻撃というよりは、むしろ『多様性と対立性』は、古きバロック的な理念への回帰であって、そこでは真実は虚飾と共存しえたのである。『ラスベガス』では、ヴェンチューリとスコット・ブラウンは、「真実性」(truthfulness)に対してより一層批判的ではあったが、ここでの批判は、道徳的基準が建築の評価に不適切であるということだった。ポール・ルドルフの設計によるアパートに関して彼らはこう述べている。「クロフォード・マナーあるいはそれが象徴する建造物に対するわれわれの批判は道徳的なものではないだけでなく、またそれは、いわゆる建築の誠実さや、実体とイメージ自体との間の対応関係が欠如しているという点にも関わってはいない。［…］われわれは、クロフォード・マナーの『不誠実さ』を批判しているのではなく、今日において不適切であるために批判するのだ」(101)。

およそ同じ時期に、「歴史的真実」という概念が精査されていた。二つの論文が特に際立っている。一つが、チャールズ・ジェンクスの「神話としての歴史」で、この論文の中でギーディオン、ペヴスナーなどの批評家がモダニズムの歴史的正統性を支持していた主張を取り上げ議論したが、むしろ彼は、モダニズム建築の歴史は解釈の複数性に開かれており、すべての解釈は同様に神話的で、それゆえに真実を欠いていたと主張したのである。もう一つが、デイヴィッド・ワトキンの『モラリティと建築』(1977)で、それは、モダニズムの歴史家がモダニズムに道徳的な権威を与えようとする企図に対してのより集中的な批判だった。そして、その議論は反ヘーゲル主義者であるカール・ポパーの『歴史主義の貧困』(1957)における議論を強く踏襲していた。

しかしながら、「真実」への重大な攻撃が生じたのは建築の外部からであった。これらの攻撃は、一九六〇年代後半の文学理論の産物であり、構造主義理論への反動の一部であった。ソシュールの記号論を基礎にした構造主義的文学批評は、シニフィアンとシニフィエの分離の恣意性を受け入れ、文学作品は限定された意味を持つという伝統的な文学批評の主張に挑んだのである。この理論の教訓は、ロラン・バルトの『神話作用』と題された初期のエッセイ集に明らかだが、文学批評の「真実」を生み出す能力に異論を唱えたのである。モダニズムのデザインに対して向けられたこの議論の好例が、ジャン・ボードリヤールの『記号の経済学批判』(1972)に現れている。

さて、バウハウスの公式を要約してみよう。すべての形態およぴ、すべてのモノにとって客観的で決定的な記号内容《シニフィエ》（意味されるもの）が存在する。——すなわちその機能である。言語学では、**明示的意味**《デノテーション》のレベルと呼ばれていることである。バウハウスは、厳しくこの中心、明示的意味というこのレベルを孤立させることを要求している。——残りのすべてといえば、捨石であり、**言外の意味**《コノテーション》の地獄である。つまり、廃物、余分なもの、こぶのようなもの、風変わりなもの、飾りのようなもの、役に立たないもの。キッチュということだ。明示されるもの（機能的）は美しく、言外に示されるもの（寄生的）なものは醜い。さらにいえば、明示されるもの（客観的）は真実であり、言外に示されるもの（イデオロギー的）は虚偽である。客観性という概念の背後では、結局真実についての形而上学的、道徳的なあらゆる議論が危機に瀕しているのである。

ポール・ルドルフ、クロフォード・マナー、（ニュー・ヘブン、一九六二—六六年）。ヴェンチューリとスコット・ブラウンは、倫理的な価値である「誠実さ」を主張することが的外れであると批判した。

すなわち、今日崩壊しつつあるのがこの明示という公準なのである。ついに、この公準が恣意的なもので、方法が人工的なものであるばかりか、形而上学的な寓話でもあるということが認識され始めているというわけだ。モノに関する真実などというものはない。そして、明示されるものとは、言外の意味《コノテーション》のうちで最も美しいもの以外のなにものでもないのだ。(1981, 196)

しかし、ボードリヤールやバルトたちにとって、すべての記号に対して常に確定したシニフィエがあるというソシュールの仮定には不満があった。フランスの構造主義的な立場に立つ批評家たちは、根本的かつ超越的なシニフィエへの拘束に対してより一層不満を感じるようになった。部分的には、ジョルジュ・バタイユの非合理主義をきっかけに、また他方では、一世紀前のフリードリッヒ・ニーチェによって試みられた「真実」への攻撃をきっかけにして(『善悪の彼岸』、特に一部を参照せよ)、彼らは読者とテキストの関係を記述する他の方法の探究を始めた。バルトについて言えば、彼の批評は、意味の生成の役割を担う著作の構造そのものについての関心から大きく移行した。そして、以後の彼の関心は、一つは、主体自らの経験、すなわち作品の読解の際に言語を自分のものとし、固有性を獲得する過程としての読むという行為に移ったのである。バルトは以下のように、この読者とテキストの関係の新しい概念把握を記述している。

私の愛するものといること、そして何か他のことを考えること。これこそが、私が最良の着想を得る方法、私の作品に必要なものを創り出す最良の方法なのである。テキストについても同様である。もし、何とかそれが間接的に自らを主張させることができれば、私にとって最良の歓びが生まれるのである。すなわち、それを読んでいるときに、私が頻繁に目を離し、何か他のことを聞こうと促されるのであれば。(1973, 24)

この主体への〔関心〕の移行によって、作品自体が「真実」を生み出しうるというあらゆる考えは終結した。バルトが述べるように、「批評は、翻訳ではなくて、遠まわしな表現にすぎないのであり、それが、作品の『本質』の再発見を主張することは不可能である。というのも、この本質とは主体そのものであり、それはつまり不在なのだから」。(1966, 87)

非合理性と欲望に刺激されて、この新しい批評理論を建築思想に最初にそして恐らく最もうまく持ち込んだのは、ベルナール・チュミだった。[*1] 一九七〇年代に彼の著した一連のエッセイにおいて、彼は、実在するものとしての建築作品とその中にいる主体との分裂を主張した。『ピラミッドと迷宮あるいは建築のパラドクス』(1975)において、彼は、多くの人々が建築に対して抱く不満は、「想像された空間」――頭で理解する空間――と、「知覚された空間」――身体的に経験する空間――との間の差異、および両者を関連づけることの難しさに起因するとしたのである。チュミが述べるように、問題は以下のようなことである。

　建築は、相互依存的ではあるが、同時に互いに排他的な二つの観点から構成されている。確かに、**建築は、経験される現実を構成するけれども、この現実こそが、総合的な洞察を邪魔するのである。そして、建築は、絶対的な真実についての抽象概念の一部を成すが、まさにこの真実こそが感じ取ることを阻害するのである**。われわれは、経験し、同時にわれわれが経験していると考えることはできない。(48)

チュミの矛盾解決法とは、バタイユやバルトがそうであったように、合理性と真実を捨て去り、感覚的な快楽と理性とを架橋する、官能的で、快楽的な「経験される空間」を受け入れることだった。

　ポスト構造主義者の「真実」の拒絶を建築へと組み入れようとしたもう一つの試みは、ピーター・アイゼンマンがジャック・デリダとの共同作業を行った『コーラル・ワークス』と呼ばれるラ・ヴィレット公園の計画において見られる。ここでは、デリダの終わりなき意味との戯れという言語観が、実体的な作品へと翻訳されるはずだった。

　その石材、金属の構造、層の重層原理は…「プラトン的」なコーラの深淵へと沈んでいくのである…『コーラル・ワーク』の真実へと。そして**リラ**（竪琴）**レイヤー**が語り、行い、与えるものが真実なのではない。それは提示できるものではない、再現できるものではない、統合できるものではない。それは自らを見せることは決してない。これらすべての意味や形の層、可視性や不可視性の層は（レイヤーの中で虚ろなものであり）互いの内部に、上下に、前後に拡張する。しかしその関係の正しさはいかなる判断のもとでも決して確立も安定もしない。それはいつでも語られたこと以外の何かを寓意的に語らせる。一言で言えば、嘘をつかせるのだ。この作品の真実はこの嘘をつく強さにある。

　この意図的な非合理性において、アイゼンマンが先に述べたような、「建築をその中心的な原理から引き離そうとする努力」の証しを見ることができる（1987, 181）。

　西洋思想への真実の支配を弱めるためのもう一つの主要な試みは、ジャン・ボードリヤールが展開したシミュレーションの理論に由来する。ポスト構造主義のネオマルキシズムの観点から、ボードリヤールは、高度資本主義社会における疎外の理由の一つは、交換単位としての商品をシミュラクルに置き換える傾向にあると主張した。近代社会の特徴とは、商品そのものというよりは、広告イメージといった商品記号に対する執着なのである。それゆえに、この状況においては、商品とそのシュミラクルを区別することが不可能になる。ボードリヤールが述べるように、「シミュラクルは、決して真実を隠すものではない。というのも、真実が存在しないということを隠蔽しておくことこそが真実だからだ。シミュラクルは忠実なのだ」(1983, 1)。シミュラクルは、真実でもなければ虚偽でもない。「シミュラクルのもとで真実の回復を望むことは常に間違った課題である」(1983, 48)。建築の事情、つまり同時にイメージと建造物の生産に同時関わる実践であるという明らかな妥当性があるにもかかわらず、これらの概念が建築へと直接に適用されることはほとんどなかった。

構造主義とポスト構造主義による「真実」の侵食に対して、そして、人々の世界との関わりがモノではなく記号やイメージとの関係の中で生ずるという認識に対しての抵抗が存在した。建築作品の実体としての物質性、そして「テキスト」との明らかな相違性から、建築は、まさに反撃のポイントとなった。昨今の芸術作品が持つ本質的な真実の存在に関する議論は多様ではあるけれども、そのすべてが現象学によるものである。彼らは、世界を可視のものと不可視のもの、つまり五感に訴えるものと精神に訴えるものに分割して認識するという西洋思想の慣習を攻撃するのである。フランスの哲学者である、モリース・メルロ＝ポンティが述べるように、「五感は、何の解釈するものの必要もなくお互いを翻訳する。そして、何の概念の介在もなく相互的に理解が可能なのだ」(235)。このように、その中に存在するということから独立して世界を知ることはないし、世界にあるモノの意味は、それらが五感に与える経験から分離されることはないのだ。この議論の建築との関係の一部は、アルベルト・ペレス＝ゴメスとルイーズ・ペレティエらによって示唆された。幾分異なった歴史的な議論の流れは次のような提案をしている。建築における「真実」の崩壊とは、美の台頭と美の科学からの分離(古代、中世の科学と美の統合時代に比べ)の結果である。この議論においては、建築の中心的な問題は、超越的な真実を持つことができないことということがわかる。芸術的なものと科学的な実践の分離の結果は、哲学者であるハンス・ガダマーが述べるように、「以前はいつもそう思われていたようだが芸術と自然が相互に補うというわけではなく、外観と現実として対比されていた」(74)。この「美的区分」の結果として、科学的な「真実」の水準に達することのできない芸術作品は、単に五感を楽しませる以外の目的を持たないとされたのである。この問題に関する示唆のいくらかは、ペレス＝ゴメスの『建築と近代科学の危機』(1983)という著書の中で、そして、建築理論家であるダリボア・ヴェゼリーの一九八五年の文章によってさらに詳しく探究された。彼は、現在における到達の可能性には疑問を感じていたものの、建築の「真実」の可能性への執着は明らかだった。ヴェゼリーによれば、モダニストの求めたすべての建築の「真実」(そしてそれはこの項で後に記述されるが)は、誤りなのだ。なぜならば、これらの真実は、近代科学もしくは近代美学のどちらかによって生み出された部分的な「真実」だったからである。かつて芸術が科学から区分されていなかった時代には、芸術は絶対的で超越的な真実を具現化することができたが、十七世紀以降の実証的な科学的方法論の発達によって終焉を迎えた。彼の自らの要約によれば、ヴェゼリーは、「象徴的な表象に保存されている現実についての真実を明らかにする芸術が、快さの源として生み出され経験される美的表象といかに異なっているか」(32) を示すことが目的だったと書いている。ルネサンス後の世界における誤った真実に対抗して、ヴェゼリーはこう説明する。「『肯定的な意味での真実』という言葉によって、私は、芸術(建築)作品の、今ある現実——人間のおかれている状況——についての真実を明らかにする能力と同時に、象徴的な表象体系として現実を保存する能力を意図するのだ」(38, n.65)。自然を徹底的に記述しうるという近代科学の誤った前提と、美しいと判断される形態を生み出す以上のことができなかった芸術の失敗をともに批判しながら、ヴェゼリーは、「建築の現実全体を美的、もしくは科学的な虚構と置き換え、それを操作することによって、操作しているどころかあたかも現実そのものを生み出していると信じてしまう」(32) ような錯覚に不安を感じていたのだ。ヴェゼリーは、真実を再生する最良の可能性が、建築の歴史を通じて表明される継続的な原理の理解にあると見なしていた。もっとも彼は、過去二十年間にこれを実現しようとした試みは産業革命以前の都市へのノスタルジアとさまざまな他の誤った歴史の引用しか導かなかったと悲観的に認識していたけれども。これらすべての試みは、建築の刷新は単なる「形態」の操作によってもたらされうるという誤った信念のために失敗に終わった。

ポスト構造主義者の「真実」への攻撃によって、四十年前ほどその言葉は議論されなくなったが——そして仮に議論されるときには、より慎重に扱われるようになったのだが——、それは置き換えられてしまったわけでないのは明らかだし、これらの現象学的な読解を通じて、また戻るかもしれないし、建築を語る一連の言葉の中に異なる位置を占めるかもしれないという現実的な可能性があるのも明らかである。

二 ルネサンス期の芸術理論における「真実」、すなわち自然の模倣

ルネサンスの新プラトン主義は、芸術の質として「真実」に価値を置いた。つまり、ある芸術が本来的な理想をいかに忠実に表象するかという点をその地位の基準としたのだ。アリストテレスとホラティウスがこの観点から最も忠実だと見なしていた詩と劇は、より優れた芸術だと見なされるようになった。そして、ルネサンス期の芸術理論の主要テーマは、本来的な理想を表象する能力において、絵画や彫刻という視覚芸術の同等性を論証することに夢中であった。[*2] 建築は再現芸術ではないことでこの観点からすると他の芸術と比べて不利な立場にあった。そして、その実践者の継続的な関心は、建築もまた表象的真実の水準を望みうることを証明することだった。このことは、単なる根拠のない哲学的な空論ではなく、彼らの暮らし向きや社会的な地位に影響を与えたのである。というのも、比較的最近の社会的に認知された〔作品としての〕建築の〔一般的な〕建物からの差別化は、部分的には、建築家が彼らの従事する芸術が、「職人的な」[*3] というよりは、「人文的」科学であるということを証明できるようになったことに負っている。しかし、建築が、詩や絵画がそうであるように表象芸術であるというのはすぐに

わかることではなかった。なぜなら、もし何かを表象していたのであれば、それは何なのかと問われるからだ。ここで、ウィトルウィウスが助けの手を差し伸べた。というのも、彼は短い一節の中で、ドーリス式、イオニア式オーダーの装飾を最も初期の木造建築のイメージをなぞらえて作ったものとして記述し、このことがその建造物の配置を規定していると主張したからだ。したがって、ウィトルウィウスによれば、ギリシア人にとって「現実には起こりえないと彼らが考えるものが、模倣において正しく扱われることは考えられなかった。というのも実際の自然法則から導かれる狂いのない適切さによって、彼らはあらゆるものを自らの作品の完成のために順応させたからだ。そして、議論のうえで現実の秩序に従うことを示すことができれば、それを是認したのである」(Book IV, chapter II, § 5-6)。ウィトルウィウスが何を意図していたにしても、十六世紀から十八世紀にかけての建築思想家にとっては、この示唆は、詩や絵画と同じように、建築が自然を忠実に表象することを意図した芸術分野であるとすることに十分なものだった。十六世紀から十八世紀中葉にかけて、真実について著述家が言及する際にはいつも、変わることなく建築の本来的《ナチュラル》モデルの忠実な表象という意味で語っていたのである。同様にパッラーディオは、一五七〇年に建築の悪習を挙げながら、自然とは「忠実で優れた、美しい建造方法」を提供するものであるからと、自然から逸脱したすべてを批判した。

とりわけ注目すべき点は、十六世紀から十七世紀を通じ、建築に関わる著述家たちが、建築の持つ欺瞞性と真実性への希求を調和させることに何ら困難を感じていなかった点である。ルネサンスとバロック時代の建築家たちは、建築が人工的な現実を創出すること、すなわち、大概の建築は、そのもの以外のように見える物を作り出すことを十分認識していたので、彼らはこの特性と建築の想定上の真実さとの間に矛盾を見なかったのである。建築が欺瞞の芸術であると同時に真実の芸術でもあるという認識が衰え、この表面上の逆説に耐えがたくなるのには、十八世紀の後半まで待たなければならなかった。これから見るように、この要因は「真実」の再定義に関わるものだった。十七世紀、そして十八世紀に入ってもしばらくは、芸術一般の快、とりわけ建築によるものは、その作品が持つ騙す能力から派生するということが当然視されていた。一六八六年に建築家グァリーノ・グァリーニが以下のように書いている。「数学には依存しているものの、それにもかかわらず建築は虚飾《フラッタリー》の芸術である。そこでは、五感が理性によって齟齬をきたす必要はないのだ」(10-11)。もし、十七世紀後半から十八世紀初頭の理論において一般的に考えられていたように、芸術の第一の目的が五感を喜ばせることであるのなら、現実を適合するように修正するのが、芸術の責務だったわけである。したがって、たとえば、ベルニーニは、建築家にとって最も重要な事柄の一つは、対置〔contraposti〕への優れた鑑識眼、すなわち、物を単に物そのものとして見るのではなく、むしろその周辺に位置し見え方に影響を与える対象との関係性の中で描く能力を持つことである」と考えていたのだ(Fréart de chantelou, 139)。そして、十八世紀からの一例で、その後かなり

G・グァリーニ、シンドーネ礼拝堂のドームの内観（トリノ、一六六七―一六九〇年）。「五感は、合理性によって倦むことを望んではいないのである」。バロックの建築家は、建築の忠実さとそれが同時に持つ欺く能力との間に矛盾を感じていなかった。

の影響を与えることとなった、エドマンド・バークの『崇高と美の観念の起源に関する哲学的探求』(1757)を引用しよう。そこでバークは、崇高さの効果を得るには、見かけの大きさが実際の大きさよりも常に重要であると主張していた。たとえば、「真の芸術家は、気前良く観衆を欺くべきである。欺くことで初めて、芸術作品は偉大なものと成りうる」(76)。

しかし、十八世紀の中葉になると、真実の芸術であると同時に欺瞞の芸術として建築を受容することは難しくなった。というのも、一方を評価することがいつももう片方を危うくしてしまうという必然的な結果を伴うからである。カトルメール・ド・カンシーがとりわけそうであったように、一部の建築理論家たちは、新しく、より排他的な真実の認識の発展に対して、両者の調和を維持しようと試みてはいたけれども、彼らの戦いは敗れる運命にあった。バロック時代における真実と欺瞞の共存の終焉の理由は、完全に建築の外部に存在していたのだ。

その最初のものは、十七世紀、十八世紀における思想の他の領域での進展に関係している。十七世紀の「科学革命」——すなわち、ガリレオ、ニュートン、ウイリアム・ハーヴェイその他の科学者の発見——は、古代の学者たちの自然界についての議論を破棄し、直接的な観察に基づいた解釈および、その理性の適用を探究しようという意欲から生じたものだった。もし、このことが自然科学における進歩を導いたのであれば、同様の姿勢が建築に対しても適用されるべきではないだろうか?——つまり、古代への服従に縛られるのではなく、建築も、理性によって到達した原理を頼るべきではないだろうか? これこそが、間もなくわれわれが参照することになる、建築的真実の新しい概念を展開した最初の理論家であるカルロ・ロドリが用いたアナロジーであった。ロドリが述べるには、われわれは、ヒポクラテスやガレンへの執着を強要することはない。むしろ、ウイリアム・ハーヴェイや他の科学者による新しい医学の発見に従うのだ。つまり、建築においても同様に、古びた伝統や疑わしいウィトルウィウスの権威ではなく、われわれの理性に従うべきなのだ。[*4] この議論は建築に対しては見かけ倒しにすぎなかったが、——自然科学ではないのだから——にもかかわらずそれは関心を引きつけるものであった。

自然に対する忠実さへの不満の二点目の理由は、哲学における発展に由来していた。十八世紀後半に至るまで、美と道徳は独立したものとしては見なされていなかった。プラトン、アリストテレス、そして続くすべての西洋哲学において、美と真実は共存しているだけでなく、互換可能な概念でさえあったのである。この見方は、一般に近代美学の父と見なされているロード・シャフツベリーによって十八世紀初頭に繰り返されている。「この世界で最も自然のままの美とは、誠実さと道徳上の真実なのだ。というのもすべての美は真実だからである」(241)。同様の記述が十八世紀の芸術に関する著作には溢れていた。カントの『判断力批判』(1790)によって初めて、美学が道徳や倫理といった概念から別の一つの学問領域として決定的に確立されたのである。カント以降、真実の観点から美を語ることは哲学上の罪であり、仮に大部分の芸術についての著述家がカント哲学の詳細に対しては無知なままにとどまっていたにしても、その影響によって、真実は概してより厳格な概念になっていった。道徳と美[*5]の間の境界はしばしば脅かされることがあったけれども、「真実」が以前よりも排他的な領域へと変わったのは疑いのないことであり、芸術における真実と欺瞞はもはや穏やかに共存することはできないようなものとなったのである。

三　構造的真実

欺瞞の芸術として建築を理解することへの最初の重大な挑戦は、一七五〇年代、二箇所から同時に起こった。一つは、イタリアのカルロ・ロドリ、もう一つはフランスのロージエ神父からである。

カルロ・ロドリ（1690-1761）は、生涯の大部分をヴェニスで過ごしたフランチェスコ会の修道士だった。彼の「建築のソクラテス」という評判は、確かに刺激的だった彼の教えから来ている。しかし、彼は著作を発表することなく、その論文も死後すべて失われてしまったので、彼の思想は、フランチェスコ・アルガロッティの「建築論」（1753）とアンドレア・メッモの「ロドリ建築の原理」を通じて、間接的な形でのみわれわれに伝わっている。この両者は、ロドリの思想に対して極めて異なった内容の記述を提示している。たとえば、メッモの記述は、非常に短いだけでなく、ロドリへの偏見に満ちていたアルガロッティのものよりも一般に信頼性が高いとされている。しかし、両者ともロドリにとって「真実」が重要であることには同意している。「すべての多様な側面や表れ方において彼が詳細に解釈し示す真実以外の目的を持たなかったので、いわばソクラテスが哲学についてしたのと同じように、彼は、建築から空っぽの言葉と、ソフィストの詭弁を一掃しようとしたのだ」（Algarotti, 34）。そして、メッモは、ロドリの教えの一つとして以下を挙げる。「真実から歩みを始めた時に初めて、建築の美にめぐり会うのである」（Memmo, vol.2, 59）。ロドリにとって真実とは、彼が建築に見た二つの主要な過ちへの対処法だった。一つは、すべての規則を無視し、自らの規則にのみ従う建築家たちの気まぐれさであり、もう一つは、古代の権威への無批判な追従だった。ロドリの合理的な原則は、建築を「機能」（二五八頁―）と「表象」の二つの部分――すなわち、建造物の構造的で静的な特性と、その素材、つまり目[*6]に見えるもの――へと分割することに基づいていた。メッモは「真実」とは、機能と表象の調和であると示唆している。しかし、ロドリが真実という言葉を素材に関して使用する際には、より限定された意味が存在した。ロドリは、建造物の装飾の形態は、それらを形成する素材の本質的な特性に従うべきだと主張した。これは、木造建築の細部をそのまま組積造建築へと適用するというウィトルウィウスの教義、および、一般的なバロック的意匠に対する直接的な攻撃であったのである。（隠喩《メタファー》を好んだ）ロドリは、以下のように主張している。

真実を伴って初めて、理想的な美が認められたのである。しばしば、彼はこのように言うだろう。どれほど水晶に彫面の仕事が多くなされていたにしても、それは本当にカットされたダイヤモンドの横に置かれた時には、精巧な模造にしか見なされないだろう。また、その頬の色が朱色のパウダーによるものであれば、その女性の頬が、血色がよいとは決して思われないだろう。そして、人手による仕事だとわかっている偽物の髪を美しいと呼ぶことはないだろうし、それは、綺麗な髪の毛を真似たかつらが美しいと判断されないのがもっともであるのと同じことである。このようなイメージを建築へも適用しながら、彼は大理石をあたかも木のように使うことは、お金を無駄遣いするのと同じだと考えたのである。[…] どうしてわれわれは偽りない科学的なそれ自身の形態を大理石に与えることが、より魅力的であるかどうかを探究しようとしないのか。そうすれば、理知的な観察力に対しては歪んだと映るようなものであっても、そうは識別できなくなるだろう。(Memmo, vol.2, 81-82)

建築が美しくあるためには、その装飾はそれら自身が作られる素材と調和していなくてはならないという認識はロドリから来ているのだ。

建築における真実の理論に寄与したもう一つの十八世紀中葉の議論は、一七五三年に初版が出たロージエ神父の『建築試論』に由来するものだった。ロドリと同様に、ロージエ神父も建築からバロックの過剰さを取り除き、合理性によって達成される一般原理の確立を望んでいた。実際、ロージエ神父の原則は、「自然のままの」(三三〇—三三一頁を参照)もの、つまり、プリミティブ・ハットの構造論理と一致するものに基づいており、彼は一度だけ、建築に対して「真実の」という言葉を使っている。(彼の教会建築への提案は、「完全に自然で真実のものである」[1756, 104])。しかし、ロージエ神父の「自然のままの」という言葉は、ロドリの「真実」という言葉からさほど離れたものではなく、われわれが次に参照する、イタリアの著述家であるフランチェスコ・ミリツィアにおいて混同されていくのに十分なほどに両者の概念は近かったのである。建築に関わる著書を多く残した作家ミリツィア(1725-98)は、その素材をさまざまな原典から引き出していた。彼の著書は好評を博し、重版を重ね、フランス語、スペイン語、英語などさまざまな言語へと翻訳された。無名のロドリの思想を普及させたのは、アルガロッティでもメッモでもなくむしろミリツィアだったし、ロドリの真実という概念が後に広まったのもまた、ミリツィアによるものだったのである。しかし、ミリツィアは、独創的でも体系的に記述することもなかったので、彼は躊躇なく、異なる作者の着想を結合していったのである。このようにして、われわれは以下の著述において、ロージエ神父とロドリの混合を見いだすのである。

決して不必要なことをしてはならないし、正当な理由が与えられないようなこともしてはならない。その理由は、優れた模倣技術としての市民建築を生み出した、原初的で自然な小屋の起源や分析から引き出されなければならない。それこそが、芸術家にとっては彼らの作品を、そして批評家にとっては彼らの建築への探究を方向づける規範なのである。**すべての基礎は、真実、もしくは迫真性に沿わねばならない。忠実にそして現実的に維持されていないものは、認められないだろう**［…］。（1785, 27）

われわれは、ミリツィアのもう一つの著書『見る技術』において、構造的な真実（その言葉自体を使ってはいないけれども）という概念についての、十八世紀中において最も明快な著述を見いだす。そして、この著書もフランス語とスペイン語へと翻訳されている。後にその理由は明らかになるが、この翻訳はフランス語版からの引用であって、いくつかの細かい点において異なっているイタリア語の原典からのものではない。

必要性に基づいた建築は、以下に従う。第一に、その美は、特徴をこの同じ必要性から援用しなくてはならない。第二に、装飾は建造物の持つ本来的な特性から派生し、その建造物の装飾に対する必要性から生じなくてはならない。有用性がなく、その建築に対して不可欠ではないいかなる部分も、建造物の中に存在するべきではない。そして第三に、目に見えるすべては、何かのためでなくてはならない。第四に、妥当な理由によってその存在が正当化されない何物も認められるべきではない。第五に、これらの理由は明らかでなくてはならない。なぜなら、真実の証しこそが、美の主要な構成要素だからである。このように、建築の持ちうる美は、その必要性から生じたもののみである。そして、必要性とは、わかりやすく自明なものであり、装飾的な作品の中に自らを示すことは決してない。そして、必要性は人為的な装飾すべてに拒否反応を示すのである。

建造物の見方を学びたいのであれば、合理性と建築の本質そのものから引き出された、疑いがなく、不変で、一般的で、確固不動なこれらすべての原則に常に立ち返らなければならない。あなたは、すべての部位に問いかけねばならない。あなたは何者なのか。そこであなたは何をしているのか。いかにあなたの仕事をなしているのか。何らかの形で、有用性、もしくは堅固さに寄与しているのか。あなたは、他の者がするよりもよくあなたの機能を果たしているのか。（1797-98, 75）

ロドリやミリツィアによって提示された構築的な真実についての説得力ある主張に対して、建築が真実であると同時に欺瞞でもありうるという古びたバロック的な理念を保持しようとする最後の砦が存在した。一七八〇年に、フランスの建築理論家であるカトルメール・ド・カンシーによって展開された華々しい議論は、古い「真実」という概念を、新しい語意の侵入から守ることはできなかったにしても、その巧妙さから繰り返し述べる価値がある。要約すれば、カトルメールは、以前には誰も試みたことのなかった、建築が同時に持つ真実と欺瞞という逆説に対して合理的な説明を与えようと試みたのだった。カトルメールの主張は、すべての彼の先人たちは、建築の「自然」な原型を原初的な木造小屋そのものと考えたところに誤りがあるというものだった。むしろ、カトルメールが述べていたのは、「自然」(三二五頁―を参照)とは理想的な概念であり、物的な対象――そこに木造小屋も含まれているのだが――とは単にその概念の表現にすぎないというものである。建築を通じた自然の模倣とは、木造建築の細部を石へと模写することにあるのではなく、その木造の細部が偶然にも表した自然の理想を石へと翻訳するところにある。[*7] したがって、ギリシア建築は、真実である(なぜなら、その理想の翻訳を忠実に示していたからだが)と同時に、虚構でもあった。なぜなら、想像という行為が模倣と理解のために不可欠だったからである。このことによってカトルメールは、組積造建築は石材の特性のみに従うべきであるというロドリの主張に反論することができたし、木造小屋の模造は本物であると同時に本物でも架空でもあると提案することも可能となったのである。そして、彼はこう続ける。

紛れもなく、われわれが建築における模造の快を享受できるのは、この幸運な欺瞞を通じてなのだ。このような欺瞞がなければ、すべての芸術に伴い、その魅力でもある快が存在する余地は無いだろう。われわれを虚構の、そして詩的な世界へと誘うこの騙されているかのような快によって、われわれはむき出しの真実よりもむしろ偽装された真実を好むようになる。われわれは、強い押しつけではないにしても、芸術に虚偽を見いだすことを好む。そして、われわれは喜んで欺かれる。なぜなら、その状態はわれわれが望む間しか続かないし、いつでもそこから自らを解き放つことができるからである。われわれは、虚偽と同じように真実を恐れている。つまり、誘惑されたいとは思っているけれども、誤った道へと導かれるのは嫌なのである。そして、われわれのこの人の心についての知識に基づいて、あのように親しみがあり、忠実な嘘つきである芸術が、その領域全体を創設したのである。主人を褒めてご機嫌をとるのが無類にうまい彼らは、嘘をつくことと同じように真実を話すことが危険を伴うことだと知っている。彼らの巧妙な手口とは、常に真実とも虚偽とも親密さを保っているところにある。(「建築」、1788, 115)

しかしながら、その才のすべてにもかかわらず、カトルメールの議論は全く定着しなかった。むしろ、十九世紀初頭のヨーロッパの建築家の間では、ロドリが提示し、ミリツィアが普及させた構造的な真実の原理がますます広がっていったのである。したがって、プロイセンの建築家であるフリードリッヒ・シンケルは、一八二五年頃に書かれた未刊の『教科書』の一節の中で、構造こそが建築家に真実を提供すると見なした。「建築とは建造することである。建築においては、すべてが真実でなくてはならない。いかなる構造の偽装、隠蔽も過ちである。適切な責務とは、建造物のすべての部位を美しく、その特徴《キャラクター》と調和するように創り出すことである」（1979, 115）。シンケルは、素材に関しても同様に、ロドリに近い観点から以下のように記述している。「特定の素材において完全に仕上げられたどのような建造物も、それ自身の明確な性格を持つので、他の材料をもって同様の仕方で合理的に仕上げられることはない」（1979, 114-115）。したがって、シンケルがロンドンのサー・ジョン・ソーンの邸宅を訪れた際の――「至るところ小さな欺瞞だらけである」という――否定的な反応は洞察に満ちたものである。新しい構造的真実の修辞法を英語へと取り入れたのは、A・W・N・ピュージンだった。彼の著書『尖塔様式、もしくはキリスト教建築の根本原理』（1841）は、まさにその表題において、その著書が議論の対象とする領域を示している。このピュージンの著書は、十八世紀末にイタリアやフランスにおいて発展した構造的真実の概念を英語圏に紹介したことだけでなく、最初にゴシック建築と構造的真実の概念とを関連づけたのが彼であったという二点において意義深いのである。『根本原理』のまさに冒頭部分で、ピュージンは二つの規則を提示した。「最初に、利便性、建築工法《コンストラクション》、作法から必要とされないいかなる建造物の特徴も存在すべきではない。第二に、すべての装飾は、建造物の本質的な架構《コンストラクション》を豊かにすることから成り立っているべきである」。そして、彼は続けて二つの補完的な規則を加える。「純粋な建築においては、いかなる細部も意味を持つか、役割を担っているべきである。そして、施工方法《コンストラクション》自身さえも、採用された素材に応じて変化しなければならない。さらに、その設計もそれらに用いられる素材に適合しているべきである」。これらの原則は、後にわかるように、先に引用した『見る技術』の一節において、ミリツィアが提示したものと驚くほど近い類似性を有しており、ピュージンがこの構造的真実の概念を得たのは、おそらくミリツィアの著書のフランス語版からだと推測される。このように理論武装したので、ピュージンは真実の建築を欺瞞の建築から区別する上での障害がほとんどなかった。中世建築は、すべての点においてピュージンの原則に最も適っていたのである。しかしながら、彼にとって最も魅力的だったのは、彼がそこに見た宗教的な忠実さであった。

A・W・N・ピュージン、「真実のはかり」、最後の挿絵（『対照』、一八三六年）。ピュージンの鮮明なイメージ――つまり、その中で、真実のはかりで十九世紀と十四世紀は測定され、十九世紀の欠乏が判明した――は、英語の建築語彙における「真実」の流通に寄与した。

キリスト教建築の厳格さは、すべての欺瞞に対立する。われわれは、神を称えて建てられた建築を、決して人工的な技法を用いて実際よりも見栄えよくすべきではない。これらは、世俗的に人目をひく一時しのぎの方法でしかなく、華美な虚飾を生きる俳優やペテン師、いかさま師や同様の職を持つ人々にしか適用されないものだからだ。教会が人の目には豊かで美しく映じたとしても、それをすべてを見通す神の眼から逃れることのできないごまかしと偽りに満ちたものにすることほど嫌悪すべきことはない。(1853ed. 再版 1969, 38)

ピュージンがゴシック建築の真実について明示したことと同様に、彼が同時代の誤った建築について言わざるをえなかったこともまた多くを物語っているのである。たとえば、城郭風のカントリーハウスについて、彼はこう述べる。

武器もなければ衛兵もいない衛兵室がある。そして、召使い以外は誰も通過することのない出撃門が。そしてそこからは軍隊が出撃することはない。そして、客間や寝室そして、優雅な私室でしかない天守閣が。女中が眠る時計塔が。執事が皿を綺麗にしている要塞が。すべてが、仮面にすぎず、建物全体が出まかせの嘘のかたまりなのである。(49)

しかしながら、ナッシュ、レプトンやソーンがピクチャレスクなゴシックを通して犯した欺瞞に対するピュージンの強い批判は、単に彼らの構造的な非—真実〔untruths〕に対しての議論だっただけではなく、社会の荒廃がそうした偽りの建築を生むきっかけであろうという道徳的な議論でもあったのだ。美的なものについての議論を通じて、道徳的な議論を組み立てながら、ピュージンは、カントが禁じた過ちを犯している。しかし、その過ちは、ピュージンの後継者たち、とりわけジョン・ラスキンとウィリアム・モリスによって繰り返され、結果として大きな影響を残した。モリスは、この哲学的な混同を率直に探究したのだった。つまり、彼にとって、芸術は、政治、道徳、宗教から独立したものではなかったのである。——「このような重要な原則のもとでは真実は一つなのだ。そして、このことが決定的に分割できるのは、形式上の論文においてのみである」(仕事、第22巻、4)。

もしも、構造的真実という原理と永遠に関連づけられる建築家がいるとすれば、それはフランスのウジェーヌ・エマニュエル・ヴィオレ・ル・デュク(一八一四—七九)に他ならない。ヴィオレ・ル・デュクの膨大な著作の中に、われわれは歴史的な真実に補強されて、群を抜いて魅力的な構造的真実についての理論を見いだすのである。ヴィオレ・ル・デュクの構造的方法についての理解は、一部にはイギリスの考古学者であるロバート・ウィリスから来ている。その著書『中世建築についての所見』(1835)や小論「ヴォールト天井の構造について」(1841)は、ピュージンのものより優れた観察に基づいた構造システムについての分析を提供していた。(ウィリスは真実という観点から構造を記述したことは決してなく、ピュージンの用語法を妥当なものではなく、誤解を招くものだと信じていたために批判的だった。)*8 ヴィオレ・ル・デュクの議論は、彼の著書『建築講話』(1863) に最も明確に現れ、*Lectures on Architecture* (1877) として英訳された。序文において彼が説明するように、この研究の趣旨とは、一つのシステムや様式を他のものに対して奨励することではなく、むしろ「真実の知識」を得ることにあった (vol.1, 7)。十九世紀建築が失敗したこととは、「要求および建設方法と形態との調和」という真実の原理を軽視した点にあった。ヴィオレが述べる限りでは、

> 建築においては、一貫して真実を保たなくてはならない二つの不可欠な側面がある。われわれは、プログラムにおいて真実でなくてはならないし、建設の過程においても忠実でなくてはならない。プログラムの点で真実であることとは、正確かつ確実に事例が要求する条件を達成することである。建設の過程について忠実であることとは、その質と特性に従って材料を採用することである。対称性や外形といった純粋に芸術に関わる問題と見なされているものは、支配的な原理に比べ、副次的な条件でしかないのだ。(vol.1, 448)

第十講では、ヴィオレは、ようやく建築の真実について詳しく述べたが、彼の本当の目的とは、実際には嗜好によって規定されていた対称性や調和のような伝統的な建築「原理」を追放し、そこに「真実」を置くことだったと言えるだろう。いわゆる建築の原則という恣意的な美的基準よりも、むしろ彼は、「幾何学と計算に基づいた原則、すなわち、静力学の原理の精緻な観察に基づく原則は、自ら

A・W・N・ピュージン、ゴシックリバイバル風邸宅に関する風刺画、『根本原理』より、一八四三年。「住宅の片側には、せり出されたパラペット、銃眼のある要塞、これらすべてが強い守りを示している。そして建造物の角の周囲には、主要な部屋へとつながる温室があり、そこを突き抜ければ騎兵の一団が邸宅のまさに中心部へといっぺんに到達してしまいそうである」。ピュージンは、ピクチャレスクを馬鹿げたものに見せようとして「真実」という概念を援用した。

真実の表現、つまり誠実さを生じさせるのだ」(vol.1, 480)。と提案している。ヴィオレの考えが非常に影響力を持ったのは、一つには、包括的な議論を展開していた点にあった。というのも、ヴィオレは、ゴシック建築が構造的真実の最も純粋な発展だと信じていたとはいえ、ギリシア建築やローマ建築、そしてそれ以外のものをも『建築講話』や『百科全書』において十分に扱っていたからである。彼は自らの議論を主張する上での確信と明確さによって、彼の先人であるウィリスは得ることができなかった評判を得た。また、一方で『建築講話』の英語への翻訳によって、彼は英語圏において幅広い読者を得た。そして、十九世紀の主要な建築雑誌のうち二誌、ジョージ・ゴドウィンが編集を務める『ザ・ビルダー』〔The Builder〕と、アドルフ・ランスが編集する『アンシクロペディエ・ダルシテクチュール』〔Encyclopedie d'Architecture〕は、両誌とも彼を支持していた。しかし、特にヴィオレの主張を魅力的にしたのは、発展しつつある鋳鉄および鉄筋コンクリート技術に対する関連性にあった。そして、オーギュスト・ペレ、フレシネたちは、フランスにおいてこれらの議論を鉄筋コンクリートに適用し、それが、フランスとイタリアにおける一九二〇年代のモダニズムの建築家たちに影響を与えたのだった。[*9] オーギュスト・ペレ自らも、彼の人生を通じて、建設方法と形態との協調の重要性を指摘するために、ヴィオレの用語である「真実」を使い続けた。一九四八年のスピーチにおいて、彼はこう述べる。「真実の壮麗さを介して初めて、建造物は美しくなるのだ。所有し守るべき名誉と義務を持つすべてのものが、真実である。」

四　表現的真実

建造物の本質、もしくはその制作者の精神の表出として「真実」を捉えるという考え方は、十八世紀後半のドイツにおけるロマン主義運動の産物であった。その最初の顕著な例は、若きゲーテの情熱的な随想「ドイツ建築について」(1772)に現れた。ストラスブール大聖堂での経験から、ゲーテは、「例の軽薄なフランス人」であるロージエが建築の起源として提示した説明を退けるに至った。「汝の結論は一つとして、真実の領域へと昇華することはないだろう。すべての結論が、汝の論理体系のうちにとどまっているのだ」。ストラスブール大聖堂に、ゲーテはその石工であるアーウィン・スタインバッハの際立った才能が表現されていると感じており、大聖堂に真実を与えているのはまさにこの才能の表出であると見なした。建築の起源は、理念化されたプリミティブ・ハットなどにはなく、むしろ、象徴的な形態を生み出そうという人間の本能的な意志にあるとゲーテは提案していた。彼が述べるように、人間は安心な生活が確保されるようになるや、「息吹を吹き込むものを捜し求める」。ゲーテがストラスブール大聖堂に見たのは、この精神、すなわち象徴的形態を創出しようというエルヴィン・フォン・スタインバッハの天分の表出だったのである。「彼の作品がここにそびえている。こちらへ歩みを進めなさい。強く荒々しいドイツの魂から生まれた、真実の最も深遠な意味と均整の美を認識しなさい。そして、それは同時に、拘束され憂鬱で法王に支配された中世《ミディーウム・アエヴゥム》の段階からの復活だったのである」。

ゲーテのエッセイはあらゆる考え方に及んでいたが、そのどれ一つに関しても特に論理的であるということはなかった。彼は、建築の自然に対する真実性に関わるより良い説明を見いだそうと願って、ウィトルウィウス以後の、建築は自然な、もしくは原初的な構築物の模倣であるという考えを受容することから始めたのである。ただし、垂直な木の幹とそれに付属する上部の屋根というよりは、彼は本来の建物とは「両側の上部でそれぞれ二本のさおが交差し、尾根となる両者をつなぐさおが渡される」ものであると提案したのである。ここから彼は、自然な形態と同等なものとしてゴシック建築を記述した。建築において真実であることが本当に意味するのは、その作り手の精神の忠実な表現であるという全く独創的な提案に彼が達したのは、ずいぶんあとになってのことである。

ストラスブール大聖堂、十九世紀初頭の版画。「こちらへ歩みを進めなさい。真実の最も深遠な意味と均整の美を認識しなさい」。ゲーテにとって、作り手の精神が直接的に表現されていることが、ストラスブールの「忠実さ」だった。

一七九〇年のカントの『判断力批判』の登場は、美的領域としての「真実」を疑うことで、ゲーテや他のドイツのロマン主義者が展開していた芸術の解釈にいくらかの圧力を加えた。ゲーテの友人であるフリードリッヒ・シラーが、彼の著書『人間の美的教育について』において二種類の偽り、つまり「美的類似性」と「論理的な類似性」を区別したのはこの問題を克服するためだった。シラーは以下のように主張した。「類似性に価値があると考えることが、真実の妨げになることは決してない。なぜなら、美的真実に変えてその類似性を代用するような危険は決してないからだ」(193)。そして、彼は以下のように説明を続ける。「われわれが美的類似性を見いだす対象は実体を欠いていなくてはならない」という必要はない。「われわれに求められているのは、美的判断を行うに際して、の実体を考慮すべきではないということなのである。というのも、美的類似性を考慮している限りにおいては、それは美的判断ではないからである」(199)。道徳的なるものから美的なるものを選り分けることで、シラーは芸術の中に真実という観念を維持したのだった。

シラーの真実の分類は、建築の領域において最も「表現的真実」の支持者であったイギリスの批評家ジョン・ラスキンに疑いなく影響を与えることになった。最初に『建築の七燈』(1849)の第五章「生命の燈」において、そして後には『ヴェニスの石』の第二巻「ゴシックの本質」において、ラスキンは、建築作品がその作者の精神や性格を露わにする方法、つまり、どれほどその作品の質が作品を生み出す作者の生き生きとした表現にかかっているか、についての議論を展開したのだ(1849, chapter V, §I)。しかし、ラスキンは決してこの性質を記述するのに「真実」という言葉を使うことはなく、むしろ常に「生命」や「生きた建築」という用語の使用を好んだ。しばしば、評論家は、ラスキンが「生命の燈」において提案し、後に「ゴシックの本質」において展開した原則を「表現的真実」として言及したけれども、ラスキンはこの文脈では「真実」という言葉を使うことを避けた。おそらくそれは、その言葉が一八五〇年までにはすでにイギリスにおいて担っていた、構造的合理主義の強い意味合いによるものだろう。しかしながら、ラスキンは「真実の燈」において、表面的にはピュージンの真実についての学説によく似た議論を提出していた。つまり、ラスキンが欺瞞としたのは、「実際の構造ではない構造形式や支え方を示唆すること」。さらに、「実際に構成しているものとは異なる素材を表現するために表面を塗装すること」。そして三点目が、「鋳型や機械生産による装飾すべて」(§VI)であった。しかし、興味深いことに彼は、虚構が許される条件下においては、即座に最初の二例を両方とも認めたのである。この点こそが、シラーの「美的類似性」の入り込む余地だった。というのも、ラスキンの主張の要点とは、「われわれの精神に誤りの余地のないほどに事物の純粋な本質について告げられている際には、逆の印象をもって影響することは、――それがどれほど明白なものであったとしても――不誠実ではないのである。それどころか、それはむしろ想像力への正統な訴えなのである」というものだった(§VII)。ラスキンの読者の多くは、疑いなく過剰な構造的合理主義に毒されていたので、ラスキンが構造的な真実の理論を推奨していると受け取り誤解をしていた。実際にはその逆で、見る者の精神に美的な反応を生み出す限りにおいては、構造的な虚偽は正統なものとラスキンは主張した。[*10] ラスキンの「真実」についての認識がピュージンのものと同様であるという誤解は広範に及んだ。たとえば、建築家のT・G・ジャクソンは、彼の『回想録』において、以下のように言及している。「ラスキンが説いたように、真実に対しての情熱から、私はテート氏の司祭館において、レンガの持ち出しを露出させたのである。[…] ありのままに天井をめぐるコーニスとして」(89)。そして同様の誤読は、ジェフリー・スコットやトリスタン・エドワーズに代表される著述家によって二十世紀初頭に展開された、ラスキンへの攻撃においても明らかである。それはおそらく、欺くことの中にある快を美的真実としたラスキンの理論にある潜在的な混乱のせいかもしれない。確かに、一八五四年に『講演集、建築と絵画』の最初の二つの講演の補遺において建築についての考えをまとめた際に、彼が「真実」という言葉に言及することは全くなかった。そしてむしろその代わりに、「労働者の自由」の表出としてのゴシック建築の性質を強調したのである。

十九世紀の建築家の中で、最も明確に「表現的真実」という言葉を使用したのは、アメリカのルイス・サリヴァンだった。エマソンや彼のシカゴでの勉学を通じて、ドイツ・ロマン主義の思想に通じていたために、建築とは個人や社会の表現であるという認識は、サリヴァンの著作に繰り返し現れるテーマだった。例として『幼稚園談話』(1901-02) の第三講を取り上げよう。「**あなたの見るすべての建物は、あなたが見ることのない人の像《イメージ》なのだ。**人こそが実体なのであって、建造物はその所産なのである」。そして、彼は続ける。「われわれの前にある落胆させるような建築において、ある事物がなぜそのようになっているのかを知るには、われわれは人に目を向けねばならない。というのも、われわれの建造物は、全体としてはむしろ、ひとまとまりとしてのわれわれを映し出す広大なスクリーンなのだから」(24)。アメリカ建築における「誠実な」建物の不在——そしてこの不在について彼はいつも聴衆を非難していたのだが——は、サリヴァンにとって「あなたたちの中に存在する真の感情」が失われた結果だった (1906, 108)。しかし、「誠実な」建築とは、表現性と同様に、構築性に関わるものであるとサリヴァンは考えていた。そして、彼の『理念についての自叙伝』の一節が、彼がこの別の「真実」の認識に目覚めた際のことを記述している (249-250)。表現的および構築的な真実という両方の観点からその言葉を解釈しようという傾向は、十九世紀後半のアメリカの建築家の間で極めて特徴的なものだった。オーストリア出身であることからドイツ観念論の思想に通じていた一方で、アメリカでの建築実践においてはヴィオレ・ル・デュクの熱狂的な支持者であったレオポルド・アイドリッツの所見はとりわけ興味深いものだ。しかし、アイドリッツは、彼が建設的な真実は部分的に正当であるにすぎないと見なしていたことを明らかにした。なぜならば、「建築は、観念を扱う。そしてそれ以外を扱うことはない。構造を形成する際に、建築は、構造の魂を描こうと試みているのであって、単にその居住者の物理的な要求に従うだけではないのだ」(226)。ルイス・サリヴァン、そして先人であるアイドリッツやサリヴァンと同様に、若きフランク・ロイド・ライトもまた、習慣的に表現的および構造的な真実を結びつけてしまっていた。

五　歴史的真実

十九世紀に流通するようになる三つ目の「真実」という意味合いもまた、十八世紀後半のドイツに由来するものだ。この考えには二つの起源がある。一方は、ヴィンケルマンによる古代美術の研究であり、もう一方は、とりわけヘルダーやヘーゲルによる、全体としての歴史は出来事の無造作な連なりではなく、理性によって明らかにされる見取り図に従うという認識の展開にあった。ヴィンケルマンは、ギリシア芸術の様式は、素朴なものから、高貴なものへと、そして最終的には退廃的な段階へと発展したと主張した。そして、芸術はある特徴的な形式に従って発展するというこの考え方は、ヘーゲルによって取り上げられ、特に芸術の全体史へと適用された。以下のようにヘーゲルは述べている。

L・サリヴァン、ナショナル・ファーマーズ・バンク、(ミネソタ州、オワトナ、一九〇六—〇八年)。「あなたの見るすべての建物は、あなたが見ることのない人の像なのだ。(本文を参照のこと)」ルイス・サリヴァンは、表現的真実の熱狂的な支持者だった。

どの芸術もその分野が花開く時期、そして芸術の一分野として完璧な発展を遂げる時期を有し、この成熟期に前後する歴史を持つ。なぜなら、諸芸術すべての生産物は精神の所産であり、それゆえに、自然の生産物とは違って、このそれぞれの領域において突如として完全になることはないからである。逆に、諸芸術は、その起源、進展、成熟、終焉を持ち、成長し、花開き、そして朽ちていくのだ。(*Aesthetics*, 614)

建築は、すべての他の芸術分野と同様に、ヘーゲルが名づけたところの象徴的段階から古典的段階、そしてロマン主義的段階への進展を経験していたのだ。ヘーゲルの、この枠組みの活用方法までは触れないけれども、ヘーゲルが歴史過程を通底する真実を明らかにする特別な能力を芸術に与えてからは、それが属する歴史的段階の特性に一致していない作品はすべて非歴史的であるどころか、非—真実であるとまで判断されうるのは明らかである（*Aesthetics*, 7-8）。歴史的真実のさまざまな形は、多くの十九世紀の建築に関わる著述家の中に現れる。その中にピュージンとヴィオレ・ル・デュクがおり、二人とも、それぞれの原則が歴史的に正当化されるという根拠に基づいて、おのおのの原則を主張していた。しかし、歴史的真実を最も有効に使用した建築批評家は、ジェームズ・ファーガソンであり、彼は英語で書かれた最初の包括的な建築史書の著者であった。彼の最初の著作である『芸術における美の真の原理の歴史的探究』(1849) において、ファーガソンは模倣に対して攻撃を行った。「科学においても芸術においても、偉大で素晴らしい業績を成したいかなる国家――それはどの時代、どの地域であろうと――が用いた唯一の方法は、過去を振り返ったり、真似ようとすることなしに、着実で発展的に経験を統合していくことによっていたのである」(1849, 162)。ファーガソンは、十六世紀に至るまではこれらの原則は有効であったが、それ以降に失われ、模倣が一般的なものになったと主張した。歴史的な視点から見た時、十九世紀の建築は失敗だったのだ。

> 真実の芸術のいかなる規則もわれわれの〔時代の〕芸術には適用されないだろう。そして、すべての美の真実の形式を軽視したのは、まさに国の歴史なのである。そして、それは最も実用主義的な要求を満たすことのみに熱心であった。そして、それゆえに、まるで猿のように模倣することに満足していた。彼らは、自分たちが何をしているのか、何故そうしているのか、そして昔の人々が知性を使って、われわれに比べれば半分しかない手段とひどく粗雑な素材からいかに苦心したかを理解することはないのだ。(1849, 182)

続いてファーガソンは、彼の「真実の建築」という概念をさらに展開し、最終的にはすべての建築を真か偽のどちらかへと分類した。一八五〇年の『ザ・ビルダー』誌への書簡の中で、ファーガソンは、ゴシック復興論者からは距離をおいて以下のように書いている。「ピュージン氏は、強く彼の建築の忠実さを主張している。彼が模倣者として最も忠実であったのは、私も全く異論のないところである。しかし、私の定義によれば、芸術における真実とはその作品を利用する人々の要求や感情を表現するところにある」(vol.VIII, 148)。ここでは、ファーガソンは、歴史的真実から決して遠くない表現的真実を使用していた。しかし、彼の『世界建築史』に所収された第三巻「建築における近代様式の歴史」はルネサンス以降の建築のみを扱っており、ここでファーガソンは最も明白に歴史的真実を適用した。この時期に真実を扱ったすべての論文の中でも最も素晴らしいその序文は、以下の宣言とともに始まる。「それは言い過

H・ラブルースト、内観、サン・ジュヌヴィエーヴ図書館、(パリ、一八三八―五〇年)。サン・ジュヌヴィエーヴ図書館は、ファーガソンが「真実」の要求を満たしていると見なした数少ない十九世紀の建造物だった。

ぎなのかもしれないが、宗教改革以降のヨーロッパにおいて、完全に真実を語る建築が建てられたことはないのだ」と(2)。真実の建築とは、以前に彼が定義したように、「その建築を使用する人々の要求を、最も直接的な方法で満たすという目的だけのために整えられたもの」なのである(1)。世界建築の中で真実であったのは、エジプト建築、ギリシア建築、ローマ建築、ゴシック建築のみだったので、ファーガソンは驚くべきことに、人々に以下のことを願いながら、偽りの建築にその巻のほぼ五百数十ページあまりを捧げている。

人々は、近代建築が基礎を置く原則がいかに偽りで誤ったものであるかがわかるようになるかもしれない。そして、逆に、もしわれわれが、すべての世界中の地域、時代において成熟へと至った同じ道を歩むことだけで十分であれば、成功は容易であるということもわかるようになるかもしれない。(x)

宗教改革以降の真実を語る建築のうちごくわずかの事例が際立っている。たとえば、パリのサン・ジュヌヴィエーヴ図書館は、「再び良識と建築芸術が両立するという期待を与えてくれる」(229)し、ロンドンのキングス・クロス駅は、「外観は、完全に忠実であるという点に価値がある」(479)のである。

第十講の初頭でヴィオレ・ル・デュクが提示した、「果たして十九世紀は、その時代特有の建築が不在のまま終焉する運命にあるのか」(vol.1, 446)という歴史的真実についての差し迫った問いは、膨大な数の十九世紀建築家を悩ませた問いの一つだった。そして、それは初期のモダニズム建築家にとっても同様に重要だったのである。なぜなら、彼らの多くにとって、その問いが彼らの実践全体を正当化するものとなったからである。

1 Martin, 'Interdisciplinary Transpositions : Bernard Tschumi's Architectural Theory'(1998)を参照。
2 Lee, 'Ut Pictura Poesis'(1967)を参照。
3 芸術諸領域の分類に関する論争の包括的な説明はKristellerを参照。
4 Memmo, 'Elementi d'Architectura Lodoliana, vol.2'(1834)pp.86-87を参照。
5 境界の不可侵についての近年の試みに関しては、Scruton, *The Aesthetics of Architecture*を参照。
6 ロドリのこれらの二つの用語の使用の解明に関しては、Rykwart, 'The First Moderns'(1980, p.324)を参照。
7 Lavin, '*Quatremere de Quincy and the Invention of a Modern Language of Architecture*'(1992, p.102-13)を参照。
8 Buchanan, '*Robert Willis*'(博士論文、1995)を参照。
9 Banham, *Theory and Design in the First Machine Age?*(1960, chapters 1-3)を参照。
10 たとえば、ペヴスナーはPevsner, *Ruskin and Viollet-le-Duc*,(1970, p.16)において、ラスキンの真実という原理に関する形容を巧妙なトリックとして記述している。

Type　型

建築の歴史が示すとおり、型《タイプ》の発展は建築のシステムにとって本質的なことである。

——C・ノルベルグ＝シュルツ、一九六三年、二〇七頁

最終的には、型が建築のまさに核心の観念であり、建築の本質に迫るものであると言える。

——A・ロッシ、一九六六年、一九八二年、四一頁

型という概念から恩恵を受けなかった学問分野はほとんどなく、建築もその例外ではない。建築においては最も一般的な二つの類型学的《タイポロジカル》な分類がある。一つ目は用途による分類——教会、監獄、銀行、空港などである。そして二つ目は形態論的な分類——長いホール形のインテリアを持った建物、集中形式の建物、中庭のある建物、相互連結した区画を持つ建物、相互に独立した区画を持つ建物などである。これから見るようにこれらだけが従来生み出されてきた分類方法ではないのだが、「型」をめぐる議論の多くは、どの程度機能的な型が形態的な型に対応しているかに関するものだった。

宗教建築、世俗建築、劇場、住宅、要塞などの用途からの基本的な分類は、古代以来、建築の古典的な体系にとって本来的な属性であった。十八世紀半ばに、フランスの建築著述家であり教師であったJ・F・ブロンデルは著書『建築講義』の中で、大変長い建物の種類のリストを作成した（全部で六十四種）が、この分類リストは彼の建築体系において基礎をなした（一七八頁を参照）。ブロンデルの類型学的な分類は近代の機能的類型《タイプ》のシステムの起源となっていると時々言われてきたのだが、これはいささか誤解を招きやすい。まず何より、ブロンデルはそれらを型とは呼ばず、ジャンルと呼んだ。これは彼の分類が文学を下敷きとしていることを示すものであった。次に、全種類の建物をリストにした主目的は、それぞれに適した建物の性格を明らかにすることだった。それにもかかわらず、用途ごとの類型学的な建物分類は十八世紀後半から継続的に使われてきている。最近の例としてはニコラス・ペヴスナーの『建物類型《ビルディング・タイプ》の歴史』（1976）がある。そこでは「類型《タイプ》」という言葉は用途を記すものとして使われている。

形態論的〔morphological〕分類の嚆矢となるものはフランス人の教師兼著述家であるJ・N・L・デュランが『建築学講義』の中で提示した建築教育案に見るのが一般的である。ここでデュランは異なる建築形態を構成する技術を、その用途とは関係なく提示した——第二巻ではデュランは学生に、用途の異なる建物のプログラムに対し、これら形態をどのように適合させたらよいかを示しているのだが、そこで彼はブロンデルに倣い、「型」ではなく「ジャンル」と呼んでいた。

建築の型や類型学の文献は多数あるが、それは特にここ三十年の発展の結果である。[*1] 建築家が「型」という言葉に与えてきたすべての意味を要約しようという、不可避的にそうなってしまう不十分な試みよりも、むしろここで提示したいのは、この概念が建築において使われてきたさまざまな**目的**についての手短かな考察である。

一　自然模倣としての建築観の防衛

十八世紀、建築は自然を模倣する芸術だという見方（三三二—三三五頁を参照）が建築思潮における中枢をなしており、この考えは、建築が「機械的《メカニカル・アート》」技術に対置されるところの「自由《リベラル・アート》」学芸であるとの主張の根拠ともなった。この建築自然模倣論に対し、十八世紀中葉から特にカルロ・ロドリ（二五八頁—、四五九頁—、を参照）の合理主義的な議論によって反論が加えられ始めた。フランスの建

J・N・L・デュラン、劇場と市場（『建築の収集と対比』〔*Recueil et parallèle des édifices*〕、一八〇一年）。デュランは用途による建物の体系的な比較を最初に生み出した。彼はブロンデルに倣ってそれらを「ジャンル」と呼んだ。

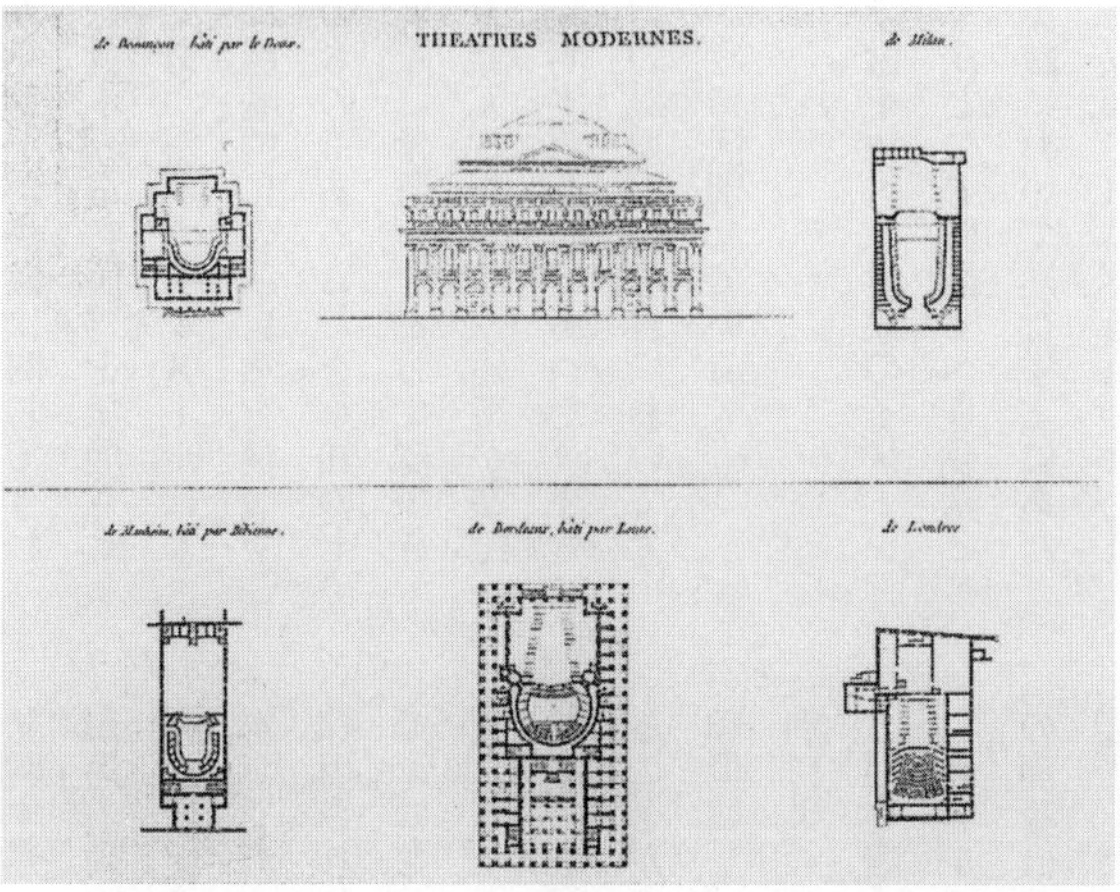

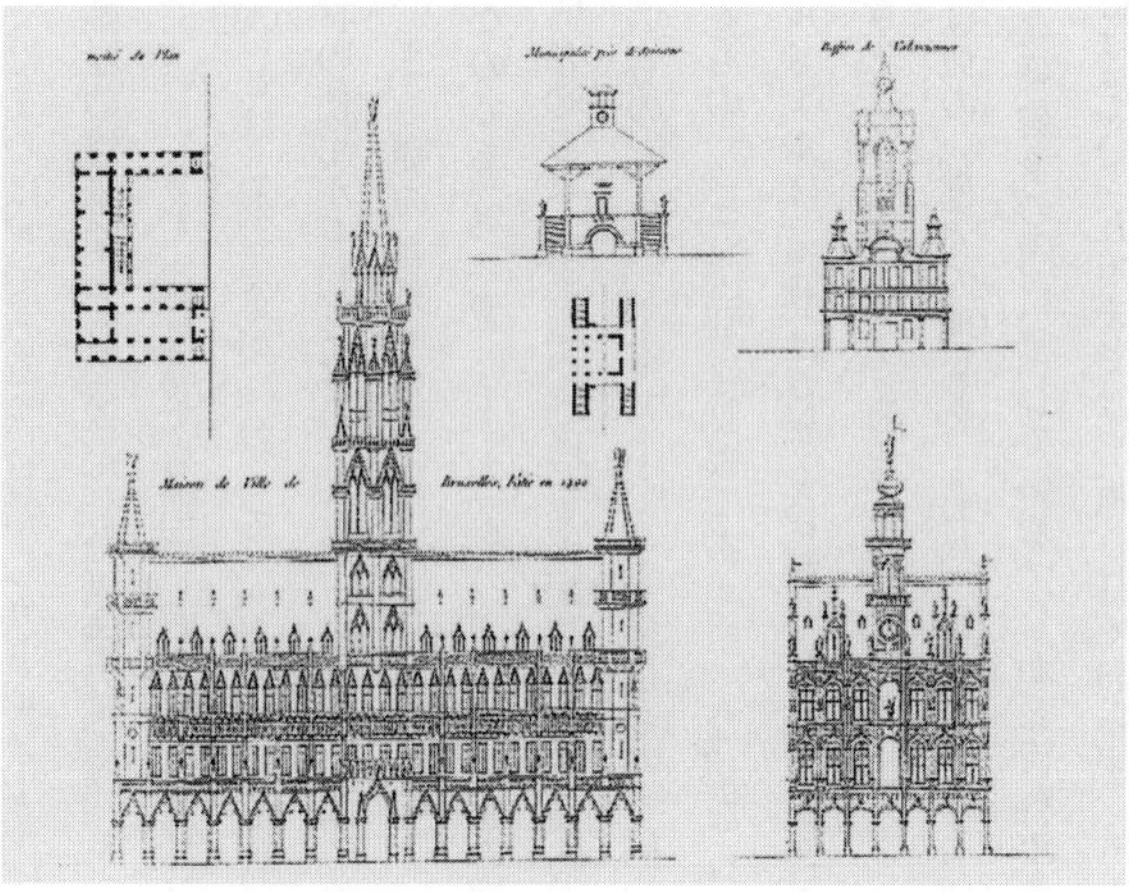

築理論家である、カトルメール・ド・カンシーが模倣に関してきわめて独創的な理論（三三五頁―、四六二頁―、を参照）を発展させたのはこの自然模倣論を擁護するためであった。カトルメールによれば、建築は文字通りにではなく、単に隠喩的にのみ自然を模倣する。その結果、人々はその模倣が架空のものであることを承知の上で、にもかかわらず想定上「自然」を実際に参照したとして認識されるのである。カトルメールが「型」を導入したのは、建築が参照するのは「自然」のどの部分なのかを説明するためであった。今もしばしば引用される『系統的百科事典』の「型」の項目においてカトルメールは「型」と「手本《モデル》」を次のように区別している。

> 「型」という言葉は複製や完全な模倣をすべき対象のイメージよりも、それ自体が手本に対してルールとして機能すべき要素という観念を表している。……技巧を実践において遂行するにあたっての手本とは、そのまま何度となく反復されるべきものとして理解される。一方、型はひとつの対象であり、人はそれに従って互いに全く類似しない芸術作品をも構想しうる。手本においてすべては明快に示されているが、型においてすべては多かれ少なかれ曖昧である。(148)

カトルメールは更に、何故「型」が建築に必要な言葉なのかをこう説明する。「すべてのものには前例があったはずだ。どのジャンルにおいても、無からは何も生まれない。そしてこの考えは人類の発明すべてに当てはまるはずである」。しかしカトルメールは「型」が過去の論者が始原の建築であると仮定した原始の小屋、テント小屋、洞窟などではないことを、注意深くも強調した――これらは「手本」である。「型」とは（木造建築において）「一度それぞれの国で採用されれば木材の使用が有利となるような、ある種の組み合わせで」(149) あり、また別の言葉で言えば、それは環境によって変化するプロセスなのである。「型」――「ものごとの始原の理由であり、厳密に類似させるべき主題や動機を支配したり、備えたりすることができないもの」と、「手本」――「完全なもので形態的な類似にしばられるもの」との区別は重要であった。なぜならこの区別によってカトルメールは、建築は自然を複製しないが模倣はする、という議論をできるようになったからである。

カトルメールは彼の「型」の理論を一七八〇年代に作り上げ、その理論は当時の建築論争の内に属している。しかし百科事典上の「型」という項目は一八二五年までは出版されておらず、カトルメールの観念の意味することが取り上げられたのはそれ以降であり、主としてドイツの建築家、理論家であるゴットフリート・ゼンパーによってであった。カトルメールを悩ませていたその問題――建築は自然を複製しないが模倣はする――はゼンパーにとってはどうでもよいことだった。彼はゲーテの、芸術が「第二の自然」であるという理論に精通していたので、建築はそれ自身の形成過程においては自然に類似するが、自然からは独立したものであるという考えを受け入れることができたのである。しかしゼンパーは建築の起源に興味を持ちカトルメールのように「何事も無からは生まれない」と考えていた。その問題へのカトルメールの分析にゼンパーは魅了されたのだが、彼の思考の強烈に理想主義的な特質には批判的であった。そしてカトルメールの生成に関わる観念としての「型」の力を損なうことなく、建築家が用いる上でもっと実用的となるように、それに更なるアイデンティティと実質とを与えたかったのである。同時にゼンパーは時代的にも有利な立場にあった。なぜなら彼がこれらの問題に興味を持つようになった一八三〇年代までの、自然科学の発展は、自然と型の双方についてカトルメールの時代にはみることのできなかったような、より洗練された説明を可能にしていたからである。ゼンパーは彼の動植物の形態学的知識からくる直接的なアナロジーを用いて、建築の型について彼の理論を公式化したのである。ゼンパーは一八四三年、予定された出版社あての手紙に次のように記した。「[自然の中にある」すべてのものは最も単純な祖形的形態によって発達し説明されるように、また自然が無限の多様性を示しつつもその基本的な観念は単純で僅かであるように……それらと同様に私の芸術作品は始原の概念に基づいた特定の規範的な形に基づいているが、しかし無限の多様な現象を許容すると思うのだ」。ゼンパーの課題は「建築のこうした祖形的な形をトレースする」ことであった（*The Four Elements etc.*, 170）。「祖形的な形態」を表す彼の用語法は原型〔Urformen〕、標準型〔Normalformen〕、胚〔Urkeim〕、動機〔Urmotiven〕といった一群の言葉の中で変化している——これらの言葉はすべてゲーテの動植物の形態理論から引かれた——が、一八五三年彼が英語による講演をロンドンで行ったとき用いた言葉は「型」だった。彼はこう言った。工業芸術作品は「自然の産物と同様いくらか少数の基本的観念の組み合わせであり、そうした観念が最も簡潔に現れるのは、型においてなのだ」（1853, 8）。[*2] カトルメールによる百科事典での「型」の項目における、木造構造の「型」とは「木材の使用が有利となるような組み合わせである」という説明に従って、ゼンパーは建築における「型」はテラス（石工）、屋根（木工）、暖炉（陶工）、壁（織工）という四つの主たる工事種別の中に潜む力を通して理解されるべきだと提案した。ゼンパーは次のように説明した。「この考え方は対象や形の起源がそれ以前の動機〔Urmotiven〕や環境による様式変化によることを明らかにするだろう」（*The Four Elements etc.*, 132-33）（頻繁にその体系に言及していた生物学者のキュヴィエが動物界の中に定めたのと同数——四つ——の「型」をゼンパーが建築に認めたのは、偶然ではないかもしれない）。ゼンパーがこの四つの原始の動因の存在を客観的に証明するものとして言及した例は、一八五一年のロンドン大博覧会で彼が見た「カライブ小屋」であった。ゼンパーは、四つの動因が別々に扱われ、表現的な全体の中に統合されることがないので、この小屋が建築とは何も通ずるところが無いということを強調したが、同時にその小屋はそれぞれの動因や「型」を明確に示したのである。ゼンパーの分類のメリットは「型」を一般的な考えとして保護し、「手本」という言葉と混乱させることなく創作上の判断基準として決定性と実用的な応用力を与えるところにあ

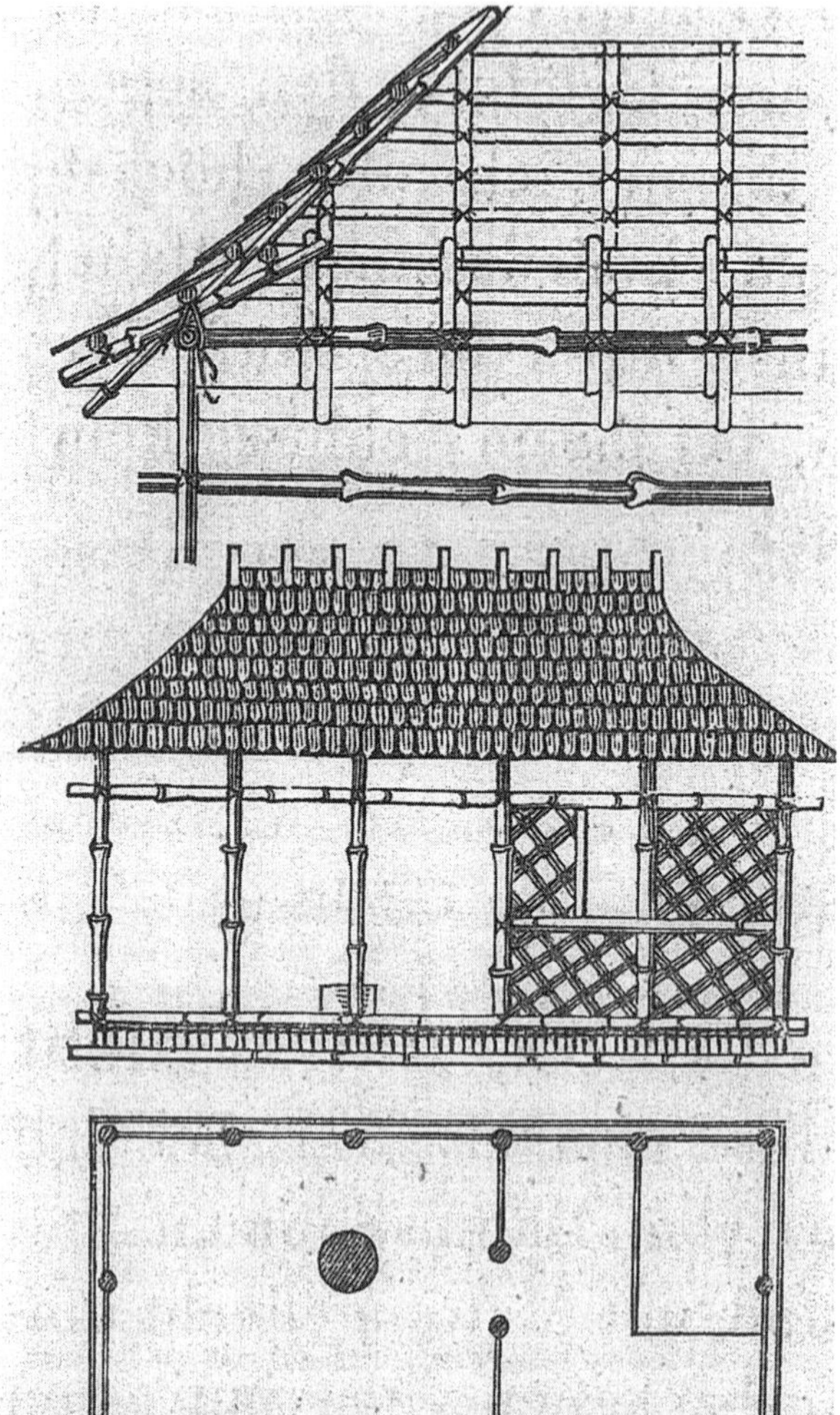

G・ゼンパー、カライブ小屋（『様式』第二巻、一八六三年）。ゼンパーの考え方は建築の型《タイプ》は建築行為に含まれる四つの主な過程――テラス、屋根、暖炉、壁――にある潜在力を通して理解されるべきものだった。彼は一八五一年のロンドン大博覧会で見た西インドの竹の小屋に言及してこれを説明した。

る。

二　マスカルチャーへの抵抗の手段として

一九一一年からのドイツの工作連盟（Deutsche Werkbund）において、議論の主たるトピックは *Typisierung* であった――かつて「規格化」と訳されてきたが、現在の一般的解釈に拠れば最良の訳は「型」であろう。[*3] 工作連盟における議論はムテジウスによる一九一一年の講演「われわれはどこに立つのか」に始まる。その中で彼は当時の芸術が様式上の個人主義に向かう傾向を「ただただ恐ろしい」こととして攻撃した。これに対して「すべての芸術の中で、建築は最も容易に型［*typisch*］へ向かいうるし、そうすることでのみ目的を果たすことができる」（50）と主張した。ムテジウスはそのテーマを一九一四年のケルンにおける工作連盟の会議で再度取り上げ、そこで工作連盟の十の方針を列挙し、最初の二つを以下のように説明した。

1　建築およびこれを含む工作連盟の活動の全領域は型［*Typisierung*］に向かって進んでいる。そして型を通してのみ、調和的文化の時代においてこれら領域に備わっていた普遍的な意義を回復できる。

2　型［*Typisierung*］は有用性を重視した結果として理解されるべきもので、それだけで普遍的な正当性、不易のよき趣味の発展を可能にする。(1914, 28)

ヘンリー・フォードに見られるような製品の規格化が、(三六八頁の図版参照)によって生産の経済性につながり、ドイツの経済競争力を向上させられるという議論があり、確かに経済学者や熟練経営者によって採用された解釈ではあったのだが、おそらくこの議論は、ムテジウスや工作連盟の他のメンバーが最も関心を寄せたことではなかった。むしろ型はファッション、個人主義、アノミーに支配された大量消費の無秩序な世界に秩序を導入する手段だった。この観点からすると「型」は同じ議論における「形《フォーム》」(二三九頁—、二四五頁—、を参照)に近い意味の言葉であった。工作連盟メンバーの一人として、起業家のカール・シュミットは一九一四年の工作連盟での討議のあとでこう記した。「私にとって型の問題とは、無秩序や規律の欠如を秩序と置き換えることである」(quoted in Schwartz, 127)。また批評家としてロバート・ブロイヤーは「型の概念は……逃れようのない厳格さによってあらゆる形の恣意性を抑制する」(quoted in Schwartz, 127) と説明した。ペーター・ベーレンスがAEG社のためにデザインした製品が型として称されたのにも、相当の意味があったのである。

一九一四年以前は、これらの討議における「型」についての直接の関心は日用品のデザインに対してであったが、一九二〇年以降は建築にもだんだんと拡大していった。ドイツ国外では、このテーマについて最もよく知

ピーター・ベーレンス、ケトル(AEG社のカタログ、一九一二年)。「型《タイプ》の概念はあらゆる形の恣意性を抑制する力となった」。ベーレンスのAEG社向けデザインは「型」と呼ばれた。

られた説明はル・コルビュジエの『今日の装飾芸術』(1925) だった。そこでは鋼製の事務机、ファイルキャビネット、旅行かばんが型としての事物《オブジェ＝ティプ》と記述され、家具メーカーに認められる「うわべだけの派手な装飾に奔る昨今の狂乱的な傾向」(96) に取って代わる合理的な選択肢として提示された。ル・コルビュジエはこう記した。「われわれはこの「型としての事物を展開する」方法をアパルトマンに導入しさえすればよい。そうすれば装飾芸術は自らの運命に出会うだろう。つまり型としての家具や型としての建築である」(77)。ル・コルビュジエによって開発された建築的な型であるシトロアン住宅《メゾン》と新精神《レスプリ・ヌーボー》館は同じ目的を持っていた。ブルジョア個人主義のカオス的な無秩序を蒸留して、合理的で秩序だった存在にすることである。この文脈において「型」は資本主義とその代理であるファッションがもたらした文化的価値観の崩壊から文明を守る手段であった。

三 「連続性」〔*continuità*〕を達成すること

「型」という概念が一九六〇年頃に建築の

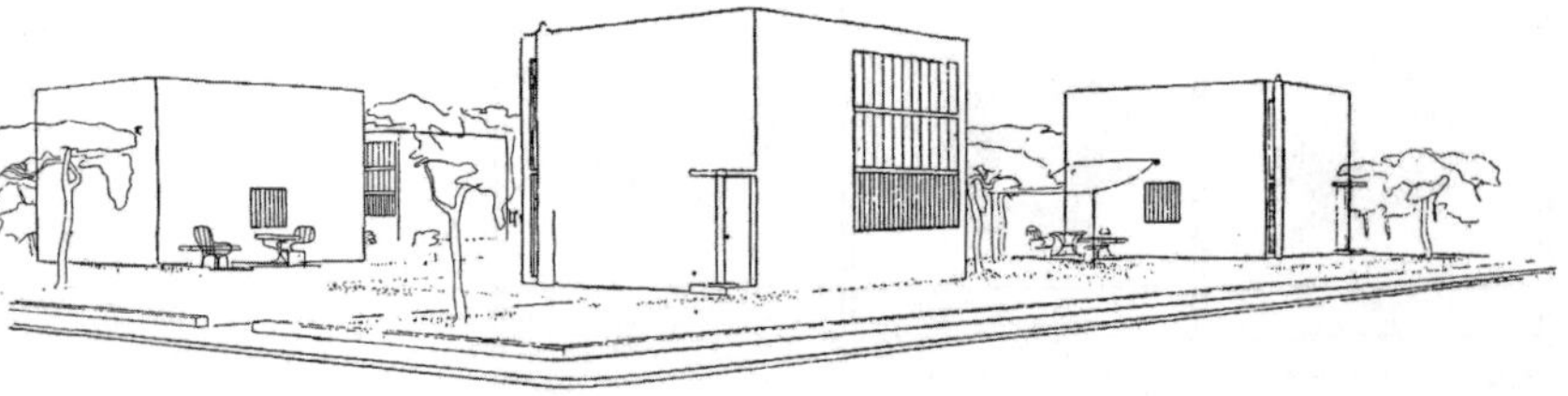

ル・コルビュジエ、熟練工のための大量生産住宅（ドローイング、一九二四年、『作品全集』第一巻より）。「型《タイプ》としての建築」——資本主義とファッションの狂乱とによる文化崩壊の脅威への解決策。

言説に再導入された——アンソニー・ヴィドラーはこの局面を「第三の類型学」と呼んだ——のはイタリアからである。*4 後から考えてみると、この「第三の類型学」には二つの相異なる動機があると見られる。一つは連続性〔continuità〕に関するイタリア独自の議論につながるもので、もう一つは英米における「意味」への没頭に結びつくものである。「型」について論じる多くの人が、しばしば双方の動機を念頭において語るが、歴史分析の目的からするとこれらは別個に考えた方が役に立つ。

連続性〔continuità〕は一九五〇年代後半に『カサベラ』誌の編集者だったエルネスト・ロジャースによって展開されたテーマで、部分的には正統モダニズムの批評であり、また部分的にはイタリア特有の困難に対する解決策であった（三〇六頁―、参照）。連続性に関する議論から生まれた三つの関連する概念、「歴史」（二九二頁―）、「コンテクスト」（一九〇頁―）、「型」はすべて一九七〇年代、八〇年代の建築言説において重要な用語となった。これらの議論における「型」固有の特徴でそれまでの「型」の考え方と異なるのは、ヴィドラーが述べた「街並みの類型学《タイポロジー》の場としての**都市**」（1977, 3）に力点が置かれている点である。類型学とは建物とその建物が部分をなしている都市との関係を記述する手段であった。したがってどのように個々の建物が都市の発展における集合体としての、歴史的な過程を表しているのかを示す手段でもあった。つまり類型学は「建築的な出来事」が単に四つの壁と屋根ではなく、もっぱら一般的な都市現象の一部として空間的、社会的、歴史的に存在するものだということを示すひとつの手段であった。

このような「型」の概念が最初に印刷されて世に出たのは、ヴェネツィア大学の建築の教師である、サヴェリオ・ムラトーリの著書の中だった。一九五〇年に始まった調査を基礎とするムラトーリの『ヴェネツィアの都市動態史研究』〔*Studi per una Operante Storia Urbana di Venezia*〕（1960）は、ヴェネツィアの建物区画と空地との形態学研究であった。ムラトーリが自ら同定した「型」という言葉に込めた意義は、歴史学的な地理学者がそれまで抽象的にしか扱わなかった、都市の変遷のあらゆる諸相――成長、環境《ミリュー》、集合《クラス》――を具体的な言葉で明らかにできる点であった。ムラトーリの本が出る頃には、特に建築家のカルロ・アイモニーノ、ヴィットリオ・グレゴッティ、アルド・ロッシらをはじめとする者たちもすでに「型」について同様の意味合いで語っていたようである。特に類型学を本質的には単なる都市分析の方法と見なしていた建築家と、ロッシのように建築に対する一般理論をもたらすものと見なしていた建築家との間には見解の相違があったものの、建築と都市の関係を記述し、建築物の世界の客観的現実における連続性〔continuità〕を築く手段としての類型学の価値はみな認めていた。多彩な「類型学」の説明の中でもロッシが『都市の建築』の中で行ったものはおそらく最もよく知られており、少なくともイタリア国外では最も影響力を持っている。

ロッシにとって型は二つのはっきりとし

S・ムラトーリ、ヴェネツィアのサン・バルトロメオ地区の地図（部分、『ヴェネツィアの都市動態史研究』第一巻、一九五九年）。

た役割を果たした。第一に、建築を与えられた機能から独立させて都市のレベルで考える手段を提供し、その結果正統的なモダニズム建築への批評を提示した。第二に、建物の形状や街路のパターンは、建物や街路がさまざまな機能を担ってきたにもかかわらず、都市の歴史を通して存続してきた。このことの証拠が「型」の表れであり、その型は、都市の歴史上の「永遠性」が中にコード化された不可欠な要素である（1982, 35-41）と考えられた。この「型」の概念からこそ、続いてロッシはそれによって都市全体が一建造物に再現されうるとする「アナロジー」や「アナロジカルな建築」という考え方を展開したのである。そこでアメリカでの経験を述べた中でロッシはこう言う。「ニューイングランドの村では…ひとつの建物がその大きさに関係なく都市や村を構成しているようだ」（1981, 76）。特にムラトーリの調査以来のこうした考え方こそ、イタリアの建築家を魅了したのである。

四　意味の追求

一九六〇年代までには建築のモダニズムに対して、建築から意味を枯渇させてしまったとの不満が一般にささやかれるようになった。モダニズム建築家の第一世代が意味を消去したのは善意から――建築が伝統的に担ってきた社会階層の印を消し去るため――であったが、結果的には一九六〇年代に「意味の危機」として知られることになるものを生み出すようになっていた。この問題は確かにロッシの『都市の建築』を生み出す伏線となった。しかしロッシは生涯、この問題全体へ曖昧な距離を意図的に取り続け、決してこの問題を直接表現しなかった。しかし、ミラノの建築家サークルのもう一人のメンバー、ヴィットリオ・グレゴッティが

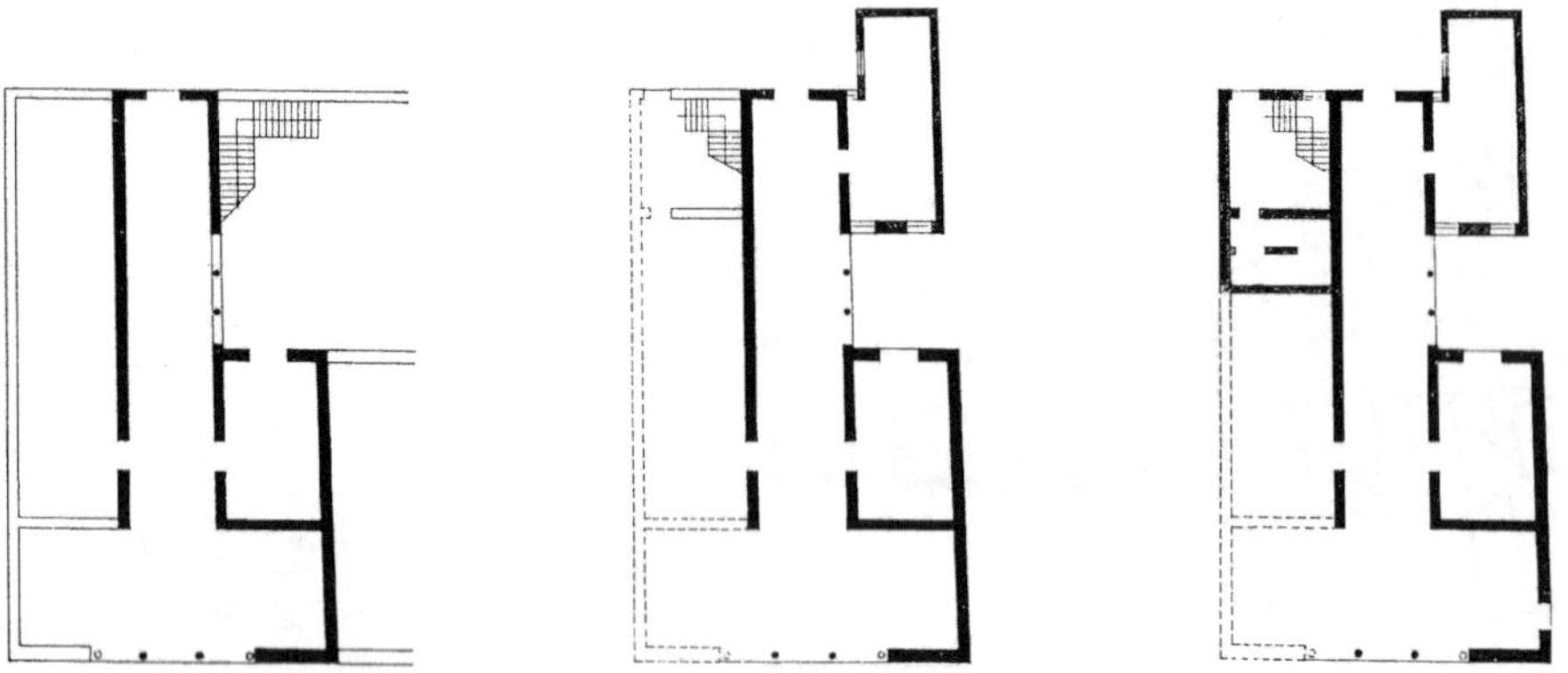

S・ムラトーリ、大運河に面したカサ・バリッツァの平面（十二、十五、十八世紀）。戦後のイタリアにおいて「型」は個々の建物と都市の関係を記述する方法となった。ムラトーリの先駆的研究によって、ヴェネツィアの個々の建物の多くについて連続的な展開と、都市全体が歴史的に生み出された少数の「型」によっていかに構成されているかが、詳細に至るまで明らかになった。

アルド・ロッシ、『アナロジーの都市』(ドローイング、一九七六年)。「型は不変で、建築のすべての領域に見いだされる」。ロッシは都市全体を一つの建物で表現するという詩的な可能性に惹かれていた。

一九六六年に記し同年に出版した『建築の領域』〔*Il Territorio dell'Architettura*〕では、もっと直接的な注意が意味作用と意味の問題に向けられていた。グレゴッティはモダニズム建築の「意味論的な危機」が部分的には、類型学に関係すると示唆した。彼は十八世紀後半の建築家、特にルドゥーと、彼らの都市環境における公共建築の計画とを振り返って言及しつつ「型の持つ意味の問題を管理しようとしていた」と主張した（100）。建築のモダニズムは意味作用のすべてのたくらみを否定し、「型の意味論的危機」――「他のコミュニケーション手段と同じくらい効果的にメッセージを伝える建築の力の危機」――を早めた（101）。これに対する二つの改善策は「型」の再評価と、建築の部分としての「文脈」〔*ambiente*〕の配置にあった。この型の中にこそ――新しい型の発見であろうとあるいは既存の型の再生であろうと――近代建築が意味を欠いていることへの解決があるという見方が、一九六〇年代イタリアの建築に関する議論の重要な部分を占めていた。英語圏が型に

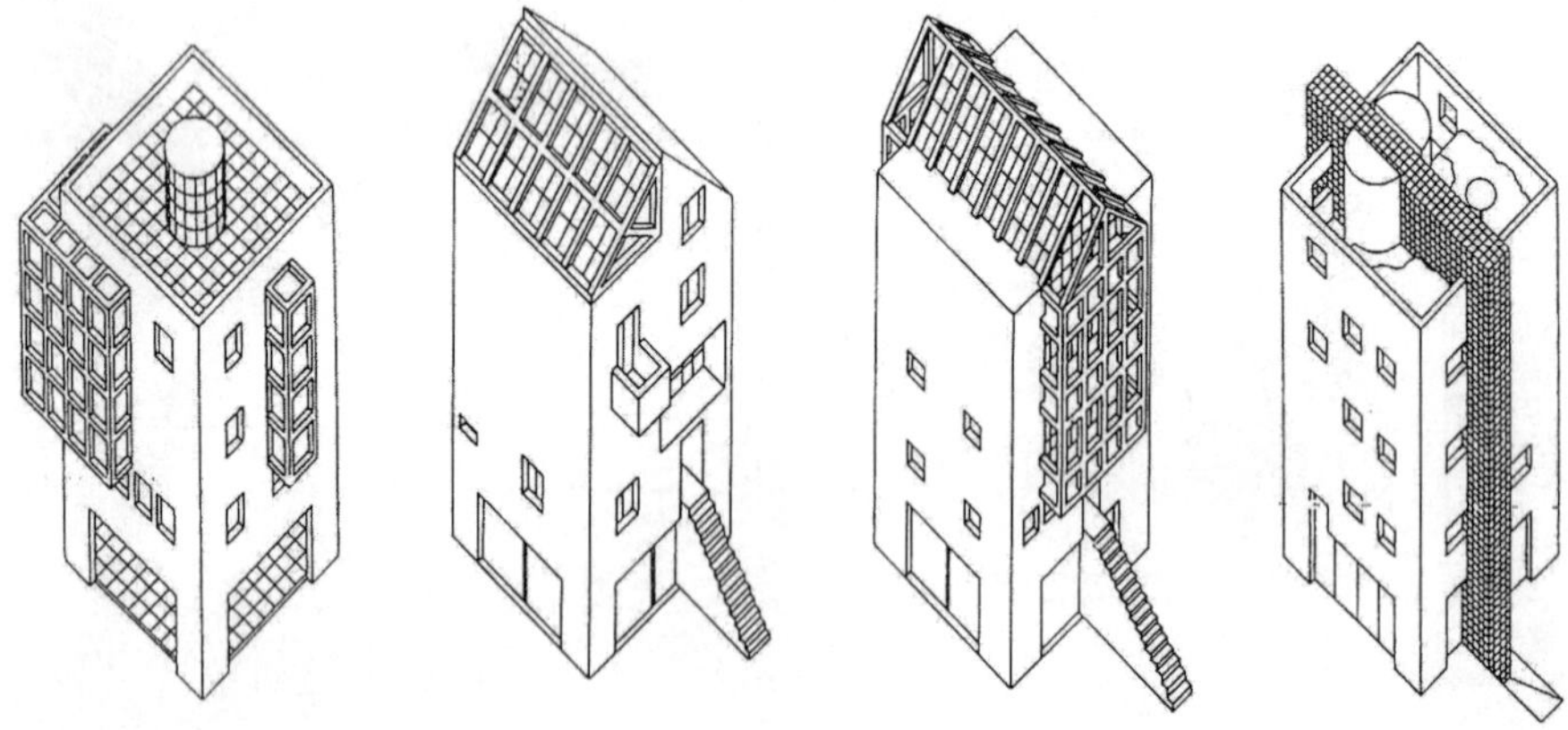

関するイタリアの言説に一九六〇年代後半と一九七〇年代前半に注目し始めたとき、連続性〔continuità〕の理論よりもむしろ、特にこの側面こそ建築家や批評家を惹きつけたのだった。型についての新たな理論を広める役割を特に果たした歴史家で批評家のアンソニー・ヴィドラーは、一九七七年に、型が「ある把握しやすい都市体験」（1977, 4）を作り出すように、いかに意味を生み出すものであるかを最も強調した。また一九八九年に批評家のアラン・コフーンは、「型」によって意味の理論としての構造主義を建築に適用できる手段がもたらされる、と提言した。

ちょうど言語がいつでも集団ないし個人の話者に先立って存在しているのと同じように、建築の体系もある特定の時期や建築家に先立って存在している。システムが意味を伝えられるのはまさにそれ以前の形が持続していることを通してなのである。これらの形、あるいは型《タイプ》は、歴史のいかなる時点においてもその全体的な体系を形成するために、建築に与えら

れた課題と作用し合っているのだ。（1989, 247-48）

またもう一つの例を挙げよう。ディミトリー・ポリピュリオス（プリンストンで研究したギリシア人）はアルヴァ・アアルトの作品を類型学的に論じた。それはアアルトの作品が意味論的な意義を持つことを強調するためであった。「すでに影響力があり社会的に正統である、図像的な型の豊かな連想作用を活用し……アアルトは言語の端的に詩的な側面を達成した。それは多義性（意味作用の多様なレベル、また第二、第三の意味の豊富さ）である」（1979, 144）。

クリスチャン・ノルベルグ＝シュルツはこの章の最初に引用した文でこう示唆した。型はさまざまな表れ方の中で、一連の機会を見て建築家にその専門領域を刷新させる手段を与える、と。これは確かに正しいのだが、一方本章の探究からの教訓は、型の力は常に、なにか他の概念と向かい合わせたとき感じられているということである。型が観念的なカテゴリーとしては最も純粋な外観を持っており、少なくとも建築で用いられる際にはかつて絶対であったとしても、その魅力は実践において、それ自体の内容が持つ内なる強さよりも、他のさまざまな観念に抗う手段としての価値にあるのだ。ゴットフリート・ゼンパーが発展させた唯一「純粋」な型の理論は、建築家にとって実用的とは言い難いものであった。しかし一方で、構造的合理性、大量消費、機能主義、意味の欠如に抗うものと見なすと、ミーシャ・バンディーニが言うように「型」や「類型学」といった言葉は「ほんのちょっと口にしただけでも隠れた意味を生み出す、ほとんど魔法の言葉」（1984, 73）となるのだ。

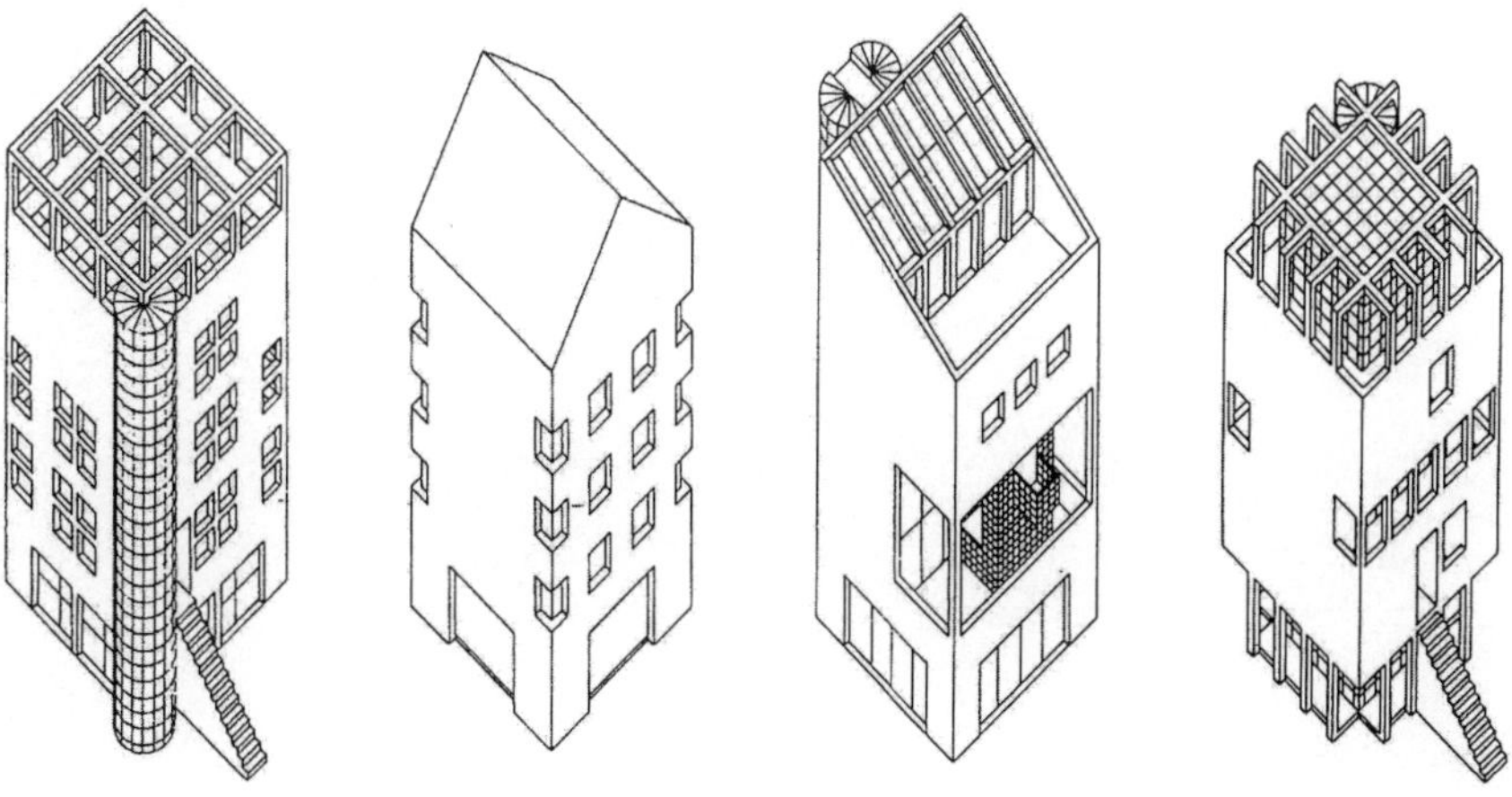

O・M・ウンガース「一定のグリッドに建てられた独立住宅の類型学」（一九八二年）。「型」が建築に意味を復活させる方法のようである。

1 一般的な型についての役に立つ議論として Vidler, 'The Idea of Type,' 1977; Moneo, 'On Typology', 1978; Bandini, 'Typology as a Form of Convention', 1984.

2 ゼンパーの用語法について Semper, *The Four Elements etc.* 1989, マルグレイヴとヘルマンによる序文の p.23, 30 を見よ。ゲーテの型理論へのゲーテの理解は、博物学者の Alexander Humboldt, *Cosmos*, 1843（see Mallgrave, 1985, p.75）から得たものである。

3 Schwartz, *The Werkbund*, 1996, p.238 n.213 と、アンダーソンの下記の本への序文を見よ。Muthesius, *Style-Architecture and Building-Art*, 1902, p.30. 資本主義の文化に対する影響に抗う手段としての型に関するこの議論は Schwartz, pp.121-46 に由来する。

4 Vidler, 'The Third Typology', 1977, pp.1-4.

User　使用者

「使用者《ユーザー》」は、モダニズム言説の書物の中で最も遅く現れた用語の一つであった。「使用者」という用語は、一九五〇年頃にはまだ知られておらず、一九五〇年代末から一九六〇年代にかけて広まっていった。一九八〇年代にはその重要性は低下したが、一九九〇年代に再び流通するようになった。だが、九〇年代に再び注目されたときには、「使用者」という用語はモダニズムの時代とは異なる目的を持つようになっていたのである。この用語が生まれるのは、一九四五年以後の西欧諸国による福祉国家計画の導入と同時期のことであり、「使用者」という用語が流行した最初の局面については、これらの福祉国家計画との関連性の中で解釈すべきである。

建築の文脈においては、「使用者」という言葉に込められている意味は十分に明らかである。その意味とは、その建築作品を占有するであろう単独の人、あるいは複数の人々である。「使用者」を「占有者《オキュパント》」や「居住者《インハビタント》」、あるいは「依頼人《クライアント》」の代わりに用いることは、恵まれない人々や抑圧された人々であることを強く含意していた――それは特に、建築家の計画立案になんら貢献しないと一般に考えられている人々を暗示するのだった。その上、「使用者」とは常に匿名性を孕んでいた――だから、この点からすれば、「使用者」とは虚構であり、現象として特定できない抽象概念であったのだ。「使用者」が指し示す対象に特徴を与えようとする試みはうまくいかないのである。つまり、その「使用者」がある人物、ある職業、ある階級、ある性別に同定され、歴史の時間軸上の一定の場所に存在し始めた途端、「使用者」という一カテゴリーは崩壊し始める。その抽象的な一般性を奪われると、「使用者」の価値は失われてしまうのだ。というのも、「使用者」が便利な言い回しであったのは、この言葉を使えば、ある建物に人々が居住することについて議論する際に、個人間に事実上存在する差異をすべて隠蔽することができたからであった。現実の人々を単に「使用者」と言い表すことは、居住する人々、あるいはそれよりも小規模の集団から、彼らの不調和で慣習に従わない特徴を剥ぎ取り、彼らに一意的な――そして虚構の――統一性を与えることになる。フランスの哲学者アンリ・ルフェーヴルが「使用者」という用語に疑念を抱いたのは、「使用者」がまさにこのように抽象性へと向かってしまう点であった。『空間の生産』（1974）の中で、彼は次のように記している。「『使用者』［*usager*］という言葉は、それについてのなにかぼんやりしたもの――ぼんやりと疑わしいもの――を持っている。『何の使用者なのか』と人は不思議に思うものである。その使用者の空間は**生きられている**のである――表象化されるものではないのだ（あるいは心の中で想像されるものでもないのだ）」（362）。彼の考えによれば、「使用者」というカテゴリーは、構成員から（精神的な抽象概念に転換することで）空間の生きられた経験を奪い取ってきた現代社会が、その空間の居住者たちをも抽象概念に転換することで、彼らを自己認識さえできなくさせるという更なる皮肉を成し遂げた仕掛けであった（93）。ルフェーヴルの見解は、「使用者」に対する攻撃として最も早いもののひとつである。とは言っても、ルフェーヴルにとって、「使用」と「使用者」は決して完全に否定的な概念ではなかった――実際、彼が最終的に願っていたことは、使用者が空間を専有しわが物にするための手段を回復するのを目にすることだった。彼自身、彼は「専有と使用に**賛成し**、交換と支配に**反対する**」（368）と書いている。そこでは、使用とは空間的実践を分散させるあらゆる力に抗ってそれを統合するものとされる。つまり、「**使用**することとは、そのような独断主義が強引にバラバラにしてしまうまさにその諸要因を統合し協働させることに相当する」（369）。

機能的な決定論に抗う「使用」の解放力に関する類似した見解は、オランダ人のヘルマン・ヘルツベルハーが一九六〇年代初期以降に著したものの中に見ることができる。「使用者」は、ヘルツベルハーの論説の中で繰り返し用いられる用語である。建築のそもそもの目的とは、使用者に居住者となることを可能にさせること（1991, 28）、つまり「使用者のために……各部分、各空間をどのように使いたいかということを自ら決定することができる自由」（1967; in 1991, 171）を作り出すことだと彼が考えていることは明らかである。ヘルツベルハーにとって、建築家が成功したか否かの尺度は空間の使われ方、つまり空間が誘発する活動の多様性、空間が提供する創造的な再解釈の余地である（一七〇頁の図版参照）。ヘルツベルハーがこの過程を表すのに用いるアナロジーは、言語である。「形と使われ方、またその経験の間に存在する、集合的に与えられた了解と個人の解釈との間の関係は、書き言葉と話し言葉との関係

H・ヘルツベルハー、高齢者のホーム、三つの中庭（De Drie Hoven）内観（アムステルダム、一九六四―七四年）。「使用者のために……各部分、各空間をどう使いたいか、自ら決定する自由」を作り出すこと。ヘルツベルハーにとって「使用者」は建築家の仕事の究極の尺度であった。

にたとえることができる」(1991, 92)。

しかしながら、この極めて特殊で肯定的な意味での使用者が、広く通用するようになるのは一九九〇年代に入ってからであった。それまでは、「使用者」に関心が集まる最も一般的な理由は、設計を進める上で頼ることができる情報供給源としてであった。今となっては、一九六〇年代初期の「使用者」についての研究を取り巻く興奮と期待を正しく理解することは難しい。イングランドの学校建築家の一人、ヘンリー・スウェインは一九六一年に次のように述べている。「建物使用者の要望の分析を助けてくれる技術を発展させることは、われわれの職業の最も急を要する責務である」(508)。より慣習的な「依頼者」や「占有者」の代わりに「使用者」という言葉をスウェインが選んだのは、少なくとも三つの目的のためであったと考えることができる。第一に、スウェインは他の多くの建築家と同じように、使用者の要望を分析することが新しい建築的解法——慣習的な建築計画あるいは建築公式から解放された真に「モダン」な建築の一事例を導くと信じていた。「使用者」は建築が最終的にその潜在能力を実現するにあたっての資料を提供するものとして仮定されていた。その「使用者の要望」についての研究(しかし、「使用者」という言葉はその研究の中では用いられていない)の結果に対する信頼の指標となるものは、一九六一年の英国住宅自治省の報告書「今日と明日のための住まい」(一般にはパーカー・モリス・レポートとして知られている)である。これは、国の補助対象となる住宅の標準規格を決める新しい基礎を答申するものだった。その中で、著者たちは法令によって部屋の最小規模を定めるというそれ以前の政策を問題に挙げ、これに反対している。彼らが反対したのは、その政策が住居内部の配置を慣習的なものにする傾向にあり、そうした配置には設計においてもその後の住居の使い方においても柔軟な対応をなしうる余地がほとんど見られなかったからであった。部屋の最小規模を定める代わりとして、彼らが推し進めようとしたのは、住居全体の最小規模を定めることだった。その基準は、「その住居に住むことが想定されている人々の要求全体に目を向けること」から生じたものであった。彼らは以下のような論理を示している。

設計上の問題に対するこのアプローチは、これらのさまざまな活動そのものと、社会、家庭、個人の生活内でのそれらの活動の相対的な重要性とを明確に認識することから始まる。そして、それらを追求するための必要条件を空間、雰囲気、効率、満足、家具や備品の点から算定することへと続く……。このアプローチは柔軟で、世間一般に広まっている前提に疑問を投げかけている。その前提とはつまり、たとえば睡眠、着替え、衛生に使われる面積は、残りの要求のための面積の総計と同じであるべきだとか、一般的に家は一階建てでも、一階半でも、二階半でも、三階建てでもなく、二階建てにするべきだといったものである。このアプローチは同時に間接的なものでもある。配置と部屋は結果であって、出発点ではない。配置は立地や構造的可能性、費用によって与えられる制約と機会の中でなんとか要求を満足させようとするさまざまな方策が互いに反応し合うことから生じてくるものである。また、部屋は要求から芽生え、要求に備えるものである──配置と部屋は思考の結果として発展するのであり、それ以前にあったものを丸写しすることで発展するものではない。(4)

この引用部分に際立っているのは──「使用者」についての研究に広く関心が集まったこと全体に関しての特徴でもあるが──次の二つのことである。ひとつは、人々の活動と要求に注目することが、非伝統的な建築につながるという確信である。もうひとつは、──「生じてくる」〔flows from〕や「芽生える」〔grows from〕という言葉に象徴的に表されたように──使用者に関する情報を厳密にはどのように建築的実践に伝えていくのかという部分に関する、ある曖昧さである。

第二に、「使用者」という用語を選ぶことは、機能主義パラダイムの延長上で理解されうるということがある──もしある関係性が建物と社会的振る舞いの間に存在すると言われるのなら、建物によって影響を受けるとされる人々を表す言葉が必要になる。「使用者」という言葉はこの必要性を満たし、いわば機能主義の方程式における第二の変数を提供する。そのために「使用者」は機能主義的規範の結果として見られることがあるのだ──その「使用者」に対する不備の中にはこの規範自体が孕む欠点から生じるものも存在するのである。

「使用者」という言葉の第三の目的は、建築家という職業にとって驚くほど有利で幸運な時代における彼らの一連の信念体系を維持することにあった。第二次世界大戦後の二十年間は、西欧諸国では福祉国家が発展し、アメリカでも史上最も福祉国家的な政策が発展した時期であった。富の所有権を大々的に再分配することなしに資本と労働の関係を安定化させるよう意図された政策の中で、建築は西欧諸国の政府による戦略の重要な一部分として広く採用された。それは単に新しい学校、住宅、病院を提供すればよいという問題ではなく、これらの建物を占有する人々が社会の他のメンバー全員と「同等の社会的価値」*1 を持っていると確信できるようなやり方で供給することが必要であった。実行においては異常なほどの自由を与えられながらも、建築家に課せられた使命とは──どうしても避けることのできない社会的な差異に直面しながら──平等社会に参画している感覚を促す建物を創り上げることであった。公共プロジェクトのために雇われた多くの建築家にとって、「依頼人」は、その建物の事実上の依頼主である官僚でも選ばれた委員会でもなく、実際にその建物に居住する人々であることを、自分自身に──そして社会全般に──確信させることが必要であった。建築家はこうした人々を実際に知ることはほとんどなかったが、社会のより大きな利益のために奉仕することが建築家の職能であるという主張は、新しい学校や公共住宅の真の受益者は現実にその建物を占有することになっている人々であることを示せるかどうかにかかっていた。「使用者」という言葉や「使用者の要望」の幅広い分析によって、建リトル・グリーン・レーン小学校の洗面所、ハートフォードシャー、クロクスレイ・グリーン、一九四九年。「使用者」がデイヴィッド・メッドが小学校向けに特別に設計した小さな洗面台で手を洗う。「使用者」という言葉に戦後から導入された目的は、第一に福祉国家の建築計画が寄与しようとする利益を享受する人々を記述することであった。

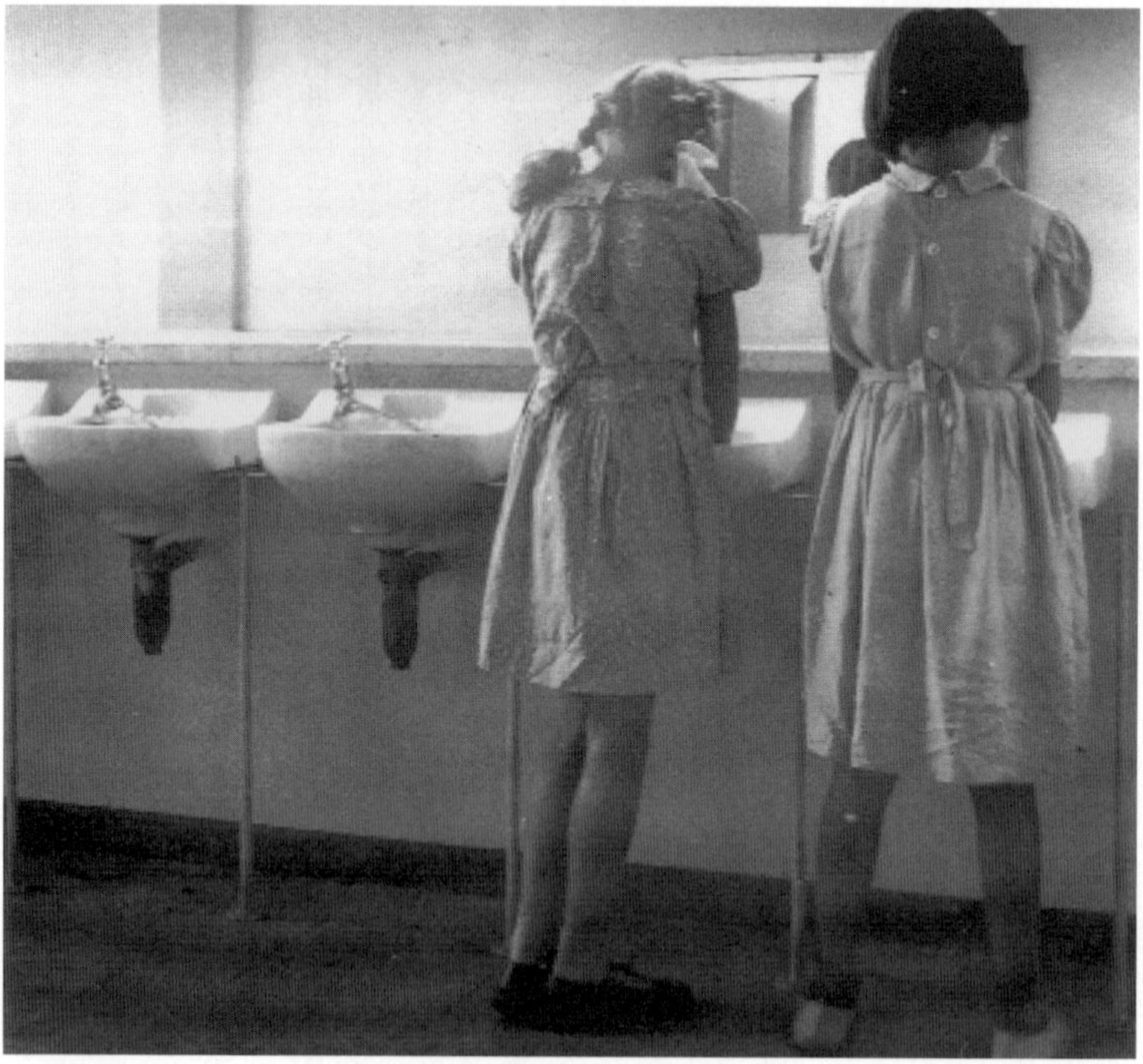

築家たちは省庁や政府に雇われているにもかかわらず、自分たちが本当に仕えているのは建物の占有者たちだと信じられるようになった。*2「使用者」という言葉に特権を与えることで、抑圧された人々も「平等な社会的価値」を持った市民として扱われるという期待が福祉国家的な民主主義の中で現実化しつつあると主張することができるようになった。それ故、一九五〇年代と六〇年代に「使用者」という言葉が用いられた理由は、部分的には以下の二点だったと指摘できよう。ひとつは、建築家自身の信念体系を満足させること、つまり実際は国家のために働いていた一方で、恵まれない階級のために働いているという彼らの主張を正当化することであった。もう一つは、福祉国家的な民主主義の中で社会的、経済的平等へと邁進する社会の出現を提供する手段として、建築が特別で独特な地位を占めることを可能にすることであった。しかし、現実には社会的、経済的格差は存在し続けたのである。

「使用者」と「使用者の要望」に対する関心が薄れていったのは、一九八〇年代に公共受注が減少したのと軌を一にする。「使用者」という言葉がもはや建築家にとって価値あるものではなくなっただけでなく、建築家の社会的な権威が減退するにつれて、「使用者」は現実的な脅威、つまり、建築家の意図を挫く管理不可能な無秩序を擬人化したものとなったのである。

おそらく、「使用者」という言葉に対する不満のもう一つの理由は、それが人々の建築作品との関係を描写する上で不十分なやり方だったことにあるのだろう。たとえば誰も彫刻作品を「使う」と語る者はいない。しかし建築では、いまだにそれを用いる人々との関係を語るよりよい表現がないのだ。ある最近の本では、「使用者」という言葉を「積極的な行為や、意図とずれた使用の可能性をも示唆するので、占有者、占拠者、居住者といった言葉に比べると……より適切な用語である」（Hill, 1998, 3）として再評価した。一九九〇年代末までには、「使用者」は恵まれない人々や抑圧された人々という含意をもはや失ってしまい、建築家たちが自らの仕事を批評する手段となったようである。「使用」や「使用者」が二つの対立する意味において現れるのが、ルフェーヴルの著書『空間の生産』の特色の一つであった。ルフェーヴルの用いた解放のための第二の意味は、一九六〇年代末からヘルツベルハーも用いたが、今となっては福祉国家の環境から生まれた第一の意味に取って代わっているようである。

1 これは、一九五〇年に政治理論家T・H・マーシャルが作った表現であった。Forty, 1995, p.28を見よ。

2 このジレンマに関する興味深い議論を知るには、Lipman, 'The Architectural Belief System', 1968を見よ。

訳者あとがき

本書は Adrian Forty, *Words and Buildings: A Vocabulary of Modern Architecture*, Thames and Hudson, 2000 の日本語訳であり、『欲望のオブジェ―デザインと社会 1750-1980』（高島平吾訳、鹿島出版会）に続く二冊目の訳書である。前訳書については柏木博氏が『建築の書物／都市の書物』（五十嵐太郎編、ＩＮＡＸ出版）の中で次のように紹介している。フォーティーのデザイン史は「ペヴスナーのデザイナー中心主義とも、ギーディオンの環境あるいは技術決定論的な視点や方法とも」異なり「デザインがデザイナーによってだけでなく、社会的価値観、市場の論理、企業家の意識…などの複雑な関係の中で成立していることを前提にして」いる。「こうした視点や方法はそれまでのデザイン史ではとられてこなかった。したがってこの本は発表されるや、すぐにデザイン史の新たな名著として扱われてきた」。本書もこうした文化社会学的な観点から建築を解きほぐそうとするものであるが、媒介項としての言葉に焦点を当てている点が特徴的である。

本書の構成は第一部が総論として建築の言葉の出自を探る部分である。ここでは全体像をおさえつつ、建築の言葉が他分野との密接な関係の中で生成されてきたことを示している。例えば科学、言語学、社会学などである。そしてその使われ方、意味を歴史的に紐解いている。第二部はそうした言葉の中でもモダニズムを構築した主要な十八の言葉―'design' 'form' 'space' 'function' などについての詳細な解説であり、それは先ずその言葉の起源に遡る。誰がどのような理由でその言葉を使い始めたか？　もともとどの分野にあった言葉なのか？　例えば、'function' という言葉を建築分野で最初に使用したのはイタリアの修道士ロドゥーリであった。その後この言葉は生物学において部位の役割という意味で用いられ、その影響を受けたヴィオレ・ル・デュクも建築の各部位が全体に対して担っている役割という意味で用いた。しかしその後モダニズム期に入って、初めてこの言葉は人間の使用に対する合目的性という意味を担うことになる。十八の言葉はモダニズム期に不可欠な語彙であるが、このようにモダニズム期における使われ方のみが記されているのではない。その言葉の出現、意味の変遷をたどる中で、モダニズムがその言葉に託した願いが読み取れるようになっており、それによってモダニズムのエッセンスが照射されるというのがこの本の仕組みである。

さて、本書の意味について多少の考察を付け加えておきたい。言葉は建築家にとって意識的に振り回す道具ではないという一般的な見方にフォーティーは異を唱えたのだが、昨今は言葉を重視した建築教育も散見され、フォーティーの異議は驚くにはあたらない。しかしそれでも客観的に見て建築における言葉は貶められている。未だにミースのように「しゃべってないで作れ」という建築家がたくさんいるのは想像に難くない。そこで言葉の重要性が再認識されるべきなのだろうが、それは言葉を創造現場の最前線に最新ツールとして位置づけることではない。そうではなく、重要なのは、スケッチを描く前、CADでドローイングを作る前、建築家の思考のプロセスにおいて言葉が問答無用に介入しているという事実を再認識することであろう。言うまでもないことだが、我々は潜在的な言葉の枠組みに規定されている。しかし、この枠組みとは何か。「我々は言葉の呪縛から解き放たれて真に自由な創造の始点に立てないのだろうか?」。

こうした問いが切迫感をもって感じられるのには理由がある。少し長くなるがその辺りに触れておきたい。戦後建築史を瞥見すると、モダニズムに始まり、型どおりにポストモダニズムを経てイズムの消えた九十年代にはいりそして二十一世紀を迎えた。ということになっている。そしてこの九十年代はイズムが無く多様なスタイルが林立する時代でもあるのだが、表層のスタイルはさておき、建築をとりまく一つの社会現象がおきた時代だと思われる。それはいわゆる建築専門誌が数誌廃刊になる一方で建築一般誌(その線引きに厳格な定義が存在するわけでもないが)十誌以上が創刊され現在も発刊中という事実である。詳しく調べたわけではないので、過去にも多くの一般誌が出ては消えるという状況は多々あったと思うが、九十年代のそれは比類ない。それは衣食住のなかで住が遅ればせながら衣食に追いつくべく、付加価値化してきたことの現われであろうと考えている（衣食は、ファッション・グルメと称して既にミニマルな欲求を満たす対象から生活の豊かさを求める欲望の商品に化している）。書店中央に平積みにされた建築一般紙が飛ぶように売れるという現状はアーキテクチャーを楽しむという感覚が芽生えきたことに他ならない。

こうした建築ジャーナリズムは、大衆の好みを色濃く反映し、専門家がはっとするような新たなテイストを生み出していく。また記号的価値としてのアイドル建築家を作りあげ、コマーシャルベースで消費しながら素人と玄人とが一体化した新たな世界を構築している。そこに繰り広げられる言説とヴィジュアルは専門誌のそれと微妙にずれながら少なからず建築家の創造のメカニズムの新たな枠組みとなっているのである。

先述の問い、「言葉の呪縛から解かれ真に自由な創造の始点に立てるか」を再度問うことの意味はここにある。われわれはこの新たなジャーナリズムが生み出す言葉から解かれるか？　もちろん潜在的な言葉の力を前提にする以上言葉から解放されることはあり得ない。しかしそれを意識するかどうかは大きな差を生むであろうし、言葉の呪縛とはそもそもどのような契機で建築家に介入して来るのかを知ると知らぬとでは大違いである。われわれが本書に興味を抱いた最大の理由はここにあった。

こうした我々の興味が示すように、本書は建築プロパーの人にのみ読まれるべきものではなく広範な読者を魅了すると思われる。建築史家には歴史を語る言葉の系譜学として、建築家には既述の通り、創造のメカニズムに介入する言葉を観察するために、美学、美術を専門とされる方には、建築美なるものと言葉の関係を見極めるために、そして社会学を学ぶ方には、建築は天才の独創性に負けず劣らず社会の力学が言葉を通して生み出しているというその事実を明らかにするために、読んでいただきたいと思っている。

本訳書は多くの知見によって可能となるものであった。そもそも私が東京大学の文学部で（工学部ではなく）建築意匠の講義を行ったのをきっかけに、その時の聴講学生と小さな勉強会を開くことになったのが始まりである。そこに集まる社会学、美学、美術史、建築史を専門とする面々と建築意匠を本職とするわれわれ監訳者とで輪読会をする中で、本書はその教材の一つであった。勉強会の常として本書も先ず、全体を通して、章ごとのサマリーを作り内容のつかみを行った。その後それぞれの専門を鑑み担当を決めて訳文の作成にはいった。担当は以下の通りである。

第一部、序章―坂牛、1―入江、2―安藤、3―井上、4―戸田、5―天内、6―光岡。第二部、「性格」―辺見、「コンテクスト」―光岡、「デザイン」―入江、「柔軟性」―天野、「形」―天内、「形式的」―天内、「機能」―井上・星野、「歴史」―辺見、「記憶」―天野、「自然」―天内、「秩序」―戸田、「簡潔性」―天野、「空間」―安藤、「構造」―安藤、「透明性」―天野、「真実」―光岡、「型」―坂牛、「使用者」―天野。

その後第一部については全員で読み合わせを行い推敲したうえで次に、監訳者＋天内＋井上で読み合わせを行ったうえで担当者が完成させた後、更に数度監訳者が眼を通している。また第二部については四グループに分かれての読み合わせを行い同様に担当が完成させた後、監訳者で推敲を重ねた。数名で見ることによる見落とし、一貫性の欠如といった弊害も無いことはないが、それを上回るメリットを達成できたと考えている。もちろん建築書として世にでる本書に対する最終的な責はわれわれ監訳者にあるものと心得ている。読者の厳しい批判をお待ちしたい。

さて、いささか私的なつぶやきではあるが、建築とは異分野との交わりの中に存在していることは言うまでもないのだが実際そうした方と議論している時間がどれほどあるかと言えば恥ずかしいほど少ない。忙しさにかまけそうした機会のプライオリティは低い。その意味でこうした勉強会の意味は大きく、そこで多くの議論を共有できたことを嬉しく思っている。

最後にそうした知的空間を共有した共訳メンバーを紹介する。先ず当初よりこの勉強会においてコアメンバーとして活躍し、最後の校正まで力を尽くしたのは天内君である。

天内大樹

一九八〇年生まれ、二〇〇五年東京大学大学院人文社会系研究科美学芸術学修士課程修了。東京大学大学院人文社会系研究科美学芸術学博士課程在籍。近代日本の芸術・建築思想、特に分離派建築会を研究中。

またこの勉強会を立ち上げ、一から本書を読み始めたのは天内君に加え次の五名である。

入江拓也

一九七八年生まれ、二〇〇二年東京大学文学部行動文化学科社会学専修課程卒業。SETENV代表、ウェブサイト制作、プロジェクト企画制作。

井上 亮

一九七八年生まれ、東京大学文学部言語文化学科西洋近代語近代文学専修課程中退。SETENV副代表、翻訳、ウェブサイト制作、プロジェクト企画制作。

光岡寿郎

一九七八年生まれ、二〇〇五年東京大学大学院人文社会系研究科文化資源学修士課程修了。東京大学大学院人文社会系研究科文化資源学博士課程在籍。SETENVメンバー、ミュージアムのメディア論、メディア史的研究。

戸田 穣

一九七六年生まれ、二〇〇〇年東京大学教養学部教養学科卒業、二〇〇四年東京大学大学院工学系研

究科修士課程修了。東京大学大学院工学系研究科博士課程在籍、日本学術振興会特別研究員、パリ第一大学客員研究員、フランス近代建築史。

安藤智子

一九六二年生まれ、二〇〇三年東京大学総合文化研究科大学院修士課程修了。東京大学総合文化研究科後期博士課程在籍。十九世紀フランス絵画における祈りの表象を研究中。

最後の追い込み時には、次の二名が加わった。

天野 剛

一九八一年生まれ、二〇〇五年東京大学文学部思想文化学科美学藝術学専修課程卒業。よりよい社会の実現に向けて、ＩＴ関連企業勤務。

星野 太

一九八三年生まれ、二〇〇五年　東京大学文学部思想文化学科美学芸術学専修課程卒業。東京大学大学院総合文化研究科超域文化科学専攻修士課程在籍　美学／表象文化論。専門はフランス思想、および美術批評理論。

なお最後になるが鹿島出版会編集部の打海さんには、最初にこの本の翻訳をお願いし、理解いただくところから、訳文へのアドヴァイス、校正、ビブリオグラフィの制作にいたるまで、大変お世話になった。翻訳メンバーを代表して、この場を借りてお礼申し上げたい。

坂牛　卓

二〇〇五年十一月

言葉《ことば》と建築《けんちく》　語彙体系《ごいたいけい》としてのモダニズム

二〇〇六年一月七日　第一刷発行
二〇一七年三月三〇日　第四刷発行

監訳者　坂牛《さかうし》卓《たく》・邉見《へんみ》浩久《ひろひさ》
発行者　坪内文生
発行所　鹿島出版会
〒一〇四―〇〇二八　東京都中央区八重洲二―五―一四
電話〇三（六二〇二）五二〇〇
振替〇〇一六〇―二―一八〇八八三

印刷　創栄図書印刷
製本　牧製本
装丁　工藤強勝
DTP　エムツークリエイト

ISBN 978-4-306-04462-3　C0070

本書の内容に関するご意見・ご感想は左記までお寄せください。
URL: http://www.kajima-publishing.co.jp
e-mail: info@kajima-publishing.co.jp

著者略歴

エイドリアン・フォーティー　Adrian Forty
歴史家、ロンドン大学バートレット校教授
歴史学と美術史を学んだ後、建築の研究に着手する。主たるテーマは、社会という精神生活におけるモノの所在。著書に、消費財デザインと社会制度の関係性を明晰な視線でとらえた『欲望のオブジェ——デザインと社会一七五〇年以後』をはじめ、『メディアとしてのコンクリート』などがある（いずれも邦訳版は鹿島出版会）。

監訳者略歴

坂牛 卓（さかうし・たく）
建築家、東京理科大学教授
一九五九年東京生まれ。UCLA大学院（文部省給費留学生）、東京工業大学大学院修士課程修了。一九九八年より O.F.D.A. associates を主宰。信州大学工学部教授を経て、二〇一一年より現職。博士（工学）。主な作品＝「するが幼稚園」（第二〇回公共の色彩賞、二〇〇五）、「大小の窓」（建築学会作品選集、二〇〇六）、「リーテム東京工場」（第四回芦原義信賞、二〇〇五、建築学会作品選奨、二〇〇七、インターナショナル・アーキテクチャー・アウォード、二〇〇七）、「松ノ木のあるギャラリー」（インターナショナル・アーキテクチャー・アウォード、二〇一五）。著訳書＝『篠原一男経由　東京発東京論』（共著、鹿島出版会）、『芸術の宇宙誌——谷川渥対談集』（対談、右文書院）、『人間主義の建築』（監訳、鹿島出版会）、『αスペース』（共著、鹿島出版会）、『図解　建築プレゼンのグラフィックデザイン』（鹿島出版会）、『メディアとしてのコンクリート』（共訳、鹿島出版会）など。

邉見 浩久（へんみ・ひろひさ）
建築家、鹿島建設勤務
一九五九年生まれ。東京工業大学大学院、イェール大学大学院修了（フルブライト奨学生）。リチャード・マイヤー・アンド・パートナーズを経て、現在に至る。作品＝「鎌倉の家」「同#2」、担当作品＝「東京海上東日本研修センター」「本郷カトリック教会」「ベネトン表参道（現YSL）」「フェアモントホテル、ジャカルタ」など。著訳書＝『東京発東京論』（共著、鹿島出版会）、『人間主義の建築』（監訳、鹿島出版会）、『メディアとしてのコンクリート』（共訳、鹿島出版会）、『住宅論』ほか、英訳＝Kazuo Shinohara, Casas, 2G #58/ 59 など。

欧文索引

Aalto, Alvar　アルヴァ・アアルト　372, 373, 485
Cultural Centre, Wolfsburg　ウォルフスブルグ文化センター　372
Addison, Joseph　ジョゼフ・アディソン　339, 340, 310
Adler, Dankmar　ダンクマー・アドラー　265, 266
and Sullivan, L. Auditorium Building, Chicago　オーディトリアム・ビル、シカゴ　266
Adorno, Theodor　テオドール・アドルノ　340, 356
AEG　AEG社　242, 274, 479
aformalism　無形式主義　253
Alberti, Leon Battista　レオン・バッティスタ・アルベルティ　42, 43, 200, 225, 361, 365, 329, 332, 429, 440
theory of *concinnitas*　均斉の理論　329, 308
Alembert, Jean Le Rond d'　ジャン・ル・ロン・ダランベール　335
Alexander, Christopher　クリストファー・アレグザンダー　116, 166, 167, 169, 194, 362
Algarotti, Francesco　フランチェスコ・アルガロッティ　259, 459, 460
Alison, Archibald　アーチボルド・アリソン　312
alive　生、活き活きとした　150, 166, 169
Alsop, William　ウイリアム・オルソップ　48, 219
ambiente (Rogers)　アンビアンテ　190, 191, 193, 194, 196
Amiens Cathedral　アミアン大聖堂　106, 109
Amsterdam　アムステルダム　170, 416, 418, 489
Apollo School (Hertzberger)　アポロ・スクール（ヘルツベルハー）　170
De Drie Hoven, Home for the Elderly (Hertzberger)　三つの中庭、高齢者向け施設（ヘルツベルハー）　489
orphanage (van Eyck)　孤児院（ファン・アイク）　416, 418
anthropology　人類学　27, 436, 437
anti-historicism　反歴史主義　296
aphasic disorder　失語症疾患　53
Apollonian and Dionysian instincts: Nietzsche, Friedrich を参照
Archigram group　アーキグラム　252, 254
architectonic　建築構築上の＝結構的な　257, 265
architects, occupational status of　建築家
architectural education　建築教育　201, 204, 474
Architecture Studio, Institut du Monde Arabe, Paris　アーキテクチャー・スタディオ、アラブ世界研究所、パリ　443
Arendt, Hannah　ハンナ・アーレント　153, 165
Argan, G. C.　G・C・アルガン　306
Aristotle　アリストテレス　86, 147, 222, 223, 224, 225, 230, 236, 263, 292, 361, 337, 455
Arnhem, Koepel Prison　アルンヘルム、ケッペル刑務所　212, 213
Art Nouveau　アール・ヌーヴォー　96, 243, 275
articulation　分節、分節化　59, 88, 123, 149, 169, 412, 425
artifice　工夫　329, 364, 390
arts, classification of　芸術、諸芸術
Arup Associates　アラップ・アソシエイツ　425, 426
No. 1 Finsbury Avenue, Broadgate　フィンズベリー・アヴェニュー一番地　426
aspatiality　非空間性　88
Assisi, Temple of Minerva　アッシジ、ミネルヴァ寺院　344
Aymonino, Carlo　カルロ・アイモニーノ　481

Bachelard, Gaston　ガストン・バシュラール　320, 321, 417
Bacon, Edmund　エドマンド・ベーコン　30, 31
Baltard, L. P.　L・P・バルタール　285
Balzac, Honoré de　オノレ・ド・バルザック　283

Bandini, Micha　ミーシャ・バンディーニ　486
Banfi　バンフィ　192
Banham, Reyner　レイナー・バンハム　252-254, 410
Banz, Pilgrimage Church　バンツ、巡礼教会　406
Barauderie, J. B. de la　J・B・ド・ラ・バローデリ　338
Barbaro, Daniele　ダニエーレ・バルバーロ　227
Barcelona, German Pavilion, World Exhibition (Mies van der Rohe)　バルセロナ・パヴィリオン（ミース・ファン＝デル＝ローエ）　376, 377
Barry, Reform Club, London　C・バリー，リフォーム・クラブ　130, 131
Barthes, Roland　ロラン・バルト　16, 17, 30, 51, 121, 424, 437, 439, 440, 452, 453
basilicas, Roman　バシリカ、ローマ　287, 449
Bataille, Georges　ジョルジュ・バタイユ　173, 452, 453
Baudelaire, Charles　シャルル・ボードレール　352
Baudrillard, Jean　ジャン・ボードリヤール　286, 287, 452, 453
Bauhaus　バウハウス　14, 236, 278, 407, 451
Beaudouin, Lods, Bodiansky and Prouvé, Maison du Peuple, Clichy, Paris　ボードゥワン、ロッズ、ボディアンスキー、プルーヴェ、人民の家、クリシー、パリ　214
Behne, Adolf　アドルフ・ベーネ　157, 245-247, 273-276
Behrendt, Walter　ヴァルター・ベーレント　163
Behrens, Peter　ペーター・ベーレンス　242, 274, 405, 407
AEG large machine factory , Voltastrasse, Berlin-Wedding　AEG 重機工場、フォルタシュトラッセ、ベルリン・ヴェディング　242
kettles for AEG　AEG 社のためのケトル　479
Belgiojoso　ベルジオジョソ　192
Bell, Clive　クライヴ・ベル　251
Bellori, Giovanni, Pietro　ジョヴァンニ・ピエトロ・ベッローリ　42
Benjamin, Walter　ヴァルター・ベンヤミン　316, 318
Bentham, Jeremy　ジェレミー・ベンサム　285, 364
Panopticon scheme for a model prison　パノプティコン型監獄モデル　285, 364
Bergson, Henri　アンリ・ベルクソン　366
Berkeley, Bishop　バークリ司教　206
Berlage, Hendrik　ヘンドリク・ベルラーヘ　174, 273, 274, 376, 393, 402, 403, 405, 407, 408, 423
Berlin　ベルリン　15, 155, 242, 245, 247, 271, 322, 303, 305
Housing, Lutzowplatz (Ungers)　リュッツォー広場（ウンガース）　322
Jewish Museum (Libeskind)　ユダヤ博物館（リベスキンド）　303, 305
Horseshoe Siedlung' (Wagner and Taut)　馬蹄形ジードルンク（ワーグナーとタウト）　247
AEG large machine factory, Voltastrasse (Behrens)　AEG 重機工場（ベーレンス）　242
Bernini　ベルニーニ　337, 456
biology　生物学　145, 183, 239, 260-263, 265, 276, 282, 288, 290, 291, 361, 362, 408, 409, 425, 428, 430, 435, 436, 440
Blackburn, William　ウィリアム・ブラックバーン　364
Blake, Peter　ピーター・ブレイク　368
Blomfield, Reginald　レジナルド・ブロムフィールド　94, 96, 354
Blondel, F., Porte Saint-Denis　サンドニ門　67
Blondel, J.-F.　J＝F・ブロンデル　63, 65, 67, 68, 69, 98, 100, 177, 178, 181, 279, 280, 282, 381, 474, 475
ground floor plan of an abbot's residence　修道院長住居の一階図案　279
Blundell-Jones, Peter　ピーター・ブランデルジョーンズ　291
Boccioni, Umberto　ウンベルト・ボッチョーニ　410
Bodiansky → Beaudouin を参照
Boffrand, Germain　ジェルマン・ボフラン　68, 69, 97, 176, 181
Salon de la Princesse, Hôtel Soubise, Paris　オテル・ド・スービーズの大公妃のサロン、パリ　68, 69
Bopp, Franz　フランツ・ボップ　103
Bordeaux, Law Courts (Rogers)　ボルドー裁判所（ロジャース）　356, 357
Bororo villages　ボロロ村　437
Borromini　ボッロミーニ

Böttichier, Carl　カール・ベティヒャー　393
Boulle, E.-L　E＝L・ブレ　25, 26, 36, 68, 71, 180, 341, 342
design for a Town Hall　公会堂〔Palais municipal〕のデザイン　71
Project for the King's Library, Paris　王立図書館計画（パリ）
Bournville, Birmingham　ボーンヴィル、バーミンガム　281, 285
Boyer, Christine　クリスティーヌ・ボイヤー　325
Bramante　ブラマンテ　40
Brett, Lionel　ライオネル・ブレット　77
Breuer, Robert　ロバート・ブロイヤー　479
Brinckmann, Albrecht　アルブレヒト・ブリンクマン　407
Brno, Tugendhat House (Mies van der Rohe)　ブルーノ、チューゲンハット邸（ミース）　378, 413
Brown, Capability　ケイパビリティ・ブラウン　338
Brunt, Henry van　ヘンリー・ヴァン・ブラント　72, 293
Buffalo, Guaranty Building　バッファローのギャランティー・ビル　73
buildings　建物
arrangement　構成／cladding　被覆／classification of use　用途からの分類／buildings, commemorative: see memorials／hut　小屋／institutional　施設建築／primitive　原始の小屋／protection of old, preservation of ancient　古代建築物の保存ただし／relationship with social behaviour　ある関係性が建物と社会的振る舞いの間に存在する／relationship with people　人間が建物に対して持つ関係性、人々と建物のあいだの関係／relationship of the parts to the whole　全体にたいする部分の諸関係／social life　社会生活／society　社会／system of support　支持体／systematic comparison by use types　類型
Burckhardt, Jacob　ヤーコプ・ブルクハルト　110, 185, 292
Burgess, William　ウィリアム・バージェス　70
Burke, Edmund　エドマンド・バーク　179, 340, 341, 349
Burnham, Daniel　ダニエル・バーナム　365
Butterfield, William, All Saints, Margaret Street, London　ウィリアム・バタフィールド、オール・セインツ教会、マーガレットストリート、ロンドン　72

Cadbury's factory, Bournville, Birmingham　カドベリの工場、ボーンヴィル、バーミンガム　281, 285
capitalism　資本主義　206, 218, 241, 242, 286, 287, 356, 373, 420-422, 453, 480, 486
Caprarola, Villa Farnese (Vignola)　ヴィラ・ファルネーゼ（ヴィニョーラ）　54
Caraib hut (Great Exhibition 1851)　カライブ小屋　477, 478
Carlin, Earl P., Central Fire Station, New Haven　アール・P・カーリン，中央消防署（ニュー・ヘイヴン）　249
Carlisle, Lord　ロード・カーライル　62
carpentry　大工仕事　48, 336, 345, 347
Carson, Rachel　レイチェル・カーソン　358
Casabella Continuità　『カサベラ・コンティニュイタ』誌　190, 193, 195, 299, 323, 481
Case Western Reserve University, Weatherhead School of Management (Gehry)　ケース・ウエスタン・リザーヴ大学ウェザーヘッド・スクール（ゲーリー）　53
Castle Howard, Yorkshire, Mausoleum (Hawksmoor)　キャッスル・ハワード、ヨークシャー、霊廟（ホークスモア）　62, 63
Certeau, Michel de　ミシェル・ド・セルトー　321
Chambers, Sir William　サー・ウィリアム・チェンバーズ　63, 65, 98, 206, 227, 333, 334, 338, 424
Somerset House, London　サマセット・ハウス　65
Chambord, Chtâeau de　シャトー・ド・シャンボール　199
Chambray, Fréart de　フレアール・ド・シャンブレ　13, 94
Chandigarh, India, High Court (Le Corbusier)　チャンディガール、インド、高等法院（コルビュジエ）　80, 86
Chantelou, Fréart de　61, 456
character　性格＝キャラクター　172-
mood created by light (Soane)　光によって作られる雰囲気（ソーン）／theory of expressive character (Goethe)　表現の理論（ゲーテ）
Chermayeff, Serge　サージ・シャマイエフ　166
Chicago　シカゴ　72-74, 76, 202, 238, 266, 353, 370, 387, 427, 433
Lakeshore Drive (Mies van der Rohe)　レイクショア・ドライブ（ミース＝ファン＝デル＝ローエ）　370, 433
Auditorium building (Adler and Sullivan)　オーディトリアムビル（アドラーとサリヴァン）　266

Carson Pirie Scott Store (Sullivan)　カーソン・ピリー・スコット・ストア　73, 76
Getty tomb, Graceland cemetery (Sullivan)　ゲッティ家墓廟の門、グレイスランド墓地（サリヴァン）　238, 353174, 187
Illinois Institute of Technology (Mies van der Rohe)　イリノイ工科大学（ミース）、Chapel　礼拝堂　387、Crown Hall　クラウンホール　202
Marshall Field Warehouse (Richardson)　マーシャル・フィールド倉庫（リチャードソン）　72, 74
Ching, Francis　フランシス・チン　116
Choisy, Auguste　オーギュスト・ショワジー　30, 32
Chomsky, Noam　ノーム・チョムスキー　122, 124
CIAM　近代建築国際会議（CIAM）　160, 296
Cicero　キケロ　332
circulation　循環　42, 126-137, 139, 143, 145-147, 206, 253
classical tradition　古典の伝統　70, 93, 101, 360
classification of species　標本を分類すること　260
Clichy see Paris　パリの項を参照
Clouds, Wiltshire (Philip Webb)　クラウズ、ウィルシャー（フィリップ・ウェッブ）　48
Cockerell, C. R.　チャールズ＝ロバート・コッカレル　364, 365
Coleridge, Samuel Taylor　サミュエル・テイラー・コールリッジ　263
Collins, Peter　ピーター・コリンズ　101, 124, 208, 288
Cologne　ケルン　479
Colquhoun, Alan　アラン・コフーン　24, 208, 443, 484
Columbus, Indiana, Fire Station no. 4 (Venturi and Rauch)　コロンバス、インディアナ、第四消防署（ヴェンチューリとローチ）　250
Communist party　共産党政党　112
community　コミュニティ、共同体　152, 153, 162
Como, Casa Giuliani Frigerio (Terragni)　コモ、カサ・ジュリアーニ・フリジェリオ（テラーニ）　143, 144
composition　構成
Connerton, Paul　ポール・コナートン　326
Constant　コンスタント・ニーウェンハウス　215, 218
'New Babylon'「ニュー・バビロン」 251
construction　建設
mechanical (Willis)　機械的建設（ウィリス）　431
Constructivism　構成主義　244
context　コンテクスト　190-
ambiente (Rogers)　アンビアンテ（ロジャース）
continuità　コンティニュイタ＝連続性　481, 482, 484
convenance (Blondel)　適切さ（ブロンデル）　280, 282, 456
Cook, Peter　ピーター・クック　46
Coop Himmelblau　コープ・ヒンメルブラウ　374, 434
Funder-Werk 3, St Veit/Glan, Austria　フンダー＝ヴェルク 3、オーストリア、サンクト・フェイト・アン・デル・グラン　434
Cornell University　コーネル大学　193, 194, 196
Croxley Green, Herts., Little Green Lane School, washroom (Medd)　クロクスレイ・グリーン、ハートフォードシャー、リトル・グリーン・レーン小学校、洗面所（メッド）　492
Cubist painting　キュビスム絵画　53, 444
Curtis, William　ウィリアム・カーティス　147
Cuvier, Georges　ジョルジュ・キュヴィエ　260, 345, 431, 477
zoological museum, Jardin des Plantes, Paris　パリ植物園動物博物館　345
Cuvilliés, François de, Theatre, Residenz, Munich　F・キュヴィリエ、ミュンヘンの劇場　272

Dadaists　ダダイスト　251
Daly, César　セザール・ダリー　130, 131, 134, 136
Darwin, Charles　チャールズ・ダーウィン　290, 352
Davies, Richard Llewelyn　リチャード・レヴェリン・デイビーズ　201
De Stijl　デ・スティル　354, 407

Deane and Woodward, Oxford Museum　ディーンとウッドワード、オックスフォード博物館　350, 351
decoration　装飾
decorum　デコールム　363
Denari, Neil　ニール・ディナーリ　83, 87, 390
　COR-TEX　コル・テックス　87
Derrida, Jacques　ジャック・デリダ　439, 440, 453
Design　デザイン　198-
　invention (Lethaby)
　picturesque landscape　ピクチャレスクな風景設計
Deutsche Werkbund　ドイツ工作連盟　240, 245, 386
Diderot, Denis　ドニ・ディドロ　333
Disorder　無秩序　47, 88, 126, 246, 360, 364, 365, 367, 367, 371
distribution　配置、分配＝ディストリビュシオン　128, 267, 384
Doesburg, Theo van　テオ・ファン・ドゥースブルフ　354
　isometric drawing of Maison Particulire　ある私邸の等測図　354
Dorfles, Gillo　ジッロ・ドルフレス　118
drawing ドローイング　39-
　and architecture　建築とドローイング
Dresden　ドレスデン　345
Dudok, Town Hall, Hilversum, Netherlands　デュドック、タウンホール、ヒルヴェルスム、オランダ　164
Durand, J. N. L.　J・N・L・デュラン　41, 115, 117, 383, 388, 474, 475
　roofs　屋根の配置　383
　Theatres and Market Halls　劇場と市場　475
Durkheim, Emil　エミル・デュルケーム　323, 324, 437

Ebeling, Siegfried　ジーグフリード・エベリング　407
Eco, Umberto　ウンベルト・エーコ　119
Edelmann, John　ジョン・エーデルマン　264
Edwards, Trystan　トリスタン・エドワーズ　164, 469
education → architectural education を参照
Eesteren, Cor van　コル・ファン・イーステレン　354
Egypt　エジプト　101, 105, 473
Ehrenkrantz, Anton　アントン・エーレンクランツ　215
Eidlitz, Leopold　レオポルド・アイドリッツ　187, 238, 263, 265, 427, 432, 470
Eisenman, Peter　ピーター・アイゼンマン　121, 122, 142-144, 248, 250, 306, 307, 453
Eliot, T. S.　T・S・エリオット　191
Elmes, James　ジェイムズ・エルムズ　95, 105
Emerson, Ralph Waldo　ラルフ・ウォルド・エマソン　71, 72, 296, 340, 351, 352
empathy, theory of　感情移入の理論、感情移入　138, 235, 237, 354, 394, 396, 398, 400
Endell, August　アウグスト・エンデル　220, 401-403
　Atelier Elvira, Munich　エルヴィラ工房（ミュンヘン）　403
Engels, Friedrich　フリードリヒ・エンゲルス　352
environment　環境　87, 115, 169, 190-194, 248, 252, 253, 265, 268, 278, 282, 283, 288, 290, 291, 321, 324, 328, 339, 356, 358, 366, 367, 374, 415, 484, 493
　ambiente も参照
environmentalism　環境主義　356, 358,
Evans, Robin　ロビン・エヴァンス　45, 89, 375
Evelyn, John　ジョン・イヴリン　13, 14, 199
everyday　日常、日々の　75, 86, 109, 110, 160, 213, 218, 225, 254, 269, 386, 532, 353
Evreux, Monastery of Sainte-Marie de la Tourette (Le Corbusier)　エヴルー、ラ・トゥーレット聖マリア修道院（コルビュジエ）　140-142
Eyck, A. van　アルド・ファン・アイク　209, 248, 416, 418
　orphanage, now Berlage Institute　孤児院、現在ベルラーヘ・インスティチュート　416, 418

Fascism　ファシズム　75, 113
fashion　ファッション　16, 17, 479, 480
Félibien, André　アンドレ・フェリビアン　338
Fergusson, James　ジェームズ・ファーガソン　90, 112, 471, 472, 473
Festival of Britain　英国博覧会　77, 81
Fichte, Johann Gottlieb　ヨハン・ゴットリープ・フィヒテ　110
Ficino, Marsilio　マルシリオ・フィチーノ　224
Fiedler, Conrad　コンラード・フィードラー　369
Filarete　フィラレーテ　367
　ideal city of Sforzinda　スフォルツィンダの理想都市　367, 330, 331
fire stations　消防署　249, 250
flexibility　フレキシビリティ＝柔軟性　208-
　as a political strategy　政治的戦略の一つとして／by technical means　技術的手段による／redundancy　冗長性
Florence　フィレンツェ　224, 227, 445
　Tomb of Giuliano de'Medici, Medici Chapel, San Lorenzo (Michelangelo)　ジュリアーノ・デ・メディチ霊廟、サン・ロレンツォ（ミケランジェロ）　227
Fludd, Robert, Memory Palace　ロバート・フラッド、記憶宮　308, 309
Foggo, Peter　ピーター・フォゴ　425
Ford, Henry　ヘンリー・フォード；Model T Ford　T 型フォード　386, 388, 296
form　形態、形　220-
　a formalism　無形式主義／and formalism　フォルマリズム／and industry　形と工業／architectural form as equivalent to social forms (Smithsons)　社会的な形と等価な建築の形（スミッソン夫妻）／as a synonym for shape　形状との同義語としての形／as antidote to mass culture　大衆文化への解毒剤としての形／as resistance to ornament　装飾への抵抗としての形／beauty and the Ideal-Form　美と理想形／coexistence of form and matter (Wölfflin)　形と物質との共存（ヴェルフリン）／concept of empathy in　感情移入の考えにおける形／concept of *Urform*　原型の概念／determination of by material (Loos)　材料による決定（ロース）／distinction between form and type (Rossi)　「形」と「型＝タイプ」との区別（ロッシ）／formfunction paradigm 「形－機能」のパラダイム／formal　形式的／formalism　フォルマリズム／and gender　形とジェンダー／*Gestalt*　形態＝ゲシュタルト／Idea　観念／idealist attitude towards　観念主義者の態度／importance of in linguistics　言語学の重要性／in antiquity　古代における形／mass　マッス／mechanical　力学的形態／neo-Platonism　新プラトン主義／notion of'living-forms' (Schiller)　「生きた形」の概念（シラー）／opposed to decoration; opposed to functionality　装飾への対置／opposed to mass culture　大衆文化への対置／opposed to social values　社会価値への対置／opposed to technological experimentation　技術的説明への対置／opposition between form and barbarism (Muthesius)　野蛮との対置（ムテジウス）／opposition between form and Impressionism (Muthesius)　印象主義との対置（ムテジウス）／opposition between matter and force of (Wölfflin)　物質と形の力との対置／opposition to structure or technique　構造や技術との対置／organic　有機的な形、有機的形態／post-Renaissance　ルネサンス後の形／relationship between form and matter　形と物質の関係／Renaissance　ルネサンスの形／shape　形状＝シェイプ／sociology as a science of forms (Simmel)　形の科学としての社会学（ジンメル）／spatial　空間の形／structure of (Eisenman)　形の構造（アイゼンマン）／the formless (Bataille)　無定形（バタイユ）／theory of (Wölfflin)　理論（ヴェルフリン）／versus functionalism　機能主義に対して／versus meaning　vs. 意味／versus reality　vs. 現実／versus social values　vs. 社会価値観／versus technical or environmental considerations　vs. 技術・環境への配慮／within twentieth-century modernism　二十世紀モダニズムに対して
formal　形式的　256-
formalism　形式主義＝フォーマリズム　253
formlessness　無定形　251-254
Foster Associates　フォスター・アソシエイツ　358, 443
　Frankfurt Commerzbank，フランクフルト・コメルツ銀行　358, 443
　Carré d'Art, Nîmes　キャレ・ダール、ニーム　443
Foucault, Michel　ミシェル・フーコー　282, 373
fragment　断片＝フラグメント　35, 36, 98, 99, 288, 289, 308, 320, 356, 405, 420
Frampton, Kenneth　ケネス・フランプトン　196
Frankfurt　フランクフルト　358
　asssembly of prefabricated building components, Praunheim　プラウンハイム　152
　Commerzbank (Foster Associates)　コメルツ銀行（フォスター・アソシエイツ）　358
　Romerstadt Siedlung　レーマーシュタット・ジードルンク　163

Frankfurt School　フランクフルト学派　356
Frankl, Paul　パウル・フランクル　134-136, 139, 155, 156, 270, 272, 399, 402, 404-406, 409
Frege, Gottlob　ゴットロープ・フレーゲ　123
French Revolution　フランス革命　364
Freud, Sigmund　ジークムント・フロイト　307, 321, 325
Freyssinet, Eugène　ウジーヌ・フレシネ　466
Friedman, Yona　ヨナ・フリードマン　215, 216, 218
　Spatial City　空中都市　216
Froebel, Friedrich　フリードリヒ・フレーベル　233, 234
Froebel Gift No. IV　フレーベル・ギフト No.4　234
Fry, Roger　ロジャー・フライ　251
Fuller, Buckminster, Dymaxion House　バックミンスター・フラー、ダイマクシオン・ハウス　253
Function　機能　258-
　as a biological metaphor　生物学的メタファーとして／as a mathematical metaphor　数学的メタファーとして／formfunction paradigm 「形－機能」のパラダイム、形態－機能というパラダイム／*funktionell*　機能的／in the English-speaking world　英語圏における／meaning use 「用途」を意味する／*sachlich*　即物的／*Sachlichkeit*　即物性／*zweckmässig*　合目的的／*Zweckmässigkeit*　合目的性／functional　機能、機能的、機能的な／as the translation of sachlich, zweckmässig, funktionell　即物的、即物性、機能性の訳語として／functionalism　機能主義／antagonism to への敵意／multifunctionality　多機能／functionality　機能性／as a system of interpretation (Baudrillard)　解釈の体系としての（ボードリヤール）
Futurists　未来派　292, 296, 317, 354, 355, 410

G group　G グループ　245, 271, 291
Gabetti and Isola, Bottega d'Erasmo, Turin　ガベッティとイソラ、ボッテガ・デラスモ、トリノ　299
Gadamer, Hans　ハンス・ガダマー　454
Galen　ガレン　458
Galileo　ガリレオ　458
Gandy, Joseph　ジョセフ・ガンディー　185
Garches, Villa Stein (Le Corbusier)　ガルシュ、ヴィラ・シュタイン（ル・コルビュジエ）　33, 35, 437, 444
Garden City Movement　田園都市運動　324
gardens　庭園　35, 36, 36, 176, 178, 179, 256, 310, 338-340
Garkau, Holstein, farm buildings (Häring)　ガルカウ、牛舎（ヘリング）　275
Garnier, Charles　シャルル・ガルニエ　133, 134
　Opra, Paris　パリ・オペラ座　133
Garnier, Tony　トニー・ガルニエ　283
Gehry, Frank　フランク・ゲーリー
　and Claes Oldenburg, Chiat Day offices, Ocean Park, Los Angeles　チャットデイ・オフィス、オーシャンパーク、ロスアンジェルス　414
　Weatherhead School of Management of Case Western Reserve University　ケース・ウエスタン・リザーヴ大学付属ウェザーヘッド・スクール　53
　Vitra Museum　ヴィトラ・ミュージアム　256
gender　ジェンダー　61, 62, 68, 70, 72, 75, 77, 83, 86, 223
genres　ジャンル　14, 83, 97, 100, 104, 176-178, 328, 335, 342, 345, 348, 358, 445, 474, 475
Geoffroy Saint-Hilaire　ジョフロワ・サン＝ティレール　261
Ghirardo, Diane　ダイアン・ギラルド　246
Gibbs, James　ジェームス・ギブス
　St Martin'a-in-the-Fields, London　セント・マーティンズ・イン・ザ・フィールズ教会　183
　Temple of Liberty, Stowe, Buckinghamshire　自由の神殿、ストウ、バッキンガムシャー　311
Giedion, Sigfied　ジークフリート・ギーディオン　400, 404, 411, 412, 444, 445, 449
Ginzburg, Moisei　モイセイ・ギンズブルグ　244
Giorgio, Francesco di　フランチェスコ・デ・ジョルジオ　58
Glanum, Roman mausoleum (St Remy, Provence)　グラヌム、ローマ時代の霊廟（サン＝レミ、プロヴァンス）　306, 308
glass　ガラス　13, 42, 80, 355, 442, 443, 446
Godwin, George　ジョージ・ゴドウィン　466

Goethe, Johann Wolfgang von　J・W・フォン・ゲーテ　98, 104, 110, 111, 183, 228-233, 235, 237, 239, 342-344, 346, 349, 401, 466-468, 477, 486
theory of the Urformen ／ theories of nature and natural generation　自然と自然生成の理論／ theory of art as a second nature　芸術が第二の自然／ theory of expressive character　表出する性格の理論／ theory of form　形の理論／ theory of plant and animal morphology　動植物の形態理論／ *Urpflanze*　原型となる植物
Goldfinger, Erno　エルノ・ゴールドフィンガー　45
Göller, Adolf　アドルフ・ゲラー　233, 235, 237
Goodman, Nelson　ネルソン・グッドマン　145
Gothic　ゴシック　70, 71, 94, 106, 107, 186, 263, 344, 350, 295, 392, 427, 429, 431, 464, 465, 467-469, 473
Great Exhibition (1851)　ロンドン大博覧会（1851）　477, 478
Greece　ギリシア　101, 104, 109, 295, 325, 336, 337, 344, 352, 360, 361, 384, 449, 456, 462, 470, 473, 485
Green movement　環境運動　356, 358
Greenberg, Clement　クレメント・グリーンバーグ　31, 36
Greenough, Horatio　ホレーショ・グリーノー　263, 264, 282, 288
Gregotti, Vittorio　ヴィットリオ・グレゴッティ　190, 299, 481, 484
Gropius, Walter　ヴァルター・グロピウス　149, 208, 212, 278, 296, 297, 299, 448
Guadet, Julien　ジュリアン・ガデ　132
Guarini, Guarino　グァリーノ・グァリーニ　456, 457
Dome of the Cappella della S. Sindone, Turin　シンドーネ礼拝堂のドーム、トリノ　457
Guillerme, Jacques　ジャック・ギエルム　92
Gwilt, Joseph　ジョゼフ・ギルト　227

Hagia Sophia　アヤ・ソフィア　32
Halbwachs, Maurice　モーリス・アルブヴァク　323-325 327
Hanson, Julienne　ジュリアンヌ・ハンソン　147, 169
Hardwick, Thomas　トマス・ハードウィック　63
Hare, Nicholas　ニコラス・ヘア　425
Häring, Hugo　ヒューゴ・ヘリング　270, 275, 291
farm buildings, Garkau, Holstein　ガルカウ、牛舎　275
Harvard　ハーバード大学　296, 411
Harvey, Sir William　サー・ウィリアム・ハーヴェイ　128, 129, 135, 145, 147, 458
Haussmann, Georges-Eugène, Baron　ジョルジュ＝ウジェーヌ・オスマン　365, 367, 369
Hawksmoor, Nicholas　ニコラス・ホークスムア　62, 63
Mausoleum, Castle Howard, Yorkshire　霊廟、キャッスル・ハワード、ヨークシャー　63
Hayden, Dolores　ドロレス・ハイデン　326
Heckscher, August　オーガスト・ヘックシャー　366
Hegel, Georg Wilhelm Friedrich　G・W・F・ヘーゲル　111, 112, 232, 237, 243, 384, 392, 400, 450, 470
Heidegger, Martin　マルティン・ハイデッガー　399, 415-418, 422
Herbart, J. F.　J・F・ハーバート　233, 234
Herder, Johann Gottfried von　ヨハン・ゴットフリート・フォン・ヘルダー　110
Hermann, Wolfgang　ヴォルフガング・ヘルマン　332, 486
Herrick, Robert　ロバート・ヘリック　371
Hertzberger, Herman　ヘルマン・ヘルツベルハー　119, 168-170, 209, 218, 248, 250, 489, 493
Apollo Schools, Amsterdam　アポロ・スクール、アムステルダム　170
De Drie Hoven, Home for the Elderly, Amsterdam　三つの中庭、高齢者向け施設、アムステルダム　489
High-tech　ハイテク　87, 88
Highpoint II (Luberkin and Tecton)　ハイポイントⅡ（ルベルキン & テクトン）　256, 277
Hilbersheimer, Ludwig　ルードヴィヒ・ヒルベルザイマー　413
Hildebrand, Adolf　アドルフ・ヒルデブラント　235-237, 251, 396-402
Hill, Richard　リチャード・ヒル　123
Hillier, Bill　ビル・ヒリアー　147, 254, 289, 290, 412, 414
Hilversum, Netherlands, Town Hall (Dudok)　ヒルヴェルスム、オランダ、市庁舎（デュドック）　164
Hippocrates　ヒポクラテス　458
History　歴史　292-

after modernism　モダニズム以降の歴史／and modernism　歴史とモダニズム／anti-historicism　反歴史主義／as collective memory　集合記憶としての歴史／historical truth　歴史的真実／historicism　歴史主義／language　言語
Hitchcock, H. R. and P. Johnson, *The International Style*　ヒッチコックとジョンソン『インターナショナル・スタイル』 411
Hope, Beresford　ベレスフォード・ホープ　71
Horace　ホラティウス　97, 176, 332, 455
Horkheimer, Max　マックス・ホルクハイマー　340, 356
Howard, John　ジョン・ハワード　364
Hugo, Victor　ヴィクトル・ユゴー　106, 107, 108 124, 437
Humboldt, Wilhelm von　ヴィルヘルム・フォン・フンボルト　103, 104
Hume, David　デイヴィッド・ヒューム　103, 104, 110, 124, 231, 247, 274
Husserl, Edmund　エドムント・フッサール　135
huts: see buildings, primitive　原始的の項を参照

idealism　観念主義、観念論　155, 232, 233, 240, 265, 345, 427
Illinois Institute of Technology (IIT), Chicago　イリノイ工科大学、シカゴ　378, 368
chapel (Mies van der Rohe)　礼拝堂（ミース）　387, 389
Crown Hall(Mies van der Rohe)　クラウンホール（ミース）　202
imitation, theory of: see mimesis　模倣理論：mimesis を参照
impressionism　印象主義　236, 240, 241, 243
INA-Casa housing authority　INA カーザ　160, 161
industrialization　工業化　152
Istanbul, Hagia Sophia　アヤ・ソフィア　32

Jackson, T. G.　T・G・ジャクソン　469
Jacobs, Jane　ジェーン・ジェイコブス　378
Jencks, Charles　チャールズ・ジェンクス　412, 450
Johnson, Paul-Alan　ポール＝アラン・ジョンソン　49, 200, 374
Johnson, Philip　フィリップ・ジョンソン　301, 376
Jones E. and Kirkland, M., City Hall, Mississauga, Canada　エドワード・ジョーンズ、マイケル・カークランド、カナダ、ミシソーガ市庁舎　175
Jones, Inigo　イニゴ・ジョーンズ　62, 63, 64, 424
Judd, Donald　ドナルド・ジャッド　445
Jugendstil　ユーゲントシュティル　94, 386, 394, 400

Kahn, Louis　ルイス・カーン　208, 210, 256, 328, 355, 448
Richards Laboratories, Philadelphia　リチャーズ医学研究所、フィラデルフィア　210
Yale University Gallery　イェール大学美術ギャラリー　256
Kames, Lord　ロード・ケイムズ　153, 178, 382, 423
Kant, Immanuel　イマヌエル・カント　26, 27, 36, 37, 77, 153, 203, 228, 229, 232, 233, 235-237
Kent, William　ウィリアム・ケント　180, 424
Elysian Fields, Stowe, Buckinghamshire　エリジアン・フィールズ，バッキンガムシャー州ストウ　178, 180, 310, 311
Kepes, Gyorgy　ジョージ・ケペシュ　443-445
Kerr, Robert　ロバート・カー　70, 71
Kiesler, Frederick　フレデリック・キースラー　407, 408
La Citédans l'Espace, Austrian Pavilion, Paris Exhibition of Decorative Arts,　シテ・ダン・レスパス（空間のなかの都市）オーストリア館（パリ装飾美術博覧会）　408
Kirkland, M. and Jones, E. City Hall Missisauga, Canada　マイケル・カークランド、エドワード・ジョーンズ、カナダ、ミシソーガ市庁舎　175
Koetter, Fred　フレッド・コッター　196
Koolhaas, Rem　レム・コールハース　197, 212, 213
Korn, Arthur　アルトゥール・コーン　155, 442

Labrouste, Henri, Bibliothque Sainte Geneviève, Paris　アンリ・ラブルースト、サント・ジュヌヴィエーヴ図書館　124, 472
Lamarck　ラマルク　260, 282, 288, 290

Lance, Adolphe　アドルフ・ランス　466
language　言語　91-
and architecture　と建築／and drawing　とドローイング／and history　と歴史／and languages　と他言語／as an argument against invention　発明への異議申し立て／distinction between language and images　言語とイメージの区分／distinction between object language and metalanguage　対象言語とメタ言語／metaphors of　の隠喩／of modernism　モダニズムの／semantic aspects of　の意味論的側面／syntactic aspect of　の統語論的側面／to discuss architecture as a medium of communication　コミュニケーションの手段としての建築
Laocoön　ラオコオン　84
Larousse, Pierre　ピエール・ラルース　126
Las Vegas　ラスベガス　109, 110, 366
the 'Golden Nugget' Gambling Hall　カジノ「ゴールデン・ナゲット」　109
Lasdun, Sir Denys　サー・デニス・ラズダン　147, 390, 391, 412
Laugier, Marc-Antoine　マルク＝アントワヌ・ロージエ　102, 380, 381, 332, 333, 335, 336, 459, 460
LCC Architects, Elizabeth Square, Lansbury Estate, Poplar　LCC アーキテクツ、エリザベス広場（ランズベリー団地、ポプラー）　167
Le Camus de Mézières　ル・カミュ・ド・メジエール　337
Halle au Blé, Paris　パリ穀物取引所　337
Le Corbusier　ル・コルビュジエ　21, 32, 33, 33, 35, 42, 43, 80, 83, 86, 132, 136, 137, 140, 141, 165, 245, 246, 248, 256, 320, 355, 356, 376, 360, 361, 368, 437, 444, 480
chapel at Ronchamp　ロンシャンの教会　89
design for Olivetti electronic calculator plant, Rho-Milan　オリベッティ社計画　136, 137
High Court, Chandigarh, India　高等法院、チャンディガール、インド　80, 86
housing scheme at Pessac, near Bordeaux　ペサックの集合住宅計画、ボルドー近郊　444
League of Nations competition design　国際連盟競技案　444
Maison Citrohan　シトロアン住宅　480
Maison La Roche　ラ・ロッシュ邸　410
mass-production houses for artisans　熟練工のための大量生産住宅　480
Monastery of Sainte-Marie de la Tourette, Evreux　エヴルー、ラ・トゥーレット聖マリア修道院　140, 141
Mundaneum project　ムンダネウム計画　200, 245, 320
office block project, Algiers　アルジェ業務街区計画　444
Pavilion Suisse, Paris /Pavillon de l'Esprit Nouveau　スイス館　21
the Modulor　モデュロール　361
Unité d'Habitation, Marseilles　ユニテ・ダビタシオン、マルセイユ　165, 355, 356
Villa Savoie　サヴォワ邸　32
Villa Stein, Garches　ヴィラ・シュタイン、ガルシュ　33, 35, 437, 444
Ville Radieuse　輝く都市　355, 356
Le Nôtre, André: Vaux-le-Vicomte;　ル・ノートル、ヴォー＝ル＝ヴィコント　338
Versailles　ヴェルサイユ　338, 339
Le Pautre, Antoine: Hôtel de Beauvais, Paris　アントワンヌ・ル・ポートル、オテル・ド・ボーヴェ　195
Le Roy, J.-D.　ジュリアン＝ダヴィッド・ルロワ　178, 179
Ledoux, C.-N.　クロード＝ニコラ・ルドゥー　24, 101, 104, 124, 177, 180, 182, 307, 342
'Temple de Mémoire'　記憶の神殿　307, 484
Lefebvre, Henri　アンリ・ルフェーヴル　121, 123, 218, 286, 287, 373, 390, 391, 414, 415, 417, 419-423, 439, 493
Leicester University Engineering Building (Stirling)　レスター大学工学部棟（スターリング）　208
Lenardi, G. B., Allegory of the arts of architectural representation　G・B・レナルディ、建築を描写する諸技術の寓意
Leonardo da Vinci　レオナルド・ダ・ヴィンチ　12
Lequeu, J.-L.　J＝L・ルクー　341
Letchworth: house for Stanley Parker (Parker and Unwin)　レッチワース、スタンレー・パーカーのための家（パーカー＆アンウィン）　385
Lethaby, W. R.　W・R・レザビー　160, 187, 204
Levi-Strauss, Claude　クロード・レヴィ＝ストロース　437
Lezens, G., Institut du Monde Arabe, Paris　G・レザン、アラブ世界研究所、パリ　443
Libeskind, Daniel　ダニエル・リベスキンド　57, 292, 303, 305
Jewish Museum, Berlin　ユダヤ博物館、ベルリン　305

Micromegas 『ミクロメガス』 57
Lin, Maya: Vietnam Memorial, Washington, D.C.　マヤ・リン、ヴェトナム記念碑、ワシントン D.C.　319
linguistics　言語学　91, 94, 103, 109, 112, 113, 124, 247, 414, 425, 426, 436, 437, 439, 440, 451
Linnaeus　リンネ　231, 434
Lipps, Theodor　テオドール・リップス　400-403
Lissitsky, El　エル・リシスキー　407
Littlewood, Joan　ジョーン・リトルウッド　254
Locke, John　ジョン・ロック　310, 340
Lodolí, Carlo　カルロ・ロドリ　259, 260, 291, 458-463, 473, 475
Pilgrim's Hospice, S. Francesco della Vigna, Venice　巡礼者用宿泊所、サン・フランチェスコ・デラ・ヴィーニャ教会、ヴェネチア　259
Lods, Marcel → Beaudouin を参照
London　ロンドン
1 Kensington Palace Gardens　ケンシングトン・パレス・ガーデンズ一番地　205
Queen Anne's Gate (Shaw)　クィーン・アンズ・ゲート一八五番地（ショー）　269
All Saints, Margaret Street (Butterfield)　オールセインツ、マーガレットストリート教会（バターフィールド）　72
Sir John Soane's Museum　サー・ジョン・ソーン博物館　185
Elizabeth Square, Lansbury Estate, Poplar (LCC Architects)　エリザベス広場、ランズベリー団地、ポプラー（LCC アーキテクツ）　167
Inter-Action Centre, Kentish Town (Price)　インターアクション・センター、ケンティッシュ・タウン（プライス）　216, 217
London, King's Cross station　ロンドン、キングス・クロス駅　473
Litchfield Square, Hampstead Garden Suburb (Parker)　ハムステッド・ガーデン・サバーブのリッチフィールド広場　148
No. 1 Finsbury Avenue, Broadgate, City of London (Arup Associates)　フィンズベリー・アヴェニュー一番地（アラップ・アソシエイツ）　426
Reform Club (Barry)　リフォーム・クラブ（バリー）　130, 131
Sea and Ships Pavilion and the Dome of Discovery, Festival of Britain, South Bank　英国博覧会における海洋船舶パヴィリオンおよびドーム・オブ・ディスカヴァリー（サウスバンク）　81
Somerset House (Chambers)　サマセット・ハウス（チェンバース）　65
St Martin's-in-the-Fields (Gibbs)　セント・マーティンズ・イン・ザ・フィールズ教会（ギブス）　183
the Law Courts, Strand (Street)　法廷裁判所、ストランド（ストリート）　294
Victoria and Albert Museum　ヴィクトリア・アルバート博物館　303
Loos, Adolf ;　アドルフ・ロース　39, 56, 239-241, 376, 395, 402, 405, 407, 409, 437
Loos's flat, Vienna　ロースのアパート、ウィーン　395
Raumplan　ラウムプラン（空間計画）　409
ZentralSparkasse, Mariahilf-Neubau, Vienna　ツェントラルスパルカッセ（マリアヒルフ新館、ウィーン）　240, 241
Loos, Lina　リナ・ロース　395
Los Angeles　ロサンゼルス
Chiat Day offices, Ocean Park (Gehry and Oldenburg)　チャットデイ・オフィス、オーシャンパーク（ゲーリーとオルデンバーグ）　414
Lotze, Hermann　ヘルマン・ロッツェ　235
Loudon, J. C.　J・C・ラウドン　280, 282
Louis XIV　ルイ十四世　338
Lubetkin: and Tecton, Highpoint II　ルベトキンとテクトン、ハイポイントII　256, 277
Lucca　ルッカ
Anfiteatro Romano　アンティフェアトロ・ロマーノ　120
San Michele　サン・ミケーレ寺院　151
Luckenwalde, Hat Factory (Mendelsohn)　ルッケンヴァルデ帽子工場（メンデルゾーン）　274
Lugo di Vicenza, Villa Godi (Palladio)　ルーゴ・ディ・ヴィチェンツァ、ヴィッラ・ゴーディ（パッラーディオ）　227
Lukàcs, Georg　ゲオルク・ルカーチ　160, 256
Lutyens, Sir Edwin　サー・エドウィン・ラッチェンス ; Tigbourne Court, Surrey　ティグボーン・コート、サリー　78
Lynch, Kevin　ケヴィン・リンチ　23, 244, 362, 366

Machine Architecture　マシン・アーキテクチャー　83

Maison Carrée, Nîmes　メゾン・カレ、ニーム　381
Mallgrave, Harry　ハリー・モルグレーヴ　267, 393
Maltby, John　ジョン・モルトビー　38
Manchester　マンチェスター　285
Mandeville, Bernard　バーナード・マンデヴィル　206
Mantua, Cortile della Cavallerizza (Romano)　マントヴァ、コルティーレ・デッラ・カヴァレリッツァ（ロマーノ）　64
March, Lionel　ライオネル・マーチ　117
Marinetti, Filippo Tommaso　フィリッポ・トマーゾ・マリネッティ　292
Markus, Tom　トム・マーカス　14
Marseilles, Unité d'Habitation (Le Corbusier)　マルセイユ、ユニテ・ダビタシオン　165, 355, 356
Martin, Sir Leslie　サ・レスリー・マーティン　117
Marx, Karl　カール・マルクス　352, 421
Marxism　マルクス主義　113, 114, 453
material　物質的な方法、素材、物質、物質的、材料
　techniques of working　仕事の方法／transmutation of　の突然変異
mathematics　数学　145, 259, 260, 361, 362, 401, 416, 456
matter, and antimatter　物質と非物質　201, 238, 239, 373, 400, 408, 411, 412, 445
Mauss, Marcel　マルセル・モース　437
Maxwell, Robert　ロバート・マックスウェル　174, 256
Mayne, Thom　トム・メイン　51, 374, 442
Mechanical Construction (Willis)　機械的建設（ウィリス）　431
Medd, David　デイヴィッド・メッド
　Little Green Lane School, Croxley Green, Hertfordshire　リトル・グリーン・レーン小学校、クロクスレイ・グリーン、ハートフォードシャー　492
Memmo, Andrea　アンドレア・メッモ　259, 459
memorials　記念碑
　Monte Grappa　モンテ・グラッパ　320
　Thiepval　ティエプヴァル　320
　Washington, D.C.　ワシントン D.C.　319, 320
memory　記憶　306-
　and association　と連想／and history　と歴史／collective　集合／erasure of history (Nietzsche)　歴史の消去、そして記憶の消去（ニーチェ）／imagination　そして想像／memory palaces　記憶宮／perception　認知、知覚／social and collective　社会的で集合的なもの
Mendelsohn　メンデルゾーン
　Hat Factory, Luckenwalde　帽子工場、ルッケンヴァルデ　274
Merleau-Ponty, Maurice　モーリス・メルロ＝ポンティ　44, 320
metalanguage　メタ言語　53, 55
metaphor　隠喩＝メタファー
Meyer, Hannes　ハンネス・マイヤー　276
Michelangelo　ミケランジェロ　82, 225, 227, 337, 445
　St Peter's, Rome　サンピエトロ、ローマ　82
　Tomb of Giuliano de'Medici, Medici Chapel, San Lorenzo, Florence　ジュリアーノ・デ・メディチ霊廟（メディチ礼拝堂、サン・ロレンツォ、フィレンツェ）　227
Michelet, Jules　ジュール・ミシュレ　437
Middle Ages　中世　29, 48, 109, 224, 309, 449, 463, 466
Mies van der Rohe, Ludwig　ルードヴィヒ・ミース＝ファン＝デル＝ローエ　15, 16, 157, 245, 254, 271, 273, 368, 370, 372, 376, 377, 387, 389, 391, 407, 410, 411, 413, 424, 432, 433, 446
　Lakeshore Drive, Chicago　レイクショア・ドライブ、シカゴ　370, 433
　Chapel, Illinois Institute of Technology, Chicago　礼拝堂、イリノイ工科大学、シカゴ　387
　German Pavilion, World Exhibition, Barcelona　バルセロナ・パヴィリオン（ドイツ展示館）　376, 377, 411
　office project　オフィス計画　373
　Tugendhat house, Brno　チューゲンハット邸（ブルーノ）　378, 413
Milan, Torre Velasca　ミラノ、トーレ・ヴェラスカ　305
Milizia, Francesco　フランチェスコ・ミリツィア　98, 100, 260, 461-463

mimesis, theory of　ミメーシス＝自然模倣、模倣理論　332, 335-337, 476
Missisauga, Canada, City Hall (Jones and Kirkland)　カナダ、ミシソーガ市庁舎（ジョーンズとカークランド）　175
Mitchell, William J.　ウィリアム・J・ミッチェル　117
model　手本　476
Modern Movement　近代運動　440
Moholy-Nagy, Lázló　ラズロ・モホリ＝ナギ　14
Mollet, André　アンドレ・モレ　338
Mondrian, Piet　ピエト・モンドリアン　445
Monte Grappa, memorial　モンテ・グラッパ、記念碑　320
monumentality　記念碑性　162-163
Moore, Charles　チャールズ・ムーア　360
Morphosis ; Morphosis　モーフォシス　374
　CDLT House, Silverlake, California　CDLT ハウス、シルバーレイク、カリフォルニア　48, 50
Morris, Robert　ロバート・モリス　445
Morris, William　ウィリアム・モリス　149, 151, 295, 296, 315, 385, 464, 490
movement, as aspect of aesthetic perception　動き、運動、美的な知覚の一側面としての　79-80, 110, 135, 136, 138, 142, 147, 236, 251, 287, 288, 303, 315, 321, 328, 344, 356, 358, 364, 385, 396, 401, 440, 466
multifunctionality　多機能性　218, 287
Mumford, Lewis　ルイス・マンフォード　149, 162-165, 167
Munich　ミュンヘン
　Atelier Elvira (Endell)　エルヴィラ工房（エンデル）　403
　Residenz, theatre (Cuvilliés)　レジデンツ、劇場（キュヴィリエ）　272
Muratori, Saverio　サヴェリオ・ムラトーリ　481, 482
　map of Quartiere S. Bartolomeo, Venice　サン・バルトロメオ地区（ヴェネチア）の地図　481
　plan of Casa Barizza on the Grand Canal　大運河に面したカサ・バリッツァの平面　482
Musée Social group　ミュゼ・ソシアル　283
Mussolini, Benito　ベニート・ムッソリーニ　75, 79
Muthesius, Herman　ヘルマン・ムテジウス　240, 241, 246, 269, 270, 273, 376, 385, 386, 389, 478, 479

Nash, John　ナッシュ　464
natural history　自然史　434, 435
nature　自然　328-
　art as a second nature　第二の自然としての技芸／ as a construct of the viewer's perception　観者の知覚の構成物としての自然／ as ecosystem, and the critique of capitalism　生態系、資本主義批判として／ as freedom　自由として／ as the antidote to culture　文化への解毒剤として／ as source of beauty in architecture　建築の美の源泉／ environmentalism　環境主義／ imitation of　の模倣／ invoked to justify artistic licence　芸術における正当化に持ちだされた自然／ the origin of architecture　建築の根源／ the rejection of　の拒否
neo-classicism　新古典主義　381
neo-Liberty revival　ネオ・リバティー・リバイバル　305
neo-Platonism　新プラトン主義、ネオプラトニズム　42, 44, 203, 224, 225, 229, 455
neoplasticists　新プラトン主義者　42, 224, 229
Neubirnau, Lake Constance　ノイビルナウ、コンスタンツェ湖畔　270
Neue Sachlichkeit　新即物主義　270
Neues Bauen　新建築、ノイエス・バウエン　152, 157, 158, 321
Neumann, Balthassar　バルタサール・ノイマン　46
Neumayer, Fritz　フリッツ・ノイマイヤー　376, 407
New Architecture (Germany) → *Neues Bauen* を参照
New Criticism movement　ニュー・クリティシズム　194
New Haven　ニュー・ヘイヴン
　Central Fire Station (Carlin)　中央消防署（カーリン）　249
　Crawford Manor (Rudolph)　クロフォード・マナー（ルドルフ）　450, 451
New Objectivity　*Neue Sachlichkeit* を参照
New Towns, British　イギリスのニュータウン　164
New York　ニューヨーク

CBS building (Saarinen)　CBS 本社ビル（サーリネン）　378
Guggenheim Museum (Wright)　グッゲンハイム美術館（ライト）　197
Lerner Center, Columbia University (Tschumi)　コロンビア大学ラーナーセンター（チュミ）　139
Nietzsche, Friedrich　フリードリヒ・ニーチェ　296, 305, 316, 352, 394-396, 402, 410, 422, 452
Apollonian and Dionysian instincts　アポロン的本性、ディオニュソス的本性　395
Nieuwenhuys, Constant → Constant を参照
Nîmes　ニーム
Carré d'Art (Foster)　キャレ・ダール（フォスター）　443
Maison Carrée　メゾン・カレ　381
Norberg-Schulz, Christian　クリスチャン・ノルベルグ＝シュルツ　175, 208, 417, 474, 485
Nottingham, Council House　ノッティンガムの議事堂　449
Nouvel, Jean　ジャン・ヌーヴェル　48, 443
Institut du Monde Arabe, Paris　アラブ世界研究所、パリ　443
novecento group　ノヴェチェント・グループ　297

Oldenburg, Claes　クラウス・オルデンバーグ　414
Olmo, Carlo　カルロ・オルモ　324
OMA, competition entry for the French National Library, Paris　OMA、フランス国立図書館設計競技、パリ　197, 446
Onians, John　ジョン・オナイアンズ　40, 59, 60
Orange　オランジュ　306
order　オーダー、秩序　360-
and the attainment of beauty　と美の成就／as a representation of the ranks of society　社会階級の表現としての／counteracting the disorder of cities　都市の無秩序の制御／social　社会／the avoidance of chaos　無秩序＝カオスの回避／orders, classical　古典主義のオーダー／Doric and Ionic order　ドーリア式、イオニア式オーダー
organic　有機的な　98, 118, 150, 151, 157, 231, 232, 236, 239, 263-265, 270, 338, 346, 368, 409, 435, 448
ornament　装飾　63, 64, 67, 73, 77, 100, 150, 176, 178, 179, 182, 205, 221, 236, 240, 241, 259, 260, 269, 270, 381, 383, 386, 363, 332, 334, 344, 347, 352, 353, 305, 408, 412, 424, 432, 456, 460, 461, 479
form as resistance to　抵抗としての　240
Osnabrück　オスナブルック　303
Ostend, Kursaal　オステンドのクアザール　268
Owatonna, Minnesota, National Farmers' Bank (Sullivan)　オワトナ、ミネソタ州、ナショナル・ファーマーズ・バンク（サリヴァン）　470
Oxford, Museum (Deane and Woodward)　オックスフォード博物館（ディーンとウッドワード）　350, 351
Ozenfant, Amadée　オザンファン　445

Paestum　パエストゥム　344
Palermo, Palazzo Gangi　パレルモ、パラッツォ・ガンジ　379
Palladio, Andrea　アンドレア・パッラーディオ　32-34, 36, 41, 43, 44, 227, 456
Porta dei Leoni, Verona　レオーニ門、ヴェローナ　41
Villa Godi, Lugo di Vicenza　ヴィッラ・ゴーディ、ルーゴ・ディ・ヴィチェンツァ　227
Villa Malcontenta (Foscari), Mira, Venice　ヴィラ・マルコンテンタ（フォスカリ）、ミラ、ヴェネチア　32-34
Villa Rotonda　ヴィラ・ロトンダ　32
Palazzo Porto Festa, Vicenza　パラッツォ・ポルト・フェスタ・ヴィチェンツァ　43
Temple of Antonius Pius and Faustina　アントニウス・ピウスとフォスティーナの神殿　44
Panarèthéon (Ledoux)　パナレテオン（ルドゥー）　177
Panofsky, Erwin　エルヴィン・パノフスキー　225
Panopticon (Bentham)　パノプティコン＝全展望監視システム（ベンサム）　213, 285, 364, 375
Paris　パリ
Bibliothèque Sainte Geneviève (Labrouste)　サン・ジュヌヴィエーヴ図書館　124, 472, 473
boulevard Voltaire and boulevard Richard-Lenoir　ブルヴァール・ヴォルテールとブルヴァール・リシャール＝ルノワール　369
Centre Pompidou　ポンピドゥー・センター　216, 254, 443
Eiffel Tower　エッフェル塔　268, 437
Halle au Blé (Le Camus de Mézières)　穀物取引所（ル・カミュド・メジェール）　337

Hôtel de Beauvais (Le Pautre)　オテル・ド・ボーヴェ（ル・ポートル）　195
Hôtel de Soubise (Boffrand)　オテル・ド・スービーズ（ボフラン）　68, 69
Institut du Monde Arabe (Nouvel, Lezens, Soria and Architecture Studio)　アラブ世界研究所（ヌーヴェル、レザン、ソリア、アーキテクチャー・スタディオ）　443
Maison du Peuple, Clichy (Beaudouin, Lods, Bodiansky and Prouvé)　人民の家、クリシー（ボードゥワン、ロッズ、ボディアンスキー、プルーヴェ）　214
Opéra (Garnier)　オペラ座（ガルニエ）　133
Palais de Luxembourg　リュクサンブール宮殿　66
Parc de la Villette (Tschumi)　ラ・ヴィレット公園（チュミ）　374, 438, 440, 453
Pavilion Suisse (Le Corbusier)　スイス館（ル・コルビュジエ）　21
Porte Saint-Denis (Blondel)　サン＝ドニ門（ブロンデル）　66, 67
Sainte Geneviève, Panthéon (Soufflot)　サント・ジュヌヴィエーヴ教会（スフロ）　429, 430
zoological museum, Jardin des Plantes (Cuvier)　パリ植物園の動物博物館（キュヴィエ）　345
Parker Morris Report　パーカー・モリス・レポート　490
Parker, Barry and Unwin, Raymond　バリー・パーカー & レイモンド・アンウィン
house for Stanley Parker, Letchworth　スタンレー・パーカーのための家、レッチワース　385
Litchfield Square, Hampstead Garden Suburb, London　リッチフィールド広場、ハムステッド・ガーデン・サバーブ、ロンドン　148
Patte, Pierre　ピエール・パット　128, 429
Payne Knight, Richard　リチャード・ペイン・ナイト　312
Peirce, Charles　チャールズ・パース　113, 124
Pelletier, Louise　ルイーズ・ペレティエ　454
Penshurst, Kent　ペンズハースト、ケント　90
Peresutti　ペレスッティ　192
Prez-Gomez, Alberto　アルベルト・ペレス＝ゴメス　146, 358, 454
Perrault, Claude　クロード・ペロー　330, 340, 358, 429
Perret, Auguste　オーギュスト・ペレ　101, 429, 466
perspective　透視図　40-44, 55, 56
Pessac, near Bordeaux, housing scheme (Le Corbusier)　ペサック、ボルドー近郊、集合住宅計画（ル・コルビュジエ）　444
Pevsner, Nikolaus　ニコラス・ペヴスナー　206, 297, 299, 449, 473
Philadelphia, Richards Laboratories (Kahn)　フィラデルフィア、リチャーズ医学研究所（カーン）　210
Physiocrats, French　自然主義者、フランスの　283
Piacentini, M. Senate Building, University of Rome　ピアチェンティーニ、ローマ大学評議会棟　79
Picasso, Pablo　パブロ・ピカソ　27, 53
Picon, Antoine　アントワーヌ・ピコン　429, 430
picturesque　絵画主義的＝ピクチャレスク　231, 340, 348, 351, 464, 465
Piranesi, Giambattista　ジャンバッティスタ・ピラネージ　80, 179
place　場所　416
Plato　プラトン　42, 45, 203, 222, 223, 232, 453; neo-Platonism も参照
Pote, Marcel　マルセル・ポエット　323
poetry　詩作、詩　27, 96, 97, 100, 101, 107, 167, 175, 176, 180, 187, 191, 314, 320, 324, 332, 341, 343, 350, 351, 361, 417, 437, 455, 456, 462, 483, 485
of architecture (Boullée)　建築の詩（ブレ）　180
Political Economy, Scottish　スコットランドの政治経済　283
Pop artists　ポップ・アーティスト　371
Pope, Alexander　アレグサンダー・ポープ　181, 339
Popper, Karl　カール・ポパー　297, 450
Porphyrios, Demetri　ディミトリー・ポリピュリオス　373, 485
post-structuralism　ポスト構造主義　121, 374, 453, 455
postmodernism　ポストモダニズム／ポストモダンの（postmodern）　96, 190, 301, 305, 307, 325, 412, 414, 443, 446, 448
Pratt, Sir Roger　サー・ロジャー・プラット　198
Praunheim → Frankfurt を参照
preesistenze ambientali (Rogers)　プレシステンツェ・アンビアンタリ（ロジャース）　190-197
Price, Cedric　セドリック・プライス　215, 216, 217, 253, 254

Fun Palace　ファン・パレス　215, 253
and Berman, E., Inter-Action Centre, Kentish Town, London　インターアクション・センター、ケンティッシュ・タウン、ロンドン　216, 217
Price, Uvedale　ユーヴデール・プライス　181
Princeton, New Jersey　プリンストン、ニュージャージー
Patscenter building (Rogers)　パッツセンター（ロジャース）　88
Princeton University, Gordon Wu Hall (Venturi)　プリンストン大学ゴードン・ウー・ホール（ヴェンチューリ）　302
prisons　監獄、刑務所　182, 212, 213, 285, 288, 364, 365, 474
Proust, Marcel　マルセル・プルースト　316, 318, 321, 325, 326
Prouvé, Jean　→ Beaudouin を参照
Pugin, A. W. N.　A.W.N. ピュージン　432, 463, 464, 465
caricature of Gothic revival villa　ゴシック・リバイバル風邸宅に関する風刺画　465
'The Scales of Truth'　真実の秤　463
Pythagoras　ピタゴラス　222, 225

Quaroni, Ludovico and Ridolfi, Mario, INA-Casa, Quartiere Tiburtino, Rome　ルドヴィーゴ·クァローニとマリオ·リドルフィ、INA カーザ、ティブルティーノ地区、ローマ　160, 161
Quatremère de Quincy, A.-C.　カトルメール・ド・カンシー　102, 105, 124, 332, 335, 337, 342, 345, 347, 458, 461, 476
Queen Anne movement　アン女王様式運動　385

Rabinow, Paul　ポール・ラビノー　282
Racine, Johnson Wax administration building　ラシーン、ジョンソン・ワックス・ビル　83
Raphael　ラファエッロ　40
Rationalist architecture, manifesto of (Italy)　合理主義建築宣言　297
Rationalism　合理主義　187, 253, 267, 321, 297, 431, 443, 452
Rauch, John　ジョン・ローチ　250
Read, Herbert　ハーバート・リード　243
realism　リアリズム　158-162, 171, 267-269
reality　リアリティ　150, 158, 159, 162
Repton, Humphry　ハンフリー・レプトン　181, 182, 464
West Wycombe Park, proposed changes to　ウエスト・ワイコム公園変更提案　182
Reveley, Willey　ウィリアム・レベリー　285
Reynaud, Léonce　レオンス・レイノー　384
Reynolds, Sir Joshua　サー・ジョシュア・レイノルズ　382, 338
Richardson, H. H.　ヘンリー・ホブソン・リチャードソン　72, 74
Marshall Field Warehouse, Chicago　マーシャル・フィールド倉庫、シカゴ　72, 74
Richelieu, château　リシュリューの城館　66
Ridolfi, Mario, Quartiere Tiburtino, Rome　マリオ・リドルフィ、ティブルティーノ地区、ローマ　160, 161
Riegl, Alois　アロイス・リーグル　251, 315, 316, 399, 402, 404, 409
Rietveld, G.: Schröder House, Utrecht　G・リートフェルト、シュレーダー邸、ユトレヒト　213, 214
Robbins, Edward　エドワード・ロビンス　39
Robertson, Howard　ハワード・ロバートソン　198, 221
rococo　ロココ様式　63, 379, 380
Rogers, Ernesto　エルネスト・ロジャース　190-194, 297, 299, 300, 481
preesistenze ambientali　プレシテンツェ　アンビアンタリ　190-197
Rogers, Richard　リチャード・ロジャース　356,
Law Courts, Bordeaux　ボルドーの裁判所　356
Patscenter building, Princeton, New Jersey　パッツセンター　88
and Renzo Piano, Centre Pompidou, Paris　ポンピドゥー・センター、パリ　216, 254, 443
Rohan, Princesse de　ローアン大公　68, 69
Romano, Giulio　ジュリオ・ロマーノ　40, 64
Cortile della Cavallerizza, Mantua　コルティーレ・デッラ・カヴァレリッツァ、マントヴァ　64
Rome　ローマ　12, 101, 104, 109, 123, 225, 287, 295, 306,-308, 344, 346, 313, 326, 402, 404, 449, 473
Acqua Felice and Via Quirinale　ヴィア・クィリナーレ　31

Castel S. Angelo　サンタンジェロ城　179
INA-Casa, Quartiere Tiburtino (Quaroni and Ridolfi)　INA カーザ、ティブルティーノ地区（カローニ、リドルフィ）160, 161
Senate Building, University of Rome (Piacentini)　ローマ大学評議会棟（ピアチェンティーニ）　79
St Peter's (Michelangelo)　サンピエトロ寺院（ミケランジェロ）　82
Rondelet　ロンドレ　431
roofs (Durand)　屋根（デュラン）　383
Rossi, Aldo　アルド・ロッシ　119, 120, 160, 193-196, 248, 286, 287, 306, 321, 323-325, 327, 292, 300, 303, 474, 481-484
Rotondi, Michael, CDLT House, Silverlake, California　マイケル・ロドンディ、CDLT ハウス、シルバーレイク、カリフォルニア　50
Rousseau, Jean-Jacques　ジャン＝ジャック・ルソー　110
Rowe, Colin　コーリン・ロウ　31-36, 140-142, 174, 175, 177, 193-196, 325, 436, 442-445
Rudolph, Paul　ポール・ルドルフ　80, 450
Crawford Manor, New Haven　クロフォード・マナー、ニュー・ヘイヴン　450, 451
Ruskin, John　ジョン・ラスキン　94, 95, 106, 112, 150, 151, 154, 166, 185-187, 295, 306, 307, 314, 315, 318, 326, 328, 344-351, 355, 358, 362, 383, 464, 468, 469, 473
Russel, James: *British Connoisseurs in Rome*　ジェイムズ・ラッセル、ローマにおけるイギリス人の目利きたち　313
Rykwert, Joseph　ジョゼフ・リクワート　91, 115, 259, 361, 440, 441

Saarinen, Eero　エーロ・サーリネン　378
sachlich, Sachlichkeit　事実に即した、本当の、即物的、即物性＝ザッハリッヒ　156-158, 267-270, 273-275
Saint-Simon, Claude Henri de Rouvroy　サン＝シモン　283
Sant'Elia, Antonio　アントニオ・サンテリア　292, 317
Sarasota, Florida, High School　サラソータ高校、フロリダ　80
Saussure, Ferdinand de　フェルディナン・ド・ソシュール　52, 59, 113, 124, 248, 436, 452
Scammozzi, Vincenzo　ヴィンチェンツォ・スカモッツィ　129
Scarpa, Carlo　カルロ・スカルパ　39, 43
Schelling, F. W.　フリードリッヒ・W・シェリング　154
Schiller, Freidrich　フリードリッヒ・シラー　151, 229, 230, 239, 468
Schindler, Rudolf　ルドルフ・シンドラー　391, 402, 411, 423
Schinkel, Karl Friedrich　カール・フリードリッヒ・シンケル　462, 463
Schlegel, A. W.　オーギュスト・W・シュレーゲル　229-232, 246, 263, 344
Schmarsow, August　アウグスト・シュマルゾウ　237, 398-409
spatial construct　空間の構築物　399, 401
Schmidt, Karl　カール・シュミット　479
Schopenhauer, Arthur　アルトゥール・ショーペンハウアー　138, 235, 394, 396
Schumacher, Thomas　トーマス・シューマッハー　195
Schuyler, Montgomery　モンゴメリー・スカイラー　263, 427, 428
Schwartz, Frederic　フレデリック・シュワルツ　241, 486
Scott Brown, Denise　デニース・スコット・ブラウン　109, 110, 251, 451
Scott, Geoffrey　ジェフリー・スコット　109, 316, 400, 411,
Scott, George Gilbert　ジョージ・ギルバート・スコット　293, 70
Scully, Vincent　ヴィンセント・スカリー　83
sculpture　彫刻　48, 79, 98, 142, 142, 151, 177, 203, 225, 227, 230, 235, 236, 243, 263, 310, 316, 332, 335, 355, 381, 396, 399, 445, 455, 493
Secession　分離派　239,
Segal, Walter　ウォルター・シーガル　152, 171
Sekler, E. F.　エドワード・F・セクラー　165
Sellier, Henri　アンリ・セリエ　324
Semantics　意味論　92, 104, 112, 113, 115, 122, 123, 361, 484, 485
semiotics　記号学、統語論、記号論　92, 113, 117-119, 121, 122, 124, 147
Semper, Gottfried　ゴットフリート・ゼンパー　102, 103, 112, 154, 231, 233, 240, 243, 328, 332, 336, 344, 345, 347, 348, 353, 356, 392, 393, 396, 397, 400, 402, 407, 409, 476-478, 486
Sennett, Richard　リチャード・セネット　366, 368

Serlio, Sebastiano　セバスティアーノ・セルリオ　40, 59-61, 362, 379
Shaftesbury, Lord　ロード・シャフツベリ　338, 351, 458
Shaw, Richard Norman　リチャード・ノーマン・ショウ　358
　Queen Anne's Gate, London　クィーン・アンズ・ゲート、ロンドン　269
shear　剪断、歪み　138, 140, 143
Shute, John　62
Simmel, Georg　ゲオルク・ジンメル　153, 246, 247, 274
Simple　簡潔性、単純、質素、簡素、簡単　376-
　as a stage in the history of art and architecture　芸術と建築の歴史における一局面として／economy of means　手段の経済性／eighteenth-century attack upon the rococo　ロココ様式に対する十八世紀の批判／matter-of-factness　事実に即していること／rationalization of production　生産の合理化／the maximization of sensation　感覚の極大化
simplicity　簡潔性、質素さ　376-
Sitte, Camillo　カミロ・ジッテ　393
Situationism　状況主義＝シチュアショニスム　121, 124, 216, 218, 251-254
Slutsky, Robert 28687　ロバート・スラツキー　442-444
Smith, L. P.　L・P・スミス　73
Smithson, Alison and Peter　アリソン＆ピーター・スミッソン　162, 198, 247, 252, 253, 278, 368
　Golden Lane, City of London Competition entry　ゴールデンレーン、ロンドン・シティ設計競技案　252
　Sheffield University competition design　シェフィールド大学設計競技案　253
Soane, Sir John　サー・ジョン・ソーン　24, 178, 181-183, 185, 381, 382, 342, 423, 464
society, theories of relation to architecture　社会、建築に関する諸理論
Society for the Protection of Ancient Buildings　古代建築物保護協会　315
Sontag, Susan　スーザン・ソンタグ　445
Sorgel, H.　H・ソーゲル　237
Soria, P., Institut du Monde Arabe, Paris　P・ソリア、アラブ世界研究所、パリ　443
Sorkin, Michael　マイケル・ソーキン　86, 87, 88, 197, 257
Soufflot, J.-G.　J＝G・スフロ　429-431
　Sainte Geneviève (Panthéon, Paris)　サント・ジュヌヴィエーヴ教会（パンテオン、パリ）　429, 430
Source de la Loue, Superintendent's house (Ledoux)　ルー川水源、管理人の家（ルドゥー）
Soviet Union　ソビエト連邦　159
space　空間＝スペース　390-
　abstract　抽象／as continuum　連続体として／as enclosure　囲うこととしての／as extension of the body　身体の拡張として／as the prerequisite for understanding form (Hildebrand)　形態を理解する前提として（ヒルデブラント）／boundaries of　仕切り／built space　建てられた／enclosed　囲われた／form and　形と／from space to spatiality　空間から空間性へ／preconditions of modern architectural space／social　社会的／spatial construct (Schmarsow)　空間の構築物、空間的構成物（シュマルゾウ）／volume and space relationships　ヴォリュームと空間の関係
spatiality　空間性
Spencer, Herbert　ハーバート・スペンサー　435, 436
Spoleto, aqueduct　スポレートの水路　344
St Andrews University, art gallery　セント・アンドリュース大学、アートギャラリー　196
St Lô, Cathedral of, Normandy　サン・ロー大聖堂（ノルマンディ）　349
St Petersburg　サンクト・ペテルスブルク　365
St Rémy, Provence, Roman Mausoleum, Glanum　サン＝レミ、プロヴァンス、ローマ時代の霊廟、グラナン　305
St Veit/Glan, Austria, Funder-Werk 3 (Coop Himmelblau)　フンダー＝ヴェルク3（コープ・ヒンメルブラウ）　434
Steadman, Philip　フィリップ・ステッドマン　124, 288
Steinbach, Erwin von　エルヴィン・フォン・スタインバッハ　344, 466
Stern, Robert　ロバート・スターン　301
Stirling, James　ジェームズ・スターリング　196, 210, 211, 376
　and Wilford, Michael, Music Academy and Dance Theatre, Stuttgart　シュトゥットガルト音楽院・ダンスシアター　256, 257
　competition entry for Düsseldorf Museum　デュッセルドルフ美術館設計競技案　196
　Leicester University Engineering Building　レスター大学工学部棟　208, 257
　Staatsgalerie, Stuttgart　シュトゥットガルト美術館　210, 211
Stockholm, Town Hall　ストックホルム、タウンホール　449

Stowe, Buckinghamshire　ストウ（庭園）、バッキンガムシャー　178, 180, 310
Elysian Fields (Kent)　エリジアン・フィールズ（ケント）　180
Temple of Liberty (Gibbs)　自由の神殿（ギッブズ）　311
temples of Ancient and Modern Virtue　古代の美徳と現代の美徳を主題とした二つの神殿　178
Strasbourg cathedral　ストラスブール大聖堂　111 ,183, 467
Street, G. E.: the Law Courts, Strand, London　ジョージ・エドマンド・ストリート、法廷裁判所（ストランド、ロンドン）294
Streiter, Richard　リヒャルト・シュトライター　267
structural rationalism　構造合理主義　187
structuralism　構造主義　117, 119, 121, 122, 374, 437, 439, 452, 453, 455, 485
structure　構造　424-
means by which things become intelligible　物を理解できるようにする方法／comparisons with the structure of animals　動物の構造との比較／in fields other than architecture　建築以外の分野での／system of support　支持体、支持体系
Stuttgart, Music Academy and Dance Theatre (Stirling and Wilford)　シュトゥットガルト音楽院・ダンスシアター（スターリングとウィルフォード）　256, 257
Staatsgalerie, Stuttgart　シュトゥットガルト美術館　210, 211
sublime　崇高　178, 179, 381, 340, 341, 312
Sullivan, Louis　ルイス・サリヴァン　72, 76, 174, 187, 239, 262-266, 270, 376, 352, 353, 436
and D. Adler, Auditorium building, Chicago　オーディトリアム・ビル、シカゴ　266
Carson Pirie Scott Store, Chicago　カーソン・ピリー・スコット・ストア、シカゴ　73, 76
Getty tomb, Graceland cemetery, Chicago　ゲッティ家墓廟の門、グレイスランド墓地、シカゴ　238, 353
National Farmers' Bank, Owatonna, Minnesota　ナショナル・ファーマーズ・バンク、オワトナ、ミネソタ州　470
Summers, David　デイヴィッド・サマーズ　222
Summerson, Sir John　サー・ジョン・サマーソン　93
Surrealism　超現実主義＝シュールレアリスム　251, 278, 287
Swain, Henry　ヘンリー・スウェイン　490
Swift, Jonathan　ジョナサン・スウィフト　206
Switzer, Stephen　ステファン・スイッツァー　339
Szambien, Werner　ヴェルネール・ザンビアン　24

Tafuri, Manfredo　マンフレッド・タフーリ　113, 114
Taut, Bruno　ブルーノ・タウト　158, 247
Tavernor, Robert　ロバート・タヴァナー 200
Team X　チーム・テン　209
Teige, Karel　カレル・タイゲ　163, 256,
Temple of Apollo Didymaeus　ディディマのアポロン神殿　99
Terragni, Giuseppe　ジュゼッペ・テラーニ　122, 142
Casa Giuliani Frigerio, Como　カサ・ジュリアーニ・フリジェリオ、コモ　144
Thiepval, memorial　ティエプヴァル、記念碑　320
Thompson, D'Arcy　ダーシー・トムソン　362
Tigbourne Court, Surrey (Lutyens)　ティグボーン・コート、サリ（ラッチェンズ）　78
Todi, Italy　トディ、イタリア　29
Tönnies, Ferdinand　フェルディナント・テンニース　153
Townsend, C.H.　C・H・タウンゼント　351
transparency　透明性　442-
literal　実＝リテラルの透明性／of meaning　意味における透明性／phenomenal　虚＝フェノメナルの透明性／truth　真実／expressive　表現的／historical　歴史的／in modernism and after　モダニズムにおける真実とその後／in Renaissance art theory: the imitation of nature　ルネサンス期の芸術理論における「真実」：自然の模倣
Tschumi, Bernard　ベルナール・チュミ
'The Manhattan Transcripts'　「マンハッタン・トランスクリプツ」　287, 289, 374
Lerner Center, Columbia University, New York　コロンビア大学ラーナー・センター　139
Parc de la Villette, Paris　ラ・ヴィレット公園、パリ　374, 438, 440, 453
Turin　トリノ
Bottega d'Erasmo (Gabetti and Isola)　ボッテガ・デラスモ（ガベッティとイソラ）　299

Dome of the Cappella della S. Sindone (Guarini)　シンドーネ礼拝堂のドーム（グァリーニ）　457
shops, offices and apartments, 24 Corso Francia (Banfi, Belgiojoso, Peresutti and Rogers)　コルソ・フランチャ通り 2-4　192
Type　型　474-
means of resistance to mass culture　マスカルチャーへの抵抗の手段／in the pursuit of meaning to achieve *continuità*　連続性を達成すること
Tzara, Tristan　トリスタン・ツァラ　251

Ungers, O. M.　O・M・ウンガース　321, 322, 325, 485
Housing, Lutzowplatz, Berlin　住宅、リュッツォー広場、ベルリン　322
Unwin, Raymond　レイモンド・アンウィン　148, 159, 385
urbanism　都市生活、都市計画、都市の設計
urbanity　都市性　150, 164-167
Ure, Andrew　アンドリュー・ユーア　285
user　使用者　488-
Utilitarians　功利主義者　283
Utrecht, Schröder House (Rietveld)　ユトレヒト、シュレーダー邸（リートフェルト）　213, 214

Vasari, Giorgio　ジョルジョ・ヴァザーリ　63, 225, 227, 337
Vaudoyer, Léon　レオン・ヴォドワイエ　104
Vaux-le-Vicomte, gardens (Le Nôtre)　ヴォー＝ル＝ヴィコント　338
Venice　ヴェネチア
Masieri Memorial (Wright)　マシエリ記念館（ライト）　193
Pilgrim's Hospice, S. Francesco della Vigna (Lodolí)　巡礼者用宿泊所、サン・フランチェスコ・デラ・ヴィーニャ教会（ロドゥーリ）　259
Villa Malcontenta (Foscari), Mira (Palladio)　ヴィラ・マルコンテンタ（フォスカリ）、ミラ（パッラーディオ）　32-34
Venturi, Robert　ロバート・ヴェンチューリ　109, 110, 250, 251, 301, 302, 371-373, 378
and Rauch, Fire Station no. 4, Columbus, Indiana　第四消防署（インディアナ州コロンバス）　250
Gordon Wu Hall, Princeton University　ゴードン・ウー・ホール、プリンストン大学　302
Venus de Medici　メディチのヴィーナス　85
Verona　ヴェローナ
amphitheatre　円形競技場　344, 346
Porta dei Leoni (Palladio)　レオーニ門（パッラーディオ）　41
Versailles　ヴェルサイユ　129
gardens (Le Nôtre)　庭園（ル・ノートル）　339
stables and orangery　ヴェルサイユの厩舎や果樹園　66
Vesely, Dalibor　ダリボア・ヴェゼリー　175, 176, 454, 455
Vicenza, Palazzo Porto Festa (Palladio)　ヴィチェンツァ、パラッツォ・ポルト・フェスタ（パッラーディオ）　43
Vicq d'Azyr　ヴィク・ダジール　435
Vidler, Anthony　アンソニー・ヴィドラー　24, 124, 325, 446, 447, 480, 481, 484
Viel, C. F.　シャルル・フランソワ・ヴィエル　100
Vienna　ウィーン
Adolf Loos's flat (Loos)　ロースのアパート　395
ZentralSparkasse, Mariahilf-Neubau (Loos)　ツェントラルスパルカッセ、マリアヒルフ新館（ロース）　240, 241
Vignola, Villa Farnese, Caprarola　ヴィニョーラ、ヴィラ・ファルネーゼ、カプラローラ　54
Villa Lante, Italy　ヴィラ・ランテ、イタリア　338
Vincennes, château　ヴァンセンヌ、城館　66
Viollet-le-Duc, Eugène-Emmanuel　E・E・ヴィオレ・ル・デュク　98, 102, 127, 130, 186, 188, 228, 252, 262, 265, 293, 424, 425, 426, 428, 432, 435, 465, 473
Vischer, Robert　ローベルト・フィッシャー　78, 235, 394
Vitruvius　ウィトルウィウス　101, 198, 330, 331, 333, 360, 361, 362, 371, 456, 458, 467
Vkhutemas　ヴフテマス〔モスクワ高等芸術技術工房〕　243
Voltaire　ヴォルテール　204, 369
Voysey, C. F. A.　C・F・A・ヴォワジー　351

Wachsmann, Konrad　コンラッド・ワックスマン　215
Waetzoldt, Stephan　ステファン・ウェツォルト　15
Wagner, Martin and Taut, B.: 'Horseshoe Siedlung', Berlin-Britz　マルティン・ヴァーグナー、馬蹄形ジードルンク、ベルリン - ブリッツ　247
Wagner, Otto　オットー・ワーグナー　267, 268, 376, 353, 448
Walpole, Horace　ホレス・ウォルポール　307, 340
Washington, D. C., Vietnam Memorial (Lin)　ワシントン D.C.、ヴェトナム戦争記念碑（リン）　319, 320
Watkin, David　デイヴィッド・ワトキン　24, 342, 450
Wattjes, J. G.　J・G・ワトジェス　214
Webb, Philip　フィリップ・ウェッブ　46, 47, 204
　Clouds, Wiltshire　クラウズ、ウィルシャー　47
Weeks, John　ジョン・ウィークス　209
welfare state　福祉国家　488, 491-493
Wells Coates, 1 Kensington Palace Gardens　ウェルズ・コーテス　ケンシングトン・パレス・ガーデンズ一番地　205
West Wycombe Park, proposed changes to (Repton)　ウエスト・ワイコム公園変更提案（レプトン）　182
Whewell, William　ウィリアム・ヒューエル　263
Wilford, Michael　マイケル・ウィルフォード　196
Willis, Robert　ロバート・ウィリス　263, 431, 432, 465
　mechanical construction　機械的建設　432
Winckelmann, Johann Joachim　J・J・ヴィンケルマン　79, 84, 384, 470
Wölfflin, Heinrich　ハインリッヒ・ヴェルフリン　28, 79, 80, 82, 138, 139, 235, 251
　theory of form　形の理論　79, 138
Wolfsburg, Cultural Centre (Aalto)　ウォルフスブルグ文化センター（アアルト）　372
Woodcutter's workshop (Ledoux)　木こりの作業場（ルドゥー）　177
Woods, Lebbeus　レベウス・ウッズ　85
Wordsworth, William　ウィリアム・ワーズワース　351
Worringer, Wilhelm　ヴィルヘルム・ヴォリンガー　251, 353, 354
Wotton, Sir Henry　サー・ヘンリー・ウットン　62, 198, 363
Wren, Sir Christopher　サー・クリストファー・レン　301, 424, 429
Wright, Frank Lloyd　フランク・ロイド・ライト　83, 193, 233, 250, 274, 352, 366, 376, 405, 411, 423, 436, 470
　Guggenheim Museum, New York　グッゲンハイム美術館、ニューヨーク　197
　Masieri Memorial, Venice　マシエリ記念館、ヴェネチア　193
Williams, Raymond　レイモンド・ウィリアムズ　9, 328

Yale University Gallery (Kahn)　イェール大学美術ギャラリー（カーン）　256
Yates, Frances　フランシス・イエイツ　308, 309

Zevi, Bruno　ブルーノ・ゼヴィ　163
Zimmermann, Robert　ローベルト・ツィマーマン　233
zweckmässig, Zweckmässigkeit　合目的的、合目的性、実用性、機能性　156, 158, 267, 269, 270, 273, 392
Zweckrationalismus　目的合理主義　321

文　献

Aalto, A., 'The Humanising of Architecture', *Architectural Forum*, vol. 73, Dec. 1940, pp.505-6

Addison, J., *The Spectator*, in *The Works of Joseph Addison*, six vols, ed. R. Hurd, G. Bell and Sons, London, 1902

Adler, D., 'Influence of Steel Construction and of Plate Glass upon the Development of the Modern Style', *Inland Architect*, vol.28, November 1896, pp.34-37 (quoted in Johnson, *Theory of Architecture*, p.304)

Adorno, T., and Horkheimer, M., *Dialectic of the Enlightenment* (1947), trans. J. Cumming, Herder and Herder, New York, 1972

Alberti, L.-B., *De Re Aedificatoria* (c. 1450), trans. J. Leoni, as *Ten Books on Architecture* (1726), London, 1775; and trans. J. Rykwert, N. Leach and R. Tavernor, *On the Art of Building in Ten Books*, MIT Press, Cambridge, MA and London, 1988 (citations from this edition unless indicated otherwise). 相川浩訳『建築論』(中央公論美術出版，1982)

Alexander, C., *Notes on the Synthesis of Form*, Harvard University Press, Cambridge, MA, 1964. 稲葉武司訳『形の合成に関するノート』(鹿島出版会，1978)

——, Ishikawa, S., and Silverstein, M., *A Pattern Language: Towns, Buildings, Construction*, Oxford University Press, New York, 1977. 平田翰那訳『パタン・ランゲージ』(鹿島出版会，1984)

Algarotti, F., 'Saggio Sopra l'Architettura' (1756), in Algarotti, *Saggi*, Laterza e Figli, Bari, 1963, pp.31-52

Alison, A., *Essays on the Nature and Principles of Taste* (1790), A. Constable and Co., Edinburgh, 1825

Allen Brooks, H., *Writings on Wright*, MIT Press, Cambridge MA, 1981

Alsop, W., 'Speculations on Cedric Price Architects' Inter-Action Centre', *Architectural Design*, vol. 47, nos 7-8, 1977, pp.483-86

Ambasz, E. (ed.), *Italy: The New Domestic Landscape, Achievement and Problems of Italian Design*, Museum of Modern Art, New York, 1972

Anderson, S., '*Sachlickeit* and Modernity, or Realist Architecture', in Mallgrave (ed.), *Otto Wagner*, 1993, pp.323-60

Andrew, D. S., *Louis Sullivan and the Polemics of Modern Architecture*, University of Illinois Press, Urbana and Chicago, 1985

Antoni, C., *From History to Sociology* (1940), trans. H. White, Merlin Press, London, 1962

Arendt, H., *The Human Condition* (1958), Doubleday, New York, 1959. 志水速雄訳『人間の条件』(中央公論社，1973; ちくま学芸文庫，1994)

Argan, G.C., 'Roma Interotta', *Architectural Design*, vol. 49, nos 3-4, 1979, p.37

Aristotle, *The Basic Works of Aristotle*, ed. R. McKeon, Random House, New York, 1941

Arup, O., 'Modern architecture: the structural fallacy', *The Listener*, 7 July 1955; reprinted *Arup Journal*, vol. 20, no. 1, Spring 1985, pp.19-21

Ashton, D., *Picasso on Art*, Thames and Hudson, London, 1972

Bachelard, G., *The Poetics of Space* (1958), trans. M. Jolas, Beacon Press, Boston, 1969. 岩村行雄訳『空間の詩学』(思潮社，2000; ちくま学芸文庫，2002)

Bacon, E., *Design of Cities* (1967), revised edition, Thames and Hudson, London, 1978. 渡辺定夫訳『都市のデザイン』(鹿島研究所出版会，1968)

Baltard, L. P., *Architectonographie des Prisons*, Paris, 1829 (quoted Evans, 1982, p.208)

Bandini, M., 'Typology as a Form of Convention', *AA Files*, no. 6, 1984, pp.73-82

Banham, R., 'The New Brutalism', *Architectural Review*, vol. 118, December 1955, pp.354-59 (reprinted A Critic Writes, pp.7-15)

——, *Theory and Design in the First Machine Age*, Architectural Press, London, 1960. 石原達二／増成隆士訳『第一機械時代の理論とデザイン』(鹿島出版会，1976)

——, *The Architecture of the Well-Tempered Environment*, Architectural Press, London, 1969. 堀江悟郎訳『環境としての建築』(鹿島出版会，1981)

——, *A Critic Writes. Essays by Reyner Banham*, selected by M. Banham, P. Barker, S. Lyall, C. Price, University of California Press, Berkeley, Los Angeles and London, 1996

Barbaro, D.: Vitruvius, *I Dieci Libri dell'Archittetura*, tradotti e commentati da Daniele Barbaro (1556; 1567), facsimile edition, ed. M. Tafuri, Edizioni Il Polifilo, Milan, 1987

Barthes, R.: *A Roland Barthes Reader*, ed. S. Sontag, Vintage, London, 1993

——, 'Myth Today' (1956), in *A Roland Barthes Reader*, pp.93-149

——, *Mythologies* (1957), trans. A. Lavers, Vintage Books, London, 1993. 篠沢秀夫訳『神話作用』(現代思想社，1967)

——, 'The Structuralist Activity' (1963), in *Critical Essays*, trans. R. Howard, Northwestern University Press, Evanston, 1972, pp.213-20. 篠田浩一郎／高坂和彦訳『エッセクリティック』(晶文社，1972)

——, 'The Eiffel Tower' (1964), in *A Roland Barthes Reader*, pp.236-50. 宗左近／諸田和治訳『エッフェル塔』(審美社, 1984; 筑摩書房, 1997), 花輪光訳『エッフェル棟』(みすず書房, 1991)

——, *Criticism and Truth* (1966), trans. K. P. Keuneman, University of Minnesota Press, Minneapolis, 1987

——, *The Fashion System* (1967), trans. M. Ward and R. Howard, University of California Press, Berkeley and Los Angeles, 1990. 佐藤信夫訳『モードの体系－その言語表現による記号学的分析』(みすず書房, 1972)

——, 'Semiology and the Urban' (1967b), in Leach (ed.), *Rethinking Architecture*, pp.166-72

——, *The Pleasure of the Text* (1973), trans. R. Miller, Blackwell, Oxford, 1990. 沢崎浩平訳『テクストの快楽』(みすず書房, 1977)

Bataille, G., 'Formless' (1929), in *Visions of Excess, Selected Writings* 1927-1939, trans. A. Stoekl, University of Minnesota Press, Minneapolis, 1985, p.31

Baudelaire, C., *The Painter of Modern Life and Other Essays*, trans. J. Mayne, Phaidon Press, London, 1964

Baudrillard, J., *For a Critique of the Political Economy of the Sign* (1972), trans. C. Levin, Telos Press, St Louis, MO, 1981. 今村仁司／宇波彰／桜井哲夫訳『記号の経済学批判』(法政大学出版局, 1982)

——, *Simulations*, trans. P. Foss, P. Patton, P. Beitchman, Semiotext(e), New York, 1983. 竹原あき子訳『シミュラークルとシミュレーション』(法政大学出版局, 1984)

Baxendall, M., *Patterns of Intention. On the Historical Explanation of Pictures*, Yale University Press, New Haven and London, 1985

Behne, A., 'Art, Craft, Technology' (1922), trans. C. C. Collins, in F. Dal Co, *Figures of Architecture and Thought*, pp.324-38

——, *The Modern Functional Building* (1926), trans. M. Robinson, Getty Research Institute, Santa Monica, CA, 1996

Behrendt, W. C., *Modern Building*, Martin Hopkinson, London, 1938

Behrens, P., 'Art and Technology' (1910), in T. Buddensieg (ed.) *Industriekultur. Peter Behrens and the AEG*, trans. I. Boyd Whyte, MIT Press, Cambridge, MA, 1984, pp.212-19

Benjamin, W., *Illuminations*, trans. H. Zohn, Collins/Fontana, London, 1973

Benton, T., 'The Myth of Function', in P. Greenhalgh (ed.), *Modernism in Design*, Reaktion Books, London, 1990, pp.41-52

——, Benton, C. and Sharp, D., *Form and Function. A Source Book for the History of Architecture and Design 1890-1939*, Crosby Lockwood Staples, London, 1975

Beresford Hope, A. J., *The Common Sense of Art*, London, 1858

Bergren, A., 'Dear Jennifer', *ANY*, vol. 1, no. 4, January/February 1994, pp.12-15

Berkeley, G., *The Querist* (1735), in *The Works of George Berkeley Bishop of Cloyne*, ed. A. A. Luce and T. E. Jessop, vol. VI, 1953

Berlage, H. P., 'Thoughts on Style' (1905) and 'The Foundations and Development of Architecture' (1908), trans. I. Boyd Whyte and W. de Wit, *Hendrik Petrus Berlage: Thoughts on Style 1886-1908*, Santa Monica, CA, 1996, pp.122-56, pp.185-257

Blake, P., *The Master Builders*, Victor Gollancz, London, 1960. 田中正雄／奥平耕造　共訳『現代建築の巨匠』(彰国社, 1964)

Bletter, R. H., 'Introduction' to A. Behne, *The Modern Functional Building*, 1996, pp.1-83

Bloomfield, R., *The Mistress Art*, Edward Arnold, London, 1908

Blondel, J.-F., *Architecture françoise ou receuil des plans, élévations, coupes et profiles*, vol. 1, Paris, 1752

——, *Cours d'architecture*, 4 vols, Paris, 1771-77. 白井秀和訳『建築序説』(中央公論美術出版, 1990)

Blundell Jones, P., *Hugo Haring: the organic versus the geometric*, Axel Menges, Stuttgart and London, 1999

Boffrand, G., *Livre d'architecture*, Paris, 1745

Bonta, J. P., 'Reading and Writing about Architecture', *Design Book Review*, no. 18, 1990, pp.13-16

Bötticher, C. G. W., 'The Principles of the Hellenic and Germanic Ways of Building with Regard to Their Present Application to Our Present Way of Building' (1846), in W. Herrmann, *In What Style Should We Build? The German Debate on Architectural Style*, Getty Center, Santa Monica CA, 1992, pp.147-67

Boullée, E.-L., 'Architecture, Essay on Art' (c. 1790), in H. Rosenau, *Boullee and Visionary Architecture*, Academy Editions, London, and Harmony Books, New York, 1976

Boyer, M. C., *The City of Collective Memory. Its Historical Imagery and Architectural Entertainments*, MIT Press, Cambridge, MA and London, 1994

Brett, L., 'Detail on the South Bank', *Design*, no. 32, Aug. 1951, pp.3-7

Broadbent, G., *Design in Architecture*, John Wiley and Sons, London, 1973

Buchanan, A. C., *Robert Willis and the Rise of Architectural History*, unpublished Ph.D thesis, University of London, 1995

Burckhardt, J., *Reflections on History* (1868-1871), trans. M. D. H., G. Allen and Unwin, London, 1943

Burgess, W., *The Builder*, vol. 19, 1861, p.403

Burke, E., *A Philosophical Enquiry into the Origin of our Ideas of the Sublime and Beautiful* (1757; 1759), ed. J. T. Boulton, Basil Blackwell, Oxford, 1987

Burns, H., with L. Fairbairn and B. Boucher, *Andrea Palladio 1505-1580*, The Portico and the Farmyard, catalogue of exhibition at

the Hayward Gallery, London, Arts Council of Great Britain, 1975

Carroll, L., *Alice's Adventures in Wonderland* (1865) and *Through the Looking Glass* (1872), Penguin Books, Harmondsworth, Middlesex, 1962. 矢川澄子訳『不思議の国のアリス』(新潮文庫, 1994); 脇明子訳 (岩波少年文庫, 2000) など

Carter, P., 'Mies van der Rohe', *Architectural Design*, vol. 31, March 1961, pp.95-121

Chambers, Sir W., *A Treatise on the Decorative Part of Civil Architecture* (1759; 1791), Priestley and Weale, London, 1825

——, *A Dissertation on Oriental Gardening*, London, 1772

Chermayeff, S., and Alexander, C., *Community and Privacy* (1963), Penguin Books, Harmondsworth, Middlesex, 1966. 岡田新一訳『コミュニティとプライバシイ』(SD 選書 11, 鹿島出版会, 1972)

Ching, F. D. K., *Architecture Form, Space and Order*, van Nostrand Reinhold, New York, 1979. 太田邦夫訳『建築のかたちと空間をデザインする』(彰国社, 1987)

Choisy, A., *Le Histoire d'Architecture*, 2 vols., Gauthier-Villars, Paris, 1899

Chomsky, N., *Cartesian Linguistics*, Harper and Row, New York and London, 1966. 川本茂雄訳『デカルト派言語学：合理主義思想の歴史の一章』(テック, 1970; みすず書房, 1976)

CIAM (Congrès International d'Architecture Moderne), 'La Sarraz Declaration' (1928), in Conrads, *Programmes and Manifestoes*, pp.109-13

Cockerell, C. R.: Royal Academy Lectures on Architecture, reported in *The Athenaeum*, vol. VI, 1843

Coleridge, S. T., *Biographia Literaria* (1817), 2 vols, ed. J. Shawcross, Oxford, 1907

——, *Lectures and Notes on Shakspere*, ed. T. Ashe, G. Bell, London, 1908

Collins, G. R. and C. C., 'Monumentality: a Critical Matter in Modern Architecture', *Harvard Architectural Review*, no. IV, Spring 1984, pp.14-35

Collins, P., *Concrete*, Faber and Faber, London, 1959

——, *Changing Ideals in Modern Architecture 1750-1950*, Faber and Faber, London, 1965

——, 'The Linguistic Analogy', in *Language in Architecture*, ed. J. Meunier, Proceedings of the 68th Annual General Meeting of the Association of Collegiate Schools of Architecture, Washington, D.C., 1980, pp.3-7

Colquhoun, A., 'Plateau Beaubourg' (1977), in *Essays in Architectural Criticism*, MIT Press, Cambridge, MA and London, 1981, pp.110-19

——, *Modernity and the Classical Tradition*, MIT Press, Cambridge MA and London, 1989

Connerton, P., *How Societies Remember*, Cambridge University Press, Cambridge, 1989

Conrads, U. (ed.), *Programmes and Manifestoes on Twentieth Century Architecture*, Lund Humphries, London, 1970

Constant, 'The Great Game to Come' (1959), in L. Andreotti and X. Costa (eds), *Theory of the Dérive and other situationist writings on the city*, Museu d'Art Contemporani, Barcelona, 1996, pp.62-63 (also in Ockman, ed., *Architecture Culture*, pp.314-15)

Cook, P. and Parry, E., 'Architecture and Drawing: Editing and Refinement', *Architects' Journal*, vol. 186, 16/23 December 1987, pp.40-45

Cox, A., 'Highpoint II', *Focus*, no. 2, 1938, pp.76-79

Crinson. M. and Lubbock, J., *Architecture: Art or Profession?*, Manchester University Press, Manchester and London, 1994

Curtis, W., *Denys Lasdun: architecture, city, landscape*, Phaidon, London, 1994

Cuvier, G., *Recherches sur les Ossemens Fossiles*, 4 vols, 'Discours préliminaire', vol. 1, Paris, 1812 (trans. by R. Kerr as *Essay on the Theory of the Earth*, Edinburgh and London, 1813)

Dal Co, F., *Figures of Architecture and Thought, German Architecture Culture 1880-1920*, trans. S. Sartarelli, Rizzoli, New York, 1990

Daly, C., 'Reform Club', *Révue Générale d'Architecture et des Travaux Publics*, vol. XV, 1857, pp.342-48

de Certeau, M., *The Practice of Everyday Life*, trans. S. Rendall, University of California Press, Berkeley, Los Angeles, London, 1984

Denari, N.: Peter Zellner, 'Interview with Neil Denari', *Transition*, no. 41, 1993

Derrida, J., *Writing and Difference*, trans. A. Bass, Routledge, London, 1978. 若桑毅訳『エクリチュールと差異』(法政大学出版局, 1977)

——, 'Structure, Sign and Play in the Discourse of the Human Sciences', 1966, in *Writing and Difference*, pp.278-93

——, 'Why Peter Eisenman Writes Such Good Books', *Threshold*, vol. 4, Spring 1988, pp.99-105; reprinted Leach (ed.), *Rethinking Architecture*, pp.336-47 (source quoted here)

Descartes, R.: *The Philosophical Writings of Descartes*, vol. 1, trans. J. Cottingham, R. Stoothoff and J. Murdoch, Cambridge University Press, 1985

Doordan, D. P., *Building Modern Italy, Italian Architecture 1914-1936*, Princeton Architectural Press, New York, 1988

Dorfles, G., *Simbolo, Communicazione, Consumo* (1959), excerpt trans. as 'Structuralism and Semiology in Architecture', in C.

Jencks and G. Baird (eds), *Meaning in Architecture*, Barrie and Rockliff: The Cresset Press, London, 1969, pp.39-49
Durand, J. N. L., *Précis des leçons d'Architecture données à l'École polytechnique*, 2 vols (1802-5), Paris, 1819

Eco, U., 'Function and Sign: the Semiotics of Architecture' (1986), in Leach (ed.), *Rethinking Architecture*, pp.182-202
Edwards, T., *Good and Bad Manners in Architecture* (1924), Tiranti, London, 1946
Egbert, D. D., *The Beaux Arts Tradition in French Architecture*, Princeton University Press, Princeton, NJ, 1980
Eidlitz, L., *The Nature and Function of Art, More Especially of Architecture*, Sampson Low, London, 1881
Eisenman, P., 'From Object to Relationship II: Giuseppe Terragni Casa Giuliani Frigerio', *Perspecta* 13/14, 1971, pp.36-61
——, 'House I 1967', in *Five Architects: Eisenman Graves, Gwathmey, Hejduk, Meier*, Oxford University Press, New York, 1975, pp.15-17
——, House X, Rizzoli, New York, 1982
Eliot, T. S., 'Tradition and the Individual Talent' (1917), in T. S. Eliot, *Points of View*, Faber and Faber, London, 1941, pp.23-34
Ellis, C., 'Prouvé's People's Palace', *Architectural Review*, vol. 177, May 1985, pp.40-48
Elmes, J., 'On the Analogy Between Language and Architecture', *Annals of the Fine Arts*, vol. 5, 1820, pp.242-83
Emerson, R. W., 'Nature' (1836), 'The American Scholar' (1837), in *Selected Essays*, Penguin Books, New York and London, 1985
——, *Journals*, 10 vols, Houghton Mifflin Co., Boston and New York, 1909-14
Endell, A., 'Möglichkeit und Ziele einer neuen Architektur', *Deutsche Kunst und Dekoration*, vol. 1, 1897-98, quoted in Mallgrave, Introduction to O. Wagner, *Modern Architecture*, p.44
——, *Die Schönheit der grossen Stadt*, Stuttgart, 1908
Ettlinger, L. D., 'On Science, Industry and Art, Some Theories of Gottfried Semper', *Architectural Review*, vol. 136, July 1964, pp.57-60
Evans, R., *The Fabrication of Virtue. English Prison Architecture 1750-1840*, Cambridge University Press, 1982
——, 'In front of lines that leave nothing behind', *AA Files*, no. 6, 1984, pp.89-96
——, 'Postcards from Reality', *AA Files*, no. 6, 1984, pp.109-11
——, 'Translations from Drawing to Building', *AA Files*, no. 12, 1986, pp.3-18
——, *The Projective Cast. Architecture and its Three Geometries*, MIT Press, Cambridge, MA, and London, 1995
Evelyn, J.: *The Diary of John Evelyn*, ed. E. S. de Beer, Oxford University Press, London, 1959

Farmer, J., *Green Shift, Towards a Green Sensibility in Architecture*, Butterworth-Heinemann, Oxford, 1996
Fergusson, J., *An Historical Inquiry into the True Principles of Beauty in Art, more especially with reference to Architecture*, London, 1849
——, *A History of the Modern Styles*, London, 1862
Fiedler, C., 'Observations on the Nature and History of Architecture' (1878), in Mallgrave and Ikonomou, *Empathy, Form and Space*, pp.126-46
Filarete (Antonio di Piero Averlino), *Treatise on Architecture* (before 1465), trans. J. R. Spencer, 2 vols, Yale University Press, New Haven and London, 1965
Fink, K. J., *Goethe's History of Science*, Cambridge University Press, 1991
Ford, H., *My Life and Work*, Heinemann, London, 1922
Forty, A., 'Being or Nothingness: Private Experience and Public Architecture in Post-War Britain', *Architectural History*, vol. 38, 1995, pp.25-35
——, 'Masculine, Feminine or Neuter?', in K. Rüedi, S. Wigglesworth and D. McCorquodale (eds), *Desiring Practices. Architecture Gender and the Interdisciplinary*, Black Dog Publishing Ltd., London, 1996, pp.140-55
——, '"Spatial Mechanics": Scientific Metaphors in Architecture', in P. Galison and E. Thompson (eds), *The Architecture of Science*, MIT Press, Cambridge, MA, and London, 1999, pp.213-31
Foucault, M., *The Order of Things* (1966), Routledge, London, 1992. 渡辺一民／佐々木明訳『言葉と物』人文科学の考古学（新潮社，1974）
——, 'Of Other Spaces: Utopias and Heterotopias' (1967), in Leach, *Rethinking Architecture*, pp.350-56; and Ockman, *Architecture Culture*, pp.420-26
Frampton, K., 'Stirling in Context', *RIBA Journal*, vol. 83, March 1976, pp.102-4
Frankl, P., *Principles of Architectural History* (1914), trans. J. F. O'Gorman, MIT Press, Cambridge, MA, and London, 1968. 香山壽夫監訳『建築造形原理の展開』（鹿島出版会，1979）；『建築史の基礎概念』（同，2005）
Fréart de Chambray, R., *A Parallel of the Antient Architecture with the Modern ... To which is added An Account of Architects and Architecture by John Evelyn Esq*. (1650), trans. J. Evelyn, London, 1664
Fréart de Chantelou, P., *Diary of the Cavaliere Bernini's Visit to France* (1665), ed. A. Blunt, trans. M. Corbett, Princeton University

Press, 1985
Freud, S., *Civilization and its Discontents*, trans. J. Riviere, ed. J. Strachey, Hogarth Press, London, 1969

Gadamer, H., *Truth and Method*, New York, 1975. 轡田収［他］訳『真理と方法：哲学的解釈学の要綱』（法政大学出版局，1986）
Gage, J., *Goethe on Art*, Scolar Press, London, 1980
Garnier, C., *Le Théâtre*, Paris, 1871
Ghirardo, D., *Architecture after Modernism*, Thames and Hudson, London, 1996
Giedion, S., *Building in France Building in Iron Building in Ferro-Concrete* (1928), trans. J. Duncan Berry, Getty Center, Santa Monica, CA, 1995.
——, *Space, Time and Architecture* (1941), 9th printing, Oxford University Press, London, 1952. 太田實訳『空間 時間 建築』（丸善，1955）
Gillis, J. R. (ed.), *Commemorations, The Politics of National Identity*, Princeton University Press, Princeton, NJ, 1994
Ginzburg, M., *Style and Epoch* (1924), trans. A. Senkevitch, MIT Press, Cambridge MA and London, 1982
——, 'Constructivism as a Method of Laboratory and Teaching Work', SA 1927, no. 6: in C. Cooke ed., *Russian Avant Garde Art and Architecture*, Academy Editions and Architectural Design, London, 1983, p.43
Girouard, M., *Life in the English Country House*, Yale University Press, New Haven and London, 1978. 森静子／ヒューズ訳『英国のカントリー・ハウス：貴族の生活と建築の歴史』（住まいの図書館出版局，1989）
Goethe, J. W. von, 'On German Architecture' (1772), trans. N. Pevsner and G.Grigson, *Architectural Review*, vol. 98, Dec. 1945, pp.155-59. There are less poetic translations by J. Gage, *Goethe on Art*, pp.103-12; and in *Goethe The Collected Works*, vol. 3, trans. E. and E. H. von Nardroff, Princeton University Press, Princeton, NJ, 1986, pp.3-14.
——, *Italian Journey* (1816-17), trans. R. R. Heitner (vol. 6 in *Goethe: The Collected Works*), Princeton University Press, Princeton, NJ, 1989. 相良守峯訳『イタリア紀行』（岩波文庫，1960）
Göller, A., *Zur Aesthetik der Architektur*, 1887
——, 'What is the Cause of Perpetual Style Change in Architecture?' (1887), trans. Mallgrave and Ikonomou, *Empathy, Form and Space*, pp.193-225
Goodman, N., *Languages of Art*, Harvester Press, Brighton (UK), 1981
Great Britain: Ministry of Housing and Local Government, *Homes for Today and Tomorrow* (Parker Morris Report), HMSO, London, 1961
Greenberg, C., 'Modernist Painting' (1960), in Harrison and Wood (eds), *Art in Theory*, pp.754-60
Greenough, H., *Form and Function. Remarks on Art, Design, and Architecture*, selected and edited by H. A. Small, University of California Press, Berkeley and Los Angeles, 1958
Gregotti, V., *Le territoire de l'architecture* (1966), French trans. from Italian by V. Hugo, L'Équerre, Paris, 1982
Groák, S., *The Idea of Building*, E. and F. N. Spon, London, 1992
Gropius, W., 'Programme for the Establishment of a Company for the Provision of Housing on Aesthetically Consistent Principles' (1910), in Benton, Benton and Sharp, *Form and Function*, pp.188-90
——, 'The Theory and Organisation of the Bauhaus' (1923) in Benton, Benton and Sharp, *Form and Function*, pp.119-27
——, 'Principles of Bauhaus Production' (1926), in Conrads, *Programmes and Manifestoes*, pp.95-97
——, *The New Architecture and the Bauhaus* (1935), Faber and Faber, London, 1965
——, 'Blueprint of an Architect's Education' (1939), in *The Scope of Total Architecture*, George Allen and Unwin, London, 1956
——, 'Eight Steps toward a Solid Architecture' (1954), reprinted in Ockman (ed.), *Architecture Culture*, pp.177-80
Guadet, J., *Éléments et Théories d'Architecture*, Paris, 1902
Guarini, G., *Architettura Civile* (written 1686, published 1737), Gregg, London, 1964
Guillerme, J., 'The Idea of Architectural Language: a Critical Enquiry', *Oppositions*, no. 10, 1977, pp.21-26

Hagan, S., 'The Good, the Bad and the Juggled: the New Ethics of Building Materials', *The Journal of Architecture*, vol. 3, no. 2, 1998, pp.107-15
Halbwachs, M., *The Collective Memory* (1950), trans. F. J. and V. Y. Ditter, Harper and Row, New York, 1980
Hare, N., 'Peter Foggo' (obituary), *The Guardian*, 17 July 1993, p.30
Häring, H., 'Approaches to Form' (1925), in Benton, Benton and Sharp, *Form and Function*, pp.103-5
Harris, E. and Savage, N., *British Architectural Books and Writers 1556-1785*, Cambridge University Press, 1990
Harris, J. and Higgott, G., *Inigo Jones Complete Architectural Drawings*, The Drawing Center, New York, 1989
Harrison, C. and Wood, P. (eds), *Art in Theory 1900-1990*, Blackwell, Oxford, 1992
Harvey, Sir W., 'The Movement of the Heart and Blood in Animals' (1635), in Sir William Harvey, *The Circulation of the Blood and*

Other Writings, translated by Kenneth J. Franklin, Dent, London, 1963

Hawksmoor, N., letter to Lord Carlisle, 5 October 1732, *Walpole Society*, vol. XIX, 1930-31, p.132

Hayden, D., *The Power of Place. Urban Landscapes as Public History*, MIT Press, Cambridge, MA, and London, 1995

Hegel, G. W. F., *Aesthetics*, trans. T. M. Knox, 2 vols, Oxford University Press, 1975. 甘粕石介訳『美学講義』（北隆館，1949-1950）長谷川宏訳『ヘーゲル美学講義』（作品社，1995-1996）

Heidegger, M., *Being and Time* (1927), trans. J. Macquarrie and E. Robinson, Blackwell, Oxford, 1962. 原佑／渡邊二郎訳『存在と時間』（中央公論新社，2003）; 細谷貞雄訳（ちくま学芸文庫，1994）

——, 'Building Dwelling Thinking' (1951), in *Martin Heidegger: Basic Writings*, ed. D. F. Krell, Routledge, London, 1993, pp.347-63. Also reprinted in Leach, *Rethinking Architecture*, pp.100-9

Herder, J. G. von, *Treatise on the Origin of Language* (1772), trans., London, 1827

Herrmann, W., *Laugier and Eighteenth Century French Theory*, Zwemmer, London, 1962

——, *The Theory of Claude Perrault*, A. Zwemmer, London, 1973

——, *Gottfried Semper: in search of architecture*, MIT Press, Cambridge, MA, and London, 1984

Hertzberger, H., 'Flexibility and Polyvalency', *Forum*, vol. 16, no. 2, February-March 1962, pp.115-18; abstracted in Ekistics, April 1963, pp.238-39; and partly reprinted in Hertzberger, *Lessons for Students in Architecture*, pp.146-47

——, 'Identity' (1967), partly reprinted in Hertzberger, *Lessons for Students in Architecture*, pp.170-71

——, 'Architecture for People', *A+U*, March 1977, pp.124-46

——, *Lessons for Students in Architecture*, Uitgeverij 010 Publishers, Rotterdam, 1991. 森島清太訳『都市と建築のパブリックスペース：ヘルツベルハーの建築講義録』（鹿島出版会，1995）

——, interview in L. Hallows, MSc Report, University College London, 1995

Higgott, G., '"Varying with reason": Inigo Jones's theory of design', *Architectural History*, vol. 35, 1992, pp.51-77

Hildebrand, A., 'The Problem of Form in the Fine Arts' (1893), in Mallgrave and Ikonomou, *Empathy, Form and Space*, pp.227-79

Hill, J. (ed.), *Occupying Architecture*, Routledge, London, 1998

Hill, R., *Designs and their Consequences*, Yale University Press, New Haven and London, 1999

Hillier, B., *Space is the Machine*, Cambridge University Press, Cambridge, 1996

——, and Hanson, J., *The Social Logic of Space*, Cambridge University Press, Cambridge, 1984

Hitchcock, H.-R. and Johnson, P., *The International Style* (1932), Norton, New York, 1966. 武澤秀一訳『インターナショナルスタイル』（鹿島出版会，1994）

Hofstadter, A. and Kuhns, R., *Philosophies of Art and Beauty. Selected Readings in Aesthetics from Plato to Heidegger* (1964), University of Chicago Press, Chicago and London, 1976

Horace, 'On the Art of Poetry', in Aristotle/Horace/Longinus, *Classical Literary Criticism*, trans. T. S. Dorsch, Penguin Books, London, 1965

Huet, B., 'Formalisme-Réalisme', *Architecture d'Aujourdhui*, vol. 190, April 1977, pp.35-36

Hugo, V., *Notre Dame of Paris* (1831; 1832), trans. J. Sturrock, Penguin Books, London, 1978. 松本泰訳『ノートルダムの傴僂男』(改造社，1930); 鈴木力衛訳『ノートルダムのせむし男』（三笠書房，1957）

Humboldt, W. von, *On Language, The Diversity of Human Language-Structure and its Influence on the Mental Development of Mankind* (1836), trans. P. Heath, Cambridge University Press, 1988.『人間形成と言語』（以文社，1989）

Hume, D., 'Of the Standard of Taste' (1757), in D. Hume, *Selected Essays*, Oxford University Press, 1993, pp.133-54

Hunt, J. D. and Willis, P., *The Genius of the Place, The English Landscape Garden 1620-1820*, MIT Press, Cambridge, MA, and London, 1988

Iversen, M., 'Saussure versus Peirce: Models for a Semiotics of Visual Arts', in A. L. Rees and F. Borzello (eds), *The New Art History*, Camden Press, London, 1986, pp.82-94

Jackson, T. G., *Recollections of Sir Thomas Graham Jackson*, ed. B. H. Jackson, Oxford University Press, 1950

Jacobs, J., *The Death and Life of Great American Cities* (1961), Penguin Books, Harmondsworth, 1974. 黒川紀章訳『アメリカ大都市の死と生』（鹿島出版会，1977）

Jakobson, R., 'Two Aspects of Language and Two Types of Aphasic Disturbances' (1956), in *Selected Writings*, vol. 3, 'Word and Language', Mouton, The Hague and Paris, 1971, pp.239-59

Jencks, C., 'History as Myth', in C. Jencks and G. Baird (eds), *Meaning in Architecture*, Barrie and Rockliff, The Cresset Press, London, 1969, pp.245-66

Jencks, C., *The Language of Post-Modern Architecture*, 1978. 竹山実訳『ポストモダニズムの建築言語』(a+u, 1978)

Johnson, P., *Mies van der Rohe*, Museum of Modern Art, New York, 1947

——, 'The Seven Crutches of Modern Architecture', *Perspecta*, no. 3, 1955, pp.40-44; reprinted in Ockman (ed.), Architecture

Culture, pp.190-92
Johnson, P.-A., *The Theory of Architecture. Concepts, Themes, and Practices*, Van Nostrand Reinhold, New York, 1994

Kahn, A., 'Overlooking: A Look at How we Look at Site or... site as "discrete object" of desire', in K. Ruedi, S. Wigglesworth and D. McCorquodale (eds), Desiring Practices. *Architecture Gender and the Interdisciplinary*, Black Dog Publishing Ltd, London, 1996, pp.174-85
Kahn, L., 'Order is', *Zodiac* no. 8, Milan, June 1961, p.20; reprinted in Conrads, *Programmes and Manifestoes*, pp.169-70
——: A. Latour (ed.), *Louis I. Kahn: Writings, Lectures, Interviews*, Rizzoli, New York, 1991
Kames, Lord, *Elements of Criticism* (1762), 9th ed., 2 vols, Edinburgh, 1817
Kant, I., *Critique of Pure Reason* (1781), trans. N. Kemp Smith, Macmillan, London, 1929. 篠田英雄訳(岩波文庫, 1961); 原佑訳(平凡社ライブラリー，2005）など
——, *The Critique of Judgment* (1790), trans. J. C. Meredith, Clarendon Press, Oxford, 1952; 坂田徳男訳『判断力批判』(三笠書房, 1942-1944); 原佑訳（理想社，1965）など
Kerr, R., 'English Architecture Thirty Years Hence' (1884), in Pevsner, *Some Architectural Writers*, pp.291-314
Kiesler, F., 'Manifesto' (1925), in Benton, Benton and Sharp, *Form and Function*, pp.105-6
——, 'Magical Architecture' (1947), in Conrads, *Programmes and Manifestoes*, pp.150-51
Koolhaas, R., *Delirious New York* (1978), 010 Publishers, Rotterdam, 1994
——, and Mau, B., *S,M,L,XL*, 010 Publishers, Rotterdam, 1995
Korn, A., 'Analytical and Utopian Architecture' (1923), in Conrads, *Programmes and Manifestoes*, pp.76-77
——, *Glass in Modern Architecture* (1929), excerpts in Benton, Benton and Sharp, *Form and Function*, pp.170-71
Kristeller, P. O., 'The Modern System of the Arts', *Journal of the History of Ideas*, vol. 12, 1951, pp.496-527, and vol. 13, 1952, pp.17-46; reprinted in P. O. Kristeller, *Renaissance Thought and the Arts*, Princeton University Press, Princeton, NJ, 1990, pp.163-227

Lane, B. M., *Architecture and Politics in Germany 1918-1945*, Harvard University Press, Cambridge, MA, 1968
Lasdun, D., 'An Architect's Approach to Architecture', *RIBA Journal*, vol. 72, April 1965, pp.184-95
——, interview on video shown at Royal Academy, London, 1997
Laugier, M.-A., *An Essay on Architecture* (1753; 1755), trans. W. and A. Herrmann, Hennessey and Ingalls, Los Angeles, 1977. (Citations are not from this translation, but from the French edition, Paris, 1755, reprinted P. Mardaga, Brussels and Liège, 1979); 三宅理一訳『建築試論』(中央公論美術出版，1986)
——, *Observations sur l'Architecture* (1765), P. Mardaga, Brussels and Liège, 1979
Lavin, S., *Quatremère de Quincy and the Invention of a Modern Language of Architecture*, MIT Press, Cambridge, MA, 1992
Leach, N. (ed.), *Rethinking Architecture. A Reader in Cultural Theory*, Routledge, London, 1997
Le Camus de Mézières, N., *The Genius of Architecture; or the Analogy of that Art with Our Sensations* (1780), trans. D. Britt, Getty Center, Santa Monica, CA, 1992
Le Corbusier, *Towards a New Architecture* (1923), trans. F. Etchells, Architectural Press, London, 1970; 吉阪隆正訳『建築をめざして』(鹿島出版会，1972)
——, *The Decorative Art of Today* (1925), trans. J. Dunnett, Architectural Press, London, 1987. 前川國男訳『今日の装飾芸術』(構成社書房，1930; 鹿島出版会，1977)
——, 'Standardisation cannot resolve an architectural difficulty' (1925a), *L'Almanach d'Architecture Moderne*, Crés, Paris, 1925, pp.172-74; trans. in Benton, Benton and Sharp, *Form and Function*, p.138
——, *Precisions on the Present State of Architecture and City Planning* (1930), trans. E. S. Aujame, MIT Press, Cambridge, MA, and London, 1991. 井田安弘／芝優子訳『プレシジョン』(鹿島出版会，1984)
Ledoux, C.-N., *L'Architecture considerée sous le rapport de l'art, des moeurs et de la législation*, Paris, 1804. 白井秀和訳『ルドゥー「建築論」註解』(中央公論美術出版，1993)
Lee, R. W., *Ut Pictura Poesis the humanistic theory of painting*, Norton, New York, 1967
Lefebvre, H., *The Production of Space* (1974), trans. D. Nicholson-Smith, Blackwell, Oxford, 1991
Le Muet, P., *Manière de Bien Bastir* (1647), reprinted Gregg, London, 1972
Le Roy, J.-D., *Histoire de la disposition et des formes différents que les chrétiens ont données à leurs temples depuis le règne de Constantin le Grand à nos jours*, Paris, 1764
Lethaby, W. R., 'The Builder's Art and the Craftsman', in R. N. Shaw and T. G. Jackson, *Architecture, a Profession or an Art*, London, 1892
——, 'The Architecture of Adventure' (1910), in *Form in Civilization*, pp.66-95
——, *Architecture, an Introduction to the History and Theory of the Art of Building* (1911; 1929), revised edition, Thornton Butterworth,

London, 1935
——, *Form in Civilization* (1922), Oxford University Press, London, 1936
——, *Philip Webb and His Work* (1935), Raven Oak Press, London, 1979
Levine, N., 'The book and the building: Hugo's theory of architecture and Labrouste's Bibliothèque Ste-Geneviève', in R. Middleton (ed.), *The Beaux Arts and Nineteenth Century French Architecture*, Thames and Hudson, London, 1982, pp.138-73
——, *The Architecture of Frank Lloyd Wright*, Princeton University Press, 1996
Lévi-Strauss, *Introduction to the Works of Marcel Mauss* (1950), trans. F. Baker, Routledge and Kegan Paul, London, 1987.
——, *Tristes Tropiques* (1955), trans. J. and D. Weightman, Penguin Books, Harmondsworth, 1976. 川田順造訳『悲しき熱帯』（中央公論新社，2001）
——, *Structural Anthropology*, trans. C. Jacobson and B. G. Schoepf, Basic Books, New York, 1963
Libeskind, D., *Countersign*, Academy editions, London, 1991
——, 'Libeskind on Berlin', *Building Design*, 8 April 1994, pp.17-18
Lipman, A., 'The Architectural Belief System and Social Behaviour', *British Journal of Sociology*, vol. 20, no. 2, June 1969, pp.190-204
Llewelyn Davies, R., 'The Education of an Architect', Inaugural lecture delivered at University College London, 1960, H. K. Lewis and Co., London, 1961
Loos, A., 'The Principle of Cladding' (1898) in *Spoken Into the Void. Collected Essays 1897-1900*, trans. J. O. Newman and J. H. Smith, MIT Press, Cambridge, MA, 1982, pp.66-69
——, 'Ornament and Crime' (1908), in Conrads, *Programmes and Manifestoes*, pp.19-24. 伊藤哲夫訳『装飾と罪悪－建築・文化論集』（中央公論美術出版，1987; 2005）
——, 'Regarding Economy' (1924), trans. F. R. Jones, in M. Risselada (ed.), *Raumplan versus Plan Libre*, Rizzoli, New York, 1988, pp.137-41
Lotze, H., *Microcosmos: An Essay Concerning Man and his Relation to the World* (1856-64), trans. E. Hamilton and E. E. Constance Jones, Scribner and Welford, New York, 1886
Loudon, J. C., *Encyclopaedia of Cottage, Farm and Villa Architecture*, Longman, London, 1833
Lubbock, J., *The Tyranny of Taste*, Yale University Press, New Haven and London, 1995
Lukács, G., 'Realism in the Balance' (1938), trans. R. Livingstone, in E. Bloch, G. Lukács, B. Brecht, W. Benjamin, T. Adorno, *Aesthetics and Politics*, New Left Books, London, 1979, pp.28-59
Lynch, K., *The Image of the City*, MIT Press, Cambridge MA and London, 1960. 丹下健三／富田玲子訳『都市のイメージ』（岩波書店，1968）
Magnus, R., *Goethe as a Scientist* (1906), trans. H. Norden, Henry Schuman, New York, 1949
Mallgrave, H. F., 'Gustav Klemm and Gottfried Semper: the Meeting of Ethnological and Architectural Theory, *RES: Journal of Anthropology and Aesthetics*, no. 9, Spring 1985, pp.68-79
——, 'Schindler's Program of 1913', in L. March and J. Sheine (eds), *R. M. Schindler. Composition and Construction*, Academy, London, 1992, pp.15-19
——, 'From Realism to *Sachlickeit*: the Polemics of Architectural Modernity in the 1890s', in Mallgrave (ed.), *Otto Wagner*, 1993, pp.281-321
—— (ed.), *Otto Wagner, Reflections on the Raiment of Modernity*, Getty Center, Santa Monica, CA, 1993
——, *Gottfried Semper. Architect of the Nineteenth Century*, Yale University Press, New Haven and London, 1996
——, and Ikonomou, E., *Empathy, Form and Space. Problems in German Aesthetics 1873-1893*, Getty Center, Santa Monica, CA, 1994
Mandeville, B., *The Fable of the Bees* (1714), 2 vols, Clarendon Press, Oxford, 1966. 泉谷治訳『蜂の寓話－私悪すなわち公益』（法政大学出版局，1985; 1993）
Markus, T., *Buildings and Power*, Routledge, London, 1993
Martin, Leslie, 'An Architect's Approach to Architecture', *RIBA Journal*, vol. 74, May 1967, pp.191-200
Martin, Louis, 'Interdisciplinary Transpositions: Bernard Tschumi's Architectural Theory', in A. Coles and A. Defert (eds), *The Anxiety of Interdisciplinarity*, BACKless Books, London, 1998, pp.59-88
Maxwell, R., *Sweet Disorder and the Carefully Careless*, Princeton Architectural Press, New York, 1993
——, 'Sweet Disorder and the Carefully Careless' (1971), reprinted in *Sweet Disorder and the Carefully Careless*, pp.21-30
Mayne, T., 'Connected Isolation', in Noever (ed.), *Architecture in Transition*, 1991, pp.72-89
——: *Morphosis Buildings and Projects 1989-1992*, Rizzoli, New York, 1994
McDonough, T. F., 'Situationist Space', *October*, no. 67, 1994, pp.59-77
McKean, J., *Learning from Segal*, Birkhauser Verlag, Basel, Boston and Berlin, 1989
Medd, D., 'Colour in Buildings', *The Builder*, vol. 176, 25 February 1949, pp.251-52
Memmo, A., *Elementi d'Architettura Lodoliana* (vol. 1, 1780), 2 vols., Zara, 1834

Merleau-Ponty, M., *Phenomenology of Perception* (1945), trans. C. Smith, Routledge and Kegan Paul, London, 1962. 中島盛夫訳『知覚の現象学』（法政大学出版局，1982）

Meyer, H., 'Building' (1928), in C. Schnaidt, Hannes Meyer, A. Niggli, Teufen, Switzerland, 1965, pp.94-97; and in Conrads, *Programmes and Manifestoes*, pp.117-20

Middleton, R., 'Soane's Spaces and the Matter of Fragmentation', in M. Richardson and M.-A. Stevens (eds), *John Soane Architect*, Royal Academy of Arts, London, 1999, pp.26-37

Mies van der Rohe, L. All writings are reproduced and translated in Neumeyer, *The Artless Word*: this is the source quoted, unless otherwise stated.

Milizia, F., *Vite degli Architetti*, 1768

——, *Memorie delle Architetti Antichi e Moderni*, Parma, 1781

——, *Memorie degli Architetti* (4th ed.), Bassano, 1785

——, *L'Art de Voir dans les Beaux Arts*, Paris, Year VI (1797-98)

Mitchell, W. J., *Logic of Architecture: Design, Computation and Cognition*, MIT Press, Cambridge, MA, and London, 1990. 長倉威彦訳『建築の形態言語：デザイン・計算・認知について』（鹿島出版会，1991）

Mitchell, W. J. T., *Iconology: Image, Text, Ideology*, University of Chicago Press, Chicago and London, 1986

——, Picture Theory, University of Chicago Press, Chicago and London, 1994

Moholy-Nagy, L., *The New Vision* (1929), 4th revised edition, trans. D. M. Hoffman, Geo. Wittenborn, New York, 1947. 大森忠行訳『ザ・ニュー・ヴィジョン：ある芸術家の要約』（ダヴィッド社，1967）

——, *Vision in Motion*, Paul Theobold, Chicago, 1947

Moneo, R., 'On Typology', *Oppositions*, no. 13, 1978, pp.22-45

Moore, C., 'Charles Moore on Postmodernism', *Architectural Design*, vol. 47, no. 4, 1977, p.255

Mordaunt Crook, J., *The Dilemma of Style, Architectural Ideas from the Picturesque to the Post-Modern*, John Murray, London, 1989

Morris, R., 'The Present Tense of Space' (1978), in R. Morris, Continuous *Project Altered Daily. The Writings of Robert Morris*, MIT Press, Cambridge, MA, and London, 1993, pp.175-209

Morris, W., 'Architecture and History' (1884), in *Collected Works of William Morris*, vol. XXII, 1914, pp.296-314

——, 'Gothic Architecture' (1889), in *William Morris Stories in Prose, Stories in Verse, Shorter Poem, Lectures and Essays*, ed. G. D. H. Cole, Nonesuch Press, London, 1948, pp.475-93

——, 'Antiscrape' (1889b), in May Morris (ed.), *William Morris Artist Writer Socialist*, vol. 1, Blackwell, Oxford, 1936, pp.146-57

——, 'News from Nowhere' (1890), in *William Morris Stories in Prose, Stories in Verse, Shorter Poem, Lectures and Essays*, ed. G. D. H. Cole, Nonesuch Press, London, 1948, pp.3-197. 川端康雄訳『ユートピアだより：もしくはやすらぎの一時代、ユートピアン・ロマンスからの幾章』（晶文社，2003）

——, 'The Woodcuts of Gothic Books' (1892), in May Morris (ed.), *William Morris Artist Writer Socialist*, vol. 1, Blackwell, Oxford, 1936, pp.318-38

Mumford, L., 'Monumentalism, Symbolism and Style', *Architectural Review*, vol. 105, April 1949, pp.173-80

——, 'East End Urbanity' (1953), in Mumford, *The Highway and the City*, pp.26-34

——, 'Old Forms for New Towns' (1953), in Mumford, *The Highway and the City*, pp.35-44

——, 'The Marseille "Folly"' (1957), in Mumford, *The Highway and the City*, pp.68-81

——, *The Highway and the City*, Secker and Warburg, London, 1964. 生田勉／横山正訳『都市と人間』（思索社，1972; 1981）

Munro, C. F., 'Semiotics, Aesthetics and Architecture', *British Journal of Aesthetics*, vol. 27, no. 2, 1987, pp.115-28

Muratori, S., *Studi per una Operante Storia Urbana di Venezia*, 2 vols, Istituto Poligrafico dello Stato, Rome, 1960

Muthesius, H., *Style-Architecture and Building-Art: Transformations of Architecture in the Nineteenth Century and its Present Condition* (1902; 1903), trans. and Introduction by S. Anderson, Getty Center, Santa Monica, CA, 1994

——, *The English House* (1904, 2 vols), trans. J. Seligman, Crosby Lockwood Staples, London, 1979

——, 'Where do we Stand?' (1911); excerpts translated in Benton, Benton and Sharp, *Form and Function*, pp.48-51; and Conrads, *Programmes and Manifestoes*, pp.26-27

——, 'Werkbund Theses' (1914), in Conrads, *Programmes and Manifestoes*, pp.28-29

Nerdinger, W., 'From Bauhaus to Harvard: Walter Gropius and the Use of History', in G. Wright and J. Parks (eds), *The History of History in American Schools of Architecture 1865-1975*, Princeton Architectural Press, New York, 1990, pp.89-98

Neumeyer, F., *The Artless Word. Mies van der Rohe on the Art of Building*, trans. M. Jarzombeck, MIT Press, Cambridge, MA, 1991

Nietzsche, F., *The Birth of Tragedy* (1872), trans. W. Kaufmann, Vintage Books, New York, 1967. 西尾幹二訳『悲劇の誕生』（中央公論新社，2004）

——, 'On the Uses and Disadvantage of History for Life' (1874), trans. R. J. Hollingdale, in F. Nietzsche, *Untimely Meditations*, Cambridge University Press, Cambridge, 1983, pp.57-123

——, *Beyond Good and Evil* (1886), trans. R. J. Hollingdale, Penguin Books, London, 1990. 木場深定訳『善悪の彼岸』(岩波書店, 1970)

——, *The Will to Power* (1901), trans. W. Kaufmann and R. J. Hollingdale, Vintage Books, New York, 1968　土井虎賀寿訳『力への意志』(三笠書房, 1951)

Noever, P. (ed.), *Architecture in Transition*, Prestel-Verlag, Munich, 1991

Norberg-Schulz, C., *Intentions in Architecture*, Scandinavian University Books, Oslo, and Allen and Unwin, London, 1963

——, 'The Phenomenon of Place', *Architectural Association Quarterly*, vol. 8, no. 4, 1976, pp.3-10. (Reprinted in C. Norberg-Schulz, *Genius Loci Towards a Phenomenology of Architecture*, Academy, London, 1980. 加藤邦男／田崎祐生共訳『ゲニウス・ロキ』(住まいの図書館出版局, 1994))

Nuffield Provincial Hospitals Trust, *Studies in the Functions and Design of Hospitals*, Oxford University Press, London, New York, Toronto, 1955

Ockman, J. (ed.), *Architecture Culture 1943-1968. A Documentary Anthology*, Rizzoli, New York, 1993

Olmo, C., 'Across the Texts: the Writings of Aldo Rossi', *Assemblage*, vol. 5, 1988, pp.90-120

Onians, J., *Bearers of Meaning. The Classical Orders in Antiquity, the Middle Ages, and the Renaissance*, Cambridge University Press, Cambridge, 1988

Palladio, A., *The Four Books on Architecture* (1570), trans. I. Ware, London, 1738, facsimile edition Dover Publications, New York, 1965; and trans. R. Tavernor and R. Schofield, MIT Press, Cambridge, MA, and London, 1997. 桐敷真次郎編著『パラーディオ「建築四書」注解』(中央公論美術出版, 1986)

Panofsky, E., *Idea, a Concept in Art Theory* (1924), trans. J. J. S. Peake, University of South Carolina Press, Columbia, SC, 1968. 中森義宗訳『イデア』(思索社, 1982)

Parker, B., *Modern Country Homes in England* (1912), ed. D. Hawkes, Cambridge University Press, 1986

Patetta, L., *L'Architettura in Italia 1919-1943. Le Polemiche*, clup, Milan, 1972

Patte, P., *Discours sur l'architecture*, Paris, 1754

——, *Mémoires sur les objets les plus importans de l'architecture*, Paris, 1769

Payne Knight, R., *An Analytical Enquiry into the Principles of Taste* (1805), 3rd ed., London, 1806

Perez-Gomez, A., *Architecture and the Crisis of Modern Science*, MIT Press, Cambridge, MA, and London, 1983

——, and Pelletier, L., *Architectural Representation and the Perspective Hinge*, MIT Press, Cambridge, MA, and London, 1997

Perrault, C., *Ordonnance for the Five Kinds of Columns after the Method of the Ancients* (1683), trans. I. K. McEwen, Getty Center, Santa Monica, CA, 1983

Perret, A., 'M. Auguste Perret Visits the AA', *Architectural Association Journal*, vol. 63, May 1948, pp.217-25; reprinted in *Architectural Association 125th Anniversary Special Commemorative Publication*, London, 1973, pp.163-65

Pevsner, N., *Pioneers of the Modern Movement*, Faber, London, 1936. 白石博三訳『モダン・デザインの展開』(みすず書房, 1957)

——, *An Enquiry into Industrial Art in England*, Cambridge University Press, 1937

——, *The Buildings of England: Nottinghamshire*, Penguin Books, Harmondsworth, Middlesex, 1951

——, 'Modern Architecture and the Historian or the Return of Historicism', *RIBA Journal*, vol. 68, no. 6, April 1961, pp.230-40

——, *Some Architectural Writers of the Nineteenth Century*, Clarendon Press, Oxford, 1972

——, and Nairn, I., *The Buildings of England: Surrey* (1962), Penguin Books, Harmondsworth, Middlesex, 1971

Picon, A., *French Architects and Engineers in the Age of Enlightenment* (1988), trans. M. Thom, Cambridge University Press, 1992

Piranesi, G. B., *Prima parte di architteture* (1743), text and trans. in *Giovanni Battista Piranesi Drawings and Etchings at Columbia University*, Columbia University, New York, 1972

Plato: *The Dialogues of Plato*, 3 vols, trans. B. Jowett, Clarendon Press, Oxford, 1953

——, *The Republic*, trans. H. D. F. Lee, Penguin Books, Harmondsworth, Middlesex, 1967

——, *Timaeus and Critias*, trans. H. D. F. Lee, Penguin Books, London, 1977

Podro, M., *The Critical Historians of Art*, Yale University Press, New Haven and London, 1982

Popper, K. R., *Conjectures and Refutations. The Growth of Scientific Knowledge* (1963), Routledge and Kegan Paul, London, 1969　藤本隆志〔ほか〕著『推測と反駁』(法政大学出版局, 1980)

Porphyrios, D., '"The Burst of Memory": An Essay on Alvar Aalto's Typological Conception of Design', *Architectural Design*, vol. 49, 1979, nos 5/6, pp.143-48

Potts, A., *Flesh and the Ideal, Winckelmann and the Origins of Art History*, Yale University Press, New Haven and London, 1994

Pratt, Sir R.: R. T. Gunther (ed.), *The Architecture of Sir Roger Pratt*, Oxford University Press, 1928

Price, C., 'Fun Palace', *New Scientist*, vol. 22, 14 May 1964, p.433

Price, U., *Essays on the Picturesque*, 3 vols, London, 1810, reprinted Gregg, Farnborough, Hampshire, 1971

Proust, M., *On Reading Ruskin*, trans. and ed. J. Autet, W. Burford and P. J. Wolfe, Yale University Press, New Haven and London, 1987　岩崎力〔ほか〕訳『ラスキン論集成』（筑摩書房，1986）

——, *In Search of Lost Time* (1922), vol. 1, Swann's Way, trans. C. K. Scott Moncrieff and T. Kilmartin, revised D. J. Enright, Vintage, London, 1996　『失われた時を求めて』（集英社、新潮社、筑摩書房ほか）

Pugin, A. W., *The True Principles of Pointed or Christian Architecture*, Henry Bohn, London, 1841

Quatremère de Quincy, A.-C., 'Architecture' (1788), 'Character' (1788), 'Idea' (1801), 'Imitation' (1801), 'Type' (1825), *Encyclopèdie Méthodique: Architecture*, 3 vols, Paris and Liège, 1788, 1801, 1825. Translations of excerpts of 'Architecture' and 'Character', and of 'Idea' and 'Imitation' in full by T. Hinchcliffe, 9H, no. 7, 1985, pp.27-39; of 'Type' by A. Vidler, *Oppositions*, no. 8, 1977, pp.148-50

——, *De l'Architecture Égyptienne considerée dans son origine, ses principes et son goût, et comparée sous les mêmes rapports à l'architecture Grecque* (written 1785), Paris, 1803

Rabinow, P., *French Modern. Norms and Forms of the Social Environment*, University of Chicago Press, Chicago and London, 1989

Repton, H., *Sketches and Hints on Landscape Gardening* (1795), reprinted in J. C. Loudon, *The Landscape Gardening and Landscape Architecture of the late Humphry Repton Esq*., London, 1840

Reynolds, Sir J., *Discourses on Art* (1778; 1797), ed. R. R. Wark, Yale University Press, New Haven and London, 1975

Richards, J. M., *An Introduction to Modern Architecture* (1940), Penguin Books, Harmondsworth, 1956. 桐敷真次郎訳『近代建築とは何か』（彰国社，1962）

Richardson, M., *Sketches by Edwin Lutyens*, Academy Editions, London, 1994

Riegl, A. *Problems of Style* (1893), trans. E. Kain, Princeton University Press, 1992　長広敏雄訳『リーグル美術様式論』（岩崎美術社，1990）

——, *Late Roman Art and Industry* (1901), trans. R. Winkes, Giorgio Bretschneider Editore, Rome, 1985

Robbins, E., *Why Architects Draw*, MIT Press, Cambridge, MA, and London, 1994

Robertson, H., *Modern Architectural Design*, London, 1932

Rogers, E. N., 'Continuità', *Casabella Continuità*, no. 199, January 1954, pp.2-3

——, 'Preexisting Conditions and Issues of Contemporary Building Practice' (1955), in Ockman (ed.), *Architecture Culture*, pp.201-4

——, 'L'Architettura Moderna dopo la generazione dei Maestri', *Casabella Continuità*, no. 211, June-July 1956, pp.1-5

——, *Gli Elementi del Fenomeno Architettonico* (1961), Guida editori, Naples, 1981

Rogers, R., *Cities for a Small Planet*, Faber and Faber, London, 1997　野城智也／和田淳／手塚貴晴訳『都市この小さな惑星の』（鹿島出版会，2002）

Rossi, A., *The Architecture of the City* (1966), trans. D. Ghirardo and J. Ockman, MIT Press, Cambridge, MA, and London, 1982　ダニエーレ・ヴィターレ編；大島哲蔵／福田晴虔訳『都市の建築』（大龍堂書店，1991）

——, 'Une Education Réaliste', *Architecture d'Aujourdhui*, Avril 1977, p.39

——, *A Scientific Autobiography*, trans. L. Venuti, MIT Press, Cambridge, MA, and London, 1981

——, 'Interview by Antonio de Bonis', *Architectural Design*, vol. 52, nos 1-2, 1982, pp.13-17

Rowe, C., 'The Mathematics of the Ideal Villa' (1947), in The Mathematics of the Ideal Villa and Other Essays, 1982, pp.1-27

——, 'Character and Composition; Some Vicissitudes of Architectural Vocabulary in the Nineteenth Century' (written 1953-54, first published 1974), in *The Mathematics of the Ideal Villa and Other Essays*, 1982, pp.59-87

——, 'La Tourette' (1961), in *The Mathematics of the Ideal Villa and Other Essays*, 1982, pp.185-203

——, *The Mathematics of the Ideal Villa and Other Essays*, MIT Press, Cambridge, MA, and London, 1982. 伊東豊雄／松永安光訳『マニエリスムと近代建築：コーリン・ロウ建築論選集』（彰国社，1981）

——, 'James Stirling: a Highly Personal and Very Disjointed Memoir', in *James Stirling Buildings and Projects*, ed. P. Arwell and T. Bickford, 1984

——, *As I was Saying. Recollections and Miscellaneous Essays*, 3 vols, ed. A. Carragone, MIT Press, Cambridge, MA, and London, 1996. 松永安光監訳・／大西伸一郎／漆原弘訳『コーリン・ロウは語る：回顧録と著作選』（鹿島出版会，2001）

——, and Koetter, F., 'Collage City', *Architectural Review*, vol. 158, August 1975, pp.66-91; revised and expanded as *Collage City*, MIT Press, Cambridge, MA, and London, 1978. 渡辺真理訳『コラージュ・シティ』（鹿島出版会，1992）

——, and Slutsky, R., 'Transparency: Literal and Phenomenal': Part 1 (1963) in Rowe, *Mathematics of the Ideal Villa and Other Essays*, 1982, pp.159-83; Part 2 (1971), in Ockman (ed.), *Architecture Culture*, 1993, pp.206-25

Rowe, P. G., *Civic Realism*, MIT Press, Cambridge, MA, and London, 1997

Ruskin, J., *The Seven Lamps of Architecture*, London, 1849. 杉山真紀子訳『建築の七燈』（鹿島出版会，1997）

——, 'The Nature of Gothic', in *The Stones of Venice*, vol. 2, chap.2, London, 1853. 賀川豊彦訳『ヴェニスの石』(春秋社, 1931)

——, *The Two Paths*, Smith Elder and Co., London, 1859. 小林一郎訳『二つの道』(玄黄社, 1917)

Rykwert, J., 'The Necessity of Artifice' (1971), reprinted in *The Necessity of Artifice*, Academy Editions, London, 1982, pp.58-59

——, *On Adam's House in Paradise*, Museum of Modern Art, New York, 1972 黒石いずみ訳『アダムの家』(鹿島出版会, 1995)

——, 'Lodolí on Function and Representation', *Architectural Review*, vol. 161, July 1976; reprinted in The Necessity of Artifice, pp.115-21

——, 'Semper and the Conception of Style' (1976), in *The Necessity of Artifice*, pp.122-130

——, *The First Moderns*, MIT Press, Cambridge, MA, and London, 1980.

——, *The Necessity of Artifice*, Academy Editions, London, 1982

——, *The Dancing Column On Order in Architecture*, MIT Press, Cambridge, MA, and London, 1996

Saarinen, E., *Eero Saarinen on His Work*, ed. A. B. Saarinen, Yale University Press, New Haven and London, 1968

Sant'Elia, A., and Marinetti, F. T., 'Manifesto of Futurist Architecture' (1914), in Conrads, *Programmes and Manifestoes*, pp.34-38

Saussure, F. de, *Course in General Linguistics* (1915), trans. W. Baskin, Fontana, London, 1978. 前田英樹訳『ソシュール講義録注解』(法政大学出版局, 1991)

Scammozzi, V., *L'Idea della Architettura Universale*, Venice, 1615

Schelling, F. W. J., *The Philosophy of Art* (1859), trans. D. W. Scott, University of Minnesota Press, Minneapolis and London, 1989.

Schiller, F., *On the Aesthetic Education of Man* (1795), trans. and ed. E. M. Wilkinson and L. A. Willoughby, Clarendon Press, Oxford, 1967. 阿倍能成／高橋健二訳『美的教育論』(岩波書店, 1938)

Schindler, R. M., 'Modern Architecture A Program' (1913), trans. H. F. Mallgrave, in L. March and J. Sheine (eds), R. M. *Schindler. Composition and Construction*, Academy, London, 1992, pp.10-13. (A slightly different version of the text is translated in Benton, Benton and Sharp, *Form and Function*, pp.113-15; for the German original of this version, see A. Sarnitz, R. M. *Schindler Architekt 1887-1953*, Academie der Bildenden Kunst, Wien, 1986)

——, 'Space Architecture' (1934), in Benton, Benton and Sharp, *Form and Function*, pp.183-85

Schinkel, K. F., *Das architektonische Lehrbuch*, ed. G. Peschken, Deutscher Kunstverlag, Berlin, 1979

——, *The English Journey*, ed. D. Bindman and G. Riemann, trans. F. Gayna Walls, Yale University Press, New Haven and London, 1993

Schlegel, A. W., *A Course of Lectures on Dramatic Art and Literature* (1809-11), trans. J. Black, Henry Bohn, London, 1846. 福井芳男［他］訳『文学論集』(筑摩書房, 1965)

Schmarsow, A., 'The Essence of Achitectural Creation' (1893), in Mallgrave and Ikonomou, *Empathy, Form and Space*, pp.281-97

Schopenhauer, A., *The World as Will and Idea* (1818), trans. R. B. Haldane and J. Kemp, 3 vols, 8th ed., n.d. 斎藤忍随［他］訳『意志と表象としての世界』(白水社, 1972-1974)

Schumacher, T., 'Contextualism: Urban Ideals and Deformations', *Casabella*, no. 359/60, 1971, pp.79-86

Schuyler, M., *American Architecture and Other Writings* (2 vols), ed. W. H. Jordy and R. Coe, The Belknap Press of Harvard University Press, Cambridge, MA, 1961

——, 'Modern Architecture' (1894), in *American Architecture and Other Writings*, vol. 1, pp.99-118

——, 'A Great American Architect: Leopold Eidlitz' (1908), in *American Architecture and Other Writings*, vol. 1, pp.136-87

Schwartz, F. J., *The Werkbund. Design Theory and Mass Culture before the First World War*, Yale University Press, New Haven and London, 1996

Schwarzer, M. W., 'The Emergence of Architectural Space: August Schmarsow's Theory of Raumgestaltung', *Assemblage* no. 15, 1991, pp.50-61

Scott, G., *The Architecture of Humanism* (1914), Architectural Press, London, 1980

Scott, Sir G. G., *Remarks on Secular and Domestic Architecture, Present and Future*, London, 1857

Scruton, R., *The Aesthetics of Architecture*, Methuen, London, 1979. 阿部公正訳『建築美学』(丸善, 1985)

Scully, V., *Modern Architecture* (1961), Studio Vista, London, 1968. 長尾重武訳『近代建築』(鹿島出版会, 1972)

Segal, W.: *Architects' Journal*, vol. 187, 4 May 1988 (special issue on Walter Segal)

Semper, G., *Der Stil in den technischen und tektonischen Künsten oder praktische Aesthetik*, 2 vols, Frankfurt, 1860, 1863

——, *The Four Elements of Architecture and Other Writings*, trans. and introduction by H. F. Mallgrave and W. Herrmann, Cambridge University Press, 1989 (includes translation of part of Der Stil)

——, 'London Lecture of November 11, 1853', *RES: Journal of Anthropology and Aesthetics*, no. 6, Autumn 1983, pp.5-31

——, '"On Architectural Symbols", London Lecture of autumn 1854', *RES: Journal of Anthropology and Aesthetics*, no. 9, 1985, pp.61-67

Semper, H., *Gottfried Semper: Ein Bild seines Lebens und Wirkens*, Berlin, 1880

Sennett, R., *The Uses of Disorder. Personal Identity and City Life* (1970), Allen Lane The Penguin Press, London, 1971. 今田高俊訳『無秩序の活用：都市コミュニティの理論』（中央公論社，1975）

Serlio: *Sebastiano Serlio on Architecture*, vol. 1, Books I-V of *Tutte l'opere d'architettura et prospectiva* (1537-1551), trans. V. Hart and P. Hicks, Yale University Press, New Haven and London, 1996

Seyssel, C. de, *Monarchie de France*, 1515 (quoted Thomson, *Renaissance Architecture*, p.32)

Shaftesbury, 3rd Earl of (A. Ashley Cooper), *The Moralists*, 1709, excerpt reprinted in J. Dixon Hunt and P. Willis, *The Genius of the Place*, 1988, pp.122-24

——, *Characteristics of Men*, Manners, Opinions, Times (1711), excerpt in Hofstadter and Kuhns, *Philosophies of Art and Beauty*, pp.241-66

Shane, G., 'Contextualism', *Architectural Design*, vol. 46, Nov. 1976, pp.676-79

Shepheard, P., *What is Architecture? An Essay on Landscapes, Buildings and Machines*, MIT Press, Cambridge, MA, and London, 1994

Shute, J., *The First and Chief Groundes of Architecture*, London, 1563

Simmel, G., *On Individuality and Social Forms*, Selected Writings ed. D. N. Levine, University of Chicago Press, Chicago and London, 1971

Sitte, C., *City Planning According to Artistic Principles* (1889), in G. R. and C. C. Collins, *Camillo Sitte: The Birth of Modern City Planning*, Rizzoli, New York, 1986

Smith, L. P., 'The Schlesinger and Mayer Building', *Architectural Record*, vol. 16, no. 1, July 1904, pp.53-60

Smith, N., *Uneven Development*, Blackwell, Oxford, 1984

Smithson, A. (ed.), *Team X out of CIAM*, 1982

——, and P., 'The Built World - Urban Reidentification', *Architectural Design*, vol. 25, June 1955, pp.185-88

——, 'Cluster City', *Architectural Review*, vol. 122, November 1957, pp.333-36

——, 'The "As Found" and the "Found"', in D. Robbins (ed.), *The Independent Group: Postwar Britain and the Aesthetics of Plenty*, MIT Press, Cambridge, MA, and London, 1990, pp.201-2

Soane, Sir J., 'Royal Academy Lectures' (1810-19), in D. Watkin, *Sir John Soane. Enlightenment Thought and the Royal Academy Lectures*, Cambridge University Press, 1996

Sontag, S., '*Against Interpretation*' (1964) in S. Sontag, Against Interpretation (1966), Vintage, London, 1994, pp.3-14. 高橋／由良／河村／出淵／海老根／喜志訳『反解釈』（ちくま学芸文庫，1996）

Soper, K., *What is Nature? Culture, Politics and the Non-Human*, Blackwell, Oxford, 1995

Sorkin, M., *Exquisite Corpse. Writings on Buildings*, Verso, London and New York, 1991

Souligné, M. de, *A Comparison Between Rome in Its Glory as to the Extent and Populousness of it and London as at Present*, 2nd ed., London, 1709

Spencer, H., *The Study of Sociology*, Henry S. King, London, 1873

——, *The Principles of Sociology*, vol. 1, Williams and Norgate, London and Edinburgh, 1876

Steadman, P., *The Evolution of Designs. Biological analogy in architecture and the applied arts*, Cambridge University Press, 1979

Stern, R., *New Directions in American Architecture*, Studio Vista, London, 1969. 鈴木一訳『アメリカ建築の新傾向』（鹿島出版会，1976）

——, 'At the Edge of Post-Modernism', *Architectural Design*, vol. 47, no. 4, 1977, pp.275, 286

Stirling, J.: *James Stirling, Buildings and Projects*, ed. P. Arnell and T. Bickford, Architectural Press, London, 1984. 石井和紘／難波和彦訳『ジェームズ・スターリング作品集』（A.D.A.Edita Tokyo, 1975）

——, *Writings on Architecture*, ed. R. Maxwell, Skira, Milan, 1998. 小川守之訳『ジェームズ・スターリング：ブリティッシュ・モダンを駆け抜けた建築家』（鹿島出版会，2000）

Streiter, R., 'Das deutsche Kunstgewerbe und die english-amkerikanische Bewegung' (1896), quoted in Mallgrave, 1993, p.294

——, 'Aus München' (1896b), quoted in Anderson, 1993, p.339

Sullivan, L. H., 'Kindergarten Chats' (1901; 1918), in *Kindergarten Chats and Other Writings*, Wittenborn Art Books, New York, 1976

——, 'Inspiration' (1886) and 'What is Architecture?' (1906), in Louis Sullivan, *The Public Papers*, ed. R. Twombly, University of Chicago Press, 1977, pp.174-196

—— (1924a) *The Autobiography of an Idea* (1924), Dover Publications, New York, 1956. 竹内大／藤田延幸訳『サリヴァン自伝』（鹿島出版会，1977）

—— (1924b) *A System of Architectural Ornament according with a Philosophy of Man's Powers*, New York, 1924

Summers, D., 'Form and Gender', in N. Bryson, M.-A. Holly and K. Moxey (eds), *Visual Culture. Images and Interpretations*, Hanover, New Hampshire, 1994

Summerson, J., *The Classical Language of Architecture* (1963), Thames and Hudson, London, 1980. 鈴木博之訳『古典主義建築の系譜』（中央公論美術出版，1989）

Swain, H., ‘Building for People’, *Journal of the Royal Institute of British Architects*, vol. 68, Nov. 1961, pp.508-10
Swenarton, M., *Artisans and Architects, The Ruskinian Tradition in Architectural Thought*, Macmillan, Basingstoke, 1989
Swift, J., *Gulliver’s Travels* (1726), Clarendon Press, Oxford, 1928. 中野好夫訳『ガリバー旅行記』(新潮文庫，1951 など)
Switzer, S., *Ichnographia Rustica*, 3 vols., 1718 and 1742; excerpts in Hunt and Willis, *The Genius of the Place*, 1988, pp.152-63
Szambien, W., *Symétrie Goût Caractère: Théorie et Terminologie de l’Architecture à l’Age Classique*, Picard, Paris, 1986

Tafuri, M., *Theories and History of Architecture* (1968; 1976), trans. G. Verrecchia, Granada Publishing, London, 1980
——, *History of Italian Architecture*, 1944-1985, trans. J. Levine, MIT Press, Cambridge MA and London, 1989
——, and Dal Co, F., *Modern Architecture* (1976), trans. R. E. Wolf, Harry N. Abrams, New York, 1979. 片木篤訳『近代建築』(本の友社，2002)
Taut, B., *Die neue Baukunst in Europa und Amerika*, Stuttgart, 1929. (trans. as *Modern Architecture*, The Studio, London, 1929)
Teige, K., ‘Mundaneum’ (1929), trans. L. and E. Holovsky, *Oppositions*, no. 4, 1975, pp.83-91
Teut, A., ‘Editorial’, *Daidalos*, no.1, 1981, pp.13-14
Thomson, D., *Renaissance Architecture. Critics, Patrons, Luxury*, Manchester University Press, 1993
Thompson, D’Arcy W., *On Growth and Form* (1917), abridged edn, ed. J. T. Bonner, Cambridge University Press, Cambridge, 1961. 柳田友道［ほか］訳『生物のかたち』(東京大学出版会，1973)
Tönnies, F., *Community and Association* (1887), trans. C. P. Loomis (1940), Routledge and Kegan Paul, London, 1955
Trésor de la Langue Française, Paris, Éditions du Centre National de la Recherche Scientifique, 1977
Tschumi, B., *Architecture and Disjunction*, MIT Press, Cambridge, MA, and London, 1996. 山形浩生訳『建築と断絶』(鹿島出版会，1996)
——, ‘The Architectural Paradox’ (1975), in *Architecture and Disjunction*, pp.27-51
——, ‘Architecture and Transgression’ (1976), in *Architecture and Disjunction*, pp.65-78
——, ‘The Pleasure of Architecture’ (1977), in *Architecture and Disjunction*, pp.81-96
——, ‘Architecture and Limits’ (1980-81), in *Architecture and Disjunction*, pp.101-18
——, *Manhattan Transcripts*, Academy editions, London, 1981
——, ‘Illustrated Index. Themes from the Manhattan Manuscripts’, *AA Files*, no. 4, 1983, pp.65-74
——, ‘La Case Vide’, *AA Files*, no. 12, 1986, p.66
——, ‘Disjunctions’ (1987), in *Architecture and Disjunction*, pp.207-13
——, ‘Six Concepts’ (1991), in *Architecture and Disjunction*, pp.226-59
——, *Architecture in/of Motion*, NAI, Rotterdam, 1997

Ungers, O. M., *Architecture as Theme*, Electa, Milan, 1982
Unwin, R., *Town Planning in Practice*, Fisher Unwin, London, 1909
Ure, A., *The Philosophy of Manufactures*, Charles Knight, London, 1835

van Brunt, H., *Architecture and Society, Selected Essays of Henry van Brunt*, ed. W. A. Coles, Belknap Press of Harvard University Press, Cambridge, MA, 1960
van de Ven, C., *Space in Architecture* (1977), Van Gorcum, Assen/Maastricht, 3rd edition, 1987
van Eyck, A., ‘The Medicine of Reciprocity Tentatively Illustrated’, *Forum*, vol. 15, 1961, nos 6-7, pp.237-38
——, ‘A Step towards a Configurative Discipline’, *Forum*, vol. 16, 1962, no. 2, pp.81-89
Vasari, G., *Le vite de più eccelenti pittori, scultori ed architetti* (1550; 1568), ed. G. Milanesi, 9 vols, Florence, 1878
——, *The Lives of the Artists*, a selection, trans. G. Bull, Penguin Books, Harmondsworth, 1965. 森田義之監訳『ルネサンス彫刻家建築家列伝』(白水社，1989)
Venturi, R., *Complexity and Contradiction in Architecture* (1966), Architectural Press, London, 1977. 松下一之訳『建築の複合と対立』(美術出版社，1969)；伊藤公文訳『建築の多様性と対立性』(鹿島出版会，1982)
——, Scott Brown, D., and Izenour, S., *Learning from Las Vegas* (1972; 1977), MIT Press, Cambridge, MA, and London, 1982. 石井和紘／伊藤公文訳『ラスベガス』(鹿島出版会，1978)
Vesely, D., ‘Architecture and the Conflict of Representation’, *AA Files*, no. 8, 1985, pp.21-38
——, ‘Architecture and the Poetics of Representation’, *Daidalos*, no. 25, Sept. 1987, pp.25-36
Vidler, A., ‘The Third Typology’, *Oppositions*, no. 7, 1977, pp.1-4
——, ‘The Idea of Type: the Transformation of the Academic Ideal 1750-1830’, *Oppositions*, no. 8, 1977, pp.95-115
——, *Claude-Nicolas Ledoux*, MIT Press, Cambridge, MA, and London, 1990
——, *The Architectural Uncanny. Essays in the Modern Unhomely*, MIT Press, Cambridge, MA, and London, 1992. 大島哲蔵／道家洋訳『不気味な建築』(鹿島出版会，1998)

Viel, C.F., *Principes de l'ordonnance et de composition des bâtiments*, Paris, 1797

Viollet-le-Duc, E.-E., *Dictionnaire raisonné de l'architecture française* (10 vols, 1854-1868); selected entries in *The Foundations of Architecture*, trans. K.D. Whitehead, George Brazilier, New York, 1990. 飯田喜四郎訳『建築講話』(中央公論美術出版, 1986)

——, *Lectures on Architecture*, 2 vols (1863 and 1872), trans. B. Bucknall (1877 and 1881), Dover Publications, New York, 1987

Vischer, R., 'On the Optical Sense of Form: a Contribution to Aesthetics' (1873), in Mallgrave and Ikonomou, *Empathy, Form and Space*, pp.89-123

Vitruvius, *De Architectura*, trans. F. Granger, Loeb Classical Library, Harvard University Press, Cambridge, MA, and William Heinemann, London, 1970. 森田慶一訳『ウィトルウィウス建築書』(生活社, 1943; 東海大学出版会, 1963)

Wagner, O., *Sketches, Projects and Executed Buildings* (1890), ed. P. Haiko, London, 1987

——, Modern Architecture (1896; 1902), trans. H. F. Mallgrave, Getty Center, Santa Monica, CA, 1988

Walpole, H., *The History of the Modern Taste in Gardening*, 1771

Watkin, D., *Morality and Architecture*, Clarendon Press, Oxford, 1977. 榎本弘之訳『モラリティと建築』(鹿島出版会, 1981)

——, *Sir John Soane, Enlightenment Thought and the Royal Academy Lectures*, Cambridge University Press, Cambridge, 1996

Weeks, J., 'Indeterminate Architecture', *Transactions of the Bartlett Society*, vol. 2, 1963-4, pp.85-106

Whately, T., *Observations on Modern Gardening*, Dublin, 1770; excerpts in Hunt and Willis, The Genius of the Place, pp.37-38, 301-7

White, H., *Metahistory, The Historical Imagination in Nineteenth Century Europe* (1973), Johns Hopkins University Press, Baltimore and London, 1975

Willett, J., *The New Sobriety, Art and Politics in the Weimar Period, 1917-1933*, Thames and Hudson, London, 1978

Williams, R., *Keywords A Vocabulary of Culture and Society* (1976), revised edition, Fontana Press, London, 1989. 若松繁信／長谷川光昭訳『文化と社会』(ミネルヴァ書房, 1968)

Willis, R., *Remarks on the Architecture of the Middle Ages, especially of Italy*, Cambridge, 1835

——, 'On the Construction of Vaults in the Middle Ages', *Transactions of the Institute of British Architects*, vol. 2, 1842, pp.1-69

Winckelmann, J. J., *On the Imitation of the Painting and Sculpture of the Greeks* (1755), trans. H. Fuseli, in G. Schiff (ed.), *German Essays on Art History*, Continuum, New York, 1988, pp.1-17

——, *The History of Ancient Art* (1764; 1776), trans. G. H. Lodge, London, 1850

Wölfflin, H., 'Prolegomena to the Psychology of Architecture' (1886), in Mallgrave and Ikonomou, *Empathy, Form and Space*, pp.149-90. 上松佑二訳『建築心理学序説』(中央公論美術出版, 1988)

——, *Renaissance and Baroque* (1888), trans. K. Simon, Collins, London, 1984. 上松佑二訳『ルネサンスとバロック：イタリアにおけるバロック様式の成立と本質に関する研究』(中央公論美術出版, 1993)

——, *Principles of Art History* (1915; 1929), trans. M. D. Hottinger, Dover Publications, New York, 1950. 守屋謙二訳『美術史の基礎概念：近世美術に於ける様式発展の問題』(岩波書店, 1936; 1951); 海津忠雄訳(慶應義塾大学出版会, 2000)

Woods, L., 'Neil Denari's Philosophical Machines', *A+U*, March 1991, pp.43-44

Worringer, W., *Abstraction and Empathy* (1908), trans. M. Bullock, International Universities Press, New York, 1953. 草薙正夫訳『抽象と感情移入：東洋芸術と西洋芸術』(岩波書店, 1953)

Wotton, Sir H., *The Elements of Architecture*, London, 1624

Wurman, R. S., *What Will Be Has Always Been: The Words of Louis I. Kahn*, Access Press and Rizzoli, New York, 1986

Wright, Frank Lloyd, *Collected Writings*, 4 vols., ed. B. B. Pfeiffer, Rizzoli, New York, 1992-94

Yates, F., *The Art of Memory*, Routledge, London, 1966

Zhdanov, A., 'Speech to the Congress of Soviet Writers' (1934), in C. Harrison and P. Wood, *Art in Theory*, pp.409-12

図版出典

第一部

12　G. B. Lenardi, 'Allegory of the arts of architectural representation'. From frontispiece to G. G. Ciampini, *Vetera Monimenta*, 1690. British Library, London.

15　Mies van der Rohe in conversation with Stephan Waetzoldt with Dirk Lohan in the background, Berlin 1967. Photo Reinhard Friedrich, Berlin.

17　Suit by Valentino Garavani, 1964.

21　Le Corbusier, Pavillon Suisse, Paris, 1930, contemporary photograph. © FLC L3 (10) 321/ADAGP, Paris and DACS, London 2000.

22　From Pont, *The British at Home*, 1939. Reproduced by permission of Punch Ltd.

30　Auguste Choisy, Hagia Sophia, analytical drawing. From A. Choisy, 'Histoire d'Architecture', 1899, vol. 2.

21　Elliot Arthur Pavlos, diagram showing Strada Pia (now the Via Quirinale and the Via Venti Settembre).

34 (top)　Andrea Palladio, exterior of Villa Foscari, Malcontenta, Venice, Italy, c. 1550-60. Photo Georgina Masson.

34 (bottom)　Andrea Palladio, plan of Villa Foscari, Malcontenta, Italy. From A. Palladio, *Four Books on Architecture*, Book II, ch. XIV, 1738.

35 (bottom)　Le Corbusier, garden facade of Villa Stein-de Monzie, Garches, France, 1926-28. Photo Architectural Association, London © F. R. Yerbury. © FLC L2 (5) 2/ADAGP, Paris and DACS, London 2000.

35 (top)　Le Corbusier, first floor plan of Villa Stein-de Monzie, Garches, France. © FLC 10507/ADAGP, Paris and DACS, London 2000.

38　Photograph of an architect on site, *c*. 1955. RIBA Library, London. © John Maltby.

41　Andrea Palladio, measured drawing of details of the Porta dei Leoni, Verona. RIBA Library, London.

43　Andrea Palladio, alternative designs for Pallazzo Porto Festa, Vicenza, Italy. RIBA Library, London.

44　Andrea Palladio, perspective drawings of Temple of Antonius Pius and Faustina. RIBA Library, London.

45　Erno Goldfinger at his office in Piccadilly, London, early 1960s.

47　Philip Webb, full-size drawing for oak carving at 'Clouds', Wiltshire. 8 July, 1884. RIBA Library, London.

48　Interior of Hall at 'Clouds'. From H. Muthesius, *Das Englische Haus*, vol. 1, Berlin, 1904

50 (top)　RoTo Architects Inc., interior, CDLT 1, 2 House, Silverlake, California, 1989. © Morphosis/Michael Rotondi.

50 (bottom)　RoTo Architects Inc., exterior, CDLT 1, 2 House, Silverlake, California, 1989. © Morphosis/Michael Rotondi.

53　Frank Gehry, sketch of Weatherhead School of Management, Case Western Reserve University, Cleveland, Ohio, USA, 1998. © Frank O. Gehry & Associates.

54　Engraving of Vignola's Villa Farnese, Caprarola, Italy. From A.-Ch. Daviler, *Cours d'Architecture*, 1691. Original engraving in Francesco Villamena, *Alcune Opere di Iacomo Barotsodi Vignola*, 1617.

57　Daniel Libeskind, detail of the 'The Burrow Laws', 1979, © Daniel Libeskind.

58　Francesco di Giorgio, Mythical Origins of the Corinthian Order. The Trustees of Sir John Soane's Museum, London.

62　Nicholas Hawksmoor, the Mausoleum at Castle Howard, North Yorkshire, England, 1729-36. Photo A. F. Kersting.

63　Doric, Ionic and Corinthian Orders according to John Shute. From John Shute's'First and Chief Groundes of Architecture', 1563.

64　Sir William Chambers, Somerset House, London, 1776-1801. Photo courtesy of the author.

65　Giulio Romano, Cortile della Cavallerizza, Mantua, Italy, 1538-39. Photo Georgina Masson.

66　F. Blondel, Porte St Denis, Paris, France, 1672. Photo courtesy of the author.

67　Germain Boffrand, Oval Salon in Htel Soubise, Paris, France, 1735-39.

71　Etienne-Louis Boullée, Design for Town Hall, 1792. Photo Bibliothque Nationale de France, Paris.

72　William Butterfield, All Saints Church, Margaret Street, 1849-59. Photo courtesy the author.

74　H. H. Richardson, Marshall Field Warehouse, Chicago, USA, 1885-87 (demolished 1930). Photo Chicago Architectural Photographing Company.

76　L. Sullivan, Carson Pirie Scott Store, Chicago, USA, 1899-1901 and 19034. Photo Chicago Architectural Photographing Company.

77　L. Sullivan, detail of Carson Pirie Scott Store, Chicago, USA. Photo Richard Nickel.

78 (bottom)　E. Lutyens, exterior of Tigbourne Court, Surrey, England, 1899-1901. Photo courtesy of the author.

78 (top)　Detail of Lutyen's Tigbourne Court, Surrey, 1899-1901. Photo courtesy of the author.

79 M. Piacentini, Senate Building, University of Rome, Rome, Italy, 1932.

81 Southern front of Sea and Ships Pavilion, the Dome of Discovery and the Skylon, Festival of Britain, South Bank, London, England. RIBA Library, London.

82 Michelangelo, exterior of apse, St Peter's, Rome, c. 1546-64. Photo Alinari.

84 (right) Copy of Laocoön, first century BC. Vatican Museum. Photo Getty Center, Resource Collections, George Stone Collection.

84 (left) Detail of Laocoön. Photo Getty Center, Resource Collections, George Stone Collection.

85 Venus de Medici, first century BC. Photo Getty Center, Resource Collections, George Stone Collection.

86 Le Corbusier, Entrance of the High Court, Chandigarh, India, 1955. © FLC L3 (4) 1-61/ADAGP, Paris and DACS, London 2000.

87 Neil Denari, COR-TEX, details study, drawing, 1993. Photo courtesy of the author. © Neil Denari.

88 Richard Rogers, PA Technology Laboratories and Corporate Facility, Princeton, 1985. Photo Otto Baitz, courtesy Richard Rogers Partnership.

90 English rural 'vernacular' building, 1910. From W. G. Davie and E. Guy Dawber, *Old Cottages and Farm-houses in Kent and Sussex*, Batsford, London, 1900.

94 Hector Guimard, interior of his own residence, 122 avenue Mozart, Paris, c. 1910.

99 Fragment of Temple of Apollo Didymaeus. From Chandler et al. Society of Dilletanti, *Ionian Antiquities*, vol. 1, 1769. University College London Library.

102 'The First Hut'. From Viollet-le-Duc, *Habitations of Man*, 1876.

106 Amiens Cathedral, West Front begun 1220. Photo Hirmer Fotoarchiv.

109 The 'Golden Nugget' Gambling Hall, Las Vegas, USA, post-1964. From Venturi, Izenour and Scott Brown, *Learning from Las Vegas*, 1977, p.109. Courtesy of MIT Press, Cambridge, Massachusetts.

116 Images from J. N. L. Durand, *Précis des leons d'architecture*, 1809-17. RIBA Library, London.

120 Air view of the Piazza del Anfiteatro Romano, Lucca. Courtesy of Archivo e Studio Folco Quilici, Rome.

126 The human circulation system. From Pierre Larousse, *Grand Dictionnaire Universel du XIXème Siècle*, vol. 2, 1869.

131(bottom) C. Barry, exterior of the Reform Club, London, England, 1839. Photo courtesy of the author.

131(top) The Library in the Reform Club, London, England. From Edward Walford, 'Old and New London', vol. IV, 1873-78.

133 Charles Garnier, Staircase in the Opéra, Paris, France, 186175. Photo The Conway Library, Courtauld Institue of Art, London.

137 Le Corbusier, Design for Olivetti electronic calculator plant, Rho-Milan, Italy, 1963. © FLC/ADAGP, Paris and DACS, London 2000.

139 Bernard Tschumi, Lerner Student Centre, Columbia University, NY, USA, 1994. © Bernard Tschumi.

141 Le Corbusier, Couvent Sainte-Marie de la Tourette, Eveux sur Arbresle, France, 1957. Photo © Tim Benton. © FLC/ADAGP, Paris and DACS, London 2000.

143 (left) Peter Eisenman, analytical isometric diagrams of Casa Giuliani Frigerio. © Peter Eisenman. Photo courtesy of the author.

143 (right) Peter Eisenman, analytical isometric diagrams of Casa Giuliani Frigerio. © Peter Eisenman. Photo courtesy of the author.

144 Guiseppe Terragni, Casa Giuliani Frigerio, Como, Italy, 1939-40. RIBA Library, London.

148 Raymond Unwin, drawing of quadrangle of medium sized houses, Hampstead Garden Suburb (now Litchfield Square). From Raymond Unwin, *Town Planning in Practice*, 1909.

151 San Michele, Lucca, Italy, detail of facade engraved after drawing by John Ruskin. From John Ruskin, *The Stones of Venice*, vol. 1, plate XXI, 1851.

152 Ernst May, Frankfurt building panel factory system. On-site assembly of prefabricated building components, Frankfurt, Germany, 1920s.

161 Ludovico Quaroni and Mario Ridolfi, Quartiere Tiburtino, INA-Casa, Rome, Italy, 1949-54. Photo Silvia Massotti.

164 Willem Dudok, Town hall, Hilversum, Holland, 1924-31. Courtesy of Nederlands Architectuurinstituut, Rotterdam/Amsterdam.

165 Le Corbusier, Unité d'Habitation, Marseille, France, 1951. Photo courtesy of the author. © FLC/ADAGP, Paris and DACS, London 2000.

167 Elizabeth Square, Lansbury Estate, Poplar, London, England, 1951. London Metropolitan Archives.

170 Herman Hertzberger, Apollo School, Amsterdam, Holland, 1980-83. Photo © Klaus Kinold, Munich, courtesy of Architectuurstudio Herman Hertzberger.

第二部

175 E. Jones and M. Kirkland, City Hall, Mississauga, Canada, 1982-86. Photo © Joe Troppmann, courtesy of Architectural Association, London. © Edward Powis-Jones/DACS, London/VAGA, New York 2000.

177 Genres of Buildings, from Ledoux, *L'Architecture*, 1804.

179 Foundations of Castel S. Angelo, Rome, etching by G.-B. Piranesi from the *Antichità romane*, 1756. By permission of the British Library, London.

180 William Kent, Elysian Fields, Stowe, Buckinghamshire, England, c. 1735. Photo courtesy of the author.

182 Humphry Repton, West Wycombe Park, Buckinghamshire, England, aquatint, 1803. RIBA Library, London.

183 James Gibbs, interior of the Church of St Martin-in-the-Fields, Westminster, London, 1721. Photo Royal Commission of Historical Monuments.

184 J. M. Gandy, view under the Dome of Sir John Soane's Museum, London, watercolour, 1811. The Trustees of Sir John Soane's Museum, London.

187 Sketch from J. Ruskin, *Geological Notebook*, c. 1840. Courtesy of Princeton University Library, Princeton, New Jersey, USA.

189 E.-E. Viollet-le-Duc, design for a French Street. From Viollet-le-Duc, *Entretiens sur l'Architecture*, vol. 2, 1872.

192 Banfi, Belgiojoso, Peresutti and Rogers, 24 Corso Francia, Turin, Italy, 1959. Photo courtesy of the author.

195 Antoine Le Pautre, First Floor Plan, Hôtel de Beauvais, Paris, 1652-55.

196 James Stirling and Michael Wilford, model, Competition entry for Düssendolf Museum, Germany, 1975. Photo © John Donat.

199 Double spiral staircase, Château de Chambord, France, *c*. 1530. From A. Palladio, *Four Books on Architecture*, Book I, 1570.

202 Mies van der Rohe, Design Studio, Crown Hall, IIT, Chicago, USA, 1950s. Photo Hedrich Blessing (negative no. HB-18506 V4). Chicago Historical Society. © DACS 2000.

205 W. Coates, living room and dining room, 1, Kensington Palace Gardens, London, England, 1932. Photo *Architectural Review*.

210 Louis Kahn, Third Floor Plan of A. N. Richards Laboratories, University of Pennsylvania, Philadelphia, USA, 1957-61. © 1977 Louis I. Kahn Collection, University of Pennsylvania and Pennsylvania Historical and Museum Commission.

211 James Stirling and Michael Wilford, central courtyard, Staatsgalerie, Stuttgart, Germany, 197983. Photo courtesy of the author.

212 Interior of Koepel Prison, Arnhem, 1882. Photo Hans Werlemann, Hectic Pictures, Rotterdam.

213 (bottom) Gerrit Rietveld, interior of Schröder House, Utrecht, Holland, 1924. Photo courtesy of Frank den Oudsten. © DACS 2000.

213 (top) Plans of Schröder House, Utrecht, Holland. Central Museum Utrecht. © DACS 2000.

214 Beaudouin, Lods, Bodiansky and Prouvé, section of Maison du Peuple, Clichy, Paris, France, 1939. © ADAGP, Paris and DACS, London 2000.

216 Yona Friedman, drawing of 'Spatial City', 1958-60.

215 Cedric Price, Fun Palace, storyboard for film, 1959-61. Pencil and ink 14 x 27 in. Courtesy of Gilman Paper Company Collection, New York.

217 Cedric Price and E. Berman, Inter-Action Building, Kentish Town, London, England, 197277. Photo courtesy of the author.

226 Michelangelo, sculpture on the sarcophagus of Duke Giuliano de' Medici, Medici Chapel, S. Lorenzo, Florence, Italy, c. 153132. Photo Scala.

227 A. Palladio, elevation of Villa Godi, Lugo di Vicenza, Italy, 153242. From A. Palladio, *Four Books on Architecture*, 1738.

230 Archetypal plants. From J. W. von Goethe,

Zur Naturwissenschaft, 1823, vol. 2. University College London Library.

234 Froebel Gift no. IV, c. 1890. Early Childhood Collection Froebel Institute, Roehampton. Photo courtesy of the author.

238 L. Sullivan, Getty tomb, Graceland cemetery, Chicago, USA, 1890. Photo courtesy of the author.

240 Adolf Loos, interior of ZentralSparkasse, Mariahilf-Neubau, Vienna, Austria, 1914. Photo courtesy of the author. © DACS 2000.

241 Adolf Loos, entrance doorway to ZentralSparkasse, Mariahilf-Neubau, Vienna, 1914. Photo courtesy of the author. © DACS 2000.

242 Peter Behrens, Berlin-Wedding, Voltastrasse, AEG large machine factory, 1912. Photo courtesy of the author. © DACS 2000.

244 Kevin Lynch, 'Form Qualities of the City'. From Kevin Lynch, *The Image of the City*, 1961, pp. 1057. Courtesy of MIT Press Cambridge, MA.

245 Le Corbusier, Mundaneum Project, Musée Mondial, 1928-29. © FLC 24510/ADAGP, Paris and DACS, London 2000.

247 Martin Wagner and Bruno Taut, 'Horseshoe siedlung', Berlin-Britz, 1925-26. Photo courtesy of the author.

249 Earl P. Carlin, Central Fire Station, New Haven, USA, 1959-62. From Venturi, Scott Brown and Izenour, *Learning from Las Vegas*, MIT Press, 1977. Photo © David Hirsch.

250 R. Venturi and J. Rauch, Fire Station no. 4, Columbus Indiana, USA, 196567. Photo © Wayne Andrews/Esto.

253 Cedric Price, Fun Palace, key drawing, 1959-61, pencil and red ink, 17 x 33 in. Courtesy of the Gilman Paper Company Collection, New York.

251 Constant 'New Babylon' drawing, 1961. Collection Haags Gemeentemmuseum, The Hague. © DACS 2000.

252 Alison and Peter Smithson, Golden Lane Project, collage, 1952. © Alison and Peter Smithson.

257 James Stirling and Michael Wilford, plan of the Academy of Music, Stuttgart, Germany, 1987. © Michael Wilford Partners Limited.

259 Portrait of Carlo Lodolí, frontispiece to A. Memmo, *Elementi d'architecture Lodoliana*, vol. 1, 1834. By permission of the British Library, London.

260 Pilgrim's hospice, S. Francesco della Vigna, Venice, Italy. Photo courtesy of the author.

261 Comparative hyoids in various vertebrates. Reproduced from Geoffroy Saint-Hilaire, *Philosophie Anatomique*, vol. 1, 1818.

262 Section of Gothic cathedral nave and aisle, reproduced from Viollet-le-Duc *Dictionnaire Raisonné de l'Architecture*, 'Construction', 1854-68.

266 D. Adler and L. Sullivan, longitudinal section of Auditorium Building, Chicago, 188789.

269 Sitting room of R. N. Shaw's House, 185, Queen Anne's Gate, London, England, 1896. Photo Bedford Lemere.

272 Franois Cuvilliés, Residenz Theatre, Munich, Germany, 1750-53. Photo Bildarchiv Foto Marburg.

273 Mies van der Rohe, Ludwig. Concrete Office Building. 1922. Perspective. Charcoal, crayon on tan paper, $54^1/_2$ x $113^3/_4$" (138.8 x 289 cm). The Mies van der Rohe Archive. The Museum of Modern Art, New York. Gift of the architect. © 1999 The Museum of Modern Art, New York. © DACS 2000.

275 Hugo Häring, farm at Garkau, Holstein, Germany, 1924. Photo Professor Peter Blundell Jones.

277 Lubetkin and Tecton, interior of penthouse apartment, Highpoint II, London, 1938. Photo courtesy of the author.

279 J.-F. Blondel, ground floor plan of an abbot's residence, 1773. RIBA Library, London.

281 Photograph of early residents in Bournville, 1910. Courtesy of Cadbury Ltd.

284 Willey Reveley for Jeremy Bentham, the 'Penitentiary Panopticon', engraving, 1791. Courtesy of University College London Library.

287 Bernard Tschumi, 'The Manhattan Transcripts', 1983. © Bernard Tschumi.

294 G. E. Street, the Law Courts, Strand, London, England, 1874-82. Photo Eileen Tweedy.

298 Gabetti and Isola, Bottega d' Erasmo, Turin, Italy, 1953-56.

302 R. Venturi, Gordon Wu Hall, Princeton University, Princeton, New Jersey, USA, 1984. Photo courtesy of the author.

305 Daniel Libeskind, Jewish Museum, Berlin, Germany, 1998. Photo Bitter and Bredt Fotografie, Berlin. Courtesy Daniel Libeskind.

307 Roman mausoleum, Glanum, St Remy, Provence, France, *c.* 30 BC. Photo courtesy of the author.

308 C.-N. Ledoux, 'Temple de Mémoire'. From C.-N. Ledoux, *L'Architecture*, 1804.

309 Robert Fludd, 'Memory Palace', Ars Memoriae, 1617. Photo the Warburg Institute, London.

311 James Gibbs, Temple of Liberty, Stowe, Buckinghamshire, England, 1741. Photo courtesy of the author.

313 James Russel, *British Connoisseurs in Rome*, oil on canvas, c. 1750. Yale Center for British Art, Paul Mellon Collection, USA/Bridgeman Art Library. Courtesy of the Bridgeman Art Library.

317 Sant'Elia, 'casa gradinante' for *La Città nuova*, drawing, 1914. Propriet Museo Civici, Como.

319 Maya Lin, the Vietnam Memorial, Washington, D.C., USA, 1982. Photo © John Egan. The Hutchison Picture Library.

322 O. M. Ungers, Lutzowplatz, Berlin, Germany, 1982-84. Photo courtesy of the author.

331 Primitive builders from Filarete's *Treatise*, 1460-64. Photo the Conway Library, Courtauld Institute of Art, London.

333 Frontispiece to M.-A. Laugier, *Essai sur l'Architecture*, 1753. Courtesy of The Conway Library, Courtauld Institute of Art, London.

334 Primitive Huts from W. Chambers, *Treatise on Civil Architecture*, 1825.

337 Le Camus de Mézières, Halle au Blé, Paris, France, site plan with perspective and section, 1762-66. From Le Camus de Mézières, *Recueil des Differens Plans et Dessins concernant la Nouvelle Halle aux Grains*, 1769. RIBA Library, London.

339 A. le Nôtre, Versailles gardens, France, 1661. Photo Giraudon.

342 E.-L. Boullée, front elevation of the Project for the King's Library, Paris, France, 1788. Photo Bibliothèque Nationale de France, Paris.

346 Engraving of the Amphitheatre at Verona, 1744. By permission of the British Library, London.

348 Knots. From G. Semper, Der Stil, vol. 1, 1860.

349 J. Ruskin, details of the Cathedral of St Lô, Normandy, France. From *Seven Lamps of Architecture*, 1848, plate II.

350 Deane and Woodward, interior of the Oxford Museum, Oxford, England, 1854-60. Photo courtesy of the author.

353 L. Sullivan, detail of the gates of the Getty Tomb, Graceland Cemetery, Chicago, USA, 1890. Photo courtesy of the author.

354 Theo van Doesburg and Cor van Eesteren, Maison Particulier, isometric drawing, 1923. © DACS 2000

355 Le Corbusier, diagram of man, architecture and nature, © FLC/ADAGP, Paris and DACS, London 2000.

357 Richard Rogers and Partners, Law Courts, Bordeaux, France, 1998. Photo Christian Richter, courtesy Richard Rogers Partnership.

362 'The Orders', woodcut. From Sebastiano Serlio, *dell'Architettura*, Book IV, 1537.

363 Illustrations from Le Muet, *Manière de Bien Bastir*, Paris, 1647.

367 Filarete, design for the ideal city of Sforzinda, c. 1460-64.

369 Junction of boulevard Voltaire and boulevard Richard-Lenoir, nineteenth-century postcard. Photo Bibliothèque Nationale de France, Paris.

370 Ludwig Mies van der Rohe, 860-880 Lakeshore Drive, Chicago, 1951. Photo Hedrich Blessing (negative no. HB-14545-A). Chicago Historical Society. © DACS 2000.

372 Alvar Aalto, plan of the Cultural Centre, Wolfsburg, Germany, 195862. © Alvar Aalto Foundation, Helsinki.

377 Mies van der Rohe, Ludwig. German Pavilion, World Exhibition, Barcelona, Spain. 1928-29. Photograph courtesy the Mies van der Rohe Archive, The Museum of Modern Art, New York. © DACS 2000.

379 Ballroom, Palazzo Gangi, Palermo, Italy, *c*. 1750. Photo Tim Benton.

381 Maison Carré, Nîmes, France, late first century BC. Photo courtesy of the author.

383 Detail of illustrations from J. N. L. Durand, *Prcis des leçons d'architecture*, part 2, 1817. RIBA Library, London.

385 Living room in Stanley Parker's house, Letchworth, Hertfordshire, England, c. 1907. Photo courtesy of the First Garden City Heritage Museum, Letchworth Garden City.

386 Henry Ford, Model T Ford. Photo Quadrant Picture Library/Autocar.

387 Ludwig Mies van der Rohe, Chapel, Illinois Institute of Technology, Chicago, USA. Photo Hedrich Blessing (negative no. HB-15691-D). Chicago Historical Society. © DACS 2000.

395 Adolf Loos, Lina Loos's bedroom in Adolf Loos's apartment, Vienna, Austria, 1903. Graphische Sammlung Albertina, Wien. © DACS 2000.

399 A. Hildebrand, Courting, marble relief, Villa Hildebrand-Brewster-Peploe Collection, Florence, Italy, 1880. Courtesy of the Conway Library, Courtauld Institute of Art, London.

403 A. Endell, staircase in Atelier Elvira, Munich, Germany, 1898. Photo Dr Franz Stredtues.

406 Interior of the Pilgrim Church, Banz, Germany, 1710. Courtesy of the Conway Library, Courtauld Institute of Art, London.

408 Frederick Kiesler, 'La Cité dans l'Espace', Austrian Pavilion, Paris Exhibition of Decorative Arts, France 1925. Courtesy of Bogner, Vienna.

409 L. Moholy-Nagy, drawing. From L. Moholy-Nagy, *The New Vision*, 1928, illustration 36. © DACS 2000

413 Mies van der Rohe, Ludwig. Tugendhat House. Brno, Czechoslovakia. 1928-30. Study and living room. Photograph courtesy the Mies van der Rohe Archive, The Museum of Modern Art, New York. © DACS 2000.

414 Frank Gehry and Claes Oldenburg, Chiat Day Offices, Ocean Park, Los Angeles, USA, 198991. Photo I. Borden.

418-419 A. van Eyck, three illustrations from the Orphanage (now Berlage Institute), Amsterdam, Holland, 195860. Photo A. van Eyck.

426 Arup Associates, No. 1 Finsbury Avenue, Broadgate, Phase One, City of London, London, England, 198284. Photo courtesy of the author.

428 Sanctuary, Saint-Leu d'Esserent (Oie), France. Engraving from Viollet-le-Duc, *Dictionnaire Raisonn*, 'Construction', vol. IV.

430 J.-G. Soufflot, interior of Ste Genevive, Paris, France, begun 1757. Photo Giraudon.

431 Skeleton of Hippopotamus. From G. Cuvier, *Ossemens Fossiles*, vol. 1, published 1821. University College London Library.

433 Ludwig Mies van der Rohe, 860-880 Lakeshore Drive under construction, 1950. Photo Hedrich Blessing (negative no. HB-13809-L4). Chicago Historical Society. © DACS 2000.

434 Coop Himmelblau, Funder-Werk 3, St Veit/Glan, Austria, 198889. Photo Gerald Zugmann.

438 Bernard Tschumi, 'La Case Vide', drawings for Parc de la Villette, Paris, 1985. © Bernard Tschumi.

443 J. Nouvel, Institut du Monde Arabe, Paris, France, 1987. Photo courtesy of the author. © ADAGP, Paris and DACS, London 2000.

444 Le Corbusier, Pessac, near Bordeaux, France, 1925. © FLC L2 (6) 1-46/ADAGP, Paris and DACS, London 2000.

446 Office for Metropolitan Architecture (OMA), model of competition entry for French National Library, 1989. Photo Hans Werlemann, Hectic Pictures Rotterdam.

451 Paul Rudolph, Crawford Manor, New Haven, USA, 1962-66. Photo © Wayne Andrews/Esto.

457 G. Guarini, interior of the Dome of Capella della S. Sindone, Turin, Italy, 166790.

463 'Scales of Truth', endpiece from A. W. N. Pugin, Contrasts, 1836.

465 Caricature of Gothic revival villa. From A. W. N. Pugin, *The True Principles of Pointed or Christian Architecture*, 1843.

467 Engraving of Strasbourg Cathedral, early nineteenth century. © British Museum, London.

470 L. Sullivan, National Farmers' Bank, Owatonna, Minnesota, USA, 19068. Photo courtesy of the author.

472 H. Labrouste, interior of the Bibliothèque Ste Geneviève, Paris, France, 183850. Photo James Austin.

475 Two illustrations showing theatres and market halls. From J. N. L. Durand, *Recueil et parallèle des édifices*, 1801. University College London Library.

478 Caraib Hut. From G. Semper, Der Stil, vol. 2, 276, 1863.

479 Peter Behrens, from 1912 AEG catalogue showing kettles. Courtesy AEG. © DACS 2000.

480 Le Corbusier, Maison Guiette, Anvers, France, 1925. © FLC/ADAGP, Paris and DACS, London 2000.

481 S. Muratori, map of Quartiere S. Bartolomeo, Venice (detail), from *Studi per una operante storia urbana di Venezia*, vol. 1, 1959.

482 S. Muratori, plan of Casa Barizza on the Grand Canal (detail), from *Studi per una operante storia urbana di Venezia*, vol. 1, 1959.

483 A. Rossi, *Città Analogica*, 1976. © Archivio Eredi Aldo Rossi.

484-485 O. M. Ungers, 'Typology of Detached Houses', 1982. © O. M. Ungers.

489 Herman Hertzberger, interior of De Drie Hoven, Home for the Elderly, Amsterdam, Holland, 196474. Photo © Willem Diepraam. Courtesy Architectuurstudio Herman Hertzberger.

492 Washbasins at Little Green Lane School, Croxley Green, Hertfordshire, England, 1949. Courtesy Architectural Press.